U0564965

吾道南来

儒学复兴与乡土重建

张晚林 著

上海三联书店

总　序

《周敦颐理学研究丛书》的选题范围定位为周敦颐及儒家理学研究。

周敦颐的理学思想，主要体现在《太极图说》和《通书》两部著作中，可以视为一个比较核心的系列。其中《通书》初名《易通》，全称当作《易通书》，通论《易经》六十四卦，而合并为四十章，又糅合《中庸》之“诚”，形成一种《易》《庸》之学。而《太极图说》的主体应当是《太极图》，其《说》匹配其《图》，体例上属于上古图文之学，与《河图》《洛书》同一渊源。但《太极图》流传至今，受到雕版的限制，图形多有差异，宋本《太极图》的图形大约有两种类型，各有错讹，均不完备。而对于《太极图》的授受以及“无极”概念是否成立，南宋已有朱子与陆子的激烈辩论。自朱子、张栻以下历元、明、清、民国，对《太极图说》的注解极多，已构成一个专题系列。《太极图说》言“无极而太极”“太极本无极”，就其独到价值而言，应当称为“无极图说”，“太极”是《易传》原有概念，“无极”才是周敦颐的独创，“无极”与“太极”的形上思辨应当是中古时期中国哲学的最大问题。

周敦颐的相关文献，有《濂溪集》《濂溪志》《濂洛关闽书》《近思录》《性理大全》等，并各自构成一个专题系列。《濂溪集》以及《周子书》分在集部和子部，理学部分则大致相同，宋、明、清时期多有编纂刊刻，近年已有影印集成。《濂溪志》是志书体的周敦颐专志，包括周敦颐的理学著作以及以濂溪祠、濂溪书院为中心的诰命、碑记和纪咏，明、清两代刊刻亦夥。《濂洛关闽书》及《宋四子抄释》是周敦颐、二程、张载、朱子著作选编的合集，而得名则受朱子所编《伊洛渊源录》的影响，这类文献也已构成了一个专题系列。《近思录》出于朱子与吕祖谦之手，卷一收录《太极图说》全文，此书传播极广，学子几于人手一册，而《太极图说》亦借以传播推广。《性理大全》为明儒奉敕官修，清代又有御纂《性理精义》，卷一均首录《太极图说》全文。朱子门人陈淳纂《性理字义》，蔡渊、黄榦弟子熊刚大纂《性理群书》，“性理”之名由是而起，明、清两代由于科举的推动，“性理”类读本层出不穷，推动了理学思想的社会普及，近年性理文献也有影印出版。此外，元儒、清儒都编有《濂洛风雅》，汇集理学家的诗作，可以视为理学诗的合集。周子后裔又汇编纪咏诗文为《濂溪遗芳集》，而在各种《周氏家谱》中也往往收录周敦颐的主要著作，可以视为《濂溪集》的别本。

《宋史·道学传》《宋元学案·濂溪学案》等书阐释了周敦颐在中国儒学史上的地位。周敦颐的思想学说经过朱子等人的阐发，再经史馆官修《宋史》的肯定，确定为理学的开山人物，居于濂洛关闽之首，“周程张朱”遂成为理学的正脉。而两宋理学与晚周时期的“孔曾思孟”同条共贯，与老庄道家之类同时并流，诸子十家均以唐虞三代“姚姒子姬”为总源。“姚姒子姬”是中国学术传统的经学、王官学形态，“孔曾思孟”是中国学术传统的诸子儒家形态，“周程张朱”是中国学术传统的理学、道学形态。“姚姒子姬”是中国学术传统的开端，“孔曾思孟”是中国学术传统的上古中兴，“周程张朱”是中国学术传统的中古中兴。中国学术传统上下绵历四五千年，屡踬屡起而不绝，其大纲谱系称为“道统”，其详见于《伊洛渊源录》《道命录》《道南录》各书。

东亚各国，同文同伦。近数百年以来，理学在古代韩国、日本、琉球、越南的影响极大，古代韩国有《圣学十图》，以周敦颐《太极图》为“第一太极图”，又有《太极问辩》、《太极书撰集辩诬录》，古代日本有各种《太极图述》《太极图说钞》《太极图说解》《太极图说谚解》《太极图说十论》以及多种《太极图》《通书》和《近思录》讲义。理学在时间上有纵向的展开，在空间上又有横向的展开。

理学、道学，义蕴弘深。“理学”又称“道学”，又称“性理学”。推崇“理”而不推崇“欲”，故名“理学”。推崇“道”而不推崇“物”，故名“道学”。《书经》《道经》《论语》《荀子》四种文献俱载尧舜禹三圣心传“人心惟危，道心惟微；惟精惟一，允执厥中”十六字，前两句揭示“人心”“道心”的难题，后两句指出“精一”“执中”的对策，花开两朵，各表一枝，一面开出后世“道学”的源流，一面开出后世“心学”的源流。秦汉以后，汉学、宋学、理学、道学、心学，乃至实学、考据学，无一不在“道心”“人心”的总纲上延展表现。

理学、道学自有其历史使命与当下意义。宋儒认为“人欲横流”是社会文明的大敌，“人于天理昏者，是只为嗜欲乱着他”。理学的精神宗旨萃集于《四书》，而其悲悯蒿目全在《乐记》一篇，所谓“夫物之感人无穷，而人之好恶无节，则是物至而人化［于］物也。人化［于］物也者，灭天理而穷人欲者也”，恰似预言今日人欲横流之困局。

周敦颐（1017—1073），字茂叔，号濂溪，谥元，学者尊称濂溪先生、周濂溪、周元公、周子。北宋中期真宗、仁宗、英宗、神宗时期在世，曾任湖南郴县知县、桂阳知县及郴州知军，故有“三仕郴阳”之说。又在郴州授学二程兄弟，传《太极图》。为此，湘南学院于 2022 年 6 月成立周敦颐研究院，12 月周敦颐纪念馆建成开放，2023 年获批湖南省社科研究基地，今年又有组织出版《周敦颐理学研究丛书》之举。

周敦颐的理学著作言简意赅，《太极图说》249 字，《通书》2832 字，其他如《爱莲说》119 字，《拙赋》65 字。学者阐发其哲学思想，或揭示其存世文献，不甚容易，非在义理上不厌其精、反复研磨，在文献上尽量扩充、不遗一言不可。

以“周敦颐理学”为主题的学术丛书是海内首次编纂出版。本丛书在已出著作的铨衡寔正方面，未出著作的选题推荐方面，均望得到学界同仁的关注和支持。

张京华

2024 年 3 月写于湘南学院

目录

儒学复兴篇

儒学复兴与中国作为大国崛起的文化准备

——“中国梦”的历史文化内涵释义

一、从“中国”一词的文化意蕴看“中国梦”的文化意义

“中国梦”是当今中国社会较有热度的一个词汇，而其之所以“热”，并非信息社会或网络世界炒作的结果，乃中共新领导层和中国政府隆重推出的，以作为国家和民族之奋斗目标。这一奋斗目标与以往所提之目标殊异，以往所提之目标都较为落实，但这一次所提之“中国梦”的目标却文学性较强。所谓“文学性”，一方面固然是指其理想性大，另一方面又指其虚灵性强，我们若不能对“中国梦”有真切的把握，常使人不免落入诗性的咏叹之中而觉其美好而空泛。而一般民众因着眼于眼前之生活，常把“中国梦”下滑为一个人现实的追求或理想。最近看到电视上常询问一般百姓对于“中国梦”的理解，有人就说，希望能在城里买一个房子，把乡下的孩子与老婆都接过来；还有人说，希望孩子能上一个好的大学；更有人说，希望能快点成家或有自己的事业。应该说，寻常百姓的这些理想与追求都是可以理解的，但绝不是“中国梦”的究竟含义，也就是说，“中国梦”绝不是只限于这种意义上。尽管说“中国

梦”实际上是“人民”的梦。但“人民”一词却是一个“类概念”，这样一个概念在通常的用法中——依罗素的理解——并无任何对象与之对应，而不是一个“类”的概念，即每个具体的个人的集合（对于“类概念”与“类”的概念，罗素有清晰的区分，如man就是一个“类概念”，不指代现实中的任何对象，但men却是“类”的概念，指有限个体的集合，有实际指代[①]）。因此，这里的“人民”不只是指现存于世的十三亿中国人，而是指从鸿蒙开辟直至千秋万代所有的炎黄子孙。故“人民”是一个文化民族概念，而不是一个数学的集合概念。这意味着，“中国梦”尽管是“人民”的梦，但不是每一个松散的民众之梦的聚合，而是聚集于这种文化之下的这个民族之梦。如实说来，现在社会上对于“中国梦”，无论是政界还是知识界，其真义并未作深入的梳理与明确的界定，尽管口耳传诵，皆不得其实。如果我们不作一些鉴别与厘清，则“中国梦”或流于诗人之诗意咏叹，或变为民众之现实希冀，皆非“中国梦”之实义，亦落不到实处，而中国以政府之名义而推出之目标，则必沦于空洞且不严肃。

要试图对“中国梦”作出诠释，必须回到其出处。“中国梦”一词首次出现在习近平参观《复兴之路》图片展的谈话中，是时离其出任中共总书记仅十余天。原文是：

> 每个人都有理想和追求，都有自己的梦想。现在，大家都在讨论中国梦，我以为，实现中华民族伟大复兴，就是中华民族近代以来最伟大的梦想。这个梦想，凝聚了几代中国人的夙愿，体现了中华民族和中国人民的整体利益，是每一个中华儿女的共同期盼。[②]

这里需要注意的是：每个人都有梦想，但并不意味着每个人的梦想叠加起

① Bertrand Russell, *The Principle of Mathematics*, Cambridge: at the University Press, 1903, p.67.

② 《承前启后继往开来继续朝着中华民族伟大复兴目标奋勇前进》，载《人民日报》2012年11月30日。

来就是“中国梦”。这里的意思是：就如每个个体都有梦想一样，“中国”作为一个整全而单一的“个体”，她也有她的梦想，她的梦想就是民族伟大复兴。这里的“中国”就如前面所说的“中国人民”一样是一个“类概念”，决不是一个数量之集合概念，即绝不意味着如果每个人的梦想实现了，“中国梦”就实现了。须知，“中国”与“中国人民”一样，更多的是一个与文化和民族相关的“类概念”，故有历史的赓续性与文化的传承性。

《战国策·赵策》中说道：“中国者，聪明睿智之所居也，万物财用之所聚也，贤圣之所教也，仁义之所施也。”正因为如此，柳诒徵先生在讲述“中国”一词的文化意义时，引用了下列史料：

> 《公羊传》隐公七年：“不与夷狄之执中国也。”何休曰：“因地不接京师，故以中国正之。中国者，礼义之国也。”《原道》（韩愈）：“孔子之作《春秋》也，诸侯用夷狄则夷之，进于中国则中国之。”①

这表明，“中国”必须有礼义之文化特征，如果诸夏之诸侯不能行礼义之道，即便他们身处华夏之地，也只能算作夷狄而不能予以中国之名。相反，如果夷狄之地比诸夏更能行礼义之道，那么，即使他们地处夷狄，也可以予以中国之名。由此，柳诒徵先生下结论说：

> 中国乃文明之国之义，非方位，界域，种族所得限。是实吾国先民高尚广远之特征，与专持种族主义、国家主义、经济主义者，不几霄壤乎！②

早在柳诒徵先生之前，康有为先生就曾说过：

---

① 柳诒征：《中国文化史》，东方出版社2007年版，第50—51页。

② 同上书，第51页。

中国人所自以为中国者，岂徒谓禹域之山川，羲、轩之遗胄哉？岂非以中国有数千年之文明教化，有无量数圣哲精英，孕之育之，可歌可泣，可乐可观，此乃中国之魂，而令人缠绵爱慕于中国者哉？有此缠绵爱慕之心，而后与中国结不解之缘，而后与中国死生共存亡焉。①

从这里我们可以看出，中国之所以是中国主要是从文化上看，如果有数千年传承的中国文明教化灭亡了，那么，中国也就灭亡了。中国先贤很早就意识到了文化对于一个国家或民族的重要性。孔子曰："唯圣人为知礼之不可以已也，故破国、丧家、亡人，必先去其礼。"（《孔子家语·礼运》）"礼"代表文明教化，若是之亡，则意味着破国、丧家、亡人。后来的龚自珍说得更为直接。他说：

欲知大道，必先为史。灭人之国，必先去其史；隳人之枋，败人之纲纪，必先去其史；绝人之材，湮塞人之教，必先去其史；夷人之祖宗，必先去其史。（《定庵续集》卷二《古史钩沉》二）

一个国家的历史是其文化精神与风俗政教之传承，这代表着一个国家的真实"存在"，若没有了历史，这个国家就只是一个躯壳或者一个纯政治且没有文化生命的存在。所以，钱穆先生说：

"民族"、"文化"、"历史"，这三个名词，却是同一个实质。……没有历史，即证其没有文化；没有文化，也不可能有历史。因为"历史"与"文化"就是一个"民族精神"的表现。所以没有历史，没有文化，也不可能有民族之成立或存在。②

---

① 康有为：《孔教会序》，见李建主编：《儒家宗教思想研究》，中华书局 2003 年版，第 5 页。
② 钱穆：《中国历史精神》，九州出版社 2011 年版，第 11 页。

如果中国没有了世代传承的民族精神与民族文化，当然就不能名之曰“中国”了。

从以上龚自珍、康有为、柳诒徵及钱穆诸先生的相关论述中可知，任何个体或一时之政府都不能完全代表中国，“中国”或“中国人民”一定牵合着历史与传统，任何个人或政府只有牵连着这种历史与传统才表明其为“中国的”，因为中国是文化意义上的，不是种族主义、国家主义、经济主义上的。所以，“中国”是尧舜禹的中国，亦是孔子孟子的中国，复是程朱陆王的中国，当然，更是千秋万代之华夏儿女的中国，这是中国的文化传承性。在这里，尧舜禹、孔子孟子、程朱陆王乃至千秋万代之华夏儿女皆不取其历史性的个体存在，而是取其文化性存在。

明乎“中国”的历史文化内涵以后，我们就可以明白“中国梦”的文化意义了。“中国梦”就是让这样的一个文化性的国家站立在世界民族之林，决不只是现时中国政府的强大与中国人民的富足。但我们极易只在这个层次上理解“中国梦”，这样，就把“中国梦”仅仅理解为一个经济发展问题。如果仅仅是这样，则“中国梦”的提法并不新鲜，不值得我们念兹在兹。首先，从中国国内来看，自十一届三中全会以后，党与政府调整了治国理念，一直以“经济建设为中心”，未有改变。果尔，则“中国梦”不过老调重弹，亦不会有如今这般之提斯人心、振拔士气的力量。其次，从国际上看，现在各国政府都在拼经济，而且发展经济应该是一个政府的基本职责，谈不上什么“梦”。现在，我们要谈“中国梦”就不能只停留在经济发展、生活富足这个层次上，因为这是“中国”……“梦”。所以，“中国梦”一定凸显“中国性”，而“中国性”是一个文化的民族的概念，所谓“梦”乃切就文化与传统而言，或者说，文化与传统应该是其中的一个重要维度，因为文化与传统铸成了一个民族的本性与血脉，且只有在本性与血脉中，“梦”始成其为“梦”。因此，“中国梦”固然意味着经济的发展，但必须还意味着中国传统文化的复兴，且后者更为重要。外此，“中国梦”皆蹈空而不实，或者说，就不是“中国”的“梦”，因“中国”

有其历史文化内涵也。

二、汉代“复古更化”之提出及其启示

那么，中国现在何以适时地提出“中国梦”呢？它具有怎样的历史必须性呢？是一时的政治策略还是“中国”这个历史文化主体的必然选择呢？唐太宗尝曰：“以史为鉴，可以知兴替。”我们要明白其中的重大意义及其内涵，须先去研究一下历史。这段历史就是汉武帝时的“复古更化”。

武帝时的“复古更化”，其基本内容是听从以董仲舒为首的儒生之建议，确立儒学之主体地位，从而教化社会，移风易俗。董仲舒对策云：

> 《春秋》大一统者，天地之常经，古今之通谊也。今师异道，人异论，百家殊方，指意不同，是以上亡以持一统；法制数变，下不知所守。臣愚以为诸不在六艺之科孔子之术者，皆绝其道，勿使并进。邪辟之说灭息，然后统纪可一而法度可明，民知所从矣。（《汉书·董仲舒传》）

这里必须强调，董子此处所说的“诸不在六艺之科孔子之术者，皆绝其道，勿使并进”乃惟对于社会普遍的人伦教化而言，不是针对自由的学术研究而言。普遍的人伦教化须统一，而学术研究可以自由，这是要分开的，且前者高于后者。这个意思，笔者在《论当代中国社会教化的迫切性及其实现途径》有详细的分疏，在此不必赘述。[①] 故我们一定要在伦理教化而不是学术研究的立场上来理解董子等儒生以儒学去“复古更化”的基本用心，若以为是思想专制，不是大误，即是厚诬。

那么，大汉至于武帝时，何以须“复古更化”？汉武帝尝向群臣提出一

① 张晚林：《论当代中国社会教化的迫切性及其实现途径》，载《阅江学刊》2012 年第 6 期。

个问题：

> 朕夙寤晨兴，惟前帝王之宪，永思所以奉至尊，章洪业，皆在力本任贤。今朕亲耕藉田以为农先，劝孝弟，崇有德，使者冠盖相望，问勤劳，恤孤独，尽思极神，功烈休德未始云获也。今阴阳错缪，氛气充塞，群生寡遂，黎民未济，廉耻贸乱，贤不肖浑淆，未得其真。(《汉书·董仲舒传》)

董仲舒的回答是：“陛下亲耕藉田以为农先，夙寤晨兴，忧劳万民，思惟往古，而务以求贤，此亦尧、舜之用心也，然而未云获者，士素不厉也。夫不素养士而欲求贤，譬犹不琢玉而求文采也。”(《汉书·董仲舒传》)依董子之意，汉武帝之“亲耕藉田”“问勤劳，恤孤独”，乃至“劝孝弟，崇有德”虽皆为“尧、舜之用心”，但因是纯粹政治上的，而社会层面之教化未能兴起，故其用心虽好而其国家亦不得其治。因此，董子力劝武帝复古更化。他说：

> 今汉继秦之后，如朽木、粪墙矣，虽欲善治之，亡可奈何。法出而奸生，令下而诈起，如以汤止沸，抱薪救火，愈甚亡益也。窃譬之琴瑟不调，甚者必解而更张之，乃可鼓也；为政而不行，甚者必变而更化之，乃可理也。当更张而不更张，虽有良工不能善调也：当更化而不更化，虽有大贤不能善治也。故汉得天下以来，常欲善治而至今不可善治者，失之于当更化而不更化也。古人有言曰：“临渊羡鱼，不如退而结网。”今临政而愿治七十余岁矣，不如退而更化；更化则可善治，善治则灾害日去，福禄日来。(《汉书·董仲舒传》)

那么，从历史上看，有汉发展至于武帝，何以到了必须重视教化，确立儒学之根本地位之关头呢？后汉政论家崔寔论述一个国家在动乱与承平的不同境况下，其治理理念应该是不同的。他说：

> 盖为国之道，有似理身，平则致养，疾则攻焉。夫刑罚者，治乱之药石也；德教者，兴平之梁肉也。夫以德教除残，是以梁肉理疾也；以刑罚理平，是以药石供养也。(《政论》)

大汉至武帝时，已承平日久，自然当以“德教除残”。钱宾四先生在具体论述武帝之此种措施时，其说与崔寔亦相似。他说：

> （武帝）其时物力既盈，纲纪亦立，渐达太平盛世之境。而黄老申韩，其学皆起战国晚世。其议卑近，主于应衰乱。惟经术儒生高谈唐虞三代，礼乐教化，独为盛世所憧憬。自衰世言之，则见为迂阔远于事情。衰象既去，元气渐复，则如人之病起，舍药剂而嗜膏粱，亦固其宜也。后人谓惟儒术专利于专制，故为汉武所推尊，岂得当时之真相哉！①

钱先生的意思是：高祖荡平暴秦，建立大汉帝国，文帝、景帝既之以黄老无为之术与民生息，以此恢复生产、发展经济，由此国力日增，元气渐复，是为“文景之治”。但若汉帝国只是止于恢复生产、发展经济此种思路来治理国家，而不能上承尧舜禹、文武周公，下迨孔孟以来的礼乐教化传统，以提撕生灵，规整社会，则汉帝国不过是一经济大国，其一时的繁荣淹没不住其根底之虚空。因为这繁荣完全是靠药剂催生的，而非膏粱滋养的结果。药剂者何？法度折旋也；膏粱者何？伦理教化也。

因此，董子等儒生力主“复古更化”，一方面，给汉帝国以膏粱之滋养，使基层社会成为一伦理充融、教化大行之和谐社会，不至于纯任经济物力为纽

① 钱穆：《两汉经学今古文平议》，商务印书馆 2005 年版，第 200 页。

带；另一方面，更重要者，由此表明汉帝国乃是承袭唐虞三代之礼乐中国而来，是“中国的”，并非由刘氏纯以武力建立的无来历、无传统的庞大政治实体也。只有承袭了文化礼乐传统，汉帝国才具有正统性与合法性，不然，即使再强大的汉帝国，在文化上也是不合法的，不具正统性。汉帝国之为中国较晚周时之中国更强大，因晚周时不但诸侯纷争，且教化不一，如今则四海为一，所差即在教化大行耳。基于此，“文景之治”的经济奇迹再加上“复古更化”的文化业绩，乃真正实现了某种意义上的“中国梦”。理解了汉代“复古更化”提出之时代背景及其意义之后，我们也就可以进一步理解当代“中国梦”何以被提出及其意义了。

三、中国传统文化的复兴及“中国梦”的提出与实现

我们现在再回到当下，当代“中国梦”的提出实有类于汉代的“复古更化”，因为中国现在的国势实有类于汉武帝时之国势。汉帝国从高祖开国至文帝、景帝，到武帝“复古更化”，其时盖六七十年。新中国自一九四九年开国至现在亦六七十年，建国前的战乱相当于高祖之诛灭暴秦与楚汉相争，尔后之改革开放有类于文景时代之与民生息，至现在，中国终成为经济大国，其经济总量居世界第二，当政者于此可谓功不可没，民众于此付出之辛劳亦彪炳千秋。但接下去我们怎么走，汉武帝时代之问题再次呈现在当政者与国人面前。

“中国梦”的提出就是要回答这个问题。因此，“中国梦”的提出同样亦有两方面的意义：其一，给当下社会以膏粱之滋养，使基层社会成为一伦理充融、教化大行之和谐社会，不至于纯任经济物力为纽带；其二，表明现在的中国乃承袭唐虞三代之礼乐中国而来，是文化的，且是“中国的”，不是一个经济强大的 Leviathan（利维坦）。“中国梦”必须具有这两个维度（当然不只是这两个维度）始可称之为“中国梦”，不然，就是一时的政治举措或经济策

略。而这两个维度之实现，在中国，当然端赖儒家文化之复兴。须知，前此一切的制度与理论，只不过是一种经济性的举措，促成了我国经济发展或“文景之治”的快速到来。随着经济大国之到来，亦可谓是“衰象既去，元气渐复”，该到了“舍药剂而嗜膏粱”的时候了。本来，汉帝国之与民生息甚为必要，但生息之后若无文化提撕，伦理的导持，则百姓或朴质无文、或野蛮骄横，社会欲得长治久安亦难矣。而在当代，因信息之发达与交通之便利，若经济繁荣下的人们无文化以提撕其心灵，伦理以导持其行为，则百姓不会只是朴质无文、野蛮骄横，必奸逆成性、盗贼猖獗，而这正是时下中国的真实写照。有报道指出：“杀人不为越货，凶手将屠刀伸向孩子和自己的家人；无毒不成餐，毒奶粉、地沟油你方唱罢我登场；为了钱，曼妙女郎扬言非宝马男不嫁；为了被拆迁的房子，亲兄妹可以反目成仇争夺财产大闹公堂……”[①] 如此之中国，虽经济强大，但哪有“梦”可言。值此之际，适时提出“中国梦”，正欲以伦理教化来滋养社会，规导人心，扶持正道，以开中国经济强大后之和谐新局。此诚可谓“独握天枢以争剥复”也，王船山曰：

> 天下不可一日废者，道也；天下废之，而存之者在我。故君子一日不可废者，学也；舜、禹不以三苗为忧，而急于传精一；周公不以商、奄为忧，而慎于践笾豆。见之功业者，虽广而短；存之人心风俗者，虽狭而长。一日行之习之，而天地之心，昭垂于一日；一人闻之信之，而人禽之辨，立达于一人。其用之也隐，而搏捥清刚粹美之气于两间，阴以为功于造化。君子自竭其才尽人道之极致者，唯此为务焉。有明王起，而因之敷其大用。即其不然，而天下分崩、人心晦否之日，独握天枢以争剥复，功亦大矣。（《读通鉴论》卷九《献帝》六）

① 赵菲菲：《我们的社会病了》，载《国际先驱导报》2010 年 5 月 21 日。

必得教化大行，使儒学道统之贯通于世道人心，以融摄人我，和谐社会，"中国梦"才能真正实现。

最近，习近平总书记在"在中共中央政治局第十三次集体学习"时强调："把培育和弘扬社会主义核心价值观作为凝魂聚气强基固本的基础工程"，而"培育和弘扬社会主义核心价值观必须立足中华优秀传统文化"。习近平指出：

> 牢固的核心价值观，都有其固有的根本。抛弃传统、丢掉根本，就等于割断了自己的精神命脉。博大精深的中华优秀传统文化是我们在世界文化激荡中站稳脚跟的根基。中华文化源远流长，积淀着中华民族最深层的精神追求，代表着中华民族独特的精神标识，为中华民族生生不息、发展壮大提供了丰厚滋养。中华传统美德是中华文化精髓，蕴含着丰富的思想道德资源。不忘本来才能开辟未来，善于继承才能更好创新。对历史文化特别是先人传承下来的价值理念和道德规范，要坚持古为今用、推陈出新，有鉴别地加以对待，有扬弃地予以继承，努力用中华民族创造的一切精神财富来以文化人、以文育人。①

"努力用中华民族创造的一切精神财富来以文化人、以文育人"，就是要以中国文化固有之道统来规导世道人心，这是强基固本的基础工程，也是实现"中国梦"的根本保证。这就如同船山先生所说："立国无深仁厚泽之基……虽厚戒之无救也。"(《读通鉴论》卷十《三国》一)

也许有人以为不兴教化，定制立法亦可使"中国梦"到来。须知，法律与制度永远不可能成为人们的"梦"，因为它们不是人性的原发性要求。海德格尔说："一切本质的和伟大的东西都只有从人有个家并且在一个传统中产生出

① 习近平：《培育和弘扬社会主义核心价值观必须立足中华优秀传统文化》，载《新民晚报》2014年2月26日。

来。”[①]作为一个民族的“家”的文化传统才能促使一个民族国家复兴的“梦”的到来。美国的强大就是如此。对美国社会深有研究的托克维尔说：“在美国，宗教从来不直接参加社会的管理，但却被视为政治设施中的最主要设施，因为它虽然没有向美国人提倡爱好自由，但它却使美国人能够极其容易地享用自由。”[②]可见，法律与制度不是人的“家”，仅在这里停靠，人们不可能有“梦”。如果我们也可以说“美国梦”的话，则“美国梦”的实现不仅仅依靠法律与制度，更重要的是其基督教传统。在中国，这个“家”当然是儒学道统，这个传统当然也是儒学道统，因为她不但有历史传承，且为“中国的”，是为“天枢”。因此，唯有中国传统文化特别是儒学道统的复兴才能促成“中国梦”的实现。若在此精神下实现“中国梦”，则我们将是在续写尧舜之盛世，汉唐之华章。“中国”亦确然是尧舜之中国，文武之中国，孔孟之中国，千百年后，我们与先圣先贤分签并架，亦无愧色。

然这“天枢”是否能被握，须待国人之努力。但“梦”既已起航，我们将拭目以待！美国汉学家郝大维说：

> 不管中国今后几十年试图迎接现代化的种种挑战中会遇到多少困难，对我们而言很清楚的是，最后总是别无选择，只能以其自身传统的强大资源来迎接这些挑战。[③]

这是发人深思的见地。若以为“中国梦”只是经济发展之梦，而不知其历史文化内涵与意义，则“梦”必破碎。

---

① 海德格尔：《只还有一个上帝能救渡我们》，见孙周兴编译：《海德格尔选集》，上海三联书店1996年版，第1305页。

② 托克维尔：《论美国的民主》，董果良译，商务印书馆2012年版，第339页。

③ 郝大维、安乐哲：《先贤的民主——杜威、孔子与中国民主之希望》，何刚强译，江苏人民出版社2004年版，第107页。

四、“中国梦”的实质：大国崛起的文化准备

若我们深层地看，“中国梦”的提出是新一届中国领导层为中国作为大国崛起进行文化上的准备，且只有文化上准备好了，一个国家才能作为大国真正崛起。正是在这个意义上，美国著名学者亨廷顿指出：“人类的历史是文明的历史。不可能用其他任何思路来思考人类的发展。”① 因此，中国要作为大国真正崛起就必须要走历史文化的路，吸取中国传统文化的价值资源。仅依靠政治措施与经济手段不可能使东方大国屹立。美国学者博兹曼说：

> 世界历史正确地证明了下述论点：政治制度是文明表现转瞬即逝的权宜手段，每一个在语言上和道德上统一的社会的命运，都最终依赖于某些基本的建构思想的幸存，历代人围绕着它们结合在一起，因此，它们标志着社会的延续性。②

中国作为东方大国崛起于世界乃因为有自己的文化传统。就如亨廷顿所言：“文明是最大的‘文明’，在其中我们在文化上感到安适，因为它使我们区别于所有在它之外的‘各种他们’。”③ 在器物层面上，“我们”与“各种他们”区别甚小——摩登的高楼大厦，舒适的交通工具，快捷的通讯器材，丰裕的超级市场，便利的电子网络，等等。这样，如果“我们”要比“各种他们”强大，就必须在文化层面上光大自己的传统。这种思想与观念，中国古人早就意识到了。管子曰：

> 城郭沟渠，不足以固守；兵甲彊力，不足以应敌；博地多财，不足以

① 亨廷顿：《文明的冲突与世界秩序的重建》，周琪等译，新华出版社 2010 年版，第 19 页。
② Adda B. Bozeman, *Strategic Intelligence and Statecraft*, Washington: Brassey's, 1992. p.26.
③ 亨廷顿：《文明的冲突与世界秩序的重建》，周琪等译，新华出版社 2010 年版，第 22 页。

有众。惟有道者，能备患于未形也，故祸不萌。(《管子·牧民》)

“有道”即是指精神信仰与文化传统，这是一个国家足够强大的根本保证。外此，“城郭沟渠”、“兵甲彊力”、“博地多财”皆不足以使国家强大而无祸患。美国学者丹尼尔·莫伊尼汉说：

保守地说，真理的中心在于，对一个社会的成功起决定作用的是文化，而不是政治。开明地说，真理的中心在于，政治可以改变文化，使文化免于沉沦。①

可以说，中央领导层之所以提出“中国梦”的构想，就在于使沉沦许久的传统文化重新生发出粘合社会、导持人心、匡扶世道的正能量，使政治成为文化传统的一支架与助力。我们必须在这个高度来看待“中国梦”，从而使“梦”的实践走在正确的路上。

（“第三届全国儒学社团联席会议暨儒家文化与核心价值观研讨会”参会论文，2015 年 8 月 20 日贵阳孔学堂）

① 转引自亨廷顿等主编：《文化的重要作用——价值观如何影响人类进步》，程克雄译，新华出版社 2010 年版，第 8 页。

现代化为什么需要儒家出场?

——物质文明与精神文明协调发展的哲学视角

一、论题之背景引入

“中国式现代化”是中共二十大的关键语汇，二十大整篇报告以五个“——”专门来解释“中国式现代化”的基本内涵，其中第三个“——”就是：“中国式现代化是物质文明和精神文明相协调的现代化”[①]。大约在四个月之后，2023 年 2 月 7 日，在学习贯彻中共二十大精神研讨班开班式上，又进一步强调了“中国式现代化，深深植根于中华优秀传统文化”，且这种现代化“展现了不同于西方现代化模式的新图景，是一种全新的人类文明形态”[②]。如果我们把中华优秀传统文化暂且狭义地规定为儒家的话，则中共关于中国式现代化的一系列论述就展现出了这样的一个三位一体的架构，即：儒家—中国式现代化—人类文明新形态。这一架构的理路很清晰，那就是：从儒家那里找到价值根

---

① 丁怡婷等:《以中国式现代化全面推进中华民族伟大复兴》，载《人民日报》2022 年 10 月 21 日第 1 版。

② 《正确理解和大力推进中国式现代化》，载《人民日报》2023 年 2 月 8 日第 1 版。

基，通过中国式现代化个案试验，为现代化找到一种普遍性的新图景，进而构建具有普遍性的文明形态。这种现代化之新图景、文明之新形态，一定不是物质文明偏至发展的现代化，而是物质文明和精神文明相协调的现代化，不然，就不能具有普遍性[①]，而这正为儒家的出场提供了契机。

然而，吊诡的是，“现代化”乃至“现代”一词从未在任何一部古代典籍中出现，据相关学者的研究，在中国，“现代化”一词直到20世纪20年代初期才零星出现，至20年代末和30年代初方流行起来[②]，而这一时期正是“打倒孔家店”方兴未艾的时期。可见，儒家并不把现代化作为其理想，而现代化与打倒孔家店同时出现，似乎儒家与现代化正是背道而驰的。现在要论儒家与现代化之间的正向关联，岂不是飞者入池、渊者上树之论乎？其实，这种看似拉郎配的关系，乃在于我们如何理解现代化，一旦我们对现代化有周至恰切的理解，则儒家与现代化之间确有根本性的内在关联，甚至唯有儒家这样早熟的理性文明[③]才能提供现代化的精神文明维度，因为二者之间本具有先验的理性关联，而与经验无关。牟宗三说：

> 新时代之创建，欲自文化上寻基础者，则不得不从根本处想，不得不从源头处说。从根本处想，从源头处说，即是从深处悟，从大处觉。依是儒学之究竟义不能不予以提炼，复不能不予以充实。[④]

---

① 这里的普遍性是指：为人类的实践理性所意欲。

② 黄兴涛、陈鹏：《民国时期“现代化”概念的流播、认知与运用》，载《历史研究》2018年第6期。

③ 这里可以参阅梁漱溟的说法：“西洋文化是从身转到心的，而中国文化却有些径直从心出发，中国文化是人类文化的早熟，应无疑义。”梁漱溟又认为，身的文化与心的文化不同，“第一期假如可称为身的文化，第二期正可称为心的文化。第一期文化不过给人打下生活基础，第二期才真是人的生活。”（梁漱溟：《中国文化要义》，上海人民出版社2005年版，第235、233页。）

④ 牟宗三：《道德的理想主义》，载《牟宗三先生全集》（9），台湾联经出版有限公司2003年版，第3页。

这里所说的从“根本处想”、“源头处说”，从“深处悟”、“大处觉”就是抛开经验的牵扯而径直洞开理性的理想与原则。康德说：“原则中的错误比原则的运用的错误更大。”[①] 这样看来，现代化中的物质文明与精神文明问题乃是原则与原则运用之关系，若原则根本错误，必然会带来一系列的问题。因此，一个国家要实现现代化，固然应以物质文明作为基础，但必须以精神文明作为超越原理[②]，不然，必然只会带来短期的经济发展，而不是社会全面的现代化，故精神文明乃是现代化第一序的问题，而物质文明乃第二序的问题，而精神文明的开显正是儒家的胜场，故儒家应该、能够而且必须在此出场。基于此，本文就以下三个论题来渐次展开论述：

（一）思辨理性与物质文明及现代性的危机；

（二）实践理性与精神文明及现代化之正义；

（三）儒家为精神文明所能提供的价值维度。

明乎此三者，则儒家与现代化的正向关联当能予以提炼与充实也。

二、思辨理性与物质文明及现代性的危机

为什么要特别提出中国式现代化，因为发源于西方的现代化是由思辨理性引发的、沿着物质文明偏至发展的现代化。前文说过，中国古典里并没有现代化一词，其实，中世纪以前的西方古典里也没有现代化一词，说明现代化这样的观念或理想并没有进入古人的意识，无论东西方都是如此。众所周知，中国传统所标榜的是遥远的三代之治，而不是所谓的现代社会；同样，依据学者的

---

① 康德：《逻辑学》，见李秋零主编：《康德著作全集》(9)，中国人民出版社2013年版，第55页。

② 这种超越原理用孔子的话说就是：“知及之，仁不能守之；虽得之，必失之。”(《论语·卫灵公》)“知及”是解决切实问题的方法，而“仁守”则是在“知及”之上的超越原则。“知及”是经验性的片段思考，而“仁守”是理性的整体思考，若只有“知及”而没有“仁守”，则人类永远只有一时的成功，而不可能有永远的幸福。

研究，即便在西方，现代化这样的创新观念“在相当长一段时间内是贬义词，甚至是被官方禁止的”[①]。查阅相关的英语词典，modernize 和 modernization 这两个词分别出现在 1741 年与 1770 年[②]，这个时候正是西方工业革命酝酿与逐渐爆发期，可以说，与现代化相关的思想和观念与西方工业革命之泛扬具有密切之关系，但这并不意味着现代化只是发端于工业革命，在现代化及其相关的思想观念逐渐泛扬之前，一定有文化价值与精神气质的酝酿期。因此，我们要追问现代化由以产生的精神气质，一定要由工业革命向前追索而至于西方的文艺复兴时期[③]。文艺复兴是人文主义勃兴之时期，这种勃兴就是企图逃脱中世纪宗教蒙昧之桎梏，以理性清晰之知识取代宗教蒙昧之信仰，所谓“人文”就是从人自身开发人的理智才性，让人获得清晰确定的知识理念。所谓“从人自身开发”就是不但肯定人的感性、理性，而且认为这是唯一的确定的知识来源。基于人之感性者，其成就大多表现在文学与艺术上；基于人之理性者，其成就大多表现在科学与哲学上。因此，文艺复兴时期，西方产生了一大批卓有成就的艺术家与科学家，尔后又产生了一大批颂扬理性的近代著名的哲学家，如培根、笛卡尔、洛克、休谟等。但须知，文艺复兴时期的科学家与哲学家固然颂扬理性，但他们颂扬的只是知识理性或思辨理性，而不是道德理性或实践理性（此依康德的区分），企图以此来解决自然、道德与宗教之问题，且把三者熔于一炉而不作区分。克拉克说：

> 绝对地说，在这种严格的哲学意义上，要么没有什么东西是奇迹的，也就是说，如果我们尊重神的力量；要么，如果我们尊重自己的能力和理解力，那么几乎任何事物，无论是我们所谓的自然事物，还是我们所谓的

① 张卜天：《古人为什么不喜欢创新》，载《科学文化评论》2018 年第 3 期，第 114 页。

② The Shorter Oxford English Dictionary on Historical Principles, The Clarendon Press, 1962, p.1268.

③ 西方的现代化正是发端于何时，学术界有三个时期之争，即文艺复兴时期、15 世纪的科技革命时期和 18 世纪的工业革命时期。

超自然事物，在这个意义上其实都是奇迹；作这种区分的只有寻常性或异常性。①

由于太过相信思辨理性，他们把宗教或神学问题只是作为自然知识中的异常性问题而属于自然科学的一部分。开普勒说，“我希望成为一个神学家，很长一段时间以来，我感到烦恼不安，但我现在看到，神也通过我的天文学工作而得到赞美”；牛顿也认为，“从现象来讨论神当然是自然哲学的一部分。”②因欣喜于科学的成就，他们把基于思辨理性的因果关系发挥到了极致，“所有……现象现在都已经按照严格的自然原则得到了解释”③，从而消解宗教的神圣性，还世人一个“世俗”的人文世界。彼得·哈里森说：

在思想层面上，当时的科学或自然哲学是一种因果关系观念的主要承载者，这种观念使人们很难谈论神在自然或历史中的行动。而这又与自然哲学及其从业者不断变化的地位相关，使得自然哲学家能够就神学问题发表权威看法。这种权威性一直保存至今，虽然它现在倾向于彻底的自然主义和否认神学。最后，17世纪自然哲学与神学之间的亲密关系促进了一种现代的、对宗教的命题式理解，这本身也是“世俗”产生的必要条件。④

思辨理性在科学上的胜利与成果，带来了自然人自身极大的膨胀，这正如唐君毅论述这一人文精神时所说：“人之一切自然本能，蛮性的权利意志，向

① 转引自彼得·哈里森：《科学与世俗化》，张卜天译，《清华西方哲学研究》2018年夏季卷，第192页。
② 同上书，第194—195页。
③ 同上书，第182页。
④ 同上书，第197页。

外征服欲，得一尽量表现之机会。”[①] 因为思辨理性就是要进入对象，施以其分割宰制之能而获取其片段性的成果，以此为主导的人文精神就具有强烈的放纵性、盲目性、暴力性与扫荡性。《十日谈》这样的作品之出现就是艺术上放纵性的显著体现，而在哲学上就是感觉主义甚至怀疑论大行其道，其显著代表就是贝克莱与休谟[②]，这正是盲目性的体现，科学上就是物理学、数学、化学之发展所导致的工业革命，而工业革命又直接导致了现代化，这种现代化的便捷、高速与效益，给人思想上带来了极大的冲击与压迫，这种带有暴力性的冲击与压迫，马克思在《共产党宣言》中曾加以描述：

> 资产阶级，由于一切生产工具的迅速改进，由于交通的极其便利，把一切民族甚至最野蛮的民族都卷到文明中来了。它的商品的低廉价格，是它用来摧毁一切万里长城、征服野蛮人最顽强的仇外心理的重炮。它迫使一切民族——如果它们不想灭亡的话——采用资产阶级的生产方式；它迫使它们在自己那里推行所谓文明制度，即变成资产者。一句话，它按照自己的面貌为自己创造出一个世界。[③]

中国正是在这种暴力性的冲击与压迫下被转入现代化的世界进程的，这种暴力性甚至带有弱者的悲剧性与羞辱性。竺可桢曾说：“世所称古国，希腊、罗马、埃及之属，悉亡灭不可复续。独中国绵历三四千年，岿然如硕果之仅存。盖其声教文物自足以悠久，故能独出于等夷，不随诸国而俱泯也。惟是近百年来，科学勃兴，交通之便利远过曩日，欧美各国均藉近世文明之

---

① 唐君毅：《人文精神之重建》，台湾学生书局 1984 年版，第 141 页。

② 贝克莱主张“存在就是被感知”，即只有感觉才是真实的，人的观念必须来自感觉。由此主张，他必然得出“物是观念的聚合”之结论，即不存在一个实体性的物，物不过是片段性的感觉所形成的观念的聚合。这种片段性的感觉必然会导致怀疑论，因为片段性的感觉如何“聚合”成一体我们无法感觉，休谟即承此而发展，怀疑“自我”的存在，怀疑因果关系的存在，谓前者不过是主观的感觉流，后者不过是主观的习惯联想，二者俱无客观性。

③ 《共产党宣言》，见《马克思恩格斯选集》(1)，人民出版社 1995 年版，第 276 页。

利器以侵略我国，日本随之，变本加厉。”[①]乃至鲁迅悲愤地指责说：“世界的时代思潮早已六面袭来，而自己还拘禁在三千年陈旧的桎梏里。于是觉醒，挣扎，反叛，要出而参与世界的事业。”[②]可见，人们在欣赏现代化物质之声光时，其精神也被挟裹进了其背后的暴力之中而不自知。于是，面对科学及其成果——现代化时，人们表现出了前所未有的信任、羡慕甚至是崇拜，科学将使“人们日常生活中的恐惧和不确定性会逐渐减少”，这里的科学当然是指自然科学，其所产生的物质上的好处“并不需要盲目遵从非科学的信念”[③]。在中国，“师夷长技以制夷”、“中体西用”、“科学技术是第一生产力”，这些口号虽然是在不同的时期所提出，但都是这种精神与心态的表现。现代化在物质层面上带来显著的便捷与效率，人们便把思辨理性贯彻到底，人完全成了自然的一部分，人彻底堕退为自然人。关于自然人之精神，鲁道夫·奥托曾论之曰：

> 路德说过：“自然人是不可能完全畏惧上帝的”，此言从心理学的观点来看不仅是正确的，而且我们还要进一步补充说，自然人甚至完全不可能战栗或感到惊骇。因为“战栗”远甚于“自然的”、通常的害怕。它意味着神秘已开始在心灵面前隐隐浮现，已开始拨动感受之弦。它暗示了一种评价范畴的最初运用，这种范畴在日常经验的自然世界中是没有位置的，而只有对这样的人才可能：在他的心中，一种独特的，不同于任何“自然的”能力的精神倾向被唤醒。[④]

---

① 竺可桢：《〈科学的民族复兴〉序》，见《竺可桢全集》(2)，上海科技教育出版社2004年版，第394页。

② 鲁迅：《当陶元庆君的绘画展览时（我所要说的几句话）》，见王世家、止庵编：《鲁迅著译编年全集》(8)，人民出版社2009年版，第523页。

③ 彼得·哈里森：《科学与世俗化》，张卜天译，《清华西方哲学研究》2018年夏季卷，第178页。

④ 鲁道夫·奥托：《论“神圣”》，成穷、周邦宪译，四川人民出版社1995年版，第18页。

这种“不同于任何‘自然的’能力的精神”就是战栗、惊骇与敬畏，它们都是人的神圣性的表现，是之阙如，人彻底沦为窳民与俗众，整个世界去神圣化，乌合之俗世来临，这是现代化物质文明发展到顶峰的必然结果。

乌合之俗世最显著的特征是量的个人主义[①]之形成。这种量的个人主义的基本特征是：一方面可极端的自由、自我，另一方面这种自由与自我又不能卓尔独立，而须走向群体，不然，个人即走向孤僻、空虚与无聊，甚至自我毁灭。这种量的个人主义在精神上依靠消费获得娱乐与安顿，在思想上表现为识见平庸而失去道德判断力。消费，作为现代社会的现象已不再是传统社会的含义。鲍德里亚说：

> 今天，在我们的周围，存在着一种由不断增长的物、服务和物质财富所构成的惊人的消费和丰盛现象。它构成了人类自然环境中的一种根本变化。恰当地说，富裕的人们不再像过去那样受到人的包围，而是受到物的包围。……正如狼孩因为跟狼生活在一起而变成了狼一样，我们自己也慢慢地变成了官能性的人了。[②]

现代社会的消费远不只是一种享用物质的方式，而是一种意识形态或道德价值。鲍德里亚进一步说：

> 假如人们仅仅是进行消费（囤积、吃、消化），消费社会就不会是一种神话，就不会是社会关于自身所坚持的一种充实的、自我预言式的话语，就不会是一种全面诠释系统。……在此意义中，丰盛和消费——再次声明这里所指并非物质财富、产品和服务的丰盛和消费，而是消

---

① “量的个人主义”与“质的个人主义”是笔者提出的概念，二者是一对含义相反的范畴，含义之解析见正文。

② 鲍德里亚：《消费社会》，刘成富等译，南京大学出版社 2008 年版，第 1 页。

费之被消费了的形象——恰恰构成了我们的新部族神话——即现代性的道德。①

消费并非现代人可以自我驾驭的行为，而是现代社会自身的表达方式与现代人相互交流的必要方式，这是一种司空见惯且人们对之没有知觉又无法抵抗的暴力。“被丰盛和安全掩盖起来的、真实的、无法控制的暴力问题，它曾一度达到一定的极限。……这种暴力的特征是无目的和无对象。”②这种暴力并非时时表现为硬暴力，更多的时候是表现为软暴力，因为它逐渐形成了大众心理及其大家都认可的行为方式，因此，不但无法对这种暴力性进行道德谴责或法律制裁，且它根本上就是社会的道德价值系统，因为现代社会暴力的结构性赋予了它这种功能。现代社会这种结构性的道德价值系统消解了也不需要个人独立的思考能力和良知裁决，于是，现代社会必然会养成思想与道德上的俗人，这种俗人因为消解了敬畏可以逍遥在世界的任何角落，表现出强烈的个人主义特征，但其思考能力与良知裁决的丧失又使他们极度地依赖群体，这就是上文所说的“量的个人主义”，这种“量的个人主义”必然使整个现代社会充斥着平庸的恶。首先，量的个人在识见上诉诸情感、情绪乃至意气，而不是理性。因为量的个人之群体性使得“个人的才智被削弱了，从而他们的个性也被削弱了，异质性被同质性所吞没，无意识的品质占了上风”③，同时，“有意识人格的消失，无意识人格的得势，思想和情感因暗示和相互传染作用而转向一个共同的方向，以及立刻把暗示的观念转化为行动的倾向，是组成群体的个人所表现出来的主要特点。他不再是他自己，他变成了一个不再受自己意志支配的玩偶。”④其次，量的个人人格上的空洞性与质的个人的彻底解体。量的个人以

---

① 鲍德里亚：《消费社会》，第200页。

② 同上书，第173页。

③ 古斯塔夫·勒庞：《乌合之众——大众心理研究》，冯克利译，广西师范大学出版社2007年版，第49页。

④ 同上书，第51页。

闲谈、好奇、两可之方式彻底掏空了人格性，海德格尔认为，三者使自然的个人成为了普遍意义上的中性的存在："人本身属于他人之列并且巩固着他人的权力。人之所以使用'他人'这个称呼，为的是要掩盖自己本质上从属于他人之列的情形，而这样的'他人'就是那些在日常的杂然共在中首先和通常'在此'的人们。这个谁不是这个人，不是那个人，不是人本身，不是一些人，不是一切人的总数。这个'谁'是个中性的东西：常人。"[1] 常人彻底消解了质的个人，因为质的个人具有主体性，这种主体性一方面成就了个人的德性，另一方面涵容了真正的社群；而更重要的是，质的个人还可以养成人的宗教性存在，从而在人生的终极意义与目的上给予指引。第三，量的个人必然导致责任感的缺乏与平庸的恶。常人那具有群体特征的结构性使得常人"是个无名氏，因此也不必承担责任"[2]，常人之所以不必承认责任，因为责任之主体阙如。同时，常人那抽离掉人的源始根基的漂浮在世，贪新骛变的好奇，必然养成莫无差别的理解力，这就是平庸。阿伦特认为，现代人的这种平庸就是一种恶。常人平庸得失去判断力的思想与良知迟钝的裁决力尽管自身不是恶，但社会上的大恶却正是由这样的思想与良知供给的。我们都痛恨社会上的大恶，但如实说来，大恶虽可恨，毕竟是很少的，其所之于社会的危害远不及平庸的恶，因为大恶危害的总是少数人，一旦危害发生，总有人被绳之以法。但平庸的恶危害的却是所有的人，且施害者不是别人，恰恰是我们自己，只是未反省深思耳。我们每个人都在伤害别人与自己，贡献着恶的因子，但却没有一个人被惩罚，且安然自得。因此，平庸的恶之胶固性是不言而喻的，很难在社会中祛除。由此，平庸总是把我们的社会置于无所不在的危险之中，这就是我们常说的现代性的危机。如果说物质文明在物质世界那里的表现是消费，那么，物质文明在人那里的表现就是量的个人的形成，二者皆具有沉浊暴戾的物质之气，现代性

① 海德格尔：《存在与时间》，陈嘉映、王庆节译，三联书店 1987 年版，第 155 页。
② 古斯塔夫·勒庞：《乌合之众——大众心理研究》，冯克利译，广西师范大学出版社 2007 年版，第 50 页。

的精神危机由此而来。

若再回过头来提纲挈领，源于西方之现代化，其发展脉络如下：思辨理性→自然科学→现代化（物质文明）→量的个人主义→现代性的危机。思辨理性让人停驻在经验世界，而经验世界乃无限的因果链，自身并无目的性与价值性，加之现代化物质性的声光又让这种因果链更具幻灭性与麻醉性，"大体"不立的量的个人"蔽于物"，而"物交物，则引之而已矣"（《孟子·告子上》），现代性的危机岂非理有必至乎？现代化本是为了方便与圆满人的生活的，然现实却适得其反，"其有害性就犹如治病时使用某种能治愈这个特定疾病的药物，但在同时又造成新的疾病"[①]，难道这是现代化的必然命运吗？现代化必然会养成量的个人从而导致现代性的危机吗？如何克服这种危机呢？

三、实践理性与精神文明及现代化之正义

要回答上述问题，关键在于我们如何定义现代化。有学者指出，要克服现代化过程中的问题，必须知晓现代化的普遍性的规范含义；这些规范性大约包括"政治上的限权、经济上的市场化，社会生活上的公私分疏"。[②]这些规范性只能克服现代化过程中的技术性问题，但不能超越现代性的危机。约瑟夫·熊彼特就指出：

> 为什么存在像经济活动这类事情的理由，自然是因为人们要吃饭要穿衣等等。提供生活资料来满足这些需要是社会目的或者是生产的意义。可是我们全部同意，这个命题为商业社会中经济活动的理论造成最不现实的

---

① 塞缪尔·亨廷顿等：《现代化：理论与历史经验的再探讨》，张景明译，上海译文出版社 1993 年版，第 100 页。

② 任剑涛：《在现代化史脉络中理解"中国式现代化"》，载《西华师范大学学报》2023 年第 1 期，第 7 页。

> 出发点，要是我们从利润命题出发，我们将能做得更好。同样，议会活动职能的社会意义无疑在于制订立法和部分行政措施。但为了理解民主政治怎样使这个社会目的成为事实，我们必须从竞争性的争取权力和职位出发，同时懂得社会职能事实上使附带地实现的，正如生产对于谋取利润来说，也属于附带的意义一样。[①]

市场化本是为了让资源依自然需要自动配置，但最终的结果却是人们无限制地追求利润；限权的民主政治本是为了让权力依法而行，但结果不过是利益集团拉取选票，而选票在失去判断力与良知裁决的选民手里，也不过是情绪发泄的工具，这就是为什么选民“花在理解政治问题上的精力还没有花在打桥牌上的精力多的原因”[②]。这也难怪任剑涛由此认为，“后发国家的现代化痛楚、先发国家在原发现代化过程中的蛮性表现，都不构成颠覆现代化规范含义的理由”[③]。

可见，普遍性的规范依然属于前面所说的现代化第二序的问题，依靠它尚不能解决现代性的危机。何也？因为现代化中普遍性的规范依然是依靠思辨理性建构起来的，而思辨理性乃是关注经验世界的能力，遵守因果关系中的力学原则，它只能在经验世界的结构性中开出规范，而不能提供超越的价值，所以，康德说：“确实，当人们仅仅关注自然的进程时，应当就根本没有任何意义。人们根本就不能问，在自然中应当发生什么；这和不能问一个圆应当有什么样的属性是一样的。”[④] 要开出现代化中超越的价值原理，必须依据实践理

---

① 约瑟夫·熊彼特：《资本主义、社会主义与民主》，吴良健译，商务印书馆 1999 年版，第 412 页。

② 同上书，第 385 页。

③ 任剑涛：《从现代化的规范含义理解“中国式现代化”》，载《江汉论坛》2023 年第 1 期，第 5 页。

④ 康德：《纯粹理性批判（第二版）》，见李秋零主编：《康德著作全集》第 3 卷，中国人民大学出版社 2013 年版，第 361 页。

性，而实践理性与思辨理性是根本不同的，二者是人类根本不同的理性能力，针对的亦是不同的对象。康德对此作了明确的区分："凡是被表现为通过一个意志而可能（或者必然）的东西，都叫做实践上可能的（或者必然的）；与一个结果的物理学的可能性或者必然性不同，后者的原因不是通过概念（而是像在无生命的物质那里通过机械作用，而在动物那里则通过本能一样）被规定为因果性的。"① 这里的实践并不是物质世界的经验实践活动。依康德的讲法，现代化中的规范依然属于思辨理性之下技术性的实践范畴，因为它必须遵守自然因果律，像国家经济、交往艺术等都属于技术性的实践，"因为它们全部仅仅包含技巧的规则，这些规则因而只是技术实践的，为的是产生一种按照原因和结果的自然概念而有可能的结果。"② 作为技术性实践之超越原理是不依赖于经验而由实践理性先天提供的，"纯粹的实践法则，其目的由理性完全先天地给予，不是经验性地有条件的，而是绝对地发布命令的，它们将是纯粹理性的产物。"③ 这些超越原理，"它们说明什么应当发生，尽管它也许永远不发生，而且在这一点上它们有别于仅仅探讨发生的事情的自然法则，因而也被称为实践的法则。"④ 这样看来，所谓实践就是通过人自由的意欲机能（不受欲望控制）而创造（或者希望创造）的东西，而"为自由行动本身寻求时间上的起源，这是一种自相矛盾"⑤，因此，实践理性（即人的自由的意欲机能）创造必然是道德的创造，价值的创造，唯有这样的创造才能有资格作为经验世界的超越原理，尽管它们未必是经验世界中的现实存在。康德说：

---

① 康德：《判断力批判》，见李秋零主编：《康德著作全集》第5卷，中国人民大学出版社2013年版，第181页。

② 同上书，第182页。

③ 康德：《纯粹理性批判（第二版）》，见李秋零主编：《康德著作全集》第3卷，中国人民大学出版社2013年版，第511页。

④ 同上书，第512—513页。

⑤ 康德：《纯然理性范围内的宗教》，见李秋零主编：《康德著作全集》第6卷，中国人民大学出版社2013年版，第40页。

> 就此而言，它是一个纯然的理念，但毕竟是一个实践的理念，它能够并且应当现实地影响感官世界，使其尽可能地符合这个理念。因此，一个道德世界的理念具有客观的实在性，不是好像它指向一种理知直观的对象（诸如此类的对象我们根本不能思维），而是指向感官世界，但这个感官世界是作为纯粹理性在其实践应用中的一个对象，作为有理性的存在者在感官世界中的一个 corpus mysticum（超越性的模本）。①

实践理性所提供的那些理念为经验世界的超越性的模本，是为超越原理，所谓“超越”就是不来自物质世界但却作用于物质世界；如果物质文明尚称得上是“文明”的话必须以此作为精神的指引，是为精神文明。现在的问题是，远离于经验而由实践理性独自先天提供的这些精神文明的超越原理属于现代化的本质内涵吗？或者说，它包含在现代化的概念之内吗？

我们现在可以进一步来分析一下“现代化”这个词。“现代化”可以有两种理解：其一，“把……化为‘现在’”，即把过去的东西化为现在的东西；其二，“把‘现在’化为……”，即把现在的东西化为将来的东西。“现在”已经到来，故“把过去的东西化为现在的东西”无论是否做到，这个过程实际上已经结束了，因为我们已经不可能再拥有“过去”了。因此，现代化的理解只能是第二种理解，即“把‘现在’化为……”，但人也总只能拥有“现在”而不可能拥有“将来”，于是，“把‘现在’化为……”只是人站在“现在”的一种预期，即哈贝马斯所说的“未完成的方案”②，而预期总意味着有一种尺度。所以，有学者指出，“现代这个词‘modern’从词源来讲来自拉丁词的‘modus’，意思是尺度（measure）。”③于是，现代化意味着一种尺度的预期，且既是对无

① 康德：《纯粹理性批判（第二版）》，李秋零主编：《康德著作全集》第3卷，中国人民大学出版社2013年版，第516页。

② 尤根·哈贝马斯：《现代性：一个未完成的方案》，高建平等主编：《西方文论经典》（6），安徽文艺出版社2014年版，第11页。

③ 张卜天：《古人为什么不喜欢创新》，载《科学文化评论》2018年第3期，第120页。

限未来的预期，就意味着尺度的整全性，既如此，这个尺度只能是精神性的，而不可能是物质性的。那么，这种尺度是什么呢？能由思辨理性来提供吗？思辨理性是把握现象世界的能力，但只是一种概念能力，而现象世界总是在无限的因果链中，思辨理性的概念能力在无限的因果链中无法用得上，故现象世界自身无法呈现出一种整全性的尺度①。普罗泰戈拉说："人是万物的尺度"②，即清醒地认识到尺度不能由现象世界自身提供，而只能由人来提供，而人的思辨理性只有概念的能力，唯有实践理性才能有原则的能力，故尺度只能由实践理性来提供，是以现代化必然包含人的实践理性在内。

如果我们认可诸如"现代化的本质是人的现代化"③、"离开思想道德的现代化，而单谈物质工具的现代化，便是舍本逐末"④之类的观念，则现代化必须甚至首先关涉的便是人的主体性问题。但"人的现代化"、"思想道德的现代化"是什么意思呢？用现代化来描述人与思想道德似乎不是寻常的表达，超越了人的理解，这或许是为什么古人不用"现代化"一词的原因。依据相关学者的研究，"拉丁语的字根'in'就是把东西引进来，'novo'是新，'innovo'就是指要把新东西引进来"，但这种创新古人不称之为现代化，而是指"精神和心灵的重生，重新唤醒你，回到你的本来面目"。⑤这样看来，所谓"人的现代化"就是物质文明与精神文明协调发展且以精神文明作为引导力量的现代化，所谓"思想道德的现代化"就是让人及其创造的世界回到实践理性所提供的整体性的原则中。那么，这种由实践理性先天确立的原则是否是一种泛道德主义的自说自话而与经验世界（落实到现代化中就是物质文明）无关呢？贺麟说："天

① 为什么"现象世界自身无法呈现出一种整全性的尺度"，这需要看康德的《纯粹理性批判（第二版）》的相关章节，在此不能详论。

② 北京大学哲学系外国哲学史教研室编译：《古希腊罗马哲学》，商务印书馆1961年版，第138页。

③ 中共中央文献研究室：《习近平关于社会主义经济建设论述摘编》，中央文献出版社2017年版，第164页。

④ 贺麟：《物质建设与思想道德现代化》，见宋志明编：《贺麟新儒学论著辑要》，中国广播电视出版社1995年版，第416页。

⑤ 张卜天：《古人为什么不喜欢创新》，载《科学文化评论》2018年第3期，第115页。

地间，只有事实追赶不上的理论或理想，没有不合理论的事实。换言之，天地间只有超事实的理论，超现象的逻辑（即康德所谓先天逻辑），而没有超理论超逻辑的事实。”[①] 事实总是套在一定理论或原则中的事实，没有独立的所谓事实，就经济而言，“没有与别的东西绝对不发生关系，离一切而独立的‘经济自身’。”[②] 经验世界的活动没有赶上实践理性的理想，使得经济活动、科技发展这些行为好像是独立的，甚至误解为经济水平决定人的道德水准。其实，在儒家看来，决不可能认为经济发展水平能决定人的道德之高低，因为下面两个命题之正题与反题在儒家经典中都能找到依据。

命题一：经济富足可以使道德好（坏）；

命题二：经济贫乏可以使道德好（坏）。

对于命题一而言，“仓廪实而知礼节，衣食足而知荣辱。”（《管子·牧民》）固然可以证明正命题之成立；但中国又有“饱暖思淫欲”之说，甚至也有可能“饱食暖衣，逸居而无教”，而“近于禽兽”（《孟子·滕文公上》）的可能，这说明反命题同样成立。

对于命题二而言，像“家贫出孝子”，“士穷乃见节义”之谚语固然可以证明正命题之成立；但“小人穷斯滥”，“饥寒起盗心”等恰恰又证明了反命题之成立。

上述两个命题之正反命题俱成立，只能说明经济发展水平自身并不能决定道德，或者说，由经济所直接决定的道德并非真正的道德[③]。贺麟说：

---

① 贺麟：《道德进化问题》，见宋志明编：《贺麟新儒学论著辑要》，中国广播电视出版社 1995 年版，第 365 页。

② 贺麟：《经济与道德》，见宋志明编：《贺麟新儒学论著辑要》，中国广播电视出版社 1995 年版，第 401—402 页。

③ 贺麟认为，若一个人经济好时道德高尚，但一旦经济败坏即为非作歹，则其道德好决不是真正的道德好。同理，若一个人经济贫乏时铤而走险为寇民，但一旦经济好转，立刻成为良民，则其道德坏决不是真正的道德坏。参见贺麟：《经济与道德》，见宋志明编：《贺麟新儒学论著辑要》，中国广播电视出版社 1995 年版，第 400 页。

> 决定一个国家的存亡，不在于那些林林总总随经济状况的变迁而转移的人，而在于那些不随经济状况而转移，且能支配经济，利用经济、创造经济的有真正道德的人或真正不道德的人。一个国家强弱盛衰，即以此两种人斗争的胜败消长为准。[①]

其实，不论经济发展水平有多高，都是经验世界中的事，而经验世界的流变是无法形成一个决定性的概念的，人类在此是盲目的，故赫拉克利特说："博学并不能使人智慧"；"智慧只在于一件事，就是认识那善于驾驭一切的思想"[②]。这意味着，即便对经验世界具有广博的知识，也不能带来一个可以驾驭一切的整体性原则，因为经验世界根本无法提供这种原则。因此，如果我们认同现代化是一种价值预期，其终极目标是实现人的现代化，那么，这种价值预期只能由人的实践理性先天地提供，指望由物质文明来实现现代化的终极目标，无异于缘木求鱼。质言之，现代化最终取决于实践理性的整体性原则（精神文明）对思辨理性片段性的知识成就（物质文明）引领、规导、融摄与整合之力度。

儒家经典文献《大学》云："仁者以财发身，不仁者以身发财。"仁者与不仁者的区别在于，前者以财为工具，人自身是目的；后者以人为工具，财却成为了目的，这是儒家万不能认可的，故《大学》又云："长国家而务财用者，必自小人矣。""务财用"就是无限制地增长物质财富，这样必然会给人生与社会带来问题。钱穆于此论之说："由整个文化、整个人生来看经济，经济的发展是应有其比例的'限度'的。倘若个人或社会，把经济当作唯一最重要的事件与问题，那么这个人的人生决非最理想的人生，这社会也决非最理想的社

① 贺麟：《经济与道德》，见宋志明编：《贺麟新儒学论著辑要》，中国广播电视出版社 1995 年版，第 401 页。

② 北京大学哲学系外国哲学史教研室编译：《古希腊罗马哲学》，商务印书馆 1961 年版，第 22 页。

会。"[①] 这样的理念决不能造就现代化。"仁者以财发身"就是人自身就是目的、而经济发展只是工具。但所谓人自身就是目的落实下来就是实践理性所提供的整体性原则是目的，人的现代化乃至整个现代化之社会即以此为基本精神尺度，这是现代化之正义。唯有在此正义之下，现代化之社会才能走得安稳，最后构建儒家的大同理想即人类命运共同体。

四、儒家为精神文明所能提供的价值维度

在民国时期出版的《民族社会问题新辞典》中，"思想现代化"词条云："现代是要胚胎人类大同的一个时代。"[②] 而"大同"正是儒家的最高理想，尽管这个理想现在还没有实现，甚至永远都不可能实现，但它必须成为现代化进程中的指引，因为它是人的实践理性先天地确立的，它必须在人类的物质文明活动中发挥其引领规导之力量。实践理性是人的先天机能，人的现代化就是让这种机能尽可能的发挥出来，这并非人新获得的一种力量，而是人固有之力量，故在此不宜说"创新"，只宜说"恢复"与"唤醒"。实践理性之发挥机能就叫做"质的个人"站立起来，故所谓"站立"并非依靠外在的新的力量，而是唤醒与恢复人的实践理性之机能，进而洞见其原则以及依据这些原则所建构的世界。这种唤醒与恢复在儒家就叫慎独。慎独是儒家透显人之实践理性的根本工夫，这是一种精微细密之修身工夫，《中庸》云："是故君子戒慎乎其所不睹，恐惧乎其所不闻。"在经验世界所不能睹处人当戒慎、所不能闻处人当恐惧，这不能睹处与不能闻处就是实践理性之原则及其建构的世界，一般人基于思辨理性的片段成就而对之往往轻而忽之，但"君子必慎其独也"(《大学》)，而君子之所以戒慎恐惧，乃因为君子以敬畏之心洞见了实践理性之原则及其建构的世界。戒慎者，对原则之持守也；恐惧者，唯恐越原则之雷池也。由此，质的

① 钱穆:《中国历史精神》，九州出版社 2011 年版，第 45—46 页。
② 杜任之:《民族社会问题新辞典》，觉民书报社 1936 年版，第 109 页。

个人才站立起来。

实践理性在儒家学说里，可以是孔子所说的“仁”，也可以是孟子所说的“本心”，还可以是王阳明所说的“良知”，而儒家历来对“仁”的理解是“爱人”(《论语·颜渊》有：“樊迟问仁。子曰：‘爱人。’”）与“爱物”(《孟子·尽心上》有：“亲亲而仁民，仁民而爱物。”），乃至“仁者浑然与物同体”[①]，对“心”的理解是“天下无心外之物”[②]，对“良知”的理解是“致吾心良知之天理于事事物物，则事事物物皆得其理矣”[③]；可见，儒家虽是质的个人主义，但正因为它是“质的”而非量的个人主义，故又可以成就社群主义（伦理共同体），甚至是天下主义。因此，儒家所倡导的质的个人主义决非个人心性修养之学，儒家固然重视道德，但道德决非停留在个人修养之层次，更非只穷究行为规范之伦理学或道德箴言，“道德是‘弘道’”，所谓“弘道”就是“朝向大同社会的实现，在世界上创造出‘一个作为由于我们的参与而可能的圆善的世界’”。[④]质言之，儒家是一种道德形而上学的理性精神文明体系，这个体系贯通了天地人三才，形成了如下三个价值层级：第一层级：实践理性下的质的个人主义；第二层级：理性宗教下的社群主义；第三层级：道德目的论下的天下主义。此三者，正是儒家为精神文明所能提供的价值维度。

儒家为精神文明提供的价值维度一：实践理性下的质的个人主义。

实践理性是康德哲学的用语，本指自由意志，但若以儒家之词汇说之，就是“本心”或“良知”，名称容有分殊，但俱是人所固有的理性事实（Faktum der Vernunft）。实践理性最基本的特征就是独自地涌现永恒的道德法则性，乃至最后提供整体的目的性，以克服思辨理性的盲目性，进而实现圆善的世界。“心之所同然者，何也？谓理也，义也。圣人先得我心之所同然耳。故理义之

① 王孝鱼点校：《二程集》，中华书局2004年版，第16页。

② 吴光等编校：《王阳明全集》，上海古籍出版社1992年版，第107页。

③ 同上书，第45页。

④ 卢雪崑：《牟宗三哲学——二十一世纪启蒙哲学之先河》，台湾万卷楼图书股份有限公司2021年版，第221页。

悦我心，犹刍豢之悦我口。”(《孟子·告子上》) 这句话即表示作为实践理性的本心自身即是理与义，且必悦纳理与义，悦纳意味着践行理义的力量。“万物皆备于我矣，反身而诚，乐莫大焉。”(《孟子·尽心上》) 此即意味着人自身实践理性之机能给世界万物提供了道德法则性，并由此创造了一个“乐莫大焉”的圆善世界。“仁”就是一种道德的法则性[①]，此是儒家的拱心石。由“仁”这个拱心石，儒家作为道德形而上学体系具有以下架构：

一、“仁者，人也”(此语出自《中庸》，然为孔子所言)；

二、“下学而上达”(《论语·宪问》)；

三、“人能弘道”(《论语·卫灵公》)。

“仁者，人也”意味着道德的法则性是人之为人的定分，也是人作为人的“质”的根本标尺，故“仁者，人也”意味着质的个人站立起来。如实说来，真正精神文明的实现就依赖质的个人，人的现代化也依赖质的个人。道德法则之绝对性使得人在践行中必然会面对一个超越的神圣存在，所谓“尽心、知性而知天”，“‘毋不敬’，可以对越上帝”[②]也，此即是康德所说的“道德不可避免地要导致宗教”[③]，是为“下学而上达”也。因此，“仁者，人也”内在地包含着一种理性宗教，依据这种理性宗教，人类形成一个伦理共同体，进而把道德法则推行于天下，是为“人能弘道”也。儒家的这种实践理性的架构与历程在孔子时代已经全部展现了出来，梁漱溟谓之“理性早熟”，良非虚言也。

儒家为精神文明提供的价值维度二：理性宗教下的社群主义。

---

① 道德法则性是一种方向性法则，这种形式法则有两个要点：一、有利于人之教养；二、有利于终极目的的实现。这种道德法则性不是具体事件的行为原则，但是其超越原理，唯有此才能使一个行为具有真正的道德内容。如果仁是具体的行为原则，那么，“仁者，人也”是说不通的，因为具体的行为原则不具普遍性，更不能成为人之定分。“仁者”之“爱人”、“爱物”，乃至“浑然与物同体”就是把方向性法则贯穿于人与物中，而不是一般情感性的爱。

② 王孝鱼点校：《二程集》，中华书局2004年版，第118页。

③ 康德：《纯然理性范围内的宗教》，李秋零主编：《康德著作全集》第6卷，中国人民大学出版社2013年版，第7页。

质的个人主义之所以与量的个人主义殊异，就是因为质的个人主义最终会形成伦理共同体的社群主义，而不像量的个人主义那样只能组成乌合之众。之所以有这种区别，乃因为质的个人把实践理性的法则作为神（天）的诫命，“惟一真正的宗教所包含的无非是法则，即这样一些实践的原则，我们能够意识到它们的无条件的必然性，我们因此而承认它们是由纯粹的理性启示的（不是经验性的）。”① 康德的这个意思在儒家那里更为显豁：“心具天德，心有不尽，则于天德不尽，其于知天难矣。”② “天者，无外之名，盖心体也。”③ 这意味着，若能尽本心之法则性就是天，别无外在于本心之法则性的所谓天，此即是理性宗教；一旦有外在于本心之法则性的天，即把天给物化了，且与人的道德无关，仅仅成为了人膜拜乃至贿赂的对象（康德称之为狂热的宗教），对这种对象进行宗教规章性的侍奉，“将使趋向于真宗教的一切修行化为乌有”④。不惟此也，因这种物化的神圣者各不相同，易造成宗教上的排他性，乃至宗教战争。理性宗教则不同，它是基于人之心所同然之法则性，故没有教义的不同，“只能设想一种宗教，这种宗教就是纯粹道德的”⑤。正是这种理性宗教，才能形成伦理共同体，个人才能走向社群，在神圣存在者的照临之下，“单个的人的自身不足的力量才联合起来，共同发挥作用。”⑥ 孔子曰：“君子矜而不争，群而不党。”（《论语·卫灵公》）“矜”就是“珍惜持守”⑦，即君子总是戒慎于道德而不争于私利，故能群而不党。“珍惜”有“战战兢兢，如临深渊，如履薄冰”（《论

---

① 康德：《纯然理性范围内的宗教》，见李秋零主编：《康德著作全集》第 6 卷，中国人民大学出版社 2013 年版，第 171 页。

② 王孝鱼点校：《二程集》，中华书局 2004 年版，第 1260 页。

③ 吴光主编：《刘宗周全集》第三册，浙江古籍出版社 2012 年版，第 368 页。

④ 康德：《纯然理性范围内的宗教》，见李秋零主编：《康德著作全集》第 6 卷，中国人民大学出版社 2013 年版，第 183 页。

⑤ 同上书，第 104 页。

⑥ 同上书，第 98 页。

⑦ 朱杰人等主编：《朱子全书》（15），上海古籍出版社、安徽教育出版社 2002 年版，第 1599 页。

语·泰伯》）之意，这正是神圣者照临之下对道德法则性的戒慎之心态。是以在儒家那里，道德必须上通于天，由此形成理性宗教，此一理路诚如康德所说："如果一个伦理共同体要得以实现，那么，所有单个的人都必须服从一个公共的立法，而所有把这些人联结起来的法则，都必须能够被看做一个共同的立法者的诫命。"[①] 唯有这种基于道德法则性的理性宗教才能形成普遍的伦理共同体。

儒家为精神文明提供的价值维度三：道德目的论下的天下主义。

在儒家那里，伦理共同体不只是形成人与人之间的社群主义，一定要通极于宇宙万物，从而形成天下主义。《中庸》云："诚者，非自成己而已也，所以成物也。成己，仁也；成物，知也。性之德也，合外内之道也"；"唯天下至诚，为能尽其性；能尽其性；则能尽人之性；能尽人之性，则能尽物之性；能尽物之性，则可以赞天地之化育；可以赞天地之化育，则可以与天地参矣。"这是道德目的论下天下主义的完美表达。如果现代化不只是人与人之间的和平共处，还必须包含人与自然的和谐共生的话，那么，把世界万物置于道德目的论下是唯一的实现路径，不然，人与自然和谐共生之论必空泛而无着落。"一切形形色色的造物，无论它们有多么伟大的艺术安排，有多么多种多样的合目的地彼此相关的联系，甚至包括它们的许多我们不正确地称之为世界的体系的那个整体"，如果没有人的实践理性，则"整个创造就会是一片纯然的荒野，就会是白费的，没有终极目的"。[②] 因此，"我们必须假定一个道德的世界原因（一个世界创造者），以便按照道德法则为我们预设一个终极目的。而后

---

① 康德：《纯然理性范围内的宗教》，见李秋零主编：《康德著作全集》第 6 卷，中国人民大学出版社 2013 年版，第 98 页。如实说来，只有基于道德才能形成共同体，基于利益很难形成共同体。孟子就清醒地意识到这个问题："王何必曰利？亦有仁义而已矣。王曰：'何以利吾国？'大夫曰：'何以利吾家？'士庶人曰：'何以利吾身？'上下交征利而国危矣。……王亦曰仁义而已矣，何必曰利？"（《孟子·梁惠王上》）当大家都在讲究利益的时候，就不能形成一种共同的力量，必置国家于危险之中，唯有"仁义"才能形成共同的力量。

② 康德：《判断力批判》，见李秋零主编：《康德著作全集》第 5 卷，中国人民大学出版社 2013 年版，第 461 页。

者在多大程度上是必要的，假定前者也就在多大程度上是必要的。”[①] 由此可知，作为理性宗教的儒家内在地包含着道德目的论下的天下主义。所谓“天下主义”就是统万物而言的圆善世界，这个圆善世界只能依据道德法则才能形成一个决定性的概念，不然，人与自然的和谐共生之实义不知究竟如何。明儒罗近溪曰：“圣门之求仁也，曰‘一以贯之’，一也者，兼天地万物，而我其浑融合德者也；贯也者，通天地万物，而我其运用周流者也。”[②] 可见，“仁者，人也”必然内在地要延伸至“与天地万物为一体”之圆善，这种必然性自身也是一种法则，亦可谓人之定分；若不然，“仁”之大义即萎缩为一种主观情感或德行，而不是人之定分。前面所说的人类命运共同体必然包括世界万物在内，但这种“包括”不是主观理论建构或好心肠的行为，而是人的定分。所谓“定分”就是孟子所说的“虽大行不加焉，虽穷居不损焉，分定故也”(《孟子・尽心上》)，这就是说，定分是每个人必须完成的义务，因为它是人之为人之标识。至这一层级，人类精神文明才臻于圆满。

儒家提供的精神文明过程可总结如下：质的个人主义（仁者，人也）→理性宗教（尽心、知性而知天）→社群主义（伦理共同体，群而不党）→天下主义（人类命运共同体，仁者浑然与物同体），唯此才能克服思辨理性物质文明下量的个人主义所形成的乌合之众，进而克服现代性的危机，造就真正的现代化社会。如果现代化最终是人的现代化，而人的现代化是一种预期，只有到由实践理性所确立的天下主义之圆善世界的时候，这种预期才算完成，但这是一个无限的精神历程；尽管历程无限，但这一历程的决定性理念已由儒家提供出来，剩下的就是践行这些决定性理念的行动了。具体到中国式现代化，基于物质文明的考虑与选择，其中间过程尽管可以蜿蜒曲折，但必须以儒家所提供的精神文明作为超越原理，最终实现超越原理所决定的理念，以期实现构建人类

---

① 康德：《判断力批判》，见李秋零主编：《康德著作全集》第 5 卷，中国人民大学出版社 2013 年版，第 470 页。

② 方祖猷等编校：《罗汝芳集》，凤凰出版社 2007 年版，第 388 页。

命运共同体之愿景。美国汉学家郝大维说："不管中国今后几十年试图迎接现代化的种种挑战中会遇到多少困难，对我们而言很清楚的是，最后总是别无选择，只能以其自身传统的强大资源来迎接这些挑战。"[①]若能达成此愿景，就是返本开新，即中国优秀传统文化之创造性转化与创新性发展。作为执政党的中共，亦可谓任重而道远也。

（原载《天府新论》2023年第3期）

---

① 郝大维、安乐哲：《先贤的民主——杜威、孔子与中国民主之希望》，何刚强译，江苏人民出版社2004年版，第107页。

由“富”到“强”如何可能？
——论作为社会主义核心价值的“富强”与中国传统文化之关系

一、作为社会主义核心价值的“富强”及其意涵

中共十八大报告中有关社会主义核心价值的论述是：“倡导富强、民主、文明、和谐，倡导自由、平等、公正、法治，倡导爱国、敬业、诚信、友善，积极培育社会主义核心价值观。”在这里，“富强”作为社会主义核心价值的首要任务加以提出与确立。的确，如果没有国家的“富强”作为准备，那么，一个民族的复兴是不可能的，所谓“中国梦”实现亦是不可能的。

同时，习近平在“在中共中央政治局第十三次集体学习”时指出：

> 牢固的核心价值观，都有其固有的根本。抛弃传统、丢掉根本，就等于割断了自己的精神命脉。博大精深的中华优秀传统文化是我们在世界文化激荡中站稳脚跟的根基。中华文化源远流长，积淀着中华民族最深层的精神追求，代表着中华民族独特的精神标识，为中华民族生生不息、发

展壮大提供了丰厚滋养。中华传统美德是中华文化精髓，蕴含着丰富的思想道德资源。不忘本来才能开辟未来，善于继承才能更好创新。对历史文化特别是先人传承下来的价值理念和道德规范，要坚持古为今用、推陈出新，有鉴别地加以对待，有扬弃地予以继承，努力用中华民族创造的一切精神财富来以文化人、以文育人。[①]

可见，社会主义核心价值的培育与建立，离不开一个民族的固有文化传统。本文拟以“富强”为中心来论述为什么社会主义核心价值的培育与建立需要扎根于中华优秀传统文化。

我们首先来看“富强”一词的本来意义。“富强”意味着“既富且强”，不是“富”了以后即“强”，而是“富”而且“强”。可见，“富”与“强”是两个独立的意义，一般以为“富”了以后就一定“强”，这实际上是以“富”的意义来消解了“强”的意义。其实，“富”不必一定就“强”，“强”是与“富”分签并架的一个范畴。一般来说，“富”是指物质财富上的充足，但“强”却是指文化的自信，民风刚毅。

许慎《说文解字》释“富”：“备也。一曰厚也。从宀，畐声。”依据后人的解释，“畐”本像人腹满之形（参“福”字条），合“宀”为之，以示富人安居宫室，丰于饮馔之义。可见，“富”确是指人的物质财富而言。物质财富之于人的生活的意义，老幼皆知，自不待言。因此，中国古代的治国大典《洪范》把“富”列为“五福”之一，“五福：一曰寿，二曰富，三曰康宁，四曰攸好德，五曰考终命。”后人疏“富”为：“家丰财货也。”

那么，“强”是什么意思呢？“强”固然有身体上的强大，力量上的强健，但更有德行上的刚毅与坚决。如，《周易·乾》：“天行健，君子以自强不息。”又，《礼记·学记》：“九年知类通达，强立而不反，谓之大成。”郑玄注：“强

① 习近平：《培育和弘扬社会主义核心价值观必须立足中华优秀传统文化》，载《新民晚报》2014年2月26日。

立，临事不惑也。”孔颖达疏：“强立谓专强独立，不有疑滞。”又，《国语·晋语》：“申生甚好仁而强。”这些例子都说明了一个人德行上的刚毅与文化上的自信，就一定表现出“强”的特征。“国家之所以存亡者，在道德之浅深，不在乎强与弱；历数之所以长短者，在风俗之厚薄，不在乎富与贫。道德诚深，风俗诚厚，虽贫且弱，不害于长而存；道德诚浅，风俗诚薄，虽强且富，不救于短而亡。”（《东坡全集》卷五十一《上皇帝书》）苏东坡所言虽未必全是，但文化德义之于国家之兴亡，社会之治乱，其关系甚大，却不可忽焉。

因此，我们要理解作为社会主义核心价值的“富强”，一定要从物质财富上的富足与文化价值上的强大两个方面来理解，即从物质财富之“富”与文化德义之“强”来理解，而不是仅由物质财富之“富”而来的“强”来理解。如果只从物质财富上来理解，是非常有局限性的，不但不足以理解社会主义核心价值，而且也不能理解何以要以中华优秀传统文化作为社会主义核心价值培育之根本所在。

二、近代中国探求“富强”的历史教训与传统文化复兴之必要

本来，中国传统文化乃以物质财富之“富”与文化德义之“强”并建，且尤重文化德义之“强”来理解富强问题的。《中庸》载：

> 子路问强。子曰：“南方之强与？北方之强与？抑而强与？宽柔以教，不报无道，南方之强也，君子居之。衽金革，死而不厌，北方之强也，而强者居之。故君子和而不流，强哉矫！中立而不倚，强哉矫！国有道，不变塞焉，强哉矫！国无道，至死不变，强哉矫！”

这段话，依据朱子《中庸章句》的理解，乃是“国有道，不变未达之所守；国无道，不变平生之所守也。此则所谓中庸之不可能者，非有以自胜其人

欲之私，不能择而守也。君子之强，孰大于是？夫子以是告子路者，所以抑其血气之刚，而进之以德义之勇也”。显然，孔子对于“强”的理解不是血气上的，也不是财富上的，而是文化德义上的。

又，梁惠王曾向孟子询问，像魏这样的小国如何抵抗齐、楚、秦之坚甲利兵。孟子的回答是：

> 地方百里而可以王。王如施仁政于民，省刑罚，薄税敛，深耕易耨。壮者以暇日修其孝悌忠信，入以事其父兄，出以事其长上，可使制梃以挞秦楚之坚甲利兵矣。(《孟子·梁惠王上》)

仁政之所以“强”，不只是富民、养民，更在于教民以文化德义、礼义廉耻。又，《荀子·强国》篇有：

> 威有三：有道德之威者，有暴察之威者，有狂妄之威者——此三威者，不可不孰察也。礼乐则修，分义则明，举错则时，爱利则形。如是，百姓贵之如帝，高之如天，亲之如父母，畏之如神明。故赏不用而民劝，罚不用而威行，夫是之谓道德之威。

荀子明确指出，暴察之威只能带来危弱，狂妄之威必然导致灭亡，而只有道德之威才能促成安强。

即使是被誉为法家的管子，也认同真正的“强”不是在城郭、兵甲与财物，而是文化德义上的得道。

> 城郭沟渠，不足以固守；兵甲彊力，不足以应敌；博地多财，不足以有众。惟有道者，能备患于未形也，故祸不萌。(《管子·牧民》)

由上引几段经典说明，"强"正是由文化德义使然的。我们可以这样说，中国要真正"富强"，一定要关联着文化德义，礼义廉耻，而这正是中国传统文化的胜场。所以，中国要真正"富强"，一定要牵涉到中国传统文化。外此，就不是真实的"富强"。

但是，中国自鸦片战争以来，由于科学技术上的落后，物质上的匮乏被西方的坚船利炮打开了国门以后，促使国人希图在物质财富上奋起直追以救亡图存，由此，逐渐只知物质财富上的"富"，而丧失了文化德义之"强"了。这种趋势，从清末之洋务运动到民国初年的新文化运动，再到改革开放的初期皆是如此。

清末之洋务运动，打着"中学为体，西学为用"的旗号，意在只借助西方的科学技术来发展物质财富，既而富国强兵，决不抛弃"中学"之本体。洋务派本着"欲自强，必先裕饷，欲浚饷源，莫如振兴商务"的信念（《李文忠公全集·朋僚函稿》卷三九），挑战中国传统的重农抑商经济观念，把"富民"作为兴国的根本。如实说来，他们在极其艰难的情况下，开办了军工、实业，乃至商业，有力推动了民族资本主义工业的发展。如安庆内军械所（安徽安庆，曾国藩）、天津机器制造局（天津，崇厚）、江南制造总局（上海，李鸿章）、金陵制造局（江苏南京，李鸿章）、福州船政局（福州，左宗棠、沈葆桢）等军工业，确实起到了强军的作用；开平煤矿（河北开平，李鸿章）、湖北织布局（湖北武昌，张之洞）、汉阳铁厂（湖北汉阳，张之洞）、兰州制造局（亦称甘肃制造局，左宗棠）、甘肃织呢总局（亦称兰州机器织呢局）等民用工业，确实起到了富民的作用。但是，必须指出的是，因为他们过度地重视西学的"用"了，以至于使得事实上削弱了中学之"体"，尽管这种结果的造成不是他们主观愿望所造成的，却事实上造成了这种结果。正如美国学者列文森所言：

> 被西方人所使用的西"用"，通过鼓励一种新的社会选择，即选择商业—工业生活方式，对中国士大夫的生活方式提出了挑战。这种生活方式

不仅使儒学越来越变得不合时宜，并且使儒家的约束力（像家族背后的那些约束力）也越来越受到削弱。①

可见，期望纯粹借助于西方的科学技术来强大本国的物质财富，而不丝毫影响本国的文化力量，在事实上是不可能。列文森进一步解释说：

因为人们根本就不可能在文化的物质部分与文化的精神部分之间划分出一条明显的界限来，而且对于所有传统的儒家思想派别来说，现代“体用”二分法只能是传统发生根本上的变化与衰落的一种掩饰。②

本来，洋务派提出“中学为体，西学为用”是为了保住中国文化这个“体”，西学那个“用”只是用来壮大这个“体”的，可事与愿违。列文森说：

传统主义者力图使自己相信西方机器只是一种驯服工具，但当他们为了消除人们对西方机器的顾虑而使用的“体用”模式严重地背离了它原有的意思时，就表明了西方入侵者对传统文化的破坏是事实而非假象。③

这样看来，“体用”是不可分离的，竭力发展西学的“用”必然导致中学之“体”的瓦解，不管人们是否主观上有这种的愿望。甚至在有些人看来，如果要努力发展西方的科学技术，那么，再去强调中学这个“体”可能恰恰是一种障碍。尽管洋务派事实上摧毁了中学这个“体”，然而他们在主观上却还是维护这个“体”的。但到了新文化运动者那里，连这个主观愿望也撤掉了，他们主张全盘西化。

---

①② 列文森：《儒教中国及其现代命运》，郑大华、任菁译，中国社会科学出版社 2001 年版，第 53 页。

③ 同上书，第 54 页。

西化论者宣扬西方的德先生与赛先生，即民主（包括自由）与科学。民主代表西方的精神价值，科学代表西方的物质成就。西化论者期望把西方的精神价值与物质成就都接引移植到中国来，从而彻底废弃中国传统文化，从整体上改变中国的物质财富与精神文化。所以，他们叫嚣“打倒孔家店”。但是，西化论者真的能把西方的精神价值给接引过来吗？中国文化有数千年的流传，具有强大的胶固性与黏合性，不是可以轻易废弃的。一种外来文化要在中国站稳脚跟，必须与中国文化传统相结合，佛教的传入及其在中国的发展就是一个明证。西化论者欲在废弃中国文化传统的基础上而在中国发展西方文化，就没有现实的可行性。这样，西化论者所接引的西方文化其实是严重变形了的西方文化，他们接引过来的只不过是一点科学技术，西方文化的精神价值根本没有接引过来。这从他们对基督教乃至整个宗教的批判运动中可以略见端倪。1922 年 2 月，上海一批青年学生发起成立“非基督教学生同盟”，发出通电，号召抵制在清华校园召开世界基督教学生同盟大会。他们“专以解脱宗教羁绊，发挥科学真理为宗旨”，并宣称“我们自誓要为人类社会扫除宗教的毒害。我们深恶痛绝宗教之流毒于人类社会十倍于洪水猛兽”。他们以科学相号召，但却反对宗教，由此他们能接引得住西方的民主、自由等精神价值吗？答曰：决不可能。西方的民主、自由精神正是在其宗教精神中产生的，托克维尔对此论述得非常清楚。他说：

> 教条性信仰，因时代不同而有多有少。这种信仰的产生方式不尽相同，而且它们的形式和对象也可能改变。但是，教条性信仰，即人们不加论证而接受的某种信念，是人们无法使其不存在的。如果每个人都力图各自形成自己的观点，并独自沿着自己开辟的道路去寻求真理，则决不会有很多人肯于团结在一个共同的信仰之下。[①]

① 托克维尔：《论美国的民主》，董果良译，商务印书馆 2012 年版，第 524 页。

正是在一个共同的信仰之下，才有一个欣欣向荣的社会，从而才有真正的自由可言。如果只是沿着个人自己的观点走，只可能是一个混乱不堪的社会，决不是民主，更没有自由。所以，托克维尔进一步说："在美国，宗教从来不直接参加社会的管理，但却被视为政治设施中的最主要设施，因为它虽然没有向美国人提倡爱好自由，但它却使美国人能够极其容易地享用自由。"[①]

这样看来，要接引住西方的民主、自由等精神价值，就决不能反对宗教，否则，就根本接引不过来。但西化论者并没有这种清醒的认识，依然以为要接引住科学、民主等价值观念，必须反对宗教。尽管在17世纪时，当时的朝野上下也反对基督教，但当时的精神与20世纪的反基督教精神是不同的。列文森说：

> 在17世纪，中国人是把基督教作为一种非中国传统的东西而加以反对的。但到了20世纪，特别是第一次世界大战后，中国人反对基督教的主要原因，是由于它的非现代性。在前一时期，基督教因为不是儒教而受到批评，这种批评是中国文明所特有的，在后一阶段，基督教因为不是科学而遭到抨击，这种抨击来自于西方文明。[②]

17世纪的中国人反对基督教乃因为它不符合自己的信仰系统，而中国有自家固有的信仰系统，但20世纪的中国人反对基督教乃是以西方文明来反对西方文明，真是令人费解。这说明，新文化运动时期对于西方文化的理解是极其有限的，是"一只脚的西方文化"。这样造成的结果是，除了学了一点西方的物质文明以外，并不能接引住民主、自由等精神价值，又因为他们叫嚣全盘西化，也使得中国固有的精神文化传统坍塌，造成中国社会价值荒芜、精神

① 托克维尔：《论美国的民主》，董果良译，商务印书馆2012年版，第339页。
② 列文森：《儒教中国及其现代命运》，郑大华、任菁译，中国社会科学出版社2001年版，第106—107页。

无家。

至中国共产党十一届三中全会以后，中国实行改革开放政策，抛弃文革时期“以阶级斗争为纲”的错误路线，而以“经济建设为中心”。不但经济建设是中心，且不能动摇。这段时间，即从十一届三中全会到中共十八大近35年，从立国方略上看，相当于汉代文帝景帝时期实行的与民休息的政策，终于促成了文景之治，汉帝国经济逐渐复苏，国力日大。当代中国自改革开放以来，经济日益发展，如今其经济总量已跃升至全球第二，仅次于美国。但这个时期的失误也是极其明显的，那就是：只强调了经济建设，忽视了精神文化信仰的传承。改革开放初期，有所谓“不管黑猫白猫，抓到老鼠就是好猫”，就是明显的证明。虽然，当政者也一再强调，物质文明与精神文明两手都要抓，两手都要硬，但这里的所谓精神文明，不是精神文化信仰的传承，而是知识教育的普及与科学技术的传授，依然是一种软性的物质文明。可以说，尽管改革开放给中国经济注入了活力，带来了腾飞，但无疑，它造成了精神文化信仰的进一步远离。况且，由于人们醉心于经济的发展与成功带来的红利，使得人们对于精神文化信仰的隔离较之于前两个时期（洋务运动与新文化运动）有过之而无不及。

综上所述，洋务运动、新文化运动与改革开放三个时期的先贤们为了中国富强，可谓呕心沥血，其赤诚可鉴。如今，中国的确经济发展了，技术进步了，科学发达了。然而，他们有一个共同的失误，那就是，太过强调了“富”的意义，而忽视了“强”的自觉。于是，我们可以看到，“杀人不为越货，凶手将屠刀伸向孩子和自己的家人；无毒不成餐，毒奶粉、地沟油你方唱罢我登场；为了钱，曼妙女郎扬言非宝马男不嫁；为了被拆迁的房子，亲兄妹可以反目成仇争夺财产大闹公堂……”[①] 这种情形正如诚如孟子所言：“上无道揆也，下无法度也，朝不信道，工不信度，君子犯义，小人犯刑。”（《孟子·离娄上》）

① 赵菲菲：《我们的社会病了》，载《国际先驱导报》2010年5月21日。

由此，中国社会下滑为无德义文化贵族精神的大众社会，整个社会的文化呈现出物质主义、消费主义、娱乐主义和观光主义。这样的社会正如弗朗西斯·福山所说：

> 为了获得社会认可而去奋斗，心甘情愿地为了一个纯粹抽象的目标而去冒生命危险，为了唤起冒险精神、勇气、想象力和理想主义而进行的广泛意识形态斗争，必将被经济的算计、无休无止地解决技术问题、对环境的关注以及对精细消费需要的满足所取代。①

如果中国当代社会是一个没有理想、文化与德义的“乌合之众”，那么这样的社会或国家怎么可能是一个真正“富强”的国家呢？如果说，三个时期的先贤们之强调“富”的作用，而盲顾文化之“强”的意义，乃是在非常时期之一种“权用”的话，那么，如今经济发展以后，就应该回归到“经道”上来。《淮南子·泰族训》云：

> 五帝三王之道，天下之纲纪，治之仪表也。今商鞅之启塞，申子之三符，韩非之孤愤，张仪、苏秦之从衡，皆掇取之权，一切之术也。非治之大本，事之恒常，可博闻而世传者也。子囊北而全楚，北不可以为庸；弦高诞而存郑，诞不可以为常。……故五子之言，所以便说掇取也，非天下之通义也。

依《淮南子》的看法，治国之“经道”乃是五帝三王之仁义之道，而商鞅、申不害、韩非、张仪、苏秦之法只是一时的“权用”，但治国不可一直在这种“权用”中进行，必须在“经道”中延续。因此，我们只能这样理解三个

① Francis Fukuyama. *Have We Reached the End of History*? Santa Monia, Calif: Rand Corporation. 1989. pp.22—23.

时期先贤们的“权用”，即躯体病甚时须猛药去疾，如今，疾已去，病渐愈，则须“经道”来调理了。钱穆先生在论述汉帝国之立国方略从文景的无为而治到武帝时的复古更化时说：

> （武帝）其时物力既盈，纲纪亦立，渐达太平盛世之境。而黄老申韩，其学皆起战国晚世。其议卑近，主于应衰乱。惟经术儒生高谈唐虞三代，礼乐教化，独为盛世所憧憬。自衰世言之，则见为迂阔远于事情。衰象既去，元气渐复，则如人之病起，舍药剂而嗜膏粱，亦固其宜也。后人谓惟儒术专利于专制，故为汉武所推尊，岂得当时之真相哉！[①]

依钱穆的看法，应衰乱，自当先发展经济以复元气，然当元气渐复以后，当重礼乐教化，以强本固基，渐至太平，这是治国的根本之道。后汉政论家崔寔说：

> 盖为国之道，有似理身，平则致养，疾则攻焉。夫刑罚者，治乱之药石也；德教者，兴平之粱肉也。夫以德教除残，是以粱肉理疾也；以刑罚理平，是以药石供养也。（《政论》）

可见，一个国家在动乱与承平的不同境况下，其治理理念应该是不同的。现在，中国确实到了“平则致养”而至文化之“强”的时候了。而在中国要从文化上至“强”，当然只能复兴中国传统文化。这就是为什么“富强”一定要与中国传统文化关联而论的原因所在。

那么，中国传统文化之于“富强”问题上到底有什么值得当代借鉴的价值呢？大体说来，中国传统文化在“富强”问题上表现出四种精神：

---

① 钱穆：《两汉经学今古文平议》，商务印书馆2005年版，第200页。

第一，中国传统文化重视财富，且须藏富于民；

第二，中国传统文化注重治己与治人的区分，统治者当以身作则以教民；

第三，中国古代官吏以德义教民而求治的历史经验；

第四，中国传统文化的形上智慧开显了财富在人生价值中的限度。

中国传统文化中“富强”问题上所表现出的这四种精神，使得中国传统社会一定可以做到：不但富民众，且能养士风，正民俗。一言以蔽之，不会是一个无贵族德义精神的大众社会，而是一个君子社会，只有养成了君子社会，国家与民族才真正强大。

三、中国传统文化关于“富”的论述与“藏富于民”的理想

中国传统文化历来重视富民。人是一种有肉体的精神存在者，这就意味着人类需要一定的财富条件来满足其基本物质需求。因此，儒家思想并不排斥财富，更要求确保民众的基本物质需要。一般以为，儒家文化以道德为本位，只强调修身，不大强调物质财富的获得。其实这是误解，作为古代治国的大典《洪范》就确立了让百姓富裕的根本原则。

> 五福：一曰寿，二曰富，三曰康宁，四曰攸好德，五曰考终命。(《尚书·洪范》)

承袭这种传统，《论语》与《孟子》中有很多关于“财富”或“富民”的论述。

> 子曰：“富而可求也，虽执鞭之士，吾亦为之。如不可求，从吾所好。”(《论语·述而》)

依孔子看来，若“富”可求，人们就不应该拒绝。作为一个负责任的政府，更不应该不去满足民众的“富”的渴求。

> 子适卫，冉有仆。子曰：“庶矣哉！”冉有曰：“既庶矣。又何加焉？”曰：“富之。”曰：“既富矣，又何加焉？”曰：“教之。”（《论语·子路》）

必须先让百姓富裕起来，然后才教化之，富民是前提。

又，孔子答哀公“政之急”时，有如下对话：

> 哀公问政于孔子。孔子对曰：“政之急者，莫大乎使民富且寿也。”公曰：“为之奈何？”孔子曰：“省力役，薄赋敛，则民富矣；敦礼教，远罪疾，则民寿矣。”公曰：“寡人欲行夫子之言，恐吾国贫矣。”孔子曰：“诗云：‘恺悌君子，民之父母。’未有子富而父母贫者也。”（《孔子家语·贤君》）

又，子张尝问孔子何谓“惠而不费”，孔子的回答是：“因民之所利而利之，斯不亦惠而不费乎？”（《论语·尧曰》）这就是说，满足老百姓的利益，在此多花些钱，就是惠民，不算是浪费钱财。

孟子则说得更为直截了当。

> 无恒产而有恒心者，惟士为能。若民则无恒产，因无恒心。苟无恒心，放辟邪侈，无不为已。及陷于罪，然后从而刑之，是罔民也。焉有仁人在位，罔民而可为也？是故明君制民之产，必使仰足以事父母，俯足以畜妻子；乐岁终身饱，凶年免于死亡；然后驱而之善，故民之从之也轻。今也制民之产，仰不足以事父母，俯不足以畜妻子；乐岁终身苦，凶年不免于死亡；此惟救死而恐不赡，奚暇治礼义哉？王欲行之，则盍反其

本矣。五亩之宅，树以之桑，五十者可以衣帛矣。鸡豚狗彘之畜，无失其时，七十者可以食肉矣。百亩之田，勿夺其时，八口之家可以无饥矣。(《孟子·梁惠王上》)

在孟子看来，对于一般的老百姓而言，没有基本的生活保障，高谈礼义廉耻是不可能的，所以，基本的物质保障正是仁政的开始。

不违农时，谷不可胜食也；数罟不入洿池，鱼鳖不可胜食也。斧斤以时入山林，材木不可胜用也。谷与鱼鳖不可胜食，材木不可胜用，是使民养生丧死无憾也。养生丧死无憾，王道之始也。(《孟子·梁惠王上》)

儒家所强调的“富”不是政府的富，而是藏富于民。《论语·先进》篇载：“季氏富于周公，而求也为之聚敛而附益之。子曰：‘非吾徒也。小子鸣鼓而攻之，可也。’”冉求帮季氏藏富于官府，当然要受到孔子的责骂。所谓“富国”就是“藏富于民”。

哀公问于有若曰：“年饥，用不足，如之何？”有若对曰：“盍彻乎？”曰：“二，吾犹不足，如之何其彻也？”对曰：“百姓足，君孰与不足？百姓不足，君孰与足？”(《论语·颜渊》)

这是表示，百姓富了，国家才真正富裕了。荀子亦说：

故王者富民，霸者富士，仅存之国富大夫，亡国富筐箧，实府库。筐箧已富，府库已实，而百姓贫：夫是之谓上溢而下漏。(《荀子·王制》)

荀子告诉我们，如果仅仅是国库富足而百姓的生活却贫困，对于国家来说是很危险的事情。

综上所述，重视富民、养民，已经成为了传统知识分子的共识。北宋名臣梁焘尝上书哲宗皇帝曰：

> 民惟邦本，本固邦宁。盖民定则国定，民富则国富。用度百索出于民间，常令足衣足食，无困无怨，则事事乐供于公上矣。君臣相与谋谟经纶者，在此而已。(《宋名臣奏议·上哲宗论四者归心之道》)

可以说，富民是直接关涉到一个国家安定乃至得善治的问题。管子总结道：

> 凡治国之道，必先富民。民富则易治也，民贫则难治也。奚以知其然也？民富则安乡重家，安乡重家则敬上畏罪，敬上畏罪则易治也。民贫则危乡轻家，危乡轻家则敢凌上犯禁，凌上犯禁则难治也。故治国常富，而乱国必贫。是以善为国者，必先富民，然后治之。(《管子·治国》)

那么，民富之后何以可以得到善治呢？这里可以告诉我们，民富不必就是善治，但民富之后为善治准备了条件。因此，善治不仅要富民，更应教民。

四、中国传统文化“治己”与“治人”的区分及教民之内涵

可以说，教民是一个国家从“富”走向“强”的通道或路径。即一个国家只有从物质财产之“富”而至于文化德义之“强”，才算得上是真正的善治。如果政治只是富民而取得一时之美誉，不注重教化，那么，就是“奸治”而不是善治。荀子曰：

垂事养民，拊循之，唲呕之，冬日则为之饘粥，夏日则为之瓜麮，以偷取少顷之誉焉，是偷道也。可以少顷得奸民之誉，然而非长久之道也；事必不就，功必不立，是奸治者也。(《荀子·富国》)

可见，教化民众是中国传统政治的基本内涵之一，占据极其重要的地位。所以《礼记·学记》云："建国君民，教学为先。"孔子告诉冉求，人民富了以后，一定要教化他们。孟子说得更明白：

设为庠序学校以教之。庠者养也，校者教也，序者射也。夏曰校，殷曰序，周曰庠，学则三代共之，皆所以明人伦也。人伦明于上，小民亲于下。有王者起，必来取法，是为王者师也。(《孟子·滕文公上》)

国家设立庠序以教化百姓是一个王者之所以为王者的基本要求与法则。相反，如果一个富裕的国家不去教养百姓，那么，就不是一个人类社会。"人之有道也，饱食暖衣，逸居而无教，则近于禽兽。"(《孟子·滕文公上》) 故教化百姓是一个王者的必然担当。"圣人有忧之，使契为司徒，教以人伦：父子有亲，君臣有义，夫妇有别，长幼有序，朋友有信。"(《孟子·滕文公上》) 基于此，《国语·晋语》云：

民生于三，事之如一：父生之，师教之，君食之。非父不生，非食不长，非教不知。

中国传统尽管要求统治者要教民，但统治者自身首先须自我教化而修身。当季康子欲以苛法来驯服百姓的时候，孔子要求他作修身之表率，这是教民的正道。

季康子问政于孔子曰：“如杀无道，以就有道，何如？”孔子对曰：“子为政，焉用杀？子欲善，而民善矣。君子之德风，小人之德草。草上之风，必偃。”（《论语·颜渊》）

荀子则说得更清楚：

请问为国？曰：闻修身，未尝闻为国也。君者仪也，民者景也，仪正而景正。君者盘也，民者水也，盘圆而水圆。君者盂也，盂方而水方。君射则臣决。楚庄王好细腰，故朝有饿人。故曰：闻修身，未尝闻为国也。（《荀子·君道》）

可见，统治者修身以作民之表率，从而教化百姓，对于一个国家的善治是何等的重要。故孔子曰：“其身正，不令而行；其不正，虽令不从。”（《论语·子路》）若统治者不能正身以至于百姓不服从政令，那么，何来善治？所以，在中国传统中，统治者一定要把握“治己”与“治人”的区分。由此，进入到第二个问题中来。

尽管《大学》里讲“自天子以至于庶人，壹是皆以修身为本”，但对于上层统治者而言，修身不但关涉到个人生命境界的提升，而且更关涉到如何治理百姓的问题。统治者自身的修养从两个方面影响对于百姓的治理：其一，只有一个修身的上层统治者，才能真正做到以“因民之所利而利之”；其二，一个修身的上层统治者可以身作则，教化百姓，所谓“举直错诸枉，能使枉者直”也。在中国传统的政治理念中有一种明确的区分，即对于上层统治者而言，先须“自修”，这是统治者的“治己”；对于下层百姓而言，先须使之“富”，这是统治者的“治人”。故统治者须把握住“治己”与“治人”的区分。董仲舒曰：

爱在人谓之仁，义在我谓之义。仁主人，义主我也。故曰仁者人也，义者我也，此之谓也。君子求仁义之别，以纪人我之间，然后辨乎内外之分，而著于顺逆之处也。是故内治反理以正身，据礼以劝福。外治推恩以广施，宽制以容众。孔子谓冉子曰："治民者，先富之而后加教。"语樊迟曰："治身者，先难后获。"以此之谓治身之与治民，所先后者不同焉矣。《诗》曰："饮之食之，教之诲之。"先饮食而后教诲，谓治人也。又曰："坎坎伐辐，彼君子兮，不素餐兮。"先其事，后其食，谓治身也。(《春秋繁露·仁义法》)

这是在政治上明确地告诉统治者，要以"义"来对待自己，而以"仁"来对待百姓。以"义"来对待自己，故修身要严；以"仁"来对待百姓，故应关注百姓的幸福，首先是物质上的满足。二者决不能相反，即不能以"义"之严对百姓，而以"仁"之宽对己。否则，不但不能产生教民之效果，且把政治置于危险之中。故董仲舒接着说：

求诸己谓之厚，求诸人谓之薄；自责以备谓之明。责人以备谓之惑。是故以自治之节治人，是居上不宽也；以治人之度自治，是为礼不敬也。为礼不敬，则伤行而民弗尊；居上不宽，则伤厚而民弗亲。弗亲则弗信，弗尊则弗敬。二端之政诡于上，而僻行之则诽于下，仁义之处可无论乎？(《春秋繁露·仁义法》)

可见，在中国传统中，教民固然重要，但首先是要求统治者自我教化。这样，统治者不仅是政治上的官吏，而且是文化德义上的师者。这是中国传统文化的基本要求。《尚书·秦誓上》云："天佑下民，作之君，作之师。"这是说，君即是政治上的"君"，又是教化上的"师"。所以，"以吏为师"可以说是中国的政治传统。章学诚对此有明确的解释：

以吏为师，三代之旧法也。秦人之悖于古者，禁《诗》、《书》而仅以法律为师耳。三代盛时，天下之学，无不以吏为师。《周官》三百六十，天人之学备矣。其守官举职，而不坠天工者，皆天下之师资也。东周以还，君师政教不合于一，于是人之学术，不尽出于官司之典守。秦人以吏为师，始复古制。而人乃狃于所习，转以秦人为非耳。秦之悖于古者多矣，犹有合于古者，以吏为师也。(《文史通义·史释》)

在章学诚看来，“以吏为师”本来是中国政治的传统，秦代“以吏为师”是符合这个传统的，惟是秦代之官吏不修，任法以为师，这就与传统的以吏为师的传统相去甚远。故秦代之“以吏为师”不足法也。

一个社会要得善治，必须养成君子之风，不可纯任法以为师、以为教。荀子说得非常清楚：

无土则人不安居，无人则土不守，无道法则人不至，无君子则道不举。故土之与人也，道之与法也者，国家之本作也。君子也者，道法之总要也，不可少顷旷也。得之则治，失之则乱；得之则安，失之则危；得之则存，失之则亡，故有良法而乱者有之矣，有君子而乱者，自古及今，未尝闻也。(《荀子·致士》)

法，哪怕是良法，也不可能使社会得到彻底的善治。为什么？淮南子曰：

民无廉耻，不可治也；非修礼义，廉耻不立。民不知礼义，弗能正也；非崇善废丑，不向礼义。无法不可以为治也；不知礼义，不可以行法。法能杀不孝者，而不能使人为孔、曾之行；法能刑窃盗者，而不能使人为伯夷之廉。(《淮南子·泰族训》)

如果没有基本的文化德义之教，良法亦只是负面的“罚”的工具，而不是正面的“教”的滋养。故淮南子又曰：

> 治身，太上养神，其次养形；治国，太上养化，其次正法。神清志平，百节皆宁，养性之本也；肥肌肤，充肠腹，供嗜欲，养生之末也。民交让争处卑，委利争受寡，力事争就劳，日化上迁善而不知其所以然，此治之上也。利赏而劝善，畏刑而不为非，法令正于上而百姓服于下，此治之末也。(《淮南子·泰族训》)

太史公亦有言曰：“法令者治之具，而非制治清浊之源也。”(《史记·酷吏列传序》) 王夫之曰：“法愈密，吏权愈重；死刑愈繁，贿赂愈章。”(《读通鉴论》卷一二）这就充分解释了为什么中国传统政治一定要养士，再由士人出仕为官而教民的根本原因了。实际上，中国历史上的循吏正是这种政治传统的代表。

五、中国历史上的循吏“富”民“强”国的历史经验及其启示

所谓“循吏”，就是不但能“富”民，且注重自修以为百姓楷模，由此而教化百姓，从而亦可“强”国之官吏。循吏秉持这样的治国理念，即“政府不是代表一个权力，而只是一个机构，来执行一种任务，积极发扬人类理想的文化与道德的”。[①] 在这样的治国理念之下，循吏在中国历代不乏其人。班固尝论循吏之风力时曰：

> 秦既灭韩，徙天下不轨之民于南阳，故其俗夸奢，上气力，好商贾渔猎，藏匿难制御也。宛。……宣帝时，郑弘、召信臣为南阳太守，治皆

① 钱穆：《中国历史精神》，九州出版社 2011 年版，第 32 页。

> 见纪。信臣劝民农桑，去末归本，郡以殷富。颍川，韩都。士有申子、韩非，刻害余烈，高仕宦，好文法，民以贪遴争讼生分为失。韩延寿为太守，先之以敬让；黄霸继之，教化大行，狱或八年亡重罪囚。南阳好商贾，召父富以本业；颍川好争讼分异，黄、韩化以笃厚。“君子之德，风也；小人之德，草也”，信矣！（《汉书·地理志下》）

有鉴于此，余英时先生认为，循吏具有政治和文化两重功能。“循吏首先是‘吏’，自然也和一般的吏一样，必须遵奉朝廷的法令以保证地方行政的正常运作。但是循吏的最大特色则在其同时又扮演了大传统的‘师’的角色。”①所谓“大传统”就是文化德义之教化传统。正因为中国传统要求官吏履行“师”的角色，故必须修身以自励，不能以权济私。荀子下面这段话，正是这种角色要求的印证：

> 士不通货财。有国之君不息牛羊，错质之臣不息鸡豚，冢卿不修币，大夫不为场园，从士以上皆羞利而不与民争业，乐分施而耻积藏；然故民不困财，贫窭者有所窜其手。（《荀子·大略》）

若士人官僚“身宠而载高位，家温而食厚禄，因乘富贵之资力，以与民争利于下”（《汉书·董仲舒传》），那么，老百姓怎么可能不贫穷呢？可见，在中国传统中对于士人有特别的要求。因此，钱穆先生说：“在一方面讲，中国的士是半和尚，因其不事生产而有家庭。从另一方面讲，又是双料和尚，负了治国平天下的大责任，因而又不许他经营私人生活。”②公仪休的例子就很好地说明了钱穆先生的论断。公仪休是鲁国著名的贤相，太史公《史记·循吏列传》谓其“奉法循理。无所变更，百官自正。使食禄者不得与下民争利，受大者不

① 余英时：《士与中国文化》，上海人民出版社2003年版，第139页。
② 钱穆：《中国历史精神》，九州出版社2011年版，第52页。

得取小”，且载其事迹云：

食茹而美，拔其园葵而弃之。见其家织布好，而疾出其家妇，燔其机，云“欲令农士工女安所雠其货乎”？（《史记·公仪休列传》）

公仪休之“拔园葵”、“燔杼机”乃在于“使食禄者不得与下民争利”，更在于为官者不可太在意去经营私人生活。所以，在传统中国，有竞利精神的人不可以进入仕途。《文献通考》卷二十八载：“隋文帝开皇七年制，诸州岁贡三人，工商不得入仕。”工商之人以逐利为目的，入仕可能会败坏士风。

这种规定，唐宋皆秉承之，至明清才略有改变，工商可入仕，且能正面地看待工商，但这正面之看待正源于工商亦可成就士的精神，决非一心竞利。明代商人王现（字文显）尝曰：

夫商与士，异术而同心。故善商者处财货之场而修高明之行，是故虽利而不淤。善士者引先王之经，而绝货利之径，是故必名而有成。故利以义制，名以清修，各守其业。（《空同先生集》卷四十四《明故王文显墓志铭》）

这是以士的精神来引导职业的工商业者，一旦进入仕途，当然只能“引先王之经”而“绝货利之径”了。正是在此种精神之下，传统的循吏皆能勤勉以治国，自励以教民，决不逐物竞利，更不中饱私囊。我们不妨来看几个有代表性的循吏。

兒宽，汉武帝朝左内史。《汉书》说他“宽为人温良，有廉知自将”，他的这种品格来自其好学以自修、勤奋以自励。本传说：

治《尚书》，事欧阳生。以郡国选诣博士，受业孔安国。贫无资用，尝为弟子都养。时行赁作，带经而锄，休息辄读诵，其精如此。（《汉书》

卷五十八《兒宽传》）

兒宽的这种自励精修以正德的精神施与行政，就是宽仁爱民。本传说：

宽既治民，劝农业，缓刑罚，理狱讼，卑体下士，务在于得人心；择用仁厚士，推情与下，不求名声，吏民大信爱之。宽表奏开六辅渠，定水令以广溉田。收租税，时裁阔狭，与民相假贷，以故租多不入。后有军发，左内史以负租课殿，当免。民闻当免，皆恐失之，大家牛车，小家担负，输租繦属不绝，课更以最。上由此愈奇宽。（《汉书》卷五十八《兒宽传》）

可见，一个严以治己的官吏不但体恤下情，关注民瘼，且能很好地完成行政任务。这也是为什么孟子强调仁政的原因所在。

汉宣帝时的韩延寿则更注重教化百姓。《汉书》记载他治理颍川的情形时说：

颍川多豪强，难治，国家常为选良二千石。先是，赵广汉为太守，患其俗多朋党，故构会吏民，令相告讦，一切以为聪明，颍川由是以为俗，民多怨仇。延寿欲更改之，教以礼让，恐百姓不从，乃历召郡中长老为乡里所信向者数十人，设酒具食，亲与相对，接以礼意，人人问以谣俗，民所疾苦，为陈和睦亲爱、销除怨咎之路。长老皆以为便，可施行，因与议定嫁娶、丧祭仪品，略依古礼，不得过法。延寿于是令文学校官诸生皮弁执俎豆，为吏民行丧嫁娶礼。百姓遵用其教，卖偶车马下里伪物者，弃之市道。数年，徙为东郡太守，黄霸代延寿居颍川，霸因其迹而大治。（《汉书》卷七十六《韩延寿传》）

治理一方，不但要奖励耕织，更须教化百姓，基本成为了传统出仕官吏的共识了。汉桓帝北新长刘梁尝誓告县民曰：

> 昔文翁在蜀，道著巴汉，庚桑琐隶，风移碨磥。吾虽小宰，犹有社稷，苟赴期会，理文墨，岂本志乎！乃更大作讲舍，延聚生徒数百人，朝夕自往劝诫，身执经卷，试策殿最，儒化大行。此邑至后犹称其教焉。(《后汉书·文苑下·刘梁传》)

相反，一个不闻教化纯任法令以治理的官吏，定会受到人们的斥责。汉昭、宣帝时的严延年就是一个例子。他的母亲尝斥责之曰：

> 幸得备郡守，专治千里，不闻仁爱教化，有以全安愚民，顾乘刑罚多刑杀人，欲以立威，岂为民父母意哉！(《汉书·酷吏传》)

纯任法令而不闻教化就是俗吏。贾谊论俗吏时曰：

> 夫移风易俗，使天下回心而乡道，类非俗吏之所能为也。俗吏之所务，在于刀笔筐箧，而不知大体。(《陈政事疏》)

俗吏并非酷吏，但俗吏只知“刀笔以治文书，筐箧以贮财币”(王先谦《汉书补注》引周寿昌言)，由此而欲善治是不可能的。匡衡曾上书汉元帝曰：

> 上有好利之臣，则下有盗窃之民：此其本也。今俗吏之治，皆不本礼让，而上克暴，或忮害好陷人于罪，贪财而慕势，故犯法者众，奸邪不止，虽严刑峻法，犹不为变。此非其天性，有由然也。(《汉书·匡衡传》)

以上主要就两汉而论之，实际上，这种体察民情，且不忘教化民众的循吏代有其人。如，北魏时期的循吏裴佗。《魏书》谓其“容貌魁伟，隤然有器望”，载其学养与治民云：

> 少治《春秋杜氏》、《毛诗》、《周易》，并举其宗致。……转征虏将军、中散大夫。为赵郡太守，为治有方，威惠甚著，猾吏奸民莫不改肃。所得俸禄，分恤贫穷。转前将军、东荆州刺史，郡民恋仰，倾境饯送，至今追思之。寻加平南将军。蛮酋田盘石、田敬宗等部落万余家，恃众阻险，不宾王命，前后牧守虽屡征讨，未能降款。佗至州，单使宣慰，示以祸福。敬宗等闻佗宿德，相率归附。于是阖境清晏，寇盗寝息，边民怀之，襁负而至者千余家。（《魏书·良吏传》）

这真是一个“举直错诸枉，能使枉者直”的典范。由此而御民，焉得不善治。

又，明洪武年间的方克勤，方孝孺之父也。《明史》说他“克勤为治，以德化为本，不喜近名，尝曰：‘近名必立威，立威必殃民，吾不忍也。’”又，谓其政绩时云：

> 时始诏民垦荒，阅三岁乃税。吏征率不俟期，民谓诏旨不信，辄弃去，田复荒。克勤与民约，税如期。区田为九等，以差等征发，吏不得为奸，野以日辟。又立社学数百区，葺孔子庙堂，教化兴起。盛夏，守将督民夫筑城，克勤曰：“民方耕耘不暇，奈何重困之畚锸。”请之中书省，得罢役。（《明史·循吏传》）

这是一个既关心国家税收，又体恤民间疾苦，复重视社会教化的父母官，其以文化德义力行于身，表率于民，乃至影响了其子方孝孺，使之终成一代大儒与文宗，非偶济也。

以上花费大量篇幅钩玄史料，以证欲得善治，不惟在发展生产，增加财富，更须官吏自正以修身，兴学以化民。二者缺一不可，后者乃是由“富”走向“强”的基础。这里的“强”就是依靠文化德义这种大家都认同的媒介，把松散的大众黏合在一起，起着“社会水泥”[①]的作用。由此，无助的点状的个人成为了相互联系的强大社会。这正如《宋书·良吏传赞》云：“若以上古之化，治此世之民，今吏之良，抚前代之俗，则武城弦歌，将有未暇；淮阳卧治，如或可勉。”又，《中庸》云：

《诗》曰：“不显惟德，百辟其刑之。”是故君子笃恭而天下平。《诗》曰：“予怀明德，不大声以色。”子曰：“声色之于以化民，末也。”《诗》曰：“德輶如毛，毛犹有伦；上天之载，无声无臭”，至矣！

这是一个把政治上强力与宰制束之高阁而“无为”，依靠强大的社会自行运转的自治社会。不管传统中国政治是否达到了这个效果，但传统中国政治努力的方向是如此，这种努力方向至少造就了中国传统社会两千多年来的安宁与稳定。这种悠久的历史就是“强”，《中庸》云：“悠久，所以成物也。”我们若能同情地了解，则此种悠久不可妄议与厚诬也。

但现代社会与此迥异。由于科技的进步，个人主义的膨胀与自由、民主的泛滥，富裕的现代社会生成了强大的个人与弱小的社会。这种强大的个人只是靠机械统计的选票组成一个大众社会，而不是由文化德义养成的君子社会。由此，社会少了君子的贵族品格，这样的社会不可能是一个强大的社会。西班牙思想家奥尔特加·加塞特说：

我的观点有些极端，因为尽管我从未说过人类社会应该是贵族制的，

① “社会水泥”乃借用法兰克福学派的讲法。这一派观点认为，大众文化强化了世俗社会的价值统治，起着世俗社会的“社会水泥”的作用。这是对大众文化的批评。

但我实际上却走得更远，我过去认为，现在仍然认为——并且坚持这一观点的信念与日俱增：不管人们愿意与否，人类社会按其本质来说，就是贵族制的；甚至可以这样说：只有当它是贵族制的时候，它才真正成其为一个社会；当它不是一个贵族制的时候，它根本就算不上一个社会。当然，我这里说的是社会，而不是国家。①

由此可见，一个社会欲由“富”至于“强”，则必须养成君子社会而不是大众社会，这样，君子之贵族品格不可少。而中国传统的文化德义之教正是促成这种品格的基本教义，故中国国家与社会要“富强”必须复兴中国传统文化，亦是理有必至也，岂有疑义?!

六、中国传统文化的形上智慧与财富在人生价值中的限度之开显

一个社会要由“富”至“强”，必须养成君子的贵族品格。这里的“贵”不是身份地位的“富贵”，而是精神气质的“高贵”，而所谓“高贵”就是不以物质财富为人生的终极目的，且能注重财富在人生中的限度，予以适度恰当的安排。在此，必须汲取中国传统文化的形上智慧。我们不妨来看孔子的这句话：

子曰：“吾未见刚者。”或对曰：“申枨。”子曰：“枨也欲，焉得刚?”（《论语·公冶长》）

人作为一种物质性的存在，自然需要一定的物质财富来支撑这种物质性存在的滋养与消费，但人更是一种理性的存在，承载着宇宙的理性目的，故财富

---

① 奥尔特加·加塞特：《大众的反叛》，刘训练、佟德志译，吉林人民出版社2004年版，第14页。

虽然在人生中有不可代替的作用，但其意义是有限度的，不可能成为人生的终极目的。孔子这句话就是告诉我们，如果一个人欲求物质财富过多，那么，他就不可能作为一个“强大”的理性存在者挺立于宇宙之间。可见，如果没有把握好，“富”确实可能成为“强”的障碍。中国传统文化在此有一个清楚的意识，《大学》云：

> 仁者以财发身，不仁者以身发财。

这是两种根本不同的人生态度，前者以财富为工具，把它限定在一定的限度内；后者则以财富为终极目的，让其无限制地发展。

那么，为什么财富一定要限制在一定的限度之内呢？如果不，它会对“强”产生怎么样的影响呢？明代戏剧家贾仲名云：“饱暖思淫欲，饥寒起盗心。”（《对玉梳》第三折）这句话已经成为了中国民间俗谚，反映了一个普遍的道理，即物质财富太匮乏有损于德行，但物质财富太充裕亦有损于德行。有鉴于此，亚里士多德为财富开出了一个合理的限度——“素朴（节制）而宽裕（自由）”。他说：

> 让这两个词联合起来划出我们应用财富的边际——两者如果分开，宽裕（自由）将不期而流于奢侈，素朴（节制）又将不期而陷于寒酸。人们在处理财富上表现过弱（吝啬）或过强（纵滥）的精神都是不适宜的，这里惟有既素朴而又宽裕，才是合适的品性。[①]

可见，我们之所以要确立财富的限度，就是因为财富可以损坏德行使得社会只“富”而不“强”。但遗憾的是，人类社会并没有在亚氏所确立的限度内

---

① 亚里士多德：《政治学》，吴寿彭译，商务印书馆2009年版，第64页。

发展，而是朝往宽裕这个方向无限制地发展，进而使得人们都在追求奢靡的物质生活，而人类的灾难与罪恶正由此而产生。子贡尝问孔子曰：“贫而无谄，富而无骄，何如？”孔子答曰：“可也。未若贫而乐，富而好礼者也。”（《论语·学而》）孔子与子贡的对话恰恰也说明了社会上确实有很多因富贵而骄横无礼的情况发生。故亚氏感叹道：“世间重大的罪恶往往不是起因于饥寒而是产生于放肆与贪婪。”[①] 若放眼于当今世间之各种恶行与犯罪，亚氏之言可谓万古不易之真理也。

只有一个有贵族气质的君子才可以把财富限定在一个较好的限度内。虽然我们说，一种善的政治必须首先满足民众的物质需求，孔孟一再标举的仁政也不例外，但中国传统政治亦非常清楚，财富毕竟不是政治的根本目的，故《大学》云：“长国家而务财用者，必自小人矣。”亚里士多德也认为政治（实则是城邦学）之根本目的决不是无限制地发展经济而满足人们的物质欲望，而在于培养人之天性善德。“一个城邦的目的是在促进善德，这样的宗旨不难给它作证。”[②] 所谓“天性善德”就是人所禀受于天之性德。朱子云：

> 盖自天降生民，则既莫不与之以仁义礼智之性矣。然其气质之禀或不能齐，是以不能皆有以知其性之所有而全之也。（《大学章句序》）

这是“立人极”之学，具有宗教的意义。故《中庸》云：“天命之谓性，率性之谓道，修道之谓教。”这里的“教”不只是教育或讲学，而须开启人的形上智慧而至于宗教信仰的高度。因此，我们说一个社会要由“富”而至于“强”须以文化德义教化民众，但如果仅限于传统文化的科条与原则，而不能开启人的形上智慧、确立人的价值信仰，则可能仅仅是外在的规训而不是内在的提升，这种教化未必有效。而要开启人的形上智慧、确立人的价值信仰又端

---

① 亚里士多德：《政治学》，吴寿彭译，商务印书馆 2009 年版，第 72 页。
② 同上书，第 142 页。

赖人的存敬涵养工夫。至此，又落到《大学》那句话上来："自天子以至于庶人，壹是皆以修身为本。"为什么呢？《大学》说得非常清楚："其本乱而末治者，否矣。其所厚者薄，而其所薄者厚，未之有也。"

一言以蔽之，一个社会要真正由"富"走向"强"，须开启人的形上智慧、宗教灵觉。这不但给财物之"富"划定了限度，而且给了文化德义之"强"以精神的支撑。从这个意义上讲，我们复兴中国传统文化不能仅限于文化思想形下宣讲，而应复兴形上之儒教。"道中庸"固然不错，但"极高明"亦不可缺焉。不然，"道中庸"仅成形式，为无本之木、无源之水也。《吕氏春秋·孟春纪》云：

> 贵富而不知道，适足以为患，不如贫贱。贫贱之致物也难，虽欲过之奚由？出则以车，入则以辇，务以自佚，命之曰招蹷之机。肥肉厚酒，务以自强，命之曰烂肠之食。靡曼皓齿，郑、卫之音，务以自乐，命之曰伐性之斧。三患者，贵富之所致也。故古之人有不肯贵富者矣，由重生故也，非夸以名也，为其实也。则此论之不可不察也。

若不知物质之"富"之限度，不但伐性，且将伤慧，此人生之大患也。这样的个人不可能获得真正的幸福，这样的社会或国家不可能平安和谐，故亦不可能强大。所以，钱穆先生说：

> 经济是人生一个"基本"问题，它是人生中很重要的一部分。若使经济问题不得好解决，其他一切问题都将受影响。可是经济问题并不包括人生的整个问题，也不能说经济问题可以决定人生其他的一切问题。我认为经济在全部人生中所占地位，消极的价值多，积极的价值少。缺少了它，影响大；增加了它，价值并不大。……甚至经济上无限增加，不仅对人生没有积极价值，或许还可产生一种逆反的价值，发生许多坏处。个人如此，整个社会世界亦复如此。所以经济价值是"消极的多余积极的"。换言之，经济只是

> 人生中少不得的一项“起码”条件。若论经济情况的向上，却该有其一定比例的限度。由整个文化、整个人生来看经济，经济的发展是应该有其比例的“限度”的。倘若个人或社会，把经济当作唯一最重要的事情与问题，那么这个人的人生决非最理想的人生，这社会也决非最理想的社会。[①]

尽管有肉体的欲望需求，但人毕竟是一种文化的存在物。“自文化立场讲，从一个人生理想上来规定一种经济限度，是未可厚非的。”[②]如果没有这个限度，一定会偏离人作为文化存在的合目的性。当今之情势下，社会发展，工商活跃，经济增长，这预示着物质财富在不断地膨胀，但无论如何，物质财富之增加总不能成为人类永远的目的，总当有个限度。不然，人就总是被物质财富牵引着走，受其宰制，从而疏离了人的文化存在之本质。这是很可悲的事。在此，中国传统文化或许可以给我们以启示。

七、结语：中国传统文化与既“富”且“强”之可能

通过以上论述，我们知道中国传统文化中有诸多关于“富强”的文化价值值得我们当下汲取，既而作为社会主义核心价值的精神资源。《淮南子·说山训》云：“人不小学，不大迷；不小慧，不大愚。”岂虚言哉?！“小学”就是俗世中的技艺之学，而中国传统文化乃启开人之智慧的“大学”，这里有取之不尽的精神源泉。只有认真切实地加以吸收，人才不至于“大迷”和“大愚”。这样，一个人才是一个既“富”且“强”的人，一个国家才是一个既“富”且“强”的国家。

（原载《天府新论》2016年第2期）

---

① 钱穆：《中国历史精神》，九州出版社2011年版，第45—46页。
② 同上书，第60页。

古典教育与世界的守护

——从海德格尔“思”的召唤到儒家的礼乐之教

一、教育就是对世界的守护

当今的中国社会，杀人越货、诈骗钱财，每日见于报端或网络，已是司空见惯了；仇视社会，亲人相煎，亦时有发生；乃至被誉为象牙塔的学术界，如今也成了贪污腐败、弄虚作假的重灾区。这一切都预示着中国的道德教育是失败的，以至于有学者指出，中国教育到了比较危险的时刻，甚或有人愤而成文曰：“教育是中国最大的假冒伪劣产品。”[①] 这些基于事实或道义的指陈或斥责虽不无道理，但应该说，当代的中国教育并非不重视道德人格教育，比如，我们的教育方针历来的方向是“德、智、体”全面发展，且德育放在首位；另外，中小学开设了《思想品德》课，大学开设了《思想道德修养与法律基础》课，皆意在加强学生的道德人格教育。然而，道德人格的教育却依然是失败的，当然，这个事实并非只在中国发生，世界各国都面临着同样的问

① 光照的果子（网名）：《教育是中国最大的假冒伪劣产品》，载《凤凰财经》2014年4月21日。

题，即精神线的下降而带来的道德沦丧。法国有学者指出：法国社会犯罪不但没有随着教育的普及而减少，反而增加了。受过教育的罪犯与文盲罪犯之间的比例是3000∶1000，且在过去50年中，犯罪比例从每10万人227人上升到552人。[①]

面对这些问题，有良知的人都在寻求出路与济世之方，于是，各种教育研讨会此起彼伏，教育改革被提上了日程。这些研讨与改革并非完全没有意义，然而，它们在多大程度上切中了问题却依然是可疑的。当我们把教育对象化为一个专门的学科，进而去寻找其定义，确立其规则的时候，我们离问题依然是很远的。准确地说，我们还没有切近教育，更没有经验到教育。按照海德格尔的讲法，“在某个东西上取得一种经验意谓：某个东西与我们遭遇、与我们照面、造访我们、震动我们、改变我们。”[②]这意味着，不是我们去占有教育，而是教育来占有我们，即不是我们主观地去设计一种教育方案，而是教育让我们回到本质。当我们“对于”教育有所谈论时，教育恰恰是离我们最远的。为什么呢？当我们在谈论教育时，总是把教育作为人类的文化来谈论的，但若教育只是人类的文化，而不是世界之为世界的道说时，恰恰是我们离教育最远的时候。

问题是，如何才能切近教育？我们不妨来看孟子的一句话，“以善服人者，未有能服人者也。以善养人，然后能服天下。”（《孟子·离娄下》）孟子此处是说，教育不是以善的律则去驯服人，而是先应“养”人。“养”自身不是教育，但却是先于教育的，它为教育进行了奠基。也就是说，在“养”没有澄明之前，一切基于对象化的教育而来的定义、规则、原理，可能不但没有保护人，反而伤害了人。但问题又来了，什么是“养”？我们需要不断地问。我们不认为，教育问题已明显地摆在那里，只要寻找到解决的方法即可。“问”意味着

---

① 古斯塔夫·勒庞：《乌合之众》，冯克利译，广西师范大学出版社2007年版，第103页。

② 海德格尔：《语言的本质》，见《在通向语言的途中》，孙周兴译，商务印书馆2010年版，第146页。

教育的问题还没有摆出来，问把我们带入思之虔诚中。我们或许能在一系列的可问之物中切近教育。因为，“可问之物从自身出发才提供了一个清楚的理由和一个自由的支点，从而使我们能够将属于我们本质的东西召唤到我们面前和我们身边。在朝向可问之物的征途上所做的游历不是历险，而是归家”。[①]

现在我们来问：什么是“养”？总体地言之，“养”就是把世界召唤到我们面前，进而把人带回本质之中而回家。表面上看，这似乎是一个离教育很远的纯哲学问题，但恰恰我们由此而切近了教育。反之，当我们把教育问题对象化而执着于一些专门的问题——如上文提到的杀人越货、亲人相煎等——而期备解答的时候，我们离教育却是非常遥远的。

教育就是“把世界召唤到我们面前，进而把人带回本质之中而回家”。如此诡异的结论，我们如何理解？难道世界在人那里逃逸了吗？我们每个人都感受到了斗转星移，四季更替；更感受到交通的便捷，信息的发达。我们感受着世界，乃至享受着世界。世界无时无刻不在我们眼前，我们置身于其中，施展我们的自由，满足我们的欲望，我们一刻也离不开世界，世界也好像在回馈着我们，满足着我们。难道世界逃逸了吗？然而，我们要说的是，我们愈是如此感受着世界，享受着世界；愈是如此施展我们的自由，满足我们的欲望，世界就逃逸得愈远。庄子曰：“瞽者无以与乎文章之观，聋者无以与乎钟鼓之声。岂唯形骸有聋盲哉？夫知亦有之。”（《庄子・逍遥游》）在庄子看来，人之聋瞎不只是在耳目，人之智能亦有之。不要以为目明耳聪就穷尽了世界，若智慧不能明而有聋盲，世界就会逃逸，亦必然逃逸。目明耳聪人人都有，即使没有，借助科学手段（如眼睛与助听器），亦可使之恢复。但智慧之明靠什么呢？当然靠教育。故教育的使命就是：以智慧之明灵现世界。只有在此世界中，人才能回归本质。这样的世界，是人之本质的看护者。在这样的世界还没有召唤带入之前，人尚处在无家可归的状态，而在人的无家可归之状态中去进行任何教

① 海德格尔：《科学与沉思》，见孙周兴选编：《海德格尔选集》，上海三联书店1996年版，第976页。

育的谈论与研究，都没有切中问题。这正如一个人要去北京旅行，但却上了去上海的火车，则这趟火车无论是多么舒适温馨，都是白费。故对旅行而言，上对车必须是在先的。同样，对于教育而言，对世界的拯救必须是在先的，这是一种更为根本的拯救，因为在此，人经验到了一种更原初的基于人的本质而来的呼唤了。聆听这种呼唤在当今世界变为了一个更为迫切的问题，因为科学主导了我们的世界，计算性思维丈量着我们的世界。这样，真实的世界在当今便逃逸得无影无踪了。如果说对世界的拯救是哲学的根本任务，那么，当哲学深思人的世界，并在人的世界中让人的本质到来的时候，此时哲学就是原始的教育学了。

二、古人对世界的认知及其守护

原本，古人对耳目感官抱有高度的警惕，谨防世界在人之“看”与“听”中逸之而去。对于感官之“看”，庄子曰：

> 物无非彼，物无非是。自彼则不见，自知则知之。故曰：彼出于是，是亦因彼。……是亦彼也，彼亦是也。彼亦一是非，此亦一是非，果且有彼是乎哉？果且无彼是乎哉？彼是莫得其偶，谓之道枢。枢始得其环中，以应无穷。是亦一无穷，非亦一无穷也。故曰：莫若以明。（《庄子·齐物论》）

大凡我们“看”物，无非视之为一种有各自规定性的对象化存在。这种规定性构成了各个物的“是”，同时，对于别的物而言，又是一种否定，即“非”也。任何物，既是“是”，又是“非”，总在“是”与“非”的对待中。但是，“是”与“非”是真的存在的吗？还是人之“看”强加给物的，若我们要超越这种“是”与“非”的对待，就不能只是在对象化的“看”中。

对于感官之“听”，庄子曰：

> 夫言非吹也，言者有言。其所言者特未定也。果有言邪？其未尝有言邪？其以为异于鷇音，亦有辩乎？其无辩乎？……故有儒墨之是非，以是其所非而非其所是。欲是其所非而非其所是，则莫若以明。(《庄子·齐物论》)

“言”总是有所说，但其所说又总是不一定的，因为其总在主体的世界观中有所说。既然“言”不过主体在其“观”中发出，那么，这与小鸟叫没有什么差别，而儒墨之是非都是主体之“观”之争，皆没有客观性。而我们要超越这种“言”之是非，就不能只在主体之“观”中发言。

可见，无论是感官的“看”还是“听”，庄子都不相信其能得世界之真。若要得世界之真，则“莫若以明”，因为唯有“明”才能切近真实的世界。庄子最后总结曰：

> 天下大乱，贤圣不明，道德不一。天下多得一察焉以自好。譬如耳目鼻口，皆有所明，不能相通。犹百家众技也，皆有所长，时有所用。虽然，不该不遍，一曲之士也。判天地之美，析万物之理，察古人之全。寡能备于天地之美，称神明之容。(《庄子·天下》)

在庄子看来，“备天地之美，称神明之容”才是真正的世界，但这样的世界不可能在耳目鼻口等感官中呈现。耳目鼻口等感官中呈现的世界，都只是世界之“一曲”，即只是世界的一个面向。世界在此分解破碎，最后逃逸隐藏了。正因为古人有这种警惕性，他们才高唱“天地与我并生，而万物与我为一”(《庄子·齐物论》)。简言之，“天人合一”是中国古人基本的共识与追求，儒道释概莫能外。在此，天、地、万物与人皆朗朗在场，相互守护。这就是古人的世界，一个天、地、人、神共域的澄明之境。但这样的世界不是视听可以触及的，须用心召唤。孟子曰：

> 耳目之官不思，而蔽于物。物交物，则引之而已矣。心之官则思；思则得之，不思则不得也。此天之所与我者，先立乎其大者，则其小者不能夺也。此为大人而已矣。(《孟子·告子上》)

视与听总是随外物的性状而走，故其成就的乃是纯对象化的物质世界，但这样的世界并不是真实的世界，与这样的世界打交道的人亦不是真实的人。这样的世界所养成的人是怎样的呢?《礼记·乐记》云：“夫物之感人无穷，而人之好恶无节，则是物至而人化物也。人化物也者，灭天理而穷人欲者也。……是故强者胁弱，众者暴寡，知者诈愚，勇者苦怯，疾病不养，老幼孤独不得其所，此大乱之道也。”可见，这样的世界与这样的人，道德沦丧，世道日偷，岂能免焉？而本文开始所说的诸问题，其因由正在此也。故道德沦丧，世道日偷根本不是道德教育出了问题，而是世界之为世界远离了人，因耳目不能把握世界也。唯有作为大体的心才能把真实的世界召唤而带入，由此，人才由这种带入而成为真正的人，即大人，也就是天、地、人、神共域的人；否则，就是小人，小人即意味着从天、地、神之共域中逸出，成为孤悬的人。但孤悬的人决不是人的本质，老子曰：“道大，天大，地大，人亦大。域中有四大，而人居其一焉。”(《老子》第二十五章）人必须在四域中栖居，才是一种本真的回归。

古人即浸润在这样的世界中，享受其馈赠。有诗云：

> 崧高维岳，骏极于天。维岳降神，生甫及申。维申及甫，维周之翰。四国于蕃，四方于宣。(《诗经·大雅·崧高》)

在这里，天（骏极于天）、地（崧高维岳）、神（维岳降神）、人（维申及甫）共同出场，他们相互守护（“蕃”与“宣”)，维系着世界的在场。又有诗云：

结庐在人境，而无车马喧。问君何能尔？心远地自偏。采菊东篱下，悠然见南山。山气日夕佳，飞鸟相与还。此中有真意，欲辨已忘言。（陶渊明：《饮酒》其五）

显然，在陶渊明的眼里，世界并不是自然的菊花、南山与飞鸟，更不是熙攘的人群与车马，而是一个更有真意的在场者，视听皆不足以得之，它需要人用心来召唤。孟子曰："万物皆备于我矣，反身而诚，乐莫大焉。"（《孟子·尽心上》）人与物相互守护，当人回归本质的人的时候，就把物带入其世界而在场。但这并不意味着人回归本质之后才把物带入其世界，好像其中可以有先后似的。一旦有先后，世界就从人那里逃离了，人由此而成为孤悬的人了，物亦由此而成为对象化的物了。这仅仅意味着人与物相互守护，相互带入，人与物共享和乐于世界之中。由此，世界作为世界而威临，人作为人而休宁；天地止息，人神吉祥。

古希腊人也是如此看待世界的。古希腊普罗泰戈拉有一句著名的话："人是万物的尺度。"这句话是什么意思呢？它表现了一种怎样的经典精神？海德格尔解释说：

我逗留于无蔽领域的范围内，无蔽领域被分派给向来作为这个范围的我了。于是，它觉知着作为存在者的在此范围内在场的一切东西。对在场者的觉知根植于这种在无蔽状态范围内的逗留。通过在在场者那里的逗留，才有自我的入于在场者的归属关系。这一对敞开的在场者的归属用界限把在场者与不在场者区划开来。从这些界线中，人获得并保持着在场者和不在场者的尺度。①

① 海德格尔：《世界图像的时代》，见孙周兴选编：《海德格尔选集》，上海三联书店1996年版，第914页。

这里有一个关键词——无蔽领域或无蔽状态，人必须逗留于无蔽领域才能把存在者带入在场，既而与之发生关系。这是人作为尺度的意思。那么，什么是“无蔽”呢？无蔽就是自身显现自身的敞开，唯有在无蔽发生之际，存在者作为存在者才成为自身而到来。可见，存在者决不是现成地摆置出来的存在者，而是在无蔽领域中的逗留者。因此，人作为一种尺度“并非从某个孤立的自我性出发来设立一切在其存在中的存在者都必须服从的尺度。具有希腊式的与存在者及其无蔽状态的基本关系的那个人是尺度，因为他采纳了那种向着以自我方式被限定的无蔽状态之范围的限制，并因之承认存在者之遮蔽状态和关于存在者的在场或不在场的不可决断性，类似地也承认关于本质现身之物的外观的不可决断性”。[①] 由此可知，人之作为尺度乃因为其进入无蔽状态而使存在者逗留于其中，人一旦不能进入无蔽状态，存在者即不作逗留而遮蔽自身。这样看来，维系于人之无蔽状态之开显，哪些存在者在场或如何在场，这些都是不可决断的。所以，海德格尔下结论曰：“这种无蔽本身始终是一种对存在的本质规定性，因为在场者就是从无蔽状态那里，在场是从无蔽领域本身那里得到规定的”。[②] 因此，当普罗泰戈拉说——至于神，既不能说他们存在，也不能说他们不存在——的时候，我们不能以可知论视之，但更不可能以不可知论视之，因为神取决于无蔽状态的开启。下面这个故事可以说明无蔽状态之于存在者在场之决断性意义。这个故事来自亚里士多德《论灵魂》一书，大意是：一群俗众欲去拜访著名哲学家赫拉克利特，因为他们认为我们的哲学家肯定与俗众的生活不同，他可能正在思考深邃的哲学问题，这样，他们可以向他讨教或作为谈资以润泽无聊而平庸的生活。但当他们走进赫拉克利特时，发现这个冷得发抖的哲学家什么也没有做，只是在炉边烤火，甚至连面包也没有烤。于是，这群俗众非常失望，原来哲学家的生活与他们没有什么不

① 海德格尔：《世界图像的时代》，孙周兴选编：《海德格尔选集》，上海三联书店 1996 年版，第 915 页。

② 同上书，第 916 页。

同。正当他们欲退却返家时，赫拉克利特让他们过来，并说了一句话，“这里诸神也在场”。然而，真的没什么不同吗？“这里诸神也在场”一句话犹如黑夜里的一道闪光，长空中的一声鸿鸣，足以打破俗众思想的胶固与习常。海德格尔说：

> 这句话把这个思想家的居留和他的行为放在另一种眼光之下了。这些访问者是否立即懂了以及他们根本是否懂了这句话然后以另外的这种眼光去另外地看到了一切，这段故事就没有叙述了。但这段历史之所以被叙述下来而且还流传给我们今天的人，是由于这段历史所报告的东西是从这个思想家的气氛中产生出来而且是标志着此种气氛的。“这里”，在烘炉旁边，在这个普通的地方，任何事物与任何环境，任何行动与思想都是熟悉的，习见的，也就是妥当的，“也就是在此”在妥当的范围内，情况是“诸神在场”。①

在这个极其普通寻常的地方——烘炉边，在俗众习常只用来烤火或烤面包的地方，赫拉克利特却发现了诸神在场，但俗众却没有。物就是一种居留，所谓居留就是“为神的在场而敞开的东西”。② 可见，物并不是现成地摆置在眼前的人人可见的客观存在即对象。“中世纪的思和古希腊的思都不把在场者看作对象。”③ 在场者总是未决断的，而有待人之于无蔽状态的逗留，这种逗留“照射着诸神的当下，从而通过其显现而涉及到人”。④ 这是“人是万物的尺度”的切义。在此，人与物是相互守护的。真理就是对这种居留的看，“观看到在场

①② 海德格尔：《关于人道主义的书信》，见孙周兴选编：《海德格尔选集》，上海三联书店 1996 年版，第 398 页。

③ 海德格尔：《科学与沉思》，见孙周兴选编：《海德格尔选集》，上海三联书店 1996 年版，第 961 页。

④ 同上书，第 963 页。

者在其中显现的那个外观，并且通过这种看而保持对此外观的看”。[①]“保持对此外观的看”就是守护，故真理亦是对这种守护的持留。可见，在古希腊人那里，世界总是在人的体验中，是人体验着的世界。这样，世界总是表现为一种精神结构。故胡塞尔说：

> 更全面地说就是：历史上环绕着希腊人的世界并不是我们的意义上的客观世界，而毋宁是他们“对世界的表像”，即他们自己的主观评价以及其中的全部实在性，比如诸天神与诸守护神，这些东西对于他们而言都是有效的。[②]

这样，对于古希腊人而言，“我们的周围世界是我们之中与我们的历史生活之中的一种精神结构。”[③]我们观看着世界，我们沉思着世界。这种“观看着的生活，尤其是在它最纯的形态中作为思，是最高的‘做’”。[④]“做”就是一种参入，一种守护。但我们一定要注意，这里的“体验”、“参入”或精神结构俱不是人类学的，而是让人进入作为道说的世界，去观看，去倾听。在这里，世界决不是对象化的世界，而是作为道说之世界。在人的参入与守护中物来到本质，人亦来到本质。简言之，世界来到本质。而世界来到本质就是人回家，人徜徉其家园。而这一传统正来自古希腊。故黑格尔说：“一提到希腊这个名字，在有教养的欧洲人心中，尤其在我们德国人的心中，自然会引起一种家园之感。”[⑤]家园意味着，天地、万物、人、神一齐澄明，一齐出场。这就是世界。文化就是这样的世界自身的道说，而不是所谓人类的文化，即人类学。

可见，不论是在中国传统还是古希腊传统中，世界决不是摆置到眼前的对

①④ 海德格尔：《科学与沉思》，见孙周兴选编：《海德格尔选集》，上海三联书店1996年版，第962页。

②③ 胡塞尔：《欧洲人的危机与哲学》，见倪梁康选编：《胡塞尔选集》，上海三联书店1996年版，第944页。

⑤ 黑格尔：《哲学史讲演录》第一卷，贺麟等译，商务印书馆1978年版，第157页。

象化的物理世界，而是人、物、神共荣而出场的世界。人、物、神共荣于世界，意味着人栖居于此。栖居——海德格尔说——“即带来和平，意味着：始终处于自由之中，这种自由把一切保护在本质之中。栖居的基本特征就是这种保护。”[①] 这样的世界赠送着人的本质与自由，在这样的世界没有到来或被领会之前，关于人的一切本质与自由的理论都是一种筹划，一种技术性的筹划。这种技术性的筹划无异于“按照鱼能够在岸上干地生活多久来评价鱼的本质与能力”。[②]

我们常说，教育是实现人的本质与自由，但在这个世界没有被领会之前，任何有价值的教育理论既没有切中本质，亦没有切中自由。所以，教育无非就是要把这样的世界召唤出场，在这样的世界没有登场之前，我们还没有切近教育，更没有经验到教育，我们对教育的本质依然是迷茫的，尽管我们钻研了很多经典教育文献和教育家的思想。真正的教育并不是去认知摆置出来的世界，而是让人进入召唤。故《礼记·学记》云：“记问之学，不足以为人师。”这意味着，一个真正的老师并不教外在世界的“记”与“问”。是以《白虎通义·辟雍》云：“学之为言觉也。”“觉”就是对作为道说的世界的觉悟与感受如此之强烈，以至于情不自禁地要进入召唤这个世界的状态之中，此亦是“学”。教师的职责就是把人带入召唤状态，从而让世界来到人的身边，进而让世界守护着人。故《礼记·学记》又云：“君子之教喻也，道而弗牵，强而弗抑，开而弗达。”所谓“道而弗牵，强而弗抑，开而弗达”就是“让……上路”、“让……进入状态”。在此，教师只是一个途程中的引路人，而不是一个知识的宣讲者，问题的解答者。对此，海德格尔曾说：

> 教比学难是因为，教意味着让人去学。真正的老师让人学习的东西只

---

① 海德格尔：《筑·居·思》，见孙周兴选编：《海德格尔选集》，上海三联书店 1996 年版，第 1192 页。

② 海德格尔：《关于人道主义的书信》，见孙周兴选编：《海德格尔选集》，上海三联书店 1996 年版，第 360 页。

是学习。所以，这种老师往往给人造成一种印象，学生在他那里什么也没有学到，因为人们把获取知识才看作是“学习”。真正的教师以身作则，向学生们表明他应学的东西远比学生多，这就是让人去学。教师必须比弟子更能受教。真正的教师对自己的事务比学徒对自己的活计更没有把握。所以，如果教师与学生之间的关系是真诚的，就绝不会有“万事通”发号施令和专家的权威影响作威作福之地。成为一名教师，才是更高的事务，这与当一个有名气的大学讲师或教授完全是两码子事。[①]

学生到教师那里去学习，并不是要获得什么知识或技能，而是由教师的牵引而自觉地去学。教师唯一需要做的，也只需要做的就是“让……去学”，而“学”总是学生自己的事。这也就是孔子“不愤不启，不悱不发”(《论语・述而》)的意思。“愤”与“悱”就是自己去学的觉悟与愿望的开启。也是孔子“古之学者为己，今之学者为人”[②]（《论语・宪问》）之意。“为己”就是自己去感受去召唤世界的亲临，“为人”就是万事通式的对别人发号施令。可见，一旦把教育变为了知识传授，则教师唯一能做的就是对别人发号施令；若教育是召唤世界的亲临，则教师所需做的就是“让……去学”，而“学”终究是自己的事。“学”就是去……世界栖居的路上。海德格尔说：“倘若人的无家可归状态就在于人还根本没有把真正的栖居困境当作困境来思考，那又如何呢？可

① 海德格尔：《什么召唤思？》，见孙周兴选编：《海德格尔选集》，上海三联书店 1996 年版，第 1217 页。

② 孔子这句话的意思，其意在海德格尔下面一段话里有入理的解释：“因此，这一真正的学是一种最引人注目的取，在这种取中，取者取的只是他根本上已经拥有的东西。教也与这一学相符合。教是给予、提供；但在教中提供出来的不是可学的东西，给出的只是对学生的指引，指引学生自己去取他已有的东西。如果学生只接受某种提供出来的东西，他就没学。只是当他感受到他所取的东西是他根本上已经拥有的东西时，他才达到了学。真正的学只在那种地方，在那里，对人们已有的东西的取是一种自身赋予并且被真正经验到了。因此，教无非是让别人学，也即带向相互间的学。学比教更困难；因为只有真正能学的人——而且只要他能学——才真正能教。名副其实的教师唯有一点区别于学生，这就是他能更好地学，愿意更本真地学。在所有教中，教师学得最多。”参见海德格尔：《现代科学、形而上学与数学》，见孙周兴选编：《海德格尔选集》，上海三联书店 1996 年版，第 1217 页。

是，一旦人去思考无家可归状态，它就已经不再是什么不幸了。正确思之并且好好牢记，这种无家可归状态乃是把终有一死者唤入栖居中的唯一呼声。”[①]领会人的无家可归状态，从而走在去世界栖居的路上，这是教育的唯一目标。而要实现这一目标，“除了努力尽自身力量由自己把栖居带入其本质的丰富性之中，此外又能如何响应这种呼声呢？”[②]

在这个意义上理解教育，我们就能明白中国经典中关于“无言之教”及其相关教诲之本质内涵了。在中国文化传统中，无论是儒家还是道家，都雅好“无言之教”。

> 子贡曰：“夫子之文章，可得而闻也；夫子之言性与天道，不可得而闻也。”(《论语·公冶长》)

“性”与“天道”虽不玄虚，但亦不是可摆置于眼前的物，故不可言，亦不能言，是以子贡不得与闻也。这种“无言”意味着，人若不能在去……世界栖居的路上，则“性”和“天道”之于人永远天壤悬隔。又，

> 子曰：“予欲无言。”子贡曰：“子如不言，则小子何述焉？”子曰：“天何言哉？四时行焉，百物生焉，天何言哉？”(《论语·阳货》)

这句话典型地体现了教师的任务就是“让……去学”，而学就是在天地万物的世界中去觉悟而栖居。

道家尤盛言“无言之教”。“是以圣人处无为之事，行不言之教。”(《老子》第二章)“夫知者不言，言者不知，故圣人行不言之教。”(《庄子·知北游》)这意味着，“教”并不是在摆置到眼前的事物中去有所“为”与有所“言”，恰恰

①② 海德格尔：《筑·居·思》，见孙周兴选编：《海德格尔选集》，上海三联书店1996年版，第1204页。

相反，正是在无所为处“为”，无所言处“言”适成其为“教”也。是以庄子告诉我们曰：

> 若一志，无听之以耳而听之以心，无听之以心而听之以气。听止于耳，心止于符。气也者，虚而待物者也。唯道集虚。虚者，心斋也。(《庄子·人间世》)

学并不是让你用耳朵去听外在的声音，或者用心去感知外在的事物（“符”即摆置到眼前的事物），而是要“听”或“觉知”那个“气”。“气”并不是空气或者别的什么物理形态的气[①]，而是天地人神共处的世界（庄子谓之曰“道”），而这个世界不是一个可摆置到眼前来的物，而是一澄明的境界，故为“虚”。《知北游》亦有“通天下一气耳”之说，也是此意。若人之心能如斋戒一样，屏去所有摆置到眼前的东西，让这个世界宅入，这才是真正的学。

若教与学不能至于此，而仅限于外在的吟诵，文字之讲解或名物制度之了解，教育就没有切近世界，人也就不能在此安身立命。对于这种教育模式，《礼记·学记》提出了严厉的批评：

> 今之教者，呻其占毕，多其讯言，及于数进而不顾其安。使人不由其诚，教人不尽其材。其施之也悖，其求之也佛。夫然，故隐其学而疾其师，苦其难而不知其益也。虽终其业，其去之必速。教之不刑，其此之由乎！(《礼记·学记》)

“诚”与“尽材”是一个意思。“尽材”就是让人回到本质而切近世界，这

① 《庄子·逍遥游》曰：“若夫乘天地之正，而御六气之辩，以游无穷者，彼且恶乎待哉！”这里的“气”也不是物理世界的“气”，而是一种“逍遥”境界。但“逍遥”不是在摆置出来的物中左右逢源，而是回到本质，切近世界。故庄子认为，即便是列子“御风而行，泠然善也”，亦不是逍遥，因为他还是在摆置出来的物中有所待。

也就是“诚”。故“诚”与“尽材”都是对本质的守护。教育若不能至此，必使学生厌其学而疾其师。之所以产生这种结果，就是因为总是把摆置出来的东西作为教育的内容，而摆置出来的外在世界总是纷扰而繁杂的，来之固快，去之亦速。由此，教育焉能成功？

时至今日，我们总是把教育理解为对摆置出来的物的言说，自然科学之教育固如此，人文科学之教育亦如此，教育由此驶入了断潢绝港。在这个时代已不存在真正的教育。故海德格尔说：“教育的时代已经结束，这并非因为无教育者登上了统治地位，而是因为一个时代的象征已经清晰可见。”① “教育的时代已经结束”意味着除了知识传授以外，已没有了真正的教育。而知识的根据是“一种自我虚构的理性及其合理性”，它永远不会把我们带入追问而“驻足于对值得思想的东西的期待”② 中。然而，在这个没有教育的时代，却又使我们更有可能去切近教育，因为“我们愈是邻近于危险，进入救渡的道路便愈是开始明亮地闪烁，我们便变得愈是具有追问之态”。③ 追问乃思之虔诚，这种虔诚使我们可能进入真正的教育。海德格尔进一步说：

> 在与其时代的关系上，尽管沉思始终比以往习常的教育更暂时、更宽容、更贫困，但沉思的贫困是对一种富足的允诺，它的宝藏在那些永远无法算清的无用之物的光芒中闪烁。④

在远离教育的时代，我们虔诚地沉思其中的问题，或许能获得一种富足的允诺。要获得这种允诺，首先要我们沉思的一个问题是：我们是怎样失去了生

①④ 海德格尔：《科学与沉思》，见孙周兴选编：《海德格尔选集》，上海三联书店1996年版，第977页。

② 海德格尔：《从一次关于语言的对话而来》，见《通向语言的途中》，孙周兴译，商务印书馆2010年版，第99页。

③ 海德格尔：《技术的追问》，见孙周兴选编：《海德格尔选集》，上海三联书店1996年版，第954页。

机盎然、人神共处的世界的？为什么在科学昌明的时代，世界反而逃逸了呢？

三、科学技术的兴起与世界的逃逸

在古人那里，人是万物的尺度，人眷恋着世界，世界守护着人，二者不可分离，是以“天地与我并生，而万物与我为一”(《庄子·齐物论》)。但这样的世界是如何慢慢不知不觉地逃逸了呢？其中的关键问题是，物不再是一种无蔽的敞开，而是一个摆置出来的对象。那么，这种转变是如何发生的？这样摆置出来的对象将给我们一个怎样的世界？

本来，在古人那里，“人是万物的尺度”意味着人与物相互守护且一体成全各自安居。但自笛卡尔以来，随着人的主体性的凸显，这种人与物相互守护各自安居的世界就逃逸了。这是怎么回事呢？海德格尔对此有周洽解析。我们知道，笛卡尔的名言是“我思故我在”。笛卡尔之所以要说出这个名言，就是为知识的确定性奠定其形而上学基础。那么，这个形而上学的基础是什么呢？就是“我思”。“我思”具有无可置疑的确定性，这种确定性是基础性的。海德格尔认为，笛卡尔的“我思”实际上就是一种表像活动，意味着在与某物的关系中的意欲、采取立场、感知，等等。通过“我思”这种基础确定性，即“作为一切表像活动的表像者，从而作为一切被表像状态以及任何确定性和真理的领域，他得到了确证，现在也即说，他存在了”。[①]“我思”作为一种表像活动，意味着人作为主体正式站了出来。人作为主体站了出来，这有什么后果呢？海德格尔说：

> 现在，人不再是那种对觉知的限制意义上的尺度了；这种对觉知的限制是把觉知限制于在场者——每个人始终趋向它而在场——的无蔽状态的

① 海德格尔：《世界图像的时代》，见孙周兴选编：《海德格尔选集》，上海三联书店 1996 年版，第 919 页。

当下具体范围。作为一般主体，人乃是自我的心灵活动。人把自身建立为一切尺度的尺度，即人们据以测度和测量（计算）什么能被看作确定的——也即真实的或者存在着的——东西的那一切尺度的尺度。[①]

这句话意味着，人以主体的姿态站立出来以后，物亦以对象化的姿态站立了出来，人与物的界限是非常分明的，人成为主体，物成了表像。表像是什么呢？海德格尔说：

表像在此意味：从自身而来把某物摆置到面前来，并把被摆置者确证为某个被摆置者。这种确证必然是一种计算，因为只有可计算状态才能担保要表像的东西预先并且持续地是确定的。表像不再是对在场者的觉知，这种觉知本身就归属于在场者之无蔽状态，而且是作为一种特有的在场归属于无蔽的在场者。表像不再是“为……自行解蔽”，而是“对……的把捉和掌握”。在表像中，并非在场者起着支配作用，而是进攻占着上风。……存在者不再是在场者，而是在表像活动中才被对立地摆置的东西，亦即是对象。表像乃是挺进着、控制着的对象化。由此，表像把万物纠集于如此这般的对象的统一体中。[②]

本来，在古人那里，作为万物尺度的人是为物“去蔽”的，而让在场者到来，物就是这种在场者的召唤或聚集，物就是起着这种召唤或聚集作用的作用者，到来的在场者都属于物，且守护着物，成全着人。物决不是摆置到眼前的表像，而与人分置。一旦表像作为一种确定性而成为物的基本表征，则之于世界的影响是巨大的，贝克莱的“物是观念的聚合”及康德的“人为自然立法”

---

① 海德格尔：《世界图像的时代》，见孙周兴选编：《海德格尔选集》，上海三联书店1996年版，第920页。

② 同上书，第918页。

都是这种影响下产生的思想，世界由此进入了图像时代。海德格尔说：

> 对于现代之本质具有决定性意义的两大进程——亦即世界成为图像和人成为主体——的相互交叉，同时也照亮了初看起来近乎荒谬的现代历史的基本进程。这也就是说，对世界作为被征服的世界的支配越是广泛和深入，客体之显现越是客观，则主体也就越主观地，亦即越迫切地突现出来，世界观和世界学说也就越无保留地变成一种关于人的学说，变成一种人类学。[①]

当世界成为摆置出来的图像的时候，人的主体性就越显现出来。主体愈是强大，客体就愈是客观，原来人与物的一体共荣、相互守护不再，如今的人与物是相互对峙、把持。文化成为了人类学，而不是世界的道说。其结果就是：世界逃逸了，道说被文化取代。[②]只有文化是人类学的时候，人道主义才登场，而一切的人道主义只不过是一种伦理学—美学的人类学，而不是对世界的守护。道家的创始人在此有深切的体会：

> 大道废，有仁义；智慧出，有大伪；六亲不和，有孝慈；国家昏乱，有忠臣。（《老子》第十八掌）
>
> 故纯朴不残，孰为牺尊！白玉不毁，孰为珪璋！道德不废，安取仁义！性情不离，安用礼乐！五色不乱，孰为文采！五声不乱，孰应六律！（《庄子·马蹄》）

---

① 海德格尔：《世界图像的时代》，孙周兴选编：《海德格尔选集》，上海三联书店1996年版，第902页。

② 海德格尔说：“人类活动被当作文化来理解和贯彻。而文化就是通过维护人类的至高财富来实现最高价值。文化本质上必然作为这种维护来照料自身，并因此成为文化政治。”参见《世界图像的时代》，见孙周兴选编：《海德格尔选集》，上海三联书店1996年版，第886页。这样看来，文化恰恰是人对世界的宰制而不是守护。

在道家看来，若大道不废，即世界如果没有逃逸，就根本不需要仁义、孝慈、忠臣、礼乐等，我们唯一需要做的就是把世界带上前来，这也就是无为之义。若世界根本逃逸了，而去构建仁义礼乐等所谓人道主义的保护，恰恰是“不知常”的“妄作”，故“凶”(《老子》第十六章)。同理，教育唯一需要做的就是把世界带上前来，若是之不知，而去进行所谓人道主义教育，恰恰可能是世间大乱的根源。“及至圣人，蹩躠为仁，踶跂为义，而天下始疑矣；澶漫为乐，摘僻为礼，而天下始分矣。”最后，庄子得出结论曰：“夫残朴以为器，工匠之罪也；毁道德以为仁义，圣人之过也。”[①]（《庄子·马蹄》）一言以蔽之，若盲顾世界的到来而先行人类学地去构建人道主义（人文主义）教育，恰恰是教育的歧途。或者说，只有文化出现的时候，才需要教育；若人能领悟道说，则根本不需要教育。这就是“无言之教”。“无言之教”是对道说的领悟，这是真正的教育，而基于文化的论说与宣诫，是真正教育（古典教育）的终结，又是现代教育的开始。庄子曰：“天地有大美而不言，四时有明法而不议，万物有成理而不说。圣人者，原天地之美而达万物之理。是故至人无为，大圣不作，观于天地之谓也。”(《庄子·知北游》）与庄子一样，孔子亦云：“天有四时，春秋冬夏。风雨霜露，无非教也。地载神气，神气风霆，风霆流形，庶物露生，无非教也。”(《礼记·孔子闲居》）这皆是让人“观于天地”。“观于天地”就是领悟道说，倾听道说，这是最根本的教育，也是最终极的教育，外此皆为教育的歧出与堕落。是以扬雄曰：“观乎天地，则见圣人。”(《法言·修身》）此即是说，圣人根本不是文化“教”出来的，而是天地“养”出来的。这意味着圣人之所以为圣就在于善于领悟与倾听道说，并无别的才智与作为，故庄子谓“圣

① 必须指出的是，儒家的礼乐之教正是要召唤世界而欲把世界带上前来，本文后面还要详细论述。但庄子却不明乎此，纯外在地、形式地看待礼乐之格套，而以“妄作”视之。故庄子曰：“中国之民，明乎礼义而陋乎知人心。昔之见我者，进退一成规、一成矩，从容一若龙、一若虎，其谏我也似子，其道我也似父，是以叹也。”(《庄子·田子方》）这是道家不能沉潜礼乐之教而得其道之过，但道家批评世人盲顾世界之到来而主观地去构建所谓人文主义教育，却依然是一语中的之论。

人不作”。“不作”就是不离开道说另有所创造与发明。但人类知性开启以后，恰恰总是离开道说而有所作，这就是所谓文化。老子曰：“大道甚夷，而人好径。”(《老子》第五十三章）与作为大道的道说相比，文化恰如“小径”，现代教育又正是在“小径”范围内有所为，于是，其结果是：

有机械者必有机事，有机事者必有机心。机心存于胸中则纯白不备。纯白不备则神生不定，神生不定者，道之所不载也。(《庄子·天地》)

也就是说，基于文化特别是现代文化而不是基于道说的教育唯能激起人的机心既而纯白不备，最后是大道退隐，世界逃逸。在大道退隐，世界逃逸之后再进行教育，虽然不是完全无效，但其作用是非常有限的。庄子曰：“泉涸，鱼相与处于陆，相呴以湿，相濡以沫，不如相忘于江湖。”(《庄子·大宗师》)基于文化的教育，就相当于“泉涸”以后，鱼“相呴以湿，相濡以沫”之情景，虽有一时之效，但最终逃脱不了死亡的命运。基于道说的教育，就相当于鱼“相忘于江湖”，此时，皆无困难，各自自在；这意味着，基于道说的教育没有让人感觉到教育的存在，但却是最高的教育。可惜世人不知，依然在文化的立场上进行教育，其结果是：文化与教育出现，使世界逃逸。世界逃逸，又使文化与教育愈加必要；二者恶性循环，造成了社会深重的人性危机与道德困境。庄子已深切地认识到了其中的问题，他说：“且若亦知夫德之所荡而知之所为出乎哉？德荡乎名，知出乎争。名也者，相札也；知也者争之器也。二者凶器，非所以尽行也。”(《庄子·人间世》)“知”与“德”是教育中的基本内容，但这种基于文化而不是道说中的“知”与“德”恰恰是凶器，不可能养成人的良善之行。

为什么会出现这种状况呢？我们一般认为，文化是对真理的追求，而真理又是对世界的客观反映，这难道不是庄子所说的“原天地之美而达万物之理”吗？但是，真理能到达庄子之所说吗？我们这里不妨引用罗蒂对真理的概说：

> 我们把真理看作——用詹姆士的话来说——“更宜于我们去相信的某种东西”，而不是“现实的准确再现”。或者用不那么具有挑激性的话来说，这种思想路线向我们证明，“准确再现”观仅只是对那些成功地帮助我们去完成我们想要完成的事务的信念所添加的无意识的和空洞的赞词而已。[①]

正如罗蒂所言，既然真理不过是“对那些成功地帮助我们去完成我们想要完成的事务的信念所添加的无意识的和空洞的赞词而已”，则真理只是主体的一种行为。所谓行为，就是人类以知性把客体的性状挑起、凸显而把捉，以符合人的欲望、意志，在此基础上再加以技术性的筹划与构建，这就是文化。这样，文化之于人的欲望、意志而言一定是成功的，故被誉为真理。这正印证了海德格尔那句话：“人类活动被当作文化来理解和贯彻。而文化就是通过维护人类的至高财富来实现最高价值。文化本质上必然作为这种维护来照料自身，并因此成为文化政治。”[②]文化不过是人类照料自身的一种工具性使用与建构，通过这种使用与建构，文化成了一种广义的政治。这种广义的政治正是人类的知性把自然摆置出来、依据人的需要而形成对自然的撕裂与宰制，这哪里谈得上是“原天地之美而达万物之理”呢？这哪里谈得上是对世界之为世界的守护呢？正是在这里，人类成了主体，文化成为人类学。试问，在作为人类学的文化中，世界还在吗？这种恶劣情形在现代文化中表现更为突出与严重。因为现代文化是以技术与科学为代表的。

技术是什么呢？我们一般以为是一种工具性的手段，但是，若我们仅仅把技术经验为一种手段，那我们就决没有把技术的本质带上前来，且最恶劣地把人交给了技术而不自知。海德格尔认为，技术是一种解蔽方式。这种解蔽方式

---

① 理查德·罗蒂：《哲学与自然之镜》，李幼蒸译，商务印书馆 2003 年版，第 8 页。

② 海德格尔：《世界图像的时代》，见孙周兴选编：《海德格尔选集》，上海三联书店 1996 年版，第 886 页。

其主要以逼促与订造体现出来。以耕种为例，在前技术时代，“耕作”意味着关心与照料。“农民的所作所为并非逼促耕地。在播种时，它把种子交给生长之力，并且守护着种子的发育。”[①]“种豆南山下，草盛豆苗稀。晨兴理荒秽，带月荷锄归。道狭草木长，夕露沾我衣。衣沾不足惜，但使愿无违。”（陶渊明：《归田园居》其三）正是这种情形的写照。但到了技术时代，耕作彻底沦为逼促意义上的摆置自然，自然沦为订造的漩涡之中不得解脱。海德格尔说：“耕作农业成了机械化的食品工业。空气为着氮料的出产而被摆置，土地为着矿石而被摆置，矿石为着铀之类的材料而被摆置，铀为着原子能而被摆置，而原子能则可以为毁灭或和平利用的目的而被释放出来。”[②]同是一条河，进入发电厂中的莱茵河与道说中的莱茵河是不同的，尽管都是风景，但在技术时代，莱茵河不过是休假工业订造出来的某个旅游团的可预订的参观对象。这样，技术作为一种解蔽方式就是：在开发、改变、储藏、分配、转换中摆置着自然。逼促与订造成了世界的命运，也成了人的命运。“在树林中丈量木材并且看起来就像其祖辈那样以同样步态行走在相同的林中路上的护林人，在今天已为木材应用工业所订造——不论护林人是否知道此点。”[③]因为护林人已被订造到纤维素的可订造中去了，而纤维素又被逼促到纸张的可订造中去了，纸张又被逼促到书刊的可订造中去了……无限的逼促与订造。如此看来，技术决不是人的一种行为，似乎人随时可以离弃技术而去似的。技术已经成为了“座架”（Ge-stell），但座架并不是什么技术因素，座架是一种解蔽方式，它逼促着人，摆置着世界。也就是说，座架就是一种尺度，这种尺度一味地去追逐、推动那种在订造中被解蔽的东西。其结果是，海德格尔说：

> 于是，在人们根据因果关系来描述一切在场者的地方，甚至上帝也可

---

①② 海德格尔：《技术的追问》，见孙周兴选编：《海德格尔选集》，上海三联书店 1996 年版，第 933 页。

③ 同上书，第 936 页。

> 能对表像而言丧失了一切神圣性和崇高性，也可能丧失了它的遥远的神秘性。在因果性的眼光里，上帝就可能贬降为一个原因，一个结果因。进而甚至在神学范围内，上帝会成为那些哲学家的上帝，这些哲学家按照制作的因果关系来规定无蔽领域和遮蔽领域，而同时决不去思考这种因果关系的本质来源。①

一言以蔽之，天、地、神、人都在技术的座架中逼促着、摆置着，世界就这样自行隐匿了，而且是打着科学的名义，堂而皇之地逃逸了，人们对此并无意识，甚至陶醉于其中而不能亦不愿自拔。

那么，科学又是什么呢？科学是现实之物的理论。这种理论总是对物进行追踪—确定的测算。“诚然，我们不应在数字运算的狭义上理解这个名称。广义上的、本质意义上的计算是指：估计到某物、将某物列入观察范围、指望某物，也就是期待着某物。”②科学，虽种类繁多，理论殊异，但无论是自然科学还是社会科学，其实只做了一件事——对世界的计算。所以，科学从根本上讲不过是一种广义的数学。正是在这个意义上，康德才说：“但我认为，每一种特殊的自然学说中，只有当从中出现了数学时才能发现真正的科学。”③因为各门具体科学必须有纯粹的部分，才是可学与可教的，而数学正构成了纯粹部分的基础。基于此，康德认为，在人类的一切知识中，唯有数学才是真正可学的，且不会出现差错。④这样看来，科学之所以为科学，乃因为其中的数学因素。所谓数学因素不但是指：量的、计算的，更指代：概念的、建构的；逻辑的，推理的。一部科学发展史不过是数学因素作用史，数学思维史或数学技

① 海德格尔：《技术的追问》，孙周兴选编：《海德格尔选集》，上海三联书店1996年版，第944页。

② 海德格尔：《科学与沉思》，孙周兴选编：《海德格尔选集》，上海三联书店1996年版，第967页。

③ Immanuel Kant, *Metaphysical Foundations of Natural Science*, Translated by Micheal Frieaman, Cambridge University Press 2004, p. 6.

④ 详见康德：《纯粹理性批判》，邓晓芒译，人民出版社2004年版，第631—632页。

术建构史。这种数学思维或技术建构在现代分析哲学那里达到了极致，他们以纯形式化、符号化的逻辑命题及其演算来翻译整个经验世界。罗素《物的分析》与《心的分析》两部书，其主旨就是论证“物”与“心”都是逻辑的织造物。维特根斯坦的《逻辑哲学论》更是企图将世界命题化。他们二人的哲学未必受到普遍性的认同，但确实代表了现代科学精神的总思路。海德格尔说：

> 数学因素乃是物的敞开领域，我们总是已经活动于其中了，据此我们才根本上经验物，把物当作其本身来经验。数学因素是那种对物的基本态度，以这种基本态度，我们才按物已经给予我们的东西，必须和终将给予我们的东西来对待物。因此，数学因素是关于物的知识的基本前提。①

这种精神与思路的统治性使得“这种方法、这种公式、这种理论的本来意义成为不可理解的，并且在这种方法的素朴的形成中从来没有被理解过”②，并且，“任何一种从数学和自然科学的研究领域之外引导人们作这样的反思的企图，都当作‘形而上学’而加以拒斥”③。这样，本来只是作为一种方法使用的数学因素却成为一种解蔽方式，乃至是唯一的解蔽方式。在这种解蔽方式中，世界之所以为世界就只是数学因素了，且永远无法回答这样的一个问题：“自然是否不仅不会将它隐藏的本质显现出来，而且反而会得以逃脱。”④ 如今，随着大数据与云计算的到来，世界已彻底数字化、符号化，虚拟世界的方便、快捷、高效，使我们更不会留意乃至更不会在乎真实世界的逃逸。

---

① 海德格尔：《现代科学、形而上学和数学》，见孙周兴选编：《海德格尔选集》，上海三联书店1996年版，第856页。

② 胡塞尔：《欧洲科学的危机与先验现象学》，见倪梁康选编：《胡塞尔选集》，上海三联书店1996年版，第1030页。

③ 同上书，第1035页。

④ 海德格尔：《科学与沉思》，见孙周兴选编：《海德格尔选集》，上海三联书店1996年版，第971页。

综上所述，无论是技术还是科学自身都形成了一个坚固的座架与牢笼，把人与世界置于其上困锁于其中而不得解脱，且这个座架愈来愈大，牢笼愈来愈密。以至于海德格尔无不充满悲情地说：

> 但实际上，今天人类恰恰无论在哪里都不再碰到自身，亦即他的本质。人类如此明确地处身于座架之逼促的后果中，以至于他没有把座架当作一种要求来觉知，以至于他忽视了作为被要求者的自己，从而也不去理会他何以从其本质而来在一种呼声领域中绽出地生存，因而决不可能仅仅与自身照面。[①]

一句话，"天地闭，贤人隐"，整个世界与人一起归隐，这就是文化特别是现代文化的后果。从这里难道不是显示出教育的意义来了吗？如果人类还能理会从其本质而来的呼声。教育，从根本上讲是一种拯救，而拯救意味着："把……收取入本质之中，以便由此才首先把本质带向其真正的显现。"[②]更准确地说，现在的任务是把归隐的道说从文化中拯救出来，而让道说发声，让世界现身，从而使人出场，只有如此，我们才切近了教育。

四、作为道说的"看"和"听"

要把道说从文化中拯救出来，我们就要学会"看"和"听"，因为我们总是首先以眼睛与耳朵来感知这个世界的。一般人都目明耳聪，难道我们竟不会"看"和"听"吗？真的，未必，甚至根本不会，哪怕你有离娄之明、师旷之聪。老子曰："五色令人目盲；五音令人耳聋；五味令人口爽；驰骋畋猎，令

---

① 海德格尔：《技术的追问》，见孙周兴选编：《海德格尔选集》，上海三联书店1996年版，第945页。

② 同上书，第946页。

人心发狂。”（《老子》第十二章）“五色”、“五音”、“五味”皆为数学因素，而我们一般人看到、听到与感觉到的恰恰是那些数学因素，而这些数学因素又恰恰是遮蔽目有所见，耳有所闻的东西，然而，世人恰恰又多沉沦于此，且不知反省。建安七子之徐干曰：

> 人君之大患也，莫大于详于小事而略于大道，察于近物而闇于远数。……夫详于小事而察于近物者，谓耳听乎丝竹歌谣之和，目视乎雕琢采色之章，口给乎辩慧切对之辞，心通乎短言小说之文，手习乎射御书数之巧，体骛乎俯仰折旋之容：凡此者，观之足以尽人之心，学之足以动人之志。且先王之末教也，非有小才小智则亦不能为也。是故能为之者，莫不自悦乎其事，而无取于人，以人皆不能故也。（《中论·务本》）

徐干这里所说的“小事”是偏重技艺方面而言的，故非有小才小智亦不能为，但即使如此，其所为者不过是其中的数学因素，而人们多沉陷于此而自悦且炫于人，这与作为“一曲之士”的百家之学并无区别，庄子以为犹如“耳目鼻口，皆有所明，不能相通”（《庄子·天下》）。说到底，百家之学亦不过是数学因素的提取者与作成者，他们把摆置出来的对象划分为不同领域，再施以数学性的技术说明之、建构之，此即是各门具体科学。因此，数学因素所成之学即是专业科学，而这些专业科学正是我们称之为文化的东西。

可见，我们平素的“看”与“听”乃是基于数学因素，它们固然可以形成文化，但不过是“一曲”之学即专业科学，而“称神明之容”的道逃逸了，“备天地之美”的世界亦逃逸了。如果“看”是对世界的守护而持留，“听”是对道的聆听而回响，则我们必须承认，我们尚不会“看”，也不会“听”。如果我们能把作为世界守护的“看”与作为道的聆听的“听”带上前来，或者说，把作为道说的“看”与“听”带上前来，则预示着教育的切近乃至完成。

那么，我们该如何“看”才是对世界守护的“看”呢？我们抬头举目，

“盈天地间皆物也”（方以智：《物理小识》自序），似乎没有什么逃逸于眼帘之外，所谓“千峰据其高，一览无余美”（宋·陈文蔚：《克斋集》卷十四《游清风峡登一览亭》）。但是，这个似乎“一览无余”的“看”真的能做到“无余”吗？尽管物之纤细悉收眼底。但这里的问题是：什么是物？因为这个问题关涉到下面一系列的问题：我们真的会看“物”吗？我们平素的“看”是否把真实的物带上前来了？它是否把物敞开了，还是根本上就是一种遮蔽？这些问题在“什么是物”没有思考之前都还是不决定的，甚至根本还没有来到人的意识当中。

什么是物？这一问会把什么带上前来呢？这依然还不是自明的。我们不妨以“茶”为例加以说明。陆羽谓：“茶者，南方之嘉木也。”（《茶经》卷上）“嘉”有美善、吉祥、欢乐、朝贺之意。茶树得天地之灵气而降生人间，所谓“此物信灵味，本自出山原”（韦应物：《喜园中茶生》）；而正是在这“烧水点茶”之中，玄鉴静观，澄怀味道，招来天地之共和，人神之合欢。可见，“茶”在古人的眼里是附魅而神秘的，它是天地之美善与吉祥，人神之欢乐与朝贺。又，程明道曰：“周茂叔窗前草不除。问之，云：‘与自家意思一般。’”此条又有注云：“子厚观驴鸣，亦谓如此。”（《二程遗书》卷三）可见，在古人眼里，诸如茶、草、驴鸣等，不是外在的对象化之物，而是天地人神共欢之纯一，在此，人、物、神相互守护而出场。基于此，伊川先生曰：

> 万物皆备于我，不独人尔，物皆然，都自这里出去，只是物不能推，人则能推之。虽能推之，几时添得一分？不能推之，几时减得一分？百理俱在，平铺放着。（《二程遗书》卷二）

“这里”是指人、物、神相互守护的纯一，人和物都是从这里出场的。只是人有意识而物无意识而已，但即使物无意识，物总是人神守护中的物。这就是古人所“看”到的“物”，他们是如此“看”的。

我们还是回到“茶”中来。到了现代，对“茶”的定义却是“……以叶用为主的多年生常绿植物。在现代植物学分类中，茶树属山茶科山茶属植物……”[①] 在此，“茶”是在对象化的科别与属性中加以对待的，彰表出来的不过数学因素，这与古人所云之“茶”，悬若云泥。但是，当我们问“什么是茶”的时候，是期望把前者带上前来还是后者呢？进一步，当我们问“物是什么”的时候，我们希望“看”到什么呢？

通过考察古人之“看”，海德格尔认为，我们是希望“看”到“物的物性”。那么，什么是“物的物性”呢？是不是物的性状、用途、价值等东西呢？决不是。因为性状、用途、价值只是人们在对象化的物那里切入进去的数学因素，不过是以人的观念与欲望的织造物去宰制物而已，并不是物自身所持留的东西。而物自身持留的东西意味着：物让……出场的东西。因此，海德格尔说：“从对象和自立的对象性出发，没有一条道路通向物之物性因素”。[②] “物之物性”早已被文化特别是以科技为主导的现代文化消灭掉了。

那么，物之物性因素如何显现而出场？若我们只是停驻在对象化的物中，我们就不可能有任何收获。海德格尔以壶和桥为例加以说明。在常识中，壶是由壶底和壶壁构成的，壶通过这些构成物而站立。但显然，起容纳作用的并不是壶底和壶壁，而是壶底与壶壁之间的虚空，故壶的物性因素“绝不在于它由以构成的材料，而在于有容纳作用的虚空”。[③] 这样看来，陶匠只是塑造了壶的构成物，但并没有制造壶的物性因素。那么，虚空作为壶的物性因素会把什么带出场呢？

虚空容纳饮品，饮品倾注而出成为馈赠。“在倾注的馈赠中，这个器皿的容纳作用得以成其本质。”[④] 但馈赠不是单纯斟出的饮品，它更为丰富。馈赠是一种聚集或召唤，这种聚集或召唤而带出场的东西构成了馈赠的全部本质。壶

---

① 陈宗懋：《中国茶叶大辞典》，中国轻工业出版社 2012 年版，第 1 页。

② 海德格尔：《物》，孙周兴选编：《海德格尔选集》，上海三联书店 1996 年版，第 1168 页。

③ 同上书，第 1169 页。

④ 同上书，第 1172 页。

之物性正是在这种馈赠中成其本质的。“倾注的本质一旦萎顿，就可能变成为单纯的斟入和斟出，直到最后在通常的酒馆里腐烂掉。倾注并不是单纯的倒进倒出。”[①] 那么，壶之馈赠把什么带出场呢？

海德格尔认为，倾注，其本意并不是斟出一种人的饮品，而是奉献的祭酒。“倾注是奉献给不朽诸神的祭酒。作为祭酒的倾注之赠品乃是真正的赠品。在奉献的祭酒的馈赠中，倾注的壶才作为馈赠的赠品而成其本质。”[②] 壶之为壶的物性就在作为奉献的馈赠中，这种馈赠把什么带上前来了呢？海德格尔说：

> 在倾注之赠品中，同时逗留着大地与天空、诸神与终有一死者。这四方是共属一体的，本就是统一的。它们先于一切在场者而出现，已经被卷入一个唯一的四重整体中了。[③]

可见，壶的物性决不是一种现成的坚硬而胶固的物质，而是一种持留。所谓“持留”就是把天、地、神、人（终有一死者）带入光亮之中而在场。海德格尔下结论说：“壶的本质乃是那种使纯一的四重整体入于一种逗留的有所馈赠的纯粹聚集。”[④] 所谓“纯粹聚集”就是一种召唤，召唤天、地、神、人持留而在场。这就是壶作为一物的物性。

我们现在再来看一座桥。什么是桥的物性呢？或者说，桥把我们通达到什么地方去了？答曰：把我们通达到诸神面前。海德格尔说：

> 作为飞架起来的通道，桥聚集在诸神面前——不论诸神的在场是否得到了专门的思考并且明显地犹如在桥的神圣形象中得到了人们的感谢，也不论诸神的在场是否被伪装了，甚或被推拒了。桥以其方式把天、地、

---

①②③ 海德格尔：《物》，见孙周兴选编：《海德格尔选集》，上海三联书店1996年版，第1173页。

④ 海德格尔：《物》，见孙周兴选编：《海德格尔选集》，上海三联书店1996年版，第1174页。

神、人聚集于自身。①

若我们只是把桥看成连接两岸的建造而带来往来方便的通达，那么，我们还只是看到了桥的数学因素，而不是物性因素。与壶一样，桥的物性因素也化解了其坚硬的数学因素，而带来了天地神人的出场，此曰聚集。所有的物都是如此。于是，海德格尔总括之曰：“聚集（Versammelung）被叫做‘物’（thing）。”② 聚集就是物之物性，而物之物性就是物的本质。海德格尔说：“无疑，我们的思想自古以来就习惯于过于贫乏地估计物的本质。这在西方思想的进程中导致人们把物表像为一个未知的带有可感知的特性的X”，③ 而那聚集中来到本质的东西，反而被认为是事后的穿凿附会。这样，物的本质被遮蔽了，物成了座架，拱出的是数学因素而不是其本质。但若我们凝视于物之为聚集而不是物之为座架，那么，“对它的关系也就变得越原始，它也就越发昭然若揭地作为它所是的东西来照面。”④ 我们由物追溯至物之物性，最后落脚到物之为聚集。物之为聚集就是物物化（Das Ding dingt）。海德格尔说：“物化之际，物居留统一的四方，即大地与天空，诸神与终有一死者，让它们居留于在它们的从自身而来统一的四重整体的统一性中。”⑤ 一言以蔽之，物就是筑造一个位置，从而为四重整体的到来设置一个场地。

以上对物的“看”确实不是标新立异，而是对物之为物的本质的居有，只是文化让我们远离这种“看”太久了，才觉得是不可理解的，但在古人那里却是莫逆于心的常识。我们不妨来看《鹿鸣》这首诗：

呦呦鹿鸣，食野之苹。我有嘉宾，鼓瑟吹笙。吹笙鼓簧，承筐是将。人之好我，示我周行。呦呦鹿鸣，食野之蒿。我有嘉宾，德音孔昭。视民

①②③ 海德格尔：《筑·居·思》，见孙周兴选编：《海德格尔选集》，上海三联书店1996年版，第1196页。

④ 海德格尔：《存在与时间》，陈嘉映、王庆节译，三联书店1987年版，第86页。

⑤ 海德格尔：《物》，见孙周兴选编：《海德格尔选集》，上海三联书店1996年版，第1178页。

不恌，君子是则是效。我有旨酒，嘉宾式燕以敖。呦呦鹿鸣，食野之芩。我有嘉宾，鼓瑟鼓琴。鼓瑟鼓琴，和乐且湛。我有旨酒，以燕乐嘉宾之心。(《诗经·小雅·鹿鸣》)

在这里，鹿鸣而食草于野，本是极平常与自然之现象，但古人看到的却决不只是这些，他们更看到了人们之鼓瑟吹笙之乐，德音和湛之容，乃至大道灵现之妙。这里，决不只是一幅人与自然和谐的风景画，因为人与自然和谐的风景画还是一种对象化的“看”，被预订到观光客的订造中了。这里一定要有“神”的出场，它守护着鹿，使其鸣则“呦呦”，食则“馐馐”；亦守护着人，使其无论鼓琴瑟，还是饮旨酒，不只是“和乐且湛”，更是“德音孔昭”。这正是古人的“看”，他们通过这种“看”把世界带上前来而切近。

我们再来看《论语》中的一句话。子在川上曰：“逝者如斯夫！不舍昼夜。”(《论语·子罕》)关于这段话，朱子的解释是：

天地之化，往者过，来者续，无一息之停，乃道体之本然也。然其可指而易见者，莫如川流。故于此发以示人，欲学者时时省察，而无毫发之间断也。程子曰，“此道体也。天运而不已，日往则月来，寒往则暑来，水流而不息，物生而不穷，皆与道为体，运乎昼夜，未尝已也。是以君子法之，自强不息。及其至也，纯亦不已焉。”(朱熹：《论语集注》)

大川之水汩汩而流，但在孔子看来，这汩汩而流的决不只是水本身而是道体。水，这个无言之流动者昭示了天地之运行，时间之陵替，万物之生死。这是一个诸神出没之所，决不只是一个物理世界的运动。

《老子》第十六章云：“致虚极，守静笃。万物并作，吾以观复。夫物芸芸，各复归其根。归根曰静，静曰复命。复命曰常，知常曰明。不知常，妄作，凶。”王弼注云：“言致虚，物之极笃；守静，物之真正也。”此言物之真正存在那个虚静之根，即海德格尔所说的四重整体。万物虽个性分明地突兀在眼前，但我们还是可以看到那个根基，此即是“观复”。无物不是如此，即是“夫物芸芸，各复归其根”。物唯有归于那个根基处才得到守护，才是物之为物，此即是“归根曰静，静曰复命”。人只有如此“看”物才是明，外此，皆为妄作，必然带来祸害。庄子则直接说出“物化”这个词，以证“齐物”：

> 昔者庄周梦为蝴蝶，栩栩然蝴蝶也。自喻适志与！不知周也。俄然觉，则蘧蘧然周也。不知周之梦为蝴蝶与？蝴蝶之梦为周与？周与蝴蝶则必有分矣。此之谓物化。(《庄子·齐物论》)

若我们只是对象化地看物，那么，庄周是庄周，蝴蝶是蝴蝶，两不相泯，决不可“齐”。但对象化之庄周与蝴蝶并非庄周之为庄周、蝴蝶之为蝴蝶的本质，庄子以为，庄周之为庄周与蝴蝶之为蝴蝶乃在天地人神的守护中始到来。这就是物化。物化意味着万物俱召唤天地人神的威临，并在其守护中而为物，这也是庄子“齐物”的意思。

后来到明代阳明后学王龙溪则曰“无物之物”，他的“四无教”云：“无心之心则藏密，无意之意则应圆，无知之知则体寂，无物之物则用神。”(《王龙溪全集》卷一）物的本质是“无物之物”，它召唤着天地神人的出场，故其用“神”，非僵死胶固于一用之物也。

以上所举皆表示物乃物化之物。物之物化就是世界之世界化。世界决不是对象化之个体物的累积，世界是物化之世界。海德格尔说：

> 世界之世界化既不能通过某个它者来说明，也不能根据它者来论证。这种不能说明和论证并不是由于我们人类的思想无能于这样一种说明和论证。而不如说，世界之世界化之所以不可说明和论证，是因为诸如原因和根据之类的东西是与世界之世界化格格不入的。一旦人类的认识在这里要

求一种说明，它就没有超越世界之本质，而是落在世界之本质下面了。人类的说明愿望根本就达不到世界化之纯一性的质朴要素中。当人们把统一的四方仅仅表像为个别的现实之物，即可以相互论证和说明的现实之物，这时候，统一的四方在它们的本质中早已被扼杀了。①

物召唤着天地人神四重整体，四重整体复又守护着物。“物化之际，物才是物。物化之际，物才实现世界。”② 世界在物化中实现，物在世界中赐予。这是对物之为物的本质的“看，”也是对世界之为世界本质的看。这种“看”不需要任何说明，更不能有任何论证，它是道的灵现与道说的亲聆，它是人的本质决定的；人的本质守护着这样的物与世界，也只有这样的物与世界到来时，人才是本质的人。而一旦我们试图加以说明和论证的时候，我们就被置于文化的座架之中了，而这种“看”早就消失得无影无踪了。维特根斯坦说：“我们的错误是，在我们应当把这些事实看作‘原始现象’的地方寻求一种解释。”③

“原始现象”——正如加达默尔所言——“不能问为什么，但它非常确切地知道这是为什么。”④ 人们虽然开始时惊讶乃至震动于原始现象，但一旦切近它，他们便安居于此，和乐于是。神学家古斯塔夫森说：“（它）唤起虔诚——一种敬畏之感，一种对于依赖、感恩、义务、会晤、行动之可能性的理解，以及得到指引的感受。”⑤ 可见，不能论证与说明的原始现象自身并非文化，但它之于教育是如此之有效与重要，决非文化所能代替。而一旦教育从文化切入，

---

① 海德格尔：《物》，孙周兴选编：《海德格尔选集》，上海三联书店 1996 年版，第 1180—1181 页。

② 海德格尔：《语言》，《在通向语言的途中》，孙周兴译，商务印书馆 2010 年版，第 14 页

③ 维特根斯坦：《哲学研究》，李步楼译，商务印书馆 1996 年版，第 253 页。同样的意思在费希特那里也有表达，他写信给赖因霍尔特说：“我的哲学的入口始终是不可理解的，这使得我的哲学很费解。……但这正保证了它的正确性。任何可理解的东西都以一个更高的领域为前提，它在这个领域内被理解。”转引自查常平：《人文学的文化逻辑》，巴蜀书社 2007 年版，第 119 页。

④ 加达默尔：《真理与方法》，洪汉鼎译，上海译文出版社 1999 年版，第 48 页。

⑤ Jame Gustafson, *Theology and Ethics*, University of Chicago Press, 1981, p. 167.

特别是从论证性的科学体系切入，则教育的价值与有效性就消失了。美国学者谢尔兹曾说：“人必须醒于惊讶——人们或许是这样的。而科学使他再次入睡。一旦激发惊讶与敬畏之物成为需要解决的问题，它就被置于科学体系之中，而我们对它直接和内在的价值的尊重也就消失了。”[①] 可惜的是，这恰恰是教育特别是当代教育的现状，一切教育必须被置于可说明可论证的科学文化体系之中。而这恰恰是教育之问题所在，所谓“教之不刑，其此之由乎”(《礼记·学记》)。

那么，为什么可说明可论证的科学文化体系反而不利于教育呢？因为科学文化体系中的概念、定义、原理、法则所带上前来的都是些数学因素，恰恰是对四重整体这种原始现象的遮蔽。人们阅读讲论这些体系的时候，收获的是义理框架与逻辑推理，而不是原始现象的惊讶与真实世界的出场。我们所看到的与所听到的都是文字与逻辑的织造物，不但世界之为世界不来照面，甚至根本听不到世界之为世界的召唤。这样，不但我们不会“看”了，也不会“听”了。我们沉陷在语言所编织的网络之中，一刻也听不到世界之为世界的声音。庄子曰：“道隐于小成，言隐于荣华。”(《庄子·齐物论》)语言愈华美，逻辑愈严密，则语言对世界的遮蔽就愈深入，我们就愈丧失在语言之中而不会“听”了。庄子复曰：

> 视而可见者，形与色也；听而可闻者，名与声也。悲夫！世人以形色名声为足以得彼之情！夫形色名声果不足以得彼之情，则知者不言，言者不知，而世岂识之哉！(《庄子·天道》)

如果我们只是看世界的形色或听世界的名声，那我们就把世界给推远了，决没有切近世界。我们需要切近世界的看，也需要有切近世界的听。切近世界

① 谢尔兹：《逻辑与罪》，黄敏译，华东师范大学出版社2007年版，第177页。

的看就是把天地神人的四重整体带上前来。那么，切近世界的“听”呢？人总是在跟语言打交道，不断地说，也不断地听。但是，什么是语言的本质呢？我们总以为，我们看到了，也听到了，这些都是自明的。这样，从来就没有把语言的本质带上前来，从而世界也没有被带上前来而切近。然而，语言的本质决不是自明的。但探讨语言的本质，“恰恰不是把语言，而是把我们，带到语言之本质位置那里，也即：聚集入大道之中。”[①] 一句话，语言即道说。如果我们不是把语言作为道说之发声来倾听，那我们还不会“听”。

为什么说语言的本质是道说呢？一般以为，语言是人类的一种表达活动，以此表像与再现现实的或非现实的东西，但这种流俗之见是不足以界定语言之本质的。实际上，若我们只是把语言看作人类的一种表达活动的话，就一定把语言“建构到人藉以造就自身的那些功能的整个经济结构中去”[②] 了。也就是说，作为表达活动的语言恰恰没有把语言之为语言的本质性的东西带上前来。但是，“语言之本质不可能是任何语言性的东西”[③]，即语言的本质决不是语言自身及其表达。我们探讨语言的本质并不是要把语言对象化为一物，进而分析的结构、规则与功能，这种挺进恰恰撕裂了语言而倾听不到其本质。探讨语言的本质意味着：“以某种方式通达语言之说话，从而使得这种说话作为那种允诺终有一死者的本质以居留之所的东西而发生出来。”[④] 即语言的本质是要把人的本质及其生存境域带上前来。“如若在语言中真的有人的此在的本真居所，而不管人是否意识到这一点，那么，我们在语言上取得的经验就将使我们接触到我们的此在的最内在构造。”[⑤] 因为，如果没有这种“接触”，人类的语言只不过是交往的工具，人们所说与所听的都是技术性因素，而没有说出人

---

① 海德格尔：《语言》，见《在通向语言的途中》，孙周兴译，商务印书馆 2010 年版，第 2 页。

② 同上书，第 5 页。

③ 海德格尔：《从一次关于语言的对话而来》，见《在通向语言的途中》，孙周兴译，商务印书馆 2010 年版，第 111 页。

④ 海德格尔：《语言》，见《在通向语言的途中》，孙周兴译，商务印书馆 2010 年版，第 4 页。

⑤ 海德格尔：《语言的本质》，见《在通向语言的途中》，孙周兴译，商务印书馆 2010 年版，第 146 页。

自身，更没有听到人自身。所以，语言实际上关涉到人类的命运问题。显然，切近这种“接触”不是纯粹的语言文字学家所能做到的，而只有哲学家才能做到。

要切近这种“接触”，必须在语言问题上作“哥白尼式的革命”。我们平素总是以为，人说话。但人说话，意味着一个人说了些什么，然当我们总是去摄取被一个人随意说出的东西的时候，我们决没有切近语言的本质。我们要切近语言的本质，就必须于纯粹之所说中驻足，聆听纯粹的说话——语言说话。“如若我们一任自己沉入这个命题所指示的深渊中，那我们就没有沦于空洞。我们落到一个高度，其威严开启一种深度。这两者测度出某个处所，在其中，我们就会变得游刃有余，去为人之本质寻觅居留之所。”[①] 然语言说话，它会开启怎样的深度？会带来怎样的东西呢？

语言说话，但语言说话不是一种表达，它带出了一种神性的本源。海德格尔引用《约翰福音》序言云：“词语最初与上帝同在”。[②] 这是什么意思呢？我们须看海德格尔进一步的解释：

> 按照实情来思索，我们对于词语绝不能说：它存在；而是要说：它给出——这不是在“它”给出词语的意义上来说的，而是在词语给出自身这一意义上来说的。词语即是给出者。给出什么呢？根据诗意经验和思想的最古老传统来看，词语给出：存在。于是，我们在运思之际必须在那个“它给出”中寻找词语，寻找那个作为给出者而本身绝不是被给出者的词语。[③]

词语不是被给出者，即不是人说话而给出了词语，而是给出者。给出什么

① 海德格尔：《语言》，《在通向语言的途中》，孙周兴译，商务印书馆2010年版，第4页。
② 同上书，第5页。
③ 海德格尔：《语言的本质》，见《在通向语言的途中》，孙周兴译，商务印书馆2010年版，第185页。

呢？给出存在，但“给出存在”不是在词语的表达的意义上讲的，而是在给出自身的意义上讲的。“给出自身”就是让我们远离词语的表达而去凝视或倾听词语之灵现，这意味着，词语给出存在不是让我们深入到语言的句法结构中去分析，而是在运思之际切近的。运思意味着让世界出场，从而守护人的本质。

词语当然有所命名，如“雪花”。但词语的命名不是分贴标签，而是有所召唤，把被召唤者带入在场而切近，故词语就是一种邀请。在词语的命名中，“获得命名的物被召唤入它们的物化之中了。物化之际，物展开着世界；物在世界中逗留，因而向来就是逗留之物。”①也就是说，词语邀请物化之物出场，而物化之物乃是一种聚集，它栖留着天地人神，这就是世界。至此，语言的神性本源，或者说“词语最初与上帝同在”的意涵彻底揭开，这就是：语言总是召唤着物之物化，世界的世界化，而决不是对象化之物与世界的表达。语言在这种召唤中使物与世界相互通达，物物化着实现世界，世界世界化而赐予物，相互守护，各自安居。这就是语言说话，亦即是道说。道说，即语言说话是本真的令，它使被令者即物—世界和世界—物进入宁静之中。“世界之四重整体同时完成物之实现，因为静默赐予物而使物满足于在世界中栖留。……它通过让物居于世界之恩赐中而得以静默。它通过让世界在物中得到自足而静默。”②但静默并不是无声，静默甚至比任何运动更动荡，比任何活动更活跃。语言通过说话把这样的世界带上前来，此即是语言的本质，亦即作为道说之说。“道说作为这种无声地召唤着的聚集而为世界关系开辟道路。这种无声地召唤着的聚集，我们把它命名为寂静之音。它就是：本质的语言。”③道说本身不是“说”，只是无声的召唤。海德格尔借用一句诗而说：“词语崩解处，一个‘存在’出

① 海德格尔：《语言》，见《在通向语言的途中》，孙周兴译，商务印书馆2010年版，第13页。
② 同上书，第22页。
③ 海德格尔：《语言的本质》，见《在通向语言的途中》，孙周兴译，商务印书馆2010年版，第212页。

现。”[①] 如果我们只是执拘于词语自身之所说，而不能打碎词语自身之所说而归属于寂静之音，那我们还没有理解语言的本质，更没有带出道说。海德格尔说：

> “崩解”意味着：宣露出来的词语返回到无声之中，返回到它由之获得允诺的地方中去，也就是返回到寂静之音中去——作为道说，寂静之音为世界四重整体诸地带开辟道路，而让诸地带进入它们的切近之中。[②]

人的说话，即说出的具体的语言总是有声的，但无论其怎样发声，我们都应打碎这具体的声音而灵现那世界之四重整体。准确地说，世界之四重整体不是任何具体的语言可带来的，但若我们不执拘于其中就总可灵现，这就是海德格尔所说的“返回到寂静之音中去”之意。这种返回就是要灵现道说，因为词语总在具体的说中，但具体的说总是以道说为趋向与依归的。由此，我们才算学会了“说”，亦学会了“听”。所以，人之说话必须根基于道说并为世界之四重整体之到来开辟道路。“不要以为表达就是人之说话的决定性因素”[③]，人的说话不过是一种应合而听从道说的指令，进而使世界与物进入纯一之中而静默。“人之说话的任何词语都从这种听而来并且作为这种听而说话。”[④] 这样看来，人之说话恰恰应是对表达的抑制，因为表达是主观意志的表现，是欲望的满足与倾泻，但却没有在人之为人的世界中安居。但问题是，人必须在人之为人的世界中安居，故我们必须要听从道说，皈依道说。

乍看起来，海德格尔这样来论语言是很奇怪的，但我们千万不要以为他是为了在语言专业之内寻求一种新的语言观。“问题根本不在于提出一新的语言

---

①② 海德格尔：《语言的本质》，见《在通向语言的途中》，孙周兴译，商务印书馆2010年版，第213页。

③ 海德格尔：《语言》，见《在通向语言的途中》，孙周兴译，商务印书馆2010年版，第25页。

④ 同上书，第26页。

观。关键在于学会在语言中栖居。”[①] 基于此，我们可总结如下：

其一，语言的本质是道说，道说乃寂静之音。道说就是要把天地人神之四重整体（世界之为世界）带上前来，即道说灵现世界。但并非是这个世界上除了具体的人说话以外还有什么道说，其实无所谓道说，世间只有具体的说话，道说只是超越具体之说话之后的一种静默领悟与证会。这意味着世界之为世界根本是不可言说的，它只在人的静默领受中出场。静默的领受而让世界在场就是最本质的语言，最纯粹的说话。

其二，具体的人之说话虽然有所说，人于之亦有所听，但这皆为日常语言，都是在表达意义上使用的语言。在此，语言只是一种交际或指陈之工具。但世界之为世界在此并没有出场，故在日常语言中人还没有回到自己的世界。这样，人们必须超越具体的语言去倾听道说。在此，人才“听”到了属于自己的世界，才算是学会了“听”。

其三，物化之物与世界化之世界必定是寂静，其声必为道说。故本质的“看”必然带来本质的“听”，二者是二而一，一而二的。其实，无所谓“看”亦无所谓“听”，只是静默地去领悟那四重整体之“纯一”。

其四，我们研究语言，决不是要专业地去分析语言的语法、结构与时态，而是要为人类寻求栖居之所。所以，我们不能只是听具体的说话，我们必须倾听道说。倾听道说给人以根本的拯救，从而把人带回家。

以上所论并非海德格尔孤明独发，在中国儒道特别是老子那里早有先兆。老子曰：“道可道，非常道；名可名，非常名。”（《老子》第一章）“道”就是世界之为世界，它不可言说，不可名状，超越了一切具体的说话。老子又曰：

有物混成，先天地生。寂兮寥兮，独立而不改，周行而不殆，可以为天地母。吾不知其名，强字之曰道，强为之名曰大。大曰逝，逝曰远，远曰反。故道大，天大，地大，人亦大。域中有四大，而人居其一焉。（《老

① 海德格尔：《语言》，见《在通向语言的途中》，孙周兴译，商务印书馆2010年版，第27页。

子》第二十五章）

这是对道的存在的体会。“字之曰道，强为之名曰大”表示姑且名之曰“道”与“大”，实则无以名之。“寂兮寥兮，独立而不改，周行而不殆”不是对道的描述，更不是对道的定义，而是对道的指点暗示，以此方向去领悟道。“大”是什么意思呢？“大音希声，大象无形。”（《老子》四十一章）“大”表示道在声上是静默，在形上是虚无。孟子曰：“大而化之之谓圣，圣而不可知之之谓神。”“大”表示物之物化，故这样的“化”皆有神圣性。“逝”与“远”不是空间距离上的，而是意味着超越对象化世界的形与声，但道超越对象化世界的形与声并非一去不返，实则返回来守护着对象化世界，此即是“可以为天地母”之意。“道大，天大，地大，人亦大”就是海德格尔所说的四重整体。“域中有四大，而人居其一焉”，即表示人只有在此四重整体中始成其为人，始来到其本质。中国传统中盛言无言之教，儒道释皆然。所谓无言之教，无非是让人倾听道说，让人学会“听”。《礼记·学记》云：“善待问者如撞钟：叩之以小者则小鸣，叩之以大者则大鸣。”只有把什么是“听”作为问题提出来的时候，我们才有可能学会“听”。如果我们以为耳聪而拒绝提出此问题，则我们就根本不会听，甚至还没有准备去学会听。

如今，各种文化体系与专业知识早已把物化之世界与道说之声给遮蔽了，人们既不会“看”了，亦不会“听”了。人们只会专业地看，专业地听，人人都是专家。人早已从其本质的家出离了，人成了器物。子曰：“君子不器。”（《论语·为政》）这是告诉我们，一个人的“看”与“听”不要落在具体的器物当中，而是要“看”到物之物化的世界，倾听道之道说之声。不然，人自身亦下滑为一种器物而不能上升至于道。此非夫子之所教也。人只有学会了“看”与“听”，才能亲临世界之为世界，人的本质才出场，然后进行教育才是有意义的。故《礼记·学记》云：“大道不器。”若是之不知，即进行所谓的教育，则所有的教育都是功利性的，因为它只是基于现实问题的暂时解决，都是

“器用”层次上的教育，这种教育最终会把人类带到什么地方去，都是不可预知的。有宋理学家吕与叔尝曰：

古者宪老而不乞言，宪者，仪刑其德而已，无所事于问也。其次，则有问有答，问答之间，然犹不愤，则不启；不悱，则不发。又其次，则有讲有听，讲者不待问也，听者不致问也。学至于有讲有听，则师益勤，而道益轻，学者之功益不进矣。又其次，则有讲而未必听，学至于有讲而未必听，则无听可矣。(《性理大全书》卷五十二)

“仪刑其德而已，无所事于问”就是修身而学会“看”与“听”，让世界之为世界逗留在本质性的“看”与“听”，外此，别无所问；或者说，在学会本质性的“看”与“听”之前无所问。这是教育的最高层次。下面三个层次俱是在没有学会本质性的“看”与“听”之前即专业性地有所问、有所讲、有所听，每况愈下，最后至于“有讲而未必听”之局面。教育而至于此，焉能不坏，然而，此正乃当今教育之现状也。既如此，则“教育到了最危险的时候”而至于社会乱象丛生，又岂怪哉?!

五、作为道说的儒家礼乐之教

教育就是让人去学会“看”作为四重整体之世界，“听”四重整体之世界的道说。但学会并不意味着似乎有一种方法从教师那里获得从而一劳永逸地解决问题，学会意味着自己去学。海德格尔曾对学生说：“洞察到语言之本质如何作为道说，作为那个为一切开辟道路的东西公布自身——凡此种种，必须由在座诸位自己去完成了。”[①]“自己去完成”即自己去学，亦即自己觉悟。是以

① 海德格尔：《语言的本质》，见《在通向语言的途中》，孙周兴译，商务印书馆2010年版，第201页。

“学”即“觉”也，古人云：“学之为言觉也”(《白虎通义·辟雍》)，正谓此也。教育若不能让人觉悟，则教育始终还处在获取零碎知识的阶段，那么，我们就始终还没有学会“看”与“听”，不论我们获得了多么丰富的知识，构建了多么完美的理论，乃至丰富的知识与完美的理论适成“看”与“听”的障碍。故老子要求我们“绝圣弃智”、“绝仁弃义”、“绝巧弃利”，因为“三者以为文，不足”(《老子》第十九章)。“不足”就是知识与文化不足以让我们觉悟而去学会“看”与“听”。可见，一个人学会去“看”与“听”是有条件的，而这个条件又恰恰不是知识与文化的积累。因为知识与文化都是我们从对象化之世界中摄取的数学因素，而这适成物之物化之世界及道说的遮蔽。因此，“看”与“听”决不是对摆置出来的世界的“看”与说话的“听”，“看”与“听”是精神性的凝视与倾听。海德格尔说：“唯有在创造性的追问和那种出自真正的沉思的力量的构形中，人才会知道那种不可计算之物，亦即才会把它保存于真理之中，真正的沉思把未来的人投入那个‘区间’中，在其中，人归属于存在，却又在存在者中保持为一个异乡人。”[①] 物之物化之世界及道说作为不可计算之物，根本是不可摆置出来的，只可在精神性的凝视与倾听中在场，这就是海德格尔所说的“思”。人类只有学会了这种“思”才回归到了自己的本质中，不然，总是以异乡（摆置出来的对象化世界）为故乡。教育的目的不过是把人从异乡带到故乡，而要做到这一点，就要学会精神性的凝视与倾听。进一步，这种学会又依赖什么条件呢？这里不妨引用J.V. 吕斯布鲁克的观点。他认为，看到物质对象与精神实在各自需要三个条件。看到物质对象的条件是：光源、映入眼帘的东西、看的工具（即眼睛）；看到精神实在的条件是：神恩之光、转向神的意愿及那没有被致死之罪玷污的良心。[②] 看到精神实在的条件也就是我们所说的精神性的凝视与倾听的条件。三个条件中的最关键的条件是：没有被

① 海德格尔：《世界图像的时代》，见孙周兴选编：《海德格尔选集》，上海三联书店1996年版，第906页。

② J. V. 吕斯布鲁克：《精神的婚恋》，张祥龙译，商务印书馆2012年版，第7—8页。

致死之罪玷污的良心，因为这一点不具备，就不可能有转向神的意愿，也自然“看”不到神恩之光。这样，我们一步一步地追索，最后至于良心之处，良心一旦出场，我们就有可能学会“看”与“听”；良心一旦泯灭，精神性的凝视与倾听即关闭。至此，教育的目的就是让良心出场。

但良心是什么呢？一般以为良心就是道德情感或道德感受力，这就把良心看得太小了，而不得其实。若知其实义，必须回到儒学传统中来。海德格尔所说的开辟道路必须依赖自己去完成，即隐含着儒学的这种大义，只是他限于其文化传统未加揭示而已。在海德格尔看来，笛卡尔哲学“为人的解放——走向作为自身确定的自我规定的自由的解放——创造形而上学的基础”。①亦即，笛卡尔哲学为人类学的文化奠定了形而上学基础。那么，作为道说之世界，其形而上学基础奠基于何处呢？海德格尔并没有说出，而我们却必须加以追问，不然，这样的世界可能就是主观的而无客观性。

先总括地回答：良心不但是我们学会“看”与“听”的条件，也为道说之世界进行了奠基。此般大义正来自儒学，因为儒学乃是“道德的形上学”，是天道与性命相贯通的圆教模型，既是哲学亦是神学。海德格尔说：“每一哲学作为形而上学在本原的和本质的意义上都是神学。”②这意味着哲学愈是本体论的，就愈是神学的。作为道说之世界，既是形上的本体世界，也是广义的神学世界，而这个世界正奠基于人之良心。这如何可能呢？

人到底是怎样的存在者呢？这涉及对人性的认知。中国古人很早就体会到人性有一种超越的形上根基。人秉天地之性以生，盖中国文化之传统。“人者，其天地之德，阴阳之交，鬼神之会，五行之秀气也。”(《礼记·礼运》)“天地之德”即人之形上根基。但仅说人的形上根基尚显空泛，所以，中国哲人最后落实到对于人性的探讨，形成了心性论的悠久历史。但在孔子那里，并没有明言

① 海德格尔：《世界图像的时代》，见孙周兴选编：《海德格尔选集》，上海三联书店 1996 年版，第 917 页。

② 海德格尔：《谢林论人类自由的本质》，薛华译，中国法制出版社 2009 年版，第 78 页。

人性问题，故子贡感叹“性与天道不可得而闻”(《论语·公冶长》)。何也？因为孔子是践行者而不是纯粹的哲学家，而一个笃实的践行者自可体会人性，非空泛之论说可明也，故孔子言“下学而上达”(《论语·宪问》)。在孔子看来，笃实的践行既是最高的哲学，也是最好的教育。至子思与孟子，作为孔子之道的弘扬者，始盛言人性。子思先自上而下钦定人性的超越性，而言“天命之谓性”，此表人性基于天。孟子承此而继言“四端固有”而以心言性，又言“尽心、知性而知天”。这样，由子思之“天→人”之下贯，再由孟子之“心→性→天”之上达，完成了天人合一之圆教模型，这是最终极的教育，故子思曰：“率性之谓道，修道之谓教”(《中庸》)。一般以为，儒学探讨心性论只是为了给道德奠定一个形上基础，从而标明其超越性与庄严性，儒学不过是一种道德教育，果尔，则狭小了儒学心性论之大义。实则，儒学之心性论不但涉及人生之目的论，更涉及宇宙之目的论问题。上文海德格尔所说的对物之物化之世界的“看”与道说的“听”只有在宇宙的目的论中才是可以理解的，同时，教育只有关怀至于宇宙之目的，才是道说之教育，不然，都是人类学之文化教育。一言以蔽之，唯有在宇宙的目的论教育中，天地人神四重整体之世界才会到来，不然，任何教育人类学式的文化教育都可以是对世界的撕裂与宰制。

先秦儒者虽开出了天人合一之圆教模型。如子思所谓之“能尽人之性，则能尽物之性；能尽物之性，则可以赞天地之化育；可以赞天地之化育，则可以与天地参矣”(《中庸》)，孟子所谓之“万物皆备于我矣，反身而诚，乐莫大焉”(《孟子·尽心上》)，凡此种种，俱为就宇宙之目的论而言者。但其义理开发却多浑沦，使人难以彻悟心性论之大义。至宋明儒始盛言心性大义，而完成“道德的形上学”，而儒学天人合一之圆教模型始义理粲然。张横渠曰：“性者万物之一源，非有我之得私也；惟大人为能尽其道。”(《张子正蒙·诚明》)这表示，儒学探究的心性论不是基于人类学的，而是基于天地万物之宇宙论的。程子继之而言：“人与天地一物也，而人特自小之，何耶？”(《二程遗书》卷十一)此即谓，人与天地是一体的存在，人之性即天地之性，万不可撇开天地而谈人性，故程子又言："天人本无二，不必言合。"（《二程遗书》卷二上）可见，儒学之论"心"或"性"根本是在宇宙论的立场，而不是人性论的立场，亦即不是人类学的立场，而是宇宙目的论的立场。至阳明子又谓："无声无臭独知时，此是乾坤万有基。"（《王阳明全集》卷二十《咏良知》其四）这是以良知为宇宙之大根大本，良知决非只是人的道德根据，而是整个宇宙之根基。是以阳明子又曰：

> 良知是造化的精灵，这些精灵生天生地，成鬼成帝，皆从此出，真是与物无对。人若复得他完完全全，无少亏欠，自不觉手舞足蹈。不知天地间更有何乐可代？（《王阳明全集》卷三《语录三·传习录》下）

天地万物不过良知造化所出者，良知乃宇宙之形上根基，此即是"道德的形上学"。"道德的"乃就人类社会而言，但又不仅仅限于人类社会，必至于整个宇宙而让万物回归其本质，《中庸》由尽人之性，到尽物之性，最后至于赞天地之化育，即是此意。下一段说得更明确，其曰：

> 人的良知，就是草木瓦石的良知。若草木瓦石无人的良知，不可以为草木瓦石矣。岂惟草木瓦石为然？天地无人的良知，亦不可为天地矣。盖天地万物与人原是一体，其发窍之最精处，是人心一点灵明，风雨露雷，日月星辰，禽兽草木，山川土石，与人原是一体。（《王阳明全集》卷三《语录三·传习录》下）

可见，良知不仅是人之为人的最后根基，亦根本是整个宇宙之大主。人只有在这个大主之中，始来到本质，而世界亦随之来到本质。儒学之盛言心性论，无非是要确立这个大主，既而为教育奠定主脑与方向。

良知作为宇宙之大主之于人来说，并非是一个超绝的对象，而是可于生命中灵觉显现的，故阳明子曰“人人有路透长安，坦坦平平一直看”(《王阳明全集》卷二十《示诸生》其二)。这里的“长安”在阳明子那里是指圣贤境界，亦可谓是海德格尔所说的天地人神之四重世界。儒学之穷究心性论无非是要在人的生命里确立起良知这个大主，建立“道德的形上学”，从而完成天人合一之圆教模型。那么，儒学所确立的良知这个大主与笛卡尔由“我思故我在”所确立的主体性有什么区别呢？对于笛卡尔所确立的主体性，海德格尔说：

> 笛卡尔把人解释为一般主体，从而为后来的形形色色的人类学创造了形而上学的前提条件。随着人类学的涌现，笛卡尔欢庆他的最大的胜利。通过人类学，形而上学便开始过渡到那种对所有哲学的简单终止和取消的过程中。①

这就是说，由笛卡尔哲学所确立的主体性而建立的思想、哲学与文化，都是人类学的。这些人类学的思想、哲学与文化都以人为中心而施行着对世界之统治与宰制，从而永远不可能消解人类中心主义而迈向宇宙主义，进而倾听道说之声。海德格尔一再雅言“什么召唤思”，无非是要我们超越人类中心主义而祈向宇宙主义，“看”物化之世界，“听”道说之声。“‘什么召唤我们去思’这一问题如同一道闪电直接撞击我们。以这种方式来提出的‘什么召唤思’这一问题就不再是像一个科学问题那样仅仅是与一个对象纠缠在一起了。”②世界与道说都不是对象性的东西，但在人类学之文化中，世界与道说恰恰作为对象而被摆置出来，于是，世界与道说便抽身而去了。但这个抽身而去的东西恰恰是人的栖居之所。“事实上，抽身而去的东西比任何那些仅仅于人的相刃相靡

---

① 海德格尔：《世界图像的时代》，见孙周兴选编：《海德格尔选集》，上海三联书店 1996 年版，第 909 页。

② 海德格尔：《什么召唤思？》，见孙周兴选编：《海德格尔选集》，上海三联书店 1996 年版，第 1223 页。

之物更能从根本上关照人，更能由衷地拥有人。”[①] 人类的真正希望就是要把这个抽身而去的东西重新带出场。但问题是：人类如何能听到这种召唤而学会去思呢？即，这种思之于人来说如何可能？海德格尔并没有提出这个问题，更没有深思这个问题。而这个问题在儒学那里却可以得到圆满的解答，即，良知这个大主为这种思进行了奠基，从而使得倾听召唤成为可能。

我们说过，良知作为宇宙之大主，为世界之为世界进行了奠基，但良知却不是一个超绝于人的对象，而是于人的生命里完全可以逆觉体证的实体。实体其实是借用的说法，实则无所谓体，只是形上的大主，即王龙溪所说的“无心之心”。良知亦有“知”亦有“意”，但相对于摆置出来的“知”与“意”来说，是“无知之知”与“无意之意”，而其面对之物乃是“无物之物”。若我们须进一步来理解良知所面对之世界，可用“无执的存有论”来说明。“无执的存有论”乃相对于“执的存有论”而言，乃牟宗三以儒学之义理融解康德哲学而成者。笛卡尔由“我思”所确立的主体，其基本特征是执持先验范畴（质、量、关系、模态四类）而把物摆置出来，成为客观的对象与知识。这是康德哲学所做成者，也就是“执的存有论”。“执的存有论”表示世界成为了摆置出来的对象，科学由此得以可能。但须知，由“执的存有论”所成就的对象世界只是作为主体的人挑起的褶皱，世界并非就是如此。陆象山曰：“且如世界如此，忽然生一个谓之禅，已自是无风起浪，平地起土堆了。”（《陆九渊集》卷三十四《语录》上）世界其实只是如此之物化的世界，但人总是以主体之思进行着依其需要的文化建构，或谓之禅，或谓之儒，或谓之道。但所有这些都是远离世界之褶皱，并非世界之本来面目，故谓之“无风起浪，平地起土堆”。不仅文化是如此，就是对象化的客观世界，其实也是远离世界的褶皱，俱是“无风起浪，平地起土堆”。笛卡尔的主体之思乃知性之能，但知性须经先验范畴这个桥梁“知”世界，一旦通过桥梁，世界即随着这个通道而改变，康德“人为自

① 海德格尔：《什么召唤思？》，见孙周兴选编：《海德格尔选集》，上海三联书店 1996 年版，第 1211 页。

然立法”就是这个意思，也就是“无风起浪，平地起土堆”的意思。

但良知之大主是乾坤万有之基，虽亦可内在于人，但却不是人的知性之能，而是人之智的直觉。牟宗三曰：

> 于智的直觉处，物既是内生的自在相，则是摄物归心，不与物对，物只是知体（良知）之著见，即知体之显发而明通：物处即知体流行处，知体流行处即是物处，故冥冥而为一也。因此之故，物无对象义。[①]

无对象义之物就是“无执的存有论”，乃良知之大主显发智的直觉而成者。此种境界只要笃实存养良知，俱可体会证悟。儒者多雅言此种境界，程明道曰：“此道与物无对，大不足以名之。天地之用，皆我之用，孟子言‘万物皆备于我’，须‘反身而诚’，乃为大乐。若反身未诚，则犹是二物有对，以己合彼，终未有之，又安得乐。”（《二程遗书》卷二上）“无执的存有论”或无对象义之物就是海德格尔所说的物之物化之世界，但海德格尔只是向往此种境界，虽盛言“思的召唤”，然没有从哲学上证成其如何可能。但海德格尔能勘破对象化世界的胶固，以哲思之秀口吐出一个物之物化之世界，若其自身无良知之存养，必不能知也，只是其“习矣而不察”（《孟子·尽心上》）而已矣。今以儒学之大义补海德格尔之不足，可谓“调适而上遂”也。

对物之物化的世界之“看”及对道说的“听”，乃人之天性“良”知“良”能。“良”者，“不学而能”“不虑而知”（《孟子·尽心上》）者也，非靠耳目之察识，纯依良知大主之震动而成者。在道家，称之为“无知知”；在儒家，称之为“德性之知”。庄子曰：“闻以有翼飞者矣，未闻以无翼飞者也；闻以有知知者矣，未闻以无知知者也。瞻彼阕者，虚室生白，吉祥止止。”（《庄子·人间世》）“有知知”即是耳目之察识，“无知知”就是良知大主之震动。良知大主

① 牟宗三：《现象与物自身》，台湾学生书局1984年版，第99页。

之震动乃知无知相——相者，摄取物之形状者也——故谓之“阕”也，而此种知是最高的知，人生得此，必“吉祥止止”也。庄子又曰：“知天之所为，知人之所为者，至矣！知天之所为者，天而生也；知人之所为者，以其知之所知以养其知之所不知，终其天年而不中道夭者，是知之盛也。”（《庄子·大宗师》）这里的“天”乃指良知之大主。良知本人之性分所固有，但亦可上通于天地，而为天地之性，是以称之“天”也，是以谓之“大主”也。在这里有两种“知”，即知：“天之所为”与“人之所为”。一个人若能知“人之所为”的限度，那么，“天之所为”的召唤就灵现了出来，此之谓“以其知之所知养其知之所不知”也，亦谓“知之盛也”，因为此时他对“天之所为”之召唤有所倾听。反之，若他以为“人之所为”为知之全部，乃至于根本不能倾听“天之所为”之召唤，那么，就不是真正的“知”。宋儒张横渠以“见闻之知”名“人之所为”，以“德性之知”名“天之所为”。其曰：

> 大其心则能体天下之物，物有未体，则心为有外。世人之心，止于闻见之狭。圣人尽性，不以见闻梏其心，其视天下无一物非我，孟子谓尽心则知性知天以此。天大无外，故有外之心不足以合天心。见闻之知，乃物交而知，非德性所知；德性所知，不萌于见闻。（《张子正蒙·大心》）

“见闻之知”，徇耳目而止于对象化之物，此则有外；若心梏于见闻而止于物，实不足以名之曰“心”。故横渠后文又曰：“由象识心，徇象丧心。知象者心，存象之心，亦象而已，谓之心可乎？”此时，心亦象矣。但“德性之知”却不一样，不由见闻而来，人若在笃实之存养工夫中，即可体会“德性之知”。“德性之知”因不萌于见闻，故为不可说者，唯在各人笃实之存养工夫中“体”之。人一定要体会到这个耳目之外的“德性之知”，才算是真正认知了这个世界。是以横渠又曰：“人谓己有知，由耳目有受也；人之有受，由内外之合也。知合内外于耳目之外，则其知也过人远矣。”（《张子正蒙·大心》）人固有耳目之受，然亦有良知之受。耳目之受，内也；良知之受，外也。知此内外之受，则其“知也过人远矣”。若只知内而不知外而为耳目所累，乃孟子所为“从其小体”（《孟子・告子上》）者也，必小人也。由此，焉能知世界之为世界？焉能知人之为人？以海德格尔的话说，世界不在本质之中，人亦不在本质之中。所以，孟子所讲的“大人”（圣人）与“小人”之辨，决不只是道德伦理的意义，而是存在论上的意义。

唯有开发德性之知而默契天之所为，人始回归于本质之中。明儒罗近溪曰：“惟圣人迎其几而默识之，是能以虚灵之独觉，妙契大始之精微；纯亦不已，而命天命也；生化无方，而性天性也；终焉神明不测，而心固天心，人亦天人矣。”（《盱坛直诠》上卷）“大始之精微”即良知之大主的创造，人若能觉识而证悟之，则其命即为天命，其性即为天性，其心即为天心。“天”者，天之所为也。天命、天性、天心谓人之命、性、心皆停驻在天之所为处而与天为一，在此，人始回到本质之中。“生化无方”、“神明不测”谓世界并非对象化之世界，乃物化之世界，即人回到本质则世界亦随之回到本质。至此，我们可以说，存养良知之大主乃人之为人，世界之为世界的根基。此时，人并非人类学的人，乃与天地合一之人；世界并非对象化之世界，乃物化之世界。二者俱谓“无执的存有论”也。

可见，要看到物化之世界，要倾听道说之声音，存养笃实良知之大主乃其根本也。海德格尔之说要证成必至于此。庄子曰：“宇泰定者发乎天光。”（《庄子・桑庚楚》）存养笃实良知之大主即“宇泰定”也，“看到物化之世界，倾听道说之声音”即“发乎天光”也。孟子曰：“学问之道无他，求其放心而已矣。”（《孟子・告子上》）这是壁立千仞之语，万古不刊之论；一笔透露学问之根底，一言把住教育之要津。这里的“求”并非犹如知识般向外求也，而是内求人固有之“四端”，故“求”即是笃实存养灵现觉悟之意，此即是海德格尔所说的教育就是“让……去学”之意。因“四端”为人人所固有，只要笃实存养即可灵现，进而显发德性之知。是以孟子曰：“求则得之，舍则失之。或相倍蓰而无算者，不能尽其才者也。”但现实中为什么很多人不能显发德性之知之潜能呢？乃因为存养之工夫不足，未能尽“四端”之大能也。这样，我们把教育最终落实在儒学的心性工夫之学中来。其理路是如此：教育就是让人回到世界，而人要回到世界，则必须学会“看”物化之世界、“听”道说之声音，而这种“学”之根基端赖良知大主之灵现，而良知大主之灵现又端赖笃实之存养工夫，此即儒学之心性工夫之学也。若我们认可怀德海所说的“教育的本质在于：它是宗教性的”，[①] 那么，教育的这种本质只有在心性工夫之学中始得以实现。但“宗教性的”是一种精神，它意味着教育不应是关于神学的抽象知识，即不是神与人的一般关系，或反过来说，是人与神的一般关系，若如此，“宗教性的”精神就下滑为一种实定宗教。但任何实定宗教必须预先期备宗教性的精神领悟，不然，所有实定宗教都滑落为一种知识而与化学或数学无以异，这恰恰是宗教自身的否定。一切宗教“必然于自身中蕴含着那种存在领悟，而人类此在本身，只要它终究生存着，就从自身而来具有这种存在领悟”。[②] 人类之此在之所以能够有这种存在领悟，乃因为人之生命内在地固有作为宇宙大主之良知，但若无笃实之存养工夫，存在领悟即不可能，教育的“宗教性的”目标就无法达成。“千淘万漉虽辛苦，吹尽狂沙始到金。”（刘禹锡：《浪淘沙》其八）教育之千言万语不过最后落到存养工夫这里来。“下学而上达”，这里有一大段存养工夫在，即“下学……存养……上达”。若无这一段存养工夫，则下学不过获得知识，离教育尚甚远。

教育之理念基点既落实到“存养”中来，则要求现实的教育实践必须不只是关涉“下学”，更要关涉“存养”。若二者工夫到，“上达”就是自然的结果。中国传统教育实践即很好地体现了这种关涉：

---

① Alfred North Whitehead, *The Aims of Education and Other Essays*, The Macmillan Company, 1959, p.23.

② 海德格尔：《现象学与神学》，见孙周兴选编：《海德格尔选集》，上海三联书店 1996 年版，第 748 页。

> 大学之教也：时教必有正业，退息必有居学。不学操缦，不能安弦；不学博依，不能安诗；不学杂服，不能安礼；不兴其艺，不能乐学。故君子之于学也，藏焉修焉，息焉游焉。夫然，故安其学而亲其师，乐其友而信其道，是以虽离师辅而不反也。（《礼记·学记》）

正业，谓诗书礼乐之教也。但真正的教育不只是师长讲习传授诗书礼乐，尚需要退息下来后的私居之学，此即“居学”也。操缦、博依、杂服俱居学之属也。[①]居学之属皆艺，以此而“养”学，正所谓“不兴其艺，不能乐学”也。“藏焉修焉”，谓正业也；“息焉游焉”，谓居学也。孙希旦曰：“正业于人至切，而居学若在可缓，然二者之为，理相通而事相资，有不可以偏废者，故不游之于杂艺以发其欢欣之趣，则不能安于正业而生其习乐之心也。……藏焉必有所修，息焉必有所游，无在而非义理之养。其求之也博，其入之也深，理浃于心，而有左右逢源之乐；身习于事，而无艰难烦苦之迹。是故内则信乎己之所得，外则乐乎师友之相成，至于学之大成而强立不返也。”（《礼记集解》第十八《学记》）《学记》中的经文与孙希旦的解释，俱表明中国传统教育实践中有“学”有“养”，学养并重；若学而不知养，必至于“苦其难而不知其益”也。

现代教育中只有学而没有养，故学（课堂讲授）之无所成，不亦宜乎?！那么，养如何可能呢？养不同于学，学重义理之解析，养重事为之磨炼。但义理之解析并非一种知识性的知晓，而是要领悟那良知之大主。这种学之主旨使得养之事为不能是纯粹的事务主义，而是仪式性的超度，即养之事为不是事务性的技艺，而须由技近乎道。这就是要求养必须是仪式性的，这种要求在传统的礼乐之教中得到了很好的贯彻。

中国传统有：“广博易良，乐教也”，“恭俭庄敬，礼教也”（《礼记·经

---

① 孙希旦曰：“操缦，非乐之正也，然不学乎此，则于手指不便习，而不能以安于琴瑟之弦矣。博依，非诗之正也，然不学乎此，则于节奏不娴熟，而不能以安于诗矣。杂服，非礼之重也，然不学乎此，则于仪文不素习，而不能以安于礼矣。”（《礼记集解》第十八《学记》）

解》），由此，人们多以为礼乐之教不过性情人伦之教，实则礼乐之教决不止于此也。礼乐之教必至于聆听世界之道说，领会道说之世界。“礼乐不可斯须去身。致乐以治心，则易、直、子、谅之心油然生矣。易、直、子、谅之心生则乐，乐则安，安则久，久则天，天则神。”（《礼记·乐记》）此即说明了由性情人伦之教进一步上升至于体道之过程。故“通于道者，则能知乐”（《礼记集解》第十九《乐记》之一引方悫语），岂妄言也哉？！

《礼记·乐记》谓礼乐云：“大乐与天地同和，大礼与天地同节。和，故百物不失；节，故祀天祭地。明则有礼乐，幽则有鬼神。如此，则四海之内合敬同爱矣。”此即是说，礼乐根本不是人的制作，乃天地宇宙之道说。故又云：“乐由天作，礼以地制，过制则乱，过作则暴。明于天地，然后能兴礼乐也。”① 礼乐固有外在的形式格套，此其“明”也，然其实乃灵现天地人神之世界，此其“幽”也。《乐记》数以天地言礼乐，如，“乐者敦和，率神而从天；礼者别宜，居鬼而从地。故圣人作乐以应天，制礼以配地。礼乐明备，天地官矣。”又，“夫礼乐之极乎天而蟠乎地，行乎阴阳而通乎鬼神；穷高极远而测深厚。”这些都在表明，礼乐之教决非礼乐外在形式本身，乃在礼乐仪式中养成对天地人神之道之体会，所谓“一动一静者，天地之间也”，又谓“君子之听音，非听其铿锵而已也，彼将有所合之也”（《礼记·乐记》）。“合”什么呢？当然是合天地人神之道，亦可谓由技进乎道也。孔子即告诫弟子千万不要只得礼乐之教之技而遗失其道，“尔以为必铺几筵，升降、酌献、酬酢，然后谓之礼乎？尔以为必行缀兆，兴羽龠，作钟鼓，然后谓之乐乎？”（《礼记·孔子燕居》）超

① 这段话实同于《庄子·知北游》——“是故至人无为，大圣不作，观于天地之谓也”——这句话之意。这意味着，儒学的礼乐之教亦是天地之教，根本不是人为之造作。但道家之所以批评儒家，正因为其视之造作，所谓“纯朴不残，孰为牺尊”（《庄子·马蹄》）即此意也。道家此意非不美也，然由此而观礼乐，以礼乐乃纯粹外在之格套与形式，而不明乎其通于天地大道之义，此见道家非真知儒学者，是亦道家之局限也。由此观之，道家之陈义固高，然儒家之陈义实可与之平齐。但儒家“极高明而道中庸”，有礼乐之教以化众庶，而道家之陈义非上智者难与言也。故儒学终成中正之教而为华夏教化之所寄与国族之所依也，而道家只成为高明拔俗之哲学。

越礼乐自身才是礼乐之教的根本，故儒家又有"三无"之说："无声之乐，无体之礼，无服之丧。"(《礼记·孔子闲居》）但"三无"是什么意思呢？孔子以"夙夜基命宥密"释之。"夙夜基命宥密"一句出自《诗经·周颂》"昊天有成命"一篇，颂成王修身靖德以体悟大道奉侍天命之辞。也就是说，若人果能修身靖德以体悟大道，那么，这就是最高的礼——无体之礼，亦是最高的乐——无声之乐。至此，我们即可下结论曰：礼乐之教不过是欲人存养良知之大主以体悟大道，决不停驻于礼乐之形式自身，故《乐记》云："乐胜则流，礼胜则离。"若只注重于乐之形式，则流于娱乐；若只注重礼于之形式，则离其根本，是以又有"小人以听过"之言。小人流于感官的"看"与"听"，自然失礼乐之教的主旨，亦必有过而无所成也。故孔子论成人之过程时曰："兴于诗，立于礼，成于乐"(《论语·泰伯》)，人生之至于乐方是大成，此时世界成其为世界，人成其为人。是以《乐记》云："是故大人举礼乐，则天地将为昭焉。"正是礼乐让世界昭然出场。但礼乐为什么能使世界出场呢？因为礼乐养成了人，使其回到了本质，随着人之回归，世界自然亦随之回归。可以说，中国先秦的礼乐之教乃教育之最高实践。

礼乐之教虽是教育的最高实践，但随着科学技术之世界遮蔽乃至取代了作为道说之世界，这种最高的教育实践犹如一颗流星划过夜空，消失在遥远的黑暗中。如今，知识教育代替了礼乐之教，难怪海德格尔感叹曰"教育的时代已经结束"，但海德格尔在他的哲学中呼唤存在，既而强调诗、艺术之作用，无非是要唤起那最高的教育实践。须知，在海德格尔那里，诗、艺术决非纯艺术的意义，真理（思）亦不是知识的意义，皆具有教育的意义，那就是唤醒人们对世界与道说之觉悟。

"在贫困时代里作为诗人意味着：吟唱着去摸索远逝诸神之踪迹。因此诗人能在世界黑夜的时代里道说神圣。"[①] 这是海德格尔所认为的诗人的任务，其

① 海德格尔：《诗人何为？》，见孙周兴选编：《海德格尔选集》，上海三联书店1996年版，第410页。

实，也是教育者的任务。因为这里的诗人是广义的，非狭义的文学上的诗人。这样的诗人，其根本任务就是执行教育的功能——“在世界黑夜的时代里道说神圣”；反过来说，若教育是“在世界黑夜的时代里道说神圣”，则教育应该是诗性的，艺术的。教育、诗、艺术与真理（思）在海德格尔那里基本上是同一个意思。海德格尔说：

> 每个伟大的诗人都只出于一首独一之诗来作诗。衡量其伟大的标准乃在于：诗人在何种程度上被托付给这种独一性，从而能够把他的诗意道说纯粹地保持于其中。[①]

但这首独一之诗始终没有被道出，“无论是他的任何一首具体诗作，还是具体诗作的总和，都没有道说一切”。[②]可见，“独一之诗”根本不是如何一首诗，而是那天地神人之四重整体，任何一首具体的诗都是那个境界的吟唱。这种四重整体之境界不但是诗歌吟唱的对象，亦是教育、艺术或真理的对象，外此，无所谓教育，无所谓艺术，更无所谓真理。在这里，教育、艺术与真理都不是专业学科意义上讲的，它们并无区别，都是对那个境界的守护，而对那个境界的守护当然是教育的最高实现，而这种实现又只可能在类似于中国传统礼乐之教的仪式之中，“仪式表达了对更广大宇宙的参入感，表达了在根本上维系性力量面前所感觉到的敬畏、尊重和感激”。[③]

但礼乐之教作为一种行动，在现代社会已彻底没落，剩下的只是哲学的召唤，然“哲学将不能引起世界现状的任何直接变化。不仅哲学不能，而且所有一切只要是人的思索和图谋都不能做到。只还有一个上帝能救渡我们。留给我们的惟一可能是，在思想与诗歌中为上帝之出现准备或者为在没落中上帝之不

---

①② 海德格尔：《诗歌中的语言》，见《在通向语言的途中》，孙周兴译，商务印书馆2010年版，第30页。

③ 谢尔兹：《逻辑与罪》，黄敏译，华东师范大学出版社2007年版，第165页。

出现作准备；我们瞻望着不出现的上帝而没落”。[①] 这里的“上帝”并非就是人格化的上帝，而是指神圣世界。若人们尚还希望去迎接这个神圣世界，尽管礼乐之教已失，但还有拯救之希望，只是，我们的教育应该做些什么呢？本文不是已经粲然明备地说出了吗？若人们根本不想去迎接这个神圣世界，那么，我们准备好了去面对这个结局了吗？

（原载《中国古典教育评论辑刊》第一辑
刘铁芳、柯小刚主编：《古典传统与个体成人》）

① 海德格尔：《只还有一个上帝能救渡我们》，见孙周兴选编：《海德格尔选集》，上海三联书店 1996 年版，第 1306 页。

寻“孔颜乐处”与理学家对儒学作为“宗教动力学”的开发

一、引　言

“孔颜乐处”虽然在《论语》一书中已有所提及，但这只是孔子与颜渊的个人生活表现，而作为一种学问上的刻意追求，则首唱于宋儒周濂溪。我们知道，周濂溪传世之著作是《通书》与《太极图说》这两部书，但奇怪的是，作为周濂溪亲炙弟子之二程兄弟竟然在他们的著作中完全没有提到过这两部书，而作为二程兄弟之启蒙老师，周濂溪留给他们最大的启示是：“昔受学于周茂叔，每令寻颜子、仲尼乐处，所乐何事。”[①] 仲尼、颜子之乐，虽典源自《论语》，但正式提出“孔颜乐处”这个成语，则肇始于周濂溪。[②] 也就是说，在二

① 王孝鱼点校：《二程集》，中华书局 2004 年版，第 16 页。

② 二程兄弟于庆历六年（公元 1046 年）受学于濂溪，嘉祐元年（公元 1056 年），程伊川游太学，时胡安定主政太学，问诸生《颜子所好何学？》，伊川之答使得胡安定甚为惊异，并约见且处以教职。显然，濂溪令二程兄弟“寻孔颜乐处”，对于二程影响甚大。邵尧夫名其居所为“安乐窝”，司马温公名其居所为“独乐园”，可见，宋儒对于“乐”之向往及其学术精神之影响。

程兄弟看来，周濂溪是最早倡导寻“孔颜乐处”的人，且此四字对他们学问之影响也最大，故《宋史·道学一·周敦颐传》云：“二程之学源流乎此矣。”[①]这是一个特别的提示，盖二程之学即由此而深入，而非通过《通书》与《太极图说》也。

周濂溪要二程寻“孔颜乐处”，直接开启了二程的学问，乃至整个宋明理学——天人性命之学，最后进一步夯实了儒学作为“宗教动力学”之特质。小程子即以一篇《颜子所好何学?》惊异当时之学界，朱子论之曰：“此是程子二十岁时已做得这文好。这个说话，便是所以为学之本。惟知所本，然后可以为学。若不去大本上理会，只恁地茫茫然，却要去文字上求，恐也未得。”[②]也正因为如此，真德秀以诗歌的形式论述了“孔颜乐处”四字在北宋理学中的重要性：“濂洛相传无别法，孔颜乐处要精求。须凭实学工夫到，莫作闲谈想像休。”[③]胡五峰甚至认为，我们只有明白了“孔颜乐处”四字，才能明白《通书》与《太极图说》之大旨。

> 周子启程氏兄弟以不传之妙，一回万古之光明，如日丽天，将为百世之利泽，如水行地，其功盖在孔、孟之间矣。人见其书之约也，而不知其道之大也；见其文之质也，而不知其义之精也；见其言之淡也，而不知其味之长也。患人以发策决科，荣身肥家，希世取宠为事也，则曰“志伊尹之所志”。患人以知识闻见为得而自画，不待贾而自沽也，则曰“学颜子之所学”。人有真能立伊尹之志，修颜子之学者，然后知《通书》之言，包括至大，而圣门之事业无穷矣。[④]

① （元）脱脱等：《宋史》，上海古籍出版社、上海书店1986年版，第1441页。
② （宋）黎靖德编：《朱子语类》，中华书局1986年版，第776页。
③ （宋）真德秀：《西山文集》，载于《文渊阁四库全书》第1174册，上海古籍出版社1987年版，第26页。
④ （明）黄宗羲：《宋元学案》，中华书局1986年版，第520—521页。

二程兄弟问学于濂溪，濂溪要他们“寻孔颜乐处”，但其大旨如何？濂溪并未细说分疏，使得后人有不可得而闻之叹。但若对于“孔颜乐处”之大义不知，则可能对于濂溪之学乃至整个宋明理学俱难深入。而整个宋明理学是为了完成“道德的形上学”之建构，依据牟宗三的讲法：“如果‘道德的形上学’真能充分作得成，则此形上学即是神学，两者合一，仍只是一套，并无两套。……而宋、明儒者却正是将此‘道德的形上学’充分地作得出者。”① 这样看来，“孔颜乐处”必有其宗教性，从而开启了宋明理学乃至儒学作为一种“宗教动力学”的建构。

二、先秦至魏晋儒学的嬗变及宋明儒对“孔颜乐处”精神根基的开掘

“孔颜乐处”所乐何事？为什么周濂溪首先让二程兄弟思考这个问题，或者说，为什么学问之下手处在这里？首先要辨明的是，“孔颜乐处”之乐并不是一般的快乐，而是宗教性的安身立命，只有宗教性的安身立命，才能给人以最大的快乐。

（一）先秦至魏晋儒学的嬗变

孔、颜乃潜沉内修之学，此种学问，必自有其乐。其乐乃践行过程中实有之而真得之者，唯孔、颜只会意其有之切与得之确，尚未措意其何以有此乐也。犹如饭饭而知其味，但未究竟何以有其味也。但随着潜沉内修之学的进一步开决，孔、颜后学开始着意孔颜之乐的形上根据。这个形上根据孔、颜虽未明确说出，但已有所会意。

---

① 牟宗三：《心体与性体》，上海古籍出版社1999年版，第9页。

> 颜渊曰：“舜何人也？予何人也？有为者亦若是。”（《孟子·滕文公上》）

颜渊这句话与孔子的“仁远乎哉？我欲仁，斯仁至矣”（《论语·述而》）一样，开启了儒家“人皆可以为尧舜”之信念与实践。在孔、颜践行的笃实工夫中，盖已体认出了人人皆有完成此种践行的根基。但这个根基是什么，则未曾措意而理论地缕析之。至子思，由于内圣之学的进一步开决，开始探讨人性及成圣的根基问题，故云“天命之谓性，率性之谓道，修道之谓教”，又云“诚者，天之道也；诚之者，人之道也”，又云“自诚明，谓之性。自明诚，谓之教”（《中庸》）。子思在此解析出了人性的超越性与普遍性，超越性从天命讲，普遍性从人人皆具讲。在子思看来，人人都有来自天命的性，这个性不但构成了人性，且是人人成圣的形上根基。至孟子，对于这个形上根基作了进一步的开决，不但讲性善，且进一步落实为“四端”。且孟子进一步讲，扩充四端之心，完成性分中所有，方是人生之大美与大乐。故孟子曰：“充实之谓美。”（《孟子·尽心下》）美就是内在的性体充实圆满，无与于外也。是以孟子又曰：

> 广土众民，君子欲之，所乐不存焉。中天下而立，定四海之民，君子乐之，所性不存焉。君子所性，虽大行不加焉，虽穷居不损焉，分定故也。君子所性，仁义礼智根于心。其生色也，睟然见于面、盎于背，施于四体，四体不言而喻。（《孟子·尽心上》）

在孟子看来，外在的功业（“广土众民”与“中天下而立，定四海之民”）尽管有可乐者，但不是人生最大的安乐，人生最大的安乐一定来自性分之中。如果人人能尽心养性，那么，每个人都能在自家的性分中找到人生最大的安乐。故孟子曰：“万物皆备于我矣，反身而诚，乐莫大焉。”（《孟子·尽心上》）人之性分中万事具备，只要逆觉反省体察，就可得莫大之安乐。

但是，先秦儒学并没有沿着孟子向内开决的思路，去究竟那个性分中本有的安乐，反倒是重外在的礼法，即沿着荀子开启的思路发展，这种思路一直影响到汉代。《汉书·儒林传》云："诸儒始得修其经学，讲习大射乡饮之礼。叔孙通作汉礼仪，因为奉常，诸弟子共定者，咸为选首，然后喟然兴于学。"① 这样，汉代在学术上重经术而务章句，在修行上重纲纪而务名教。这种转变，其根本在重学术而轻修行，于孔子之道渐行渐远了。故《汉书·艺文志》责之曰：

> 古之学者耕且养，三年而通一艺，存其大体，玩经文而已，是故用日少而畜德多，三十而五经立也。后世经传既已乖离，博学者又不思多闻阙疑之义，而务碎义逃难，便辞巧说，破坏形体；说五字之文，至于二三万言。后进弥以驰逐，故幼童而守一艺，白首而后能言；安其所习，毁所不见，终以自蔽。此学者之大患也。②

古之学者固然读书，但更多的是内修以求体会，觉悟以求达道，故于文字上用功少而内修上用功多，是以德业日进。但后世学者仅究竟文言，动辄敷陈万言，然终自蔽性灵而无所见。难怪夏侯胜非难夏侯建曰："章句小儒，破碎大道。"③ 钱穆先生在论述汉儒章句之学云：

> 惟自治经而为章句，则文字蚀其神智，精神撰鹜饰说，而通经益不足以致用。于是汉儒之说经，遂仅限于为一儒生，而亦不复为政治动力所在，与夫社会生活治乱盛衰所系。④

---

① （东汉）班固：《汉书》，上海古籍出版社、上海书店1986年版，第333页。
② 同上书，第165页。
③ 同上书，第292页。
④ 钱穆：《秦汉史》，九州出版社2011年版，第232页。

儒生通经务以纲纪名教来整合社会，操持人伦。于是，儒学失去了先秦潜沉内修的精神，泯灭了虚灵自如的风姿。总之，儒学完全沦落为纲纪名教之学，而非精修高远之养。这样，儒学完全只有来自外在纲纪名教的强制性，而无内在心性的感通。本来，在孟子那里是“由仁义行，非行仁义也”(《孟子·离娄下》)，即人性自身即有仁义之端，依此而行就是德行，而不是外在有个仁义纲纪摆在那里依之而行。这样，仁义有心性之根基，所谓德行亦不过率性而已。但汉儒章句之学只知有外在的纲纪名教而未潜沉到内在的心性之中，不能依根基而率性，是以纲纪名教为外在的强制而不可免也。这诚如庄子所言之“中国之民，明乎礼义而陋乎知人心。昔之见我者，进退一成规、一成矩”(《庄子·田子方》)。这种桎梏性灵而规规于礼数折旋之拘谨已与圣人之境界——“立之斯立，道之斯行，绥之斯来，动之斯和”(《论语·子张》)——相去甚远矣。

于是，魏晋时代之诸名士开始探讨“理想的圣人之人格究竟应该怎样?”[①]的问题，王弼、何晏等人从道家之“无”得到灵感，企图“无”掉礼数折旋那桎梏性灵的拘谨，而倡“越名教而任自然”。王弼曰：“圣人茂于人者神明也，同于人者五情也。神明茂故能体冲和以通无，五情同故不能无哀乐以应物。然则圣人之情应物而无累于物者也。”[②]圣人“体冲和以通无”、“应物而无累于物”，故有虚灵玄妙之境界，决非是那桎梏性灵的拘谨。王弼进一步曰：“道不违自然，乃得其性，法自然也。”[③]王弼此言，可以“名教本于自然”结之，但这里的“名教本于自然”不是要去内在地开决名教的形上根基，而是以自然去消解名教，因为这里的自然是气化人性论中的自然，尚没有开掘到子思与孟子所开启的天道与性命相贯通的率性之自然。于是，名士们多以自家气质之性去抗拒纲纪名教，而倡“礼岂为我设邪”[④]。后来虽有乐广“名教内自有乐

---

① 汤用彤：《魏晋玄学论稿》，上海古籍出版社 2005 年版，第 103 页。
② （西晋）陈寿：《三国志》，上海古籍出版社、上海书店 1986 年版，第 96 页。
③ 楼宇烈：《王弼集校释》，中华书局 1980 年版，第 65 页。
④ （唐）房玄龄等：《晋书》，上海古籍出版社、上海书店 1986 年版，第 158 页。

地”[①]之说，然其名教亦非汉儒之名教纲常也。是以汤用彤谓乐广之言“并不是特别推崇‘名教’，其思想还是本于玄学”[②]。这样，魏晋名士虽欲扭转汉儒拘谨礼数折旋之风而重塑圣人自然虚灵之姿，但因为没有潜沉到形上的心性根基之中而止于气性之材质中，于是，名士以放达无守为安乐，以四不着边为风流，与“吾与点也”之境界亦相去甚远。名士仅以外在的美趣与哲学的解悟去体会圣人自然安乐之境界，尚不能以笃实的工夫践履之。这样，他们探讨理想圣人以成之玄学，只是孔、颜境界之相似法，非其实也。牟宗三先生曰：

> 名士境界之无得无成只是以天地之逸气而为人间之弃才。乃是风流飘荡而无着处，乃是软性之放纵恣肆，而唯播弄其逸气以自娱。故名士之基本情调乃是虚无主义的。魏晋人之生命深处不自觉地皆有一荒凉之感。[③]

是以魏晋名士多命运多舛，不得善终。不惟个人生命不得安顿，亦造成了极大的社会问题。《晋书》卷三十五《裴秀传》附《裴頠传》云：“是以立言藉其虚无，谓之玄妙。处官不亲所司，谓之雅远。奉身散其廉操，谓之旷达。故砥砺之风，弥以陵迟。……其甚者，至于裸裎。言笑忘宜，以不惜为弘，士行又亏矣。”[④]因此，魏晋玄学所究竟之圣人，不但与孔、颜之境界相去云泥，亦与孔、颜之理想悬隔霄壤也。

---

① （唐）房玄龄等：《晋书》，上海古籍出版社、上海书店1986年版，第144页。

② 《晋书》乐广本传谓：“天下言风流者，谓王、乐为称首焉。”“王”即王衍，字夷甫。《世说新语·轻诋》载：“桓公入洛，过淮泗，践北境，与诸僚属登平乘楼，眺瞩中原。慨然曰：遂使神州陆沉，百年丘墟，王夷甫诸人不得不任其责。”乐广与王衍风流一时，由桓温之感慨，即可想见乐广说“名教内自有乐地”时之底蕴与精神矣。参见汤用彤：《魏晋玄学论稿》，上海古籍出版社2005年版，第107页。

③ 牟宗三：《才性与玄理》，台湾学生书局1985年版，第83—84页。

④ （唐）房玄龄等：《晋书》，上海古籍出版社、上海书店1986年版，第121页。

(二)宋明儒对"孔颜乐处"精神根基的开掘

真正能阐发孔颜乐处的大义，既而把理想的圣人人格落到实处，从而开决孔孟内圣之学深度的是宋明儒者。早在周濂溪让二程体会孔颜乐处之前，范仲淹尝告诫张横渠曰："儒者自有名教可乐，何事于兵？因劝读《中庸》。"[①] 这里所说的近似于乐广之"名教内自有乐地"，然其底据已根本不同。在范仲淹那里，寻求名教之可乐须去读《中庸》。《中庸》讲什么呢？讲人之性。可见，名教之可乐须从性中寻，在性中落实下来，不然，皆虚悬而不实。魏晋名士就是不能在性中落实下来，开启圣证的实践之路，只以外在的美趣去观赏圣人虚灵以至于"无"的境界，而不能在自性中实践地证悟之，"展转于有无之间，而驰骋其玄谈，亦适足成其为'空华外道'而已矣"。[②]

那么，魏晋名士适成之"空华外道"为什么可以在宋明儒者那里翻转而得到落实呢？根本原因是宋明儒者承袭思孟，从性中寻。陆象山云："夫子以仁发明斯道，其言浑无罅缝。孟子十字打开，更无隐遁，盖时不同也。"[③] 孔子以其坚实的践行工夫发明仁道之乐境，故不必言性；但人若无此工夫亦虚言仁道之乐境，必为"空华外道"，是以思孟须言之也。故陈白沙曰：

> 色色信他本来，何用尔脚劳手攘？舞雩三三两两，正在勿忘勿助之间。曾点些儿活计，被孟子一口打并出来，便都是鸢飞鱼跃。若无孟子工夫，骤而语之，以曾点见趣，一似说梦！[④]

若不能从"性"中见，则曾点之趣、孔颜之乐一定是"空华外道"，落不到实处。

---

① (元)脱脱等:《宋史》，上海古籍出版社、上海书店1986年版，第1442页。
② 牟宗三:《才性与玄理》，台湾学生书局1985年版，第124页。
③ 钟哲点校:《陆九渊集》，中华书局1980年版，第398页。
④ 孙通海点校:《陈献章集》，中华书局1987年版，第217页。

鲜于侁问伊川曰："颜子何以能不改其乐？"正叔曰："颜子所乐者何事？"侁对曰："乐道而已。"伊川曰："使颜子而乐道，不为颜子矣。"侁未达，以告邹浩。浩曰："夫人所造如是之深，吾今日始识伊川面。"①

伊川为什么反对颜子乐道之说呢？道作为一种存在，多外在于人，若颜子没有内在的根基而只乐那个外在的道，则一定不是颜子之乐。但颜子并非不乐道也，然若只乐外在之道而无内在之根基，则颜子之乐道与魏晋名士之"空华外道"无以异，岂能得颜子之心？鲜于侁未能明伊川之意，而邹浩则知之。盖伊川所造之深已及于颜子，是以不同俗众也。伊川的这段话，朱子作了进一步的解释：

夫颜子舍道，亦何所乐？然先生不欲学者作如是见者，正恐人心有所系，则虽以道为乐，亦犹物也。须要与道为一，乃可言乐。不然我自我，道自道，与外物何异也？须自体会乃得之。②

这里的"先生"正指伊川也。颜子并非不乐道，然不可视道为外在一物而乐之，须有内在之根基而与道一体，即颜子开内在的根基以通达于道，始知颜子之乐也。

颜子之乐的根基就是"性"——由《中庸》"天命之谓性"下贯于人，复由人之存养工夫而透显，最终通达于天（即孟子所云："尽其心者，知其性也。知其性，则知天矣。存其心，养其性，所以事天也。"）。这个"性"不是各别而殊异的气质之性，而是作为乾坤万有基的天命之性，人与物皆来自于此。故孟子云"万物皆备于我"，庄子亦云"天地与我并生，而万物与我为一"（《庄子·齐物论》）。程明道由此而释之曰：

① 王孝鱼点校：《二程集》，中华书局2004年版，第395页。

② 朱杰人等主编：《朱子全书》第22册，上海古籍出版社、安徽教育出版社2002年版，第1869页。

> 所以谓万物一体者，皆有此理。只为从那里来。“生生之谓易”，生则一时生，皆完此理。人则能推，物则气昏，推不得；不可道他物不与有也。人只为自私，将自家躯壳上头起意，故看得道理小了佗底。放这身来都在万物中一例看，大小大快活。①

“大仁”从这个性体上来，“大乐”亦从这个性体上来。“大仁”必至于“大乐”，“大乐”必有“大仁”。宋儒张子韶解释“一日克己复礼，天下归仁焉”时曰：

> 仁者，觉也。物来则觉，物不能移；事至则觉，事不能乱。为学而至于觉，天下之能事毕矣。然人每为事所惑，而至于不通者，则以有己也。有己则自私，自私则不仁矣。克也者，胜也；礼也者，理也。克尽私智，自归天理也。自归天理则四海为家，万物为体，喜怒哀乐疾痛疴痒与四海万物同矣。目之所视，耳之所听，口之所言，身之所履，皆知其源而得其几，邃其本而识其要。天高地下，日光月明，山峙川流，鸢飞鱼跃，周流进退，俯仰徐疾，皆吾之仁也。故曰：“克己复礼，天下归仁焉。”②

仁之一个首要条件就是“觉”。“觉”什么呢？就是觉这个性体。觉此以后，就克尽了私欲而复归于天理。这样，就没有了滞碍，“天高地下，日光月明，山峙川流，鸢飞鱼跃，周流进退，俯仰徐疾”皆性体之事，亦吾自身之事，此即仁也。这也就是明道所说的“放这身来都在万物中一例看，大小大快活”之意。这个必须于此真有得才真有“仁”，既而真有“乐”，非外在之虚言“仁”与“乐”也。宋人杨万里曰：

---

① 王孝鱼点校：《二程集》，中华书局2004年版，第33—34页。

② （元）李纯仁辑：《新编颜子》，载于《续修四库全书》第932册，上海古籍出版社2002年版，第13页。

平地而观天，以为山之端即天也，至乎山之端而后见有山而无天。闻京邑之丽者，谓与里之市无异也，至京邑而后见其异耳。是故不至不见，不见不乐。[①]

性体之觉须有笃实之践行工夫而至于其实地，所谓“惟践履实地，自然洞彻为一”[②]。盖颜子堪其任也。不然，就会以山之端即天，而里市为京邑，此即为前文所云之“空华外道”。此非“仁”，亦非“乐”也。程明道曰：

学者须先识仁。仁者，浑然与物同体。……识得此理，以诚敬存之而已，不须防检，不须穷索。……此道与物无对，大不足以名之，天地之用皆我之用。孟子言“万物皆备于我”，须反身而诚，乃为大乐。若反身未诚，则犹是二物有对，以己合彼，终未有之，又安得乐？[③]

识仁即是复性。复性，是我们得仁且得乐之根本途径，空言乐道，不但无仁，亦必无乐。王阳明曰：

良知是造化的精灵，这些精灵生天生地，成鬼成帝，皆从此出，真是与物无对。人若复得他完完全全，无少亏欠，自不觉手舞足蹈。不知天地间更有何乐可代？[④]

缕析至此，我们可以总结之曰：性体之中自然有仁，亦有乐；或者说，性

---

① （宋）杨万里：《诚斋集（二）》，载于《文渊阁四库全书》第1161册，上海古籍出版社1987年版，第1609页。

② （宋）刘子翚：《屏山集》，载于《文渊阁四库全书》第1134册，上海古籍出版社1987年版，第18页。

③ 王孝鱼点校：《二程集》，中华书局2004年版，第16—17页。

④ 吴光等编校：《王阳明全集》，上海古籍出版社1992年版，第104页。

体自身即是仁，亦即是乐。“仁”是内在的德行力量，“乐”是其践行而通达于天后之结果。这是孔颜乐处之根本义。周濂溪要二程寻孔颜乐处，其“处”即是那个天理性道相贯通的性体。外此，皆不是孔颜之乐“处”。而这个乐“处”之寻，不是外在的美趣之观赏，而是建基于笃实的践行工夫之上的。若我们能潜沉朗现这个性体，则同体之仁，亦一定有性天之乐，与外在之遭际无与也。富固有其乐，然贫亦不减其乐，实则贫富与此乐根本无关也。“一箪食，一瓢饮，人不堪其忧”，但颜子“不改其乐”，非乐这“一箪食，一瓢饮”也，盖其自有性天之乐，是以不在乎贫富也。故程子曰：

> 颜子在陋巷，人不堪其忧，回也不改其乐。箪瓢陋巷非可乐，盖自有其乐耳，其字当玩味，自有深意。[①]

我们平常曰“安贫乐道”，实则乐道并非必然要安贫也。践行工夫笃实，见得性体自然，则贫可乐道，富亦可乐道也。只是当人富贵时，常随外物牵引，欲望得以松绑，常误以外物之绚丽为美，欲望之放纵为乐，是以离道日远。反不及贫穷时之离道近也，故有“安贫乐道”之说。实则贫富与乐道与否并非有必然之关系也。孔颜乐处之唯一条件就是：潜沉内省开启动力而朗现性体。朱子尝与问者有一段对话：

> 问：“不改其乐，与乐在其中矣，二者轻重如何？”曰：“不要去孔颜身上问，只去自家身上讨。”[②]

孔颜之乐如何，须在自家性分中去找寻，外此别无他途。在此，可作如下总结：

---

① 王孝鱼点校：《二程集》，中华书局2004年版，第135页。
② （宋）黎靖德编：《朱子语类》，中华书局1986年版，第796页。

其一，孔颜乐处并非乐那“一箪食，一瓢饮”；

其二，孔颜乐处并非不在“道”，然不只是在“道”处；

其三，孔颜乐处最根本处在于有性体之根基，此乐之动力之所在也；

其四，这性体之根基须在笃实之存养工夫中朗现。一旦朗现之，则不但贫富无与，且道亦在其中矣。

由此四点，我们进一步可知其五：孔颜之乐实则是圣贤自在、安详、宁静而与天地合其德的境界。此种境界是自然的，亦是艺术的，复是宗教的。“自然的”从性体言，“艺术的”从复性体之全而得自在安详言，“宗教的”从天道言。这是天道与性命相贯通之文化模型所必然蕴含者，亦是孔子之道所必然蕴含者。

三、理学家对儒学作为“宗教动力学”的开发与“孔颜乐处”之关系

钱穆在《濂溪百源横渠之理学》一文中，有第一期宋学与第二期宋学之说：

> 绾合心性、事功而为一，本为宋初精神；然自荆公熙宁变法继范文正庆历变法失败以来，学者更看重“舍之则藏”之修养工夫，第二期宋学仍要从第一期宋学之重视人事方面者推扩而到更深微之心性方面去，遂以成其为第二期宋学之特征。固非从人事积极方面消极后退，乃是从心性本体最先源头上厚植基础。故荆公为第一期宋学之殿军，而濂溪则成为第二期宋学之创始也。[①]

第二期宋学才是学界所通称之理学或道学，其基本特征是走向内在的存养

① 钱穆：《中国学术思想史论丛（五）》，九州出版社 2011 年版，第 136 页。

潜沉工夫，由此而贯通天人，完成人自身作为一种宗教存在。理学或道学之特征最明显地体现在程明道的这一句话中："吾学虽有所受，天理二字，却是自家体贴出来。"[①]"体贴"二字，深刻地体现了理学之存养工夫。而这种工夫之所以为二程所接受，并成为后来理学家之本质工夫，所谓"涵养须用敬，进学则在致知"[②]也，其引擎则在濂溪之"寻孔颜乐处"之教诲。我们知道，扬子云曾有一句著名的话："观乎天地，则见圣人。"[③]但伊川曰："不然。观乎圣人，则见天地。"[④]这一哥白尼式的倒转，其引线亦当在濂溪之"寻孔颜乐处"之教诲。

前期理学家如周濂溪、张横渠，他们重视的经典往往是《中庸》与《易传》，并由此讲乾元、太极、太和等形上本体，但劈头悬空地讲这样之本体，总免不了其独断论之嫌。故唐君毅说：

> 如将此"乾元"或"太极"、"诚"、"太和"等，扣紧于吾人之道德生活、或心灵生活中之性理之呈现于心知之健行不息、真实无妄处去讲，此尚不难讲。此即程朱以后学者之所为。然克就濂溪横渠之书言，乃直下说有此一"乾元"或"太极"、"诚"、"太和"为天道，则殊不易讲。因离人之心知性理以言天道，初唯有吾人感觉所见之自然界之有形象之万物，可为把柄。[⑤]

这段话的意思是，若不能取道德的进路以亲证"乾元"或"太极"、"诚"、"太和"等形上本体，而直接劈空建立，则不免使人想到这些本体皆为物质性的存在，从而落入唯物论，进而无从建立起天道性命相贯通之宗教模型。

濂溪被誉为理学之鼻祖，但若仅就其《通书》与《太极图说》两部书，很

---

① 王孝鱼点校：《二程集》，中华书局 2004 年版，第 424 页。
② （宋）黎靖德编：《朱子语类》，中华书局 1986 年版，第 148 页。
③ 王荣宝：《法言义疏》，中华书局 1987 年版，第 104 页。
④ 王孝鱼点校：《二程集》，中华书局 2004 年版，第 414 页。
⑤ 唐君毅：《中国哲学原论·原教篇》，中国社会科学出版社 2005 年版，第 30 页。

难理解濂溪在理学中的价值与意义。尽管这两部书“皆是以人生修养逆挽到自然本体上去的显然例证”[①]，但毕竟主观面的道德开辟不足，天道与性命相贯通之模型无法证成，因内在动力之开发未加正视故也。正因为如此，牟宗三通过分析这两部书之文本后，总结濂溪之造诣与不足时指出：尽管濂溪对于天道有积极的体悟，但对于“孔子之践仁知天，孟子之尽心知性以知天，总之对于孟子之心学，并无真切的理解”，于是，“濂溪之造诣犹在观赏之境界中”[②]。所谓“犹在观赏之境界中”，就是以自然实在论为基底，以外在的、观解之态度通达形上本体，由此只能建构“观解的形上学”。这种“观解的形上学”只是依据有形之世界向后推理、追索去一个“理”上必须之本体，故这种形上学根本不能建立起天道与性命相贯通之模型，即根本建立不起宗教。

要建立起宗教，必须自“体证的形上学”，二程兄弟走的正是这个路子。因此，牟宗三说：“能就孟子之道德的实体性之体义的心而谓其即是此天道诚体之神用，因而极成其所谓‘一本’者，乃是明道。”[③]这就是为什么二程兄弟虽然受学于濂溪，但对于濂溪之《通书》与《太极图说》鲜有提及，反而却对“孔颜乐处”之教诲则印象深刻的原因了。陆象山之兄陆梭山甚至说：“《太极图说》与《通书》不类，疑非周子所为。不然，或是其学未成时所作。不然，则或是传他人之文，后人不辨也。”[④]

以“观赏之境界”而非日用之笃实工夫中去契悟本体，或许是二程不提《太极图说》与《通书》及陆梭山疑《太极图说》非濂溪之作品的根本原因所在。朱子在与张南轩的一封信中论述了二程不提《太极图说》的原因，朱子曰：

敬夫以书来曰：“二先生所与门人讲论问答之言，见于书者详矣。其

① 钱穆：《中国学术思想史论丛（五）》，九州出版社 2011 年版，第 135 页。
② 牟宗三：《心体与性体》，上海古籍出版社 1999 年版，第 305 页。
③ 同上书，第 294 页。
④ （明）黄宗羲：《宋元学案》，中华书局 1986 年版，第 500 页。

于西铭，盖屡言之，至此图，则未尝一言及也，谓其必有微意，是则固然。然所谓微意者，果何谓耶?”熹窃谓以为此图立象尽意，剖析幽微，周子盖不得已而作也。观其手授之意，盖以为惟程子为能当之。至程子而不言，则疑其未有能受之者尔。夫既未能默识于言意之表，则驰心空妙，入耳出口，其弊必有不胜言者。近年已觉颇有此弊矣。观其答张闳中论《易传》成书，深患无受之者，及东见录中论横渠清虚一大之说，使人向别处走，不若且只道敬，则其意亦可见矣。若《西铭》则推人以之天，即近以明远，于学者日用最为亲切，非若此书详于性命之原，而略于进为之目，有不可以骤而语者也。孔子雅言诗、书、执礼，而于《易》则鲜及焉。其意亦犹此耳。[①]

张南轩来书无非是问：二程子平素与门弟子论学之言甚多，何以《太极图说》竟无一字言之，其微意何在？朱子的回答是：濂溪当年定把《太极图说》亲授予了二程子，但二程子为什么没有提及呢？朱子从两个地方破解二程子不言之微意。其一是伊川先生的《答张闳中书》，是书云：“来书云：‘《易》之义本起于数。’谓义起于数则非也。有理而后有象，有象而后有数。《易》因象以明理，由象而知数。得其义，则象数在其中矣。必欲穷象之隐微，尽数之毫忽，乃寻流逐末，术家之所尚，非儒者之所务也。管辂、郭璞之徒是也。”[②]这折书札的意思无非是告诉张闳中，不可拘泥于外在的象数，即实在论地由外在的象数而分析其理，而须由理而进至象数，即外在的象数只不过是表现理的，而理又不过是本心之所发，心可体贴者。其二是元丰己未年，吕与叔东见二先生之语录，其中有一条曰：“横渠教人，本只是谓世学胶固，故说一个清虚一大，只图得人稍损得没去就道理来，然而人又更别处走。今日且只道敬。”[③]这

---

① 陈克明点校：《周敦颐集》，中华书局2009年版，第11页。

② 王孝鱼点校：《二程集》，中华书局2004年版，第615页。

③ 王孝鱼点校：《二程集》，中华书局2004年版，第34页。

条语录是告诉吕与叔，横渠的“清虚一大”无非是让学人不要胶固于外在的实体，“清虚”就是要化掉这个胶固的实体，让人从心上做工夫。但横渠这么一说，却留下了一个后患，那就是：学者总以为有一个“清虚一大”的实体在，而直接实在论地去究竟这个实体，而不由心上做工夫去契会之，这就是程子所说的“更别处走”的意思；实则，程子教人，只要心里有“敬”之工夫，则自然可体会横渠所说的“清虚一大”。朱子之所以拈出这两条来破解二程子不提《太极图说》之微意，因为这两条都意在表明：二程子对于外在的玄远之体，常不雅言之，而更欲人在日用工夫中去契悟体会，若略于进为之目而骤语玄远之体，则“体”常落空。这种情形犹如孔子常不言《易》，却雅言日用工夫中的《诗》《书》、执礼一样，因为若日用工夫不笃实，则《易》亦必落空。孔子之不言《易》而雅言《诗》《书》、执礼，就是要建立一个“极高明而道中庸”的文化模型，这意味着，并不是不言，更不是不需要高明之“体”，只是高明之“体”不可徒言之，须在日用之笃实工夫中去契悟与体会方为可能。二程子即是作这样的体会，其曰：“‘《诗》《书》、执礼皆雅言。’雅素所言也，至于性与天道，则子贡亦不可得而闻，盖要在默而识之也。”[①] 而二程子之不言《太极图说》犹孔子之不言《易》也，非谓“太极”为虚，只是于人尤为急切者，须在诚敬工夫中，“太极”才可真被体会落实，故程子曰：“‘天地设位而《易》行乎其中’。只是敬也，敬则无间断。”[②] 朱子的这种破解无非就是要告诉我们：二程子固然重外在超越之体，更重内在的修养工夫，二者打叠成一片，以绍述孔子由内在而至超越之传统。程子曰：“毋不敬，可以对越上帝。”[③] 正是这种用心的表示，也就是说，二程子更在意开掘在下的“可以对越上帝”的动力，即二程子把儒学理解成了一种“宗教动力学”，只要人能笃实开掘在下的动力，则在上的宗教性实体就是自然灵现，决不会退隐，故程子曰：“天人无间断。”[④]

---

① 王孝鱼点校：《二程集》，中华书局 2004 年版，第 132 页。

②③ 同上书，第 118 页。

④ 同上书，第 119 页。

若在下的工夫不笃实，即便终日言之，亦必将退隐而不显。但濂溪之要二程子善会“孔颜乐处”之大义，乃切就这种“宗教动力学”之完成而言，即完成了孔子所说的“下学而上达”之后，自然有此“乐”，这是孔子与颜渊俱曾达到过之乐。也就是说，我们欲理解“孔颜乐处”之大义，必须切就儒学之为“宗教动力学”而言，而濂溪以《太极图说》(言在上之本体“太极”)与《通书》(言在下之工夫“诚”)完成了“宗教动力学”的建构。魏鹤山即是如此理解濂溪之学的，其曰：

> 周子奋自南服，超然独得，以上承孔、孟垂绝之绪。河南二程子神交心契，相与疏瀹阐明，而圣道复著。曰诚，曰仁，曰太极，曰性命，曰阴阳，曰鬼神，曰义利，纲条彪列，分限晓然，学者始有所准。于是知身之贵，果可以位天下，育万物；果可以为尧、舜，为周公、仲尼。而其求端用力，又不出乎暗室屋漏之隐，躬行日用之近。固非若异端之虚寂，百氏之支离也。①

依鹤山之理解，濂溪之学太极、鬼神、性命、仁诚、义利通达于一，而其用力处不过“暗室屋漏之隐，躬行日用之近”，这是典型的“宗教动力学”的理解，至其又谓：“心者，人之太极，而人心又为天地之太极。……盖贯通上下，表里民物，自继善以及于成性，皆一本而分也”②，则“宗教动力学”的模型彻底透出。濂溪以《太极图说》与《通书》建构儒学之“宗教动力学”，复以“孔颜乐处”言“宗教动力学”完成时的禅悦境界，可谓圆教矣。乃至有明泰州学派王心斋之《乐学歌》云：“乐是乐此学，学是学此乐。不乐不是学，不学不是乐。乐便然后学，学便然后乐。乐是学，学是乐。呜呼！天下之乐，

---

① （明）黄宗羲：《宋元学案》，中华书局1986年版，第522页。
② 同上书，第2667页。

何如此学？天下之学，何如此乐？”[①] 可以说，此一“乐”字把儒学作为“宗教动力学”及其完成时的境界全盘透露了出来。

濂溪既以“孔颜乐处”教诲二程子，则必使二程子在《易传》与《中庸》之外复重视《论语》与《孟子》，因《论语》言孔颜之乐的境界，而《孟子》开发孔颜之乐的内在根基也。至南宋之朱子，又把《大学》《中庸》《论语》《孟子》等合称，组成一个完整的“四书”教化系统，这个教化系统实则是一个“宗教动力学”系统，此一系统乃是合道德、宗教、审美于一身者，而成了中国人安身立命之精神系统，进而成了中国文化之基型。

由此可见，周濂溪让二程兄弟“寻孔颜乐处”，决非一时之兴会语，当自有大义存焉，而二程兄弟确能体悟其中之要言妙道，从而开启了宋明理学本质之发展方向，这个本质的发展方向就是：让儒学回归到先秦孔颜乃至思孟学派所本有的“宗教动力学”之形态。本文之所以颇费周折，就是为了表明：当我们承认周濂溪为理学鼻祖时，不能只是注意其《通书》与《太极图说》，而遗忘其“寻孔颜乐处”所蕴含之大义，及其之于宋明理学乃至中国文化之实际影响也。

① （明）黄宗羲：《明儒学案》，中华书局 1985 年版，第 718 页。

慎独与宗教的证成

2015年元旦之际，上海外滩发生了严重的踩踏事件，导致36名大学生死亡。对于这一事件，笔者曾写过《量的个人主义与party式的集体狂欢——从上海踩踏事件看当代社会的精神状况及其救治》一文，发表于“儒家网”。笔者在该文中指出：若现代人的精神状况没有根本的改变，这种事情的发生是不可避免的，以后还会有。果不其然，大约半年以后，台湾新北市发生粉尘爆炸事件，死伤数百人。若放眼全球，可以说，类似的公共安全事件每日都在发生，且层出不穷，唯大小不同耳。笔者之所以作出这种预言，并不表示笔者希望这种事情发生。就如同医生告诫众人——若不能依据健康的方式生活，则身体必然会生病——一样。人一旦身体有病，医生必然要找出因由，开药去病。那么，对于层出不穷的公共安全事件，其因由何在？如何方可对症下药以去其病呢？这是本文欲讨论的问题。

现代社会的一个基本特征是：极端的个人主义。因丰裕的财富、便捷的交通及发达的信息，使得人可以适性而为，他可以随便购买、出游，乃至与人对话。现今流行的网络词汇“任性”一词，正是这种个人主义的真实写照。表面上看，这种个人主义有相当程度的平等，亦有相当程度的自由。但因为这种自由并不是对人的本质的守护，而完全由外在的物促成的，所谓“蔽于物，物交物，则引之而已矣”(《孟子·告子上》)。故这种自由人依然摆脱不了其本质上的奴隶状态，正如马尔库塞所描述的那样，“发达工业文明的奴隶是受到抬举的奴隶，但他们毕竟还是奴隶。因为是否是奴隶既不是由服从，也不是由工作难度，而是由人作为一种单纯的工具、人沦为物的状况来决定的。作为一种工具、一种物而存在，是奴役状态的纯粹形式。”[①] 现代意义上的自由人完全是一种物的存在，人的主体性还没有确立，这是一种不能站立起来的个人主义，故它需要在群体中得到扶持。无论是广场上赶热闹的市民，还是风景点好奇的观光客，甚或是超市里拥挤的购买者，都是这种个人主义的显著体现。笔者把这种个人主义称之为“量的个人主义”。这种个人主义，一方面可极端的自由、自我，另一方面这种自由与自我又不能站立起来，而须走向群体，不然，个人即走向孤僻、空虚与无聊。由量的个人走向群体虽然具有一定的容摄性，可暂时克服个人的孤僻、空虚与无聊，但因这种群体纯粹由外在的个人在数量上的捆绑而成，而非质的涵养而得，故这种群体之于社会有相当的危险性。上文提到的公共安全事件，正是这种危险性的具体体现。要克服这种危险性，必须由“量的个人主义”走向“质的个人主义”，即可站立起来的个人主义。质的个人主义，一方面成就了个人的德性，另一方面，涵容了真正的社群。而更重要的是，质的个人还可以养成人的宗教性存在，从而在人生的终极意义与目的上给予指引。这样看来，唯有质的个人才能克服了量的个人主义组成之群体的潜在危险性。而要养成质的个人主义，须重视儒家的慎独教育。

本文拟以如下几个部分来完成论题：第一，由勒庞“大众心理研究”及阿伦特“平庸的恶”入手，详论“量的个人主义”及其群体的基本特征，由此说明为什么“量的个人主义”必须提升到“质的个人主义”。第二，由质的个人的提出引入慎独之学，且说明慎独之学在西方思想家中也有精到的体会与论

---

① 马尔库塞：《单向度的人》，刘继译，上海译文出版社 2008 年版，第 28 页。

述。第三，详述儒家慎独之学的发展及其特质。最后，依据儒家的慎独之学，详论慎独教育的根本大义。

一、“量的个人主义”及其群体的基本特征

我们说过，现代社会固然崇尚极端的个人主义，但因这种个人主义主体没有确立，因而是站立不起来的个人主义，既自身站立不起来，便依靠别的个体的扶持使其站立起来，于是，现代社会又表现为极其群体性的状态。勒庞说：“群体的无意识行为代替了个人的有意识行为，是目前这个时代的主要特征。”① 所谓“个人的有意识行为”是指主体性确立了的个人，但现代社会中的群体却没有这样的个人，他们都是无意识的，这意味着主体性没有确立。因此，现代社会虽然强调个人主义，但其力量却是以群体的方式出现的。现代人所雅言的自由、平等、民主就是为了安排这种群体而出现价值观念。自由、平等、民主固重视个人，但这里的个人是纯从数量上讲的，即拉掉了人的德行与文化差别，从数量上看一律平齐。不平齐即意味着不自由、不平等，亦不民主，这样的群体不但没有力量，而且极易解体。

在我们传统的观念里，群体乃是一定区间里的人们，他们彼此交往，或有一定的组织结构，至少有相互认同的行动纲领或规约在理念上把人们团结在一起。这种意义上的群体都是实体性的，若无质的个人的确立，这样的群体可能也会作恶，但因为有相应的理念与道德约束，故这样的群体尚不至于大恶，除非其纲领与规约本身不道德。然而，现在的群体已超越了这种意义，我们不妨称之为“群体性人格”。群体性人格消解了传统群体的区间、组织结构、纲领与规约。群体性人格是指散漫的个人总是趋向群体，它突破了时空、组织与规约，特别是在交通、资讯、网络极度便捷的今天，群体性人格的力量远胜于实

① 古斯塔夫：《乌合之众——大众心理研究》，冯克利译，广西师范大学出版社2007年版，第28页。

体性的群体。现代科技把每个人都置于群体之中，没有任何理念与道德约束，看起来好像没有群体，但却是一个更为庞大的群体。可以说，现代社会就是一个没有群体的群体。一方面，群体好像都是自由松散的个人；另一方面，群体又无处不在，成千上万的QQ群、微信群，网络评论等，这些所谓群体超越了时空的限制，很少有道德与理念的约束，适性而为。所有的人貌似不属于任何群体，但又无时无刻不在群体之中，他们一刻也离不开群体；他们貌似一个自由平等的个人，但无不具有群体性人格。这一切真实地刻画出了现代社会“量的个人主义”的群体性人格特征。无怪乎勒庞感叹说：“我们就要进入的时代，千真万确将是一个群体的时代。”① 勒庞的《乌合之众》发表于1895年，那个时代资讯远不及现在发达，其群体性人格特征亦远不及现代社会。在勒庞那里，群体的出现虽然不可阻挡，但之于社会却是一种负面的价值存在。若在今天，看到群体性人格的蔓延与滋长，不知勒庞作何感叹？如今，网络世界的开放性与大众性把大部分的人都结成了一个群体，名之曰“网民”。无处不在的网络调查与网络投票把天涯海角且互不相识的人汇集在一起，就某种话题或某个候选人进行选择性投票，由此而引导舆论或社会价值取向。勒庞在他的时代就曾感叹：“铸就各民族命运的地方，是在群众的心中，而再也不是在君王们的国务会议上。”② 现在，网络世界的平民性、开放性与广泛参与性，更体现了群众力量的强大无比。但问题是，现代社会自由、平等、民主等价值诉求能在这样的群体中得到实现吗？要回答这个问题，让我们不妨回到勒庞的“大众心理研究”中，认识一下群体的基本特征。

勒庞的《乌合之众——大众心理研究》主要研究无名群体，在他那个时代主要是指“街头群众”，现在我们可以扩展到“网民”之中来，因为网民较之于街头群体是一个更无边界而无以名之的群体。总之，无论是街头群众还是网民，都是纯由量的个人组成的群体。群体乃是从其“量”言，因其组成成员自身无

①② 古斯塔夫：《乌合之众——大众心理研究》，冯克利译，广西师范大学出版社2007年版，第36页。

“质”的规定性，故曰“无名”。虽个人无“质”的规定性，表现为纯“量”，但一旦组成群体，则群体又呈现出显著的特征。勒庞对此有周洽的研究。

其一，群体诉诸情感、情绪乃至意气，而不是理智。

理智是一个人获得正常而和谐生活的根本保证，而情感、情绪或意气常常是这种保证的破坏者。孔子下面一段话即告诫学生当重理智而不是情感或意气。

> 子曰：“主忠信，徙义，崇德也。爱之欲其生，恶之欲其死。既欲其生，又欲其死，是惑也。”“一朝之忿，忘其身，以及其亲，非惑与？”(《论语·颜渊》)

应该说，当一个人是质的个人而可站立起来而不具备群体性人格的时候，大多能保持理智的清明而压制住情感或意气的破坏性。

但质的个人而站立起来需要笃实的存养工夫，不然，人的稀薄的理智是很容易倒向群体性人格的，这也解释了为什么人们总是情绪高涨或意气用事，现代社会这种情形尤为严重。情绪高涨或意气用事正是群体性人格的基本表现。质的个人不能站立起来，则量的个人总是依赖群体，倒向群体，在群体庞大而高涨的情绪中，彻底消弭了个人本就稀薄的德性与理智。勒庞说：

> 在集体心理中，个人的才智被削弱了，从而他们的个性也被削弱了，异质性被同质性所吞没，无意识的品质占了上风。[①]

勒庞还进一步说明，渊博的知识之于群体性人格并无多大的修正作用。“从智力上说，一位伟大的数学家和他的鞋匠之间可能有天壤之别，但是从性

---

① 古斯塔夫：《乌合之众——大众心理研究》，冯克利译，广西师范大学出版社2007年版，第49页。

格的角度看，他们可能差别甚微或根本没有差别。”[①] 最近的清华大学教授被骗1700多万元的事足以说明在群体性人格中，人的智力水平是多么的低下。孔子曰：“知及之，仁不能守之；虽得之，必失之。”(《论语·卫灵公》)古希腊哲人赫拉克利特也说：“博学并不能使人智慧。”[②] 这两段话都意味着，质的个人没有站立起来，一切的博学与才智都可能是无效的，甚至是有害的。基于此，勒庞说：

> 群体中累加在一起的只有愚蠢而不是天生的智慧。如果“整个世界”指的是群体，那就根本不像人们常说的那样，整个世界要比伏尔泰更聪明，倒不妨说伏尔泰比整个世界更聪明。[③]

中国俗语讲：三个臭皮匠赛过诸葛亮。我们总以为，量的累积就可以产生质的飞跃。实则纯粹的量若无质的规定，只能是混杂与无序。我们之所以把垃圾堆称之为垃圾堆，就是因为我们把任何废弃的东西都可以放在那里。“堆”就意味着纯粹的“量”，“垃圾”就意味着没有质的规定。质的个人没有站立起来的人群也只不过是一种“人堆”。勒庞的著作（*The Crowd*）中译本名曰《乌合之众》，这是很切合勒庞思想及该书主题的翻译。

建基在群众普选基础上的现代政治民主制度，当然是极其不可靠的。勒庞说：

> 不必怀疑，普选的弱点十分突出，所以人们很难视而不见。无可否认，文明是少数智力超常的人的产物，他们构成了一个金字塔的顶点。随着这个金字塔各个层次的加宽，智力相应地也越来越少，它们就是一个民

①③ 古斯塔夫：《乌合之众——大众心理研究》，冯克利译，广西师范大学出版社2007年版，第49页。

② 北京大学哲学系编：《西方哲学原著选读》上卷，商务印书馆1999年版，第24页。

族中的群众。一种文明的伟大，如果依靠仅仅以人多势众自夸的低劣成员的选票，是无法让人放心的。另一件无须怀疑的事情是，群众投下的选票往往十分危险。……异想天开的人民主权论，十有八九会让我们付出更惨重的代价。[①]

若质的个人没有站立起来，为什么群体是极其不可靠的呢？因为群体看待世界总是Aesthetic的。英文中的Aesthetic这个词包含有多种含义，它意味着美学的、感性的、情感的。因为Aesthetic地看待世界，总要有一个Given（给予者）作为对象出现。故群体看待世界不可能是理性的，更无法达到形而上的高度，他们的眼光总是停留在可感可触的地方。韩非在两千多年前就看出了其中的问题。他说：

今不知治者必曰："得民之心。"欲得民之心而可以为治，则是伊尹、管仲无所用也，将听民而已矣。民智之不可用，犹婴儿之心也。夫婴儿不剔首则腹痛，不副痤则浸益，剔首、副痤必一人抱之，慈母治之，然犹啼呼不止，婴儿子不知犯其所小苦，致其所大利也。今上急耕田垦草以厚民产也，而以上为酷。修刑重罚以为禁邪也，而以上为严。征赋钱粟以实仓库、且以救饥馑备军旅也，而以上为贪。境内必知介而无私解，并力疾斗，所以禽虏也，而以上为暴。此四者所以治安也，而民不知悦也。夫求圣通之士者，为民知之不足师用。昔禹决江濬河，而民聚瓦石，子产开亩树桑，郑人谤訾。禹利天下，子产存郑，皆以受谤，夫民智之不足用亦明矣。故举士而求贤智，为政而期适合民，皆乱之端，未可与为治也。（《韩非子·显学》）

---

① 古斯塔夫：《乌合之众——大众心理研究》，冯克利译，广西师范大学出版社2007年版，第180页。

韩非所说可能太过，完全盲顾群体的呼声，而把政治的泉源置于权力之上，从而极有可能形成专制统治。但他说政治决不是为了讨百姓一时的喜好与情绪，却是非常有见地的。而群体因 Aesthetic 地看待世界、人生与社会，他们对政治的见解可能止于一时的喜好与情绪上，而缺乏远见卓识，正如婴儿不能忍小苦而求大利一样。虽说，儒家的传统是“天视自我民视，天听自我民听”(《尚书 · 泰誓中》)，“民之所好好之，民之所恶恶之”(《大学》)，但这是针对质的个人站立起来以后才讲的，故儒家历来重视教民。

> 子贡问政。子曰：“足食。足兵。民信之矣。”子贡曰：“必不得已而去，于斯三者何先？”曰：“去兵。”子贡曰：“必不得已而去，于斯二者何先？”曰：“去食。自古皆有死，民无信不立。”(《论语 · 颜渊》)

对于一个国家的政治运行来说，即使不得已去兵、去食也在所不惜，但民不可无信。民无信即意味着人不能作为质的个人站立起来，这对于国家社会来说是更为可怕的事情。当阿伦特认为——凡是有群众的地方，就可能产生极权主义运动——的时候，她是预见到了这种危险。

为什么群体的情绪与喜好不能轻易迎合呢？因为这种情绪与喜好极易感染而形成风潮，而一旦形成风潮，小则危及一时一地的生命财产安全，上文提到的踩踏事件与粉尘爆炸事件即属此类；大则推翻既有的秩序与传统，使国家与社会沦为无序状态，乃至形成暴力与专制。20 世纪以来，世界政治舞台上的暴力和专制与以往不同的显著特点是，它有群体基础的美丽外衣装饰其表。当然，时尚也是群体情绪或喜好感染所形成的一时的风潮，时尚虽然不至于很坏，所以康德以为，做一个符合时尚的愚人要比反对时尚要好，但他又强调，太过认真地对待时尚依然是愚蠢的。因为在康德看来，时尚不同于趣味，趣味包含有永恒的道德规定性，但时尚只是一时的风潮，是群体一时的偏好，说不清为什么，但它却造成了很强的社会依赖性与强迫性。尽管康德并不特别反对时尚，显然在康德那里，趣味高于时尚，永恒的道德规定性而不是群体的情绪与喜好才是我们值得珍惜的。而永恒的道德规定性只有在质的个人站立起来以后才拥有。若质的个人不能站立起来，纯依量的个人之喜好与情绪，上焉者亦不过适成一时之风尚耳。

那么，群体之情绪与喜好到底体现了其怎样的实质呢？勒庞说：

> 有意识人格的消失，无意识人格的得势，思想和情感因暗示和相互传染作用而转向一个共同的方向，以及立刻把暗示的观念转化为行动的倾向，是组成群体的个人所表现出来的主要特点。他不再是他自己，他变成了一个不再受自己意志支配的玩偶。①

这就是说，群体往往不能向内开掘自家的性德与理性，却易被外在的形象与风潮所吸引，不但使深刻的观念肤浅庸俗化，且极易被形象与风潮带走，从而采取行动。现在的网络流行语正是群体肤浅庸俗化的显著表现。“同学”变成了“童鞋”，因为童鞋很形象可爱，体现了群体追求年轻与时尚的性格体征。另外，像“鸭梨山大”（压力山大）、“围脖”（微博）等，所有这些词汇都体现了群体形象性与低俗性的特点。所以，群体只善于形象思维，也只能被形象所打动。“不管刺激群众的想象力的是什么，采取的形式都是令人吃惊的鲜明形象，并且没有任何多余的解释，也许仅仅伴之以几个不同寻常或神奇的事实。”② 由此我们可知，要统治群众，万不可借助于推理与论证，只能以鲜明的形象、煽情的语言。这种把戏，中国历代的农民起义领袖都娴熟于心，善加利用。陈涉置“陈胜王”三字于鱼腹中，人得之而惊异，以为天意而倾服大众。韩山童、刘福通刻“石人一只眼，挑动黄河天下反”之石投河，待人捞出，即

① 古斯塔夫：《乌合之众——大众心理研究》，冯克利译，广西师范大学出版社 2007 年版，第 51 页。

② 同上书，第 83 页。

刻轰动大众而制之。至于“王侯将相宁有种乎”“替天行道”等口号，亦极具煽情性，足以激起大众行动。现在的竞选领袖也是如此，他们用极具煽情的语言与承诺喊出竞选口号，以博得民众的信任与选票，一旦当选，人们才发现，所有的口号不过是一种统驭术。但他们并不是故意欺骗，因为他们掌握了群众的心理，下次竞选，领袖们还是喊着类似的口号，民众依然俯首帖耳地投票。流行的所谓“成功学”演讲之所以博得民众的狂躁，乃因为它承诺以极少的代价可以让一个人在短时间内获得成功，描绘出了一个即刻可预期的前景，房子、车子、票子好像就在不远的地方等你。但当我们从成功学煽情的演讲中回来而按照其方法去做的时候，发现成功依然是海市蜃楼。因为成功学永远不求真相，只求煽情与鼓动。古希腊的智者派就是成功学的古典代表，他们自信比任何一个具体的专家更能说服大众。[①] 尽管如此，只要有民众的地方，成功学永远受热捧。无论是古代的义军头目，还是当代的竞选领袖，抑或是成功学演讲者，他们都充分地利用了群众爱 Aesthetic 的特点，从而际会风云，引导潮流，躁动群体。貌似民心所向，实则是 Aesthetic 心理的震动与发皇，是一股盲目力量的跳跃与喷涌，很少有冷静清醒的理智鼓舞其后。在这里，刺激煽情性的因素决定着一切。勒庞说：

> 群体因为夸大自己的感情，所以它只会被极端感情所打动。希望感动群体的演说家，必须出言不逊，信誓旦旦。夸大其词、言之凿凿、不断重复，绝对不以说理的方式证明任何事情。[②]

---

① 高尔吉亚就曾说：“在健康问题上一名修辞学家比一名医生更具有说服力。”（见《柏拉图全集》第一卷，王晓朝译，人民出版社 2002 年版，第 333 页。）虽然这不意味着无知者比行家更正确，但却意味着无知者比行家更具说服力，而群体在意的永远不是事情的对错，而是是否能让他信服。

② 古斯塔夫：《乌合之众——大众心理研究》，冯克利译，广西师范大学出版社 2007 年版，第 68 页。

领袖们抛出刺激性的煽情物，牵引这一股盲目的力量以排山倒海之势喷涌其后，有时因崇拜而慷慨赴死，有时却因仇恨而残忍相向。由此，我们可以来看群体的道德与责任。

第二，责任感之缺乏与平庸之恶。

我们说过，由于质的个人没有站立起来，作为量的个人的群体性人格总以 Aesthetic 之心态随外物与时势走，但随着外物之推移与时势之变化，在 Aesthetic 之心态下所生成的道德也是极易变化的。“这解释了我们为什么会看到，群体可以转瞬之间就从最血腥的狂热变成最极端的宽宏大量和英雄主义。群体很容易作出刽子手的举动，同样也很容易慷慨赴义。”[①] 从外表上看，群体经常表现出很高的道德精神，如舍己为人、自我牺牲、不计名利等，群体的道德境界是孤立的个人不能望其项背的。但群体也时常表现出道德冷漠甚至恶劣的违法行为，如趁火打劫乃至杀人如麻等，群体恶之程度又是孤立的个人所绝对不能达到的。正是在这个意义上，勒庞认为，群体是不可能有真正的道德的，或者说，道德水平极其低劣。从数量上看，群体使个人感受到一种势不可挡的力量，于是，他敢于发泄出自本能的欲望，而这些在一个人独处时势必加以克制的。但为什么他在群体里时却丝毫不加克制而任凭发泄呢？因为群体中的个人总是以为：“群体是个无名氏，因此也不必承担责任。”[②] 这样，群体使约束松绑了。由此我们可以看出，即使群体表现了极高的道德境界，但这种境界完全是外在环境造成的一个莫大的氛围场，人被这个氛围场拖着走，而自身对此并无明确的觉知，故个人的性德在这个氛围场里没有得到陶养。也就是说，哪怕群体表现了极高的道德境界，很难养出同样境界的个人来。这就是为什么我们经常看到，有人在公众场所声泪俱下地思过悔改，但一旦独处却依然故我的原因所在。群体陶养不出道德高尚的个人，但却很可能使个人变得更

① 古斯塔夫：《乌合之众——大众心理研究》，冯克利译，广西师范大学出版社 2007 年版，第 55 页。

② 同上书，第 50 页。

坏，因为群体为他恶劣的动机与品性提供了机会，而莫大的氛围场使得他不必为此负责任。我们时常看到，开始时以极高的理想相号召的群体，最终演变成了打砸抢，其原因即在此。这样看来，群体只可能把人的道德水平往下拉，而决不可能往上提。若质的个人没有站立起来，由量的个人组成的群体多数情况下为恶。这里的恶未必是实质性的违法行为，一般是指道德水准低下，不善反思，鲜有形上的体悟，等等。虽说世界上大多数的人并没有违法行为，但大多数的个人却一般具有道德水准低下，不善反思，鲜有形上的体悟等特点。人天生是社会性的动物，他有融入群体的天然欲望与潜能，而群体的氛围场又淹没了他的道德水准的低劣，乃至为他的恶行买了单。这样，群体使人陷于道德的恶而不自觉，怡然自得地活在群体的氛围场中，甚至理直气壮地面对别人的道德指责。这就是阿伦特所说的“平庸的恶”。虽说平庸的我们没有为大恶，但若质的个人没有站立起来，纯量的个人是很难逃离“平庸的恶”的。而当社会到处充斥的“平庸的恶”时，养成社会中的大恶岂不是必然的吗?!

我们都痛恨社会上的大恶，但如实说来，大恶虽可恨，毕竟是很少的，其所之于社会的危害远不及平庸的恶，因为大恶危害的总是少数人，一旦危害发生，总有人被绳之以法。但平庸的恶危害的却是所有的人，且施害者不是别人，恰恰是我们自己，只是未反省深思耳。我们每个人都在伤害别人与自己，贡献着恶的因子，但却没有一个人被惩罚，且安然自得。因此，平庸的恶之胶固性是不言而喻的，很难在社会中祛除。从这个意义上讲，平庸的恶更值得我们关注与警惕。

“平庸的恶”是阿伦特提出的一个概念，而与“根本恶”相对。她是通过对纳粹德国犹太大屠杀的哲学分析后得出的。面对史无前例的人类大劫难，阿伦特认为这是人类的根本恶，即人类的天性中有一种根本的恶的理性。一旦人性中恶的理性发动起来，则一切都可以被摧毁。“当不可能的事情成为可能时，它就变成不能惩罚的、不可饶恕的绝对罪恶，不再能被理解，也不再能由自我利益、贪婪、渴望、怨怼、权力欲望、怯弱等等罪恶动机来解释。”① 依阿伦特这里的理解，恶是本体论的，不是由人的功利本能带出来的，这就与荀子所言之恶殊异。荀子虽倡言恶，但他所说的恶是由人的功利本能带出来的，故是可以去除的，是以荀子雅言“化性起伪”、“涂之人为禹”。但阿伦特所说的根本恶却不同于荀子之所言，它有形上的本体论的依据，人类一切的法律都无法制裁惩罚它，乃至人类一切的文化德义都无法教化改变它。它似乎超越了人性与文化的界限。“愤怒不能向它报复，爱不能忍受它，友情不能原谅它。”② 当阿伦特面对纳粹德国的犹太大屠杀而说出根本恶时，其内心的义愤与情感大于理性的哲学分析。“正如死亡工厂或被遗忘的洞穴里的受害者，他们在执行人眼里不再是‘人’，于是这一类新的犯罪就处于使人类因原罪而结合的范围之外了。”③ 诸如此类的话，足见根本恶乃阿伦特盛怒之下对大屠杀所下的文学性的义愤断语，并非哲学的人性批判。但自从多次采访纳粹官员艾希曼以后，阿伦特之于恶才真正进入了哲学性的批判，从而把“根本恶”修正为“平庸的恶”。

阿道夫·艾希曼（1906 年 3 月 19 日—1962 年 6 月 1 日）是在犹太人大屠杀中执行“最终方案”的主要负责人与执行者。他在纳粹德国失败而被俘受审时，面对所有的指控，都以“一切都是依命令行事”来回答。但阿伦特发现，这样的一个杀人狂魔，其实并非恶得不可思议与理解。在生活上，艾希曼与普通人并无二致，没有什么不良的动机与品质，甚至许多方面还相当优秀，如工作尽职尽责，对家庭负有责任感，是一位好丈夫、好父亲。但是，像这样的一个“好人”，为什么走上了纳粹大屠杀之路，而丝毫没有愧疚之情呢？阿伦特发现，正是艾希曼的群体性人格而使质的个人站立不起来，进而酿成了平庸的恶。“一切都是依命令行事”正是这种精神的根本体现。

前面说过，群体性人格基于群体的亢奋与力量，常被群体所挟持，乃至认为群体所作的一切皆是英雄或道德行为，不需要反省，即便反省亦无效。退一

---

①②③ 汉娜·阿伦特：《极权主义的起源》，林骧华译，生活·读书·新知三联书店 2014 年版，第 572 页。

步说，即使群体的作为是违法行为，因为个人不需要为群体的作为负责，故亦不必为之反省更张。由此下去，群体性人格必然导致平庸的恶。这种恶“有罪过，但无犯过者；有犯罪，但无罪犯；有罪状，但无认罪者”。[①] 依鲍曼的分析，这是群体性社会所必然形成的结果。因为在群体性人格中，独立的道德自我被打成碎片，每个人以职业的角色出现，角色虽不可或缺但却可以置换。于是，当我们的职业行为在道德上是可疑的甚至是恶劣的时候，我们总能以“不管怎样，总要有人做它”作为理由而心安理得。[②] 现代社会是一个职业化的社会，每个人只是职业链条中的一部分，他只须完成这一部分，且只须对此负责，他无须也无能反省整个职业链条。这样，群体性的人格比比，而质的个人始终无法站立起来，平庸的恶亦盈野也。这样看来，我们每个人都不能与之无关。

至此，我们可知，平庸的恶是更为根本的东西，比根本恶对社会的伤害更大，甚至可以说，根本恶恰恰是平庸的恶养成的。由此，在恶的问题上，阿伦特修正说：

> 现在我的看法是恶绝不是根本的东西，只是一种单纯的极端的东西，并不具有恶魔那种很深的维度。……“恶是不曾思考过的东西”。为什么这么说，思考要达到某一深度、逼近其根源。何况，涉及恶的瞬间，因为那里什么也没有，带来思考的挫折，这就是“平庸的恶”。只有善才有深度，才是本质的。[③]

尽管平庸的恶普遍存在，但与善相较却不是根本性的，唯有善才是根本性的。这意味着善有人性的形上根基，但恶却没有。那么，恶是如何发生的呢？就是人们陷于群体性人格而不思。

---

①② 齐格蒙特·鲍曼：《后现代伦理学》，张成岗译，江苏人民出版社 2003 年版，第 22 页。

③ 汉娜·阿伦特等：《耶路撒冷的艾希曼：伦理的现代困境》，吉林人民出版社 2011 年版，第 158 页。

第三，群体性人格的空洞性与质的个人的解体。

平庸作为恶有极大的隐秘性，让人不觉其恶，而安之若素。海德格尔以“闲谈”、“好奇”、“两可”这三个概念来解释平庸是如何把质的个人彻底抽空打碎，只留下量的空壳的。由此，其隐秘的恶才从哲学上昭然若揭。如果说，勒庞是从心理学上来揭示群体性人格的盲目性，那么，海德格尔乃是从哲学上揭示群体性人格的空洞性。

依海德格尔，所谓“闲谈”，就是人们在人云亦云，鹦鹉学舌中的一种平均领悟。这种平均领悟从不能够断定什么是源始创造，也从不在意在源始处所挣得的东西。于是，谁都可以振振闲谈，谁都乐于振振闲谈。这样，闲谈培养了一种莫无差别的理解力，似乎在大伙的谈笑风生之中，没有任何东西被隐秘闭锁了。“由于这种自以为是，每一新的诘问、一切解释工作都被束之高阁，并以某种特殊的方式压制延宕下来。”[①] 但海德格尔认为，若闲谈者毫不关心源始性的根基，只是这种漠不关心的平均领悟，那么，闲谈就是原原本本的闭锁，一种抽离人的源始根基的飘浮。

> 作为在世的存在，滞留于闲谈中的此在被切除下来——从对世界、对共同此在、对“在之中”本身的首要而源始真实的存在联系处切除下来。它滞留在飘浮中……除根，除根不构成此在的不存在，它倒构成了此在的最日常最顽固的“实在”。[②]

闲谈虽然把人的存在根基给切除了下来，但人并不自知，反倒是在闲谈中“实在”地存在着。无处不在的聚会、沙龙，乃至QQ群、微信群等，无不彰显着现代人的闲谈。

依海德格尔，“好奇”是一种“看”，但“看”并不仅限于眼睛的功能上，

---

①② 海德格尔:《存在与时间》，陈嘉映、王庆节译，生活·读书·新知三联书店1987年版，第206页。

而是一种广义的觉知。作为好奇的“看”只就其外观看世界，只是为了在外观中把世界带到近前来，一任自己由世界的外观所收取。所以，好奇仅止于看。“它贪新骛奇，仅止为了从这一新奇重新跳到另一新奇上去。这种看之烦不是为了把捉，不是为了有所知地在真理中存在，而只是为了能放纵自己于世界。”[①] 在放纵中，宣泄自己的不安与激动，好奇因不能逗留而使人消失在不断涣散的可能性中。我们知道，亚里士多德曾说，哲学源于好奇。但这种好奇不同于海德格尔所说的好奇，它是叹为观止地逗留于存在者中直观其源始根基。但海德格尔所说的好奇却决不逗留，它“到处都在而无一处在。这种在世模式暴露出日常此在的一种新的存在样式。此在在这种样式中不断地被连根拔起”。[②] 拥挤的街道、喧闹的超市及鼎沸的景区，无不彰显着现代人的好奇。

闲谈与好奇使得世界“看上去都似乎被真实地领会了、把捉了、说出来了；而其实却不是如此，或者一切看上去都不是如此而其实却是如此”。[③] 这就是“两可”。两可之模棱不仅伸及世界，更重要的是伸向了人向他自己的存在。在两可中，人们不负责任地预料一番，貌似在捕捉踪迹，实则是杂然群集，以便闲谈与好奇更好地进行下去。这样，人于“此”总是两可的，他“首先是从人们听说他、谈论他、知悉他的情况方面在‘此’”。[④]

闲谈、好奇与两可使得人不再是一个独立的个体，而是一种杂然的群集或共在，海德格尔称之为“常人”。海德格尔说：

> 人本身属于他人之列并且巩固着他人的权力。人之所以使用“他人”这个称呼，为的是要掩盖自己本质上从属于他人之列的情形，而这样的“他人”就是那些在日常的杂然共在中首先和通常“在此”的人们。这个谁不是这个人，不是那个人，不是人本身，不是一些人，不是一切人的总

① 海德格尔：《存在与时间》，第209页。
②③ 同上书，第210页。
④ 同上书，第212页。

数。这个“谁”是个中性的东西：常人。[①]

海德格尔所说的“常人”实际上就是质的个人被打散，只剩下群体性人格。每个人都把这个群体性人格作为自我，但它从来都不是自我，但它又强烈地统治者自我。这便是群体性人格中自我的空洞性。

我们的一切教育所面对的正是这样一个空洞的自我，真正的自我从来都没有站出来过。面对这样的自我，教育的结果无外是勒庞所说的：“教育既不会使人变得更道德，也不会使他更幸福；它既不能改变他的本能，也不能改变他天生的热情，而且有时——只有进行不良引导即可——害处远大于好处。”[②]的确，给这样的自我灌输强大的科技知识，诚如勒庞所言：“是让人造反的不二法门。”[③]笔者曾指出，大众总是作为暴力性群体而存在，即是针对这种空洞性自我而言的。[④]可以说，如果真实的自我即质的个人不站出来，则所有的教育可能都是失败的。难怪海德格尔说：“教育的时代已经结束，这并非因为无教育者登上了统治地位，而是因为一个时代的象征已经清晰可见。”[⑤]

现代社会是一个群体性社会，以“平面的”、“网状的”为其特征，为了保证这个平面的、网状的社会结构不至于松散，故雅言公德教育。由此，其基本的价值诉求只有两个——自由与平等。自由与平等都是在量的个体之间显现的，是一种相互限制的关系。过此以往，现代社会之公德并不过问，也不必过问。可见，公德不过重视量的个体之间的互相妥协与达成共识，并不具备形上品格，即质的个人从来都不是现代社会的公德教育所要关怀的。但问题是，质

① 海德格尔：《存在与时间》，第155页。

② 古斯塔夫：《乌合之众——大众心理研究》，冯克利译，广西师范大学出版社2007年版，第103页。

③ 同上书，第105页。

④ 张晚林：《论当今中国社会教化的迫切性及其实现途径》，载《阅江学刊》2012年第6期，第26页。

⑤ 海德格尔：《科学与沉思》，见孙周兴选编：《海德格尔选集》，上海三联书店1996年版，第977页。

的个人没有站立起来，公德可以被执行吗？故当子贡说出“我不欲人之加诸我也，吾亦欲无加诸人”之交往公德时，孔子的回答是：“赐也，非尔所及也。”(《论语·公冶长》)这说明子贡尚不具备执行这一公德的德性条件(质的)。荀子曰：“有后而无先，则群众无门。”(《荀子·天论》)这意味着，只有在后的公德教育而无在先的德性教育，则群体永远进不了公德文明之门。所以，教育不能只是针对量的个体，且就其关系而制定规则，须让质的个人站立起来。麦金泰尔说：

> 社会仅仅是一出永久的灵魂拯救剧的背景而已；世俗事务是在王公贵族和行政长官的治理之下，我们应当服从他们的统治。但我们灵魂的拯救所系之物与那属于恺撒的东西是完全不同的。[①]

如实说来，“灵魂的拯救所系之物”不能出现，则“恺撒的东西”亦必然毁弃。用本文的话说就是：质的个人必须站立起来，教育必须扶起质的个人。质的个人站立不起来，就意味着教育的终结，但从反面又意味着，教育就是让质的个人站立起来，这是教育的在先本质。

二、慎独教育与质的个人的站立

如何使质的个人站立起来呢？答曰：唯有在慎独教育中。我们知道，“慎独”一词出自《中庸》，但这并不意味着，慎独只是中国传统的教育理念。可以说，慎独是中外教育发展史上的共通理念，尽管其表述或有不同，但不掩其实质之同也。

众所周知，阿波罗神庙上篆刻着德尔斐神谕——“认识你自己”。这句话

① 麦金泰尔：《伦理学简史》，龚群译，商务印书馆2003年版，第171页。

并不是对散列的个人说，去认识各自的爱好、脾气与品性，而是对整个的人类说，须让质的个人站立起来，即人类只有让质的个人站立起来了，才算是认识了人之为人之意。可以说，“认识你自己”，即让质的个人站立起来，是贯穿于西方精神的主线，无论是哲学的还是宗教的。下面我们分别以苏格拉底、康德与马里坦的思想略加说明。

在《高尔吉亚》篇中，苏格拉底提出一条原则：“作恶比受恶更坏，逃避惩罚比接受惩罚更坏。”[①] 类似的话在同篇中多次出现。苏格拉底的意思是要告诉我们：作恶是比受恶更为不义的行为。苏格拉底为什么会这样告诫我们呢？苏格拉底首先质问他的对话者卡利克勒：“如果一个人有避免受恶的意愿，那么他能避免受恶吗，或者说只有在他获得力量的时候才能避免？”[②] 很显然，一个人只有获得了足够的力量以后才有可能避免受恶。这意味着在经验世界中，一个人是否可以避免受恶是不一定的，哪怕他拥有足够的力量，也不足以保证他避免不受恶。这在人类历史上有不胜枚举的事例，不必赘言。[③] 相反，对于作恶呢？苏格拉底再次质问卡利克勒：“如果一个人不选择作恶是否就够了，这样他就不会去作恶了吗？或者说他也必须要用某种力量和以这种力量为基础的技艺来武装自己，如果他不学习和实践这种技艺，他就会去作恶？”[④] 很显然，与受恶不同，一个人并不需要外在的力量与技艺就足够可以不作恶，在此，个人是自足的且具决定力量的。那么，此时人是怎样的一种存在呢？苏格拉底的这种看法似乎与我们习常之所见相违背，在我们看来，作恶似乎也是不能自主的，“情不自禁”、“怒不可遏”皆为其表现。但在苏格拉底看来，在作恶处不能自主，表示质的个人没有站立起来，因为唯有质的个人才是自足且具决定力

---

① 《柏拉图全集》第一卷，王晓朝译，人民出版社 2002 年版，第 355 页。

② 同上书，第 404 页。

③ 《庄子·外物》云：“外物不可必。故龙逢诛，比干戮，箕子狂，恶来死，桀、纣亡。人主莫不欲其臣之忠，而忠未必信，故伍员流于江，苌弘死于蜀，藏其血，三年而化为碧。人亲莫不欲其子之孝，而孝未必爱，故孝己忧而曾参悲。”

④ 《柏拉图全集》第一卷，王晓朝译，人民出版社 2002 年版，第 404 页。

量的，外此，不但非自足而具决定力量，且根本没有完成人之为人之大义，故而不义。所以，苏格拉底所说的不义并不是说作恶比受恶之于社会有更大的破坏性而不义，而是指质的个人没有站立起来而完成人之大义而不义。苏格拉底这条原则有极大的深义，就是让我们明白人之为人从而让质的个人站立起来。阿伦特认为，苏格拉底的这条原则可诠释为："我与整个世界相矛盾比我作为一而与我自己相矛盾要好。"[①]"我作为一而与我自己相矛盾"表示我们还不明白人之为人，或者说质的个人还没有站立起来。若此，则"我与整个世界相矛盾"亦是必然的。因此，"我作为一而与我自己不矛盾"必然逻辑上在先于"我与整个世界不矛盾"。故"我作为一而与我自己不矛盾"具有价值上的优先性，若有人违而背之，则是更大的不义。作恶之所以更坏乃因为作恶者自己与自己的违背，即作恶者作为质的个人没有站立起来。

那么，苏格拉底提出这条原则让我们明白人之为人到底意味着什么？或者说，质的个人站立起来意味着人是一种怎样的存在呢？不妨让我们回到苏格拉底的话中来：

> 幸福不仅是对恶的摆脱，而且是从来不染上恶。[②]
>
> 灵魂中没有恶的人是最幸福的，因为我们已经说明灵魂上的恶是最大的恶。[③]

最大的恶并不是现实中的恶行，而是灵魂中的恶，这意味着，"我作为一而与我自己相矛盾"。这是比现实中任何恶行更危险也更难以祛除的恶。世人多只知现实中的恶行，而不在意灵魂中的恶，故"我作为一而与我自己相矛盾"常发生而不自知，故"破山中贼易，破心中贼难"（王阳明：《与杨仕德薛

① 汉娜·阿伦特：《反抗"平庸之恶"》，陈连营译，上海人民出版社 2014 年版，第 149 页。
② 《柏拉图全集》第一卷，王晓朝译，人民出版社 2002 年版，第 363 页。
③ 同上书，第 364 页。

尚诚》)。王阳明告诫我们:“一念发动处便即是行”(《传习录下》),就是提醒我们要在意这种“与我自己相矛盾”的发生。正因为不自知,故“我作为一而与我自己相矛盾”这种不义之于人时常发生,故教育必须首先在这里要有所提防与作为。

我们再来看康德。康德最主要的思想“启蒙”实则就是慎独之意,这可以从康德对启蒙的定义中得到印证。康德认为,“启蒙运动就是人类脱离自己所加之于自己的不成熟状态。”而不成熟状态就是没有被启蒙,因为一个人“不经别人的引导,就对运用自己的理智无能为力”。[①] 那么,启蒙的目的是什么呢?“除了自由而外并不需要任何别的东西,而且还确乎是一切可以称之为自由的东西之中最无害的东西,那就是在一切事情上都公开运用自己理性的自由。”[②] 在这里,启蒙就是还给人以自由,但自由并非经验世界中选择的可代替性,而是运用理性。也就是说,自由就是让人停驻在理性之中,而不是在群体的可选择之中,而可选择性恰恰是不自由,也意味着人的不成熟状态。海德格尔对此有精辟的论述:

> 最本原的自我规定意义上的真正自由只存在于一种地方,在那里一种选择不再是可能的,也不再是必须的。谁恰正还在选择和意欲选择,就还不真正知道他意欲什么,他还完全不是本原地意欲。[③]

当人们还不知其本原的意欲的时候,自然跟随外在的经验与群体走,即孟子所说的“物交物,则引之而已矣”。这样,人的主体不见,自然就是不成熟状态。那么,自由意味着什么?谢林说:“真正的自由就是与一种神圣必然性

① 康德:《答复这个问题:“什么是启蒙运动?”》,见《历史理性批判文集》,何兆武译,商务印书馆 1990 年版,第 22 页。
② 同上书,第 24 页。
③ 海德格尔:《谢林论人类自由的本质》,薛华译,中国法制出版社 2009 年版,第 243 页。

的协调一致。诸如此类的东西我们在本质性的认识中感受得到，在那里精神和心灵，只是系于它自己的规律，才自愿地肯定那种必然的东西。”[①] 康德所说的“运用理性”就是在慎独中与“神圣必然性的协调一致”，若不能与“神圣必然性的协调一致”，人类尚不成熟；若自满于一时的可选择性的成功，从总体上看，人类只不过是在撒谎或自欺。

康德认为，人类真正的且是最大的道德污点或罪恶不是盗窃或杀人，而是撒谎，特别是自己对自己的撒谎，即自欺；一个自欺而毫无恐惧与愧色的人，在道德上是非常可怕的。类似的观点在陀思妥耶夫斯基那里得到了同样的体现。在《卡拉马佐夫兄弟》一书中，德米特里问斯达洛夫“要赢得拯救我们必须做什么”时，后者的回答是：“首要的是，绝不要对自己撒谎。”我们知道，就撒谎的直接危害性来说，不及盗窃和杀人之十一，乃至我们每个人一生中亦免不了撒谎，有时善意的谎言是可以被原谅甚至是值得推崇的。那么，康德为什么依然强调自欺是人类最大的道德污点或罪恶呢？要回答这个问题，我们必须回到苏格拉底那里去寻找答案。这个答案就是：撒谎或自欺就意味着“我作为一而与我自己相矛盾”，若人在此毫无恐惧与愧色就意味着安于最大的不义，这样，当然就是人类最大的道德污点或罪恶。由此看来，康德与苏格拉底一样，把人对自己的义务置于对他人或世界的义务之前。这意味着人必须对自己作为质的个人尽义务，不然，就是最大的恶。这种意思可以关联到孟子的下面一段话来加以理解：

> 孟子曰：“人不可以无耻。无耻之耻，无耻矣。”孟子曰：“耻之于人大矣。为机变之巧者，无所用耻焉。不耻不若人，何若人有？”(《孟子·尽心上》)

---

① 谢林：《对人类自由的本质及其相关对象的哲学研究》，邓安庆译，商务印书馆2008年版，第108页。

作为一个人而站立起来是不能没有羞耻感的，而人之所以能够有羞耻感乃因为人希望尽内在义务而不撒谎，所谓“尽心”者也。若一个人因为没有羞耻感而招致的耻辱，乃是最大的耻辱，因为这意味着他作为人还没有站立起来，故也是不可克服的耻辱。如此说来，羞耻感——即尽内在义务而不撒谎——之于人是意义重大的。那些完全依据经验之机变而行事而不顾及内在的义务的人，自然是没有羞耻感的，这样的人是没有什么价值乃至是极其危险的，因为他随时都有可能制造大恶。另外，孟子“人知之，亦嚣嚣；人不知，亦嚣嚣。……穷不失义，故士得己焉”(《孟子·尽心上》) 之论述，亦同于苏格拉底与康德所说的“人对自己的义务置于对他人或世界的义务之前”之思想。观夫此，诚所谓“先圣后圣，其揆一也”(《孟子·离娄下》)。

康德的很多思想或原则都可以从尽内在义务得到解答。我们知道，康德在《实践理性批判》中有一段著名论述：有两种东西我们愈是思索它们，心中就愈是升起强烈的惊奇与敬畏。这两种东西就是：我们头上的灿烂星空与我们内心的道德法则。这段话是如此隽永与深邃，乃至最后被篆刻在康德的墓碑上。但这两种东西之于人的意义是不一样的。前者以其无限的时空与无穷的物力映衬了人作为物质性存在的渺小，乃至随时可以一举将其歼灭之。但后者却使人类足够伟大，任何物质力量都无法消灭之。道德法则意味着人作为理性存在者能够自己与自己一致，自己对自己尽义务。这是宇宙中任何别的存在者所无法做到的，这不但让人对于人类这种存在者自身感到惊奇与敬畏，亦足以给人类带来尊严而与日月齐光。康德还告诫我们，一个人的行为若要是道德的，那么，必须符合以下原则：即他的行为准则可以成为普遍的立法原则。要理解这条原则的大义，亦必须回到“我作为一而与我自己不矛盾”这里来。任何人的行为如果能做到与那个“看不见的自己”并矛盾，那么他一定是道德的。至于那个“看不见的自己”到底是什么，正是我们后文所要重点探讨的。那个“看不见的自己”乃是一个神圣立法者，犯罪不再被定义为对外在的强制性的法律的不服从，而是被定义为对我作为神圣立法者的角色的拒绝。在此，人根本上不只是犯罪或者是违背了道德原则，而是拒绝了一个神圣者而不与这个神圣者保持一致。“我作为一而与我自己不矛盾”不但是道德的基础，根本上亦是宗教的基础。康德说：

> 因此，谁把遵循规章性的，需要有一种启示的法则，作为宗教所必需的，并且不仅是作为意念的手段，而且还作为由此直接让上帝喜悦的客观条件而置于前面。把对善的生活方式的追求置于这种历史性的信仰之后，他就把对上帝的事奉转化为一种单纯的物神化，实行了一种伪事奉。这种伪事奉将使趋于真宗教的一切修行化为乌有。[①]

只看到外在的上帝而不能体悟到那个“看不见的自己”，进而做到“我作为一而与我自己不矛盾”，则一切宗教式的膜拜与祈福皆是伪事奉，与本质的宗教相去甚远。对于宗教来说，对于上帝的事奉并非本质性的，“我作为一而与我自己不矛盾”才是本质性的。在这里，康德并不是要反对上帝，而是让我们如何走向上帝，聆听启示。这种走向与聆听之于人决不是可有可无的，若是之缺如，则人由此作恶而陷入不义乃必然者。质言之，若质的个人不能站立起来，则是之缺如亦是必然的。不过，康德是由下往上讲，即由“我作为一而与我自己不矛盾”而至于走向上帝，聆听启示。而马里坦则从上往下讲，人必须聆听到一种超越的声音才能真正做到“我作为一而与我自己不矛盾”，道德生活才得以可能，进而消除作恶与不义。

我们不妨回到马里坦。马里坦认为，若我们要有稳定的道德生活而不作恶，人必须关联到一个超越的实体。如果没有这个超越实体的指引，道德生活就不会是稳定并且从根本上是正确的。因为此时的道德生活只是自然的倾向，不是真实而严格意义上的德行。马里坦把这种撇开超越实体而纯粹由人自身建

---

① 康德：《单纯理性限度内的宗教》，李秋零译，中国人民大学出版社2003年版，第188—189页。

立起来的道德哲学称之为纯粹的道德哲学。他说：

> 因此，如果一个人想要以这种纯粹的道德哲学来指导自己的生活，则他必然会误入歧途。这种纯粹哲学的道德哲学忽略了人与超自然领域的关系，这就会给人的生活以错误的指导。①

为什么在群体性人格中，道德是极其不稳定而易变的，就是因为此时人只停留在现象界中，而盲顾那个超越的实体。尼采早就见出了其中的问题。“在批准它的那个上帝已不见时，好像道德还能够延续下去，这太幼稚了。要保存道德信念，‘超越者’是绝对必需的。”②若没有那个超越的实体，所有的道德哲学，无论其规定的原则是多么的完善与良好，只不过是一个瞎子引导另一个瞎子。纯粹的道德哲学乃切就人的自然秩序来考察与规定人的行为，但若不服从于神圣天命或超时间的永恒方面来考察与规定人的行为，则人的自然秩序永远不可能有专有的正确性与一致性。故寄希望于纯粹的道德哲学来规范人的道德行为，不但不可能，且是一种误导。所以，真正的道德行为必然依赖于对那个超越实体的爱。同时，这种爱在每个人的生命力量之中，且这种力量来自人的主体性，成为了道德行为的根本依据。马里坦说：“理智所思虑再三的动机并不对于深刻的、最富于自由的道德抉择的行动具有决定性的作用；相反，这个角色被保留给了人的神秘莫测的主体性所产生的那种不可预知的冲动。”③所以，人这种存在者尚有一个看不见的主体，这个主体足以感应超越实体，既而使道德成为真正的道德。马里坦说：

---

① 马里坦：《道德哲学论》（选录），见陈麟书、田海华：《重读马里坦》，四川人民出版社 1997 年版，第 146 页。

② 转引自汉娜·阿伦特：《反抗平庸之恶》，陈联营译，上海人民出版社 2014 年版，第 84 页。

③ 马里坦：《存在与存在者》（选录），见陈麟书、田海华：《重读马里坦》，四川人民出版社 1997 年版，第 196 页。

> 在每一个真正的道德行动中，人，为着运用法则并且当他运用法则时，他必须将这个普遍的东西体现并把握在他自己的独有的存在之中，他在他的存在中孤身一人面对上帝。①

若根本没有这个看不见的主体，则人不但不能面对超越实体，道德生活亦根本不可能。尽管马里坦认为，“作为主体性的主体性是无法加以概念化的；它是一不可知性的无底深渊。”② 所谓“不可知性的无底深渊”是指其不可概念化、对象化，然其实有且可证会乃不可疑者。正是这个看不见的主体使得质的个人站立起来，从而使“我作为一而与我自己不矛盾”成为可能，进而使作恶与不义成为不可能。

关于苏格拉底、康德与马里坦的思想与原则之讨论，我们都可以归结到“我作为一而与我自己不矛盾”这一句话上来。这里的关键问题是：什么是“我”？什么是那个“看不见的主体”？什么是“质的个人”？但三个问题其实是同一个问题，只是表述方式不同而已。这些问题清楚以后，阿伦特所说的平庸之恶的问题亦可迎刃而解也。

“我”是什么？这是哲学中的一个重要问题。一般以为“我”就是一个物质性的存在，可感知冷热、痛苦、饥饿等肉体感觉，亦可感知喜怒哀乐等情绪变化。若人只是这样的“我”，则“我”作为主体是不存在的，只存在一系列的感觉流，随时处在变化之中。建立在这样的“我”的基础上的道德当然也随时处在变化之中而不能定于一尊。但问题是，人作为主体就是依赖这样的“我”吗？“我”是否别有所在？当柏拉图告诫我们——人的天性中一定有某种神圣性的存在，它使我们如此流畅地申诉不正义的事，且相信它比正义的事情好——时，是否就把这个隐秘的主体带出场了呢？尽管人是一种物质性存在，

---

① 马里坦：《存在与存在者》（选录），陈麟书、田海华：《重读马里坦》，四川人民出版社 1997 年版，第 201 页。

② 同上书，第 209 页。

但无论如何，谁也否认不了良知的存在。王阳明咏良知诗曰："人人有路透长安，坦坦平平一直看。……不信自家原具足，请君随事反身观。"(《王阳明全集》卷二十《示诸生三首》) 此实质是说良知乃人人固有，此乃不可事，亦不须学者也。良知，使我们可以谛听超越之音，而不只是俗世的规范与律则，从而使真正的道德得以可能。这个能谛听超越之音的良知使得人的存在不只是一种物质性的感觉流，更是一个超越性的精神主体。由此，人是二而一的（two-in-one）结构。阿伦特说：

> 尽管我是一，但我不是简单的一个，我有一个自我，而且我与这个自我是联系着的。这个自我绝非一个幻觉，它通过同我谈话——我与我自己说话而不仅仅是意识到自己——而使自己被听到。在这个意义上，尽管我是一个，但我是二而一的，我与这个自我可以和谐也可以不和谐。如果我不赞成其他人，我可以离开；但我不能从自我那里离开，因此，我最好在作其他考虑之前，首先尽力与自己和谐一致。这同一句话也道出了遭受不义比行不义要好的实际原因：如果我行不义，那么我就注定要与一个行不义者生活在一种不可忍受的亲密关系中了；我永远也无法摆脱他。①

一个人之所以不作恶，乃因为在人之二而一的结构中，让那个超越的"自我"站立了出来，进而使其作主，谛听其说话。而行不义，就是那个"自我"没有站立出来，从而不能谛听一个超越的声音，只凭经验的我（休谟所说的"自我"）在世界中吠声吠影地感觉。这样，行善与作恶之间并无原则的区别，乃至人与动物的区别亦不大。罗素认为，在经验世界里，断定"一个欲望比另一个欲望更为可取"②是不可能的，表达的正是这种意思。若说话是人与动物的区别，则人与超越自我的无声对话是其根本性的标志。由此，我们可以解答

① 汉娜·阿伦特：《反抗"平庸之恶"》，陈连营译，上海人民出版社 2014 年版，第 106 页。
② 罗素：《宗教与科学》，徐奕春、林国夫译，商务印书馆 2000 年版，第 91 页。

曰：人之二而一的结构中的那个超越的“自我”就是作为人之为人的真正的“我”，亦是那个“看不见的主体”，复为质的个人站立起来进行了形上奠基。

人之为人意味着质的个人站立起来，阿伦特把它叫做“独在”。“那种呈现在这种无声的自我对话中的存在方式，我现在把它叫做独在。……独在意味着，尽管独自一人，但我是和某人（即自我）在一起的。它意味着我是二而一的。”[①] 如果人不能在二而一的结构中让质的个人站立起来，即人不能独在，那么，即使在人群之中，依然是非常孤独的。阿伦特说：

> 如果在独在中，我的思想过程因某种原因停止了，我也再次变为一。因为我现在所是的这个一缺乏陪伴者，我可能会旁骛以寻求他者——人、书或音乐——的陪伴，而如果他们使我失望，或者我不能与他们建立关系，我就会感到无聊和孤独。但是，不一定独自一人时才会感到无聊和孤独。在人群中我也可能感到非常无聊和孤独，而这时我实际上就不是独在，也就是说，这时我实际上没有自我的陪伴，也没有自我意义上的另一个朋友的陪伴。这就是为什么相比于独在中的单独存在，人群中的单独存在要难以忍受得多的原因。[②]

若作为独在的质的个人没有站立起来，人便是量的个人之存在，此时，他需要寻找外在的朋友与依靠，但他与外在的朋友与依靠未必能够建立关系与对话。因此，量的个人总是孤独的，其程度甚至是不堪忍受的，之所以不堪忍受，乃因为生存之荒诞与意义之虚无。本文前面提到的那些集体安全事故，正是不堪忍受的孤独者寻求依靠所致。然而，这一切都是徒劳的，他们寻错了方向，凭借外在物质力量的沉浊与绚丽，去占领那空虚的灵魂，外重而内轻，焉能不坏？！

①② 汉娜·阿伦特：《反抗“平庸之恶”》，陈连营译，上海人民出版社2014年版，第113页。

然而，孤独之于量的个人尚属小者，若质的个人不能站立起来，则作恶之于量的个人乃必然者。对于作恶者来说，最心安的并不是侥幸逃脱法律的惩罚，而是永不去面对自己，不去谛听良知之音。众所周知的“四知先生”杨震，他拒绝了下属的贿赂，乃因为他能够面对自己，谛听良知之音，而其下属则不能，于是，妄作心安地说“暮夜无知者”。但这位下属经过杨震之“天知，神知，我知，子知。何谓无知?”之呵斥与开导以后，毕竟能“愧而出”(《后汉书》卷八十四《杨震传》)，最终亦能面对自己而有所倾听，从而没有滑向罪恶的深渊。这个事例从反面说明人若不能面对那个超越的自我（看不见的主体）而倾听之，随时都有作恶的可能。因此，人必须与那个超越的自我生活在一起，“那么，对于他可以允许自己做的事情就有一些限制，这些限制不是从外部强加给他的，而是自我产生的。……只有在完全缺乏这些自发根基去自动限制各种恶的可能性时，无限制的、极端的恶才有可能”。[①] 一个行动，当行动者无法直面自己的时候，它一定是最不义的，或者说是极端的恶的。

可惜的是，现代科技已彻底打散了质的个人，遮蔽了那个超越的自我。这正如海德格尔所说：“但实际上，今天人类恰恰无论在哪里都不再碰到自身，亦即他的本质。”[②] 更可怕的是，现代人于此还安之若素，悠然自得。这就是真正的虚无主义。最本质的虚无主义根本不是人陷入了价值的谬误之中，而是人安居于平面的散列的量的现象世界中，而不作立体的质的追问以见超越的精神。正是在这里，存在着恶的平庸，也隐藏着可怕的恐怖。这就是为什么阿伦特说：“在我们每个人的心中都有一个艾希曼。”[③] 而要救渡这个世界，必须从群体性人格的量的个人走向独在的质的个人。所以，阿伦特所说的群体性人格的“不思”并非指不思考与分辨，但若不能面对超越的自我，则这些都不过是量的现象世界的分析、计算。故“思”是指面对超越的自我，让人安居于此而成

① 汉娜·阿伦特：《反抗“平庸之恶”》，陈连营译，上海人民出版社2014年版，第115页。
② 海德格尔：《技术的追问》，见孙周兴选编：《海德格尔选集》，上海三联书店1996年版，第945页。
③ 汉娜·阿伦特：《反抗“平庸之恶”》，陈连营译，上海人民出版社2014年版，第81页。

为二而一的存在。以中国传统言之，就是“慎独”。而“慎独”才是教育的极功之所在。

三、中国传统中的慎独之学及其宗教内涵

由上文可知，慎独作为道德之可能乃至人之为人站立起来的必要条件，在西方也有悠久的传统，只不过，他们多以缜密的理论思辩而雅言之。但在中国传统中，慎独不只是理论思辩问题，而主要的是存养工夫问题。存养工夫之于慎独相较于西方抽象的理论思辩是更为质而切的，它直接面对人的存在自身而成为了实践的智慧学，它是实践形态而非理论形态，故易为人所把握与证会。所以，我们总以为慎独乃中国传统之孤明独发，实则多所误会也。当然，中国传统既然能在存养工夫中体会慎独，而使慎独成为实践的智慧学，则在精神理境上必有进于西方传统者。

我们知道，《中庸》盛言慎独，但其实，中国传统中的慎独决不是从子思开始的。中国文化是一种内省型的文化，可以说，慎独是其基本精神价值特征。故在作为中国文化源头的《周易》与《尚书》中都可以发现慎独的影子。《周易》之“自强不息”、“厚德载物”与《尚书》之“与人不求备，检身若不及”(《伊训》)、“天作孽，犹可违；自作孽，不可逭”(《太甲》中)，都是让人慎独而使自己站立起来。而《尚书·大禹谟》“人心惟危，道心惟微，惟精惟一，允执厥中”之十六字心法，对于中国传统的慎独之学的义理开发尤大。朱子尝释之曰：

> 心之虚灵知觉，一而已矣。而以为有人心、道心之异者，则以其或生于形气之私，或原于性命之正，而所以为知觉者不同；是以或危殆而不安，或微妙而难见耳。然人莫不有是形，故虽上智不能无人心；亦莫不有是性，故虽下愚不能无道心。二者杂于方寸之间，而不知所以治之，则危

者愈危，微者愈微，而天理之公卒无以胜夫人欲之私矣。精则察夫二者之间而不杂也，一则守其本心之正而不离也。从事于斯，无少间断，必使道心常为一身之主，而人心每听命焉，则危者安、微者著，而动静云为自无过不及之差矣。

朱子此处的解释，当然是依后来孔孟慎独之学的义理。这里明确告诉我们：无论是上智还是下愚之人，莫不固有人心（作为“感觉流”的我）与道心（作为超越的自我），只要作“精一”之存养工夫，二者就贯通如一；且道心是主宰者，人心是倾听与服从者。若果能如此，不但行为德性稳固无差，且人作为人质实地站立了起来。

但十六字心法毕竟是工夫践履之指点语与体会语，圆融浑沦，若无上上根器或践行不力，往往不能得其义理之实而流于空泛。至孔子、子思、孟子进一步向内开掘，内圣之义全开，则慎独之学始显豁而全尽矣。

我们首要须指出的是，孔孟所开发的慎独之学决不只是一种纯粹的道德哲学，乃是贯通天地人的宗教之学。黑格尔曾认为孔子及其传统只不过是“一些善良的、老练的、道德的教训，从里面我们不能获得什么特殊的东西”。[①] 这当然是黑格尔极大的误解与傲慢。孔子及其传统中的慎独之学决不只是世俗的道德劝诫，它有极高明的超越性而弥纶于天地人之间，成为一天人合一的文化基型。真正有觉悟与智慧者，一定能知其大义。是以马里坦说：“无论他们的缺点和错误是什么，我们都没有在孔子的著作中发现纯自然的伦理学。”[②] “纯自然的伦理学”就是黑格尔所说的“一些善良的、老练的、道德的教训”，在马里坦那里并非好的意思，因为不能见其超越性，而其道德也不能真正稳固地建立起来。

① 黑格尔：《哲学史讲演录》第一卷，贺麟、王太庆译，商务印书馆 1996 年版，第 119 页。
② 马里坦：《道德哲学论》（选录），见陈麟书、田海华：《重读马里坦》，四川人民出版社 1997 年版，第 149 页。

我们先来诠释《论语》中的相关语句，看看孔子慎独之学的基本特征。孔子明言他“五十而知天命”(《论语·为政》)，说明“知天命”是他作为人站立起来的根本因素，即人作为人而站立起来需要贯通一个超越的本体——天命，否则，人便不能站立起来。一个人如果在天命处站立了起来，他必然是自信的，因为他与世界协调了，即便外在的恶也不能消除他的这种自信。故孔子曰：“天生德于予，桓魋其如予何?”(《论语·述而》）人站立起来而要与天相协调，但天并非与人渺然无涉的外在存在，与天协调首先意味着人与人自己协调。

> 子贡曰：“夫子之文章，可得而闻也；夫子之言性与天道，不可得而闻也。”(《论语·公冶长》)

孔子之所以不言“天道”就是告诫我们要存养自己的性灵与超越的自我，不要徒劳地外在寻觅与探问。宋人刘敞有诗云：

> 天道与性命，圣人罕其言。七十岂常士，游夏终不闻。鞠躬慕仁义，或不免饥寒。奸雄何为者，往往为世贤。倘复有真宰，无用预其间。(《公是集》卷五《遣怀》其一)

仁义受饥寒，奸雄为世贤，这是世间常有的事。可见，人与世界协调一致是很难的。但只有人能存养真宰（超越的自我），而与之协调一致，则不必计较世间事之不协调，所谓“无用预其间”也。刘敞这首《遣怀》诗无非是告诉我们一个苏格拉底式的道理：“我与整个世界相矛盾比我作为一而与我自己相矛盾要好。”

存养真宰，以预天地，使人站立起来。这是慎独之根本所在。下面这段话即明显地表达了这种意思：

子曰："予欲无言。"子贡曰："子如不言，则小子何述焉？"子曰："天何言哉？四时行焉，百物生焉，天何言哉？"（《论语·阳货》）

若一个人能与超越的自我一致，则是知天，而天亦知他，人作为人便站立了起来。是以孔子曰："知我者，其天乎！"（《论语·宪问》）我们不妨再来看下面一段话：

子见南子，子路不说。夫子矢之曰："予所否者，天厌之！天厌之！"（《论语·雍也》）

南子乃淫荡之人，本应遭世界之唾弃，故孔子也不应该见她，这样，才与世界是协调的。但在孔子那里，是否与世界协调不是他首要关心的，是否与超越的自我协调才是他关心的，而一旦能做到此，则一定会得到天的理解。于是，孔子才自信地说："予所否者，天厌之！天厌之！"

由此，我们可知，在孔子那里有且必有一个超越的实体在的，它不仅是道德之为道德的形上本体，且是人之为人的根本依归。只不过，这一切端赖慎独之存养工夫，外此，皆虚而不实。孔子告诫我们要"修己以敬"（《论语·宪问》），存养且敬畏那个超越的自我。可惜一般人难以知此大义，"由！知德者鲜矣"（《论语·卫灵公》）。若不能存养且敬畏那个超越的自我，徒依据外在的戒律与教诲，不过是道听途说，故孔子曰："道听而涂说，德之弃也。"（《论语·阳货》）这恰恰背离且毁弃了道德。在这里，我们可进一步说明，孔子决不是一个无神论者。世人常以"子不语怪，力，乱，神"（《论语·述而》）一句来证明孔子不信神灵，乃至超越者对于儒学来说是不重要的。其实，这是极大的误解。我们且来看宋儒陆象山对此语的诠释：

"子不语怪力乱神。"夫子只是不语，非谓无也。若力与乱，分明是

有，神怪岂独无之？（《陆九渊集》语录上）

若我们承认“力”与“乱”有，然孔子不语，何以必谓“神”无而孔子不信耶？孔子之所以“不语”神，乃因为神不可对象化而以言语说之，唯在慎独的工夫中领悟与感通。若慎独之工夫亡有徒言语以资诵说，不过空华外道也。由此，孔子复告诫我们曰：“敬鬼神而远之，可谓知矣。”（《论语·雍也》）此一“远”字亦常被世人解读为孔子不信神之标志。然明明有“敬鬼神”三字，若根本不信鬼神，焉用敬？既如此，说明鬼神之实有，且须敬畏。然“远”字何意耶？“远”字意谓：神非外在于自家生命之存在，我们可在慎独工夫中以超越的自我与之贯通，此即为“敬”也；外此，皆是对神的伪事奉而不敬。智者不为也。

正因为孔子强调慎独，故其学生多能内省而慎独。曾子曰：“吾日三省吾身：为人谋而不忠乎？与朋友交而不信乎？传不习乎？”（《论语·学而》）依据朱子的解释，“尽己之谓忠”，“有诸己之谓信”。这里的“己”是指超越的自我。故“忠”与“信”并不是与“人”或“朋友”一致，乃是我与超越的自我一致。这样，“习”也不是依据外在的经典所传去做，而是我与超越的自我一致。子夏曰：“博学而笃志，切问而近思，仁在其中矣。”（《论语·子张》）这里的问题是：“问”什么呢？“思”什么呢？我们必须明白，这里有一个“切”字与一个“近”字。这意味着，“问”与“思”不是去探问与思考一些玄远的问题，而是切近自己，看自己是否与超越的自我一致；“切近”并不是指距离的近，而是当身参悟。这正是慎独之精神与确义。

至此，我们可以归结曰：慎独是孔子内圣之学的根本，但孔子之讲慎独并非只是为了讲道德，更是为了讲宗教，因为孔子之慎独中开启了超越域。若超越域之不能见，则不但不能讲宗教，甚至连道德也不能稳定住而落空。故慎独不但成就了道德，亦成就了宗教。此二者成为了孔子之后儒家慎独之学的根本大义与内涵。

迨及子思，则盛言慎独大义，而演成《中庸》一文。其经文首章云：

天命之谓性，率性之谓道，修道之谓教。道也者，不可须臾离也，可离非道也。是故君子戒慎乎其所不睹，恐惧乎其所不闻。莫见乎隐，莫显乎微，故君子慎其独也。喜怒哀乐之未发，谓之中；发而皆中节，谓之和。中也者，天下之大本也；和也者，天下之达道也。致中和，天地位焉，万物育焉。

“天命”下降而为人之性，故人性有其固有的超越性或神性，此为先天的。依此性而为就是道；教人依此性而为就是修道，这是真正的教。故修道与教是一个意思。质言之，修道是自修，教亦是自教。是以《白虎通义·辟雍》云：“学之为言觉也。”自修与自教即是慎独之学。但慎独并非是指独处之时，慎独意味着人无时无刻不在戒备恐惧之中，警醒自己不能离开那个超越的自我（即“天命之谓性”的那个“性”），人须安居于此。故云：“道也者，不可须臾离也，可离非道也。”五柳先生诗云：“结庐在人境，而无车马喧。问君何能尔？心远地自偏。”（陶渊明：《饮酒》其五）慎独者必至于此境，而与人声之鼎沸、车马之喧闹何干耶？然而，超越的自我常常是“隐”而“微”，常难以觉知，是以子贡感叹“性与天道不可得而闻也”，此亦是马里坦所说的神秘莫测的主体性。这样，常人一般以外在的见闻为务，而不能见、亦不能闻这个超越的自我，故子思告诫我们要“戒慎乎其所不睹，恐惧乎其所不闻”，即在“隐”处与“微”处多用心。人一旦于“隐微”处用心，必能发明那个超越的自我，慎独之功成矣。“喜怒哀乐之未发”就是处在慎独之时，此即是“中”，故“中”即慎独也，并非“未发”之时为“中”。慎独即是“中”，“未发”固可为“中”，“已发”亦可为“中”也。

于是，在这里有必要诠释一下“中庸”二字的意思。我们一般取程子的意思：“不偏之谓中，不易之谓庸。”（《二程遗书》卷七）“不易”就是说“中”这个道理是不可变易的。所以，朱子直接以“平常”(《朱子语类》卷六十二）来解释“庸”。基于此，北溪先生曰：“文公解庸为平常，非于中之外别有所谓庸。”(丘濬:《大学衍义补》卷七十七）可见，“庸”并没有特别的意义，只是为了说明“中”之大义的永恒且简易。那么，“中”何意耶?“不偏之谓中”，我们常把此理解为“事为”上的恰到好处。若如此，则“中”乃“已发”也，与经文“喜怒哀乐之未发，谓之中”之大旨相违背。但程子又有“中也者，言寂然不动者也”(《二程遗书》卷二十五）之说，既言“寂然不动”，则“中”一定不是在“事为”上说。故“不偏”乃是指人安居于本体之中而无所他务。是以朱子曰：“存养是静工夫，静时是中，以其无过不及、无所偏倚也。”(《朱子语类》卷六十三）显然，朱子以为“无过不及、无所偏倚”乃是指人存养而定驻于本体言。简言之，“中”即“无过不及、无所偏倚”乃指慎独而言，即人与超越的自我一致而言，非人与外在的人事和世界而言。但“不偏不倚”亦可在“事为”上言，这就是《中庸》所说的“时中”。“君子之中庸也，君子而时中。”故定宇先生曰：“不偏不倚，未发之中，以心论者也，中之体也。无过不及，时中之中，以事论者也，心之用也。”(丘濬:《大学衍义补》卷七十七）可见，“中”可由本体之存养工夫上言，亦可以在“事为”上言。朱子曰：

> 然所以能时中者，盖有那未发之中在，所以先开说未发之中，然后又说君子之时中。(《朱子语类》卷六十二）

尽管“中”可两说，但本体之“中”乃是事为之“中”的精神根基，不然，事为之“中”即不可能。《中庸》谓“小人之中庸也，小人而无忌惮也”。若仅从事为上讲，小人也可以达到中庸，但因为他们没有本体上之“中”，即便事为上暂时达到了“中”，亦“无忌惮”也。但小人之“无忌惮”并非指事为上，乃指“小人不知天命而不畏也，狎大人，侮圣人之言”(《论语·卫灵公》)，即本体上的无敬畏也。

结言之,《中庸》一书盛发“中”之大义，要在强调本体上的慎独工夫也。只有一个能慎独的人，才能做到“发而皆中节”，此即是“时中”，亦即是“和”。“和”并非只是事为上的恰到好处，更意味着与世界及万物和谐与感通。但只有一个能慎独的人才能做到此点。所以，“中”即慎独是本，而“和”是其效用。但“和”有两点大义，其一，事为上合乎道德规则；其二，必贯通天地，而至于“天地位，万物育”的宗教境界。

先看第一点。只有能作笃实存养工夫的人，在道德上才是坚定如一，无有他务的，且能做到“时中”。《中庸》引孔子之言曰：“回之为人也，择乎中庸，得一善则拳拳服膺而弗失之矣。”又,《论语·雍也》谓：“回也，其心三月不违仁，其余则日月至焉而已矣。”颜回之所以在道德上如此坚定，没有动摇，当然与其慎独之工夫有关。子曰：“贤哉，回也！一箪食，一瓢饮，在陋巷。人不堪其忧，回也不改其乐。贤哉，回也！”(《论语·雍也》）一个没有慎独工夫的人是很难安贫乐道而忍受生活之贫穷的。“君子依乎中庸，遁世不见知而不悔，唯圣者能之。”“遁世不见知而不悔”岂非言慎独而处陋巷中之颜回乎？孔门弟子，唯颜子一人耳。故慎独确乎其难也。然其难非难在外在的物欲引力太大，乃在超越的自我不能显现，徒留一个空虚的个体，当然就依靠外在的什物来填补。简言之，没有慎独工夫而让质的个人站立起来，则必不能如颜子般安贫乐道。“君子素其位而行，不愿乎其外。素富贵，行乎富贵；素贫贱，行乎贫贱；素夷狄，行乎夷狄；素患难，行乎患难：君子无入而不自得焉。”素，安其位而行其当为而乐之谓也。但若无笃实的慎独工夫，安能至此。“君子居易以俟命，小人行险以侥幸。”此即谓慎独乃人之当为，至于结果如何，我们当“不怨天，不尤人”，而安之若命。既然道德就是与超越的自我一致，那么，道德其实是很简单的，“不勉而中，不思而得，从容中道”而已。这是每个人都可证会且实有所得的。这种证会一旦发用出来，就能做到“时中”。“舜其大知也与！舜好问而好察迩言，隐恶而扬善，执其两端，用其中于民，其斯以为舜乎！”此即谓舜“时中”之德也。

但人在道德上坚定如一，始终与超越的自我协调一致，这还只是道德之当身，即人道，《中庸》名之曰“诚”。《中庸》二十章以后，即盛言“诚”。“诚”即是慎独。只不过，慎独乃名词地静态地言之，“诚”乃工夫地动态地言之。此则更为谛当，因慎独为存养工夫故也。人一旦能“诚”，即确然地与超越的自我一致，那么，其境界决不只限于道德之当身，一定贯通天道而至于宗教境界。故《中庸》云：

诚者，天之道也。诚之者，人之道也。

“诚”，即与超越之本体一致，此即是天道，故曰“诚者，天之道也”。但天道靠什么来体现印证呢？唯人能之。故曰“诚之者，人之道也”。人何以能体现印证天道呢？因为人自身有贯通印证之性与能。故又曰：“自诚明，谓之性。自明诚，谓之教。”前者，由本体说工夫，即人既有此性（超越的自我）必有此“明”；后者，由工夫说本体，即人既有此“明”，必能贯通印证本体。理论地言之，本体在前，工夫在后；实践地言之，本体即是工夫，工夫亦是本体，并无先后也。故曰：“诚则明矣，明则诚矣。”一旦工夫与本体尽其极，则必至于宗教境界。《中庸》云：

诚者，非自成己而已也，所以成物也。成己，仁也；成物，知也。性之德也，合外内之道也。

人与超越的自我贯通一致，并不只是为了成就自己，更是为了成就世界万物。这个超越的自我一定是合内外而言之的。《中庸》中的一段话即生动地描述了由此而成的宗教境界：

唯天下至诚，为能尽其性；能尽其性，则能尽人之性；能尽人之性，则能尽物之性；能尽物之性，则可以赞天地之化育；可以赞天地之化育，则可以与天地参矣。

“至诚”即与超越的自我一致，方能“尽其性”。所谓“尽其性”就是展现人之为人之确义，就是让质的个人站立起来。若人能展现人之为人的确义，那么，物之为物之确义，世界之为世界之确义一齐朗显。即物之为物站立了起来，世界之为世界亦随之站立了起来。此即“赞天地之化育”也。这不是科学意义上的物与世界，而是宗教意义上的物与世界。在宗教意义上的物与世界没有朗显之前，不但物与世界没有来到本质，人亦根本没有来到本质。故宗教境界或宗教精神根本不是宗教信仰之事，而是教育之分内事，因为若教育不能至于此，则人不能安居于本质而回家，教育实无所成，甚至可能是有害的。正是在这个意义上，我们才说教育根本上是宗教性的。

至《中庸》，儒家慎独之学之理境（工夫践履境界）基本已全部透显出来。第二十九章云：

故君子之道，本诸身，征诸庶民，考诸三王而不缪，建诸天地而不悖，质诸鬼神而无疑，百世以俟圣人而不惑。质诸鬼神而无疑，知天也；百世以俟圣人而不惑，知人也。

“君子之道，本诸身”，即是指慎独虽是人与超越的自我一致，但其道决不限于此，必至于天、地、人、神威临共域。程子曰：“《中庸》之言，放之则弥六合，卷之则退藏于密。”（《二程遗书》卷十一）“退藏于密”乃针对慎独言，“弥六合”乃就天、地、人、神言。这是慎独之圆成境界。刘宗周曰：

慎独是学问第一义。言慎独而身、心、意、知、家、国、天下，一齐俱到。故在《大学》为格物下手处，在《中庸》为上达天德，统宗彻上彻

下之道也。(《刘子遗书》卷四)

所谓“彻上彻下”即天、地、人、神之圆成。这种圆成境界在色彩上言，乃平淡简远的。

《诗》曰“衣锦尚絅”，恶其文之著也。故君子之道，暗然而日章；小人之道，的然而日亡。君子之道：淡而不厌，简而文，温而理。(《中庸·第三十二章》)

君子内着锦衣而外在却朴素，以喻人有繁复艰苦的慎独工夫于其内，但其外表却温和平淡，此正与小人之“巧言令色”迥异也。

这种圆成境界在声臭上言，乃无声无臭的。

《诗》曰：“予怀明德，不大声以色。”子曰：“声色之于以化民，末也。”《诗》曰：“德輶如毛”，毛犹有伦；“上天之载，无声无臭”，至矣！(《中庸·第三十三章》)

此正是“各正性命”之自然，物各付物，决无人私意的造作与穿凿。亦映证了孔子“天何言哉？四时行焉，百物生焉”之境界。

再进一步说，此种圆成境界亦是《大学》中的“止于至善”之“至善”境界，然其始于“明明德”之慎独，乃不可疑者。《大学》言“毋自欺也”、“自谦”，皆为慎独义，不能慎独犹如康德所说的自己对自己撒谎，是以又言“人之视己，如见其肺肝然，则何益矣！此谓诚于中，形于外，故君子必慎其独也”。

慎独之理境虽可如上而说之，但慎独之工夫却没有穷尽。故曰：“君子之道费而隐。夫妇之愚，可以与知焉；及其至也，虽圣人亦有所不知焉。夫妇之不肖，可以能行焉；及其至也，虽圣人亦有所不能焉。天地之大也，人犹有所憾。”“费而隐”即是指慎独工夫之广大而精微，愚夫愚妇皆能有所潜存，但若就最高境界而言，即便是圣人亦不能尽之。所以，现实上人于此总是有所遗憾的。《大学》言“苟日新，日日新，又日新”，即意味着慎独之工夫无有穷尽。

儒家慎独之学的工夫践履理境虽至《中庸》已全尽透显出来，但作为一种“学”却还没有完成，还需进一步的探索，以奠定其形上根基，使其成为理性哲学。至孟子，慎独之学作为“学”(理性哲学)才告完成。《中庸》的这种工夫践履境界依朱子的理解，乃“工夫密，规模大”(《朱子语类》卷十四)，以至于朱子感叹“初学者未当理会”(《朱子语类》卷六十二)。何也？因践履不足，生命无灵觉而动转，不但不能证会那主观之境界，于客观之义理亦多茫然。孟子在此基础上作“十字打开”的工作，则慎独之学之义理“更无隐遁”矣。故由子思到孟子，渐由实践的“行”之形态转化为了哲学的“知”的形态，然对于慎独之学的义理开发而言，此为一步必要之坎陷也。

在西方哲学上，虽然雅言“超越的自我”、“看不见的主体”，但这些到底是什么？即“超越的自我”或“看不见的主体”是否为人之生命中的一种质实存在，通过涵养工夫即可证会之，朗现之？这在西方哲学传统中都是不得决定的。在中国传统中，孔子、子思虽然对慎独之学作了实践的证会，至矣尽矣，蔑以加矣。但这种实践的根基何在，在哲学上并未作分解的展示，以奠定其形上基础。既如此，人们多以为慎独乃个人实践之事，而不具有作为“学”的普遍性。孟子出，不但要奠定慎独的形上基础，证成慎独之学的普遍性，而且要在此基础上说明慎独实践人人可能。

孟子与其门徒公都子有一段对话：

公都子问曰：“钧是人也，或为大人，或为小人，何也？”孟子曰：“从其大体为大人，从其小体为小人。”曰：“钧是人也，或从其大体，或从其小体，何也？”曰：“耳目之官不思，而蔽于物。物交物，则引之而已矣。心之官则思；思则得之，不思则不得也。此天之所与我者，先立乎其

大者，则其小者不能夺也。此为大人而已矣。”（《孟子·告子上》）

人为什么有大人与小人的区分呢？依孟子的解释，若人能顺从生命中之大体，就是大人；若人只能顺从生命中之小体，那自然就是小人。可见，大体与小体皆为人之生命所固有。那么，什么是大体呢？就是“四端之心”。什么是小体呢？就是耳目之官。耳目之官只是一系列的感觉，它们只能被动地接受外在之物，既而随之而走。故曰“蔽于物”，“物交物，则引之而已矣”。若人对于“我”的认知只停留于此，则“我”亦不过是休谟所说的感觉流。这种人只寄居在感觉与经验的世界里，而不能作超越的开辟，故曰“小人”。“小”者，限于感觉经验世界之谓也。而感觉经验世界总是一变化流，由此，不但道德不能稳固，“我”亦随之流变而不能贞定，故“寄居”而不能“安居”也。但作为四端之心的大体则不同，其基本作用不是被动地接受感性材料，而是主动的“思”。“思”不只是思考之意，更有觉解、感通之意。它是一主动的大能，有力量超越小体的限制而开辟生命自身的超越领域，以使人成为大人。孟子告诉我们，这个大体是“天之所与我者”，即人人先天所固有的，非经验习得的。故孟子曰：“无恻隐之心，非人也；无羞恶之心，非人也；无辞让之心，非人也；无是非之心，非人也。”（《孟子·公孙丑上》）若无恻隐、羞恶、辞让、是非这四端之心，则根本不可能是人。这意味着，只要是人，必有四端之心，此为先天地固有。所谓“非由外铄我也，我固有之也，弗思耳矣”（《孟子·告子上》）。这里的“思”是慎独存养工夫之谓。孟子又曰：

《诗》曰：“天生蒸民，有物有则。民之秉彝，好是懿德。”孔子曰：“为此诗者，其知道乎！故有物必有则，民之秉彝也，故好是懿德。”（《孟子·告子上》）

万物皆有一个使其站立起来而标识其身份的规则。那么，使人站立起来而标识其身份的规则是什么呢？就是四端之心。正因为人先天秉有四端之心（秉彝），所以才喜好且稳定住了道德。若不然，道德根本不可能。可见，四端之心乃道德可能的先天根据。然而，四端之心作为人生命固有之大体，决不只是道德可能之先天根据，更是感通万有与神灵的形上根基。故孟子曰："尽其心者，知其性也。知其性，则知天矣。""万物皆备于我矣，反身而诚，乐莫大焉。"（《孟子·尽心上》）王阳明在此基础上亦曰："人人自有定盘针，万化根源总在心。"（《王阳明全集》卷二十《咏良知》）"定盘针"是说道德问题，"万化根源"是说宇宙论问题。这意味着，四端之心作为人之大体，不但是道德可能之根基，更是宇宙论的根基。由此，我们可以结之曰：四端之心就是那"超越的自我"，人若能觉悟而与之一致，就是一"二而一"的存在，且使道德得以可能，质的个人由此而站立起来；同时，四端之心又是绝对的大主，感通万有与神灵，从而使世界站立了起来。所以，在中国传统中，四端之心决不只是限于道德的意义，必上升至于宗教的意义。中国传统中固雅言"天"与"神"，但却不外在地虚悬地讲，而是内在地感通地讲，其依据就在四端之心。由此，开启了天道与性命相贯通的文化基型，天人合一的宗教范式。

四端之心作为人之大体，自身即具道德与宇宙之根基的潜能与大德。王阳明曰：

> 大人者，以天地万物为一体者也。其视天下犹一家，中国犹一人焉。若夫间形骸而分尔我者，小人矣。大人之能以天地万物为一体也，非意之也，其心之仁本若是其与天地万物而为一也。岂惟大人，虽小人之心亦莫不然。彼顾自小耳。……是乃根于天命之性，而自然灵昭不昧者也。（《王阳明全集·大学问》）

我们若能尽四端之心的性德，不但能与自己协调，亦可与人协调，复可与万物及世界协调。亦即是，尽己而至于尽人、尽物，最后赞天地之化育。四端之心人人固有，若人自认其为人，则必有此“自然灵昭不昧者”在焉。若能尽其性德，则自然至于“中国犹一人，天下犹一家，万物为一体”之境界，非有意求之，乃性分之自然所成也。所谓“君子所性，虽大行不加焉，虽穷居不损焉，分定故也”(《孟子·尽心上》)。小人“间形骸而分尔我”，不能到此境界，何以故？非无四端之心之大体也，不能慎独存养而尽其性德也。这样，存养而尽大体之性德，乃慎独之学的根本所在。孟子谓其“四十不动心”，“善养浩然之气”，且其气“塞于天地之间”(《孟子·公孙丑上》)，皆是就大体之存养与性德而言。若果能存养而尽其性德，则必如孟子所言：“君子深造之以道，欲其自得之也。自得之则居之安，居之安则资之深，资之深则取之左右逢其原。故君子欲其自得之也。”(《孟子·离娄下》)“自得”就是存养大体，由此，则人自然安居于世界。何谓安居？人与世界俱来到本质而回家，此即是“左右逢其原”之意也。子贡谓孔子“立之斯立，道之斯行，绥之斯来，动之斯和”(《论语·子张》)，孔子若不是存养大体而使人与世界来到本质，焉能如此之“左右逢其原”耶?!

孟子指出四端之心作为大体人人固有，奠定了慎独之学的普遍可能性，从而也为慎独之存养实践进行了形上奠基。慎独之学的理论架构至此而完成。与西方哲学家纯理论指示“超越的自我”、“看不见的主体”相较，中国传统指出，四端之心作为大体而可于生命中灵觉朗现，从而开出工夫的存养进路，让质的个人真实地站立起来。在这个意义上讲，慎独之学乃中国传统之孤明独发，亦非过情之虚誉也。

四、儒者在慎独教育的探索

慎独，不但是道德的根基，而且成为了贯通天地人之根基。即它不但成就了道德，而且成就了宗教。这样，慎独就成为了中国传统学问与教育的中心，以至于梁漱溟先生曰：“儒家之学只是一个慎独。”[①]“古之学者为己，今之学者

① 梁漱溟：《人心与人生》，上海人民出版社2005年版，第130页。

为人。”(《论语·宪问》)“学问之道无他，求其放心而已矣。”(《孟子·告子上》)这都是对慎独的强调与表达。所谓“为己”就是慎独而使质的个人站立起来；所谓“求放心”就是回到慎独之根基——四端之心——那里去。但人要站立起来，必须贯通天地，不徒“求放心”即可也。不然，人即成为孤悬之人，不能站立。量的个人就是这种孤悬之人。老子曰：“道大，天大，地大，人亦大。域中有四大，而人居其一焉。”(《老子》第二十五章)这意味着，人要站立起来，必须在四域（道、天、地、人）之共处之中始为可能。但“求放心”必须至此境界，若尽其极，亦必能至此境界，这是慎独之学的大义所在。“下学而上达”(《论语·宪问》)，正是要标明此学之义理关怀也。

但先秦慎独之学在传播中亦有一个发展过程，即慎独教育有一个逐步完善的历程。在汉唐经学家那里，慎独不过是独处时的谨防，尚是一种纯粹的个人道德完善。郑玄在注解“君子慎其独”时云：“慎独者，慎其闲居之所为。小人于隐者，动作言语自以为不见睹不见闻，则肆尽其情也。”(阮刻《十三经注疏》)这是提醒我们，独处时人们容易放肆纵情，故一个真正修德的君子即使此时也不应该放纵而妄为。对慎独的这种理解一直到唐代未有改变。孔颖达解“君子慎其独”时云：“以其隐微之处，恐其罪恶彰显，故君子之人恒慎其独居，虽曰独居，能谨守其道也。”(阮刻《十三经注疏》)显然，慎独在此依然是独处时的防微杜渐。应该说，汉唐经学家对于慎独的解释，在道德修行上是非常重要的，但仅限于此，则不能尽慎独教育的大义，因为质的个人不能站立起来，以至于这种道德上的谨防可能最终难以坚持贯彻。迨及宋代，在理学家那里，慎独教育的这种缺陷才得以克服。朱子在解《大学·诚意》章时曰：“独者，人所不知而己所独知之地。”(《四书章句集注》)显然，慎独已不只是独处时的谨防，而是指作为质的个人可领悟之地，是以“这‘独’也不是恁地独时”(《四书章句集注·中庸（首章）》)。总的来说，到宋明儒那里，慎独是人上达于天的必然通道与路径，也是人得以站立起来的必然通道与路径。是以刘宗周曰：“不慎独，如何识得天命之性?”(《刘子遗书》卷二)慎独教育至此方尽其大义而完成。简言之，慎独教育若是人的教育，则必应至于超越的“天”处方能尽其道，不然，即不能达成其目标，人亦站立不起来。明儒章本清曰：

> 天人一道也。天道固人道所自来，而尽人正以全其天也。苟天道不明，徒欲致其迈往之力，譬之幼离乡井，长欲返之，使不知父母居止所在，遑遑然日奔走长途，无益也。(《图书编》卷十五《性道教》)

这足以说明，宋明儒已深刻地体会到了天是人作为人而站立起来的根本依据与保障，而要体悟其中的大义，只能在慎独教育中。

慎独本是一种修行工夫，故须教人向内用力，若此之不足，一切皆虚。这是儒家慎独教育之根本关怀所在。故程明道曰：“只心便是天。尽之便知性，知性便知天，当处便认取，更不可外求。”(《二程遗书》卷二上）正因为儒家慎独教育之根本用力处在心，一般人却误以为可拉掉超越的天。然明道既言“知”天，则表示天别有所在，非直接等同于心也。明道此语只是告诫我们不能不尽心慎独而外在模拟地知天耳。须知，慎独教育之根本虽在尽心存性，然万不可拉掉天之超越性，不然，即可能使慎独没入狂荡之深渊。泰州学派即有此病，以情识为尽心，纵欲为存性。此正慎独之学之反动也。故天为慎独之学不可少者。然若慎独工夫无有，仅外在模拟地言天，亦是虚假之天，非天之实义也。故儒家慎言天。但对于初学者而言，若不知天之大义，亦很难深入慎独之学。是以对于慎独教育来说，天之大义乃首先须申述者。

天，乃中国传统之名言，其实义乃指一绝对的超越者或神圣者。我们说过，慎独之学就是让质的个人站立起来，从而克服量的个人的不稳定性乃至虚无性。但质的个人要站立起来是不能离开那个绝对的超越者或神圣者的。那么，绝对的超越者或神圣者之大义何在呢？为什么之于人如此之重要？这是慎独教育必须探明的问题，儒者于此多有体会但未能详言之。

人作为人而挺立于宇宙之间，之所以能与动物区以别，乃因为除了满足基本的物质生存需求以外，尚有一种动物所没有的关切或牵挂，即对终极者的关切或牵挂，是为终极关切或终极牵挂。终极者乃是终极关切或牵挂的对象。那么，何谓终极者呢？终极者就是我们人的全部实在。在此处，质的个人才能得其实，不然，就是量的个人，即有人之形式而无人之实质。所谓“人的全部实在”并不是指人的肉体性实存，而是指人存在的结构、意义与目的。可见，人的全部实在并非只是看得见的部分，更包括看不见的部分，而那些看不见的部分恰恰是人作为人而终极关切且牵挂着的。这种关切与牵挂是无条件的，因为它关涉到人是否存在。

人实存着，但人又很可能是非存在。终极关切与牵挂之意义就在这里显示了出来，即如何让人不至于陷入非存在？众所周知，“存在”一词出自巴门尼德。巴门尼德有两条原则：“存在”存在，而“非存在”不存在。这是一条通向真理之路；“存在”不存在，而“非存在”存在。这是一条通向意见之路。为什么巴门尼德要作这种真理与意见的区分呢？关键在于巴门尼德所说的“存在”到底何种特征？在巴门尼德那里，存在具有如下特征：存在是一，存在是永恒的，存在是不动的，存在是完满的。那么，存在到底何指呢？我们似乎难以断定，但作为与存在相反的非存在，我们却很容易断定它指的就是现象世界。可见，非存在决不是指“无”或“虚空”，而是指现象世界的变易性与不稳定性。相对于非存在之所指，则我们可知，存在乃是绝对的超越者与神圣者。人类只有认识了它才算是认识了真理，若只停留在非存在的现象世界，则只是知晓了一些意见。同理，对于人的认知若只限于肉体性的实存，那么，此时人还是非存在。只有人与绝对的超越者与神圣者贯通，人才是存在，即质的个人才站立起来。而这，正是人的终极关切与牵挂。

作为绝对的终极者与神圣者的存在，虽不在经验世界，但又不是纯形式的一种概念规定，而是可以被觉悟的。老子曰：“有物混成，先天地生。寂兮寥兮，独立而不改，周行而不殆，可以为天地母。吾不知其名，字之曰道，强为之名曰大。大曰逝，逝曰远，远曰反。”（《老子》第二十五章）这段话可谓是对终极者与神圣者的觉悟与感应的描述，这是体会语，非定义语。孟子曰："充实之谓美，充实而有光辉之谓大，大而化之之谓圣，圣而不可知之之谓神。"（《孟子·尽心下》）可见，对终极者与神圣者的关切与牵挂，其关切与牵挂不是概念认知式的，而是生命内省慎独觉悟式的。是以孟子又曰："可欲之谓善，有诸己之谓信。"（《孟子·尽心下》）欲望那个终极者与神圣者方是真正的善，生命与那个终极者与神圣者贯通方是真正的人（信者，真也）。终极者与神圣者具有"充实"、"大"、"化"与"神"之特性，它不是一般的现象式的存在，而是形上的终极的唯一存在。蒂里希把这种存在或终极者与神圣者称之为"渊"。[①] 渊就是一个大神秘，而孟子所说的"充实"、"大"、"化"与"神"就是表现了终极者与神圣者的神秘。可见，蒂里希与孟子之所说实为同一意思，但蒂里希对渊的规定性是作了详细的论述。

在蒂里希看来，作为终极者与神圣者的渊有两种规定性：其一是毁灭的力量，其二是提升的力量。二者是人对于终极者与神圣者的体验。毁灭的力量是负面的讲法，提升的力量是正面的讲法，二者都意味着人的实存必须向终极者与神圣者靠近乃至同一，不然，终极者与神圣者就会显示其毁灭的力量，而人一旦觉悟到此，则终极者与神圣者就会显示其正面的提升力量。董仲舒曰："观天人相与之际，甚可畏也。"（《汉书·董仲舒传》）说的正是终极者与神圣者（天）的毁灭的力量，一个慎独存养深厚的人，必然会体会到这种力量。

为什么终极者与神圣者有神秘的毁灭力量呢？因为终极者与神圣者（存在）是永恒的"一"，它是一个无所不在的境域，世界上的万事万物（非存在）都在此境域内变化发展。这样，这个境域就是万事万物的守护者，一旦离开这个境域弃之而去，作为非存在的万事万物彻底沦为虚无。人的"不信"、"狂妄"与"欲望"使人弃之而去，从而离开终极者与神圣者的守护。所谓"不

---

① 蒂里希认为，以奥秘语言说之，终极者与神圣者称之为"渊"；以哲学语言说之，则称之为"道"；以宗教语言说之，则称之为"灵"。参见蒂里希：《系统神学》，见何光沪选编：《蒂里希选集》，上海三联书店 1999 年版，第 1072 页。

信”就是人背离终极者与神圣者之中心；所谓“狂妄”就是背离终极者与神圣者之中心的人以自己为中心，成为孤悬而自大的人；所谓“欲望”就是人试图把整个世界拉入自我的无限制的追求之中。依道家的看法，人类的这一切皆为“妄作”，其结果一定凶险。老子曰：

> 万物并作，吾以观复。夫物芸芸，各复归其根。归根曰静，静曰复命。复命曰常，知常曰明。不知常，妄作，凶。知常容，容乃公，公乃全，全乃天，天乃道，道乃久，没身不殆。(《老子》十六章)

“归根”“观复”是指万物都应该在终极者与神圣者的守护之中，此即是“常”。知此“常”即是“明”；若不知此“常”，就是“妄作”，一定“凶”。人只有知常，才能长久，才能“没身不殆”。庄子曰：“至人无为，大圣不作，观于天地之谓也。”(《庄子·知北游》)这是告诫我们，孤悬的人之作为是非常危险的，人的作为必须在终极者与神圣者之境域内。人必须看到自己的有限性与非存在特征，从而对终极者与神圣者有其关切与牵挂。不然，毁灭的力量随时降临。因为妄作的人以自我为中心，这也意味着人人都是中心。这样，无数个中心不可避免地使自我走向解体，堕为碎片，世界亦随之堕为碎片。世界与人彻底虚无，这正是作为终极者与神圣者的渊的毁灭力量。

然而，作为终极者与神圣者的渊更显示其提升的力量。人作为一种特殊的存在者，他本是与终极者与神圣者联为一体的。但当人作为实存的人而站出来以后，使得这种本有的关联发生了某种致命的转折。人站出来成为实存着的存在，就要照顾打理这实存。老子曰：“吾所以有大患者，为吾有身，及吾无身，吾有何患？”(《老子》第十三章)人为了照顾这实存着的存在，花费了无限的精力与时间，但最后这实存终归要消失而归于无。这意味着实存的人具有不可避免的悲剧性与虚无性。人们往往把有限的可靠性与确定性当作绝对的，其结果是抛入更大的不安、空虚乃至无意义的体验之中，导致实存濒临崩溃。无论如何，实存着的人决不能抗拒这种悲剧性与虚无性，在此，人类的一切努力似乎都是白费。抗拒的失败必然带来绝望，谁也不能逃脱这种绝望。《普贤菩萨行愿品》云：

> 又复是人临命终时，最后刹那，一切诸根悉皆散坏；一切亲属悉皆舍离；一切威势悉皆退失；辅相大臣、宫城内外、象马车乘、珍宝伏藏，如是一切无复相随。

绝望与意义之虚无乃实存着的人不可逃脱的命运，且在实存的范围之内没有任何克服这种命运的可能性。这样，实存着的人唯有开启终极者与神圣者的维度，而且也可以开启这一维度，因为实存的人哪怕是在绝望的时候依然可以体验到终极者与神圣者的力量。人的实存只有参入了终极者与神圣者之中，其实存才是有意义的，不然，他的实存就是纯粹的物，他的死也是一种自我毁灭。若参入了终极者与神圣者，则他的死就是一种牺牲，而他的实存也获得了终极的意义，从而克服了实存之荒诞与意义的虚无。这就是"渊"的提升力量。

人能体会到"渊"的这两种力量正是以人与终极者及神圣者的关联作为前提的，即如果人的生命里根本不能灵现终极者与神圣者，则不可能聆听到"渊"之召唤，更不可能感受到实存中的绝望与虚无。这一关联哪怕是极为微弱的关联乃是实存的人克服非存在（偶然的存在）而走向存在（终极者与神圣者）的唯一希望与力量。这一关联孟子名之曰"浩然之气"。何为"浩然之气"？曰："其为气也至大至刚，以直养而无害，则塞于天地之间。其为气也配义与道，无是，馁也。"（《孟子·公孙丑上》）唯有浩然之气方使人作为质的个人挺立于宇宙之间而无愧于人之为人。而人之所以不能斩断与终极者及神圣者的关联、灵现浩然之气，乃因为人的生命里有一超越者或大体存在，此即是孟子所说的人人固有的四端之心。此四端之心只要作慎独存养工夫即可呈现而发其大用。其用也，下焉者，率领小体，成就人伦道德；上焉者，直通终极者与神圣者，把人之实存提升至无限存在。四端之心之发用一定会至于此，这是封限不住的。孟子曰：

> 舜之居深山之中，与木石居，与鹿豕游，其所以异于深山之野人者几希。及其闻一善言，见一善行，若决江河，沛然莫之能御也。(《孟子·尽心上》)

"闻一善言，见一善行"只是四端之心发用之现实契机，但一旦发用，则决不止于此现实契机处，一定向更深更远处——终极者与神圣者——喷发，所谓"若决江河，沛然莫之能御也"。但若慎独存养工夫不足而不能灵现四端之心之大用，则一定斩断了与终极者及神圣者的关联，则人不但成为了有限存在，意义之虚无与生存之荒诞将伴随一生，且连人伦道德亦维持不住。人彻底沦为量的个人，而群体成为了量的个人的唯一依靠与归宿。故慎独存养工夫之于慎独教育而言乃其荦荦大者，然一般人以为慎独之学之根本在人向内用力，存养大体，其关切不过为了维持人伦道德于不坠，而人与终极者及神圣者的关联，则鲜有所识，是以发越不足，然此一环之缺乏，慎独教育即不成其为慎独教育，不过一般的道德劝诫耳。须知，群体中并非没有道德劝诫乃至宗教的渲染与煽动，然辄为勒庞所诟病者，正因慎独存养工夫不足，徒为空华外道，虚而不实故也。而阿伦特所说之平庸之恶之出现，正在人与终极者与神圣者的关联空无之时。故慎独之学即是宗教学，慎独教育即是宗教教育。海德格尔认为，我们总是倾向于把现成摆出来的宗教教义作为宗教自身，但正是此时，宗教更接近于化学或数学而不是神学。海德格尔说：

> 按字面理解，神之学就是关于神的科学。但绝不是说，神是神学探讨的对象，犹如动物是生物学的课题。神学不是关于神的抽象知识。同样

地，当我们扩大课题，说神学的对象乃是一般的神与一般的人的关系，或反过来说，是人与神的关系，这时，我们也没有切中神学的概念。[①]

在海德格尔看来，无论是神或人与神的关系，只要是摆置出来的对象性的知识，俱不是宗教。宗教的一切概念“必然于自身中蕴含着那种存在领悟，而人类此在本身，只要它终究生存着，就从自身而来具有这种存在领悟”。[②]可见，宗教根本不是一种教条式或仪式性的存在，乃是人的根本生存领悟方式，而且人天生就有这种领悟能力；人，只要是作为质的个人站来起来，从本质上说，他就是宗教的；而慎独之学正是这种生存领悟方式的展现。故慎独之学决不只是人伦道德之学，乃是天人之学，但亦不是人与天之一般关系之解析之学，乃是在慎独存养工夫中“人”如何走向“天”之学；慎独教育也不是一般的人伦道德劝诫，而是“学达性天”之教育。本文淬砺先哲之言，师法往圣之道，其归结即在此矣。

（本文部分内容发表于《哲学探索》2022 年第 2 期）

① 海德格尔：《现象学与神学》，见孙周兴选编：《海德格尔选集》，上海三联书店 1996 年版，第 744 页。

② 同上书，第 748 页。

论王船山“观解的形上学”体系及其对儒学宗教性的消解

一、由“启蒙”说引入船山哲学之讨论

王船山构建了繁复的儒家哲学思想体系。对于这样的一个哲学体系，我们究竟应该如何评价？船山曾自诩“六经责我开生面”。生者，贯注生气于儒学以开其新局也。但“新”在何处？其中一个最代表性的观点是，船山哲学乃是十七世纪中国早期启蒙思想的杰出代表之一。侯外庐先生首倡其说，后来萧萐父、陈祖武、章启辉诸先生皆相继呼而应之。依早期启蒙说者之理解，所谓十七世纪中国的早期启蒙思想，乃针对宋明理学重天理而轻人欲的宗教性祈向而言的。盖因这一时期的思想家俱有以“气”论为基底的唯物主义倾向，因而他们的思想乃“‘经世致用’之学或实际实物实效之学，是中古绝欲思想的对立物，是进步的资产阶级先辈的先进思想”。[①]原夫早期启蒙说之鼓吹者之意，盖认为宗教是绝欲且蒙昧的，这种宗教的代表就是宋明理学，而船山等十七世

① 侯外庐：《中国早期启蒙思想史》，人民出版社1956年版，第33页。

纪中国思想家俱反对这种学说，而强调人之自然人性的解放与自由，故谓之启蒙。但我们要指出的是，宗教一定是绝欲且蒙昧的吗？只要对宗教稍有认知的人，都不会得出这样的结论。同时，十七世纪中国思想家俱反宋明理学吗？至少在船山主观意识里，他并不反作为理学集大成者的朱子，而只反心学中的代表人物陆象山、王阳明及其后学。可见，早期启蒙说所默许的前提其实都是不存在的，故以“早期启蒙”来描述船山哲学之“新”，显然是风马牛不相及的。基于此，更多的学者认为，船山哲学依然是宋明理学之余绪，尽管他时而辟朱子及其后学之谬，时而斥象山阳明之妄，但这都不过是为了“阐天人性命之旨，别理学真伪之微”。[①] 因此，陈来先生认为，“不管我们如何界定和把握清初和清前期这些思想的动向和意义，首先应当肯定他们的哲学问题意识或哲学思考的范式仍来自理学，他们的思想都仍然是儒学的立场……他们共同的文化关怀是一扫晚明的文化混乱，而致力于儒学‘正统的重建’”。[②] 张立文、周炽成等先生俱呼应这种观点。由此可知，船山自言的所谓“新”，乃主要针对象山、阳明及其后学而言，非针对整个宋明理学，尤非针对横渠与朱子（《清史稿》本传谓船山哲学“力辟致良知之说，以羽翼朱子。于张子《正蒙》一书，尤有神契”。），更非针对先秦原始也。以陈来先生的话说，其所谓“新”，盖欲以“实践化的儒学”来扭转“空疏化的儒学”也。总括说之，船山哲学之“新”盖有三：

其一，以实在论为基底，建构外在“观解的形上学”。

其二，以“气”为中心建构儒学的天人性命体系。

在此二者的基础上，必然会滋生最重要的第三点：消解宋明理学乃至整个孔孟传统中的宗教性。

对儒学宗教性的消解，可能是船山未能深致措意的，但其影响却是巨大的，即船山本欲回到孔孟传统之古典义，而事实上却把神圣的孔孟传统下滑为

---

① 《船山全书》第十六册，岳麓书社 1996 年版，第 88 页。

② 陈来：《诠释与重建——王船山的哲学精神》，北京大学出版社 2004 年版，第 15—16 页。

纯粹的事务主义。从这个意义上讲，早期启蒙论者说船山哲学重“经世致用”是有根据的。但“经世致用”本为儒学之胜义，且“经世致用”不必套在宗教—人欲二元对峙而以人欲为目的的所谓启蒙的立场上讲。

启蒙，并非从宗教—人欲之外在对峙看，而必须切就人内在的理性来看。一旦如此，则宗教与人欲皆可肯定。什么是启蒙？康德有一个经典的回答：

> 启蒙运动就是人类脱离自己所加之于自己的不成熟状态。不成熟状态就是不经别人的引导，就对运用自己的理性无能为力。①

启蒙在在只与是否善于运用自己的理性相关，而与宗教—人欲二元对峙无关。如实说来，只有善于运用自己的理性，贯通宗教与人及事，这才是真正的启蒙。因此，在康德那里，随着理性不断的启蒙与开发，必然会集道德、事功于一身，且最后必然会导致宗教。所以，启蒙所完成的并不是人的感性生命的解放，而是合道德、事功、宗教于一的哲学模型。这个哲学模型，其实就是内圣外王之学，真正的启蒙与儒家的内圣外王之学是合辙的。儒学之经世致用，就是在宗教性之场域中关怀人之欲求与事之成就，故虽重事务与脉络，但决不是纯粹的事务主义，而是内圣的发用与落实。

船山哲学中的理性乃是外在的观解的知识理性，其作用是现象世界中脉络化的“知几审位”，决不向宗教性的本体飞迁会归，故无内圣可言，只有寡头的外王，也就是纯粹的事务主义。因此，船山哲学决无启蒙意识，又因内圣之缺如，使得船山哲学从孔孟宗教传统中歧异而出，下滑为纯粹的经验主义。虽然船山也雅言天、理、心、性等概念，但全在一层的、平面的气化之流中讲，故船山浑道德于事务中，乃至以事务之成就自身为道德。这样来讲道德，必然

---

① 《答复这个问题：“什么是启蒙运动？”》，康德：《历史理性批判文集》，何兆武译，商务印书馆 1997 年，第 22 页。

开不出超越本体，进而接不上宗教。内圣外王，乃是由内圣而至于外王，非如船山那样，消解内圣而只有外王。一个圆满的哲学体系，内圣必须是首出而在先的，正是在这个意义上，康德说："我们自古以来也一直都把哲学家这个名称同时理解为、并且首先理解为道德学家。"[①] 哲学家首先理解为道德学家，意味着哲学必须以道德宗教来收摄事功，但此时的道德决不可在脉络化的"知几审位"中讲，而必须开辟超越本体另讲，但船山哲学于此并未做到。正因为如此，牟宗三认为船山"不是好的哲学家"。[②]

一个圆满的哲学体系，必须以理性为奠基，同时兼具道德、事功与宗教这三个维度。太史公曰："究天人之际，通古今之变，成一家之言。"(《报任安书》) 所谓"究天人之际，通古今之变"，就是在道德与宗教通贯的场域中，依据现实之"几"与"位"而成就事功。学问能至此，虽说是"一家之言"，实则是圆满的哲学体系也，康德谓之哲学原型，因其为人的理性所开发出者。船山哲学虽亦讲天人，却只是在脉络化的"几"与"位"中基于气之流行中讲，这种方式只适合讲外在事功，并不适合讲道德，尤与宗教隔膜。因此，船山哲学虽然被诸多学者誉为宋明理学之余绪，实则并无绍述之功，更别说开其生面了，乃至根本窒息孔孟传统。尽管这些后果并非船山有意为之，也不是船山想要的，但船山外在的"观解的形上学"必然会导致这种后果，这可能是船山自己所未曾逆料的。船山本欲重建儒学，却未曾想到从儒学中歧异而出。这样看来，即便是陈来、张立文、周炽成等先生的结论，依然须重新看待。船山哲学就其自身之体系而言，固不失为一伟构，但若方之于宋明理学，乃至整个孔孟传统之中，则颇为暗淡无光。这不是船山哲学体系内部细节之计较问题，而是整个哲学体系性格之判教问题。要明白个中之关键，当须先明白儒学作为圆满的哲学体系之基本性格。

---

① 康德：《纯粹理性批判》，邓晓芒译，人民出版社 2004 年版，第 634 页。
② 牟宗三：《生命的学问》，台湾三民书局 1997 年版，第 178 页。

二、儒学作为圆满的哲学体系与“体证的形上学”

前文讲过，一个圆满的哲学体系，必须奠基在理性之基础上，融道德、事功、宗教于一身。那么，儒学是否完成了这样一个圆满的哲学体系？准确地说，儒学发展至于孔子、孟子已彻底臻至于圆满的哲学体系。限于篇幅，这里只能作简单的缕述。

简单地说，一个圆满的哲学体系，就是一个“究天人之际”的体系。这意味着，一个圆满的哲学体系，必须有人之维度，亦必须有天的维度，二者是相互贯通而影响的。中国文化一开始即往天人贯通这个方向趋，其间大概经历了三个阶段，《国语·楚语下》中观射父有所描述：

第一阶段，民神不杂。此时并非天人阻隔，而是有巫、觋降神，祝、宗掌祭祀，五官掌民事，是谓民神异业。尽管一般的民众不预神事，但因为他们把神事托付给了巫觋、祝宗，也算是贯通了神灵。这种人事与神事的贯通，其结果就是：“于是乎有天地神民类物之官，是谓五官，各司其序，不相乱也。民是以能有忠信，神是以能有明德，民神异业，敬而不渎，故神降之嘉生，民以物享，祸灾不至，求用不匮。”

第二阶段，民神杂糅。这个阶段大概一般的民众不再把神事托付给巫觋、祝宗，而是亲预其间，所谓“家有巫史”。这一阶段神事、民事混杂，本来是希望人事与神事之交通更为直接，但其结果是，不再像前一阶段那么有序了，故观射父让之曰“烝享无度，民神同位。民渎斋盟，无有严威。神狎民则，不蠲其为”。

第三阶段，绝地天通。按照观射父的看法，这一阶段乃是对第二阶段的拨乱反正而对第一阶段的回归。所谓“乃命南正重司天以属神，命火正黎司地以属民，使复旧常，无相侵渎，是谓绝地天通”。但“绝地天通”并非是想切断人事与神事的交通，而是改变其交通模式，即由原来的“神→人”模式，变为“神→重→黎→人”。作为交通中介的“重”与“黎”既掌握神事，也掌握政事，这样，政治与宗教合流，或者说，政治归属于了宗教。这种宗教与政治的合流，且以宗教来统摄引导政治，对于政治本是极好的事，因为这使得政治处在软化的风教之中，从而避免了政治的暴力宰制。但在实际操作中，其情况可能正好相反，不是宗教去引导政治，反而是政治以宗教的名义去寻求专制与独占，人事与神事由此而俱坏。

这三个阶段虽然都是在天人之际，而欲构造一个天人贯通的哲学体系，但因俱是奠基在外在之仪式的基础上，而不是奠基在人之理性的开发上，故还属于原始巫术性的文化体系。真正把这样的一个原始巫术性的文化体系转化为一个圆满的哲学体系的，中经周公之制礼作乐，最后由孔子来完成。孔子之所以能够完成这一任务，乃是孔子于人的生命中找到一个动力源——仁，作为贯通人事与神事的媒介。什么是仁？一言以蔽之，仁是每个人所固有的且可通达于“天”的内在力量。孔子的这一发现是惊天动地的，这意味着人事与神事的交通在每个人的生命中即可完成，而不需要巫师或礼乐。仁乃是人人所固有的理性力量，由此，原始巫术性的文化体系才真正转化为了圆满的哲学体系。尔后，子思进一步由“天命之谓性”(《中庸》)这种上行路线从上至下讲天与人的贯通，孟子则进一步由“尽心、知性而知天”(《孟子·尽心上》)这种下行路线从下而上讲人与天之契合。至此，儒学不但彻底完成了其天人贯通之圆满哲学体系，且对其所奠基的理性力量进行了进一步的探索。探索的结果就是：孟子的“四端之心”(简称“心”)为这圆满的哲学体系进行了奠基，是为人之大体。心这个大体，固属于人，然亦可直通于天，故既可敦化人事，亦可感应天德。因此，儒学作为一种圆满的哲学体系，虽奠基于心这个理性力量之上，但这决不意味着，儒学只是涉及人事，而不预于神事，故儒学有其不可抹杀的宗教性。

秦汉以降，儒学虽然也讲天人贯通，但多是基于外在的祯祥、灾异之感应以为说，而不是开发内在的理性力量，存养心之大体，因而从这种圆满的哲学体系歧出了，儒学之宗教性反而减杀。迨至宋明，儒者为了应对佛老之言

“无”、言“空”之挑战，重建儒学之宗教性，故盛言“理”、言“道”，是以谓之理学或道学。宋明儒者多雅言“理”与“道”，而少言“天”，在客观上给人以这种印象，好像理学或道学只是一种世俗之学问，并无宗教性，特别是朱子讲《大学》之“格物致知”时，尤会给人以这种印象。实则，宋明儒者所言之“理”或“道”俱不是脉络化中的事之“理”或“道”，而是作为超越之本体的“理”或“道”，其内涵与“天”并无区别，唯其名殊异耳，以牟宗三之言说之，乃“即活动即存有”[①]之本体。这样，雅言“理”与“道”，而少言“天”，使儒学成为一种可学而能的学问而普及世人，这是宋明儒者对抗佛老而重建儒学宗教性的良苦用心。由此，使宗教由佛老的庙宇形态“转型为向所有追寻生命意义的个人开放的哲学版本”，[②]进而肯定世间的人伦与事功。但这人伦与事功又不是寡头的事务主义，因是基于超越之体的发用，故有其神圣性与庄严性，是以生命之意义并不是寡头的人伦与事功，乃是神圣超越之体妙运下的人伦与事功。故宋明理学虽是哲学体系，然却不失其宗教性。

这样看来，宋明理学家并不是不要人伦与事功，他们所在意的乃是神圣超越之体妙运下的人伦与事功，不然，人伦与事功仅仅成为一经验事实，而不是一宗教义务。既为一经验事实，则可为可不为，因其无绝对之价值也；唯宗教义务，则为“大行不加，穷居不损”之“分定”(《孟子·尽心上》)。因此，对于宋明理学家而言，贯通天人，存养震拔人之心性大体，以润泽人伦，妙运事功，为首要工夫。存养震拔人之心性大体，其本质工夫是向内的逆觉体证之路，而不是向外的格物致知之路，格物致知至多是助缘工夫，而不是本质工夫。故理学所雅言的心、性、天、理等可谓于道德践履中的“体证的形上学”(牟宗三名之曰“道德的形上学”，亦可。)，而不是格物致知中“观解的形上学”。正因为如此，理学家多雅言“慎独”、“持敬”、“主静”等。如，游定夫

---

① 牟宗三:《心体与性体》上，上海古籍出版社1999年版，第81页。

② 余英时:《论天人之际——中国古代思想起源试探》，台湾联经出版事业股份有限公司2014年版，第133页。

曰："知莫见乎隐、莫显乎微，而不能慎独，是自欺也，其离道远矣。"(《性理大全书》卷四十五《学五》) 朱子曰："学者须虚心涵泳，未要生说，却且就日用间实下持敬工夫，求取放心。"(《性理大全书》卷四十四《学二》) 真西山曰："周子'主静'之言，程子'主一'之训，皆其为人最切者，而子朱子又丁宁反复之。"(《性理大全书》卷四十五《学五》) 以上理学家之言，都是让我们去体证心、性、天、理等形上本体。这些形上本体，就其存有而言，是虚灵的、无对的；就其活动而言，是神用的、妙运的。正因本体之虚灵妙运、神感神应，现象世界才浸润在神圣本体之中，进而有绝对的价值与意义可言。不然，现象世界即为胶固板结的纯物质体，乍生乍灭，佛教名之曰"幻化"，不亦然乎？因此，儒学作为一种圆满的哲学体系，这一步本体的体证是必须有的，决不是船山所批评的如佛教般视现实世界为幻化而陷入本体之空寂。

"体证的形上学"为直立之纵贯体系，现象世界为平面之横摄体系。一个圆满的哲学体系必须二者兼具，若偏废其一，则或陷入空疏之学，或堕于事务主义，俱非正道也。虽然如此，但又须明白，纵贯体系是体，横摄体系只是用，故纵贯体系必须为首出之主脑。宋明理学作为圆满的哲学体系，至少形式上并未有所偏废，然理学家每每以纵贯体系为首出之主脑，故理学给人之印象似乎偏重本体之体证，是以有空疏之诟病。理学绍明先秦孔孟传统，而欲光大这一圆满哲学体系，故理学决非空疏之学。当然，理学发展至于阳明后学确有空疏之病，然此为人病，非法病也。

船山处明清之交，亲历明亡之痛。痛定思痛，遂把祸端直指阳明及其后学，谓王学与象山之学一样，皆为亡国之罪魁祸首。"王氏之学，一传而谓王畿，再传而为李贽，无忌惮之教立，而廉耻丧，盗贼兴，中国沦没。……陆子静出而蒙古兴，其流祸一也。"[①] 有见于此，船山遂以平面的现象世界为基底，构建了一个"观解的形上学"体系，而直接拉掉了纵贯体系的"体证的形上

---

① 王船山：《张子正蒙注》，见《船山全书》第十二册，岳麓书社 1996 年版，第 371 页。

学”。这样的一个哲学体系，“扫除了中国以往喜将自然现象合人文现象挂搭在一起的玄学解释”[①]，契合西方传入的“质测之学”，停驻在经验世界而获得其知识性的解析，这无疑是有意义的。大部分的船山研究者也是基于这种立场。但是，若我们站在圆满的哲学体系看，船山的哲学体系却存在明显的缺陷，因为他总是在“观解的形上学”中谈论天、理、性、心等，而这些恰恰只能在“体证的形上学”中去谈论的。由此，船山哲学消解儒学之宗教性是必然的。

三、船山的生命形态及其于“体证的形上学”之隔膜

形而上学，盖有两条路径去接近它，其一曰观解，其一曰体证。这种区分在《老子》那里有明确的体现：“为学日益，为道日损。”(《老子》第四十八章)“为学日益”成就“观解的形上学”，“为道日损”成就“体证的形上学”。儒学中的天、理、心、性等，俱属“体证的形上学”，只能依靠体证之路数进入，故“夫子之文章，可得而闻也；夫子之言性与天道，不可得而闻也”(《论语·公冶长》)。“性与天道”，只可体证，焉能听闻。所谓体证，乃是人从现象世界收缩回来直接与超越本体契合贯通而成为生命之主宰，进而获得证验、愉悦和崇高感。儒者于此，多有体会。如，杨慈湖曰：“一日觉之，此心无体，清明无际，本与天地同，范围无内外，发育无疆界。”(杨简：《慈湖遗书》卷二)又，罗念庵曰：“当极静时，恍然若觉吾此心中虚无物，旁通无穷，有如长空云气流行，无有止极。有如大海鱼龙变化，往古来今，浑成一片。”(《明儒学案》卷十八)体证，意味着人之大体之存养、凝聚与感应。若欲贯通超越本体，儒道释俱须有这般工夫。若以为这是佛老独有之工夫，则于体证必有所不足。故王阳明曰：“圣人与天地民物同体，儒、佛、老、庄皆吾之用，是之谓大道。”(《王阳明全集》卷二十三《传习录拾遗》)体证本为儒学固有之工夫，

① 林安梧：《王船山人性史哲学之研究》，东大图书公司1991年版，第11页。

是以王龙溪曰：

> 吾儒未尝不说虚，不说寂，不说微，不说密，此是千圣相传之秘藏，从此悟入，乃是范围三教之宗。自圣学不明，后儒反将千圣精义让与佛氏，才涉空寂，便以为异学，不肯承当。不知佛氏所说，本是吾儒大路，反欲借路而入，亦可哀也。(《龙溪王先生全集》卷一)

虚、寂、微、密俱为儒学的本质工夫，所谓“圣人以此洗心，退藏于密”(《易传·系辞上》)。可见，虚、寂、微、密乃体证形上本体所必不可少者。张横渠称此种工夫为德性之知，杜维明先生称之为体知。这种体证虽然不萌于闻见，但“若于此际窥消息，宇宙全收一体春”(《刘宗周全集·文编下·静坐四首》)。所谓“春”就是万物生机盎然，性德圆满。人之生命若于此种工夫接得上，自然悠然心会，如“碧水润幽石，青玉涵秋月”般清澈通透，但若人之生命于此种工夫根本接不上，则必以为是虚玄之密语，无根之迷信。

但船山之生命形态于“体证的形上学”恰恰接不上。这种“接不上”，在他的文章中随处可见：

> 语学而有云秘传密语者，不必更问而即知其为邪说。“夫子之言性与天道，不可得而闻”，待可教而后教耳。……密室传心之法，乃玄、禅两家自欺欺人事，学者未能简别所闻之邪正且于此分晓，早已除一分邪，惑矣。王龙溪、钱绪山天泉传道一事，乃摹仿慧能、神秀而为之，其“无善无恶”四句，即“身是菩提树”四句转语。附耳相师，天下繁有其徒，学者当远之。①

① 王船山：《俟解》，见《船山全书》第十二册，岳麓书社 1996 年版，第 488 页。

依船山之意，子贡之所以没有听到孔子“性与天道”之说，乃在孔子认为，子贡并不是一个适合讲这个东西的人，故不说与之听也。其意仅此，别无深意，是以他的《读四书大全说》对于这一句未置一辞。实则此句自有大义，并非如船山所言如此之简单。朱子辑录之《论语精义》与胡广辑录之《四书大全》汇集了诸多学者的解释，其大义不出下面两条：

> 伊川曰：“性与天道不可得而闻，要在默而识之也。”（《论语精义》卷第三上）
>
> 西山真氏曰：“若性与天道，则渊奥精微，未可遽与学者言，恐其亿度料想，驰心玄妙，反躐等而无所益，故罕言之。”（《论语集注大全》卷五）

“性与天道”，并非完全不能在言说中拟议，故子思与孟子都有所言说，但孔子以为，言说之于“性与天道”这种超越本体，非本质之相关者，依自家生命逆觉体证才是本质之相关者，故孔子不常说。在此，孔子暗示了一条工夫体证之路，生命相应，涵泳笃实者定必有所得。故张南轩曰：“性与天道，则非闻见之所可及，其惟潜泳积习之久而有以自得之。”（《张栻集·南轩先生论语解》卷第三）可惜的是，船山之生命于此根本不相应，故于体证形上本体近乎茫然。于是，以为阳明四句教之首句“无善无恶心之体”乃模仿拟议慧能神秀之言，附耳相师之论。实则，对于心或性这样的形上本体而言，的确不可以加之以善恶修饰。故胡五峰曰：“性也者，天地鬼神之奥，善不足以言之，况恶乎？”并引其父胡文定之言曰：“孟子道性善云者，叹美之辞也，不与恶对。”（《胡宏集》附录一）孟子固言性善，但并非对性这个奥体之限定词，而是一叹美之辞。“无善无恶”只是一遮拨语，意谓无辞可用于性之上，此非告子性无善无恶之中性义。告子之无善无恶乃就材质之性而言，而阳明之无善无恶乃就形上本体之性，意味着本体至善而不与恶对的寂照与明觉。所有这一切，俱为

“体证的形上学”之特性，儒家如此，佛老亦莫能外。儒道释之分，不在“体证的形上学”上，而是在形上本体之发用上，盖儒学由形上本体而肯定现象世界为实，而佛老则多视之为虚。但船山因形上之体证不足，甚至其生命精神根本不往形上体证之路上走，故于形上之体证语总是不能入。因此，“竖指摇拂，目击道存”[①]，这些体证形上本体之言，所谓“一言之悟，俄顷之化”[②]都是船山所不能了解的。

须知，“一言之悟，俄顷之化”不是针对闻见之知而言，乃对本体之体证而言，人之精神常有这样的开拓与顿悟，此即是孔子所说的“上达”。《论语·宪问》有孔子之言曰：“下学而上达，知我者，其天乎！”此表示孔子通过下学工夫进而体证到天命之庄严。此处之“下学”须两解：若乃横摄的闻见之知，则此义“下学”之于“上达”只是助缘工夫；若要“上达”，须依赖另一义之“下学”，即纵向的慎独存养，乃至于最后圆满体证，是为“上达”。总之，“上达”之本质工夫是纵向的慎独存养，横摄的闻见之知于“上达”乃是异质的飞迁，这里面有精神瞬须之转换与顿悟，但船山于此亦不能解，因为在他那里并没有纵向的“上达”，其“上达”只是横摄之“下学”之自然延长，而至事理之明澈。他说：

> 只下学处有圣功在，到上达却用力不得。故朱子云“下学而不能上达者，只缘下学得不是当”。此说最分明。乃朱子抑有“忽然上达”之语，则愚所未安。若立个时节因缘，作迷悟关头，则已入释氏窠臼。朱子于《大学》补传，亦云“一旦豁然贯通焉”，“一旦”二字亦下得骤。想朱子生平，或有此一日，要未可以为据也。
>
> ……
>
> “忽然上达”，既与下学打作两片，上达以后，便可一切无事，正释氏

① 王船山：《思问录内篇》，见《船山全书》第十二册，岳麓书社1996年版，第424页。
② 王船山：《周易内传》，见《船山全书》第一册，岳麓书社1996年版，第427页。

"砖子敲门，门忽开而砖无用"之旨。释氏以顿灭为悟，故其教有然者。圣人"反己自修"而"与天为一"，步步是实，盈科而进，岂其然哉！故曰天积众阳以自刚，天之不已，圣人之纯也。"发愤忘食，乐以忘忧，不知老之将至"，圣人之上达，不得一旦忽然也，明矣。[①]

其实，朱子的意思是很清楚的，《大学》所说的"格物"乃是指横摄的闻见，但"致知"却不是指获得闻见之知识，而是体证形上本体，这是异质的飞迁与顿悟，因此，朱子有"一旦豁然贯通"之说。能不能"豁然贯通"的确为迷误关头。但因船山那里完全没有纵向的异质的本体体证，而只有横摄的知识的延伸，故他以为这是一个自然的积累过程，并不存在所谓"一旦"、"忽然上达"之论。不然，就把"下学"与"上达"打作两片。前面说过，"下学"与"上达"本是异质的，本来就是两片，但因为船山没有纵向的本体体证一路，故他只有一片。船山站在平面的知识论的立场上，因之对朱子此处的解释不满，且引孔子"发愤忘食，乐以忘忧，不知老之将至"，证明并无所谓的"一旦"、"忽然上达"。其实，船山的这些批评与引证之于"体证的形上学"俱是不相干的。

"上达"，其本质工夫是"慎独"，即存养心之大体而直通于天。但船山不在这个纵向直通上理解慎独，而是在横向闻见上来理解，以为只不过是事为中的加谨工夫。他说：

慎独者，君子加谨之功，善后以保其诚尔。后之学者，于心知无功，始专恃慎独为至要，遏之而不胜遏，危矣。即遏之已密，但还其虚，虚又受邪之壑，前者扑而后者熹矣。泰州之徒，无能期月守者，不亦宜乎！[②]

---

① 王船山：《读四书大全说》，见《船山全书》第六册，岳麓书社 1996 年版，第 811—812 页。
② 王船山：《思问录内篇》，见《船山全书》第十二册，岳麓书社 1996 年版，第 412 页。

这样，船山把纵向的体证形上本体之慎独工夫拉到横向的事为上讲。由此，慎独就不是通达于天，乃是事为中的仔细、诚恳、专一，所谓“慎密详谨”[①]也。又，船山之论“敬”曰：

> “主一之谓敬”，非执一也；“无适之谓一”，非绝物也。肝魂、肺魄、脾意、肾志、心神，不分而各营。心气交辅，帅气充体，尽形神而恭端，以至于有所事；敬，一之实也。[②]

本来，“主一”就是停驻在心之大体中而不外驰，故刘宗周曰：“主一之谓敬，心本有主，主还其主，便是主一。”(《明儒学案》卷六十二《蕺山学案》)但船山把“敬”也移置于事为之中，“一之实”，即专一于实理实事之中。

这样，船山的生命精神完全停驻在平面的、横向的现象世界，而完全阻断了纵向的上达之路。所谓“‘见性’二字，在圣人分上，当不得十分紧要。……若圣贤学问，则只一个‘无不敬’、‘安所止’，就此现前之人伦物理”。[③]船山所说的“见性”中的“性”并非纵向的“体证的形上学”，而是横向的“观解的形上学”。但即使这个意义上的形上学，船山以为圣人于此并不十分措意，其在意的只是现前的人伦物理。但船山的哲学体系中还是十分措意“观解的形上学”，因为他希望由此阻断“体证的形上学”。船山曰：

> 形而上者，非无形之谓。既有形矣，有形而后有形而上。无形之上，亘古今，通万变，穷天穷地，穷人穷物，皆所未有者也。[④]

船山这里的意思是，形上学，只有有形的“观解的形上学”，而没有无形

① 王船山：《读四书大全说》，见《船山全书》第六册，岳麓书社1996年版，第411页。
② 王船山：《思问录内篇》，见《船山全书》第十二册，岳麓书社1996年版，第408页。
③ 王船山：《读四书大全说》，见《船山全书》第六册，岳麓书社1996年版，第732页。
④ 王船山：《周易外传》，见《船山全书》第一册，岳麓书社1996年版，第1028页。

的“体证的形上学”。

船山这样的哲学体系，主观上是为了抵抗佛老，强调人伦物理，于虚玄空谈中灌注事功精神。无论船山哲学事实上的功绩如何，但作为一种哲学体系，只有“观解的形上学”而无“体证的形上学”，却是极有缺陷的。因为一个圆满的哲学体系必须兼及本体界与现象界，“体证的形上学”成就本体界，“观解的形上学”成就现象界，二者并建，才使得哲学体系既具有人间性，又不失其宗教性。因此，依据“一心开二门”的间架，证成本体界与现象界的超越的区分，应是普遍遵循的哲学方法。儒学正是依据这种方法，执行着人间性与宗教性双向并建的功能，而与佛老鼎足而三。不然，儒学仅为知识之学，如何对抗佛老？但船山阻断了“体证的形上学”后，使得儒学萎缩为纯粹的机理事功之学，事功性固凸显，但儒学由此成为了少数能者知几审位之学，而不是庸众天人性命之教。

四、船山“观解的形上学”及其概念体系

所谓“观解的形上学”，乃以经验实在论为基底，向后追索解析而成之形上学。“观解的形上学”，如西方柏拉图、亚里士多德之所成者，“俱不是真实形上学之本源的义蕴，只不过是顺关于对象的若干知识或观察而来的些猜测性的知解或形式的推证。”① 真实的形上学必须依心之大体，在“一心开二门”的间架中成就本体界与现象界。尽管“观解的形上学”亦可开本体界，但其本体界乃是关切着现象界向后追索而勒成的，并非由心之大体体证而成者，故“观解的形上学”只有知识论的意义，并没有神圣的道德与宗教意义。牟宗三所说的“真实形上学之本源的义蕴”，正是在后者的意义上讲的。船山的形上学就属于典型的“观解的形上学”。这从他对《中庸》中“道”之诠释即可略见一斑：

---

① 牟宗三:《五十自述》，台湾鹅湖出版社 1989 年版，第 110 页。

道之隐者，非无在也，如何遥空索去？形而上者隐也，形而下者显也。才说个形而上，早已有一“形”字为可按之迹、可指求之主名，就者（这）上面穷将去，虽深求而亦无不可。唯一概丢抹下者形，笼统向那没边际处去搜索，如释氏之七处征心，全不依物理推测将去，方是索隐。①

“道”虽是形而上者，隐而不见，但能就可见之形而下者按其迹，求其名。船山强调，“道”必须在有形之现实世界中穷索，不可向没边际处搜索，并且责难《楞严经》之“七处征心”说，因其全不依物理推测也。

这样看来，在船山的哲学体系中，必先以可见之形器概念为首出，复于形器之后见一大用之流行，此一大用之流行，即船山之所谓“道”。正如唐君毅先生所说：“此用之流行，在一历程中、一道路中。故吾人当由肯定任一个体事物之为真实，转而肯定此用之流行中所显示之一道之为真实。”② 显而易见的是，船山哲学中虽然亦雅言道、天、性、心等形上本体，但都是基于形器世界而向后追索出来的。

船山之所以能同情地理解朱子，而深责象山、阳明为空疏、狂禅，乃因为象山与阳明皆是走“体证的形上学”之路而直证超越本体，直接绕开了对现象世界的追索与解析。而朱子因强调格物致知，牵连着现象世界，此种方法正船山所乐道者。朱子曾曰：

人物在天地间，其生生不穷者，固理也；其聚而生，散而死者，则气也。有是理，则有是气。气聚于此，则其理亦命于此。今所谓气者，既已化而无有矣，则所谓理者抑于何而寓耶？……此等处，但就实事上推之，反复玩味，自见意味真实深长。（《晦庵集》卷五十一《答吴伯丰》）

---

① 王船山：《读四书大全说》，见《船山全书》第六册，岳麓书社1996年版，第490页。
② 唐君毅：《中国哲学原论——原教篇》，中国社会科学出版社2005年版，第337页。

朱子在此所说的亦是“理气不离”、“理在气中”之意，但朱子这里所说的“理”与船山所说的“道”不同。朱子的“理”有超越义，而船山之“道”并无超越义。故朱子虽强调在“实事上推之，反复玩味”，但却不能黏合实事而不离，故其后又曰：“推说太多，恐反成汩没也。”这就意味着穷理最终依然应向超越处飞迁，只不过，这个超越之理只有形式义而没有活动义，即牟宗三所说的“存有而不活动”之理。这样的“理”，正如西方哲学中理神论中的上帝一样，我们综观现象世界，在“道理”上必须有一个上帝作为其开端，不然，则现象世界不可理解。但这样的上帝只可构造之，却不能直觉之。也就是说，这样的上帝只是形式地构造出，但事实上有无这样的存在，我们无法直觉地证实之。由此可见，朱子哲学亦是“观解的形上学”，故其所说之超越的理只有形式义，并无实体活动义。这种只有形式义而无活动义之超越的理，只是轨约现象世界的超越之律则。朱子始终强调牵连着现象世界而格物致知，追索观解，而不能正视逆觉体证，是以走的是“道问学”之路，而不能同情地理解象山的“尊德性”之路，乃至攻其为简易、禅，实则朱子自己支离而不自知也。何谓支离？支于旁道，而离于孔孟之宗教传统也。故牟宗三判朱子乃“别子为宗”，非无故也。

朱子固牵连于现象世界推之而成“观解的形上学”，但其形上学依然是超越的。然而，船山的“观解的形上学”却不是超越的，而是实在论的。尽管船山与朱子的思维方式很接近。

> 夫知之方有二，二者相济也，而抑各有所从。博取之象数，远证之古今，以求尽乎理，所谓格物也。虚以生其明，思以穷其隐，所谓致知也。非致知，则物无所裁而玩物以丧志；非格物，则知非所用而荡智以入邪。二者相济，则不容不各致焉。①

① 王船山：《尚书引义》，见《船山全书》第二册，岳麓书社1996年版，第312—313页。

在船山看来，知之方法只有两步：首先，紧切于经验世界，或博取物之象数，或证之于历史事件，获得感性认知，此即是格物；其次，在感性之格物的基础上，再脱离感性之个别性，思索其后隐藏之普遍之理，此即是致知。无普遍之理的致知，仅停留于个别性中，我们对经验世界是不能有所裁成的；但若不紧切于经验世界而致知，则会入于邪道。只有二者相辅相成，物才得其理，而理亦不蹈空而虚妄。除此以外，船山概不承认还有什么“知”。这样，船山的“知”虽然也讲普遍之理，但他所说的“理”是内在于经验世界之中的，乃形式义而非形上义。如，“人是理性的动物”，这个普遍之“理”就只有形式义而没有形上义。船山格物致知所得之“理”俱是这个意义上的“理”。

但朱子所说的“理”却不与船山所说之“理”为同一意义，朱子所说的“理”乃“使人之成为理性的动物者”，即使“人是理性的动物”这个普遍之“理”成为现实者，故朱子所说之“理”之于经验世界，乃为超越者。因此，朱子与船山虽俱由格物以致知，但又有根本之不同，朱子之“理”虽是“观解的形上学”，但朱子言超越之理较纯净，不与气相混杂。船山之“理”严格来说不能算是“观解的形上学”，只能算是“观解的形式之理”，但因船山对此并无自觉，因而总是上升而去讲那超越的“天”、“道”、“性”等形上本体，故又可云“观解的形上学”。又由于船山脱离不了紧切于经验世界“观解”之理路，故他虽讲“天”、“道”、“性”等形上本体，却不及朱子纯净，而与气相混杂。故在工夫上，朱子尽管讲格物致知，但也从外物中收缩回来而讲养心、主静、慎独，而船山则多紧切于现象世界而讲“知几审位”。因此，船山之“观解的形上学”只是解析现象世界的理型或律则，平铺镶嵌在现象世界之中，并无超越性、神圣性与庄严性。一言以蔽之，这样形上学绝对接不上宗教。

我们说船山之“观解的形上学”不及朱子之“观解的形上学”纯净，因朱子不与气混，理是形上者而气是形下者。但船山之“观解的形上学”乃以气为首出之概念，“天”、“道”、“性”均因气而得以解释。船山之所以归宗张载，乃因横渠言“气”、言“絪缊”也，然横渠之“气”、言“絪缊”与船山殊不同，横渠乃以气之絪缊流行指点超越之“道”，非谓气之絪缊流行自身即是“道”。牟宗三于此有特别的指陈，他说：

> 横渠由野马絪缊说太和，说道，显然是描述之指点语，即由宇宙之广生大生，充沛丰盛，而显示道体之创生义。故核实言之，创生之实体是道。而非游气之絪缊即是道也。如此理会方可不至使横渠成为唯气论者。①

横渠固于气化之絪缊流行中说“道”，但这只是凸显道对气之创生及气化行程之规导，“虽可就气化之行程义说道，并非此实然平铺之气化即是道，必须提起来通至其创生义始可”。②故横渠虽在气化之絪缊流行中说“道”，但其“道”依然是纯净的，不与气混。横渠之“太虚”，乃指创生之道的妙用无方、神感神应，“总言之曰‘神’亦可，神以妙用之义定；曰太虚亦可，太虚以‘清通无迹’”。③牟宗三最后说：

> 故凡儒者之思参造化，言天道、言太极、言诚体、言太和、太虚，乃至寂感，皆不过是通澈宇宙之本源，清澈吾人之性体，以明道德创造润身践形所以可能之超越根据，而其实义皆落于“性”中见，亦由性体之主宰义、创生义而贞定之，决不是空头拟议之词，亦不是自然主义、唯气论之由气蒸发也。④

所谓“落于‘性’中见”，意谓创生之道是可在人之道德践履中体证到的，决不是观察现象世界后之空头拟议、分析而得。故横渠之“太虚”，乃是“体证的形上学”，而不是“观解的形上学”，唯以此凸显创生之形上本体之“即存

---

①② 牟宗三：《心体与性体》上，上海古籍出版社1999年版，第377页。

③ 同上书，第381页。

④ 同上书，第382页。

有即活动”而已。

但船山却完全不是在这个意义上来理解横渠之“太虚”与“气”的，他的《张子正蒙注》若从本领处看，根本乃是对横渠的误解，船山不过是借横渠之“气”来演绎自己的“观解的形上学”而已。船山何以独喜横渠之言“气”？盖船山纵观殊别各异的形器世界，向后追索，拟议分析出尚未成形、希微不可见之气为最后之实在与本体，气之充周絪缊则为“太虚”，所谓“遍太虚中皆气也”[①]。这样，横渠之“太虚神体”被船山解为只是气的变化与作用，本为“体”的太虚，现在只是气之“作用”的描述。因此，船山把这个对形器世界之追索拟议而得出的“气”提起来作为其形上本体，实则物质性的“气”是提不起来的，它无法作为形上本体，“气”与形器世界处在同一水平线，只是“气”在开端处，而形器在结果处而已。但船山并未有此慎思，他依然把“气”提起来，并以此为中心构建其“观解的形上学”体系。“盖言心言性，言天言理，俱必在气上说，若无气处则俱无也。”[②]这就是说，心、性、天、理等俱以气为基质，或者说，气是心、性、天、理之质料，若无气这种质料，心、性、天、理俱不存在。这样一来，船山把这些儒学概念本有的宗教内涵给消解殆尽了。

我们不妨来看看船山“观解的形上学”中天、理、性、心等概念之内涵。

> 天者，固积气者也。[③]
>
> 气不倚于化，元只气，故天即以气言，道即以天之化言，固不得谓离乎气而有天也。[④]

在船山那里，气是第一本体，天与道都是牵连着气而说者。那么，什么是天呢？气之絪缊充周之总体即为天。故天与气没有质的差别，天不过是各种

---

① 王船山：《张子正蒙注》，见《船山全书》第十二册，岳麓书社 1996 年版，第 27 页。
②④ 王船山：《读四书大全说》，见《船山全书》第六册，岳麓书社 1996 年版，第 1109 页。
③ 王船山：《读四书大全说》，见《船山全书》第六册，岳麓书社 1996 年版，第 1110 页。

气之总括。天既是各种气之絪缊充周，则不能不有互相间的作用变化，故曰：“天者，所以张主纲维是气者也。”[①]这里的“张主纲维”是指横摄的气之间的相互作用，而非纵贯之神体的妙用，即天不是静态的气之总体，而是动态的气之絪缊变化。由此可见，天由气之絪缊变化而言，气之絪缊变化虚映出天来，实则并无实体性的天。此则与神体妙用之天不同，神体妙用之天为超越本体，不牵连着气而言，但其作用于气耳。道与天不同，气之絪缊变化的流行历程即为道。天以太虚之气的总体言，道以气之流行变化历程言。

这样，船山在气化之絪缊流行中言“天”与“道”，完全消解了“天”与“道”的道德宗教内涵，而成为了一种实然之气的力量或规律，因此，船山以为不可以“诚”言“天”与“道”。“天地之道，可以在人之诚配，而天地则无不诚，而不可以诚言也。”[②]《中庸》虽言“诚者，天之道也”，但依船山的理解，“诚”乃“以其表里皆实言也”。[③]一言以蔽之，船山以为，天与道可以以“实”言，而不可以以“诚”言。所谓“实”就是作为气之力量或规律有常道而不会出差错，如同荀子所说的“天行有常，不为尧存，不为桀亡”(《荀子·天论》)；所谓“在人之诚配”，就是让人老实认真地对待运用气之力量或规律。这完全是在知识的立场言“天”与“诚”。由此，船山以为，“敬”与“信”这样的道德宗教情感，都不能用在“天”之上。“天不可谓之敬，而其无妄不贰者敬之属。天不可谓之信，而其无妄不爽者信之属。”[④]在船山看来，所谓“敬”与“信”不过是气之力量或规律之无妄不贰或不爽，丝毫无宗教性的意味在里面。

船山之言“理”亦是牵连着气而言。

天下岂别有所谓理，气得其理之谓理也。气原是有理底，尽天地之间

① 王船山：《读四书大全说》，见《船山全书》第六册，岳麓书社 1996 年版，第 991 页。
②③ 同上书，第 560 页。
④ 同上书，第 582 页。

无不是气，即无不是理也。[①]

很显然，船山所言之“理”为气之理，所以他又说：“气以成形，而理即在焉。”[②]“气外更无虚托孤立之理也。”[③]世间本只有气，理只是气的属性或谓词，即理不过是气的条理节文而已，即事物的结构之理。这样，船山就把宋明理学家之超越之理完全消解了，把理下降为气之自然结构，故是内在的、形式的，而非超越的、本体的。原本，宋明理学家所说之理乃形上之超越本体，故曰“天理”，只可体证，所谓“天理二字，却是自家体贴出来”(《二程外书》卷十二)。这个体证出来的“天理”下贯而为人之性，成为一切道德宗教的根基。但船山只从气之自然结构来理解“理”，故极具实在论、经验论之性格，是以他无法理解朱子的“豁然贯通”之讲法，因为朱子是要至于超越之理。船山正是根据事物的结构之理来说道德。

天以二气成五行，人以二殊成五性。温气为仁，肃气为义，昌气为礼，晶气为智，人之气亦无不善也。[④]

这样，原本为天所赋予的仁义礼智之“四端”，被放到气之自然结构中说，即温气之结构与表现为仁，肃气之结构与表现为义，昌气之结构与表现为礼，晶气之结构与表现为智。由此，道德完全成为了现象世界之机理、结构与表现，失去了其超越性与神圣性。船山这样来理解儒家的仁义礼智，不但是对儒家道德之误解，且必须消解儒家道德之宗教般之庄严性。此正如康德所言：“对实践理性的经验论的防范却更为重要和更为值得推荐得多，因为神秘

① 王船山：《读四书大全说》，见《船山全书》第六册，岳麓书社1996年版，第1058页。
② 同上书，第716页。
③④ 同上书，第1052页。

主义毕竟还是与道德法则的纯粹性和崇高性共容的。”[①] 实践理性的经验论就是在“观解的形上学”中论说道德，实践理性的神秘主义就是在“体证的形上学”中论说道德。很显然，在“体证的形上学”中论说道德更能尽道德之本性，但船山不能及此。

我们再来看船山之论“性”。

> 性是二气五行妙合凝结以生底物事。[②]
>
> 性者，有是气以凝是理者也。[③]

太虚之气下降凝结而形成一物，此即是一物之“性”。可见，船山完全是在“生之实然”处论“性”，即性乃气之成形可见。有如此这般之气，即有如此这般之理，气凝结成形，携带此理于形中，此即是性。这样，太虚中的气与人物中的性是同质的，因此，在船山看来，只有一个“性”，即从天命中所来之性。“天命之谓性，命日受则性日生矣。”[④]“性”由禀受太虚中之气而言，外此，别无所谓“性”。

我们知道，宋明理学家基本认可横渠提出的“天命之性”与“气质之性”的二分，孟子言性善乃从人之“天命之性”言，这种性为人人普遍具有且绝对同一，故成为了人之道德实践的超越根据。“气质之性”乃人的材质之性，虽相近但毕竟殊别。孔子所言“性相近”(《论语・阳货》)之性就是指气质之性而言。朱子《论语集注》引程子之言曰：“此言气质之性，非言性之本也。若言其本，则性即是理，理无不善，孟子之言性善是也，何相近之有哉?”“性之本”就是指“天命之性”，乃人之为人之根本所在，孟子言性善正由此也。程

① 康德：《实践理性批判》，见李秋零主编：《康德著作全集》，中国人民大学出版社 2013 年版，第 76 页。

② 王船山：《读四书大全说》，见《船山全书》第六册，岳麓书社 1996 年版，第 395 页。

③ 同上书，第 716 页。

④ 王船山：《尚书引义》，见《船山全书》第二册，岳麓书社 1996 年版，第 301 页。

子在此严分气质之性与天命之性，“相近”只可言气质之性而不可言天命之性，而天命之性则绝对同一。道德正以天命之性为根基，从而确保道德之庄严而纯一，若道德以相近之气质之性为其根基，则道德只是近似，从而失去其庄严与纯一。这是儒家万不可接受的。但因船山由“气”以言性，则船山所说的性实不过是气质之性，并无天命之性。尽管船山说“程子创说个‘气质之性’，殊觉峻嶒”[①]，似乎船山反对气质之性之说，实则船山反对的是气质之性与天命之性之二分，所谓“自人言之，则一人之生，一人之性，而气为天之流行者，初不以人故阻隔，而非复天之有。是气质中之性，依然一本然之性也”。[②]船山的意思是，气质之性亦由天而来，则天与气质之性为同一者，无须二分。船山以为，所谓气质之性就是“性在气质中”，并无在此之外的“气质之性”，而性又是太虚之气，所谓“在气质中”就是凝结成形之意，故所谓“性在气质中”就是气以成形以为性。这样，船山虽然觉得气质之性突兀，但他自己却只把人性只落实在气质之性中，船山所反对与刊落的并非气质之性，而是天命之性。正因为船山讲的是气质之性，故他有“一人有一人之性”之说：

> 理，行乎气之中，而与气为主持分济者也。故质以函气，而气以函理。质以函气，故一人有一人之生；气以函理，一人有一人之性也。[③]

“质以函气”的这个“气”并非太虚中无差别的那个“气”，这个“气”是有差别的，其差别因“理”之不同而见，故“一人有一人之生”，“一人有一人之性也”。那么，太虚中无差别的气怎么成形以后即有差别了呢？船山答曰：盖气化也。“气因于化，则性又以之差，亦不得必于一致，而但可云‘相近’。”[④]无论“相近”到何种程度，人性总是有差别，有的人性善，有的人性

① 王船山：《读四书大全说》，见《船山全书》第六册，岳麓书社1996年版，第857页。
② 同上书，第858页。
③ 同上书，第857—858页。
④ 同上书，第859页。

恶，好像这都不是人所可把握的。船山这里讲的实际上是材质之美丑善恶、知能之贤愚不肖，船山由这种气质之性（或材质之性）而讲道德是大悖孔孟之道的。孔子讲仁，孟子讲性善，乃天所赋予人的绝对的良贵，人人固有且绝对同一，是为人性，道德就是让人之中的这个性或良贵呈现出来并作主，这是人人可能且人人必能的。孔孟固承认人之材质有美丑善恶、知能之贤愚不肖的不同，但他们并不在此讲道德。船山把道德移到材质与知能处讲，实际上就把道德讲成了材质之美丑、知能之高下的不同，由此，道德成为了并非人人可能之行为。船山之所以尊圣人之知能而贱庸众之愚钝，正是船山这样讲道德的必然后果，即只有圣人是道德的，庸众不可能是道德的，这就与人人皆可成圣贤的儒学传统背道而驰了。

最后，我们来看船山之论“心”。

> 原心之所自生，则固为二气五行之精，自然有其良能。①
>
> 心是魂、魄之轻清者合成底。②

魂、魄，船山认可饶双峰的解释：“魂者，气之灵；魄者，血之灵。”（《四书大全·论语集注大全》卷十六）这样看来，无论上面的哪一条，船山都把“心”作为气之良能，不过，不是一般的气，而是轻清之精气。即“心”是精气所发出的作用，故船山曰：“说性便是体，才说心已是用。”③那么，心的作用是什么呢？就是认知外物之理：

> 尽性者，极吾心虚灵不昧之良能，举而与天地万物所从出之理合，而知其大始，则天下之物与我同源，而待我以应而成。④

① 王船山：《读四书大全说》，见《船山全书》第六册，岳麓书社 1996 年版，第 1111 页。
② 同上书，第 848 页。
③ 同上书，第 894 页。
④ 王船山：《张子正蒙注》，见《船山全书》第十二册，岳麓书社 1996 年版，第 144 页。

心与天地万物之理"合"，但这是认知的"合"，这样，与物同源是认知的同源，成物亦是认知的成物，这与儒学传统中心之大体纵贯地创造而妙运地成物不同。前者是认识论的，乃知识的立场；后者是宇宙论的，是宗教的立场。孟子所说的"万物皆备于我矣"(《孟子・尽心上》)，这个"备"是本体论的圆具的"备"，而不是认识论的"备"。但在船山那里却是认识论的"备"，"'万物皆备于我'，万事皆备于心也。"[①] 可见，在船山那里，心只是气之灵，乃一虚灵不昧之空壳，其备万物与众理，皆是认知的"备"。因此，船山极其不满象山及阳明"心即理"的说法，"若夫谓'心一理也'，则其弊将有流入于异端而不觉者，则尤不可以不辩"。[②] 船山的意思是，理之在心是认知的结果，怎么可能心自身直接具有呢？其间的差别端在：象山与阳明承接孟子而来，心乃超越的神圣本体，其自身即具有众理，且其理具道德与宗教的神圣性。但船山承接朱子而来，心乃认知心，心乃横摄地认知外物之理，且船山又差朱子"豁然贯通"凌虚超越之一步，故其理只具有知识的意义。船山虽有"道心"与"人心"之分，这依然不能减其认知之心的意义，唯道心之认知可如理，而人心之认知则未必如理而已。

从以上的分析可知，在船山"观解的形上学"中，"天、理、性、心"等概念都是"气"这个中心概念带出来的，其本体性的概念只有一个，那就是"气"，其余的概念都是"气"这个概念虚映出来的，乃"气"的属性或谓词。而"气"这个中心概念乃紧切于现象世界追索观解出来的，则其余的概念亦是追索观解出来的，即这些概念都是船山为了分析理解世界而构建的概念体系，以此用之于知识世界与道德世界。这样，船山并未区分知识世界与道德世界，乃至以知识的方式讲道德，这就把儒学道德的神圣的宗教性给消解了。尽管船山亦讲尽心、知性而知天，但船山是横摄的、知识的"知"，所谓"若不从此

---

① 王船山：《读四书大全说》，见《船山全书》第六册，岳麓书社 1996 年版，第 894 页。
② 同上书，第 1111 页。

做去，则性更无从知”。[①] 船山所说的“此”就是指“格物”。原本在儒学那里，天、理、性、心乃纵贯圆具的“是一”，变为了横摄的知解的“合一”。程明道曾以“京师”与“长安”为喻，说明天、理、性、心是一，“只心便是天，尽之便知性，知性便知天。当处便认取，更不可外求。”（《二程遗书》卷第二上）但船山决不能像明道那样讲，因为船山的“知性、知天”须外求而格物。也就是说，船山并没有宗教性本体的体证，而只有知识性概念的认知。

五、船山“知几审位”之工夫及从知能论圣人

船山紧切着现象世界以分析观解，故必然由“思”以入。

> 故“思”之一字，是继善、成性、存存三者一条贯通梢底大用，括仁义而统性情，致知、格物、诚意、正心，都在者上面用工夫，与洪范之以“睿作圣”一语斩截该尽天道、圣功者同。孟子之功，不在禹下，此其一征也。[②]

船山进一步认为，“孟子说此一‘思’字，是千古未发之藏”。[③] 为什么船山如此看重“思”呢？因为在船山看来，唯有思才能进入仁义之门，且一旦思亦必进仁义之门。

> 乃心唯有其思，则仁义于此而得，而所得以必仁义。盖人饥思食，渴思饮，少思色，壮思斗，老思得，未尝不可谓之思，而思之不必得，乃不思而未尝不得。其得之不得之一因乎思者，唯仁义耳。[④]

---

① 王船山：《读四书大全说》，见《船山全书》第六册，岳麓书社 1996 年版，第 1105 页。
② 同上书，第 1092 页。
③④ 同上书，第 1091 页。

在船山看来，思的唯一目标便是仁义。“只思义理便是思，便是心之官；思食思色等，直非心之官，则亦不可谓之思也。”[①] 船山的这种解释，乃依据孟子“心之官则思；思则得之，不思则不得也”(《孟子·告子上》) 之言而来，但孟子之底据与理路与船山根本不同，孟子乃体证地说“思则得之”，此是逆觉地体证“尽心、知性而知天”之道德宗教体验，而船山则观解地说“思则得之”，此是“研几”之观察思考工夫，乃人知能之展示。

> 声色之丽耳目，一见闻之而然，虽进求之而亦但然。为物所蔽而蔽尽于物。岂如心之愈思而愈得，物所已有者无不表里之具悉，物所未有者可使之形著而明动哉！小人喜用其逸，而又乐其所得之有量，易于得止而属厌；大人重用其劳，而抑乐其所得之无穷，可以极深研几而建天地、质鬼神、考前王、俟后圣；故各以其所乐者为徒，而善不善分矣。[②]

这就是说，小人只是止于现象世界之声色中，故蔽于物，但大人则进一步由现象世界进一步追索思考，所谓“极深研几”，“几”即隐藏在现象背后的联系与趋势，使之明朗显豁，从而获得有利于人之结果，这就是仁义，这就是善。大人之善与小人之不善正由此分也。

在船山看来，所谓仁义，首要的就是要把物与物之间的无形的“几”解析出来，“故可见可闻者谓之物，而仁义不可谓之物。以其自微至著，乃至功效已成，而终无成形”。[③] 所谓善恶，乃是心之几与物之几是否能相应也。

> 然而不善之所以从来，必有所自起，则在气禀与物相受之交也。气禀能往，往非不善；物能来，来非不善也。而一往一来之间，有其地焉，有

---

① 王船山：《读四书大全说》，见《船山全书》第六册，岳麓书社 1996 年版，第 1092 页。
② 同上书，第 1088—1089 页。
③ 同上书，第 1092—1093 页。

其时焉。化之相与往来者，不能恒当其时与地，于是而有不当之物。物不当，而往来者发不及收，则不善生矣。①

这意味着，善恶既不能在主体中看，也不能在客体中看，而是在主客体之间的“几”即关系中看，能让主客之间的“几”相应即为善，否则即为恶。

天地无不善之物，而物有不善之几。物亦非必有不善之几，吾之动几有不善于物之几。物之动几亦非有不善之几，物之来几与吾之往几不相应以其正，而不善之几以成。②

而儒家之所谓圣人，正由知几审位而相应以为言；而所谓性善，亦是尽这个相应以于主体、客体之间以为言。

故唯圣人为能知几。知几则审位，审位则内有以尽吾形、吾色之才，而外有以正物形、物色之命，因天地自然之化，无不可以得吾心顺受之正。如是而后知天命之性无不善，吾形色之性无不善，即吾取夫物与相习以成后天之性者亦无不善矣，故曰“性善”矣。呜呼，微矣！③

“知几审位”，需要细微的观察工夫与周至之思考，乃至需要适时以应其变，这些都需要高超的知能与入微察识，船山所说的“微”是这个意思，都是在“知”的层面上的小心翼翼、体察入微。这与《中庸》所说的“莫见乎隐，莫显乎微，故君子慎其独也”，差别甚大。《中庸》所说乃慎独工夫之“微”，即让心之大体停驻于自身而不使物欲引之而旁骛。《中庸》所说之“微”乃是让心之大体作主呈现以尽其用之问题，一旦心之大体能尽其用，则道德与宗教

① 王船山：《读四书大全说》，见《船山全书》第六册，岳麓书社 1996 年版，第 962 页。
②③ 同上书，第 963 页。

皆因之而决断，故“战战兢兢，如临深渊，如履薄冰”，否则，即非道德，故曰“微”。但尽管“微”，却是心之大体的良知良能直接可以决断的，内在自足而无待于外。又因为心乃天所赋予人人固有之大体，故“微”之慎独工夫人人可能，故道德与宗教之决断普遍而可能，正是在这个意义上，儒家认可人人皆可为圣人。但船山这里的“微”乃有待于外的“知几审位”的知能问题。知能乃人的气禀之材质问题，人禀怎样的气以成其材质，这是纯粹偶然之事件，故船山不可能认可人人俱可成圣人。因此，船山认为，圣人就只有“尧、舜、文王、孔子而已矣”。[①] 圣人的表现只是在知能上，而知能总是要现象世界学习磨炼的，“知几审位”正是这个过程的体现。这样，船山反对推高圣人。“必将推高尧、舜、孔子，以为无思无为而天明自现，童年灵异而不待壮学，斯亦释氏夸诞之淫词。学者不察，其不乱人于禽兽也鲜矣。”[②] 儒者之推高圣人，乃从德行之感召、境界之高远及道之体现者而言，非从知能言也。颜渊与子贡对孔子俱有赞美，但须知，赞美决不是对孔子知能之钦赏，而是一种宗教性体会，因为他们俱体会到了孔子乃是道的显现，或者说他们在赞美一个造道者。但船山完全不能理解这种体会，故他之于《子张》篇子贡赞美孔子之言未置一辞。这表明，船山对圣人的宗教性位格完全茫然。

儒学中的圣人，其根基乃从道德宗教言，而不是从才气知能言。故程伊川曰：“盖大贤以下即论才，大贤以上更不论才。圣人与天地合德，日月合明。六尺之躯，能有多少技艺？人有身，须有才；圣人忘己，更不论才也。”（《二程遗书》卷十八）因此，在儒学那里，圣人本是一个宗教概念，唯从道德之进路入而已矣。圣人之德合天地、化成万物、妙用无方，俱是一种宗教性的圆满境界。这对于宗教而言是必须有的体会，但船山的生命形态与宗教甚是隔膜，故始终无法从宗教的角度去理解圣人。

---

① 王船山：《读四书大全说》，见《船山全书》第六册，岳麓书社 1996 年版，第 533 页。
② 同上书，第 852 页。

然劈头说个“圣人之心，天地生物之心”，安在此处，却不恰好。圣人于此，却是裁成辅相，顺天理之当然，何曾兜揽天地生物之心以为心？若方钓弋时，以生物之心为心，则必并钓弋而废之矣。

圣人只是圣人，天地只是天地。……无端将圣人体用，一并与天地合符，此佛、老放荡僭诬之词，不知而妄作。[①]

圣人即天地，自然可以生物，这是儒学之传统，其义理来自《中庸》：“《诗》曰：‘维天之命，於穆不已！’盖曰天之所以为天也。‘於乎不显，文王之德之纯！’盖曰文王之所以为文也，纯亦不已。大哉圣人之道！洋洋乎发育万物，峻极于天。”天命“於穆不已”地妙运，故能为物不贰、生物不测，但这个“於穆不已”之天命是圣人“纯亦不已”之德可以体证的，或者说，圣人道德的创造最后必然是宇宙论的创造，整个宇宙万物浸润在圣人之德中而为道德的存在，是以“大哉圣人之道！洋洋乎发育万物，峻极于天”，这是圣人圆满的宗教境界。这是儒学作为圆满的哲学体系必然而至者。但船山只是实然地现象地看人，圣人至多只有优越的知能而已，而圣人即天地，圣人以生物之心为心俱是不可理解的。

船山从知能看圣人，于是，圣人之乐全落实在现象世界中。“程子云‘须知所乐者何事’，固非刻定一事为圣人之所乐，然亦何尝不于事而见其乐哉？”[②]圣人之乐固落在事上，但更重要的是乐“性天”之本，故颜子箪食瓢饮、穷居陋巷而不改其乐。濂溪让程氏兄弟“寻孔颜乐处”，就是要人不拘泥于现象世界，须探性天之本，不然，圣人即成事务主义者，圣人之建功立业，不过实业家或政治家之事业耳。船山只从知能论圣人，必然把圣人下滑为实业家或政治家，而不是一种宗教性存在，故船山以“仁者之功用已至其极而为圣”。[③]很显

① 王船山：《读四书大全说》，见《船山全书》第六册，岳麓书社1996年版，第709页。
② 同上书，第700页。
③ 同上书，第693页。

然，圣人的德行事功，乃圣人“知几审位”之结果，“孔子作《春秋》，何曾有仁义作影本，只权衡来便是仁义”。[①]“权衡”即落入纯粹的事务主义，这显然是对圣人承体达用之宗教情怀的极大误解。

船山从“知几”之智与“审位”之能论圣人，一个更为严重的后果是，必然会导致精英主义倾向，因人之知能有殊异，使得船山必然鄙视庸众，乃至认为庸众与禽兽等同，根本不可教化：

> 小人之为禽兽，人得而诛之。庶民之为禽兽，不但不可胜诛，且无能知其为恶者；不但不知其为恶，且乐得而称之，相与崇尚而不敢逾越。学者但取十姓百家之言行而勘之，其异于禽兽者，百不得一也。……乃其所以然者，求食、求匹偶、求安居，不则相斗已耳；不则畏死而震慑已耳。庶民之终日营营，有不如此者乎？……庶民者，流俗也。流俗者，禽兽也。明伦、察物、居仁、由义，四者禽兽之所不得与。[②]

船山把庶民直接与禽兽同类，而不得预与明伦察物、居仁由义之列，以为庸众乃根本不可教化者。这是船山“观解的形上学”中以“气”为终极本体，而又以知能论人之必然结果。由对庸众的鄙夷与不信任，最后必然会导致精英对庶民的宰制。这与孔孟的立场完全不同，孟子曰：“行之而不着焉，习矣而不察焉，终身由之而不知其道者，众也。”(《孟子·尽心上》）孟子的意思是，庸众依然可以行明伦察物、居仁由义之道，但他们常是习惯而不自觉地行之。是以孔子也说：“民可使由之，不可使知之。”(《论语·泰伯》）郭店楚简竹书《尊德义》进一步释之曰：“尊仁、亲忠、敬庄、归礼，行矣而无违，养心于子谅，忠信日益而不自知也。民可使道之，而不可使知之。”这是何等对庸众的信任。即使是讲性恶而从知能看人的荀子，亦承认“涂之人可以为禹”，因为

---

① 王船山：《读四书大全说》，见《船山全书》第六册，岳麓书社 1996 年版，第 1027 页。

② 王船山：《俟解》，见《船山全书》第十二册，岳麓书社 1996 年版，第 478 页。

“涂之人也，皆有可以知仁义法正之质，皆有可以能仁义法正之具”(《荀子·性恶》)。当然，荀子要证成“涂之人可以为禹”，必须承认人人皆有知之“质”、能之“具”，而这就是上天赋予人的善端，故最终必与孟子会归，而不可能由性恶论贯彻到底，只是荀子不自知耳。但船山在“观解的形上学”中把“气”论贯彻到底，不能回归到“体证的形上学”中的心性论，乃至辟之为空疏、狂禅，则必然不能证成人人皆可以为尧舜，故必然导致精英对庸众的宰制。因此，有学者质疑道：“船山在与佛老彻底切割的时候是否同时把儒家人本主义的基本原则给丢掉了。”①

六、结语：事功与启蒙

船山激于家国灭亡的现实义愤与历史教训，痛恨阳明后学的玄谈与空疏，强调切实的事功与作为，“古之圣人，能治器而不能治道。治器者则谓之道，道得则谓之德，器成则谓之行，器用之广则谓之变通，器效之著则谓之事业”。② 这种“知耻而后勇”的精神本是极其可贵的，此种精神对于实业家或政治家来说是适合的，但对于一个学者而言却是不够的，因为它容易落入肤浅的事务主义。船山显然不是一种肤浅的事务主义心态，他本欲回复到孔孟的内圣外王之道中，于是，辟象山、阳明之心学只蜗居内圣之中，而开不出外王。因此，船山希望建构一种新的形上学体系——“观解的形上学”，以期内圣与外王并重。但因其生命形态与“体证的形上学”根本隔膜，而“观解的形上学”是不可能真正建立起内圣之学的，故其学极有可能陷入肤浅的事务主义中，乃至有滑入价值虚无主义的危险。船山曾说：“洪荒无揖让之道，唐虞无吊伐之道，汉唐无今日之道，则今日无他年之道者多矣。”③ 圣人既只能治器而不能治

① 陈焱：《几与时——论王船山对传统道学范式的反思与转化》，上海人民出版社 2016 年版，第 384 页。

②③ 王船山：《周易外传》，见《船山全书》第一册，岳麓书社 1996 年版，第 1028 页。

道，而器又时刻处在流变之中，则无“道”可执而只有“事”可做，此非肤浅的事务主义乎？此非价值虚无主义乎？肤浅的事务主义或价值虚无主义意味着人的超越性的天位缺席，即人作为合目的性世界的发现者和守护者缺席。船山的这种精神，曰事功精神可，曰启蒙精神则决不可，宁有启蒙而使人之超越性的天位缺席者焉？故船山的这种事功精神决不可如陈来先生所言，重建了“实践化的儒学”，因为只有通过人之超越本体而可能的东西方可说是实践的。

这样看来，船山思想体系最大的问题乃在：期由“观解的形上学”去建立一个内圣外王的哲学体系，而欲消解“体证的形上学”或宗教。正如有学者指出的那样：

> 在儒家思想或道学的系统内，成就道德或确立道德根据到底能否彻底不使用任何带有宗教性的方法而纯然将之匡正于理性的限度之内。船山力图给出肯定的答案，但从后世的历史来看，他的回答并不成功。[①]

也确如论者所言，船山所希求的外王事功精神，至清代只演变成了朴学之考据。这正如列文森所言，深究船山所开辟的儒学进路，“就会发现它们本身既不科学，也非必然导致科学的产生”。[②]不唯没有像船山所希望的那样开出外王之学，内圣之学亦因之变得驳杂而不纯正，这或许是船山所没有想到且不愿意看到的。

一个圆满的哲学体系必须“体证的形上学”与“观解的形上学”并建，且“体证的形上学”优先于“观解的形上学”。前者成就道德宗教，即道统；后者成就科学与政治，即学统与政统。现实的历史发展于二者或有所偏至，但在学理上，我们不应该废弃二者中的任何一个。船山有见于中国学统与政统之萎

① 陈焱：《几与时——论王船山对传统道学范式的反思与转化》，上海人民出版社2016年版，第388页。

② 列文森：《儒教中国及其现代命运》，郑大华等译，中国社会科学出版社2000年版，第7页。

缩，故构建其“观解的形上学”体系，然却使“体证的形上学”缺席，从而使得他的哲学体系蕴含着一系列的内在矛盾，要克服这些矛盾，须增加“体证的形上学”这一翼，从而使船山哲学真正圆满地腾飞。由此，方可言真正的事功与启蒙。

（原载《船山学刊》2019年第5期）

北宋中期正统论之辩及其牵涉到的政治哲学问题

一、引　言

德国哲学家卡西尔说：“在政治中，我们尚未发现牢固可靠的根据。这里似乎没有任何明白地建立起来的宇宙秩序；我们总是面临着突然再次回到旧的混乱状态的威胁。我们正在建造雄伟壮丽的大厦，但我们尚未能把它们的基础确定下来。”① 政治没有牢固可靠的基础，时常处在混乱状态，表明政治还只是强力的游戏。孔子曰：“政者，正也。”(《论语·颜渊》) 正者，合乎人之理性之谓也。若政治只是强力的游戏，便是非理性，便不能谓之“正”。卢梭说：“强力并不构成权利，而人们只是对合法的权力才有服从的义务。”② 由此，政治就不能形成一个规范统系，让人自觉地服从与遵守。也就是说，政治应该有其自身正式的统系，这个正式的统系不但有牢固的理性基础，且有权利以让人自觉地服从与遵守作为人的义务。政治的这样的正式统系，简称之曰“正统”，亦

---

① 卡西尔：《国家的神话》，范进等译，华夏出版社 1990 年版，第 346 页。
② 卢梭：《社会契约论》，何兆武译，商务印书馆 1980 年版，第 13 页。

即，只有作为正统的政治，才是人们所意欲的，才能成为人的必然义务，不然，政治之于人便是强力之宰制。

中国五千年之历史，朝代更替不绝如缕，其间既有统一强盛的王朝，亦有列国纷争的乱世。那么，这更替的王朝、纷争之列国是否合乎正统？孰为正统？这是著史者必须正视且回答的问题。因此，中国历史上有一个源远流长的正统之争。但可惜的是，这个历史悠久的正统之争，大多只是被历史学者所关注，以为这是一个纯粹的历史观问题，至多是一个政治学问题，如汪文学认为，“正统观念，准确地说，它首先是一种政治观念，然后才是一种史学观念，因为史学是为政治服务的，史学上的正统是政治上的正统论争的手段，并且还不是唯一的手段”①，而鲜有作为一个政治哲学问题而被哲学界或思想界所关注。其实，正统问题既非一个纯粹的历史学问题，亦非一个纯粹的政治学问题，更主要的是一个政治哲学问题。中国史学之所以念兹在兹地有正统之争，决非只是为了一个具体的王朝争一席之地，而是为了政治确立万古之标程，使之成为一个正式的统系，不但可以规范权力，亦可成为人的普遍义务，从而最终使之一统天下；但政治最终之一统天下并非靠其强力之宰制，而是政治成为了人们的普遍义务而得到了遵从，是之谓“平天下”。若依欧阳修的看法，正统之说肇始于孔子之写《春秋》，那么，这才是孔子正统之说的微言大义，也应该是后世正统之争的最终目的。

但是，正统之说的微言大义，正统之争的最终目的，在具体的历史语境中可能并没有被凸显出来，从而把作为政治哲学的正统问题下滑为一个纯粹的历史观问题；这种大义的萎缩，在欧阳修、司马光、苏东坡、朱熹这样的大思想家那里都有所体现。本文将以北宋欧阳修、章望之、苏东坡的正统之辩为线索，说明各自的立场，复援引历代对欧阳修、苏东坡之正统论的批评，从而引出孔子正统之说的大义，由此勾勒出政治正统理念之可能模型。

---

① 汪文学：《正统论——发现东方政治智慧》，陕西人民出版社2002年版，第28页。

二、欧阳修、章望之、苏东坡关于正统之论辩

正统，乃相对于闰统而言。“正统”一词，最早出现在《汉书》卷六十四下《王褒传》里，王褒（公元前90—前51年）为汉宣帝作《圣主得贤臣颂》，其中有“共惟《春秋》法五始之要，在乎审己正统而已”一句。唐·吕向（？—742年）释“正统”云：“正位以统理天下而已。”（《六臣注〈文选〉》卷四十七）“闰位”（闰统）一词，最早见于《汉书》卷九十九下《王莽传赞》中，其谓王莽（公元前45—23年）云：“昔秦燔《诗》、《书》以立私议，莽诵《六艺》以文奸言，同归殊途，俱用灭亡，皆炕龙绝气，非命之运，紫色蛙声，余分闰位，圣王之驱除云尔！”颜师古（581—645年）《汉书注》引应劭（约153—196年）之注云：“紫，间色；蛙，邪音也。”颜师古自己进一步注云：“蛙者，乐之淫声，非正曲也。”又引服虔（生卒年不详，但汉灵帝中平末年尚在世）注“闰位”云：“言莽不得正王之命，如岁月之余分为闰也。”孟子曰：“恶郑声，恐其乱乐也；恶紫，恐其乱朱也。”（《孟子·尽心下》）可见，紫色非正色，蛙声非正声。基于此，《辞源》释“闰位”云：“非正统的帝位。”

至少到了宋代，正统与闰位之分，成为了著史者的根本价值评判，乃至成为了一种国家意识形态，如宋真宗（968—1022年）时期由王若钦（962—1025年）、杨亿（974—1020年）等奉旨编撰的《册府元龟》，分帝王部一百二十八门，闰位部七十八门，僭伪部三十七门。《册府元龟》是宋初四大官修类书之一，这种区分，显然寓于当时士人极为强烈的价值共识，即只有帝王才是正统，闰位与僭伪俱不得谓之正统。正闰之分，虽然汉代已肇其始，但为何到宋代此种意识才特别强烈呢？这端赖“春秋学”的复兴。宋初的胡安定（993—1059年）与孙泰山（992—1057年）分别著有《春秋口义》与《春秋尊王发微》，乃至像欧阳修（1007—1072年）、苏辙（1039—1112年）这样的大政治家亦深研春秋之学，欧阳修有《春秋论》三首，苏辙《春秋集解》十二卷。杨

龟山（1053—1135年）曾二次就《春秋》求教于程明道（1032—1085年），最能表现宋人对《春秋》的重视。其第二书云："某尝欲治《春秋》，读之数卷，浅识未能窥见其门户。远去师席，疑无质问，中欲辍之，又惜其初心之勤惓惓不能自已。……傥因暇时一赐观览，正其非谬，以开导之，则幸甚矣。"[①]其之于《春秋》之殷切，可谓跃然纸上矣。《春秋》"大一统"、"尊王攘夷"之旨，对于宋代士人之于正统思想的影响是不言而喻的，欧阳修的《正统论》、章望之的《明统论》及苏东坡（1037—1101年）的《正统论》，正是这一风潮之下的产物。

正闰之分虽由来已久，但欧阳修却是第一个自觉地就正统问题进行专门的理论阐发的人。欧阳修曾精研《春秋》，《居士集》卷十八有《春秋论》三首，《春秋或问》两首，但尽管如此，欧阳修《正统论》[②]的产生并非是为了阐发《春秋》之旨的纯粹春秋学的理论著作，而是基于当代编撰史书的需要，进而从理论上加以阐发的一种史论性的著作。欧阳修在序中论述其撰写《正统论》的原因时曰：

> 臣修顿首死罪言。伏见太宗皇帝时，尝命薛居正等撰梁、唐、晋、汉、周事为《五代史》，凡一百五十篇，又命李昉等编次前世年号为一篇，藏之秘府。而昉等以梁为伪。梁为伪，则史不宜为帝纪，而亦无曰五代者，于理不安。今又司天所用崇天历，承后唐，书天祐至十九年，而尽黜梁所建号。援之于古，惟张轨不用东晋太兴而虚称建兴，非可以为后世法。盖后唐务恶梁，而欲黜之，历家不识古义，但用有司之传，遂不复改。至于昉等，初非著书，第采次前世名号，以备有司之求，因旧之失，

① 杨时：《寄明道先生》其二，《杨时集》，中华书局2018年版，第447页。

② 欧阳修的《正统论》原为七首，后来删减为三首。七首见于《居士外集》卷九，三首见于《居士集》卷十六。今人饶宗颐先生所著《中国史学上之正统论》一书，其中附有资料一，对于历史上有关"正统"问题的篇什俱有所收录，是本文的主要资料来源。参见饶宗颐：《中国史学上之正统论》，上海远东出版社1996年版，第81—253页。

不专是正，乃与史官戾不相合。皆非是。[①]

本来，宋太宗（939—997年）时期曾官修过《五代史》，但欧阳修对此颇不满意，于是，便个人私修《五代史》，史称《新五代史》。但欧阳修遭遇到一个问题，即李昉（925—996年）等人编次前代年号的时候，不承认朱温（852—912年）建立的后梁之正统地位，而以之为僭伪。本来，唐代于哀帝（892—908年）天祐五年已经灭亡，天祐年号也已废止不用，尔后分别是后梁的开平、乾化、贞明等年号，直至公元923年后梁被唐宗室李存勖所灭。但李昉等人依据后唐官方的材料，后唐作为唐代的宗室，自然不承认后梁的年号，后梁年号概以废止的天祐代替，直至同光元年后唐之建立。李昉等人承之而未能改，于是，使得五代只有四代，而后梁被无形中略过了。这遭致了欧阳修的不满，尽管欧阳修认为李昉等人并非著书，仅仅是编录，但亦当有所简别，不然，就会贻误后代之史官，与史家笔法亦不合（所谓"不识古义"也）。原夫李昉等人何以不承认后梁年号，是否就如欧阳修所言仅仅是依据后唐官方材料编次而未作简别而以讹传讹？还是李昉等人心里有正闰之观念而有意为之？笔者以为后者的可能性比较大，因为依据在李昉死后几年开始编撰的《册府元龟》，唯独把五代中的后梁编入闰位部，而后唐、后晋、后汉、后周俱编入帝王部。由此说明这种正闰观念由来已久，且形成了某种共识。后梁何以编入闰位部，依据《册府元龟》的解释是："其后唐氏衰微，朱梁凌夺，虽则称金行宅天邑，然而庄宗以长安之属，籍总大卤之兵威，自是中兴，殄兹仇敌，首藏于大社，家靡于遗统，斯亦不得为正矣。"(《册府元龟》卷一百八十二）后唐作为唐代宗室，殄杀朱梁，承绪有唐，名之曰正统，可也。但同样是凌夺之后晋、后汉、后周，何以也是正统呢?《册府元龟》的解释是："朱梁建国，如秦之暴，虽宅中夏，不当正位。同光缵服，再承绝绪。晋承唐后，是为金德，汉

① 欧阳修：《正统论》(序论），见《欧阳修全集》，北京市中国书店1986年版，第115—116页。

氏承晋，实当水行。周祖即位之初，有司定为木德。”(《册府元龟》卷一）朱梁以暴力不得正位，后唐以继绝统而得正位，这些都可以理解。但说到后晋、后汉、后周之正位时，却以五德终始说加以解释，显然前后之标准并不一致，不但无法令人信服，且徒生混乱矣。基于此，欧阳修质疑道：“五代之所以得国者虽异，然同归于贼乱也，而前世议者独以梁为伪，其可疑者三也。夫论者何？为疑者设也。”[①] 于是，中国历史上第一篇专门讨论正闰之分的理论文章《正统论》出焉。

欧阳修援引孔子之《春秋》大义，其之于“正统”的标准是：

> 《传》曰“君子大居正”，又曰“王者大一统”。正者，所以正天下之不正也；统者，所以合天下之不一也。由不正与不一，然后正统之论作。[②]

正统说之大义，肇始于孔子，而《春秋公羊传》对此作了详细的解释，欧阳修援引的“君子大居正”与“王者大一统”分别出自《公羊传》之隐公三年与隐公元年。“正”是指得天下的方式而言，必须是合乎理性的方式，即便是革命，亦必须得乎天而应乎人，不可以暴力得天下，亦不可以篡弑得天下；“统”是指王者的疆域必须一统天下，且是以王道化成天下的方式一统，而非暴力之宰制也。二者俱得，才可名之曰正统，这是正统的硬性标准，缺一不可。但衡诸中国历史之事实，三代以后，符合这种标准的朝代几乎没有，故欧阳修曰：“夫正与统之为名，甚尊而重也。尧、舜、三代之得此名者，或以至公，或以大义而得之也。自秦、汉而下，丧乱相寻。其兴废之迹，治乱之本，或不由至公大义而起，或由焉而功不克就，是以正统屡绝，而得之者少也。”[③] 可见，公羊家依据孔子之《春秋》大义所秉持的正统标准只是一种理想的价值

---

① 欧阳修：《正统论》(上)，见《欧阳修全集》，北京市中国书店1986年版，第117页。

② 同上书，第116页。

③ 欧阳修：《正统论》七首之《明正统论》，见饶宗颐：《中国史学上之正统论》，上海远东出版社1996年版，第94页。

尺度，属于政治哲学的范畴，而不是历史观问题，即并不纠结于现实的史学著作的编撰问题。这种政治哲学与史学的区别，欧阳修在《正统论》七首当中是有清醒的意识的，故他说："正统，万世大公之器也；史者，一有司之职也。以万世大公之器假人，而就一有司之记事，惑亦甚矣。"① 但是，欧阳修并没有把他的这种意识贯穿在其《正统论》当中，乃至当欧阳修进一步把《正统论》七首精简为《正统论》三首的时候，这种区别的意识不见了，甚至以现实的历史观取代了理想的政治哲学，从而使得其《正统论》的价值大为贬损。比如，秦代以武力一统天下，且以暴力宰制百姓，而曹魏与朱梁俱是以篡弑得天下，依据正统之标准，俱不能授之以正统。《册府元龟》就把秦代编入闰位部，欧阳修引前人之论曰："始秦之兴，务以力胜。至于始皇，遂悖弃先王之典礼，又自推水德，益任法而少恩，其制度文为，皆非古而自是，此其所以见黜也。"② 秦之见黜于正统而入闰位，其一，以武力得天下；其二，不能以礼乐王道治天下，任法少恩以宰制黔首。应该说，因此二点而罢秦，是符合正统之标准的。但欧阳修却反其是，不认可前人之论，授秦以正统。其述秦之可入正统的原因时曰：

及商世衰，而纣为昏暴，周之文、武，救其乱而起，亦治诸侯而诛之，其《诗》所谓"昆"、"崇"、"共"、"密"是也；其后卒攻纣而灭商。推秦之兴，其德固有优劣，而其迹岂有异乎？……夫始皇之不德，不过如桀、纣，桀、纣不能废夏、商之统，则始皇未可废秦也。③

上述文字的意思是，商周之际，最后武王也是依靠暴力才建立新朝，这与秦之兴起相似，秦始皇固然以残暴欺民，然其残暴未必过于夏桀、商纣，桀、

---

① 欧阳修：《正统论》七首之《明正统论》，见饶宗颐：《中国史学上之正统论》，第94页。

②③ 欧阳修：《正统论》七首之《秦论》，见饶宗颐：《中国史学上之正统论》，第95页。

纣既然可以为三代之正统，何以秦始皇却不可以？进曹魏于正统，欧阳修释之曰：

> 故豪杰并起而争，而强者得之。此直较其迹尔。故魏之取汉，无异汉之取秦，而秦之取周也。夫得正统者，汉也；得汉者，魏也；得魏者，晋也。晋尝统天下矣。推其本末而言之，则魏进而正之，不疑。①

曹魏之代汉乃篡位，而汉代秦、秦代周则是武力，其间自有不同，但俱非"正"，以此谓取之之道"无异"，可也。然欧阳修的问题是，史家既然予汉与晋以正统，何以承汉而启晋之魏反而不能得其正统呢？欧阳修的理由是："直较其迹尔。"即从现实的发展脉络来看，可以给予曹魏以正统。

总之，欧阳修之于秦、魏以正统，都是基于史学上的经验原则，而不是基于政治哲学的价值原则，用他自己的话说就是："推其迹而论之，庶几不为无据云。"② 这样，欧阳修就不自觉地离开了自己所确立的正统之标准：大居正与大一统，而以现实的历史发展脉络（所谓"迹"也）为依据了。是以有学者指出，"欧阳修的论述实际上构成了正统二重标准，即史学（史书纪实）的标准与政治（德义）的标准"。③ 其实，时人已经开始质疑欧阳修这种标准的不一，他的回答是：

> 呜呼！尧、舜之德至矣。夏、商、周之起，皆以天下之至公大义。自秦以后，德不足矣，故考其终始，有是有非，而参差不齐，此论之所以作也。德不足矣，必据其迹而论之，所以息争也。④

---

① 欧阳修：《正统论》七首之《魏论》，见饶宗颐：《中国史学上之正统论》，第 95 页。
② 欧阳修：《正统论》七首之《梁论》，见饶宗颐：《中国史学上之正统论》，第 98 页。
③ 刘连开：《再论欧阳修的正统论》，载《史学史研究》2001 年第 4 期，第 42—48 页。
④ 欧阳修：《正统论》之《或问》，见《欧阳修全集》，北京市中国书店 1986 年版，第 121 页。

“德不足矣，必据其迹而论之”，可见，欧阳修自己也知道其论述是打了折扣的，其之所以要打折扣，就是为了平息史学上的争而不一，并非为了确立一种政治哲学。“德不足矣，必据其迹而论之”，相当于“存在的即是合理的”，即一个东西之所以如此存在，必有其充足理由，这是基于实在论的经验分析，但经验上的充足理由未必是合乎理性的，所以存在的东西未必是真实的，即未必在价值上是真实的。以德不足而据其迹论正统，就相当于把价值上的真实下拉为现实上存在的东西，且完全以现实上存在的东西为价值依据。魏梁俱篡，当有人质疑欧阳修之进魏梁为正统时，欧阳修为之辩护曰：

> 其实尝为君矣，书其为君；其实篡也，书其篡。各传其实而使后世信之，则四君之罪，不可得而掩耳。使为君者不得掩其恶，则人之为恶者，庶乎其息矣。[①]

可见，这纯粹是一种史家实录的态度，而不是确立何为“正”、何为“统”之价值甄别。这种正统论上的折扣，在政治理念上的影响却可能是很坏的，使得人们误以为政治上的存在就是道义上的合法。基于此，章望之作《明统论》以辟之。

章望之，字表民，生卒年不详。《宋史·章望之传》(《文苑五》) 谓其“少孤，喜问学，志气宏放。为文辩博，长于议论。……欧阳修论魏、梁为正统，望之以为非，著《明统》三篇”。庆历三年（1043 年），作为校书郎的章望之尝以其名向欧阳修求字，欧阳修以“表民”字之，取君子之“动作容貌皆可以表于民”[②]（《章望之字序》）之意。可见，章望之与欧阳修之关系较为密切，且应该是学生辈。即使如此，章望之依然敢向作为师者的欧阳修发起挑战，

① 欧阳修：《魏梁解》，见《欧阳修全集》，北京市中国书店 1986 年版，第 125—126 页。
② 欧阳修：《章望之字序》，见《欧阳修全集》，北京市中国书店 1986 年版，第 283 页。

深辟其《正统论》在大义上的不足。章望之的《明统论》今已不存，但苏东坡在其《正统论》注录出了一些条文，故可略见其概也。饶宗颐先生的《中国史学上之正统论》对此作了专门的辑录。此处摘录两段，以见《明统论》之大义：

> 永叔以正统之论肇于《春秋》之学，故引《公羊》大居正大一统之文为据。既曰大居正，而又以不正人居之，是正不正之相去，未能相远也。①

这是直接批评欧阳修，既然以《春秋公羊传》之“大居正”与“大一统”作为正统论的判准，就应该守住这个判准，若以魏梁这样的不正之人居正统，则泯灭了正与不正的差别，使得政治上的道德判断沦于消亡，这是很危险的，无益于君子而有助于贼臣。

> 永叔之进魏，特奖其能篡也。夫谓以至公得天下者尧舜禹，以大义者汤武；故二帝三皇之得正统者，不疑也。乃进能篡君者与之同列圣人，顾不耻之欤？今有乡人于此无异能也，然未尝造非，陷于刑辟；俄而与向之尝为盗者群饮酒焉，则以并坐齐齿为耻矣，乡人且耻与盗者偶，圣人岂得与篡君者同名哉？②

进曹魏这样的篡位者为正统，无异于把尧舜禹这样的圣君与篡位之君同列，庸常之乡人尚耻于与盗者同席群饮，今欧阳修置圣人与篡君同列，则圣人何得而尊？篡君何为而耻？由此，正与不正之界限即模糊，高唱正统之大义即不复存在。于是，章望之在正统之外，复开霸统之说。

---

①② 章望之：《明统论》，见饶宗颐：《中国史学上之正统论》，上海远东出版社 1996 年版，第 106 页。

> 予今分统为二名，曰正统、霸统。以功德而得天下，其得者正统也，尧舜夏商周汉唐我宋其君也；得天下而无功德者，强而已矣，其得者霸统也，秦晋隋其君也。[①]

宋代亦由篡位而开国，章望之予之正统，显然有美当朝之意，然自可理解；汉唐是否以功德得天下，自亦可商榷；但章望之之分政统为正统与霸统，却是有见地的，即“得天下而无功德者”俱予之以霸统，从而确立正统之高义与尊严，这比欧阳修仅限于历史之陈“迹”而论正统，更能彰显正统的超越性。遗憾的是，我们不能见《明统论》之全文了，其义无法尽之，但《宋史》本传谓其“宗孟轲言性善，排荀卿、扬雄、韩愈、李翱之说，著《救性》七篇”。我们知道，孟子之学以陈义高远著名，以至于其学生公孙丑感叹曰：“道则高矣，美矣，宜若登天然，似不可及也。”（《孟子·尽心上》）孟子尝曰：“广土众民，君子欲之，所乐不存焉。中天下而立，定四海之民，君子乐之，所性不存焉。”（《孟子·尽心上》）亦即，若不能得其正，即使是广土众民，中天下而立，定四海之民，也不是君子所欲求得。既然章望之学宗孟子，则章望之的《明统论》其陈义亦当极高，当不为妄测也。这种高的超越性，可能使得《明统论》超越了史论的范畴而进入了政治哲学的范畴了。

章望之以《明统论》质疑欧阳修的《正统论》，未见欧阳修有正面之回应，其《或问》与《魏梁解》两篇文章是否就是为了答章望之而作，亦不得而知。但章望之的《明统论》应该在当时影响较大，不到二十岁且此时尚不在京师的苏东坡已经读到了这篇文章，且于宋仁宗至和二年（1055 年）亦写了《正统论》三首，“正统之论，起于欧阳子，而霸统之说，起于章子。二子之论，吾

---

① 章望之：《明统论》，见饶宗颐：《中国史学上之正统论》，上海远东出版社 1996 年版，第 106 页。

与欧阳子，故不得不与章子辩，以全欧阳子之说。欧阳子之说全，而吾之说又因以明”。[①] 可见，苏东坡之《正统论》就是要维护欧阳修的说法而驳斥章望之之论。相较于欧阳修的《正统论》，苏东坡的《正统论》则陈义更低，可能是青年未成熟时期的作品。[②] 其《正统论》开宗明义曰：

> 正统者，何耶？名耶？实耶？正统之说曰：“正者，所以正天下之不正也；统者，所以合天下之不一也。”不幸有天子之实，而无其位，有天子之名，而无其德，是二人者立于天下，天下何正何一，而正统之论决矣。正统之为言，犹曰有天下云尔。[③]

本来，“正者，所以正天下之不正也；统者，所以合天下之不一也”，应该属于一种超越的政治理念，超越意味着现实中不一定有此政统，但却是导持现实政统之规范，故“正统”名的意味重而实之意味轻。但苏东坡认为，若重名而轻实，必然使得正统之论破产，故反其道而论之，应重实而轻名，是以他之于正统的定义是：有天下云尔，即现实中确实统一了天下，就是正统。这种定义，不但孔子所未发，且亦不是欧阳修的意思，欧阳修虽然也重现实之“迹”，但他定不会认可苏东坡的这种正统论。既以“有天下”而定正统，苏东坡进一步论正统之意义时曰：

> 正统者，恶夫天下之无君而作也。故天下虽不合于一，而未至乎两立者，则君子不忍绝之于无君。且夫德同而力均，不臣焉可也。今以天下

---

① 苏东坡：《正统论》之《辩论二》，见《苏轼全集》，上海古籍出版社 2000 年版，第 726 页。

② 李焘（1115—1184 年）《续资治通鉴长编拾补》卷六载：熙宁二年（1069 年），上初欲用苏轼及孙觉，王安石曰：“轼岂是可奖之人？”上曰：“轼有文学，朕见似为人平静，司马光、韩维、王存俱称之。”安石曰：“邪恁之人，臣非苟言之，皆有事状。……欲附丽欧阳修，修作《正统论》，章望之非之，乃作论罢章望之。其论都无理。”上乃罢轼不用。

③ 苏轼：《正统论》之《总论一》，见《苏轼全集》，上海古籍出版社 2000 年版，第 726 页。

不幸而不合于一，德既无以相过，而弱者又不肯臣乎强，于是焉而不与之统，亦见其重天下之不幸，而助夫不臣者也。①

在苏东坡看来，所谓正统，就是在现实中应该确立一个君主，皆臣服于他，从而克服社会无君的纷乱状态；尽管现实中的君主德行都不够，且亦未统一天下，但若不确立一个正统的君主，这样做不但有助于天下分裂，且有助于那些不臣之人，是以天下愈乱。苏东坡之所言虽不无道理，但这完全是一种现实的政治操作，根本不是儒家的政治理想。依苏东坡之意，天下有君总比无君好，哪怕君主是依据暴力或篡弑而得之，亦要肯定其积极意义，予之正统可也。

天下无君，篡君出而制天下，汤武既没，吾安所取正哉。故篡君者，亦当时之正而已。②

在苏东坡看来，圣君、暴君乃至篡弑之君俱是君，俱可予之正统，不能因为暴君、篡弑之君比圣君之德行差而排除在正统之外，甚至在苏东坡那里，根本就没有闰位一说，凡制天下之君主皆可居正统，犹如凡父须尊之为父，不可降之为兄，苏东坡曰：

霸之于王也，犹兄之于父也。闻天下之父尝有曰尧者，而曰必尧而后父，少不若尧而降为兄，则瞽、鲧惧至仆妾焉。天下将有降父而至于仆妾者，无怪也。从章子之说者，其弊固至乎此也。③

天下固有像尧这样的圣父，但不能要求每个父亲都必须像尧那样才能称之

①② 苏轼：《正统论》之《辩论二》，见《苏轼全集》，上海古籍出版社2000年版，第727页。
③ 苏轼：《正统论》之《辩论三》，见《苏轼全集》，上海古籍出版社2000年版，第729页。

为父，稍有不及，即降之为兄，那么，像瞽这样的顽父，鲧这样的嚣兄，岂不是连仆妾都不如了吗？天下哪有降父而为仆妾的道理？但依据章望之之所言，必然会带来这样的后果，故苏东坡以为，章望之之《明统论》无异于荒怪之论也。平心而论，顽父嚣兄固然还是父兄，但这只是从血缘关系而言者，从伦理纲常而言，则其不足以为人父兄，岂可谓之荒怪之论？同样，现实之君主固然俱是君主，但若其行暴德恶，则视之为独夫而不尊之为君主，岂非自然之理乎？东坡岂能事实之理与价值之道不分、且以事实之理取消价值之道耶？是此，则正不正之别无，我们何必辩正统，某君既为制天下之君主，某君就是正统。岂非不经之论乎？！

东坡辨名实而轻名重实。实者，一经验对象也，若无名以限定之，则实只是一不可言说之经验对象，故名岂可轻耶？名者，非来自实而用之于实，故名为先验之超越者。荀子曰："名定而实辨，道行而志通。"（《荀子·正名》）无名，则实无从辨，道不得行，志不可通，故齐景公曰："善哉！信如君不君，臣不臣，父不父，子不子，虽有粟，吾得而食诸？"（《论语·颜渊》）此大乱之道，正由轻名重实而来。

综述欧阳修、章望之、苏东坡三人之正统论，唯章望之确立了正统的超越维度，故其论颇能得正统之为正之大义，上升到了政治哲学的高度，惜乎不能见其全矣；而欧阳修、苏东坡仅限于"迹"与"实"而论正统，实则不知正何以为正，只是一种现实的史论，而不能成为衡量政治得失的价值尺度，即不是一种政治哲学，是以遭致了后人的诸多批评。

三、历代对欧阳修、苏东坡的正统论之批评

自欧阳修首唱《正统论》以后，正闰之争方兴未艾，历代论者无数，但其出发点与欧阳修颇为不同。欧阳修之写《正统论》乃因著《新五代史》而触发的，故他更多的是基于史学的立场，故求历史之"迹"，而后来的论者更多的

是一种纯理论的立场，乃在求正统之为“正”之道，所谓“王道之所在，正统之所在也”。[①] 是以宋人郑思肖（1241—1318 年）认为，正统之论与纪事之学是不同的：

> 后世之论古今天下正统者，议率多端。自《春秋》后，史笔不知大伦所在，不过纪事耳。纪事而不明正理，是者非，伪者正，后世无以明其得失，诸史之通弊也。中国之事，系乎正统；正统之治，出于圣人。[②]

仅仅只是纪事，则正统之理必不能明，正统之道必不得出，是以是非伪正淆乱，而正统之理之道出，必由圣人之尽性知天而证立。证者，超越的证悟、非经验的证实之谓也。故郑思肖又曰：

> 夫《春秋》一书，天子之事，夫子无位，即鲁史之名，书天下之事，不独为周作史，实为天下万世作史。尊天王，抑夷狄，诛乱臣贼子，素王之权，万世作史标准也。[③]

依郑思肖的理解《春秋》根本不是一部史学著作，而是孔子借鲁史表达其王道理想的政治哲学著作。孔子之所以被称为素王，就是因为他不是现实的王者，但之所以依然是王，就是因为他确立了王道，即政治之为“正”的标准，是为正统也，外此则无所谓正统。但正是在《春秋》大义的理解上，欧阳修与苏东坡都没有达到郑思肖这样的高度。欧阳修有《春秋论》三首，《春秋或

---

① 杨奂：《正统八例总序》，见饶宗颐：《中国史学上之正统论》，上海远东出版社 1996 年版，第 126 页。

② 郑思肖：《古今正统大论》，见饶宗颐：《中国史学上之正统论》，上海远东出版社 1996 年版，第 121 页。

③ 郑思肖：《古今正统大论》，见饶宗颐：《中国史学上之正统论》，上海远东出版社 1996 年版，第 123 页。

问》二首，作于景祐四年（1037年），稍早于康定元年（1040年）所作的《正统论》。欧阳修的《春秋论》，其主旨就是驳斥《公羊传》及《穀梁传》对于《春秋》之微言大义的高远解释，“圣人著书，足以法世而已，不穷远之难明也，故据其所得而修之”[①]。可见，在欧阳修的眼里，《春秋》就是一部史书，并非有高远大义的政治哲学著作。苏东坡有《春秋论》一首，其主旨亦是辟《公羊》与《穀梁》二传，“以圣人之言，更为深远而不可晓”，“而求之太过”[②]，这无疑也是以《春秋》为纪事性的史书。欧阳修既认为正统之大义来源于《春秋》，苏东坡于此亦无非议，则他们把《春秋》作为史书的看法，无疑会影响到他们的正统论，即依据史实来判别正与不正之统。以史实为判准，则必无一贯之道，甚至有可能像苏东坡那样，天下无不正之统。正统之为正，必有其超越的理念，即正统必有其所以“正”之名，故郑思肖曰：“名既不正，何足以言正统？与正统者，配天地，立人极，所以教天下以至正之道。”[③]正是基于这种认知，郑思肖即不认可欧阳修正闰之判定，“欧阳永叔《正统论》，辩秦非闰位，亦未然”。[④]谢瑞（元代人，生卒年不详）亦以欧阳修基于现实的立场判正统为非：

> 欧阳氏作史之时，辽方全盛，岂不知梁晋汉周授受之由，故列五代者，欲膺周禅以尊本朝，势使然尔。[⑤]

清人宋实颖（1621—1705年）亦批评欧阳修的正闰之判定完全不合《春秋》之志：

---

① 欧阳修：《春秋或问》之一，见《欧阳修全集》，北京市中国书店1986年版，第134页。

② 苏轼：《春秋论》，见《苏轼全集》，上海古籍出版社2000年版，第682页。

③④ 郑思肖：《古今正统大论》，见饶宗颐：《中国史学上之正统论》，上海远东出版社1996年版，第123页。

⑤ 谢瑞：《正统论辩》，见饶宗颐：《中国史学上之正统论》，上海远东出版社1996年版，第130页。

> 予读《五代史》至《梁太祖本纪》，未尝不废书而叹也。曰：呜呼！欧阳公良史也，于是《纪》为真失《春秋》之志矣。……《春秋》之于阳虎，书曰：盗窃宝玉大弓；则《五代史》于朱全忠，亦当正其名曰盗，而何得大书特书，予之以帝王之名哉？①

叶燮（1627—1703年）认为，儒家的正统决非现实中的揆时度势之论，不然，即易开侥幸之门。他说："儒者正名定分，彼揆时度势之论，有所不设，恐开天下后世乱臣贼子侥幸之门也。"② 于是，叶燮批评欧阳修曰：

> 乃欧阳子力辨黜梁为伪之非，是则将羿莽俱非伪而可乎？……欧阳子又曰：彼有梁之土地，臣梁之吏民，立梁之宗庙社稷，而能杀生赏罚，以制命于梁人，则是梁之君矣。安得曰伪哉？若是数者，羿与莽何一不然哉？……故吾于晋隋则绝之于正统，于朱温则更绝之分统，而直名之为伪为贼。③

以梁有土地、吏民、宗庙社稷、杀生赏罚之权，即予梁以正统，则显然是一种时势论，正统论决不能在此而成立。叶燮认为，苏东坡的正统论也不过是时势之下的调停之论，非儒家正统论之严肃义：

> 苏子曰：正统之为言，有天下云尔。……是论也，所以为调停而非折中以定其归也。正统者，名不可以虚假乎实，而实不可以冒袭乎名，要使天下后世，知道德仁义之有常尊，而贼乱篡弑之足为诫也。④

---

① 宋实颖：《黜朱梁纪年论》，见饶宗颐：《中国史学上之正统论》，上海远东出版社1996年版，第200页。

② 叶燮：《正统论》，见饶宗颐：《中国史学上之正统论》，第208页。

③ 同上书，第209页。

④ 同上书，第210页。

“名不可以虚假乎实”，这个“名”是指现实中的君主，即便有了这个名，若无道德仁义，则这个名亦不能掩盖其非正统之实；“实不可以冒袭乎名”，这个“名”是指正统之名，即便现实中有君主之实，若无道德仁义，则亦不可冒充正统之名。此是名实并重，非东坡之轻名而重实也。

清人徐世佐（1714—1796年）则深辟东坡之轻名而重实，是非常悖谬的。

> 苏子瞻曰：魏与梁，吾与之名，不与之实，名轻而实重。异哉！苏子之论也。贤者吾名之为贤，不肖者吾名之为不肖。吾名不肖者为贤，曰吾与之名，不与之实也，途之人闻之，其不哑然笑乎？……曰：吾轻与之名，而重留其实。甚矣！子瞻之谬也。……子瞻之愚而悖于道，其亦至此乎！[①]

轻名而重实，则薰莸不分，因薰，草也；莸，亦草也。东坡之意，既俱谓之草，何必分香臭?！依是，圣君、暴君、篡弑之君俱为君也，何必分正与不正?！实则，薰莸虽俱为草，草，诚其实也；然薰之香气，莸之臭味，又焉不是其实哉?！同样，圣君、暴君、篡弑之君俱谓之君，诚其实也；然圣君之仁德，暴君之无道，篡弑之君之残忍，又焉不是其实也。正，表圣君仁德之实也；不正，表暴君、篡弑之君无道残忍之实也。是此，则重实亦必重名。轻名重实，则没有了价值评判，正与不正不分，则何必辩正统？不辩正统，则不知仁义德政为何物，东坡之祸，必至于此。

欧阳修与苏东坡的《正统论》之所以遭致了后人诸多的批评，乃因为他们站在揆时度势的史学立场。前文说过，正统问题当是一个政治哲学的问题，是一个政治理念问题，须离开具体的历史脉络而由人性先验地建构，而不是在具体的历史脉络中裁量取舍，若只是在具体的历史脉络中裁量取舍，则必然会像卡西尔所说的那样：“我们总是面临着突然再次回到旧的混乱状态的威

① 徐世佐：《正统论》，见饶宗颐：《中国史学上之正统论》，上海远东出版社1996年版，第212—213页。

胁。”须知，基于具体的历史脉络，只可言“统”，而无法言“正”，这个“正”与“统”在具体历史脉络中的矛盾，司马光（1019—1086年）于此有其切实的体会：

> 若以有道德者为正邪，则蕞尔之国，必有令主，三代之季，岂无僻王！是以正闰之论，自古及今，未有能通其义，确然使人不可移夺者也。臣今所述，止欲叙国家之兴衰，著生民之休戚，使观者自择其善恶得失，以为劝戒，非若《春秋》立贬之法，拨乱世反诸正也。正闰之际，非所敢知，但据其功业之实而言之。……然天下离析之际，不可无岁、时、月、日以识事之先后。……故不得不取魏、宋、齐、梁、陈、后梁、后唐、后晋、后汉、后周年号，以纪诸国之事，非尊此而卑彼，有正闰之辨也。①

温公谓正闰之论“未有能通其义，确然使人不可移夺者也”，并非说正闰之义难明，而是说陷于历史脉络中，则正闰难论。因此，温公明确谓其《资治通鉴》只是纪诸国之事，而不是像《春秋》那样立褒贬，辨正闰。

司马温公的《资治通鉴》不分正闰，自然引起了朱子（1130—1200年）的不满，于是，他进一步编修了《资治通鉴纲目》。关于这本书的基本用心，《朱子语类》卷第一百五记载了朱子与门人的对话：

> 问《纲目》主意。曰：“主在正统。”②

朱子自云其书主义在正统，但《资治通鉴纲目》与《资治通鉴》一样，乃是一部史学性质，故落实下来只能重“统”而不能顾及“正”，朱子与其门人

---

① 司马光：《通鉴（论正闰）》，见饶宗颐：《中国史学上之正统论》，上海远东出版社1996年版，第212—213页。

② 黎靖德编：《朱子语类》，中华书局1986年版，第2637页。

的对话即是这种思想的体现：

> 问："'正统'之说，自三代以下，如汉唐亦未纯乎正统，乃变中之正者；如秦西晋隋，则统而不正者；如蜀东晋，则正而不统者。"曰："何必恁地论！只天下为一，诸侯朝觐狱讼皆归，便是得正统。其有正不正，又是随他做，如何恁地论！"①

"只天下为一，诸侯朝觐狱讼皆归，便是得正统"，这显然是把"正"字给刊落了而只能言"统"，故明人章潢（1527—1608年）批评朱子曰："朱子撰《纲目》，凡例曰：'凡天下混一为正统'。……愚窃论之：天下混一可言统。统固有可以正言者，亦有不可以正言者。……是故以混一言正统者，论正统而不精者也。"② 宋末刘友益（1248—1332年）更是指出了朱子立场中的矛盾之处："混一止可谓大统，不可谓正统。正不在大，如以大统为正，则蜀汉偏安宁得为正统乎？"③ "天下混一为正统"与朱子所说的下面这段话亦自有抵牾：

> 若以其能建立国家，传世久远，便谓其得天理之正，此正是以成败论是非，但取其获禽之多而不羞其诡遇之不出于正也。千五百年之间，正坐如此，所以只是架漏牵补过了时日。其间虽或不无小康，而尧、舜、三王、周公、孔子所传之道，未尝一日得行于天地之间也。④

朱子自知，若从天理之正言，则千五百年来（即孔子以后）未尝一日得行

---

① 黎靖德编：《朱子语类》，中华书局1986年版，第2636页。
② 章潢：《论历代正统》，见饶宗颐：《中国史学上之正统论》，上海远东出版社1996年版，第166—168页。
③ 刘友益：《〈通鉴纲目书法〉凡例》，见饶宗颐：《中国史学上之正统论》，上海远东出版社1996年版，第185—186页。
④ 朱熹：《寄陈同甫书》之六，见《陈亮集》，中华书局1974年版，第301页。

于天地之间。可见，从天理之正言，秦汉以来，没有一个王朝有资格称之为正统，但一旦落实到具体的历史脉络中，这种“正”的严酷性就必然要打折扣。

综上所述，无论是欧阳修、苏东坡、司马光，还是理学巨擘朱子，一旦基于具体的历史脉络而论正统之理想，必然会以价值性的“正”去迁就现实中的“统”，从而使得“正”不成其为真正的“正”。饶宗颐（1917—2018年）先生曰：“欧公、温公所以不为人谅解，由于仍屈服于史局之下。”[①] 此乃指此而言也。所以，在具体的历史脉络中论正统，总会遭遇两难之处境。清人鲁一同（1805—1863年）曰：

> 是故由欧阳氏、魏氏之说，则正统重。正统重，则义不得不绝魏、梁，绝魏、梁则不得不绝晋、隋，绝晋、隋不已，不得不绝北宋；晋、北宋绝，而东晋、南宋势不得不相随而并绝之。自汉以来，更千数百年，独得唐为正统，而唐之受隋禅也，又何以服晋、宋之心哉！是千数百年而无正统也？[②]

由欧阳氏魏氏之说，是指“君子大居正，天下大一统”之理念，依此理念，必然会导致绝魏梁，乃至鲁一同上述之结果。但实际上，欧阳修并没有执持此种理念而论正统，因为这会导致千数百年而无正统。于是，欧阳修不自觉地抛开了这个理念，常就“迹”而言正统，而这种做法，苏东坡与焉。但若依据苏东坡的做法，也会遭遇困境，鲁一同进一步曰：

> 由苏氏之说则正统轻，正统轻，则予晋、隋，势不得不予魏、梁；予魏、梁，势不得不予宋、齐、梁、陈、唐、晋、汉、周，而新莽亦在所不容绝也。……且夫既已谓之正矣，而轻以予夫盗贼篡弑极不正之人，此人之所以滋不服也。[③]

---

① 饶宗颐：《中国史学上之正统论》，上海远东出版社1996年版，第76页。

②③ 鲁一同：《正统论》，见饶宗颐：《中国史学上之正统论》，上海远东出版社1996年版，第226页。

这就是说，若重“迹”与“实”，就会导致任何王朝都是正统，哪怕盗贼篡弑之人也不例外，这又如何能服众人之心呢？

可见，苟重“正”，则天下无正统；苟重“统”，则天下没有不是正统者。前者太过严酷，人类历史无异于禽兽之弱肉强食；后者太过宽松，常以盗贼为仁义。这种两难之处境，使得鲁一同认为，干脆去掉正统之名，“去正统之名而后可以惟吾所予，篡而得者谓之篡，盗而得者谓之盗，而皆不绝其为君，而卒亦不予之为正”。[①] 在鲁一同之前，康雍时期的储同人（生卒年不详），亦早已发出了去正统之论的呼吁：“欧阳子患其纷纷也，标正统以息天下之争，名立而天下之争益剧。”[②] 乃至于近代之梁启超（1873—1929 年）愤而指出，中国史家之谬，未有过于论正统者也。何也？梁任公曰：

> 言正统者，以为天下不可一日无君也，于是乎有统。又以为天无二日，民无二王也，于是乎有正统。统之云者，殆谓天所立而民所宗也。正之云者，殆谓一为真，而余为伪也。千余年来，陋儒龂龂于此事，攘臂张目，笔斗舌战，支离蔓衍，不可穷诘。一言蔽之曰：自为奴隶根性所束缚，而复以煽后人之奴隶根性而已，是不可以不辨。[③]

与鲁一同、储同人不一样，他们只是认为“正统”一名易引起争论，而愈争愈乱，故不如去之，而梁任公则认为“正统”乃人之奴性之表现，因为正统之高且大之义一旦赋予现实中的君主，其后果必然是“以为帝王者圣神也”，且“以为一国之天，不可以一时而无一圣神焉，又不可以同时而有两圣

---

① 鲁一同：《正统论》，见饶宗颐：《中国史学上之正统论》，上海远东出版社 1996 年版，第 226 页。

② 储同人：《正统论》(一)，见饶宗颐：《中国史学上之正统论》，上海远东出版社 1996 年版，第 227 页。

③ 梁启超：《论正统》，见饶宗颐：《中国史学上之正统论》，上海远东出版社 1996 年版，第 244 页。

神焉"[1]，于是，崇拜出焉，奴性生焉。

储同人尝曰："统可言也，正不可言也。"[2]实则，并非"正"不可言，而是"正"不可切就现实之"统"而言。何也？因为"正"是一种超越的理念，它是天人之间的一种纯粹理性建构，任何现实中的政治体系都达不到这种纯粹性，故"正"无法基于现实的"统"而言。一旦基于现实的"统"而言"正"，则"正"之纯粹性即被破坏，而不成其为"正"，是以争论起焉；更有甚者，又有美化现实之"统"之嫌，是以有梁任公所说之奴性之生焉。既如此，则我们须就"正统"理念自身的纯正性、自足性而言正统，而与现实的政治相区别。这正如柏拉图把理念世界与现实世界分开一样，现实世界是意见的世界，唯有理念世界才是真理的世界，人要获得真理，不可能基于现实世界，一定要渡越到理念世界之中。其实，朱子已经有了这种认知，他说：

> 若论道之常存，却又初非人所能预。只是此个自是亘古亘今常在不灭之物，虽千五百年被人作坏，终殄灭他不得耳。汉唐所谓贤君何尝有一分气力扶助得他耶！[3]

这即是说，正统之为"正"属于理的世界，现实之人既不可殄灭一分，亦不可辅助一分。这种属于理世界的"正"亦可言"统"，只不过不是指现实的政治体系，而是指这种理的绝对性、普遍性与恒常性。此正如朱子所言："且如万一山河大地都陷了，毕竟理却只在这里。"[4]这种绝对性、普遍性与恒常性的理，成为了人类现实政治体系的永恒的标程与大道，由此而称之曰正统。绝

---

① 梁启超：《论正统》，见饶宗颐：《中国史学上之正统论》，上海远东出版社1996年版，第247页。

② 储同人：《正统论》(二)，见饶宗颐：《中国史学上之正统论》，上海远东出版社1996年版，第227页。

③ 朱熹：《寄陈同甫书》之六，《陈亮集》，中华书局1974年版，第301页。

④ 黎靖德编：《朱子语类》，中华书局1986年版，第4页。

对性是指其价值之不变性与不可质疑性，普遍性是指空间的广被性，恒常性是指时间的普适性，三者是谓之统。由此，我们可进入正统之为正统自身之大义的论述，即由史学上的正统论（实则史学上无法证成正统论）而进入政治哲学上的正统论，从而构建政治之正统之可能模型。

四、政治上的正统大义及其可能模型

先秦儒家虽未出现“正统”一词，但并不表示先秦儒家没有政治上的正统理想与观念。如孔子曰：“为政以德，譬如北辰，居其所而众星共之。”（《论语·为政》）这就意味着，“德”是政治的中心，其余的一切都是围绕着“德”这个中心的，这也说明，“德”的观念成为了政治的核心观念，亦即是正统观念。又，孔子曰：

> 天下有道，则礼乐征伐自天子出；天下无道，则礼乐征伐自诸侯出。自诸侯出，盖十世希不失矣；自大夫出，五世希不失矣；陪臣执国命，三世希不失矣。天下有道，则政不在大夫。天下有道，则庶人不议。（《论语·季氏》）

天下有道，意味着政治运行在正统的观念之中，则礼乐征伐自天子出，此时的天子并不是现实中一个权力强大的个人，而是一套文化系统，礼乐代表教化与治理，征伐代表对无道者惩讨。若政治在正统之中，则既不存在“政”之丢失的问题，也不存在庶人不满而议政的问题。若天下无道，即政治不在正统的运行之中，那么，礼乐征伐掌握在诸侯、大夫、陪臣这样的权力拥有者那里，成为其争权夺利的工具，那么，则其“政”迟早都会丢失，庶人也会不满而议政。孔子之后，子思亦绍述了这种正统观念，其曰：

非天子，不议礼，不制度，不考文。……虽有其位，苟无其德，不敢作礼乐焉；虽有其德，苟无其位，亦不敢作礼乐焉。(《中庸》)

“非天子，不议礼，不制度，不考文”，这意味着议礼、制度、考文都不是现实中权力拥有者的事，而是有德行且在其位的圣人，即天子的事，但此时的天子已不是一个权力的拥有者，而是一套礼乐文化的代名词。一旦有了这一套礼乐文化作为正统的政治治理，则天子只需恭己正南面而已，是以孔子曰：“无为而治者，其舜也与？夫何为哉，恭己正南面而已矣。”(《论语·卫灵公》)

孟子作为子思之再传门人，又私淑孔子，则亦自然传承孔子的这种政治之正统观念。孟子尝与梁襄王有一段对话：

孟子见梁襄王。出，语人曰：“望之不似人君，就之而不见所畏焉。卒然问曰：‘天下恶乎定？’吾对曰：‘定于一。’‘孰能一之？’对曰：‘不嗜杀人者能一之。’”(《孟子·梁惠王上》)

孟子说天下定于一，此中的“一”，既非是指有权力的个人，也不是指天下统一之局面，而是一个正统的政治理念。明末清初之吕晚村（1629—1683年）就是如此理解这个“一”字的：

有谓“定一”是以势言，先生曰：“‘定一’之规模气象，三代与秦汉后，煞是不同。若单论势力，是战国以后之事，岂孟子之旨乎？”或曰：“只论势，则秦汉以后之‘定一’，孟子之言皆验。若但论理，则圣贤之说有不验矣。”曰：“圣贤之说，正不必一一求验，然通盘算来，毕竟验。一部《孟子》，正要挽回万世帝王定一之心之道，非为后世作符谶也。”[1]

---

① 吕留良：《四书讲义》(全二册)，中华书局2017年版，第633—634页。

"势"，是指趋势而言。上述一段话是说，孟子所说的"一"，不是指天下统一这种趋势，因为若是指天下统一这种趋势，秦汉以后天下已经统一了，但即使如此，孟子之说依然未有应验，因为虽然统一了，但尚未"定于一"，随时可以解体而重新陷入混乱，后面的历史确实也印证了这一点。故所谓"定于一"乃是确立政治万世之标程，即政治应该有一个"正"而万世不变之统，所谓"挽回万世帝王定一之心之道"也，非对现实政治走向之预测也。

《荀子·正论》中有两段话，也是表示政治之正统之意。

> 世俗之为说者曰："桀、纣有天下，汤、武篡而夺之。"是不然。以桀纣为常有天下之籍则然，亲有天下之籍则不然，天下谓在桀纣则不然。①

依据王先谦的《荀子集解》，"天下之籍"当为"天子之籍"，第二个"不然"当为"然"。一般世俗的讲法，夏桀与商纣拥有了天下，但后来分别被商汤与武王给篡夺去了，好像天下只是一个"物"，可以任人争夺似的。但荀子坚决反对这种看法，在他看来，只能说桀纣暂时拥有天子之位，但天下作为一种政治体系，却不可能被任何人拥有，它有其自身的体系，天子之位也只能是这个体系的体现。正是基于此，荀子反对历史上流行甚广的禅让说。

> 世俗之为说者曰："尧舜擅让。"是不然。……曰："死而擅之。"是又不然。……夫礼义之分尽矣，擅让恶用矣哉？②

禅让，好像天下是个人之拥有物，可以赠予别人似的，但荀子把主动禅让与死后禅让这两种可能都给否定了，最后提出"夫礼义之分尽矣，擅让恶用矣哉？"的结论。这个结论意在说明：只要尽了天子之理，就没有什么禅让之说，

---

① 王先谦：《荀子集解》，中华书局 1988 年版，第 322 页。
② 同上书，第 331—332 页。

因为天下不是一个任人争夺的私有物，而是一个“理”的体统。天子之理是一永恒而不间断的存在，并无传递、夺取之可能，故不但禅让不存在，夺取也不存在，是为正统。荀子反对“禅让”说所强调的是，不要总是去盯着天子之职位、权势和职位上的那个人不放，如果只是如此，什么是天子，人们并不懂得，乃至只羡慕其权势与富有，故争夺生焉；而是要去关注现实中的天子后面的那个理，只有如此，我们才能懂得什么是天子，我们才知道怎样去做。只有懂得了这个正统，荀子才有信心说圣王“死则能任天下者必有之矣”[1]，而不是寄希望于不世出的圣贤禅让或英雄争夺，因为禅让是偶然的而争夺必致乱，这些都不是政治运行的正统。

以上简述了政治正统理念在先秦儒者思想中的一般体现。但一般学术史上的看法，正统论的肇始者是孔子的《春秋》。孟子曾对《春秋》有下面一段描述：

> 世衰道微，邪说暴行有作。臣弑其君者有之，子弑其父者有之。孔子惧，作《春秋》。《春秋》，天子之事也。是故孔子曰：“知我者，其惟《春秋》乎！罪我者，其惟《春秋》乎！”圣王不作，诸侯放恣，处士横议。杨朱、墨翟之言盈天下。……杨墨之道不息，孔子之道不著，是邪说诬民、充塞仁义也。仁义充塞，则率兽食人，人将相食。……昔者禹抑洪水而天下平，周公兼夷狄、驱猛兽而百姓宁，孔子成《春秋》而乱臣贼子惧。（《孟子·滕文公下》）

在春秋之乱世，礼乐崩坏，政治无序，最终导致“仁义充塞，率兽食人，人将相食”的残酷局面。有鉴于此，孔子乃以布衣之身份重新确立政治之正统，而其表现就在《春秋》这本书当中，此所谓“孔子惧，作《春秋》。《春

---

① 王先谦：《荀子集解》，中华书局1988年版，第331—332页。

秋》，天子之事也”。本来，尽制以确立政治之常道即正统乃天子之事，但在无道的春秋时代，这种指望是必然落空的，孔子不得已才以布衣之身份做此事业，所以孔子曰：“知我者，其惟《春秋》乎！罪我者，其惟《春秋》乎！”看似孔子有所僭越，然其无可奈何之情溢于言表也。知我罪我，并非指孔子希望人理解他而不要怪罪他，乃是指无论理解还是怪罪，这种事我孔子是非做不可的，孔子根本不在乎后世之人的知与罪也。是以吕晚村曰：“圣人作《春秋》，为天地古今卫道计，而其事实与位违，圣人诚有不得已焉，非谓能谅此不得已者为知我，不谅此不得已者为罪我也。……不道圣人‘知’‘罪’二字只作一例看，乃见天理人情之极至。”[①] 因此，孔子作《春秋》，其根本用心在确立王道，绍述正统，而非一般的著史，孔子虽非王者，但自觉地承担了这个历史责任，决不可以僭越视之。吕晚村曰：

> 竖儒不明大义，见“天子”二字，便震于权位，反谓孔子欲正人僭窃，岂有身为僭窃以正人之理？其迂戾不通如是，岂足与论《春秋》圣人之义哉！[②]

孔子虽无王位，但“天生德于予”(《论语·述而》)及“斯文在兹”的强烈使命感与担当精神，使得他自觉地承担了尽王道、立正统之大任，这其中决无僭窃之可言。故《春秋》是孔子“代天子行王法”，正是在这个意义上，孔子被称为“素王”，即孔子不是现实中有权位的王，但王道正统俱因孔子而见，乃百世万世之王。孔子曰：“殷因于夏礼，所损益，可知也；周因于殷礼，所损益，可知也；其或继周者，虽百世可知也。”(《论语·为政》)孔子尽王道、立正统，就是要确立百世可知之法。孟子把孔子借《春秋》而确立的王道正统与“禹抑洪水而天下平，周公兼夷狄、驱猛兽而百姓宁”相匹比，《春秋》成，

---

① 吕留良：《四书讲义》(全二册)，中华书局 2017 年版，第 763—764 页。
② 同上书，第 763 页。

正统立，乱臣贼子就不敢为所欲为了，因百世之法出矣。孔子以素王确立政治之正统，几为古人之共识：

> 孔子作《春秋》，先正王而系万事，见素王之文焉。（董仲舒：《贤良对策》第二策）
>
> 孔子览史记，就是非之说，立素王之法。（贾逵：《春秋序》）
>
> 孔子作《春秋》以示王意，然则孔子之《春秋》，素王之业也。（王充：《论衡·超奇》）

所以，仅把《春秋》定义为史学著作，无疑会淹没其大义。孟子评《春秋》时曰："其事则齐桓、晋文，其文则史。孔子曰：'其义则丘窃取之矣。'"（《孟子·离娄下》）《春秋》，其形式上好像是一部史学著作，然而孔子在其中赋予了大义，孔子看重的显然是其义，即其确立之王道正统。这样，《春秋》便是一部政治哲学著作。《公羊传》与《穀梁传》正是要阐发《春秋》的政治哲学大义，以光大孔子所确立的王道正统，而欧阳修及苏东坡极力贬低二传，说明二人仍以《春秋》为史，而难见其政治哲学大义，他们因之而绍述正统论，则必见短而局促也。

《春秋》关于正统之义的经典文献，就在隐公元年："元年，春，王正月。"这么一句简单的经文，《公羊传》的解释是：

> 元年者何？君之始年也。春者何？岁之始也。王者孰谓？谓文王也。曷为先言王而后言正月？王正月也。何言乎王正月？大一统也。[①]

《公羊传》对《春秋》经文的解释与发越，何以与政治之正统有关系，亦

① 刘尚慈：《〈春秋公羊传〉译注》，中华书局2010年版，第1页。

颇难解，董仲舒（公元前179年—前104年）为我们作了进一步的解释：

> 《春秋》之序辞也，置“王”于“春”“正”之间，非曰上奉天施而下正人，然后可以为王云尔？(《春秋繁露·竹林》)
>
> 《春秋》之文，求王道之端，得之于正。正次王，王次春。春者，天之所为也；正者，王之所为也。其意曰，上承天之所为，而下以正其所为，正王道之端云尔。然则王者欲有所为，宜求其端于天。(《汉书·董仲舒传》)

依据《公羊传》与董仲舒的解释，《春秋》经文之所以把“王”置于“春”与“正”之间，乃欲以自然天道来说明人之政治。春者，天之所为，表示天之正；正者，王之所为，表示政治之正；政治之正乃源自于天之正，非纯粹人之主观作为也，故“春正月者，承天地之所为也，继天之所为而终之也”。[①]

通过以上的解释，我们现在来深考孔子把元、春、正、王这个四个字放在一起的大义所在。本文一开始就提到卡西尔的观点，即人类的政治的基础在哪里尚不知道，总是依据人在经验中的主观作为，则政治总是在一治一乱的循环往复中，即便是“治”，也是在“乱”的对比中显示出来的，未必有绝对价值，即政治的绝对合法性是什么，在经验中是永远找不到的。这样，孔子以元、春、正、王来论政，就是要确立政治的合法性，且不是经验的合法性，而是绝对的超越的合法性，这种超越的合法性就是政治之为“正”之统。欧阳修、苏东坡等人之论正统，多切就经验的合法性论之，这是从孔子的标准中下滑迁就下来，以经验之合法性为“正”，其纯正性与严肃性不及超越的合法性远矣，是以争论生焉。故正统之为正统，乃切就超越的合法性而非经验的合法性而言，是以饶宗颐先生曰：“‘正统’说之初义，与《春秋》“王正月”正相

① 苏舆：《春秋繁露义证》，中华书局1992年版，第147页。

应也。”[①] 正统，就是要确立政治的超越的合法性，此之谓“大一统”。“大一统”就是以“一统”为大。一统，就是“春”与“王”俱统一于“元”；“元”即是宇宙万物与历史政治的超越根据，所谓“王者当继天奉元，养成万物”是也。“元”即是“乾元”，亦即是“天”，这是政治合法性，也是政治之所以为正统的唯一根据。但仅仅说“元”或“天”是政治之为正统的超越根据，我们仍然不知道“天”之实义为何。“通天、地、人曰儒，通天、地而不通人曰伎”[②]，儒之所以为儒，就是因为人可以回应、通达于天，使天不至于沦为空谈、拟议、迷信的对象，而伎正是以空谈、拟议、迷信的方式通天。秦汉之间兴起的以“五德终始说”谈正统，正是以伎的方式论正统，非孔子之意也。孔子所确立的儒学，就是在人的生命里开发通达于天的力量，这个人人固有的内在力量就是仁。孔子曰“仁者，人也”(《中庸》)，表明“仁”就是人的内在规定性。但仁并不只是一种道德规定性，仁更是宗教性的，即仁是每个人所固有的可以通达于天的道德力量；道德，只是仁的始点，其终点必是与天合一。王者依德而治，最终是依天而治，这意味着依德而治具有绝对的价值，是天之命令，并非善良的君主的个人行为，这是政治之所为政治之正统。尧舜禹三代之所以被誉为正统之表征，就是因为依据德行而通达于天的治理，尧曰：“咨！尔舜！天之历数在尔躬，允执其中。四海困穷，天禄永终。”(《论语·尧曰》) 孔子赞尧曰：“大哉，尧之为君也！巍巍乎！唯天为大，唯尧则之。”(《论语·泰伯》) 这意味着尧之治是效法天，但效法天在于君王之“躬”，亦即其德也。宋儒范祖禹（1041—1098年）曰：

> 舜之德如尧，禹之德如舜，故三圣相授而同一辞。天之历数在尔躬者，奉天也。允执其中者，正心也。四海穷困者，子庶民也。[③]

① 饶宗颐：《中国史学上之正统论》，上海远东出版社1996年版，第4页。

② 汪荣宝：《法言义疏》，中华书局1987年版，第514页。

③ 朱熹：《论孟精义》，见朱杰人等主编：《朱子全书》第七册，上海古籍出版社、安徽教育出版社2002年版，第663页。

王者正心奉天以治民，由此而形成政治之体统才谓之正统。这种正统的政治，不只是统治者以合法的手段获得权力，既而使老百姓衣食丰足，能如此已属不易，但尽管如此，依然是霸者之治。孟子曰："霸者之民，驩虞如也；王者之民，皞皞如也。"(《孟子·尽心上》) 真正的王者之治，富民是较低层次的，最后必至于教民乃至化民。所以，王者之治，民不只是一个富足的存在，亦不只是一个道德的存在，更是一个宗教性的存在。"政者，正也"，所谓"正"，就是让人与万物成为一个尽其性的存在者，《中庸》云："唯天下至诚，为能尽其性；能尽其性；则能尽人之性；能尽人之性，则能尽物之性；能尽物之性，则可以赞天地之化育；可以赞天地之化育，则可以与天地参矣。"人与万物皆得其正，所谓"民胞物与"也。因此，政治上的正统必基于宗教上的人与万物的圆成，此之谓"大一统"。"一统"者，人与万物概莫能外也，政治以此为其大者也。孔子把元、春、正、王放在一起而论正统，就是要证成这种理念，后来的公羊家，如董仲舒、何休等人亦是依据这种理念来阐发孔子的正统观念的。但汉代之后，儒者把作为理念的"一统"与政治上的"统一"相混淆，遂起争端，不过俱是郢书燕说也，且其大义萎缩了很多。"一统"就是拿正统之理念去统一天下，所谓"柔远人，怀诸侯"(《中庸》) 也，这是教民、化民，天下归服的结果，是之谓平天下也。"统一"就是使天下在政治归向一个权力中心，尽管在手段上有道德与不道德之分，但这种纯粹政治上的"统一"，并非是公羊家"大一统"的意思，也不是孔子的正统观念。

所谓"一统"就是拿正统之理念去归服天下，这是王者的事，也就是天子之事。这样看来，天子只是拥有正统之理念，其威权俱由这种理念表示［"君子笃恭而天下平"(《中庸》) 正是这种思想的体现］，并非后世权力独大之君主也。天子的威权由正统之理念来体现，故天子只是一爵位。孟子曰："有天爵者，有人爵者。仁义忠信，乐善不倦，此天爵也。公卿大夫，此人爵也。"(《孟子·告子上》) 天子之爵位，正由"仁义忠信，乐善不倦"来表示，因为人爵不及于天子也。《白虎通》卷一云：

> 天子者，爵称也。爵所以称天子者何？王者父天母地，为天之子也。……帝王之德有优劣，所以俱称天子者何？以其俱命于天，而王治五千里内也。[①]

《白虎通》卷一又云“王者之制禄爵，凡五等”[②]，即公侯伯子男，这是王者依制授予的，但这里面没有天子，说明无人可授予人以天子之爵，也就是说，天子不属于人爵。这里需要说明的是，向来有天子有爵还是无爵之争论。陈立《白虎通疏证》引“古《周礼》说，天子无爵。同号于天，何爵之有？”又依据《孟子·万章上》“天子一位，公一位，侯一位，伯一位，子、男同一位，凡五等也”，而曰：“以天子与五等之爵并称，安见天子非爵也？”[③]其实，这种争论是可以平息的，说天子无爵，是指天子不属于人爵；说天子有爵，是指天子之爵属于天爵。拥有天爵的天子与拥有人爵的公卿大夫是大有不同的，同卷又云：

> 公、卿、大夫者，何谓也？内爵称也。内爵称公、卿、大夫何？爵者，尽也，各量其职，尽其才也。公之为言公正无私也；卿之为言章也，章善明理也；大夫之为言大扶，扶进人者也。[④]

公、卿、大夫，各有自己的权限与职位，但并没有说及天子，这进一步说明天子并没有世俗的权力与职位，他只是政治之正统理念的代表，故天子须无为而治。

天子是政治正统理念的象征，他代表政道；公卿大夫各有职权，负责具体的治理事务，他们代表治道。政治之正统理念具有绝对性、普遍性与恒常性，

---

① 陈立：《白虎通疏证》，中华书局1994年版，第1—2页。
② 同上书，第6页。
③ 同上书，第1页。
④ 同上书，第16—17页。

天子只是其象征，这意味着政道不可以像物一样被个人拥有，不可传递，亦不可争夺。孟子曰“天子不能以天下与人”(《孟子·万章上》)，说的就是这个意思。在政治的正统理念即政道之规导之下遣官授职，形成治道，政道与治道分开，但政道高于治道，政道是治道的价值归宿，而治道是政道的体现。既然天子无权，那么，在政道之规导之下如何确立治道，即天子如何遣官授职？孟子给了我们解答：“民为贵，社稷次之，君为轻。是故得乎丘民而为天子。”(《孟子·尽心下》)即政道规导之下的治道靠民意（得乎丘民）来确立，即依靠民选官吏的方式组成政府。文中子王通的下面一段话更能代表这种理想：

> 议，其尽天下之心乎？昔黄帝有合宫之听，尧有衢室之问，舜有总章之访，皆议之谓也。大哉乎！并天下之谋，兼天下之智，而理得矣，我何为哉？恭己南面而已。(《中说·问易》)

至此，儒家关于政治之正统观念之内涵与模型就包括以下三个方面：

其一，天子内修其德，法天无为而治。天子为天爵，并不拥有世俗之权力，天子仅为代表儒家法天无为而治的最高文化理想与制度设施，是为政道。政道是先天而亘古不变的，具有时空上的恒常性与普遍性，亦不属于任何集团或个人，而为人民所共有。唐人赵蕤在《长短经》卷七引太公姜尚之言曰“天下者，非一人之天下，天下人之天下也”[①]，即是指人民所共同享有政道之意。但须知，这里的“共同享有”是指“总持地有，共同地有，非个个人员个别地有，或分别地有。依此，天下或国家非一动态的具体物，亦非一个人之属性，故既不可以取，亦不可以隶属于个人”。若不知此“共同享有”之大义，而以为是个别地有或分别地有，造成的灾难大矣。牟宗三（1909—1995年）特别加以了指陈，他说：

---

① 赵蕤：《长短经》，中华书局2017年版，第369页。

> 你可以有，我也可以有。不独属于一家一姓是也，用“天下人之天下”一观念来否定属于一家一姓亦是也，但否定属于某家某姓，而自己却取之据为己有，则仍是属于一家一姓也。是则“天下人之天下”徒成为逐鹿中原之口实，转而为个别地有或分别地有，因而遂成为“天下人之天下”一观念之否定。①

若政道成为了个人可据有的一物，可随个人的欲望或想法加以改变，则拥有政道的天子就不是一种政治正统理念的象征，而是一种实质的权力，则天子亦由天爵变为了人爵，因天子权力的干预，政治之正统理念的恒常性遂难保而不复存在。若认政治之正统理念为共同享有，则人人已享有，不必争夺或篡弑而据有；既争夺或篡弑而据有之，则正统已不是人人共享之理念，而是独占性的权力，此则走向正统之反面了。“将欲取天下而为之，吾见其不得已。天下神器，不可为也，为者败之，执者失之。”（《老子》第二十九章）又，“无为而无不为。取天下常以无事，及其有事，不足以取天下。”（《老子》第四十八章）先在政道这个地方“无为”，则治道那里就无有不成的事，是为“无不为”，故政道应该“常以无事”。此种观念虽出自道家，然于政道处，儒家亦必首肯之。

其二，在天下人共同享有之政道之下确立治道，组成政府，最终政府为政道负责。天下人共同享有政道的具体体现就是：每个人可依据政道来选取政府要员，赋予某人以权力，管理公共事务。然既可依政道赋予某人权力，也可依政道罢黜某人的权力，是以永远不会有独裁或把权力据有已有的可能。政府可以流变，治权亦可更替，但总是在政道的导持之下而为政道负责，治权属于政道，而政道乃天下人所共同享有，这意味着天下永远是天下人的天下。

其三，儒家政道之最高理想是修德而法天，则儒家的政治不只是管理俗世之事务，必至于宗教的高度，即让人与世界万物成为一个宗教性的圆满存在。

---

① 牟宗三：《政道与治道》，台湾学生书局 1980 年版，第 20 页。

故儒者之治民必含富民、教民、化民，乃至赞天地之化育，而与天地参矣。是以政必含教，政与教相互促进，是为正统。

可见，从终极之理想处讲，儒家正统之政治理念与黄老之学若合符节，且这种政治理念必然会导致民主之政道，政治中的事为并非由上向下推行，而是在下层社会自然生成，故无权力宰制之病。是以严复曰："夫黄老之道，民主之国之所用也。故能'长而不宰'，'无为而无不为'。君主之国，未有能用黄老者也。汉之黄老，貌袭而取之耳。"[①]"长而不宰"、"无为"俱是针对天子或君主而言，而真正"宰"而"有为"的是民主政道之下的百姓，由此，政治就真正能达到无所不能的善治，即"无不为"也。但可惜的是，儒家政治之正统模型在秦汉以后之君主专制那里无法实现，历代天子所拥有者都是治权，而对于政道却没有自觉的意识。这样，天子成为了权力最大的人，人人都想要，"王侯将相宁有种乎"正是这种思想的体现，故争夺篡弑生焉。尽管其争夺之手段有道德与不道德之别，其治理有人道与不人道之异，但因为无政道，则使得历代之治理俱无道之可言，纯凭天子个人的德行与喜好。儒者若仅停留在此争王朝之正统与不正统，其实俱无谓，于政道没有丝毫贡献，即于儒者政治哲学的构建没有丝毫贡献。

不究政道而只究治权之授予取舍，政治沦为权力之游戏，则所有的正统之争都只是在争君主权力的合法性，而不是政治自身的合法性，即政治自身之正统。君主权力有得丧，以此为正统，则正统有绝续。实则天子为天爵，并无权力，只是政道之象征，权力属于政道，而政道为人民所共同享有，是以权力无得丧之可能，正统亦无绝续之变化，则正统不必争，天不变，道亦不变也。梁任公辟儒者正统之谬，下面一段话亦颇能启发人：

《记》曰："得乎丘而民为天子。"若是乎，无统则已，苟有其统，则

① 严复：《老子〈道德经〉评点》，转引自陈鼓应：《〈老子〉注译及评介》（修订增补本），中华书局2009年版，第97页。

> 创垂之而继续之者，舍斯民而奚属哉？故泰西之良史，皆以叙述一国国民系统之所由来，及其发达进步盛衰兴亡之原因结果为主，诚以民有统而君无统也。借曰君而有统也，则不过一家之谱牒，一人之传记，而非可以冒全史之名，安劳史家之哓哓争论也。然则以国之统而属诸君，则固已举全国之人民，视同无物，而国民之资格，所以永坠九渊而不克自拔，皆此一义之为误也。故不扫君统之谬见，而欲以作史，史虽充栋，徒为生民毒耳。①

梁任公之贬斥儒者之争正统，非谓政治无正统，乃因儒者所争俱非正统之所在也。若能确立政治之为正统之理念，则具体之王朝之正与不正立见，不在争也。故欧阳修、苏东坡之正统之辩，只有历史的意义，并无政治哲学的意义；而笔者不揣谫陋，以此文求教于方家，或冀能概见正统之所在，至少能开启讨论之方向也。

（原载《孔学堂》2021年第2期）

① 梁启超：《论正统》，见饶宗颐：《中国史学上之正统论》，上海远东出版社1996年版，第245页。

大学的使命：传承还是创新？

一、缘　起

“大学最本质的任务不是创新，而是传承人类良知。”[①] 这是中南大学校长张尧学的一句话。张先生作为一名理工科出身的学者，又主政一所以理工科为主导学科的高校，在时下的知识经济氛围下，能说出这样的话，确实令人感动，可见其不同凡俗的大学理念与教育思想。但如实说来，张校长这句话所包含的道理在中国传统教育中可谓常识，《大学》开篇“大学之道，在明明德，在亲民，在止于至善”表明的就是这个道理。可惜的是，这种基本的常识在现代的教育理念与体制之下基本亡失殆尽了，现在复有张校长重提出来，实属不易，值得喝彩。但这句话到底蕴含有怎样的大学理念与教育思想呢？本文将依据中国传统的大学理念与教育思想作一尝试性的诠释，希望能得到张校长的认可，至少没有误解张校长的意思。

① 罗旭：《“我们现在先不谈创新”——中南大学校长张尧学谈综合改革》，载《光明日报》2014年8月24日。

二、职业技艺之学与神圣天职之教之区分

何以“大学最本质的任务不是创新，而是传承人类良知”呢？要理解这个问题，必须先区分“职业技艺之学”与“神圣天职之教”。胡五峰先生曰：“学贵大成，不贵小用。大成者参于天地之谓也，小用者谋利计功之谓也。”（胡宏：《知言》卷三）“大成”就是“神圣天职之教”，“小用”就是“职业技艺之学”。而要理解这种区分，又必须了解人生在世的意义与使命，不能仅仅生物学地来理解人。

《尚书·周书·泰誓上》云：“天地所生，惟人为贵。”那么，人到底“贵”在何处呢？我们不妨再来看孟子的两段话：

> 孟子曰：“有天爵者，有人爵者。仁义忠信，乐善不倦，此天爵也。公卿大夫，此人爵也。”
>
> 孟子曰：“欲贵者，人之同心也。人人有贵于己者，弗思耳矣。人之所贵者，非良贵也。赵孟之所贵，赵孟能贱之。”（《孟子·告子上》）

所谓“天爵”就是上天赋予人的天然的富贵，即“仁义礼智”四端之心，正因为有此四端之心才使人乐善不倦。所谓“人爵”就是现实上的官职俸禄，这是后天的富贵。在孟子看来，“天爵”是人人所固有的，只要修养工夫笃实，就足以表现“天爵”而使自己“贵”起来，故云“人人有贵于己者”。这种“贵”是人在自家的修持工夫中可以绝对把握的，具有绝对的普遍性，故称之为“良贵”。相反，像官职俸禄这样的“人爵”，因为是在后天的现实机遇中获得的，并不具有普遍性，不能称之为“良贵”。在此时可能有，在彼时可能就丧失了。就如孟子所言：赵孟给了一个人富贵，但赵孟依然可以使这种富贵丧失。

可见，所谓“惟人为贵”既不是指后天于现实机遇中获得的高官厚禄，也

不是指人类聪明多能，可以驾驭万物统治世界，而是指人人都有四端之心，可以在生活中表现仁义礼智这样的良知良能。一言以蔽之，人之所以为贵，是因为人乃一种天然的道德性存在。人一旦证悟到自家的这种道德性存在，就一定会有惊奇与敬畏之感。康德说：

> 有两样东西，人们越是经常持久地对之凝神思索，它们就越是使内心充满常新而日增的惊奇和敬畏：我头上的星空和我心中的道德律。①

康德进一步指出，第一种事物（即星空）以其浩渺的时间性与空间性把人这种有限的物质性存在可以随时消灭，人在此显得太渺小与无力了。但第二种事物却使人“展示了一种不依赖于动物性、甚至不依赖于整个感性世界的生活”②，正是道德律使得人类可以依据神圣的合目的性的使命而生活，这体现了人类的无限价值与绝对高贵，足以与日月齐光。康德的意思其实是说：如果仅从肉体的生物性存在来看待人类，人类在这种宇宙中是很可怜而卑微的，但如果从人类可以自觉地依据道德原则而行来看的话，则人类就是这个宇宙中唯一的高贵存在。

但我们说道德律或道德原则，千万不要以为人乃是依据一个外在的原则而行，适如法律条文一样。因为我们依据法律条文而行并无惊奇与敬畏之感，但为什么依据道德律而行却有呢？原因在于道德之于人类不只是一种外在的原则或律令，乃是人的性分中本有的。依孟子的讲法就是：“君子所性，虽大行不加焉，虽穷居不损焉，分定故也。君子所性，仁义礼智根于心。”（《孟子·尽心上》）正是人的性分中固有的性德（即孟子所说的“四端之心”），不但可以使人遵从道德律令，更可使人印证或体悟到一个绝对的实体，人与这个绝对实体乃是相通的。法国天主教神学家格雷纳说：

---

① 康德：《实践理性批判》，邓晓芒译，人民出版社 2003 年版，第 220 页。
② 同上书，第 221 页。

> 所以人格是面向上帝的。首先，它凭一种天然的但本质上是宗教性的反省，在作为普遍性存在的他的自己的存在根源中寻求上帝。作为“存在”本身的上帝被所有的人承认为证明存在的共同性，正是这一点向我们保证了在一切现实面前作为本体的东西并与之发生密切关系。[①]

人在自身的“存在”中即可有印证绝对本体，从而直达天德，由此才生发惊奇与敬畏之感，而且随着印证真切笃实，则这种感觉愈强烈。孔子在其笃实的道德践履中就有这种感受与印证。孔子曰：“君子有三畏：畏天命，畏大人，畏圣人之言。小人不知天命而不畏也，狎大人，侮圣人之言。”（《论语・季氏》）又曰：“不怨天，不尤人。下学而上达。知我者，其天乎！”（《论语・宪问》）因此，我们必须承认，人自身就是一种宗教性的存在，正如缪勒所言：

> 正如说话的天赋与历史上形成的任何语言无关一样，人还有一种与历史上形成的任何宗教无关的信仰天赋。如果我们说把人与其他动物区别开的是宗教，我们指的并不是基督徒的宗教或犹太人的宗教，而是指一种心理能力或倾向。它与感觉和理性无关，但它使人感到有“无限者”的存在，于是神有了各种不同的名称，各种不同的形象。没有这种信仰的能力，就不可能有宗教，连最低级的偶像崇拜或神物崇拜也不可能有。只要我们耐心倾听，在任何宗教中都能听到灵魂的呻吟，也就是力图认识那不可能认识的，力图说出那说不出的，那是一种对无限者的渴望，对上帝的爱。[②]

每个人都有固有的天赋使自己印证无限的绝对本体，从而把自身成就为一

① 格雷纳：《人在宇宙中的位置与作用》，梁志学译，见刘小枫主编：《二十世纪西方宗教哲学文选》，上海三联书店1991年版，第169页。

② 缪勒：《宗教学导论》，陈观胜、李培莱译，上海人民出版社2010年版，第10—11页。

个宗教性的神圣存在，这对于人来说就是“天职”。所谓“天职”就是不容有人在此讨价还价，乃至置自身于事外。中国传统文化中所说的“教”，皆是就完成人的天职而言。孔子说“下学而上达”，所谓“上达”当然是指印证无限的绝对本体而言，这里的“学”不是一般的学知识，因为博物性的知识学得再多也无法“上达”。《中庸》“天命之谓性，率性之谓道，修道之谓教”，这里的“教”也不是一般的知识传授，而是让人在生命中把天命“修”出来，当然也是让人去印证无限的绝对本体。这便是“天人合一”，亦是冯友兰所说的“天地境界”（或圣贤境界）。人至于“天人合一”的天地境界，就意味着人的天职的实现，使命的完成。如果人忘却了自身的天职只限于肉体性的存在，则与禽兽无异。所以孟子说：“人之有道也，饱食暖衣，逸居而无教，则近于禽兽。”（《孟子·滕文公上》）人人不应该使自己沦为禽兽，而应聆听那神圣天职的召唤，因此“神圣天职”教育对于每个人来说皆为必然应有的，无人可以例外，且对于教育者来说，首先应正视这个目的。故孟子又说：“学问之道无他，求其放心而已矣。”（《孟子·告子上》）“放心”即是放失的四端之心，而四端之心是人成为神圣存在的根基，如果四端之心丧失了，人成为神圣存在根本不可能，这即是教育的根基，也是教育的下手处。任何教育都应该在这里有所作为，因为在这里确保了人的高贵与尊严，有利于人的神圣使命的完成。这里不妨把这种教育名之曰“神圣天职之教”。

但同时人也是一种生物性的肉体存在，既如此，就要解决肉体的现实欲望，而欲望的满足是建立在适度的物质财富之上的。质言之，一个社会必须要有相应的教育来传授技艺之学来制造物质财富，一个人亦必须掌握相应的职业技能以便获得相应的物质财富。这里不妨把这种教育名之曰“职业技艺之学”。如今，随着社会日益工业化、城市化乃至信息化，“职业技艺之学”对于社会和个人来说显得尤为重要。

但与“神圣天职之教”相较，“职业技艺之学”之于人的意义是不同的。“神圣天职之教”是让每个人完成其天职，无人可逃离。其方法亦别无他途，就是存养其固有的存在根基（即四端之心）以印证绝对神圣本体。任何宗教，无论其神圣本体是什么，如果要人笃实地信仰，就必须存养四端之心这种存在根基。从这个意义上讲，儒学是最根源的宗教。杜威一再表示，教育应该是宗教性的，“教师总是真正上帝的代言者，真正天国的引路人”。[①]也是在这个意义上讲的，而不是让受教育者成为一个具体教派的信徒。如果一个人根本缺失“神圣天职之教”，上焉者，使人不能完成其固有的天职与使命；下焉者，可能使人下滑为禽兽。一个社会如果根本缺失“神圣天职之教”，则必如孟子所说“仁义充塞”，最后的结果是“率兽食人，人将相食”（《孟子·滕文公下》）。“职业技艺之学”是一个社会制造物质财富的凭借，一个人获得生活报酬的手段，且因人的材质、兴趣与爱好不同，每个人学习的职业技艺可能是不同的，不可整齐划一，不同的职业技艺之间也没有价值高低之分。

对于人来说，“神圣天职之教”比“职业技艺之学”更重要。其重要性表现在六个方面：

其一，“神圣天职之教”与人的尊严和高贵相关，但“职业技艺之学”只与人的财富多寡相关。一个社会或个人可以过一种物质财富相对贫乏的生活，但决不能过没有人的尊严的生活。最低限度，一个人完全没有职业技能仅凭双手耕种亦可获得相应的物质保障，只要“神圣天职之教”可以维护正常的人伦大道于不坠，乃至人人以“天职”自励，则其社会亦不失为一个和谐自适的社会。故王阳明曰：“夫技艺之不习，不过乏衣食；举业之不习，不过无官爵；己之性分有所蔽悖，是不得为人矣。人顾明彼而暗此也，可不大哀乎！”（《王阳明全集》卷二十一《答储柴墟》）中国传统教育不太关注“职业技艺之学”但重视“神圣天职之教”，依然能正常运转，其原因即在这里。

其二，“神圣天职之教”没有完成之时，且人每时每刻都在被“教”之中。所以，孔子说他自己“发愤忘食，乐以忘忧，不知老之将至”（《论语·述

① 杜威：《道德教育原理》，王承绪等译，浙江教育出版社2003年版，第365页。

而》)；子思也说“道也者，不可须臾离也，可离非道也”(《中庸》)。“神圣天职之教”的最终目标是“天人合一”的天地境界，现实的人自然不能说他已经达到了这个目标，人唯一需要做的就是如孔子所说的那样，“君子无终食之间违仁，造次必于是，颠沛必于是”(《论语·里仁》)。且一辈子当持谦卑恭谨戒慎之心，故孟子曰：“君子有终身之忧，无一朝之患也。”(《孟子·离娄下》)即不患个人之功利得失，但忧不能直道行义。简言之，人之于“神圣天职之教”不会有安稳休息之时。但“职业技艺之学”则不同，除了从事专门研究的人员须花费一生的时光来穷究外，作为一般生活技能之学总有相对的稳定性，大众学成以后可熟练地应用于生活，即告完成。

其三，“神圣天职之教”乃“知行合一”之形态，“知”即是“行”，“行”即是“知”。王阳明曰：“知之真切笃实处即是行，行之明觉精察处即是知。知行工夫本不可离，只为后世学者分作两截用功，失却知行本体，故有合一并进之说，真知即所以为行，不行不足谓之知。”(王阳明:《传习录》中)“知行合一”意味着“教”即是精神的“觉悟”，故“学之为言觉也”(《白虎通义·辟雍》)；亦是心灵的“震动”，“是故君子戒慎乎其所不睹，恐惧乎其所不闻”(《中庸》)。“知行合一”也意味着人人都是教师，同时人人亦是学生，因为每个人唯有在“行”中知才是真知，唯有在“知”中行才不是妄行，“知行”工夫无有穷尽。故《中庸》云：“君子之道费而隐。夫妇之愚，可以与知焉；及其至也，虽圣人亦有所不知焉。夫妇之不肖，可以能行焉；及其至也，虽圣人亦有所不能焉。”可见，“神圣天职之教”最终的老师还是自己。但“职业技艺之学”则是学习普遍的原理，尔后再运用于实践中，此时学习者只须明晰的辨识能力即可，并不需要有精神的觉悟与心灵的震动。简言之，“神圣天职之教”是立体的，让人直达天德；“职业技艺之学”是平面的，让人博识多物。

其四，“神圣天职之教”可以化解生命之牢结，让人生自由之感，美乐之情，既而悦纳生命，照亮世界。美国学者乔治·麦克林说：

自由并非是在我们世界的客体之间所做的选择，也不是指导我们生活的普遍原则的内在选择，它更多是一种通过我们完善自我和完全实现自我的方向或目的而实现的一种自我肯定。这意味着在不够完善时的探寻和在达到完善时的一种欢欣。①

自由与美乐不是基于外在对象的选择与观赏，而是聆听绝对本体的召唤，既而完善自家的性德。这种聆听"使我们能够直觉地领悟到，我们已经成为更宏大的存在的一部分。从最根本的意义上说，这种领悟是令人愉快的"。②这是生命的庆典，"庆典"就意味着"对宇宙存在的基本意义的确定，意味着对于我们之于它的同一感和归属感的确认"。③生命由此而开阔，世界因之而照亮。反之，"职业技艺之学"却是以技巧来分割生命，以概念来离析世界。为了追求知识的确定性只能把整全的生命或世界散裂为单个的知识域。"职业技艺之学"虽有所见，但只可谓"察察之见"，非"恢恢之明"。陆贾曰"察察者有所不见，恢恢者何所不容"(《新语·辅政》)，诚非虚言也。

其五，"职业技艺之学"是"智及"原则，而"神圣天职之教"则是"仁守"原则。孔子曰："知及之，仁不能守之；虽得之，必失之。"(《论语·卫灵公》）这就是说，虽然"职业技艺之学"对外之作为而有所收获，但如果不能在"神圣天职之教"中守成，最终也必然会失去。"职业技艺之学"是有所为，而"神圣天职之教"是有所不为。老子曰："无为而无不为。"(《老子》第四十八章）又曰："为无为，则无不治。"(《老子》第三章）可见，在"仁守"中成就"智及"方为大道。所以，如果说"职业技艺之学"是创造的话，其创造必须在"神圣天职之教"中始能完成其创造。不然，无收煞的"职业技艺之学"之创造是很危险的。现代社会因高科技而带来的环境破坏、网络犯罪等都

---

① 乔治·麦克林：《传统与超越》，干春松、杨凤岗译，华夏出版社2000年版，第98—99页。

② 杰弗瑞·戈比：《你生命中的休闲》，康筝译，云南人民出版社2000年版，第10—11页。

③ J. Pieper, *Leisure—The basis of culture*, New York, NY: New American Library 1952, p.43.

是这种危险的具体体现。

其六，“职业技艺之学”最终亦应归向或服务于“神圣天职之教”，也就是说，“职业技艺之学”虽然有独立的意义，但最终应为“神圣天职之教”贡献力量。故《礼记·孔子闲居》云：“天有四时，春秋冬夏，风雨霜露，无非教也。地载神气，神气风霆，风霆流形，庶物露生，无非教也。”这是告诉我们，风雨霜露等并不仅仅是自然现象而已，它们能让我们领会天地之大美与大德，既而使我们受“教”。是以唐君毅先生说：“故凡哲人之言说，初虽是说其所学，而其归宿，则皆是以言说成教。故说所学非究竟，以说所学成教，方为究竟。”[①] 可以说，“神圣天职之教”不但是“职业技艺之学”的动力因，亦是其目的因。

人生在世有两个“职”，一个是“职业”，一个是“天职”；前者要求我们接受“职业技艺”的教育，获得必要的物质财富与生存技能，后者要求我们接受“神圣天职”之教化，完成人之为人的尊严及其宇宙使命。一个人尽管要有职业，但更须完成天职，二者不可偏废。但可惜的是，在现代的教育体制特别是大学教育中，学科门类繁多，专业技艺精细，大学教育成了名副其实的“职业技艺之学”，而“神圣天职之教”几乎缺如。“职业技艺之学”虽“皆有所长，时有所用”，但不过是“一曲之士”，它不能“备于天地之美，称神明之容”。按庄子的讲法，“职业技艺之学”乃是造成“道术将为天下裂”（《庄子·天下》）的根本原因。这种状态的出现当然不能责怪“职业技艺之学”，因其特性就是如此，但如果我们的教育中不补上“神圣天职之教”，一任此种情形发展下去，最后的结果必然是“天下大乱，贤圣不明，道德不一”（《庄子·天下》）。古语云：“仓廪实则知礼节，衣食足则知荣辱。”（《管子·牧民》）然而，物质丰裕的当代社会却世风日下，民风日偷，究其实，正是“职业技艺之学”盛行而“神圣天职之教”式微所造成的。如果我们善会张校长那句

---

① 张祥浩编：《文化意识宇宙的探索——唐君毅新儒学论著辑要》，中国广播电视大学出版社1992年版，第504页。

话，其大义就是要弥补现代教育中“神圣天职之教”的缺失，且置“神圣天职之教”高于“职业技艺之学”之位。通过上面的论述，笔者应该没有厚诬校长之意。

三、学术：在何种意义上可言创新，在何种意义上只能言传承

理解了“职业技艺之学”与“神圣天职之教”的区分，我们便可进一步去理解这样一个问题：怎样的学术可以谈创新，而怎样的学术只能谈传承？这样，张校长的那句话便迎刃而解了。

总括地先明大义：“职业技艺之学”可以谈创新，且必须创新；但“神圣天职之教”却只能谈传承，不必谈创新，即使谈创新，其创新又是在什么意义上讲的呢？下面将试作解析。

“职业技艺之学”就是在科学的名义下成立的各种专业知识。这类知识有一个基本的特点，不但来自经验，且最终应用于经验。但我们知道，经验世界有无限的奥秘，又总是在变化的，且人类探索既而进入经验世界的深度与广度亦在不断地增加。因此，这类知识总是不断地在更新，尽管一种知识创造出来推向大众的时候总可保持相当的稳定性，以便大众作为既成的技艺来应对经验，但对于大学中专门从事科学研究的人来说，却总是在探索中。这是我们都认可的常识，不必赘言。所以，“职业技艺之学”可以谈创新，且必须创新，不然，科学不能发展，人类的知识无法进步。

那么，“神圣天职之教”是否也需要创新呢？我们必须明白，尽管“神圣天职之教”的圆成是“天人合一”的天地境界，不是向外探求经验世界，而是向内求心性本体。但心性本体至大无外，故“尽心”“知性”最后一定“知天”。所以，“神圣天职之教”尽管雅言天职、天道、天命，但这些都不能向外求，只能内求心性本体，故“神圣天职之教”亦是“天道与性命相贯通之教”，其施教的根基是心性本体。依中国传统来讲，人人都有四端之心，或者说人人都

有良知本体。故王阳明有诗咏之曰："人人自有定盘针，万化根源总在心。却笑从前颠倒见，枝枝叶叶外头寻。"(《王阳明全集》卷二十《咏良知》）这是何等简易之学、浅近之教。故王阳明又勉励其学生"人人有路透长安，坦坦平平一直看"(《王阳明全集》卷二十《示诸生》)，万不可向外求而至于"展转支离叹陆沉"(《王阳明全集》卷二十《山中示诸生》)，果尔，皆为空华外道，恰恰是"神圣天职之教"的丧失。"神圣天职之教"其目标与境界，路径与方法，用一个中国传统的词来概括，就是"学达性天"[①]四字。这四个字把"神圣天职之教"的一切内容都全尽了，还有什么创新可言呢？剩下的就是各人的修行工夫了。孔子与子贡有一段对话：

> 子曰："予欲无言。"子贡曰："子如不言，则小子何述焉？"子曰："天何言哉？四时行焉，百物生焉，天何言哉？"(《论语·阳货》)

孔子之所以欲无言，就是告诫子贡，"神圣天职之教"并无新奇可讲，亦无捷径可循，只要默识存养心性本体即可，正如天地无心而化生万物一样，在这里穷探力索，搜奇出新，皆是枉费精神，玩物丧志。同样，曹交与孟子亦有一段对话：

> （曹交）曰："交得见于邹君，可以假馆，愿留而受业于门。"曰："夫道若大路然，岂难知哉？人病不求耳。子归而求之，有余师。"(《孟子·告子下》)

① 据《皇朝文献通考》卷七十三载："(康熙）二十五年，颁发御书'学达性天'四字匾额于宋儒周敦颐、张载、程颢、程颐、邵雍、朱熹祠堂及白鹿洞书院、岳麓书院，并颁《日讲解义经史》诸书。"这是"学达性天"四字的最早出现。但就其教育精神而言，则与孔子"下学而上达"、宋明儒之"天人性命之学"一脉相承。因此，这四个字是中国传统教育的精髓或根本精神。

孟子之所以拒绝曹交的入门受业的请求，乃因为在他看来，“神圣天职之教”像大路一样平坦简易，人如果笃实地作存养工夫，一定可以自己得到，孟子那里也没有什么新奇的秘笈。

但孔子、孟子毕竟是儒学宗师，那么，他们缘于何被尊为“师”的呢？孔子与公西华的一段对话可以透露其实质：

> 子曰：“若圣与仁，则吾岂敢？抑为之不厌，诲人不倦，则可谓云尔已矣。”公西华曰：“正唯弟子不能学也。”（《论语·述而》）

在孔子看来，他作为老师一生所追求的也是“神圣天职之教”所说的“仁”或“圣”，并无别的所求，且“仁”或“圣”尚没有求得。他唯一能做的就是“为之不厌，诲人不倦”，也就是说，孔子之所以为师，就在于“为之不厌，诲人不倦”修行工夫，“正唯弟子不能学也”这句话正揭示了孔子比弟子高明的所在。这是以德行示范为师，而不是以学问尖端新颖为师。

“师者，所以传道受业解惑也。”（韩愈：《师说》）这句话道出了“神圣天职之教”的根本精神，这里并无“创新”二字。正因为“神圣天职之教”的根本精神不在创新，故自孔子开始，中国历代的儒者都以传承道统相勉，而不是以“创新”自励。子曰：“周监于二代，郁郁乎文哉！吾从周。”（《论语·八佾》）这是孔子自觉地以传承周礼自勉。故孔子说他自己是“述而不作，信而好古”（《论语·述而》），《中庸》也说孔子是“祖述尧舜，宪章文武”。子思被后世尊为“述圣”，表明子思也只是绍述孔子，并无创新。孟子也认为，“先圣后圣，其揆一也”（《孟子·离娄下》），并且他一再表示，他之所以好辩，乃是不得已，因为不辩，孔子之道即不能传。荀子说得更明确：

> 学恶乎始？恶乎终？曰：其数则始乎诵经，终乎读礼；其义则始乎为士，终乎为圣人。真积力久则入。学至乎没而后止也。（《荀子·劝学》）

无论是诵经还是读礼，都是学习传承下来的典籍，最终让人达到“天人合一”的圣贤境界，只是修行工夫没有底止。这里也不涉及“创新”问题。正因为不必创新，“神圣天职之教”在中国文化中就成了源远流长的道统。朱子的弟子黄榦把道统的传承说得非常清楚：

> 道原于天，具于人心，著于事物，载于方策：明而行之，存乎其人。圣贤迭兴。体道经世。……尧、舜、禹、汤、文、武、周公生而道始行；孔子、孟子生而道始明。孔孟之道，周、程、张子继之；周、程、张子之道，文公朱先生又继之。此道统之传，历万世而可考也。（《勉斋集》卷十九《徽州朱文公祠堂记》）

道统固然有文化奠基得以传承，以开示后学，但因“神圣天职之教”更依赖于自家的存养工夫，所以更须在存养工夫中尽道。伊川先生弟子王福清曰：

> 道无古今，惟人能弘，故尧以传舜，舜以传禹，禹以传汤，汤以传文武。或见而知，或闻而知。前圣后圣，若合符节，然非传圣人之道，传其心也。己之心无异圣人之心，广大无垠，万善皆备，盛德大业由此而成。故欲传尧舜禹汤文武之道，扩充是心焉尔。（《王著作集》卷五）

这就是说，“道”没有时间性，是永恒的，故只能相传，但所谓“传道”不过是扩充“心”本体而已。千言万语，最后还是回到了孟子所说的尽心知性而知天中来，哪有什么创新呢？“传道”就是传心，而心是绝对永恒的本体，自然无所谓新不新的问题。

董仲舒说得更明确，“道之大原出于天，天不变道亦不变”（《汉书·董仲舒传》）。秉持此种观念，中国传统学人多注疏经典以传承圣教，或语录问答以开示后学；尺牍书札以策勉友朋，或家训警言以劝诫子弟。这些形式都重在文化传承而不在理论创新。中国传统不但不求创新只求传承道统，且切忌以博识多闻、淫辞肆辩为学，因为“神圣天职之教”只在躬行践履。故王阳明曰：“记诵之广，适以长其敖也；知识之多，适以行其恶也；闻见之博，适以肆其辩也；辞章之富，适以饰其伪也。”(《王阳明全集》卷二《传习录》)

通过上面对中国文化传统的论述可知，“神圣天职之教”只可传承，不必创新，盖无可疑也。但孔子毕竟也说过“温故而知新，可以为师矣”(《论语·为政》)；《大学》也有“苟日新，日日新，又日新”这样的话。那么，我们将如何理解这个“新”字呢？应如此理解：“故”即是传承下来的文化典籍，这是文字形态的道统，乃初学者所面对者，但“神圣天职之教”并不是记诵文字，须躬行实践，默契于心，故“新”是“觉悟”义。李延平先生曰：“读书者知其所言莫非吾事，而即吾身以求之，则凡圣贤所至，而吾所未至者，皆可勉而进矣。”(《朱熹集》卷九十七《延平先生李公行状》)如此，多一分践行，即多一分觉悟；多一分觉悟，则其义理复化为自家的信念，践行愈见有力，此即是“苟日新，日日新，又日新”之意。可见，这里的“新”不是义理的殊异、精神的差却，而是觉悟的精进，践行的笃实，讲的道统在修养工夫中如何转化为人的德性与力量的问题。故这里的“温”不是一般的知识温习，而是在践行中逐步朗澈大义，决无义理创新的问题。

另外，众所周知，《论语》中孔子回答弟子关于“孝”、“仁”、“礼”之问各不相同，这是不是在“创新”呢？在《颜渊》篇中，孔子答颜渊、仲弓、司马牛之问仁，各不相同，原文不必具引，这里引述朱子的解释，以见其实：

> 牛之为人如此，若不告之以其病之所切，而泛以为仁之大概语之，则以彼之躁，必不能深思以去其病，而终无自以入德矣。故其告知如此。盖圣人之言，虽有高下大小之不同，然其切于学者之身，而皆为入德之要，则又初不异也。

朱子这里告诉我们，孔子的回答之所以不同并非是自创新说，只是要切中学生的病之所在，以便入德，领受“神圣天职之教”。朱子云“皆为入德之要，则又初不异也”，即明白地表示这不是创新说。

然而，尽管说道统一线传承下来，但孔子、孟子，乃至程、朱、陆、王用以传承道统的文本各不相同，这是不是创新呢？须如此理解：义理境界上并无不同，精神实质上未见差池，但弘道者基于现实的机缘须开权显实，以便学者入道，故说法不同而已。陆象山曾比较孔子与孟子的不同：“夫子以仁发明斯道，其言浑无罅缝。孟子十字打开，更无隐遁，盖时不同也。”（《象山语录》卷一）孟子只是把孔子“浑无罅缝”的仁道以“性善论”十字打开，因为不作此种工作，则“杨墨之道不息，孔子之道不著”（《孟子·滕文公下》）。这不是义理上的创新，而是文字上的弘教。亦可谓“皆为入德之要，则又初不异也”。不惟此也，就是传统的历史与文学，也只是形式上的创新，并无义理精神的创新。司马迁说：“自周公卒五百岁，而有孔子；孔子卒后，至于今五百岁，有能绍明世，正《易传》，继《春秋》，本《诗》《书》《礼》《乐》之际，意在斯乎？意在斯乎？小子何敢让焉。”（《史记·太史公自序》）这表明司马迁乃是以史学之形式来彰明儒学之道统。而司马迁的这种史学精神一直为历代史家所恪守。在文学领域，亦有源远流长的“温柔敦厚”之诗教及“文以载道”的文论，这些都是道统在文学领域的传承。简言之，中国传统的学术，无论文史哲，只有形式上的创新，而义理精神上，则只有传承。也就是说，文史哲只是弘教上的“说”法不同，然皆说同一“法”，则无有不同。

至此，我们再回到张校长的话中来。张校长说大学最本质的“不是创新”而是“传承”，显然不是针对“职业技艺之学”而言的，而是针对“神圣天职之教”说的。“职业技艺之学”需要创新，这是不待言的。但“神圣天职之教”不必创新亦不能创新，即便硬要说创新，亦是弘教说法的新，而不是义理境界与精神实质的新。对于大学教育来讲，“职业技艺之学”的创新与“神圣天职之教”的传承如果能齐头并进固然很好，但如果二者不可得兼，则依据张校长的意思，传承"神圣天职之教"比创新"职业技艺之学"更重要，因为这是大学最本质的任务。从张校长的话中，我们可以得出这样一个推论：如果说，在现代，大学的内涵尚难以界定的话，那么，有一个根本特征是必须有的，那就是——大学必须弘扬"神圣天职之教"，传承人类良知。由这个推论，我们又可略论学者的责任与学术自由的限度问题。

四、学者的责任与学术自由的限度

既然大学的本质内涵必然包括弘扬——"神圣天职之教"，传承人类良知——这个维度，那么，对于一个学者而言，他在此须有所作为且有所贡献，不管学科与专业是什么。本来，任何人都必须完成天职，从而为"神圣天职之教"作出分内的贡献。故《大学》云："自天子以至于庶人，壹是皆以修身为本。"但因为学者乃是以师者的身份出现的，故在此须尽更大的责任。

如果一个人从事的是自然科学，研究的是"职业技艺之学"，也不能以此为由拒绝为"神圣天职之教"尽其责任，因为"神圣天职之教"高于"职业技艺之学"，不但他应该接受"神圣天职之教"的规诫，而且他也有责任把这种规诫传递给他的学生。如果一个知识分子一辈子只从事"职业技艺之学"的研究，而于"神圣天职之教"未建尺寸之功，则他只是一个技匠，而不能成为承续文化慧命的师者。尽管他的研究成绩很大，亦只是职业性的，而不是精神性的，也就是说，他根本不符合大学精神的内涵。

如果一个人从事的是人文科学，更应该以"神圣天职之教"为志识。可惜的是，现在的人文学者多以创新相标榜，实则不过是琐碎饾饤之学，于"神圣天职之教"根本茫然。以创新标榜，以异说相高，正学由此而陆沉。王阳明先生曰：

后世学术之不明，非为后人聪明识见之不及古人，大抵多由胜心为患，不能取善相下。明知其说之已是矣，而又务为一说以高之，是以其说愈多而惑人愈甚。凡今学术之不明，使后学无所适从，徒以致人之多言者，皆吾党自相求胜之罪也。今良知之说，已将学问头脑说得十分下落，只是各去胜心，务在共明此学，随人分限，以此循循善诱之，自当各有所至。若只要自立门户，外假卫道之名，而内行求胜之实，不顾正学之因此而益荒，人心之因此而愈惑，党同伐异，覆短争长，而惟以成其自私自利之谋，仁者之心有所不忍也。(《王阳明全集》卷六《寄邹谦之》)

本来，王阳明的良知之说已经将“神圣天职之教”讲得十分周洽了，但学者却要立门户，创新说，反而使正学益荒，人心愈惑。由此，王阳明告诫曰：“一有求胜之心，则已亡其学问之本，而又何以论学为哉？”(《王阳明全集》卷二十一《答徐成之》)

一言以蔽之，有为于“神圣天职之教”是一个学者之为学者的必要条件，而与其专业无关。

既然一个学者的必要条件是有为于“神圣天职之教”，则他所从事的研究中任何结论不得与此相抵触。由此，我们可论学术自由的限度。自西学东渐以来，学术自由即被人鼓吹。北京大学校长蔡元培提出“思想自由，兼容并包”[①]以后，学术自由更是被捧为圭臬，学术似乎有可以怀疑一切思想，突破一切价值的自由。然而，这是对学术自由极大的误解。学术研究，如果作为一门专业的知识来看，它依然属于“职业技艺之学”。我们说过，一个学者的必要条件是有为于“神圣天职之教”，他所从事的研究中任何结论不得与此相抵触。这样看来，学术研究尽管可以自由，但这种自由不是无限的，它不能突破“神圣天职之教”。也就是说，一个学者如果还是学者的话，他必须为人伦教化负责，如果连这个也被突破或否定了，那他就没有担当起这个责任，因而也就不

① 蔡元培：《致〈公言报〉函并达林琴南君函》，见高平叔编：《蔡元培全集》第三卷，中华书局1984年版，第267—272页。

是学者了。这也是“神圣天职之教”高于“职业技艺之学”的所在。作为“职业技艺之学”的学术思想，可以允许研究者之间相互的讨论、诘难、怀疑，乃至否定，但作为“神圣天职之教”的人伦教化却很少有讨论的必要，诘难的可能，更难被怀疑和否定，因为那是人类良知的体现，是对人类高贵与尊严的守护。除非一个人连人类高贵与尊严的也不去守护了，自愿把自己下滑为禽兽，从而否定一切价值，那就是另外一回事了。如果一个人还想守护人类高贵与尊严，那么，作为“神圣天职之教”的人伦教化就不能被突破，这是定然不可移易的。这也是学术自由的限度，这是一个大学的职业底线，一个学者的伦理底线。

五、结　语

上面所论述的几个问题环环相扣，一气呵成，都是由张校长那句话所引申出来的。张校长那句话未必直接含有这些问题，张校长自身可能也未必意识到这些问题，但这些问题却是张校长那句话的必然引申，这是淬历先哲之言的内涵透视、师法往圣之道的大义发扬。这不是训诂，也不是考据，而是“以意逆志”的开权显实，精神证会。如果我们真能正视其中的问题并善加体会，那么，一定有益于大学精神的开发、学者道德的守卫。

儒教、政治儒学与儒学的所“是”及其出场

——关于儒学复兴中的争论及其问题

一

“是”就是一个存在者来到本质而达乎显现，这就是一个存在者的出场。但一个存在者达乎显现而出场要求人入于无蔽状态，而与这个存在者融乐于其中，人始终是这个无蔽状态的守护者，而决不是外在于这个存在者的表象者。这意味着，一旦人作为表象者，则这个存在者就被遮蔽起来而不能出场。因为表象不是觉知存在者而让其出场，而是对象化地摆置出来，然后挺进、分解、撕裂对象。然而，当我们挺进对象而施展人的才智的时候，存在者早已逃逸得无影无踪了。

以上大义来自海德格尔。笔者这里引之时为了说明当今儒学复兴中的争论及其问题，因为这些争论大多是一种知识性的挺进、分解，乃至撕裂，而儒学自身却没有出场。但这是什么意思呢？现在爱好乃至研究儒学的人很多，成果斐然，以至于人们津津乐道于国学热，难道儒学竟没有出场吗？海德格尔曾

说："说人们对哲学颇有兴趣，这丝毫没有证明人们已经准备去思。即使是我们长年累月地钻研大思想家的论文，这样的事实根本没有保证我们在思，甚至根本没有保证我们已准备去学习思。"[①] 由此，我们也可以说，对儒学感兴趣乃至每天钻研儒学经典，并不足以保证儒学出场，甚至我们根本没有想让儒学出场。

下面，我们将进入正题。

的确，现在爱好乃至研究儒学的人很多，甚至对儒学不乏溢美之词。在此，儒学出场了吗？答曰：不但没有，而且正是在这温情脉脉中逃逸了。因为他们之所以爱好乃至研究儒学，乃因为儒学是一种相对较好的理论，而不是基于生命自身的信仰。他们把儒学对象化为一种较好的理论而挺进之、分解之，而不是信仰儒学而入乎其内而守护之。这样现象非常普遍，笔者周围就有很多，他们研究儒学，学问很大，成果很多，但就是不信儒学。就连作为现代新儒学代表人物的杜维明先生也是如此，最近看到他一篇访谈，说儒学不是他的信仰，他本该做的是哲学分析。[②] 读至此时笔者不禁废书而叹，望着书架上郭齐勇老师主编的五卷本的《杜维明文集》不知所措。哲学分析不就是把儒学作为一种对象化而挺进之、分解之吗？尽管这种挺进与分解也能说儒学一些好话，但却是把儒学作为一种相对较好的理论，而决不是基于生命的信仰。一旦只把儒学作为一种较好的理论或思想资源，儒学必不能出场，儒学必死矣，何谈复兴？就如学院里研究佛教的教授也说尽了佛教的好话，但佛教的出场或复兴毕竟不能靠他们，而只能靠念经弘法的和尚。所以，笔者也早就明言，儒学的复兴不能指望大学里的儒学教授。

为什么只把儒学作为一种较好的理论或思想不能使儒学出场呢？因为这

---

① 海德格尔：《什么召唤思？》，见孙周兴选编：《海德格尔选集》，上海三联书店1996年版，第1207—1208页。

② 杜维明：《儒学不是我的信仰》，载《南都周刊》2010年第32期。

里隐含着一种危险，就是人人都可以自诩为儒家。比如，向来以批判儒学著称的邓晓芒先生也称自己是儒家。[①]既然人人自诩为儒家，则莫衷一是。儒学的“是”没有了，如何可出场呢？为什么只把儒学作为一种较好的理论或思想会遮蔽儒学的“是”呢？如果儒学只是一种理论或思想，哪怕是一种较好的理论或思想，但我们知道，思想家的理论或思想并不是唯一的，它们之间有很多相似性。例如，儒学的正宗固然秉持性善论，但如果性善论只是一种理论或思想，尽管我们认同之，也亦不必唯儒学是瞻，因为西方也可以找到相似的理论，甚至比儒学说得更好。从柏拉图、费尔巴哈的理论形态看，他们也是一种性善论者，且他们的理论可能比孟子更圆满。另外，儒学的一些概念，如仁义礼智信、忠孝廉耻等，稍微有良知的人都可以认可，且也可以在西方找到。比如，在康德那里都可以找到这些概念。康德认为自由意志直接提供道德原则，而自由意志提供的道德原则一定不会违背仁义礼智信、忠孝廉耻。这不就是一回事吗？可见，无论是把儒学作为一种较好的理论或思想概念，儒学都不必定于一尊地信仰，因为这种理论或思想概念在别的地方都有且更圆满充实，儒学恰恰应“取其精华，去其糟粕”地博采众长。正是在这博采众长中，儒学死矣。因为儒学之“是”即儒学的本质在“博采”的时候被撕裂了，在“众长”之中被湮灭了。

固然，儒学是一种好的理论或思想，性善或仁义礼智信、忠孝廉耻均为这种理论或思想之大义，但儒学之所以为儒学决不是这些，即这些东西不足以标识儒学的身份。简言之，这不是儒学的“是”，儒学在此不可能出场。

儒学之所以为儒学有其自身的“是”，那么，足以标识儒学自身身份的东西是什么呢？其端绪或有多，但有两点是必不可少的，即其一，儒学是一种宗教；其二，儒学有其自身的政治设计。外此两点，儒学即非其所是而退隐。

但是，正是这两点恰恰是大家所反对的，不但非儒学身份的人反对，就是

---

① 邓晓芒：《我与儒家》，载《探索与争鸣》2015年第4期。

自诩儒学阵营的人亦反对。其集中表现就体现在对蒋庆先生的非难。因为蒋庆之学，其大端有二：一曰儒学是宗教；二曰儒学有其独特的政治设计，是曰“政治儒学”。蒋庆对此持之甚坚，认为唯有此二者出场，儒学方是在场的。非儒学立场之学者的批评暂且按而不谈，只去看看所谓儒家学者的批评，就可见儒学难以出场的原因所在，而所谓国学热不过一种假象而已。

二、作为宗教的儒学与儒学的出场

众多自诩为儒学阵营的人多不满蒋庆的原教旨主义的精神色彩，攻击他的“儒学为国教论”，认为这与现代社会的根本价值，如信仰自由、民主科学根本相违背。“以狭隘民族主义的‘中西对抗’来掩盖‘古今之变’的人类文明走向，借‘反西方’之名、行‘反现代’之实，用‘文化’来拒绝‘文明’。”[①]他们认为，一旦把儒学上升到宗教乃至国家宗教的高度，必然与现代社会无法兼容，从而“不但使得儒家丧失了近代以来所面临的一场复兴机遇，而且进一步将儒家推入了万劫难复的深渊”。[②]在这些人眼里，现代文明永远是首出的，其价值不容置疑，儒学只能促进现代文明，即儒学即使在现代社会有作用，也只是配角的作用，而儒学一旦上升为宗教乃至国教，就可能由配角上升为主角，进而遮蔽现代文明。现代文明是否一定毋容置疑，且置之不论。但很明显的是，这些人并不是要复兴儒学，而是为了促进现代文明。尽管这些人为了促进现代文明也在儒学那里去寻找些许思想资源，但儒学永远只是一种理论或思想，而不是一种精神信仰。由此而自诩为儒家，岂不是笑话?！如果儒学不上升为宗教，仅作为一种思想资源，则这种思想资源真的不必非得在儒学那里去找，别的文化系统或思想家那里并非找不到，至少马克思主义者与西化论者就觉得不必到儒学那里去寻找思想资源。可见，若儒学不上升至于宗教，则儒学

① 黄玉顺：《忙于创教与干政的大陆新儒家》，载《探索与争鸣》2016 年第 4 期。
② 赵法生：《政治儒学的歧途——以蒋庆为例》，载《探索与争鸣》2016 年第 4 期。

作为思想资源也很可能落空。建国以来，思想界对于传统文化一直秉持“取其精华，去其糟粕”之方针，也就是承认儒学作为一种思想资源依然是可用的，但我们见到的只是对传统的破坏与文化的衰落，更遑论儒学复兴了。

所以，儒学要复兴而出场必须作为一种宗教形态，而不是作为一种思想资源的选择。儒学是否是一种宗教，在这里不必深论。笔者只是想指出一点，若儒学不是宗教，则全国那么多的文庙是干什么的呢？那么多的祠堂、祖庙是干什么的呢？难道都是没有意义的摆设吗？

儒学作为一种宗教形态，为什么会有利于其复兴呢？进入这个问题之前，我们先来看学界对蒋庆的批评：“蒋庆认为孔子的思想核心是礼而不是仁，这显然违背了孔子本人的思想实际。仁与礼同为孔子所重视，但是相比而言，对孔子来说，仁比礼更为根本。”[①] 这位论者之言无疑是对的，但蒋庆并非不知。然而，仁毕竟是一种内在的精神性存在，而礼却是外在的形式性存在，对于俗众的教化而言，礼比仁更易把握，在教化中直接产生作用的是礼，仁是礼产生的结果。故孔子曰：“克己复礼为仁。”(《论语・颜渊》) 又曰：“不学礼，无以立。”(《论语・季氏》) 仁虽然重要，孔子总不能叫人直接去学仁，学仁必须从执礼开始。这就是礼比仁重要之所在。故礼是六艺之一，但仁不是，也没办法是。因为仁不是教之节目，但礼却是，是以“子所雅言，《诗》、《书》、执礼”(《论语・述而》)。《荀子》有《礼论》与《乐论》，但没有《仁论》。也许有人会说，礼繁文缛节，吾人可以越过礼节直接体会仁。这对于上等根器的人可以如此，但对于大多数俗众而言万万不可行。孔子曰：“中人以上，可以语上也；中人以下，不可以语上也。”所以，对俗众而言，不能直接讲体仁而是要讲执礼。如果不讲执礼而雅言体仁，即可能流入贼道。道济禅师虽云“酒肉穿肠过，佛祖心中留”，但现实生活中有几个人能像他那样，整天喝酒吃肉却成了虔诚的佛教徒的呢？因此，他后面告诫世人曰：“世人若学我，如同进魔道”。

---

① 赵法生：《政治儒学的歧途——以蒋庆为例》，载《探索与争鸣》2016 年第 4 期。

可见，佛教的戒律大节对于世人依然是重要的。同样，礼对于一般俗众而言更显重要。仁比礼重要，是理论地讲，价值地讲；礼比仁重要，是现实地讲，实践地讲。礼之所以重要，因为礼是一种修持之法门，此时，儒学不是一种理论思想的存在，而是一种宗教存在。我们再举一个例子说明礼的重要性。

> 鲁哀公问于孔子曰："绅委章甫有益于仁乎？"孔子蹴然曰："君号然也？资衰苴杖者不听乐，非耳不能闻也，服使然也。黼衣黼裳者不茹荤，非口不能味也，服使然也。且丘闻之，好肆不守折，长者不为市。窃其有益与其无益，君其知之矣。"(《荀子·哀公》)

这段文字足以说明礼是如何促进仁之生成的。如果仁是儒学的根本价值关怀的话，那么，仁的生成端赖礼的执持。仁是高位的虚说，而礼是低位的实说。俗众对于儒学的学习毕竟是在切实的礼中而不是在虚悬的仁中。而礼之所以能促进仁的生成，乃因为礼是一种宗教性的仪式，而非纯粹是人情世故性的客套。这就是为什么要复兴儒学就一定要使其成为宗教的原因所在。

如果认为礼仅仅是人情世故的客套，那么，礼不但不能养成仁，且一定妨碍人的自由而令人生厌。一般人大多这样来看待礼，但儒学中的礼决不是在这个意义上的。笔者在湖南湘潭参加了多次释奠礼，是主要的推动者与参入者之一。每当雅乐响起、八佾舞庭之时，即刻泪流满面，其之于人之震撼，即便读了再多的儒学经典都无法与之比拟。我顿时觉得，自家的生命不但与天地是相通的，与祖宗是相通的，与古圣先贤是相通的，生命超越了个我的限制，契合着天地，承袭着历史，而得其自在与开阔。故人的生命要成长，是不能没有仪式的，因为"仪式表现了对更广大宇宙的参与感，表达了在根本的维系性力量面前所感到的敬畏、尊重和感激"。[①] 儒学要复兴而培养"通天地人"的儒者，

---

① 谢尔兹：《逻辑与罪》，黄敏译，华夏出版社 2007 年版，第 165 页。

仪式的感召是不可缺少的。从终极目标来看，儒学并不是要培养理论形态的知识人，而是感召形态的圣贤，故仪式的感召永远比理论的认知更重要。孔子就特别重视这种感召，他语于鲁哀公曰：“君入庙门而右，登自胙阶，仰视榱栋，俯见几筵，其器存，其人亡，君以此思哀，则哀将焉而不至矣？”(《荀子・哀公》) 鲁哀公因为深居宫廷，不知什么是哀，于是请教于孔子。但孔子并没有作概念性的描述与限定，而是让他到具体的仪式中去感受与觉悟。由此足见，儒学之所以为儒学，乃是一种宗教仪式形态，决非理论知识形态。我们要复兴儒学，当然是要恢复其宗教仪式，而不是把握其理论知识。

在当今社会，除了学院中有些儒学爱好者与研究者外，社会俗众中儒学信众远不及佛教信众。何也？因为佛教在俗众心目中乃一种宗教，有寺庙与道场，有弘法利生的佛教徒。但反过来，儒学有这些吗？仪式性的感召缺如，仅靠学院里几个儒学爱好者与研究者可以吗？须知，佛教的兴盛并不是依靠学院里的佛学教授。同样，儒学要兴盛不能靠学院里的儒学研究者，必须要上升到宗教形态，须道场在焉，鸿儒出焉。

从历史上看，儒学作为一种宗教，并没有像佛教那样有专门的高僧大德弘法。这是因为儒学乃是一种国家宗教即国教，它是依靠行政力量来推行的，上至皇帝，下至各级官吏都是弘教者。汉高祖十二年过鲁，以太牢祀孔子，且要求“诸侯卿相至，常先谒然后从政”(《史记・孔子世家》)。这就是要求国家行政人员都应自觉地弘扬儒教，以典范百姓，导持社会。自此以后，皇帝到国子监，各级官吏到府县文庙主持释奠礼，基本成为定制。这表示，各级行政官员是儒教的弘法者，儒教是国教。那么，在当今社会，儒学有没有必要成为国教呢？当然有必要。从民族与国家的立场上看，像中国这么大的一个国家，竟没有一种宗教去和谐社会，整合人心，振拔民气，鼓舞族群，是不可想象的，无法自立于世界民族之林。若按亨廷顿的讲法，世界的竞争最终是文化的竞争，也就是国家宗教的竞争。若中国没有自己的国家宗教，如何参入竞争呢？最近看了一篇文章，90后台湾女孩张玮珊坦露其从激进台独变为理性统派的心路历程，其中儒学成为关键性因素。试想，如果儒学作为国教，让其深入人心，则其之于民族、国家认同之力量，岂可低估？！其之于和谐社会，整合人心，振拔民气，鼓舞族群之作用，焉能盲视？！

世人又担心，定儒学为国教，会不会导致思想专制，学术不自由。关于这个问题，笔者在《论当代中国社会教化的迫切性及其实现途径》[①]一文中有专门论述，在此不必再论。只是重述其中的三个要点：其一，人人都应该接受社会教化的规导与整合，但未必人人需要进行思想学术研究。基于此，又可得出以下两点，即其二，教化不是一般的思想理论，且高于一般的思想理论。其三，世间殊异各别之思想学术系统，只是人类精神发展的中间阶段——就如一道桥、一段路，其指向目的地一样——其最终指向亦是教化人类。总之，教化统一，学术自由，这是二者的根本不同。若教化不能统一，则社会没有基本的人伦导向，精神认同，民族、国家必成一盘散沙；若学术不能自由，又必僵化思想，泯灭创造。但学术自由又不是无限的，它最终须为社会教化服务，这是学术自由的底线。把儒学定为国教不是把一种思想系统定为国教，把一种思想系统定为国教必造成思想专制，然儒学之为国教决不是如此。因为儒学有三点特性具宗教性，但一般的思想系统却是不具备的：一、足以开生活与政治之轨道，成就社会之秩序与和谐；二、足以提撕精神，涵养性德，呈露本心；三、足以印证一个真善美合一的圣域。由此三点，足以保证作为国教之儒学不会造成思想专制，但会为思想学术开显一个理性的规则，不使思想如脱缰之野马，破坏理性，淆乱是非，由此起到粘合社会、振拔人心，鼓舞族群之作用。

对于某一特定的思想，为了避免思想专制，一般不应该以政府的名义鼓吹宣扬，但对于一个国家的民族宗教，政府不但应该弘扬，而且必须弘扬。因为“保守地说，真理的中心在于，对一个社会的成功起决定作用的是文化，而不是政治。开明地说，真理的中心在于，政治可以改变文化，使文化免于沉

---

① 张晚林：《论当代中国社会教化的迫切性及其实现途径》，载《阅江学刊》2012年第6期。

沦。”① 也就是说，政治的一个分内职能是：不让自己的民族文化沉沦。由此得出结论，儒学是一种宗教，且应作为国家宗教而存在，因为只有这样，儒学才是其所是；因为也只要这样，儒学才能复兴而在场。

三、儒学的政治设计与儒学的出场

儒学之所以能作为一种国家宗教，其不同于一般的宗教的地方在于：一般的宗教如佛教、道教只修个人的圆满，而与政治多不甚措意。但儒教却不是如此，它力求把宗教施之于政治且以宗教引领政治，而追求政教合一。自汉以来，中国历代袭封孔子嫡孙为衍圣公（宋仁宗时定尊为衍圣公，在此以前，名称各不同），且皇帝亲自主持释奠礼，都表明把儒学置于政治之上，而成为国体或政体的一部分。② 故中国人称呼皇帝曰“圣上”。显然，“圣”是宗教的，“上”是政治的。皇帝既是宗教上的弘教者，亦是政治上的统治者，二者合一就是追求政统与教统的合一，也就是儒学的王道政治。钱宾四先生曰：

> 中国古人言“天地君亲师”。又曰，“作之君，作之师”。君管“治统”，师管“道统”。君之与师，皆必由通学为通人，始能胜其任。又且君道必通于师道，师道亦必通于君道。中国古代历史上有文王、周公，是即以君道通师道者。孔子、孟子，则是以师道通君道者。自汉以下，五经之学，定为百官群僚从政之阶梯，五经即中国传统中之通学也。宋、元以下，又增之以四书。百官从政，必先通四书以及五经，斯即不通德行、文学，即不足以从政。惟国君一位定为世袭，然自其为太子，及其登极为

① 转引自亨廷顿等主编：《文化的重要作用——价值观如何影响人类进步》，程克雄译，新华出版社2010年版，第8页。

② 详见本书：《国体的出现——中国历代祭孔释奠袭封衍圣公的意义透析》。

君，皆有学。其学亦与百官群僚所得从政之所学同。五经、四书皆不得谓其是一套政治学，而乃人人学为人之通学，而为君为相者，亦无以异之。法家者流，如申不害、韩非书，乃始视为君为专业，其所主乃是技而非道，为后代学人所鄙视。在西方若惟宗教，乃为人人之通学，然耶稣已言，凯撒之事由凯撒去管，则已排除政事在宗教之外。故不仅政治成为一专业，即宗教亦成为一专业，皆有专学，由专家为之。专家日旺，通人日衰，则诚人道一大可忧叹之点也。①

王道政治期以政治通达宗教，宗教主导政治，即政治不只是发展经济、管理事务、维护秩序等，必包含教民之职责。教民，是王道政治题中本有之义，否则，一定是霸道政治，故《大学》云："长国家而务财用者，必自小人矣"，而这决非儒学所期许的政治。王道政治在漫长的中国历史中是否实现过，这是一个问题，但不管是否实现，都不足以贬损王道政治的价值。这正如，即是世界上没有一个诚实的人，但"做人要诚实"的教诲总是对的。

时移世易，如今民主政治一统天下，乃至福山叫嚣人类历史将终结于民主政治。但是，民主政治的后果也是显而易见的：消费主义所带来的环境破坏，科学主义所带来的欲望膨胀，快乐主义所带来的平庸低俗。这些都把人类置于可能的危险与困境之中，有担当的思想家都在寻求出路。海德格尔曾说："我认为今天的一个关键问题是，如何能够为技术时代安排出一个——而且是什么样的一个——政治制度来。我为这个问题提不出答案。我不认为答案就是民主制度。"② 民主政治根本不是最好的制度选择与出路，尽管海德格尔想不出更好的制度来。有见于此，蒋庆依据王道政治的根本义理，构建了欲扭转时弊的儒学政治哲学——政治儒学。其基本特征是倡导三重合法性，即天道的超越神圣

① 钱穆：《中国学术通义》，九州岛岛岛出版社 2011 年版，第 208 页。
② 海德格尔：《只还有一个上帝能救渡我们》，见孙周兴选编：《海德格尔选集》，上海三联书店 1996 年版，第 1303 页。

合法性，地道的历史文化合法性，人道之人心民意合法性；且把超越神圣合法性、历史文化合法性置于人心民意合法性之上，以扭转民主政治人心民意合法性一头独大的局面，从而把人类的政治置于天道与文化之中。如实说来，蒋庆的政治儒学当中的许多具体设置，不是不可以讨论与完善的，但其基本精神取向却是不错的，尤其是在人心民意合法性之上安设超越神圣合法性与历史文化合法性，不但符合儒学的基本政治义理，更有利于民主政治困境的解决。为什么要安立这两种合法性呢？卡西尔说：

> 在政治中，我们尚未发现牢固可靠的根据。这里似乎没有任何明白地建立起来的宇宙秩序；我们总是面临着突然再次回到旧的混乱状态的威胁。我们正在建造雄伟壮丽的大厦，但我们尚未能把它们的基础确定下来。①

在民主政治的民意之中，永远也找不到政治牢固可靠的根据，即便暂时有了秩序，随时可能回到混乱状态。也就是说，民意的价值是非常值得怀疑的。约瑟夫·熊彼特曾专门讨论过民主政治中的人性问题。他说：

> 投票人证明他们自己在这种问题上是蹩脚的实际上是腐化的判断者，而且他们甚至对他们的长期利益也是蹩脚的裁判，因为政治上产生效果的只是短期的许诺，有效地表明自己的只是短期合理性。……在正常状态下，在典型公民的心理经济学中，重要政治问题和他们的够不上嗜好的业余兴趣及不负责任的闲谈主题处于同等地位。……这就是为什么他花在理解政治问题上的精力还没有花在打桥牌上的精力多的原因。②

---

① 卡西尔：《国家的神话》，范进等译，华夏出版社1990年版，第346页。
② 约瑟夫·熊彼特：《资本主义、社会主义与民主》，吴良健译，商务印书馆2012年版，第384—385页。

既然民主政治中的人性是这样的，那么，利益集团就能够“在很大程度内改变甚至制造人民的意志”[①]，我们在政治中碰到的并不是真正的人民意志而是制造的民意。因此，民主政治落实下来往往成了竞选政治、拉票政治，甚至是贿赂政治。这些确实是现代政治生活中常见的现象。

可见，把政治仅仅寄托于民意，不但是不负责任的，也是极其危险的。基于此，加塞特说：

> 我的观点有些极端，因为尽管我从未说过人类社会应该是贵族制的，但我实际上却走得更远，我过去认为，现在仍然认为——并且坚持这一观点的信念与日俱增：不管人们愿意与否，人类社会按其本质来说，就是贵族制的；甚至可以这样说：只有当它是贵族制的时候，它才真正成其为一个社会；当它不是一个贵族制的时候，它根本就算不上一个社会。[②]

蒋庆在民意合法性之外，特别开出天道与历史文化合法性就是希望把政治由平民式的转化为贵族式的，即教化必须进入政治且引导政治。这一点，就连蒋庆对之颇有微词的牟宗三先生也是如此看的，他认为，政治应与教化合一。他说：“视政治为理想之实现、而‘保住理想’之教化可以推之于社会，政治与教化保持一外在之关系，一方限制政治，指导政治，一方整个社会上保持一谐和之统一，此亦可谓政教合一。……既肯定政治，谁又愿其与教化永远不谐耶？”[③]

应该说，蒋庆的政治儒学之诸多义理并非其独创，儒学政治哲学中早已有之，只是在当今民主政治横扫六合之大势下特别提出，其意义尤为重大。但

---

① 约瑟夫·熊彼特：《资本主义、社会主义与民主》，吴良健译，商务印书馆2012年版，第387页。

② 奥尔特加·加塞特：《大众的反叛》，刘训练、佟德志译，吉林人民出版社2004年版，第14页。

③ 牟宗三：《历史哲学》，台湾学生书局1984年版，第268—269页。

是，蒋庆的这些思考与建构却遭到了来自儒学系统内部的强烈反对。他们反对的理由是：任何政治的建构都必须“回归社会本身，面向当代生活，即现代性的生活方式，否则无法容纳现代政治文明价值”。[①] 基于此，政治就应该放弃“心性—政治”或“伦理—政治”的先验形上学思维模式，也就是说，要放弃天道合法性与历史文化合法性。问题是：你们自诩是复兴儒学，但却这样让儒学放弃其义理关怀，由此而确立的政治是让儒学出场吗？有学者又认为，儒学重视民意，也仅仅只有民意：

> 岂不知，从孔子所处的春秋末期开始，儒家的天就仅仅是一种形而上的存在，并不单独具有自身特定的意志，那么天如何显现其意志呢？那就是民意。“天听自我民听，天视自我民视”，“民之所欲，天必从之”，这不仅是儒家民本思想的滥觞，而且表明除了民心民意之外，天从未有过其他的代表和呈现形式，儒家历史上也从未承认过此外还有别的天意表现形式。以民意解释天意，是中国人文主义思想的第一道黎明之光，在中华文明史上意义重大。[②]

作者的意思是明确的，儒学重民意，且只有民意，外此别无他有，这就保证了儒学的政治理想与民主政治是相同的。而蒋庆由儒学的政治理想去批评现代新儒家无限制地肯定民主与科学，甚至怒言民主与科学为现代迷障，完全是个人的偏见与私愤，在儒学那里找不到根据。

在笔者看来，且置四书五经而不谈，即便后世之儒者，哪一个人不雅言天，天难道仅仅是形上的虚设而没有实义吗？固然，儒学有“天视自我民视，天听自我民听”之传统，这就表明民意是实位而天道完全是虚位吗？决不如此。“天佑下民，作之君，作之师，惟其克相上帝，宠绥四方。”（《尚书·周

---

① 黄玉顺：《忙于创教与干政的大陆新儒家》，载《探索与争鸣》2016 年第 4 期。
② 赵法生：《政治儒学的歧途——以蒋庆为例》，载《探索与争鸣》2016 年第 4 期。

书·泰誓》）此即说明乃依天而治而不是依民意而治。儒学固重视民意，但民意必须上而契合了天道之后，这样的民意才是可视可听的，决不意味着天道俯就民意而虚化自身。总之，天道的位格高于民意，它是更高位格的实位，而民意只有契合了天道以后方是实位，不然，即便有普遍的所谓民意，在政治中也是虚位。因此，尽管儒学重视民意，但决不赞成纯粹的民主政治，或者说，它超过了民主政治。政治听从民意之好处，儒学并非不知晓。孔孟经典里早已提到，此处不必枚举，这里再援引一条经典："故独视不若与众视之明也，独听不若与众听之聪也，独虑不若与众虑之工也。故明主使贤臣辐辏并进，所以通中正而致隐居之士也。"（《韩诗外传》卷五）但即使知道民意的好处，然民意依然不可随便信服而措施于政治之中。①因为百姓很可能没有被教化，故孟子曰："人之所以异于禽兽者几希，庶民去之，君子存之。"（《孟子·离娄下》）虽从根基上讲，人人都有良善之性与四端之心，但君子能涵养而存之，而庶民却不能，故庶民从外在表现看常为性恶（荀子所说的性恶。蒋庆所说的"人性恶"应该是在这个意义上讲的，而不是根本否定儒学的性善论）。正因为如此，儒家力主教民："人之有道也，饱食暖衣，逸居而无教，则近于禽兽。圣人有忧之，使契为司徒，教以人伦：父子有亲，君臣有义，夫妇有别，长幼有序，朋友有信。"（《孟子·滕文公上》）这句话是说，百姓一般的情况是，求饱食暖衣的安逸生活，而不甚在乎教化，然圣人忧之，故教民众以五伦。是以中国传统的官吏不但发展一方经济、管理一方事务，且教化一方民众。笔者在《由"富"到"强"如何可能？——论作为社会主义核心价值的"富强"与中

---

① 这正如自由恋爱之于婚姻一样。自由恋爱是极其诱人的，于婚姻当事人的好处自不必言。但在中国古代，即使有这些好处，在婚姻中也不能承认自由恋爱的合法性，一般情况下还是父母之命、媒妁之言为正当。为什么呢？因为"婚姻之礼废，则夫妇之道苦，淫僻之罪多"（吕本中：《吕氏春秋集解》卷十六）。基于此，《淮南子·泰族训》云："待媒而结言，聘纳而取妇，初绕而亲迎，非不烦也，然而不可易者，所以防淫也。使民居处相司，有罪相觉，于以举奸，非不掇也，然而伤和睦之心，而构仇雠之怨。故事有凿一孔而生百隙，树一物而生万叶者，所凿不足以为便，而所开足以为败；所树不足以为利，而所生足以为秽。愚者惑于小利，而忘其大害。"民意之于政治之好处，亦当如是观。

国传统文化之关系》一文中有详细论述，在此不必赘言[①]。由此可见，因"天视自我民视，天听自我民听"之说，即认为儒学认可未经教化的民意是极大的误解，甚至以为儒学可直通市民社会中的民主政治，更是认贼作父。儒学毕竟不是市民政治而是贵族政治，天道决不能直接等同于民意，二者之间要画等号，必须经过教化这个环节，即经过教化之后的民意才是天道。也许有人会问，除民意之外，天道在哪里呢？这足以反映了当代人宗教意识的淡薄，生命没有形上的参入潜能。K. 拉纳说："人们可以对一个恶棍说明一个数学真理，但却无法让他明白上帝之在的论证，这并不表明前者有力，而后者站不住脚，这只是说明一种'证明'要求人自身参与的程度而已。"[②]其实，一个笃实的儒者一定会体会到天之实有，决不虚悬，故孟子"尽其心者，知其性也。知其性，则知天矣"(《孟子・尽心上》)之论，决非儒者装点门面之虚言。再强调一次，天决非虚指而是实指，且其位格高于民意。天道之有与没有，端赖人参入儒教之程度，可见，儒学政治理想之实现，亦端赖儒教之开显与确立，二者是唇齿相依的。或者说，儒学的政治期许是儒教自身的一部分。

圣贤体天以教民，复以天道来引领民意，不使政治在民众之浊气中仅成短期利益之沟壑，乃至暴戾之斗闹场。这才是真正的治国平天下，这才是儒学的真正出场，或许也是民主政治之后人类的出路所在。

四、现代文明的反动与儒学的出场

综上所述，儒学要真正出场，作为宗教形态的儒学与作为政治形态的儒学特别是其天道合法性之于政治的意义，一个都不能少。否则，都只是在研究儒学而不是复兴儒学。本文貌似回应学界对于蒋庆的批评，实则是守护了儒学之

① 张晚林：《由"富"到"强"如何可能？——论作为社会主义核心价值的"富强"与中国传统文化之关系》，载《天府新论》2016 年第 2 期。

② K. 拉纳：《圣言的倾听者》，朱雁冰译，生活・读书・新知三联书店 1994 年版，第 119 页。

"是"。下面再略谈一下现代文明与儒学的出场之关系问题，以结束本文。

现代人之所以反对儒教乃因为他们无限制地接纳现代文明。"绝大多数中国人没有宗教信仰也照样生活得很好，难道在科学昌明、人文精神高扬的现代中国反而需要建设一个新宗教的信仰吗？答案只能是否定的。"①像他们这样的一种态度，貌似反对儒学的宗教化，实则是反对儒学。

现代文明的基本特征虽繁复，但概括起来讲，无非是科学主义、市场经济、民主政治，最后是娱乐消费。应该说，任何宗教性的文化对于上述这些都是比较警惕的，要求保持一定的距离，儒学当然也不例外。因为宗教性的文化追求不在这里，而是人性的圆满与天地之和谐。而这些，恰恰是现代人所盲视的，他们沉醉于科学的发达与经济的成功所带来的短期享乐之中，不愿思考也无法思考，反而把人类的欲望完全解放了，深陷其中而不能自拔。但必须指出的是，发达的科学及成功的经济与解放了的人类欲望相结合，最终会把人类带到什么地方去，确实是难以预料的。正如海德格尔所言："技术在本质上是人靠自身力量控制不了的一种东西。"②儒学的出场，应该是对现代文明的某种反动或修正，而决不是为现代文明提供合理论证。而对现代文明的反动与修正恰恰是现代人所不能接受的：难道儒学是要把我们带到落后的农耕社会，乃至小国寡民的生活中去吗？情况未必是如此，但修正现代社会富足中的喧嚣、繁荣中的无根基，让人性复归宁静与祥和，却是需要我们去做的。毕竟，"榆柳荫后檐，桃李罗堂前；暧暧远人村，依依墟里烟"（陶渊明：《归田园居》其一）的景象是令人向往的。乡村游的火热不正是这种向往的体现吗？但人们也在喧嚣中养成了暴戾，在无根基中习惯了漂浮，正享受着现代文明富有与便捷的人们又很快回到了喧嚣与暴戾之中，且乐此不疲。这确实是儒学的出场与复兴所面临的严峻挑战。在此，笔者并不持乐观态度。这里不妨引用费孝通先生的一

① 吴光：《李明辉的偏见与蒋庆政治儒学的谬误》，澎湃新闻网，2016年4月27日。

② 海德格尔：《只还有一个上帝能救渡我们》，见孙周兴选编：《海德格尔选集》，上海三联书店1996年版，第1303页。

段话：“我们的传统，固然使我们在近百年来迎合不上世界的新处境，使无数的人民蒙受穷困的灾难，但是虽苦了自己，还没有贻害别人。忽略技术的结果似乎没有忽略社会结构的弊病为大。”① 依费孝通之意，我们现在的情况，可能恰恰是享受了自己，而贻害了后代，且这种状况正在加剧与恶化。诚然，现代社会的快捷、便利、舒适谁不喜欢？但喜欢的东西未必就一定好。抽烟很多人喜欢，有时甚至不能自拔，但我们都知道抽烟并不好。推而广之，世间的色、声、味、玩都令人喜欢，但老子早就告诫我们要警惕。“五色令人目盲；五音令人耳聋；五味令人口爽；驰骋畋猎，令人心发狂；难得之货，令人行妨。”（《老子》第十二章）当前的情形，的确到了考问人类德性与思考力的时候了。“贵富而不知道，适足以为患，不如贫贱。”（《吕氏春秋·孟春纪》）有识之士，当有所思也。

（原载“儒家网”2017年7月6号）

① 费孝通：《中国社会变迁中的文化结症》，见《乡土重建》，商务印书馆2012年版，第351页。

国体的初现

——中国历代祭孔释奠袭封衍圣公的意义透析

一

笔者拜谒曲阜文庙时，曾有人说：中国现存的古代庙庭，除了北京的故宫之外，其等级之森严、气象之宏伟、境界之博大，当属曲阜文庙。同时，曲阜礼器、什物、碑亭、题跋、字画之繁盛，亦仅居北京之次。可以说，曲阜俨然传统中国的另一个都城。但我们知道，曲阜在秦汉以后，从来没有作为任何一个朝代的政治都城。然尽管如此，曲阜这个都城却比历史上的政治都城延绵更久远，因为秦汉以后中国的政治之都，分别建在长安、洛阳、南京（建康）、开封、杭州、北京等地，但曲阜却一直没有变化，我们不妨把曲阜作为文化之都，其标志就是：中国历代统治者都毫无例外地袭封世居阙里的孔子后裔，名曰衍圣公。尽管朝代有更迭，朝政有更张，但袭封衍圣公，却延续了二千多年，至袁世凯称帝时依然如此。政治上的中国，秦汉以后，中国经历了十几个朝代，同时，亦有十几个不同姓氏的人登上历史舞台，称霸当王。但文化上的中国，曲阜的衍圣公传承，世系清晰，延绵不断。岂不令人惊奇？同时，历代帝王或亲幸阙里，或临雍释奠，或遣官阙里祭告，都是朝廷重典。这些制度与典礼透显出怎样的意义呢？是需要分辨与剖析的，不然，就泯灭了其中的大义。

二

人生活于社会之中，但社会有政治社会与文化社会之分，政治社会的运行依赖于行政权力，其着眼点在于经济发展、社会治安、国家安全等；文化社会的运行依赖于伦理教化，其着眼点在于扶持人心，和谐社会乃至安顿生命。政治社会易于显性表现，因为经济发展、社会治安、国家安全等作为一种事实，很容易被人们在日常经验到；而文化社会却常是隐性的表现，因为人心之好坏、社会之教养、生命之安顿等问题作为一种底据性的存在，常不易被人发现，这里出了问题，常以政治社会的形态表现出来，人们常以为是政治出了问题，实际上是文化出了问题。可见，文化社会是比政治社会更基础性的社会，政治问题的解决，必须依赖文化问题的解决，若一时解决了政治问题，但文化问题没有解决，则政治问题依然会凸显出来。在政治社会与文化社会的关系问题上，现代社会与传统社会表现出了不同的着眼点。传统社会，无论是中西方，都视文化社会高于政治社会。柏拉图以为只有哲学王才能当“理想国”的统治者，这意味着国家的统治不只是一般性的事务管理，更是文化的修持与提升，因为“哲学王”是一个文化的“王”。同样，柏拉图的学生亚里士多德也认为，城邦政治的目标是实现“善”，而“善”不仅仅是一个经济发展问题，更是一个关涉人的身心幸福的综合性的文化问题。本来，在西方亦如东方一样，政治是文化的一部分，“政治”——polis 原意为“城邦”，柏拉图的所谓“理想国”就是用的 polis，亚里士多德的“政治学”，用的也是 polis，其实都是城邦学——文化学、人学的意思，中译者翻译成纯粹的政治学著作，味道全失，并造成不可估量的后果，尽管细读他们的著作依然可感受到其超越纯粹政治、而以文化来“化成天下”的主旨。由此可知，他们的著作隐含着一个更为深入的问题，就是“以文化作为国体”之问题。

在古代中国，政治社会之于人的生活的影响是很有限的。我们常说，中国古代是一种农耕社会，其经济运行模式是自给自足的自然经济，所谓“自然”就是消弭了政治权力的作用，至少使其降到最低限度，而让人自由地生产作业。《袭壤歌》唱曰：“日出而作，日入而息，凿井而饮，耕田而食。帝力于我何有哉!”这正是这种经济运行模式与政治权力关系的最好表示。如果政治权力过分地干预社会，就会被认为是扰民。柳河东的《种树郭橐驼传》就鲜明地体现出了这种思想。因此，在传统中国，人们很少体会到政治之于人的生活的影响，他们对于朝代的更迭，王朝的更替，没有太多的感觉与感受。这是为什么呢？因为传统的中国人多生活在一个更有粘合力与协调度的社会里面，这个社会就是宗法族里社会，这个社会的主要精神载体不是政治权力、经济纽带，而是儒家的传统礼法，故可称为是文化社会。可以说，古代中国人之所以对于政治社会盲顾而无觉，乃因为他们浸假于儒家文化社会的润泽与调适之中。这种润泽与调适覆盖于整个社会，从而不感觉到需要政治权力的参入。这就是中国传统的宗法自治社会。正因为历代帝王将相深刻认识到政治权力之于传统中国人的生活方式的影响非常有限，因此，一方面，他们于政治上很少觉得要改革变化，另一方面，维护儒家之文化传统于不坠，这不但是治国之首务，而且是国家之所以为国家的根本。因为政治之于百姓的日常生活影响很小，一则是百姓没有觉得政治的重要，既如此，二则是统治者就没有觉得需要改革的必要了。甚至在朝廷政治乱象环生的时候，百姓的生活依然平静如水。于是，我们可以看到，历史上有不少怠于朝政的帝王，但社会运行依然故我，没有受到太多伤害。可见，在传统中国，文化社会与政治社会常常拉开了相当的距离。文化社会以其强大的文化粘合力确保了基层社会的正常经济运行与管理治安。中国古代的王朝更迭，很少是由于基层社会的崩溃引起的，或是朝臣拥兵自立，或是英雄募兵造反。但无论是朝臣自立，还是英雄造反，他们之于政治架构自身并无丝毫改变，因此，中国历史上的朝代更迭，从文化精神而言，并无意义。基于此，黑格尔才说中国是一个空间性的国家，从精神史上看，并无发展。正因为如此，历代统治者都深知，政治可以没有改进，甚至朝政可以相对地无序一点，没有关系，但文化社会的绝不能崩塌，儒家文化之于社会的教化功能不能有丝毫懈怠。这也可以解释，为什么中国历史上昏庸无能的君臣那么多，但百姓并不觉得有什么意见，且顺民却成千上万的原因所在了。顾亭林在《日知录》中说："有亡国，有亡天下，亡国与亡天下奚辨？曰，易姓改号，谓之亡国；仁义充塞而至于率兽食人，人将相食，谓之亡天下。""亡国"就是"易姓改号"，这对于中国百姓来说，不算什么，或者说，那是王侯将相的事；但"亡天下"就是失却文化，其结果就是"仁义充塞而至于率兽食人，人将相食"，所关甚大。"天下兴亡，匹夫有责"，不是针对政治社会而言，乃针对文化社会而言。简言之，在传统中国，文化社会的重要性远远高于政治社会，中国历代之祭孔释奠、袭封衍圣公，正是确保文化社会的领袖作用的基本举措之一。或者说，他们希望通过文化的举措达到政治的目的，软性的文化粘合力消解了硬性的政治暴戾之气。这样，文化走向前台，政治反退居幕后了。以前我们以为，中国历代假借儒家文化来实行统治，而看到朝廷实际的政治运行乱象丛生，于是，我们批判儒家文化为专制政治的护身符。殊不知，在传统中国，政治与基层社会运行是分开的，朝廷政治是君臣之间的权力游戏，尽可以不断地变换戏法，与基层社会的运行，即与百姓的日常生活关系不大。基层社会的运行是依靠儒家文化，对于广大民众，统治者抓住了这一点，也就抓住了根本。至于权力中心的游戏，尽可以无序。但我们看到权力中心无序，就以为整个社会皆无序，乃至把这种罪过推给儒家文化，这是没有看到权力中心与基层社会的差别。或者可以这样说，权力中心的游戏并不是政治，中国传统社会的真正政治是通过维护基层社会的文化于不坠来实现的，这就是教政合一。西方的政教合一在历史上的某一阶段产生了诸多的流弊与黑暗，吾人便以为，政教合一是一种很坏的政治形态。实际上，绝非如此，政教合一是一种很高级的政治形态，那是人性的原发要求，而现在流行的民主政治反而不是。民主制——按张祥龙先生的讲法——“只是某种思想方式在某种生存形势下的最适体现，绝非人性本身的原发要求。当它不再具有一个扩展的‘边疆’或地平线时，它就会面对自己的不合理性”。[①] 仅仅看到朝廷权力中心的游戏，而看不到基层社会的文化粘合力，并不能真正地了解传统中国的政治内涵。所以，对于一个真正有作为与远见的帝王而言，作为政治家，与其玩好权力中心的游戏，不如去曲阜祭祀孔子，或袭封孔子后人，引领世道，表率人伦，从而起到维护斯文道统的作用，是以人心得以扶持，社会得以和谐，乃至生命得以安顿。只要斯文道统不坠，基层社会就可正常运行，与权力中心的游戏无关。由此，我们可以明白，中国传统社会轻政治而重文化的原由了。传统典籍总是讲“无为而治”，并非虚言。因此，古代中国的政治，其“为”表现在硬性的政治举措很少（多了反被认为是扰民），多表现在软性的文化的建设上。但文化上的“为”就是“无为”，因为统治者只要维持孔子以来的道统于不坠即可，无需太多的发明创造。一言以蔽之，传统的中国，其国体是以儒家文化为中心构建的而不是以权力为中心的游戏。当然，这种国体不像现代意义的国体那样紧凑而凸显，因为它比较松散，故一般人很难体会到这种国体的存在。也正因为如此，英人罗素才说：中国更像一个文化单位而不是严格意义上的现代政治国家。[②]

古代中国之国体，乃以文化来引领政治，表现在官员的任用上。在隋唐之前，或举孝廉，或征辟制，其依据是儒家的忠孝节义或礼义廉耻之行，隋唐以后，则是科举考试，其基本内容是“四书五经”。概言之，官员的任用，其依据都来自儒学道统之内容。这样，这些官员分派到各基层社会，不是以政治的强力去宰制民众，乃是以文化的潜德去规导人心。这个效果，如果只从权力中心的政治游戏看，是得不出的，必须从传统中国宗法社会的胶固与强大这个

---

① 张祥龙：《海德格尔思想与中国天道》，生活·读书·新知三联书店1996年版，第258页。
② 罗素：《中国问题》，秦悦译，学林出版社1996年版，第164页。

地方看。中国历代帝王或亲幸阙里，或临雍释奠，或遣官祭告，乃至袭封衍圣公，都有敬服与遵从国体的意义。

三

传统中国以文化来引领政治，除了依据儒学道统进行官员任用之外，对于这个道统的代表人物——孔子及其家族，历代帝王亦有特别的举措，凭这些举措，起到扶持人心、师范社会的作用，更深入地看，是传统中国国体的初步显现。下面，吾人即不揣繁复，钩沉史料，列举事实，以见政治对于文化的敬重与臣服。

举措之一，帝王亲幸曲阜，祭祀孔子及其弟子。据衍圣公孔子第六十七代孙孔毓圻（1657—1723年）主持编撰的《幸鲁盛典》及清代学者黄本骥（1781—1854或1856年）的《圣域纪闻》，历史上有以下帝王曾临幸曲阜，祭祀孔子及其弟子：

一、汉高祖十二年（公元前195年，括号中的数字，即是公元纪年，下同）十一月，行至淮南，还，过鲁，以太牢祭祀孔子。此开帝王祭祀孔子之先河。

二、光武帝建武五年（29年）冬十月征董宪，遂幸鲁，使大司空祀孔子。

三、明帝永平十五年（72年）二月庚子，东巡，耕于下邳，至鲁，幸孔子宅，祀仲尼及七十二弟子。

四、章帝元和二年（85年）正月丙辰，东巡狩，耕于定陶，柴告岱山，祀明堂。三月己丑，进幸鲁，庚寅，祀孔子于阙里及七十二弟子。

五、安帝延光三年（124年）二月丙子，东巡狩……戊戌，祀孔子于阙里。

以上两汉时期。

六、北魏世祖太平真君十一年（450年），车驾南伐宋，自东平趋邹山。十一月进至鲁郡，以太牢祀孔子。

七、孝文帝泰和十九（495年）年夏四月，如鲁城，亲祀孔子。

以上南北朝时期。

八、唐高宗乾封元年（666年）正月丙戌，车驾发泰山，辛卯至曲阜，赠孔子太师，以少牢致祭。

九、唐明皇开元十二年（724年）十一月，封泰山，还，车驾诣孔子宅，亲设奠祭。

以上李唐时期。

十、后周太祖广顺二年（952年），亲征慕容彦超。……于六月朔，亲诣阙里致祭。

以上五代时期。

十一、宋真宗大中祥符元年（1008年）十一月敕告，报皇帝封禅毕，车驾至兖州曲阜县，谒先圣庙，取十一月初一日，备礼躬谒。

十二、金太宗天会七年（1129年），睿宗为都元帅，统大军入兖州，抚定退师，命曲阜知县衡雄引诣宣圣庙。时值建炎寇焚殿，火犹未息，元帅乃登杏坛奠拜，讫，复诣圣林。

十三、熙宗皇统元年（1141年）二月戊午，亲诣阙里致祭。

以上宋金时期。

上列资料引自《幸鲁盛典》第二卷。

十四、清圣祖康熙二十三年（1684年），圣驾东巡，躬诣阙里致祭，行三跪九叩礼，用大学舞乐。祭毕，诣孔林，祭酒三爵，行一跪三拜礼。诣诗礼堂讲书。留御用曲柄黄盖于庙庭，颁御书“万世师表”额于各学。（康熙此次幸鲁祭孔，由衍圣公孔毓圻引驾，孔子后人孔尚任等御前讲经。其行程、礼数、祭奠、器皿、什物及制诰、诏书、题跋、书帖、碑文、诗赋等撰成《幸鲁盛典》四十卷。数据丰富翔实，记载了历代诣阙里祭祀，太学释奠礼及孔子后裔赐爵封侯情况。值得参考，是书收入《四库全书》）

十五、清高宗乾隆二十一年（1756年）二月，亲诣太学行礼。圣驾东巡，躬诣阙里致祭，遣官诣启圣林祭酒。二十二年（1757年），圣驾南巡，遣官祭阙里。回銮时，躬诣孔庙，撍香行三跪九拜礼，孔林酹酒行一跪三拜礼。二十七年（1762 年），圣驾南巡，遣官祭阙里。回銮时，躬诣孔庙孔林行礼。三十一年（1766 年），圣驾南巡，道经山左，躬诣孔庙孔林行礼。三十六年（1771 年），圣驾东巡，躬诣阙里致祭。四十九年，圣驾南巡，道经山左，躬诣阙里致祭，行三跪六拜礼。五十五年（1790 年），圣驾东巡，躬诣阙里致祭。

以上满清时期。

上列资料引自黄本骥《圣域纪闻》卷二。

举措之二，帝王幸太学、辟雍、国子监行释奠礼。黄本骥《圣域纪闻》卷一记载，在太学、辟雍或国子监行释奠礼的帝王很多。概有：

一、魏・齐王曹芳正始二年二月，五年五月，七年十二月，皆使太常以太牢祠孔子于辟雍，以颜渊配。

二、晋・武帝泰始三年，诏太学及鲁国四时备三牲祠孔子。七年，命皇太子祠孔子。

晋・穆帝升平元年，亲释奠于中堂。

三、北魏・太武帝始光三年，起太学于城东，祀孔子，以颜渊配。

北魏・孝文帝延兴三年，诏祭孔子，制用酒脯。

四、齐・武帝永明二年，太子释奠，王公以下悉往观礼。

五、陈・后主至德三年，改筑孔子旧庙，以时飨奠，十二月释奠于先师，设金石之乐。

六、北周・武帝天和元年，诏胄子入学，行释奠礼。

北周・宣帝大象二年，幸露门学，行释奠礼，追封孔子为邹国公。

七、唐・高祖武德二年，立孔子庙于国子监。七年二月，释奠于国学，以周公为先圣，孔子配。

唐・太宗贞观十四年，观皇太子释奠于国学。二十一年二月，皇太子释菜于国学，以左丘明、卜子夏、公羊高……王弼、杜预、范宁等二十二人配享。

唐·高宗总章元年，皇太子释奠于学，赠颜回太子少师，曾参太子少保。开耀元年，皇太子释奠于国学。

唐·殇帝唐隆元年八月，皇太子释奠于国学。

唐·明皇开元七年，皇太子齿胄于学，谒先师。

唐·肃宗上元元年仲秋，祠太学。

唐·代宗永泰二年，修国学祠堂成，行释奠礼，宰相以下就观。

八、后唐·明宗长兴三年，定七十二贤祠享，各陈酒脯。

九、宋·太祖建隆初，于国学塑先圣孔子、亚圣颜子及十哲像，画七十二贤及先儒左丘明等二十一人像于东西庑之壁，亲撰先圣亚圣赞，十哲以下命文臣分赞之。凡三幸国学，谒孔子庙。

宋·仁宗庆历四年，幸国学，谒孔子，有司言旧仪止肃揖，帝特再拜。

宋·哲宗元祐六年，幸太学释奠礼，一献再拜。

宋·孝宗淳熙四年，幸太学，谒先圣。

宋·理宗淳祐元年，幸太学，谒孔子，封周濂溪、张横渠、程明道、程伊川伯爵，以朱子从祀，黜王安石。

宋·度宗咸淳三年，帝诣太学，谒孔子，行释菜礼。

十、金·世宗大定十四年，定释奠仪数。

十一、元·仁宗延祐三年，释奠于先圣，以颜、曾、思、孟配享。

十二、明·太祖洪武元年二月，以太牢祀先师孔子于国学，仍遣使诣曲阜致祭。定每岁仲春、秋上丁，皇帝降香，遣官祀国学。置衍圣公府官属，掌书、典籍、司乐、知印、奏差、书写各一人，立孔、颜、孟三学教授，司教、学录、学司各一人，立尼山、洙泗二书院，各设山长一人，免孔氏子孙及颜、孟大宗子孙徭役。十五年，新建太学庙中大成殿，左右两庑。前为大成门，门左右列戟二十四，又前为棂星门。亲行释奠。又诏天下通祀孔子，并颁释奠仪注。二十九年，行释奠礼。

明·惠帝建文元年三月，行释奠礼。

明·成祖永乐四年三月，行释奠礼。

明·英宗正统九年三月，新建太学成，行释奠礼。

明·景帝景泰元年，幸太学，诏衍圣公及孔、颜、孟三氏子孙观礼。二年二月，行释奠礼。

明·孝宗弘治元年三月，行释奠礼。

明·世宗嘉靖元年二月，行释奠礼。

明·穆宗隆庆元年八月，行释奠礼。

明·熹宗天启五年三月，行释奠礼。

明·思宗崇祯十四年八月，行释奠礼。

十三、清·世祖顺治二年，定太学丁祭，遣大学士一人行礼，翰林官分献，国子监祭酒祭启圣祠。定每年致祭皆以二月八月上丁日，如遇有事，改次丁或下丁，并通行直省各学。定直省春秋释奠礼，以地方正印官主祭。定朔望释菜礼，设酒、芹、枣、栗，太学朔日以祭酒，望日以司业行礼，直省以教职行礼。定直省府州县，建名宦、乡贤二祠于学宫内，每岁春秋释奠之日，地方官以少牢致祭。九年，临雍释奠，行二跪六拜礼。十七年，重修太学告成，临雍释奠。

清·圣祖康熙八年，临雍释奠。十四年，册立皇太子，遣官祭阙里。三十二年，重修阙里庙落成，遣皇子诣祭，具蟒袍补服，于杏坛行礼，随诣孔林，行三跪九拜礼，祭酒三爵，行一跪三拜礼。三十四年，畿辅灾，山西地震，遣官祭阙里。三十五年，平定额鲁特噶尔丹，遣官祭告太学，颁御制碑于各学。三十六年，平定朔汉，遣官祭阙里。四十八年，册立皇太子，遣官祭阙里。

清·世宗雍正元年，圣祖仁皇帝升配礼成，遣官祭阙里。二年，临雍释奠。四年，定临雍释奠仪注，行二跪六拜礼，立献帛爵一次，不读祝文，不饮福受胙。是年又改定读文致祭，仲秋亲诣行礼。又改定跪献帛爵。五年，定每年八月二十七日至圣诞辰，内外文武官及军民人等，均致斋一日，不理刑名，禁止屠宰。七年，亲诣太学祭告，颁直省文庙乐章。

清·高宗乾隆二年，世宗宪皇帝升配礼成，遣官祭阙里。三年二月，亲诣太学，行三献爵礼。五年八月，亲诣太学行礼。定舞用六佾，设乐舞，生三十六人，免其府州县赋。九年二月，亲诣太学行礼。十八年八月，亲诣太学行礼。二十年，平定准噶尔，遣官祭告太学，颁御制碑于各学。二十一年二月，亲诣太学行礼。二十五年，平定回都，遣官祭告太学及阙里。颁御制碑于各学。四十八年二月，亲诣太学行礼。五十一年，临雍释奠。六十年二月，亲诣太学行礼。

清·仁宗嘉庆元年，授受礼成，遣官祭阙里。二月，亲诣太学行礼。三年，临雍释奠。四年，高宗纯皇帝升配礼成，遣官祭阙里。七年二月，亲诣太学行礼。十五年二月，亲诣太学行礼。

清·宣宗道光二年，仁宗睿皇帝升配礼成，遣官祭阙里。二月，临雍释奠。

（咸丰、同治、光绪、宣统四朝祭孔释奠的情况，因数据所限，暂时不能列出，有待进一步考证）

举措之三，修建或重建京师文庙，修葺阙里庙庭。

魏文帝黄初二年，令鲁郡修葺旧庙，置百户吏卒以守卫之。此开朝政令修阙里庙庭之始。尔后，历代帝王诏令重修阙里庙庭无数，在此不必一一列出。

北魏孝文帝太和十三年，立孔子庙于京师。此开京师修建文庙之先河。尔后，历代亦多在京师修建或重修文庙，在此亦难以一一列出。不惟此也，传统中国几乎每个州府县学中，都修建有文庙，尽管历史上可能常毁于战乱或火灾，但后代一定会修葺重建，以匡扶时学。

举措之四，孔子后裔封侯赐爵。

汉高祖十二年，过鲁幸阙里，封孔子九世孙孔腾为奉祀君，专管祭祀孔子事务。这虽然不是一个可以世袭的爵位，却开朝廷册封孔子后裔风气之先。至汉元帝永光元年，诏封孔子第十三世孙孔霸为关内侯，主管宗庙祭祀，食邑八百户。此为孔子后裔世袭爵位之始。此后一直到宋仁宗至和二年之前，孔子后裔中的嫡长孙俱可世袭爵位，其名称虽略有异，其实质就是主管阙里宗庙祭祀的奉祀官。宋仁宗至和二年，孔子第四十六代孙孔宗愿被封为衍圣公，此为袭封衍圣公之始。自此以后，一直到 1920 年，孔德成袭封衍圣公止。如果从汉元帝封孔霸关内侯算起，则中国历史上之封赐孔子后裔，近二千年之久。

以上这些，都是国家的重典，是很大的政治事件，而由帝王或重臣亲自参入，正表现了传统中国以文化来引领政治的基本特征，更透露出儒家文化作为国体的意义。进言之，中国历代帝王的尊号、庙号、年号、诏书，臣子的官职、封赏、谥号等，无不体现儒家文化作为国体的意义。

四

因为孔子在中国文化上的特殊贡献，故帝王之临幸阙里拜谒，行祭孔释奠礼，兴建、修葺京师或阙里文庙，都是表示对孔子的敬重。一般人或许以为无可非议，但孔子后裔无故袭封衍圣公，这是为什么呢？要知道，诸多的衍圣公，无论在才德与学识方面，未见得特别突出，仅仅因为是孔子的嫡长孙而获袭封，这是不是一种家族血缘崇拜呢？这是不是一种不公平的门阀制度。如果吾人从这个方面来看待中国传统的衍圣公传承，体现了一个人没有文化意识，也不能理解真正意义上的古代中国。

衍圣公，尽管有爵位与俸禄，但却没有什么政治权力，其职责仅仅是主管阙里宗庙祭祀、孔林之看护等。按理说，这样的职责由朝廷专门任用一个异姓之人，也是可以完成的。那么，中国历朝历代无论谁家坐定天下，却无有异议地袭封孔子后人，这是为什么呢？因为中国文化是一个源远流长的道统，这个道统从学术精神上看，毕竟是一种抽象的存在，这种抽象的存在如何使人感觉到它是一种具体的存在呢？袭封孔子后人，名其曰衍圣公，就是最好的表示。一九三五年民国政府改衍圣公为“大成至圣先师奉祀官”，就不是一种很好的表示，因为这个名称没有表示出道统的延续性。因为人人可就任“大成至圣先师奉祀官”，但衍圣公却不是人人可任的，必须是孔子的后裔。然由此是否可带来家族血缘崇拜的后果，当然不会。何也？吾人从文庙两庑牌位之开放性即可知晓。文庙尽管名为孔庙，但却不是孔氏之家庙，而是中国道统之精神之庙。因为在孔庙中不只是有孔子的牌位，更有历代圣贤或儒林巨子的牌位，如理学大家程、朱、陆、王等，相反，衍圣公的牌位却很少进入。这意味着，如果一个人在弘扬儒家道统方面有杰出的贡献，就有资格从祀于文庙。所以，文庙是开放的，每一个在践行儒学、弘扬道统方面表现卓越的人，都有可能进入，这是一个民族文化精神之庙。因此，衍圣公制度决不是一种家族血缘崇拜，而是体现了中华道统的世代延绵。这就如英国、日本等国的王室制度一样，决不是一种家族血缘特权，而是一种民族文化精神的体现。所以，如果我们更深入地看，中国传统的衍圣公传承与历代王朝之更迭，相当于国体与政府的关系，衍圣公传承就相当于国体，这个“体”就是以儒家文化立国，永远不变，但政府可以随时变更。当然，时人未必有这种清醒的意识，但一定隐含有这种意义。当代大儒蒋庆先生撰《再论政治儒学》，倡导“虚君共和”，其中的“虚君”就是以孔子后裔世袭，这是希望把传统的衍圣公制度之隐性内涵给凸显出来。一言以蔽之，衍圣公制度，体现了传统中国以儒家文化立国的根本意义。进言之，中国历代帝王之幸阙里致祭，或临雍释奠，并非对孔子个人的膜拜，而是对这种文化国体的敬服与遵从。这种文化立国尽管在王朝权力中心之运用差强人意，但在基层社会却表现良好，使得中国传统社会呈现一种静态的良性运行，历二千多年而不变。由此，吾人一定要知道，传统的祭孔、释奠礼、衍圣公制度，在政治上讲，具有国体的意义；从文化上讲，是传统中国人的宗教精神信仰的表现。从这里，吾人亦可进一步了解传统政教合一的政治形态。

五

那么，当代中国难道不是以文化立国吗？首先，中国政府一再强调增加文化软实力；其次，现在教育普及，义务教育实行免费制，高等教育也空前发展。这一切，不是超过了传统中国数倍吗？尽管如此，丝毫不能说现代中国是文化立国。因为文化软实力也好，教育普及也罢，都是技术性的。现代文化都是在这种技术性的架构的逼夹下衍生出来的，因而是形式性的。其根本标志是，现代文化讲究程序公正与民主管道，尽管程序公正、民主管道等用语颇美丽诱人，但其根底之精神依然是实在论的或唯物论的。所以，现代是实用主义与唯物主义当行的时代。其技术性与形式性的特点，又表明现代是自然科学当行的时代。这些结论只要环视一下吾人当下的事实即可得到确证。就教育而言，现在的大学教育是学到一门技术而去找到一份工作，这与传统的教育精神根本殊异。在古代中国，如果走进传统书院，即刻可见“学达性天”四个字，这就是教育的根本精神，也是文化之所以为文化的根本标志。所以，文化决不是一些技术性的程序或形式性的系统，文化一定契合“天地人”为一而言，故真正的文化一定是“天人合一”的形态。这在中西传统中都是如此，胡塞尔曾论古希腊人的生活时说：“更全面地说就是：历史上环绕着希腊人的世界并不是我们的意义上的客观世界，而毋宁是他们‘对世界的表像’，即他们自己的主观评价以及其中的全部实在性，比如诸天神与诸守护神，这些东西对于他们而言都是有效的。”[①] 现代文化的技术性程序或形式性系统只是人的客观经验认知，以此作为文化的全部，正是现代文化日益世俗化与实用化的因由。

现代中国由于生产的社会化，打破了传统中国自给自足的自然经济形态，使得基层社会不可能完全像传统社会那样，依据伦理文化就可以自行运转。生产的社会化增加了政治的担负，因为此时的政治要安排生产管理与经济发展，

① 胡塞尔：《欧洲人的危机与哲学》，见倪梁康选编：《胡塞尔选集》，第944页。

不可能完全像传统政治那样，只以文化来引领政治，确保基层社会的稳定即可。所以，现代政治在一定程度上脱离文化的牵引，讲究政治自身的主体性，这是必须的，也是可以理解的。因此，现代文化的技术性程序与形式性系统在一定程度上都是有意义的。但现代社会的弊端是，把现代文化的技术性程序与形式性系统作为了文化的全部，或者说，使政治成为了赤裸裸的政治，完全下降为了“人事”，因为没有“天”的超越的一面，故现代文化那种技术性程序与形式性系统不能凝练成一个民族精神，这正是现代社会铜臭气冲天，既而人情冷漠、社会危殆的根本原因所在。由此，吾人也可以看到，中国传统的基层社会在现代被彻底松散，每个人被原子式地架构在政治社会中，赤裸裸地面对那些技术性程序与形式性系统，不像传统中国社会那样，有宗族的退守与温存。因为技术性程序与形式性系统是松弛的、平面的，而不是紧聚的、立体的，故现代社会只是线性的因果关系，而不像传统社会那样具有立体的粘合力量。因此，现代社会总使人觉得孤单、悲凉，乃至滋生仇恨社会的变态心理。传统文化的退隐致使中国传统基层社会的消解，是当下中国社会治安混乱，民风日偷的致病之因。吾人说过，文化一定契合“天地人”为一而言，一个重文化的政治一定也要讲究“天地人”，这正是传统中国的政治与现代中国政治的根本区别。根据前面所列的史料，传统中国的一些政治事件，如册立皇太子、平定方镇等一定要遣官祭告阙里，这表明，政治不仅仅是对“人”负责，一定对“天地君亲师”负责。与传统社会与政治相较，现代社会及其政治，其根本差别就在这里，一切只是“人事”，缺乏一个“天地君亲师”的维度。传统社会的祭孔大典、释奠礼与袭封衍圣公，都是在遵从“天地君亲师”，这是真正文化的表示。所以，尽管现代中国教育发达、文化兴隆，依然不是文化立国，至多是技术立国。

文化立国与技术立国奚辨？曰：文化立国求契合天道，技术立国仅计算得失。《管子·四时》篇中说，治理国家要“知四时”，“令有时，无时，则必视顺天之所以来”，“不知四时，乃失国之基”。所谓“知四时”就是要人顺应天道，故一年四季其发令施政皆有不同。“是故春三月以甲乙之日发五政：一政：曰论幼孤，舍有罪。二政：曰赋爵列，授禄位。三政：曰冻解，修沟渎，复亡人。四政：曰端险阻，修封疆，正千伯。五政：曰无杀麑夭，毋蹇华绝芋。五政苟时，春雨乃来。”同样，夏三月，秋三月，冬三月各有其政，不可淆乱。传统中国为什么科学不发达，乃因为传统中国人不需要科学，他们乃依天而行政劳作。于是，吾人可以看到，传统的农村人纯粹依据流传下来的几句俚语乡谚，就可以把四时的生产劳作打理得很好，而决不会对时下的科学有什么兴趣。正因为施政劳作乃依天而行，故治国对于他们来说是很简易的事。老子曰：“治大国，若烹小鲜。”这虽然是道家的思想，但代表了传统思想的经典方向。陆象山曰：“简易工夫终久大，支离事业竟浮沉。”依文化立国，就是简易工夫。依技术立国，就是支离事业。技术立国何以“支离”，因为它的一切来自于计算。昔人云：“天下之枉，未足以害理，而矫枉之枉常深；天下之弊，未足以害事，而救弊之弊常大。”（宋·罗泌：《路史·封建后论》）于是，吾人看到法愈密而弊愈生，术愈细而道愈离。故技术立国乃是矫“失”以为“得”，而真所以得之之道，独弃置而未讲。

六

本文通过祭孔释奠，袭封衍圣公这种古礼或制度，深掘其中之义理，进而开显其得之之道，可谓“众里寻他千百度”也，惟希望能看到站在“灯火阑珊处”中的“那人”。近年来，一些儒者常去阙里祭拜或文庙祭祀，笔者也三度带领学生在夫子像前行祭拜礼，但却遭到了国人的非议与责难，以为这些儒者顽固不化，倒行逆施。其实，儒者们之祭孔行礼，决不只在乎古礼自身，而是欲唤醒国人的文化意识，回到自家的国体当中。因为国体当中一定要有民族道统在里面，只是技术性程序与形式性系统，不足以成为国体。而且，国体中的文化一定是民族文化传统，因为这涉及文化的情感承受性与历史合法性问题。

这意味着，如果不是该民族的文化传统，哪怕是一种很优秀的外来文化，也不能成为该国国体中的一部分。所以，中国要真正复兴，完成所谓“中国梦”，建构所谓“美丽中国”，则传统文化的复兴并使其作为国体之一要件，这是一个必须正视的问题，也是一个时不我待的问题。

（原载《儒生》第四辑）

大冶儒学代表人物朱门高弟万止斋学行与思想考论

一、大冶境内关于万止斋之古迹考

大冶，水连江汉，地接匡庐，自古为形胜富庶人杰之邑。元人虞集《兴国路大冶县儒学记》云："大冶在江湖之表，山川包络，形气涵蓄，宝藏兴焉。"[①]又，康熙《大冶县志·地舆志》云："形家谓其中风气渟蓄，必有贤哲之毓云。"[②]自汉唐以来，即有仙释人物流寓于此，仙者则汉之东方朔，唐之张志和，释者则唐之智印祖师、广慧禅师，他们在此或诗酒唱和，或布道弘法。[③]由此斯域风气渐开，人文日盛。众所周知，我国学术在赵宋之前，佛教昌炽而儒学式微，待北宋二程夫子及其门人与南宋朱、陆夫子及其门人之宣弘，儒学方乃

---

① 嘉靖《大冶县志》，见大冶市地方志编纂委员会：《大冶旧志集成》，武汉出版社2014年版，第50页。

② 康熙《大冶县志》，见大冶市地方志编纂委员会：《大冶旧志集成》，武汉出版社2014年版，第118页。

③ 俱见同治《大冶县志》，见大冶市地方志编纂委员会：《大冶旧志集成》，武汉出版社2014年版，第629—630页。

得滋盛。大冶之儒学亦复如是，在宋元之际，大冶儒学始由衰而日渐复苏[①]，故史籍谓其时民风“力本业儒，不事浮靡”[②]。此时，大冶地区出现了一批弘教之儒者，儒学由此而至鼎盛。据陈荣捷《朱子门人》的整理研究，计有：万止斋、万人英、张丰应、冯倚、冯治等人，俱为朱门弟子。[③]但这五人之中，唯止斋留下的资料最多，之于后世的影响也最大，可谓大冶儒学之代表人物也，故嘉靖《大冶县志·风俗》云：“俗尚质朴，不事浮华。依山者樵，依水者渔，其民淳，可以语道，以宋朱子门人万止斋表章斯文，士有所向。”[④]正因止斋之于大冶之影响巨大，历史上此地有很多古迹纪念他，其中最著名的当数止斋祠。

止斋作为大冶儒学之代表人物，历来受到后世当地官绅士人之褒奖与纪念。元代至正元年，县尹周镗重修学宫，即以余材立祠祀止斋先生，春秋丁祭。[⑤]后来，作为元代儒学四大家之一的虞集在《兴国路大冶县儒学记》一文中，不但对县尹周镗兴学立祠以弘儒教大加彰表，且对止斋之学行极度嘉奖。其文曰：

鲁之君子者以为：先无君子，则焉取斯哉?《诗》曰：执柯伐柯，其则不远。盖言其取之近也。邑人之所共知所共尊者，其为正淳之学乎？正

① 大冶儒学由衰转盛的标志就是：在宋元之际，大冶始建文庙与儒学，即庙学合一的儒学经典教育模式之兴起。嘉靖《大冶县志·儒学》云：“宋元时旧在县治西一里，然兵燹废兴不一。”嘉靖《大冶县志》，见大冶市地方志编纂委员会：《大冶旧志集成》，武汉出版社2014年版，第49页。

② 同治《大冶县志·风俗》，见大冶市地方志编纂委员会：《大冶旧志集成》，武汉出版社2014年版，第355页。

③ 陈荣捷：《朱子门人》，华东师范大学出版社2007年版，第129、171、173、174页。其中万人英可能是止斋之兄，见于明人程敏政《新安文献志》卷八十四，张丰应、冯倚、冯治俱见于康熙《大冶县志·人物志》。

④ 嘉靖《大冶县志》，大冶市地方志编纂委员会：见《大冶旧志集成》，武汉出版社2014年版，第14页。

⑤ 嘉靖《大冶县志·止斋先生祠》，见大冶市地方志编纂委员会：《大冶旧志集成》，武汉出版社2014年版，第56页。

淳，朱子之门人也。勇彻于旧学之役，以求讲学明践履之实；决去其仕进之末，以求至乎圣贤造诣之归。师友答问之遗书具在，乡里传之，观乎一时，同门得之甚正而行之甚笃者。故大冶之人，因其所素尊敬而知其所从焉，则其宗传可得而溯之矣。呜呼！古者庠序之教，教之以父子、君臣、夫妇、长幼、朋友之伦，复其仁义礼智之性。礼、乐其物也，《诗》、《书》、《春秋》，其书也，孔子没，曾子、子思受其道而传焉，学者可以无差矣。然而数千百年周子、两程子、张子出，而其说始复明。一再传而得朱子，圣经贤传，微言大义，莫不究极，折衷论定，无复余蕴。国家信而用之，布在天下，而穷乡远邑，无明师良友，顾学者或不得说焉。斯邑之有正淳也，今去二百余年，而遗言余论不泯如此。表章其人以讽劝而作新之，则周君有功于斯邑至大。[①]

“先无君子，则焉取斯哉？”一句出自《论语·公冶长》：“子谓子贱，‘君子哉若人！鲁无君子者，斯焉取斯？’”意思是说，宓子贱之所以具有君子的品格，乃因为鲁国有一批贤能的君子，宓子贱正是在淳厚的风俗中陶冶而成。这里的“先无君子”当然是指止斋，即大冶这个地方若没有止斋，其风俗也不会那么质朴淳厚。且虞集认为，县尹周镗兴学立祠以标榜止斋先生，其于斯邑教化之功盖莫大焉。

但至元朝末期，万止斋先生祠即毁于兵乱。直到明代弘治七年，湖南桂阳州判姜绾调署大冶县事。“阅邑乘，知有宋儒万止斋先生祠在学旁，已倾坏，遂移于城隍庙左立焉。春秋享祀，礼仪始肃。绾之尊崇圣哲，则治得其本已。”[②] 据姜绾《宋儒万止斋祠记》载：

---

① 嘉靖《大冶县志》，见大冶市地方志编纂委员会：《大冶旧志集成》，武汉出版社 2014 年版，第 51 页。

② 同治《大冶县志·宦迹志》，见大冶市地方志编纂委员会：《大冶旧志集成》，武汉出版社 2014 年版，第 527 页。

祠之堂五间，中肖以像，南廊如堂制以位主祭者，东西则视南廊杀其二。东处执事之人，西则酒樽与器，牲匣、香炉各一，净瓶二、爵三、豆五，咸于此具。门榜曰“万止斋先生祠”，阶三级而墙四周焉。岁役守门者一户。享祀之仪，则县西公廛二间之赋三两二钱，春秋各用其半，庶几祠可久而不坏，礼可常而不废也。①

可见，弘治七年所重修的万止斋先生祠，不但规制完备，且祭器齐全；同时，还有专人把守，每年春秋祭祀之费用由县衙公费承担。除了例行的官方春秋祭祀之外，还有不少文人墨客到万止斋先生祠祭祀凭吊，且以诗作歌咏吟唱，以示对止斋先生之缅怀与敬意。如周礼有诗云：

大宋人才有先生，朱门高弟几何人。于今归去数百年，玉埋彩兮兰沉馨。

喈喈风雨鸡自晨，道泉一线尚分明。不知往往浑如盲，知者相感谩劳神。

璞非卞和安足征，伯乐一顾千里真。先生自是不世人，也有不世来相亲。

建祠致祀意何深，千载淳风起后尘。②

又，尹觉有诗云：

闳闳祠乡社，修檐四会开。云孤皇宋晚，花种考亭梅。

① 康熙《大冶县志·艺文志》，见大冶市地方志编纂委员会：《大冶旧志集成》，武汉出版社2014年版，第247—248页。

② 嘉靖《大冶县志·止斋先生祠》，见大冶市地方志编纂委员会：《大冶旧志集成》，武汉出版社2014年版，第56页。

炉冶春为主，山林风自回。且教严俎豆，不道旧宫台。①

但好景不长，至嘉靖十年秋，万止斋先生祠再次毁于一场大火，当时的情况有专文记载，但到嘉靖十九年修县志的时候已漫灭不可认，修志者弃而不录，故我们现在也无从得知当时究竟发生了什么。②这一次毁损以后，嘉靖十六年，知县赵鼐再次重修，且增设两间耳房以翼祠之左右，作为师堂以启后昆③，其“内匾额、对联极真、草、隶、篆之备”。④万止斋先生祠究竟彻底毁于何时，尚不得而知，但可能到清代康熙年间已经不复存在了，因为清代康熙、同治年间所修的县志对于万止斋先生祠俱无记载。然无论如何，万止斋先生祠自元代至正元年（1341 年）始创，到其彻底损毁，在大冶这块土地上至少存在了 200 多年，其于此地敦教启迪之功当不可磨灭也。

除了万止斋先生祠以外，大冶县志尚有有关止斋读书处、牌坊及坟墓之记载：

止斋书堂，即止斋读书的地方。“在崇虚观。久废，仅属遗址。今传先生楹联云：‘昼长被衲倚栏见几点落花闻数声啼鸟；夜静了经入定剩半窗明月闲一榻清风’。”⑤

宋儒万止斋故里，牌坊。“县北五里。知县程九万立，后颓裂。至道光年，裔孙诸生万青钱、万绍贤等重修。”⑥

---

①③ 嘉靖《大冶县志·止斋先生祠》，见大冶市地方志编纂委员会：《大冶旧志集成》，武汉出版社 2014 年版，第 57 页。

② 同上书，第 56 页。

④ 同上书，第 66 页。

⑤ 同治《大冶县志·山川志》，见大冶市地方志编纂委员会：《大冶旧志集成》，武汉出版社 2014 年版，第 372 页。

⑥ 同治《大冶县志·坊表》，见大冶市地方志编纂委员会：《大冶旧志集成》，武汉出版社 2014 年版，第 404 页。程九万，字海鹏，四川涪州贡生，于万历壬寅年（即 1602 年）任大冶知县。

先儒万止斋墓。“在西阳里龟山，一曰在宫台里杨桥庙后。”[①] 明代以后，止斋后裔俱迁至大冶刘仁八生息。这样，止斋墓遂于2016年由止斋后裔迁至大冶市刘仁八镇果城启石里国宝林。

但止斋书堂到康熙年间修志的时候已只仅存遗址，不过，今大冶市殷祖镇马岭山下尚有止斋书堂，乃今人重建。[②] 万止斋故里牌坊虽道光年间重修，何时损毁亦不得而知。

笔者作为研究儒家之学者，《朱子全书》乃常读之书目，虽然多次在朱子语录中看到“正淳问”、“人杰录”等词汇，乃至在朱子文集看到多启“答万正淳”书，但若不是近期翻阅《大冶旧志集成》，竟不知道这位大名鼎鼎的万正淳正是我的同乡先进、儒学先驱。今既然已经得知了这种关系，作为儒家学者，同时又是他的同乡后学，自然有责任与义务彰表其学，以示敬意与策勉。此为笔者草创此文之因由也。

二、万止斋问学行止考

万止斋，名祯，字人杰，一字正淳，号止斋。先祖万炳由江西南昌县迁居大冶宫台里（今大冶市茗山乡杨桥村），至止斋为第五世。止斋之生卒年，史籍并无明确的记载，今新修墓碑刻为（1162—1231年），即生于宋高宗绍兴三十二年，死于宋理宗绍定四年。[③] 一生未曾仕进，先后问学于南宋当时影响甚巨的两大儒学宗师——陆象山（陆九渊）与朱文公（朱熹）。《宋元学案》卷六十九《沧洲诸儒学案》上载：

---

① 康熙《大冶县志·茔墓》，见大冶市地方志编纂委员会：《大冶旧志集成》，武汉出版社2014年版，第148页。

② 刘远芳：《古代大冶的教育机构》，载《东楚晚报》2021年10月20日《磁湖周刊》。

③ 关于万止斋的生卒年，世传史籍没有记载，故陈荣捷《朱子门人》也无法考订之。今查大冶《万氏大成宗谱》，亦未见生卒年之记载。今修墓碑上之生卒年不知何所据，或未必可靠也，但亦无从考矣。

> 万人杰，字正淳，大冶人。陆文达公为兴国教授，即来受学。旋事文安公于槐堂。象山尝言：“吾门惟曹立之、万正淳可不为利害所动。”已而先生见朱子于南康，亦力称之，先生遂为朱子之学。[①]

兴国军乃宋代之行政区，属江南西道，治所在永兴（今湖北省阳新县），辖永兴、大冶、通山三县。陆文达公即陆九龄，世称复斋先生，与文安公（陆九渊，世称象山先生）为亲兄弟，出自江西金溪陆氏世家，饱读诗书，学养深厚，门徒甚众。复斋于宋孝宗乾道五年（1169 年）中进士，被委任兴国军教授，止斋即向兴国任上的复斋问学，若今存墓碑上所载之生年正确，则止斋初次问学于复斋时尚不足十岁，足见其发蒙之早也。但复斋上任才九个月，因为继母去世需守丧而去职，守丧期满后又改为全州教授，未上任而得疾，最终卧床不起而于淳熙七年（1180 年）去世。[②]这样看来，止斋在兴国向复斋问学的时间很短，因为其去职回家守丧，止斋即中断了学习，等复斋守制期满，他又不幸得病，而此时止斋再到金溪问学于复斋时，就只能问学于其弟象山于槐堂了。[③]“旋”字即表示向复斋问学时间不长。大冶离兴国不远，但离金溪则比较远，因此，止斋第二次向陆氏兄弟问学而远涉金溪的时间，可能并非在复斋守制期满后马上就去了，而是在期满后可能又等待了 5 年左右的时间，即在 1178 年左右才到金溪的。[④]但止斋向陆氏兄弟复斋、象山前后问学的时间总计起来也不算长，可能只有 1—2 年时间，因为象山的集子中除了一次提到止斋之名，就

---

① 黄宗羲、全祖望：《宋元学案》，中华书局 1986 年版，第 2322 页。

② 同上书，第 1869 页。复斋大概于 1170 年左右去职兴国军教授，守制 3 年直至 1180 年去世，复斋可能在病中艰难地度过了 6—7 年的岁月。

③ 槐堂故址在今江西金溪县陆坊村，《象山年谱》有“家之东扁曰槐堂，槐堂前有古槐木，至今犹存，乃学徒讲学之地”（见钟哲点校：《陆九渊集》，中华书局 1980 年版，第 488 页）。

④ 《朱子语类》卷 124 有“因举戊戌春所闻于象山者”。戊戌年即宋孝宗淳熙五年（1178 年），此年春止斋正在象山处问学。参见朱杰人等主编：《朱子全书》第 18 册，上海古籍出版社、安徽教育出版社 2002 年版，第 3884 页。

再也没有出现过了，且师徒之间的书信往来殊少[①]，同时，问学之时间并不连续，即使在止斋皈依朱子以后，他虽短暂地回来向象山问学，但次数极其有限。[②]

止斋到兴国向复斋问学，因复斋守丧后又得重病去世而问学不成，转而向其弟象山问学，大冶到金溪槐堂，路途更远更难行，足见止斋向学之忱，此时大概他已绝意科举。《象山语录》云：

> 因论补试得失。先生云："今之人易为利害所动，只为利害之心重，且如应举。视得失为分定者能几人？往往得之则喜，失之则悲，惟曹立之、万正淳、郑学古庶几可不为利害所动。故学者须当有所立，免得临时为利害所动。"[③]

若求学只是为了应举，则求学唯科举之工具耳，就不是真向学。儒学乃为己之学，故求学当为人之定分，而与利害无与也。止斋不为利害所动，于此觉悟甚深，且就应举之弊当与象山有所讨论。虞集谓其"决去其仕进之末，以求至乎圣贤造诣之归"，当非虚美也。有此觉悟，向学之心必诚且坚，止斋盖终身行之。

前面说过，止斋随象山游之时间并不长，宋孝宗淳熙五年（1178年），朱子知南康军（今江西庐山市），大概1179—1180年冬春交替之际，止斋利用从金溪回大冶过年之机会，于途中顺道拜见了此时正在南康军就任的朱子，两人相谈甚欢（所谓"力称之"），于是便又拜朱子为师了。这在朱子的两通书信

---

① 《朱子语类》卷124载："先生看正淳与金溪往复书云云"。说明止斋与象山有书信往来，但传世本《陆九渊集》中未见收录。朱杰人等主编：《朱子全书》第18册，上海古籍出版社、安徽教育出版社2002年版，第3885页。

② 《朱子语类》卷124明确记载有止斋与象山"癸卯相见，某于其言不无疑信相半"。"癸卯"年即宋孝宗淳熙十年（1183年），此时朱子南康任满，而止斋第一期问学朱子结束，朱子别任以后，止斋大概再次到金溪槐堂而问学于象山，但既云"疑信相半"，则这种问学之次数不会太多。参见朱杰人等主编：《朱子全书》第18册，上海古籍出版社、安徽教育出版社2002年版，第3884页。

③ 钟哲点校：《陆九渊集》，中华书局1980年版，第437页。

中都可以得到印证。其一为《答吕恭伯》云："子寿学生又有兴国万人杰字正纯者亦佳，见来此相聚，云子静却教人读书教学。"[①] 其一为《答曹立之》云："录示陆兄书意甚佳，近大冶万正淳来访，亦能言彼讲论曲折，大概比旧有间矣。"[②] 这两通书信所说的乃是同一人与同一事，即通过止斋的来访得知象山讲学之情形，唯前书误"淳"为"纯"耳。这两通书信，依据陈来的考证，都写于淳熙七年（1180年）庚子二月。[③] 大概在1180年开年以后，止斋即从大冶返回南康，正式伴朱子学。那年仲春三月，朱子还偕同止斋等门人一起游览了落星寺。"朱公永、仲晦、蔡季通、汪清卿、程正思、邓邦老、陈彦忠、万正淳、俞季清来，朱氏子在侍，淳熙庚子三月丁卯。"[④] 从此以后，止斋即随朱子游，成为了朱子门人中极其重要的一员。

现代学者依据同门同时记录年期，考订止斋五次向朱子问学，前后相续近20年：即宋孝宗淳熙七年至八年（1180—1181年），淳熙十五年至十六年（1188—1189年），宋光宗绍熙四年至五年（1193—1194年），宋宁宗庆元二年至三年（1196—1197年），庆元五年（1199年）。[⑤] 这几个时间段，朱子多次调任，居所也屡次更换，止斋不离不弃，特别是在庆元党禁期间，朱子之学被诋为伪学，止斋依然坚定跟从，不为时俗所动，说明止斋对于朱子之学有真切的体认。《朱子语类》卷115载：

先生问别后工夫。曰："谨守教诲，不敢失坠。旧来于先生之说，犹不能无疑。自昨到五更后，乃知先生之道，断然不可易。近看《中庸》，

---

① 朱杰人等主编：《朱子全书》第21册，上海古籍出版社、安徽教育出版社2002年版，第1501页。

② 朱杰人等主编：《朱子全书》第22册，上海古籍出版社、安徽教育出版社2002年版，第2384页。

③ 陈来：《朱子书信编年考证》（增订本），三联书店2011年版，第183、190页。

④ 朱杰人等主编：《朱子全书》第25册，上海古籍出版社、安徽教育出版社2002年版，第4984页。

⑤ 陈荣捷：《朱子门人》，华东师范大学出版社2007年版，第171页。

见得道理只从下面做起，愈见愈实。”[①]

从朱子与别的门人之通信中可以看出，朱子与止斋这一对师徒之间应该是颇为相得的，朱子《答吴伯丰》书云：“大冶近有万君人杰者见访，见留之学中，气质甚美，议论亦可反复，殊不易得。”[②]依据史籍记载，止斋乃沈继祖之连袂，沈继祖又是攻击朱子学为“伪学”而制造庆元党禁之主要推手之一，但朱子并没有因此而对止斋另眼相看。[③]不但相得，朱子似乎还特别关照止斋，其《答吴伯丰》又一书云：“《皇极辨》并往，此亦一破千古之惑，可录一本送正淳，皆勿广为佳耳。”[④]《皇极辨》唯送给吴伯丰与止斋，且叮嘱不要扩散，说明对二者的私下关照。又《答吴伯丰》书云：“正淳书烦为附便。”[⑤]依据陈来的考证，此书写于 1191 年[⑥]，此时止斋已暂时离开朱子回乡，朱子特地叮嘱吴伯丰把止斋所写的书寄给他看，且此时朱子正罹失子（长子朱塾去世）之痛，而依然挂念止斋之学，这表示朱子特别关注止斋学问之成长；又，朱子对于止斋的《中庸说》曾进行过详细的批阅评论，亦可见朱子对止斋特别用心。[⑦]同时，止斋与朱子有多次书札往来论学：“昨在番易，日与万正淳论《大学》二条不合，正淳书来再有论辩，适值文蔚治归，不果再答。”[⑧]乃至朱子能听取止斋的

---

① 朱杰人等主编:《朱子全书》第 18 册，上海古籍出版社、安徽教育出版社 2002 年版，第 3629 页。

② 朱杰人等主编:《朱子全书》第 22 册，上海古籍出版社、安徽教育出版社 2002 年版，第 2421 页。

③《朱子语类》卷 107 载：“或有谓先生曰：‘沈继祖乃正淳之连袂也。’先生笑曰：‘弥子之妻，与子路之妻，兄弟也。’何伤哉！”朱杰人等主编:《朱子全书》第 17 册，上海古籍出版社、安徽教育出版社 2002 年版，第 3500 页。

④ 朱杰人等主编:《朱子全书》第 22 册，上海古籍出版社、安徽教育出版社 2002 年版，第 2422 页。

⑤ 朱杰人等主编:《朱子全书》第 22 册，上海古籍出版社、安徽教育出版社 2002 年版，第 2432 页。

⑥ 陈来:《朱子书信编年考证》（增订本），生活·读书·新知三联书店 2011 年版，第 334 页。

⑦ 朱杰人等主编:《朱子全书》第 22 册，上海古籍出版社、安徽教育出版社 2002 年版，第 2389—2405 页。

⑧ 陈文蔚:《克斋集》卷三《请问朱先生书》，《文渊阁四库全书》第 1171 册，上海古籍出版社 1986 年版，第 23d—24a 页。

意见，修改自己的著作。[①] 依据陈荣捷的统计，朱子门人共488人，《朱子语类》卷113—121为训门人语录，共80人，其中卷113—119为专训一人，合52人，其余则为杂训诸人。[②] 止斋即在52人之列，且名位靠前。《朱子语类》卷115录有训止斋语录10条。这进一步说明了止斋与朱子的关系，属于亲密弟子之列，若以孔子弟子方之，应与十二哲中的宰予、子张地位相当。“训”固有训诫、教导之意，更有典式、法则之意，因此，朱子之训止斋的10条语录，在求学上便具有普遍的意义。如《朱子语类》卷115载朱子曾对止斋曰：

> 如今工夫，须是一刀两段，所谓“一棒一条痕！一掴一掌血”！如此做头底，方可无疑虑。如项羽救赵，既渡，“沉船破釜，持三日粮，示士卒必死，无还心”，故能破秦。若更瞻前顾后，便不可也。因举禅语云：“寸铁可杀人。”无杀人手段，则载一车枪刀，逐件弄过，毕竟无益。[③]

这一段话乃是说求学工夫须痛下决心，断其归路，不可有其他念想。止斋绝仕进之念，一生追随朱子，大概这一条教诲对其影响很大。止斋这一生，其行止可能相当简单，除了前后五次追随乃师朱子、又间或造访金溪以外，其余的时间可能就在其桑梓之地大冶从事儒学之普及与教学工作，虞集谓“乡里传之，观乎一时”，足见当时之盛况。

从《朱子全书》中的相关文献可知，止斋与朱子门人曹立之、黄子耕、吴伯丰、辅汉卿等交游颇深，且俱追随朱子较久[④]，成为了传播朱子之学的中坚力

① 止斋问：“《或问》谓：‘隐之见，微之显，实之存亡而不可揜者也。’‘存亡’字有误否？”朱子答曰：“心广体胖，实之存也；如见肺肝，实之亡也。此当时立文之本意，然语诚有病，当改之耳。”参见朱杰人等主编：《朱子全书》第22册，上海古籍出版社、安徽教育出版社2002年版，第2398页。

② 陈荣捷：《朱子门人》，华东师范大学出版社2007年版，第7页。

③ 朱杰人等主编：《朱子全书》第18册，上海古籍出版社、安徽教育出版社2002年版，第3628页。

④ 曹立之与止斋一起先师事象山，后来又一起问学于朱子，自然交游不浅。朱子《答黄直卿》书云：“万正淳与黄子耕、吴伯丰皆在此。”又云：“辅汉卿、万正淳皆留此两月而后去。”参见朱杰人等主编：《朱子全书》第25册，上海古籍出版社、安徽教育出版社2002年版，第4651、4652页。

量。《朱子语类》这部书，全部是朱子答门人问之记录，门人或尔问我录，或我问尔录，由此辗转接续，最后集成凡一百四十卷的朱子学大著，其中止斋及其与之交游较深的几位门弟子之贡献最大。朱子去世十五年后，李道传在池州辑成《朱子语录》四十三卷，其中采用止斋的记录多条；后来，道传之弟性传在饶州辑成《朱子语续录》四十六卷，亦采用止斋之记录多条。可以说，止斋对于朱子学最大的贡献在《朱子语类》，具体体现在两个方面：其一，止斋记朱子与众门弟子之问答语录四百余条[①]；其二，众门弟子记止斋与朱子问答语录百余条（不完全统计）。二者俱不限于任何题目，正是由于止斋之记录或提问，使得朱子的诸多重要思想与观点得以流传下来。在研读《朱子语类》的时候，若我们用心关注一下，则“正淳”、“人杰”这两个词汇，或作为提问者，或作为记录者，会时常映入眼帘，说明止斋的确长时间地侍奉在朱子左右，且不时求学问道。若没有止斋为我们留下其所记所问的材料，则《朱子语类》一定会大为逊色。

三、万止斋为学方法与著述钩沉

止斋作为朱门高弟，绝仕进之念，以学为志业，追随朱子近20年，在为学上自然有一套方法，且当有所著述。为学方法，可供后昆参考；著述则是后人研究止斋思想之依据。

朱子《与吴茂实》书云：

> 陆子寿兄弟近日议论与前大不同，却方要理会讲学。其徒有曹立之、万正淳者来相见，气象皆尽好，却是先于情性持守上用力，此意自好。但不合自主张太过，又要得省发觉悟，故流于怪异耳。若去其所短，集其所

① 陈荣捷：《朱子门人》，华东师范大学出版社2007年版，第171页。

长，自不害为入德之门也。然其徒亦多有主先入不肯舍弃者，万、曹二君却无此病也。[①]

此书之要点有二：其一，止斋资质好，可以在情性持守上用力；其二，止斋又没有陆氏门人重内在操存而轻读书穷理之病。正是依此两点，我们可进入止斋为学方法之讨论。

我们知道，朱陆之争乃我国学术史上之大事件，也是宋代以朱子为代表的理学派与以象山为代表的心学派之争，在为学方法上，前者究向外用功，重读书穷理、致知格物；后者究向内用功，重发明本心，先立乎其大。切断众缘先立乎其大固好，但对于根器一般的人常无切实的下手处，反而觉得空疏，故朱子责象山之学为禅。当然，朱陆之异同非本文关注的问题，但止斋先后师事过象山与朱子，最后皈依于朱子学，则可由此概见止斋为学之精神理路也。《朱子语类》卷 124 载朱子与止斋的一段对话：

先生问人杰："别后见陆象山如何？"曰："在都下相处一月，议论间多不合。"因举戊戌春所闻于象山者，多是分别"集义所生，非义袭而取之"两句。曰："彼之病处正在此，其说'集义'，却是'义袭'。彼之意，盖谓学者须是自得于己，不为文义牵制，方是集义。若以此为义，从而行之，乃是求之于外，是义袭而取之也。故其弊自以为是，自以为高，而视先儒之说皆与己不合。"[②]

"集义"与"义袭"出自《孟子·公孙丑上》，谓人之"浩然之气"乃"集义所生者，非义袭而取之也"。显然，在孟子看来，"集义"才是根本工夫，而

① 朱杰人等主编：《朱子全书》第 22 册，上海古籍出版社、安徽教育出版社 2002 年版，第 2028 页。
② 朱杰人等主编：《朱子全书》第 18 册，上海古籍出版社、安徽教育出版社 2002 年版，第 3884 页。

“义袭”则不是。于是，象山认为，“集义”就是“发明本心”，贵在自得；而“义袭”就是“读书穷理”，故读书穷理对于儒学而言并非根本工夫。朱子以为，象山之说不免虚高，“只是专主‘生知、安行’，而‘学知’以下，一切皆废”[①]，故读书穷理对于初学者而言是必须的，“陆氏会说，其精神亦能感发人，一时被它耸动底，亦便清明。只是虚，更无底箪。‘思而不学则殆’，正谓无底箪便危殆也。‘山上有木，渐，君子以居贤德善俗。’有阶梯而进，不患不到。今其徒往往进时甚锐，然其退亦速。才到退时，便如坠千仞之渊。”[②]朱子引用孔子之言与渐卦之象辞，意在说明读书与循序渐进的重要性。朱陆二者之利弊得失在此不置评，但大概象山之方法颇与止斋之气质不合，于是才有止斋答朱子“在都下相处一月，议论间多不合”之言。康熙《大冶县志·人物志》把此段对话录入止斋传中，可见这一则对话对于理解止斋的思想很重要。

又，《朱子语类》同卷载：

问正淳：“陆氏之说如何？”曰：“癸卯相见，某于其言不无疑信相半。”曰：“信是信甚处？疑是疑甚处？”曰：“信其论学，疑其诃诋古人。”[③]

所谓“诃诋古人”就是指学养须由发明自家本心而出，非外在读书穷理而得，此亦是象山学之根本宗旨也。

象山谓止斋不为“利害所动”，朱子谓止斋“气质甚美”、“气象皆尽好”，但止斋与曹立之不同，象山谓曹立之“天资甚高”[④]，乃至有狂狷之气，然止斋却与此不同，其气质可用“纯实”二字明之。“纯”，表示资质好，不为利害所

---

① 朱杰人等主编：《朱子全书》第18册，上海古籍出版社、安徽教育出版社2002年版，第3885页。

② 同上书，第3883页。

③ 同上书，第3884页。

④ 钟哲点校：《陆九渊集》，中华书局1980年版，第437页。

动，能坚守儒道；“实”，表示不骛远虚高，能平实地读书穷理。朱子《答林择之》书云：

> 陆子寿兄弟近日议论，却肯向讲学上理会。其门人有相访者，气象皆好。但其间亦有旧病。此间学者却是与渠相反，初谓只如此讲学渐涵，自能入德，不谓末流之弊，只成说话，至于人伦日用最切近处，亦都不得毫毛气力，此不可不深惩而痛警也。[①]

此乃批评朱门弟子只读书穷理而罔顾存养，但止斋二者双修，故无此病，能以读书穷理为切要之下手处。此即朱子“博文约礼”之要法，所谓“博文所以验诸事，约礼所以体诸身”[②]也。止斋之此种精神气质与为学路数，自然不类象山而合于朱子。故止斋之学，在存养工夫之外，颇重思索与穷理，朱子之训止斋，亦多在此处切磋启发：

> 屡与人杰说“慎思之”一句，言思之不慎，便有枉用工夫处。
>
> 静时见此理，动时亦当见此理。若静时能见，动时却见不得，恰似不曾。
>
> 问：“索理未到精微处，如何？”曰：“平日思虑夹杂，不能虚明。用此昏底心，欲以观天下之理，而断天下之疑，岂能究其精微乎！”[③]

“纯实”在止斋那里相得益彰，存养之“纯”使其学“平实”，不外流为异

---

① 朱杰人等主编：《朱子全书》第22册，上海古籍出版社、安徽教育出版社2002年版，第1983页。

② 朱杰人等主编：《朱子全书》第15册，上海古籍出版社、安徽教育出版社2002年版，第1174页。此条语录《朱子语类》标为余大雅（字正叔）所记，但康熙《大冶县志·人物志》“万止斋”条下谓为止斋所记，盖止斋授学时常引此语耳。

③ 朱杰人等主编：《朱子全书》第18册，上海古籍出版社、安徽教育出版社2002年版，第3629—3630页。

端；思索之“实”使其学“纯厚”，不空疏而肆欲。止斋先后师事象山与朱子，其为学方法兼取朱陆之长，可谓调适善绍者也。“纯实”二字，可谓止斋之为学方法也。止斋字正淳，盖其为学方法正合其字，亦天意也。

朱子去世以后，止斋应该回到了故乡大冶，开门授徒，历时可能近30年。从虞集所说的“师友答问之遗书具在，乡里传之，观乎一时”来看，当时坊间应该有相当多的止斋开坛授学之抄本教材，可惜俱没有流传下来。今存之典籍中并没有止斋的著述，但止斋确实写过两部书——《论语疑义》与《中庸说》，可惜在历史的长河中亦流而不传也。《论语疑义》这部书，完全不能见其概貌，但朱子对之评价亦不高。

> 看人杰《论语疑义》，云：“正淳之病，多要与众说相反。譬如一柄扇子，众人说这一面，正淳便说那一面以诘之；及众人说那一面，正淳却说这一面以诘之。旧见钦夫解《论语》，多有如此处。某尝语之云：如此，是别为一书，与《论语》相诘难也。”①

此书是否为止斋年轻时不成熟的作品，尚不得而知，但朱子与止斋往来之七启书札中从未提到此书，则这种可能性很大。但《中庸说》一书却是止斋用心较多的作品，朱子在与止斋的书信中有三封提到过这部书，大概在1180年左右，止斋即以此书之雏形向朱子求教②，但止斋此后不断地修正，且把修正后的成说再次寄给了朱子。朱子《答万正淳》第五书尝云：

> 人杰去岁尝读《中庸》，妄意辨析先儒之说，今春录以求教矣。间在

① 朱杰人等主编：《朱子全书》第18册，上海古籍出版社、安徽教育出版社2002年版，第3629页。

② 朱子《答万正淳》云：“所论大概如此。”可能止斋此时就他所论之《中庸》问题请朱子斧正。参见朱杰人等主编：《朱子全书》第22册，上海古籍出版社、安徽教育出版社2002年版，第2387页。此书依据陈来的考证，可能写于1180年。参见陈来：《朱子书信编年考证》（增订本），三联书店2011年版，第191页。

鄱阳，有一朋友举《或问》二十七章之说来言曰：“先生以德性、广大、高明、故与厚者为道之大，以问学、精微、中庸、新与礼者为道之小，何也?”人杰始而疑之，因检《章句》、《或问》研究是说，忽悟其旨。[①]

朱子所说的“今春录以求教”的内容，收录在《朱子全书》中的《答万正淳》第四书，基本上是《中庸说》的主要内容，朱子虽然对之有所批评（所谓“妄意辨析”），但肯定的地方还是更多。止斋的《中庸说》原本虽已遗失，但我们通过研读朱子《答万正淳》第四书，依然可以略见《中庸说》之概貌。这也是现今我们了解止斋学术思想的主要材料。

四、万止斋学术思想简析

止斋的《中庸说》并非对《中庸》经文的解析，而是针对程子及程门高弟、朱子的《或问》及《集注》对于《中庸》经文之解析的辩难，故较为细碎，很难看出其思想系统。但因为《中庸》是“四书”中最难的一部书，伊川先生曰：“《中庸》之书，其味无穷，极索玩味。”[②]朱子自己也感叹“《中庸》之书最难看”[③]，因为《中庸》“说下学处少，说上达处多”[④]。这样看来，止斋此书之成实属不易，足见其平素为学善思索好穷理。止斋此书仔细比较参阅了各家的注解，再加以自己的思考甄辨，最后把其所思集成《中庸说》寄给朱子斧正。朱子显然对此非常重视，对其中的条目逐一进行了批复。在古代，一般的书信不过几百字，但朱子此书近六千言。不过，朱子的批复都是比较简单的，

① 朱杰人等主编：《朱子全书》第22册，上海古籍出版社、安徽教育出版社2002年版，第2405页。

② 王孝鱼点校：《二程集》，北京：中华书局，2004年版，第222页。

③ 朱杰人等主编：《朱子全书》第16册，上海古籍出版社、安徽教育出版社2002年版，第2003页。

④ 同上书，第2004页。

往往是“得之”、“更思”、“此等处不必深辩”等语，更多的是抄录止斋的原文，而未作深入的义理解析，但这样反而为我们了解《中庸说》的概貌提供了可能。然而，从朱子的批语来看，“得之”二字最多，说明朱子对止斋的《中庸说》还是较为欣赏的，亦可见此书并非没有价值。下面，仅就《中庸说》中的要点进行义理分析，以见止斋思想之大体。

（一）“中”乃本体，非事为之取舍适度

《中庸》之“中”字到底如何解？程子的解释是：“不偏之谓中。”[①] 程门弟子即依此而解释，以为“中”就是事为上的权衡中正。如程门高弟谢上蔡尝曰：

> 义重于生，则舍生取义；生重于义，则当舍义取生。最要临时权轻重以取中。[②]

但止斋对上蔡如此解释“中”提出强烈的批评。因为“中也者，天下之大本也”(《中庸》)，对“中”之理解的错误，必然会导致对整部《中庸》理解的失效，故止斋不得不辩也。

> 愚谓舍义取生之说未当。所谓生重于义者，义之所当生也。义当生则生，岂谓义与生相对而为轻重哉？且义而可舍，则虽生无益矣。如此，则所为临时权轻重者，将反变而为计较利害之私矣，尚安能取中乎？[③]

朱子对此条的批语是：“此论甚当，故明道先生曰‘义无对’。”[④]

---

① 王孝鱼点校：《二程集》，中华书局2004年版，第100页。

② 《上蔡语录》卷二，《文渊阁四库全书》第698册，上海古籍出版社1986年版，第584a页。

③ 朱杰人等主编：《朱子全书》第22册，上海古籍出版社、安徽教育出版社2002年版，第2389—2390页。

④ 同上书，第2390页。

“义”与“生”若作为经验世界中所面临的两种对象，总面临着具体境遇中的选择问题，推而论之，人在经验世界中总会遇到一个取舍问题。但《中庸》所说的“中”是不是取舍上的恰到好处呢？上蔡的意思好像是如此，由此而引起止斋的不满。止斋以为，把“义”与“生”作为平列的对立之物，既而以权衡轻重为“中”根本是错误的，因为这样的权衡轻重不过是一种利害的计较，而与《中庸》之“中”根本无与。止斋解“生重于义”为“义之所当生也”，其意重大，这样解释才能扭转上蔡之“义”与“生”的平列对置。当我们把“义”作为可以摆置出来的东西的时候，“义”总是一种物的形态而可与任何经验世界中的物平列对置。朱子引明道之“义无对”，表示“义”不可如此理解，因其无对也。在止斋看来，“义”是“生”出来的，从哪里生出来？从大本中生出来，从这个意义上说，“生”重于“义”，即让大本灵觉而有生意（如此则自然有“义”），这个“生”重于摆置出来的“义”，这是“生重于义”之意。“生重于义”决不是指在“生”与“义”两个平列的对象中去权衡轻重，既而取舍利害，哪怕取舍适度，亦决非《中庸》所云之“中”。

止斋如此解释“生重于义”，既而确保大本的灵觉与生意，由此而释“中”，才符合“中也者，天下之大本也”之原意，即“中”是本体，而不是事为中的取舍适度；若没有本体之“中”，事为中的取舍适度不过利害计较耳，焉能谓之“中”。止斋坚决反对从事为上理解“中”，由此，他进一步批评程门另一高弟吕与叔，其曰：

> 吕云：“刚而寡欲，故能中立而不倚。”夫中立不倚者，湛然在中，无所偏倚而义理全具者也。刚而寡欲，恐不足以言之。引柳下惠之行为和而不流。夫下惠固圣之和矣，然孟子推其有不恭之弊，则与《中庸》所谓和而不流者亦异矣。又引“非其君不事，非其民不使”、与夫“独立不惧，遁世无闷”者为中立而不倚。夫“非其君不事，非其民不使”是乃清者之德，岂可便谓之中立不倚哉？“独立不惧，遁世无闷”固是有中庸之德，

而穷困在下者如此。然专以此事解释中立不倚之义，则名义非所当矣。盖“独立不惧，遁世无闷”者，以操行言；“中立而不倚”，以理义言也。[①]

“刚而寡欲”是一种工夫，儒学作为一种实践的学问，本体即在工夫之中，故“刚而寡欲”而及于本体，最终至于“中立而不倚”是可能的。若吕与叔的意思是如此，则其讲法并不算错。但如果我们仅仅是把“刚而寡欲”作为事为上的修身工夫，而不至于本体之朗现，则“刚而寡欲”仅仅只是事为上的措施与策略，即便做到“中立而不倚”，亦非《中庸》之“中”义。止斋可能担心学者只是以事为上的修身策略来理解“刚而寡欲”，故谓之不足以言之。事实上，在止斋看来，无论是“和而不流”，还是“非其君不事，非其民不使”，抑或是“独立不惧，遁世无闷”，若只是事为上的，俱不能至于“中”，因为这俱是一时的、策略性的，而“中”一定是本体的，“中立而不倚”乃是本体满发之义理，二者不可同日语也。是以止斋曰：“专以此事解释中立不倚之义，则名义非所当矣。”若“中庸”只从事为上讲，那小人也可以做到中庸，因为小人之事为也可以做到“中”，但《中庸》谓小人之“中庸”恰恰是肆无忌惮。何以故？因其不能体会本体之“中”，故是技术性的。纯粹技术性的事为之“中”，而没有本体之执持，则与肆无忌惮无原则之区别。

止斋对于《中庸》之“中”的辨正是非常有道德实践的意义的。我们知道，儒学并不是一种道德学或伦理学，而是一种“教”，任何“教”都需要有来自人性的力量，并最终要纯化性情，提升境界。但若“中”只是事为上的取舍适度，不过只是一种策略而已，既如此，则儒学不过是一种实用的伦理学，这种实用的伦理学之于纯化性情、提升境界根本无与。只有把“中”释为本体，且人通过道德实践又可及于本体，从而证成天人贯通的文化模型的时候，儒学之为“教”才得以成立，才能最终生发纯化性情、提升境界之效用。止斋

---

① 朱杰人等主编：《朱子全书》第22册，上海古籍出版社、安徽教育出版社2002年版，第2390—2391页。

的这种辨正说明他对于《中庸》有较深之体会，且思理超拔俊逸，不拘流俗。朱子誉之以“此论甚当”，良非虚美也。

（二）即体即用，工夫与本体一如

“中”作为本体，并非是一个孤悬的而又为人所不可企及的知识本体，乃是一个实践本体，即人可以通过道德实践可通达的本体。这大概是止斋对于“中”作为本体的基本认知，也只有如此，才能解决《中庸》的工夫与本体的关系问题。《中庸》之经文“尊德性而道问学，致广大而尽精微，极高明而道中庸”，说的正是本体与工夫之关系问题，即在工夫中证本体，在本体中尽工夫，二者并非截然二分之两事也。正是基于这种认知，止斋再次对吕与叔提出批评，其曰：

> 吕氏曰：“虽有问学，不尊吾自得之性，则问学失其道；虽有精微之理，不致广大，则精微不足以自信；虽有中庸之德，不极高明以行之，则同污合俗。”今未暇辨乎其他，所谓虽有中庸之德，不极高明以行之，则同污合俗，则是高明、中庸自是两事，不相关涉。不能极乎高明，则道中庸者乃同污合俗耳。岂有同污合俗而尚可谓之中庸乎？岂有同污合俗之中庸必极高明以行之而复异乎？此乃缘文立义，而未究程、张之指与夫此章之正意也。[①]

这一段止斋所欲辨正的乃是：中庸之德与高明之行乃一回事，二者是相互回溯的，即中庸之德必蕴含高明之行，反过来，高明之行亦必蕴含中庸之德，二者不可能分开。这意味着，不存在不极于高明之行的中庸之德。但吕与叔以为，中庸之德与高明之行是可以分开的，这个与高明之行分开的中庸之德

---

① 朱杰人等主编：《朱子全书》第22册，上海古籍出版社、安徽教育出版社2002年版，第2400—2401页。

就是同污合俗的中庸之德。然止斋认为，既曰同污合俗，就不可能谓之中庸之德。也就是说，中庸之德必自高明之行来。吕与叔先后侍奉横渠与二程，但止斋以为吕与叔是自立一义，并未得横渠与程子正意。止斋认为，《中庸》之上述三句经文“乃兼费隐、贯上下之极至者言之”①，且程子与横渠都是依此进行理解的，并以程子“极高明而道中庸非二事”、“理则极高明，行之只是中庸也”及横渠“极高明须道中庸之道”②引证，说明二者须“互相发明，斯无余蕴矣”。③

止斋进一步辨正吕与叔“以中立大本，以庸正大经”之说，其曰：

> 大本即中也，大经即庸也，经纶大经，立大本，即是尽此中庸之道。若谓以中而立大本，以庸而正大经，则中与大本，庸与大经皆二物也。④

依止斋之意，“中”自身即是大本，不是拿一个“中”去“立”大本；“庸”自身即是大经，不是拿一个“庸”去“正”大经，好像“中”与“大本”、“庸”与“大经”是可以分开的二物似的。只有“中”自身是大本，“庸”自身是大经的时候，大本与大经才是不可分的，进而“中”与“庸”才是不可分的；否则，“中”与“庸”即劈而为二。止斋指出，学者之病总是惯于把“中”与“庸”分开，但这根本不符合《中庸》之精神，因为《中庸》乃是：

> 圣贤竭其两端之教，不容偏废，或偏于一，则必陷于异端曲学，而不足以知道学之全。然而学者之病，往往多欲进于德性、广大、高明之域，

---

①③ 朱杰人等主编：《朱子全书》第22册，上海古籍出版社、安徽教育出版社2002年版，第2400页。

② 程子与横渠之言俱见《中庸或问》卷下，《文渊阁四库全书》第205册，上海古籍出版社1986年版，第1011d页。

④ 朱杰人等主编：《朱子全书》第22册，上海古籍出版社、安徽教育出版社2002年版，第2403页。

而于所谓问学、精微、中庸者不留意，或为之而不知尽其义、极其至焉，则其所谓德性、广大、高明者，是乌足以为德性、广大、高明哉？①

学者之病往往追求高明之学而罔顾中庸之行，这意味着高明之学与中庸之行是可以分开的。止斋指出，若果如此，其学必陷于异端曲学而不自知，而其高明之学亦非真正的高明之学也。

《中庸》作为“教”，本是针对愚夫愚妇而言的，故“夫妇之愚，可以与知焉”、“夫妇之不肖，可以能行焉”。《中庸》之教的本意是要告诉我们，人要至于高明之域，总是从日常的庸言庸行开始的，即以庸常的人伦道德实践为切实的下手处。这样，至于高明之域是每个人都可以通达的，莫之能外。止斋辨正吕与叔之说，就是要把《中庸》拉回到愚夫愚妇庸常之教中，前引止斋答朱子曰“近看《中庸》，见得道理只从下面做起”，即是这种用心的根本表示。若高明之域与中庸之德分开，学者专务高明之域，而百姓只能止于中庸之德，则学者所务之高明之域乃空疏之曲学，必陷入佛老；而百姓所止的中庸之德适利害之计较，必流于乡愿。止斋之辨正意在说明，《中庸》乃庸众践行之教，非学者高骛之学也。

（三）本体即存有即活动

以“中”说本体，字面上常只显其存有义，但《中庸》乃践履之教，则必表其活动义，工夫义，于是，《中庸》又以“诚”说本体，所谓“自诚明，谓之性。自明诚，谓之教。诚则明矣，明则诚矣”。这就是说，作为本体的诚自然有明（道德践履）之工夫，而明之工夫亦自然可以通本体之诚，二者是相互通达的，这是诚作为本体在道德践履中的创造性。故止斋曰：“以其自尽者言

① 朱杰人等主编：《朱子全书》第22册，上海古籍出版社、安徽教育出版社2002年版，第2401页。

之，则谓之忠；以其实有者言之，则谓之诚。”[1]“忠”是工夫地说，“诚”是本体地说，二者可实践地合一。同时，《中庸》曰：“诚者，物之终始，不诚无物。是故君子诚之为贵。诚者，非自成己而已也，所以成物也。”又曰：“天地之道，可壹言而尽也。其为物不贰，则其生物不测。”这意味着诚不但是道德创造之体，亦是宇宙创造之体。即诚不但作为本体而存有，一定会展现其活动义而表现宇宙的创造性。

若诚只是本体，而无活动义与创造性，即非儒学之本体，焉有本体而不活动者。由此，止斋对于程门高弟杨龟山提出批评，其曰：

> 杨氏曰：“无息者，诚之体，不息所以体诚也。”非也。无妄者，诚之体；不息者，诚之所用也。[2]

杨龟山此语见于《中庸或问》。[3]这里的“诚之体”不是诚作为本体，而是“体”诚之方式，即以不息之方式去体会诚，此固不错。但由此解，似乎诚只是一个静止之物，待人去体之。这样，诚之活动义便不显，既而其创造义亦不能出。于是，止斋辨正之曰：“无妄者，诚之体；不息者，诚之所用也。”“无妄”是静态地说诚之体，“不息”是动态地说诚之用。诚作为本体，一定是体用一如的，焉有本体而不承体起用者。这样，止斋由“不息”表明诚体自身的起用方式，复活了诚体之活动义。即“不息”不只是人健行的道德践履而体会诚体的方式，且亦是诚体自身活动之方式。若只停留于杨龟山之所解，诚体只有道德的创造义，必至于止斋之所解，诚体才具有宇宙的创造义。朱子评此条曰：“得之。”此见止斋之解悟不差也。

---

① 朱杰人等主编：《朱子全书》第22册，上海古籍出版社、安徽教育出版社2002年版，第2398页。

② 同上书，第2400页。

③ 《中庸或问》卷下，《文渊阁四库全书》第205册，上海古籍出版社1986年版，第1010c页。

依朱子的讲法，“《中庸》工夫密，规模大。”[①] 唐君毅在论《中庸》时说：“此种综述而贯通之论，亦固属终教之形态，而非始教之形态也。”[②] 规模大与终教是一个意思，即天地万物都应包括在内，也就是说，《中庸》是圆教。圆教意味着，在道德践履中对于天地万物有形而上的证成与交代，是为“道德的形上学”。只有恢复本体（曰“中”曰“诚”俱可）之活动义，才能完成《中庸》作为“道德的形上学”，才能理解《中庸》作为圆教之大义。由此可见，止斋之力辨本体之活动义，其意不可谓不巨且大矣。

止斋之《中庸说》，其义理之荦荦大者，盖如以上所说。此三点要义，虽非止斋个人之创见，但解者往往不能守之，使《中庸》之大义走失，使得《中庸》不过是一种肤浅的伦理学，而不是天人性命相贯通的圆教，乃至有沦为异端之可能，则止斋之辨正可谓有的放矢，正对时弊也。当然，止斋之学术思想并不只限于《中庸说》，在《朱子语类》之问答与相关之书札中亦可概见，但因为多是敷陈演绎朱子学之大义，故不必特别表而出之也。

五、结　语

本文以大冶籍朱门高弟万止斋为研究对象，以期揭示其人其学的历史真面目，但因为资料之阙如，错漏疏忽之处固不在少也。然朱子门弟子众多，除陈北溪、黄勉斋等少数杰出弟子以外，门弟子个人之深入研究尚未展开。[③] 本人不揣谫陋，淬砺钩玄，从四个方面深入研究止斋之为人为学，虽系于桑梓之念，乃至差池舛误难免，然此文之草就，或于朱子学及其门弟子之研究，尚有

① 朱杰人等主编：《朱子全书》第14册，上海古籍出版社、安徽教育出版社2002年版，第419页。

② 唐君毅：《中国哲学原论——原性篇》，中国社会科学出版社2005年版，第39页。

③ 陈荣捷之《朱子门人》，只是陈列朱子门人简单之生平。邓庆平之《朱子门人与朱子学》（中国社会科学出版社2017年版）亦只是研究门人群体，尚未及个体之深入研究。

启示性意义也。因为朱子的众多门弟子中，只有少数人正史有传或著述传世，但这并不意味着我们无法研究他们的行止与学术，通过检阅方志，再精研朱子的相关著作，总能找到一些线索，揭开历史之面纱，以完善朱子及其门弟子这个庞大的理学集团之研究，并进一步完善中国儒学史之研究。

（说明：本文刊发于《朱子学研究》第 38 辑时，
作了较大的删节，此处是全文）

宋儒对诸葛亮儒者形象的理学建构

诸葛孔明在中国是家喻户晓、妇孺皆知的儒者形象——贤相。宋代以来，作为贤相的孔明充斥平话、戏剧、小说等通俗文学中，且作为其中的主要人物。就以毛宗岗本《三国演义》为例，总共百二十回目，有孔明的回目就有六十九回（即从三十七回——一百五回），可见，孔明是《三国演义》的绝对主角。我们知道，宋元以降，中国思想界乃是理学的天下，《三国演义》的作者罗贯中，作为元末明初的人，自然深受其影响，名其书曰《三国演义》，则此书的重点不在“三国”，而在“演义”，即通过三国人物主要是孔明之形象来“演绎”理学之大义。为什么孔明可以作为儒者形象去“演绎”理学之大义呢？这与宋儒对于孔明进行儒者形象的理学建构是分不开的。也就是说，宋儒对孔明儒者形象的理学建构逐渐被知识分子所接受，而这些知识分子再把这种建构以通俗文学的形式普及于俗众之中，从而不但使孔明贤相之形象深入人心，也宣扬了理学之大义。因此，研究宋儒对孔明儒者形象的理学建构是非常有意义的。本文拟解决三个问题：其一，为什么要对孔明进行儒者形象的理学建构；其二，宋儒对孔明进行儒者形象的理学建构的基本理念与过程；最后，略论对孔明进行儒者形象的理学建构之影响与意义。

一、为什么要对孔明进行儒者形象的理学建构

理学，发轫于周濂溪，光大于二程，再通过二程弟子及再传弟子的弘扬，在南北宋之交遂为显学。尔后，不断有成熟的理学著作问世，如朱子于乾道四年（公元 1168 年）编成《二程遗书》，他曾叮嘱校对者许顺之曰“此是四海九州千年万岁文字，非一己之私也”①，可见其用心之重且诚也。不惟此也，宋儒且把这种重且诚之用心与夫理学之义理贯诸史学之中。与二程同时，且年岁长二程十余岁的司马光著《资治通鉴》，此时理学正在成熟阶段，影响尚不大，故温公此书“事虽备而立义少”②，从而遭到了理学家的批评。二程虽然没有专门著史，但对史学发表过不少议论，如程伊川曰：“凡读史，不徒要记事迹，须要识治乱安危兴废存亡之理。”③受其影响，二程后学在著史的时候即把理学贯诸其中，以求“弘纲大义，日月著明”。④胡安国的《春秋传》，胡寅的《读史管见》，朱子的《资治通鉴纲目》等，俱是这类史学名著。把理学大义贯诸史学并非空发议论，而是在史实中见理，人格中见义，这就需要对历史事件与人物进行重新诠释。朱子曰：

> 汉祖、唐宗用心行事之合理者，铁中之金也。曹操、刘裕之徒，则铁而已矣。夫金中之金乃天命之固然，非由外铄，淘择不净，犹有可憾。⑤

史学，就是要把事与理分开，犹如须把铁与金分开一样。事是史学之铁，是一时之功业，而理才是史学之金，乃万古之正道。一时之功业或有成败，

---

① 朱杰人等主编：《朱子全书》第 22 册，上海古籍出版社、安徽教育出版社 2002 年版，第 1748 页。

②④ 刘依平校点：《读史管见》〈旧序〉，岳麓书社 2011 年版，第 3 页。

③ 王孝鱼点校：《二程集》，中华书局 2004 年版，第 232 页。

⑤ 朱杰人等主编：《朱子全书》第 21 册，上海古籍出版社、安徽教育出版社 2002 年版，第 1591 页。

但万古之正道不容厚诬。若是之不分，甚至淘择不净，这种史学无疑是不合格的。

在众多历史人物中，孔明无疑是宋儒用心最重且诚的诠释对象之一。孔明之所以能成为这样一个对象，当然是因为他自身有很好的俗众基础。《三国志》本传引《襄阳记》载："亮初亡，所在各求为立庙，朝议以礼秩不听，百姓遂因时节私祭之于道陌上。"[①] 孔明这种受俗众拥戴景仰之情形至宋代犹且如此，北宋诗人邹浩（公元1060—1111年）有诗云："一自英雄三顾后，至今车马不曾休。"[②] 这一诗句反映了后人瞻仰孔明故迹遗址之盛况。如何把这样一个具有广泛俗众基础之历史人物贯诸理学大义，羽翼正道，厥补风化，这正是宋儒所关心的问题。

历史上的真实孔明，其人格气质与宋代以后俗众眼里作为儒者形象的孔明是不一样的。《三国志》本传说他"躬耕陇亩，好为《梁父吟》。身长八尺，每自比于管仲、乐毅，时人莫之许也。惟博陵崔州平、颍川徐庶元直与亮友善，谓为信然"[③]。这段话或可透露孔明之人格气质：躬耕于隆中的逸士，好为《梁父吟》，且每每以管、乐自况。《梁父吟》又称《梁甫吟》，乃乐府古题，时为文人创作吟唱。明人张溥编撰《汉魏六朝百三家集》之《诸葛亮集》录有《梁甫吟》一首，不过，他在《题词》中已表示怀疑，"诸葛《梁甫吟》，古今讽诵。然遥望荡阴，怀齐三士，此不过好勇轻死者流，何关管、乐？"[④] 后来，清人何焯与王萦绪亦都表示怀疑，认为《诸葛亮集》中的那首《梁甫吟》"气味平俗"[⑤]，而后人却津津乐道为孔明的作品是不对的。因此，今《诸葛亮集》所传的《梁甫吟》应该不是孔明的作品。《梁甫吟》之于孔明，无论是吟唱已有的，

① 陈寿撰、裴松之注：《三国志》，中华书局2006年版，第554页。
② 邹浩：《谒武侯道中》，王端功主编：《诸葛亮研究集成》下，齐鲁书社1997年版，第943页。
③ 陈寿撰、裴松之注：《三国志》，中华书局2006年版，第543页。
④ 张溥：《汉魏六朝百三家集》卷三十二，《文渊阁四库全书》第1412册，上海古籍出版社1986年版，第520a页。
⑤ 王端功主编：《诸葛亮研究集成》上，齐鲁书社1997年版，第631、648页。

还是自家新创，都应该与管、乐有关，以自喻其志，而今本之《梁甫吟》确实看不出这种关联。又，“亮少有逸群之才，英霸之器，身长八尺，容貌甚伟，时人异焉。”[①] 从这段话中我们可以看出，孔明的这种吟唱、自况有一种飘逸、自信、英霸的纵横家之气，爆棚外露。作为一个隆中的隐者，不了解的人自然不信，但作为故交的崔州平、徐庶却自然信服。又，《三国志》本传引《魏略》云：“亮在荆州，以建安初与颍川石广元、徐元直、汝南孟公威等俱游学，三人务于精熟，而亮独观其大略。每晨夜从容，常抱膝长啸。”[②] “精熟”为何意？《三国志·董和传》载孔明自言曰：“昔初交州平，屡闻得失，后交元直，勤见启诲。”[③] 盖孔明与崔州平、徐庶等人虽俱游学，然崔州平、徐庶等人能精熟儒学义理，乃至体之于行动中；而孔明对纯粹之义理并无兴趣，唯观其大略，故其志不在个人修行，而在建功立业，所以他讥笑孟公威“中国饶士大夫，遨游何必故乡邪！”[④]

综上所述，孔明与崔州平、徐庶、石广元、孟公威俱为当世之名士，俱有儒学涵养，但孔明与后四者又有不同，他在儒学涵养之外，还有英霸之纵横家气，对天下大事比较感兴趣，且透彻其大势。甫见刘备，即拿出《隆中对》，不但文气纵横捭阖，且天下大势成竹在胸，决非一时之兴会语，定为多年观察磨砺之结果。可见，孔明虽有所学，但其志不在学以励行，而在纵横家之建功立业。不过，从“每晨夜从容，常抱膝长啸”来看，孔明虽具纵横家之气，但自有一种飘逸清新之质在，故并非像张仪、苏秦那样的纵横家，有庸俗之气。总之，在孔明身上体现着儒者、隐士及英霸的纵横家，但前二者是隐性的存在，后者则是显性的存在，故“每自比于管仲、乐毅”，良有以也。这种综合儒、道、纵横诸家的人格气质，使得朱子曰：“孔明本不知学，全是驳杂了。”[⑤] “诸

---

① 陈寿撰、裴松之注：《三国志》，中华书局 2006 年版，第 554 页。

②④ 同上书，第 543 页。

③ 同上书，第 583 页。

⑤ 黎靖德编：《朱子语类》，中华书局 1986 年版，第 3235 页。

葛孔明天资甚美，气象宏大。但所学不尽纯正，故亦不能尽善。”[①] 孔明不以孔、孟之道自励，而以管、乐之学自况，则谓之驳杂，不亦宜乎？!

那么，宋儒是如何看待管、乐的呢？朱子曰：“管仲全是功利心，不好。”[②] 又曰：“如管仲之功，伊、吕以下谁能及之？但其心乃利欲之心，迹乃利欲之迹，是以圣人虽称其功，而孟子、董子皆秉法义以裁之，不少假借。”[③] 既然孔明以管、乐自况，自然亦不过是功利心之霸者。《资治通鉴后编》载：

> 冬十月壬寅，诏讲筵，权罢讲礼记。是日，帝留安石坐，曰：“且欲得卿议论，因言唐太宗必得魏征，刘备必得诸葛亮，然后可以有为。”安石曰：“陛下诚能为尧舜，则必有皋、夔、稷、契；诚能为高宗，则必有傅说。彼二子者，何足道哉？”[④]

这说明，孔明这种英霸之形象并不被王安石所认可，因其不合圣王贤相之道也。朱子也认为：“忠武侯天资高，所为一出于公。若其规模并写申子之类，则其学只是伯。”[⑤] 伯者，霸也。霸者的特征是什么呢？孟子曰：“以力假仁者霸。”(《孟子·公孙丑上》) 朱子释之曰：“假仁者本无是心，而借其事以为功者也。”[⑥] 也就是说，霸者根本没有仁义。不过，苏轼认为，“取之以仁义，守之以仁义者，周也；取之以诈力，守之以诈力者，秦也；以秦之所以取取之，以周之所以守守之者，汉也；仁义诈力杂用以取天下者，此孔明之所以失也。……

---

① 黎靖德编：《朱子语类》，中华书局1986年版，第3236页。

② 同上书，第3210页。

③ 朱杰人等主编：《朱子全书》第21册，上海古籍出版社、安徽教育出版社2002年版，第1590—1591页。

④ 徐干学：《资治通鉴后编》卷七十六，《文渊阁四库全书》第343册，上海古籍出版社1986年版，第430c页。

⑤ 黎靖德编：《朱子语类》，中华书局1986年版，第3235页。

⑥ 朱杰人等主编：《朱子全书》第6册，上海古籍出版社、安徽教育出版社2002年版，第286页。

孔明之恃以胜之者，独以其区区之忠信，有以激天下之心耳。”[①] 这是说，孔明虽有霸者之诈力，但因其自身具有飘逸清新之质，儒者与隐士作为底蕴是有作用的，故不是纯依诈力，故尚有仁义与忠信，但孔明之仁义与忠信又不是由存养心性而来，所谓“后汉人之名节，成于风俗，未必自得也”。[②] 也就是说，孔明之仁义与忠信只是资质好，在闻见察识中得来，非存养之功也。程明道曰：“若不能存养，只是说话。”[③] 即这种仁义忠信俱是拟议地如此而已，尚没有来自生命的内在动力，诚如朱子所言：“今人只随资禀去做。管仲资禀极高，故见得天下利害都明白，所以做得许多事。……不是自自家心地义理中流出。”[④] 不是从自家心地义理中流出，就是不能仁守，自然也就不能尽道。不能仁守以至于尽道之高明与博厚，尽管天生资质好，亦是器小，须济之以学以博厚其仁，高明其道。朱子门弟子问：“‘管仲之器小哉！’器，莫只是以资质言之否？”朱子答曰：“然。”又问：“若以学问充满之，则小须可大？”朱子曰：“固是。”[⑤] 这个意思，也同样可以用于孔明。张南轩《汉丞相诸葛忠武侯传》云：

> 予既作侯传以示新安朱元晦，元晦以予不当不载以管、乐自许事，谓侯为后主写《申》《韩》《管子》《六韬》之书，及劝昭烈取荆、益以成伯业，可见其所学未免乎驳杂。其说亦美矣，而予意有未尽者。侯之所不足者，学也。予固谓使侯得游于洙、泗之门，讲学以终之，则所至又非予所知，不无深意矣。[⑥]

这就是说，若不从以管、乐自况观孔明，则不能真知其人格气质与学之驳

① 苏轼：《东坡全集》卷四十三，《文渊阁四库全书》第1107册，上海古籍出版社1986年版，第601d页。
② 王孝鱼点校：《二程集》，中华书局2004年版，第4页。
③ 同上书，第5页。
④ 黎靖德编：《朱子语类》，中华书局1986年版，第631页。
⑤ 同上书，第629页。
⑥ 王端功主编：《诸葛亮研究集成》上，齐鲁书社1997年版，第53页。

杂也。

论述至此，历史上的真实孔明，其人格气质兼具儒者、隐士、纵横家于一身，这样的孔明自有其资质之美，但因其学有未至，虽可吸引俗众之观赏，但之于俗众并无教化之意义，因为资质诉诸天，而学行却在乎人。若要使具有广泛俗众基础的孔明之人格气质之于俗众具有教化之意义，必须把孔明之形象在理学的观念下进行重新建构，这正是二程以后的宋代儒者的工作。

二、宋儒对孔明进行儒者形象的理学建构的基本理念与过程

宋儒对孔明之形象进行理学建构的过程是这样的：给予蜀汉政权以正统性，从而为孔明之儒者形象进行了价值奠基，因为儒者首先得“立天下之正位”，然后才能“行天下之大道”。这大道就是——“仁守尽道”、“居敬行简”、“复兴礼乐”。四者构成了孔明儒者形象的基本内涵，且一以贯之，从而克服了孔明之学的驳杂性，一个纯正的儒者形象因之确立。

（一）予蜀汉以正统

自赵宋以来，三国之间的故事，成为宋儒特别关注讨论的对象。之所以有这种特别的关注与讨论，乃因为“正统”问题为宋儒所特别重视，而魏蜀吴三足鼎立，到底孰为正统而可绍大汉？这成为了学人深究的一个问题。北宋中期以来，学人围绕“正统”问题展开了激烈的论辩，这不但关涉到如何看待中国历史上的朝代更迭问题，更关涉到儒家的政治哲学与理念问题。[1] 但司马光著《资治通鉴》，并没有正闰之分，他说：“正闰之际，非所敢知，但据其功业之实而言之。……故不得不取魏、宋、齐、梁、陈、后梁、后唐、后晋、后汉、

① 关于这个问题，笔者有专文《北宋中期的正统论之辩及其牵涉到的儒家政治哲学问题》，载《孔学堂季刊》2021 年夏季号，第 39—52 页。

后周年号，以纪诸国之事，非尊此而卑彼，有正闰之辨也。”[①]温公不分正闰，使儒家政治哲学之大义不得出，遭致了后世大儒朱子的强烈不满。于是，他特地编撰了《资治通鉴纲目》。此书之目的，《朱子语类》卷第一百五记载了朱子与门人的对话：“问《纲目》主意。曰：‘主在正统。’”[②]具体到魏蜀吴三国之中，宋代儒者一反之前以魏为正统而绍汉之成说，而认为蜀才是正统，并无不讽刺地说：“温公谓魏为正统。使当三国时，便去仕魏矣。”[③]

朱子在《通鉴纲目》一书中强调正统之撰史的重要性，因为撰史不只是告知读者历史陈迹，更要教化读者，焉能没有“正”的观念。具体到三国，他认为蜀就是正统。朱子在《斋居感兴》一诗中云：“祀汉配彼天，出师惊四方。天意竟莫回，王图不偏昌。晋史自帝魏，后贤盍更张。世无鲁连子，千载徒悲伤。”[④]此诗的意思是，陈寿虽然先为蜀人，但蜀灭以后成为晋人，他著《三国志》，自然以魏为正统，因晋绍魏故也，但后代的贤能史官为什么不能改变这种状况呢？诗中以鲁仲连义不帝秦为例，说明今人无胆识而留下了千年的遗憾。陆游深恶南宋小朝廷偏安一隅，亦力主作为正统的蜀汉北伐而一统天下，他在《谒武侯丞相庙》一诗中云：“汉中四百天所命，老贼方持太阿柄。区区梁益岂足支，不忍安坐观异姓。遗民亦知王室在，闰位那干天统正。”[⑤]这是明确把曹魏与孙吴看作是闰位，而把蜀汉作为正统。程公许则把孔明与荀彧作对比，进一步凸显蜀汉的正统性；他在《卧龙亭》一诗中云：“废兴渠有命，忠直理难夺。出处士所重，羞死荀文若。”[⑥]文若是荀彧的字。荀彧侍奉曹操，汉献帝建安十七年（公元212年），曹操欲进爵魏公，加封九锡，荀彧认为曹操

① 司马光：《论正闰》，见饶宗颐：《中国史学上之正统论》，上海远东出版社1996年版，第212—213页。

② 黎靖德编：《朱子语类》，中华书局1986年版，第2637页。

③ 同上书，第3207页。

④ 朱杰人等主编：《朱子全书》第20册，上海古籍出版社、安徽教育出版社2002年版，第361页。

⑤ 王端功主编：《诸葛亮研究集成》下，齐鲁书社1997年版，第959页。

⑥ 程公许：《沧州尘缶稿》卷三，《文渊阁四库全书》第1176册，上海古籍出版社1986年版，第917c页。

这样做是有不臣之心而激烈反对，后因此忧愤而死。很明显，荀彧是忠于汉朝的，“羞死荀文若”一句正是说：你荀彧既然知道忠于汉朝，为什么却去侍奉曹操呢？因为正统在刘备那里，应该像孔明那样，两相计较，岂不深见荀彧之无识，乃至不重士之出处乎？[①] 这种识见影响深远，在后代诗人那里常得到呼应，就连作为皇帝的明宪宗朱见深也不例外。他在《诸葛武侯》一诗中云：“不是营星中道陨，定教吴魏尽朝宗。”[②] 这显然是把吴魏作为藩臣，而蜀汉才是朝廷正统。

学者们不但在诗歌中歌咏蜀汉之为正统，也在对话议论中确证蜀汉之为正统。程伊川的门弟子曾经问他：“三国之兴，孰为正？”程伊川的回答是：“蜀志在兴复汉室，则正矣。”[③] 朱子之《答蔡季通》书云：“三国竟须以蜀汉为正统，方得心安耳。”[④] 伊川与朱子之所以定蜀汉谓正统，乃因为先主刘备乃帝室之胄。尽管温公以“昭烈之于汉，虽云中山靖王之后，而族属疏远，不能纪其世数名位”[⑤] 为由，而拒绝予蜀汉以正统，但胡寅起而力辩温公之失。他说：

> 费诗之言，忠且正矣。然诸葛公非贪为佐命宰相者，汉既无主，玄德素以兴复汉室、讨除曹氏为志，于是焉称尊亦可也，然费诗之忠正不可少也。而司马氏以昭烈于中山靖王族属疏远，不能纪其世数名位，是非难辨，遂抑之不使得绍汉统，则未知其去取之意也。自司马氏至三国，七百

① 朱子谓“荀文若为宦官唐衡女婿，见杀得士大夫厌了，为免祸计耳”（黎靖德编：《朱子语类》，中华书局 1986 年版，第 3232 页），这是说荀彧因免祸才依附曹操的。我们可以进一步把朱子对诸葛亮为何归附刘备作一对比。“致道问孔明出处。曰：‘当时只有蜀先主可与有为耳。如刘表刘璋之徒，皆了不得。曹操自是贼，既不可从。孙权又是两间底人。只有先主名分正，故只得从之。’”（黎靖德编：《朱子语类》，中华书局 1986 年版，第 3235 页）。

② 王端功主编：《诸葛亮研究集成》下，齐鲁书社 1997 年版，第 1033 页。

③ 王孝鱼点校：《二程集》，中华书局 2004 年版，第 233 页。

④ 朱杰人等主编：《朱子全书》第 25 册，上海古籍出版社、安徽教育出版社 2002 年版，第 4698 页。

⑤ 司马光：《资治通鉴》卷六十九，《文渊阁四库全书》第 305 册，上海古籍出版社 1986 年版，第 452a 页。

余年，固不能详先主之世数，而诸葛公距中山靖王才三百余年，草庐倾盖之时，即称玄德为帝室之胄，岂凭虚无据而云尔哉？若始皇明为吕不韦之子，琅琊王睿显著小吏牛金所生，司马氏尚系诸秦晋，不革而正之。乃推奖荀彧，宽宥曹操，至谓操取天下于群盗，非取之于汉室，而抑退蜀之主、相，不少假借，于孔明北伐，又以“入寇”书之，亦独何哉？[①]

费诗，刘璋旧部，后归附刘备。章武元年（公元221年），群臣欲劝刘备自立为帝，费诗以“今大敌未克，而先自立，恐人心疑惑”[②]为由表示反对。“费诗之言”，谓此也。胡寅之所以赞费诗之言“忠且正”，乃因为帝王自有“统”，不可随意个人自立，不然，则天下大乱矣；刘备既以复兴汉室为己任，则不当自立，不然，与曹操、孙权自立何以异？这是费诗反对之理由。但胡寅认为，费诗反对个人自立为帝之意是对的，然刘备称帝不是自立为帝，因他本是汉室之胄，他之称帝乃是绍汉统，与曹操孙权之自立根本不同，故不应反对。温公之所以不予蜀汉正统，乃因为刘备是不是汉室之胄是有争议的，故在温公那里，曹操、孙权、刘备俱是自立，并无区别，而既然曹魏直接代汉，自然魏是正统。但胡寅认为，温公距离三国已经七百多年了，他认为刘备非帝室之胄是不可信的，因为孔明“隆中对”明言刘备乃帝室之胄，其时更近，自然孔明所说更为可信，故刘备是帝室之胄没有疑义，其称帝不是群盗中的自立，他是绍自家之帝统，故应予以正统。[③]

综上所述，无论是程伊川、朱子，还是胡寅，俱是以血缘来定正统，这与

① 刘依平校点：《读史管见》，岳麓书社2011年版，第182页。

② 陈寿撰、裴松之注：《三国志》，中华书局2006年版，第603页。

③ 朱子《通鉴纲目》倒转温公之论，而以魏兵犯境为“寇”，这得到了宋儒尹起莘的赞赏：“孔明左右昭烈为汉讨贼，声大义于天下，功虽不就，名则正矣。自陈寿志三国，以魏为主，《通鉴》因之纪年，故于孔明伐魏之举，反以‘入冠’书之，则是以讨贼之人名之为贼耳。《纲目》既以昭烈绍汉之统，故于魏兵犯境书之为‘冦’，然后名正言顺，而正伪之辨始明，固非好为立异也。正前人之未正卒归之是，亦所以更相发明云耳。九原可作，切谓司马公光必有取于斯言。”（《御批资治通鉴纲目》卷十五，《文渊阁四库全书》第689册，上海古籍出版社1986年版，第859d页。）

《春秋》“君子大居正”，即以德行定正统之大义相去甚远了。[①] 但在君主世袭已成定制的时代，已是退而求其次的办法，总比野心家动辄自立以求神器要好。因此，由血缘而说正统，虽不合《春秋》大义，但却是后世儒者一致认可的理念。正因为如此，胡寅认为，秦始皇、司马睿分别乃吕不韦、牛金之子[②]，非帝室血统，而温公予之以正统，而孔明率王师以讨不臣之曹魏，温公竟以“入寇”书之，此诚不可解也。总之，蜀汉乃正统，自宋代以来，不但由儒者所确认，且有相当深厚的群众基础，宋元以后的通俗文学俱是以此为价值分判来演绎三国故事的。一言以蔽之，蜀汉政权具有正统性，是宋儒建构孔明儒者形象的价值基础。

（二）仁守尽道

蜀汉政权既占据正统之位，则仁义就属于刘备、孔明这一边，而蜀汉与曹魏、孙吴之争，就不是列国之争，而是正统王朝与不臣之叛贼之争，也就是仁义与无道之争。这是宋儒建构孔明儒者形象之基线。孔子曰：“知及之，仁不能守之；虽得之，必失之。”（《论语·卫灵公》）三国乱世，英雄辈出，智者频仍，但若没有仁守而去争一时之得失输赢，俱是无识之短见。朱子与其门弟子有下面一段对话：

> 用之问：“诸葛武侯不死，与司马仲达相持，终如何？”曰：“少间只管算来算去，看那个错了便输。输赢处也不在多，只是争些子。”季通云：“看诸葛亮不解输。”曰：“若诸葛亮输时，输得少；司马懿输时，便狼狈。”[③]

---

① “正统”乃儒家关于政治的理想模型，其大义参见拙文《北宋中期的正统论之辩及其牵涉到的儒家政治哲学问题》，载《孔学堂季刊》2021年夏季号，第51—52页。

② 秦始皇是否为吕不韦之子，司马睿是否为牛金所生，历史尚无定论。

③ 黎靖德编：《朱子语类》，中华书局1986年版，第3241页。

朱子告诉其门弟子，不要看输赢之多少，但要“争些子”，“争些子”就是关键看是否合乎道义，合乎道义，即便输，也输得少；不合乎道义，若输了，那才叫狼狈。因此，朱子判孔明与司马懿之不同时曰：“诸葛公是忠义底司马懿，司马懿是无状底诸葛公。”[①] 这意味着，孔明与司马懿在智能上不相上下，但在德行上，孔明忠义而司马懿则无状之甚，不知仁义为何物？其无状之根本标志是，司马懿惯用权谲。司马懿尝论孔明曰：“亮志大而不见机，多谋而少决，好兵而无权，虽提卒十万，已堕吾画中，破之必矣。”[②] 对于司马懿之论，陈亮认为是司马懿“妄为大言而谲其下”之辞，并非司马懿的真实想法，因为“孔明持节制之师，不用权谲，不贪小利”。[③] 无论如何，司马懿这一评论显示其以诡谲奸诈取胜孔明的基本用心，故陈亮进一步论之曰：

> 故夫谲诈者，司马仲达之所长也。使孔明而出于此，则是以智攻智，以勇击勇，而胜负之数未可判。孰若以正而攻智，以义而击勇，此孔明之志也，而何敢以求近效哉！故仲达以奸，孔明以忠；仲达以私，孔明以公；仲达以暴，孔明以仁；仲达以诈，孔明以信。[④]

“何敢以求近效哉”，就是告诫我们不要以现实中的输赢来看孔明，认知孔明，须从大处看，这个大处，就是仁也，义也。

蜀汉政权获得了正统的地位，作为政权主要支撑的孔明自然占据着仁的高度。曾子曰：“士不可以不弘毅，任重而道远。仁以为己任，不亦重乎？死而后已，不亦远乎？”（《论语·泰伯》）仁正是一个儒者的基本志识与使命，因此

---

① 黎靖德编：《朱子语类》，中华书局 1986 年版，第 3241 页。

② 房玄龄等：《晋书》卷一，《文渊阁四库全书》第 255 册，上海古籍出版社 1986 年版，第 30d 页。

③ 陈亮：《陈亮集》，中华书局 1974 年版，第 73 页。

④ 同上书，第 70 页。

朱子认为孔明有“儒者气象，后世诚无他比”。[①]一个儒者自当仁智双修，但若二者不可兼得乃至产生矛盾之时，只能守仁而弃智。朱子曾把张良与孔明作了对比，其《答魏元履》书云：

> 子房用智之过，有微近谲处。……若武侯即名义俱正，无所隐匿，其为汉复仇之志，如青天白日，人人得而知之，有补于天下后世，非子房比也。盖为武侯之所为则难，而子房投间乘隙，得为即为，故其就之为易耳。顷见李先生亦言孔明不若子房之从容，而子房不若武侯之正大也。[②]

孔明之所以不如子房从容，乃因为他有仁守，仁守即有智及之而不能为者，是以不能从容也。最能说明孔明弃智之诡道而仁守的例子，莫过于不用魏延之计。《三国志·魏延传》载：“延每随亮出，辄欲请兵万人，与亮异道会于潼关，如韩信故事，亮制而不许。延常谓亮为怯，叹恨己才用之不尽。”[③]关此，北宋武学博士兵论家何去非提出强烈的批评，他指出：“奇之不可废于兵也如此，而孔明之不务此也。此锐于动众而无其智以用之也。”[④]用兵少不了冒险，但兵论家认为，这种冒险有时是需要的，然宋儒认为，不可从兵论家的立场看此事。胡寅曰：“兵行诡道，求胜而已。延之计可用甚明，而孔明不从。或谓孔明长于治国而短于将略，或谓孔明疑延不敢委也，是皆不然。……此可为明道正义者言之，非急于近功小利之人所能解也。”[⑤]求胜而须用诡道，此不待言而自明，但孔明所率的是仁义之师，自然不屑于此道。洪迈亦就此而论曰：“史臣谓公以为危计不用，是不然；公真所谓义兵，不用诈谋奇计。方以

---

① 黎靖德编：《朱子语类》，中华书局1986年版，第3235页。

② 朱杰人等主编：《朱子全书》第22册，上海古籍出版社、安徽教育出版社2002年版，第1766页。

③ 陈寿撰、裴松之注：《三国志》，中华书局2006年版，第596页。

④ 王端功主编：《诸葛亮研究集成》上，齐鲁书社1997年版，第417页。

⑤ 刘依平校点：《读史管见》，岳麓书社2011年版，第187页。

数十万之众，据正道而临有罪，建旗鸣鼓，直指魏都，固将飞书告之，择日合战，岂复翳行窃步，事一旦之谲，以规咸阳哉。”[①]这意味着，仁义之师应是公开吊民伐罪，岂诡道是为！

仁者须以仁守为己任，且仁与智发生矛盾时，须弃智守仁，这使得仁者担负过重，由此，仁守者就必然具有一种悲剧精神。孟子虽说“仁者无敌”(《孟子·梁惠王上》)，但这是就人类终极的理境而言，在现实中，一定会遭遇极大的挑战，乃至基本无效，是以梁惠王有“迂阔”之叹也。但儒者之所以是儒者，就是因为他的这份执着。当隐世的智者告诉孔子当“深则厉，浅则揭”的时候，孔子的回答是：“果哉！末之难矣。”(《论语·宪问》)一个真正的儒者是很难有放弃这份责任与重担的洒脱的，故儒者总是“知其不可而为之者”(《论语·宪问》)，儒者的这种作为使得他具有一种天命感，而天命感又同时意味着一种悲剧性，因为人之所以这样作为，并非要完成现实中的任务，而是要完成天之所命，即尽道也，而人又是一种有限的现实存在，无限的天之所命对于人来说总是负担过重，故悲剧性是必然的。孔子曰：“文王既没，文不在兹乎？天之将丧斯文也，后死者不得与于斯文也；天之未丧斯文也，匡人其如予何？”(《论语·子罕》)这句话正是天命感与悲剧性的最好体现。

具体到魏蜀吴三国的现实中来，孔明之悲剧性就跃然纸上了。就当时三个国家所占地盘与拥有的人口来看：魏国占据全国13个州中的9个，吴国占据3个，而蜀国仅占据1个；魏国拥有三国人口的58%，吴国拥有30%，而蜀国仅拥有12%。[②]在中国古代，地盘与人口是一个国家综合实力的显著体现，这样看来，蜀国的实力是最差的，不但无能力统一全国，甚至连自保都难；且偏安蜀地的政权，无论是之前的公孙述，还是之后的孟昶，都不堪一击。事实证明，蜀国于公元263年先于吴国17年灭于魏国之手，正是这种实力较量的结

① 洪迈：《容斋随笔》卷八，《文渊阁四库全书》第851册，上海古籍出版社1986年版，第331a页。

② 转引自王恩涌、曹诗图：《魏蜀吴三国时代的政治地理战略分析》，载《人文地理》1999年第3期，第18页。

果。这种现实就决定了孔明“连年动众，未能成功”[①]是必然的。陈寿由此论之曰：“亮之器能政理，抑亦管、萧之亚匹也，而时之名将无城父、韩信，故使功业陵迟，大义不及邪？盖天命有归，不可以智力争也。”[②]陈寿所说的天命是指政治角力中得出的现实结果，并非儒者以仁为使命感的那种天命。史论家盖多以此论孔明之北伐，《三国志·诸葛亮传》引张俨《默记》云：“诸葛丞相诚有匡佐之才，然处孤绝之地，战士不满五万，自可闭关守险，君臣无事。空劳师旅，无岁不征，未能进咫尺之地，开帝王之基，而使国内受其荒残，西土苦其役调。”[③]蜀汉处在危及存亡之地，以孔明之明，焉能不知?！他在《后出师表》中说：“以先帝之明，量臣之才，故知臣伐贼才弱敌强也；然不伐贼，王业亦亡，惟坐待亡，孰与伐之?”[④]尽管如此，之所以还是要冒险北伐，乃因为“汉贼不两立，王业不偏安”。虽然现实中有困难，但后者是尽道之事，人于此自然不能有所含糊。孔子曰：“朝闻道，夕死可也。”(《论语·里仁》)只有在尽道中，其人生才能圆满。是以孔明在《后出师表》之最后说：“臣鞠躬尽力，死而后已，至于成败利钝，非臣之明所能逆睹也。”[⑤]儒者之尽道唯在尽仁义之当然，非事之成败利钝自身也。孔明这一句话，或者给儒者之尽道精神作了一脚注。若没有这种尽道之精神，而在蜀地闭关守险以求暂时之安稳，“使曹氏未除，汉室未兴，宴安一隅，自谓无事，则孔明与高阿那肱相去一间耳”。[⑥]尽道之精神不能以现实之成败来看，故宋儒戴少望（曾任石鼓书院山长）曰：

虽然，在天者有时有命，在人者有才有德。才高德厚而时与命不偶，此天也，非人之所能为也。使亮际汉兴之运，辅神圣之君，则其成就功业

① 陈寿撰、裴松之注：《三国志》，中华书局2006年版，第557页。
② 同上书，第555页。
③ 同上书，第558页。
④ 同上书，第550页。
⑤ 同上书，第551页。
⑥ 刘依平校点：《读史管见》，岳麓书社2011年版，第189页。高阿那肱，北齐后主高纬的幸臣及丞相，为人谄媚奸猾。《北史·恩幸传》说他“才技庸劣，不涉文史”。

岂止是耶？善观人者，论其才之高下、德之厚薄而不计其功之成否，则于孔明，岂可少贬云。呜呼，贤哉！①

现实的功业都是暂时的，而尽道之精神却是永远的。朱子把孔明这种尽道之精神与孟子的“成功在天”及董仲舒的“明道正谊”相提并论，且以此鼓励教育后昆：“愚谓孟子所谓成功则天，董子所谓明道正义，武侯所谓鞠躬尽力，死而后已，成败利钝非所逆料者，正是今日用处。”②

（三）居敬行简

孔明这种尽道之精神在他身上更具有一种悲壮性，因为他辅佐的刘禅是一平庸无能的君主。正因为如此，后人殊为孔明惋惜。“得相能开国，生儿不象贤”，“永安受诏堪垂涕，手挈庸儿是天意”。③尽管后主刘禅如此之平庸无能，但孔明对之却没有丝毫的僭越与不敬，孔明是能臣，但却又是贤臣，不像曹操那样，虽是能臣，但却是权臣。胡寅因之曰：“彼刘禅凡庸，何足以当元臣如此其敬？而孔明事之，靡不尽道，握国魁柄，总御六师，而无专意恣行、毫末可指者。非盛德孰能臻此？使曹操而闻孔明事幼主之规，得不羞愧而入地乎？”④与孔明之敬事后主相反，曹操则逼献帝、杀伏后，尽失臣子之道。但胡寅认为，孔明之敬事后主，其实不是敬事后主这样的一个人，在孔明面前的君主，无论是平庸还是贤能，孔明都会敬事之，因为其敬事的不是一个具体

---

① 王端功主编：《诸葛亮研究集成》上，齐鲁书社1997年版，第461页。

② 朱杰人等主编：《朱子全书》第21册，上海古籍出版社、安徽教育出版社2002年版，第1094页。孟子曰：“君子创业垂统，为可继也；若夫成功，则天也。君如彼何哉？强为善而已矣。”（《孟子·梁惠王下》）又曰：“夫天，未欲平治天下也，如欲平治天下，当今之世，舍我其谁也？”（《孟子·公孙丑下》）这大概就是朱子所说的孟子的“成功在天”。“明道正义”当然是指“正其谊不谋其利，谋其道不计其功”之名言。

③ 上两句诗分别引自王端功主编：《诸葛亮研究集成》下，齐鲁书社1997年版，第904、941页。

④ 刘依平校点：《读史管见》，岳麓书社2011年版，第186—187页。

的人，而是敬事作为臣子者之理。是以胡寅又曰："以是知古今一心，理无间断。志士以远大自期，则本心正理常不屈于天下矣。"[①] 只敬事一个具体的个人，依然是私，只有敬事"理"自身，方才是公。张南轩论之曰："即侯行事而观之，绝姑息之私意，本常理之大公，如明镜洞然四达。"[②] 理在心里，是常在而临照的，故敬事理的人，必谦恭而勤俭，决不倨傲而奢靡。孔明尝自表后主曰："成都有桑八百株，薄田十五顷，子弟衣食自有余饶。至于臣在外任，无别调度，随身衣食，悉仰于官，不别治生，以长尺寸。若臣死之日，不使内有余帛，外有赢财，以负陛下。"[③] 此与曹操因功而要挟封魏王、加九锡，可谓天壤云泥也。胡寅亦因之论曰：

> 夫势力可以专利而不专利，则利之所覃者广而受惠者多，复以法制行之，则可使匹夫匹妇均被尧、舜之泽。亮既死，蜀人久而歌思，犹《甘棠》之思召公，此其效也。……故君子喻于义而不肯为者，恶其事之如彼其污，而畏其效之如此其酷也。有志于建功立事者，盍以武侯为矜式乎？[④]

综上两点，孔明既敬事又勤俭，可谓居敬而行简也。"居敬行简"是孔子弟子仲弓的特点，孔子由此谓之"可使南面"。孔明亦具此种特点，故晋人袁淮曰："孔子曰：'雍也可使南面。'诸葛亮有焉。"[⑤]"南面"就是《诗经》所说的"予怀明德，不大声以色"，也是《中庸》所说的"君子笃恭而天下平"，这是儒家最高的政治形态，即在礼乐之教化中，生命圆成，百姓自化自理而消弭政治之暴戾性。

---

① 刘依平校点：《读史管见》，岳麓书社 2011 年版，第 192 页。
② 王端功主编：《诸葛亮研究集成》上，齐鲁书社 1997 年版，第 52 页。
③ 陈寿撰、裴松之注：《三国志》，中华书局 2006 年版，第 553 页。
④ 刘依平校点：《读史管见》，岳麓书社 2011 年版，第 192—193 页。
⑤ 陈寿撰、裴松之注：《三国志》，中华书局 2006 年版，第 557 页。

（四）复兴礼乐

礼乐之治是儒家的最高理想，故孔子曰："郁郁乎文哉！吾从周。"（《论语·八佾》）社会有了礼，则"庄敬不期而自肃"；人心有了乐，则"鄙诈不期而自消"。[①] 由是，万物自适，人人天放。但在群雄逐鹿的三国时代，秉持复兴礼乐的政治理想，其巨大的悲剧性是不待言的，更何况，孔明势小而君庸。但即使如此，孔明治理下的蜀地依然"科教严明，赏罚必信，无恶不惩，无善不显，至于吏不容奸，人怀自厉，道不拾遗，强不侵弱，风化肃然也"。[②] 若天给予机会，则孔明之治是不是只限于此呢？至少陈亮以为，孔明定可恢复儒家的礼乐之治。他说：

> 吾尝论孔明而无死，则仲达败，关中平，魏可举，吴可并，礼乐可兴。……且孔明之治蜀，王者之治也。治者，实也；礼乐者，文也。焉有为其实而不能为其文者乎？人能捐千金之璧而不能辞逊者，天下未之有，吾固知其必能兴礼乐也。不幸而天不相蜀，孔明早丧，天下犹未能一，而况礼乐乎？使后世妄儒得各肆所见以议孔明者，天也，非人之所能为也。[③]

罗大经也说："夫孔明不死，则汉业可复，礼乐可兴。"[④] 至此，宋儒对于孔明儒者形象之理学建构趋于完成，因为礼乐之治代表着儒家的王道政治，是化民成俗的圆满体现。宋儒杨万里曰："体者，礼也。通理者，通于君臣上下之定理也。知定理之不可易，故正位居体。"[⑤] 这意味着，"礼"必通于"理"，若"礼"不能在存养工夫中通达于"理"，则"礼"只是纯粹的外在格套，而不能

---

① 陈淳：《北溪字义》，中华书局1983年版，第50页。

② 陈寿撰、裴松之注：《三国志》，中华书局2006年版，第555页。

③ 陈亮：《陈亮集》，中华书局1974年版，第71—72页。

④ 罗大经：《鹤林玉露》卷四，《文渊阁四库全书》第865册，上海古籍出版社1986年版，第285c页。

⑤ 杨万里：《诚斋易传》卷一，《文渊阁四库全书》第14册，上海古籍出版社1986年版，第529b页。

至于“乐”，不能至于“乐”，就不可能是儒家的王道政治。“理”为什么可以至于“乐”呢？因为“理”是自家生命体贴出来的，故礼乐又可自心性存养上说，“就心上论，礼只是个恭底意，乐只是个和底意，本是里面有此敬与和底意。”[①]可见，由存养心性必至于体贴天理，又体贴天理又必至于躬行礼乐，这是宋儒之理学建构。故宋儒之重构儒学而创建理学体系，也实际上就是以理学体系重构礼学体系，从而完成儒者的理想。当年文中子提出这样一个问题：“使诸葛亮而无死，礼乐其有兴乎？”[②]（《中说·王道》）这意味着，孔明若要实现其理想的儒者之治，必须兴礼乐，但他能复兴吗？在文中子看来，这是有疑问的。这个问题一直到程伊川那里依然没有解决，当其门弟子问这个问题时，他的回答是：“诸葛近王佐才，礼乐兴不兴则未可知。”[③]而与伊川同时代的秦少游则直接否定了这种可能：“管仲、乐毅虽得志于天下，尚不能兴礼乐，亮而无死，其能兴礼乐乎！”[④]若孔明与管仲、乐毅一样，同为霸者，自然不能兴礼乐。实际上，秦少游也是这么认为的：“诸葛亮虽天下之奇材，亦霸者之臣耳。”[⑤]但从宋儒对孔明儒者形象的理学建构可知，即若天假以年，占据正统大位的孔明，在其守仁尽道、居敬行简之品格中，一定可以兴礼乐。实际上，宋儒通过这种建构，重要的不是要问历史上的孔明是否可以兴礼乐这样一个历史问题，而是要告诉人们一个普遍的道理，即儒者若要兴礼乐，一定须其位居正统，且其人具守仁尽道、居敬行简之品格。此为天下之正理与达道也，而儒者之所以为儒者，正在此耳。故历史上之真实孔明与宋儒在理学之观念下建构以成教化之孔明，自有不同，不容混漫也。

---

① 陈淳：《北溪字义》，中华书局 1983 年版，第 49 页。
② 王通：《中说》卷一，《文渊阁四库全书》第 696 册，上海古籍出版社 1986 年版，第 530a 页。
③ 王孝鱼点校：《二程集》，中华书局 2004 年版，第 233 页。
④ 秦观：《淮海集》卷二十，《文渊阁四库全书》第 1115 册，上海古籍出版社 1986 年版，第 532d 页。
⑤ 同上书，第 532c 页。

三、略论对孔明进行儒者形象的理学建构之影响与意义

宋儒对孔明儒者形象的理学建构，决不仅仅是学者之间的高头讲章，而是深入到了民间与俗众中，成为俗众认知孔明形象的基本理念。宋元以来以三国故事为题材的通俗文学，其中孔明的形象俱不是历史中真实的孔明，而是通过宋儒理学建构之后的孔明，而且这种建构性在宋元以后更有逐步加强之趋势，乃至在《三国演义》中有鲁迅所说的“至于写人，亦颇有失”。[①]其实，只要我们理解，通俗文学中的孔明早已不是历史中的真实人物，而是理学建构的产物，那么，这种苛责即可免也。就《三国演义》来说，其主旨已不是再现历史事实，而是“意主忠义，而旨归劝惩”。[②]通俗文学欲以普遍的理学理念教化人，自然要牺牲人物的真实性而让其承载义理之普遍性，故明清以来的通俗文学，其人物形象不免有些类型化的倾向，这正是宋明理学在其中起建构作用的影响与结果。这种文学个性的丰富性与教化价值的类型化之间的矛盾，通过孔明儒者形象的理学建构这个例子，也可以透见一二。但文以载道是中国文学的传统，通过这种建构，不但以文学的形式宣扬了理学的普遍观念，且纯化了德行，整肃了社会，从而发扬了文学的实践品格，亦当是文学本有的价值职能也。宋以前的通俗文学多为志怪与传奇，宋以后方以人间生活宣扬理学纲常，从而强化文学的教化功能，则宋儒对于历史人物的理学建构，其意义可概见也。

（原载《天府新论》2021年第5期）

① 鲁迅：《中国小说史略》，上海古籍出版社2006年版，第81页。

② 勾吴清溪居士：《重刊〈三国志演义〉序》，见罗贯中著、毛宗岗评：《全图绣像三国演义》，内蒙古人民出版社1981年版。

道·本心·宗教

——为儒教辩护之一

“道”是中国文化传统中的核心概念或范畴，但吾人一说概念或范畴，总以为是一个人为的构造，就如西方哲人所构造的思想系统一样，其实，中国传统中的“道”决非一种人为的构造，而是一种先天地而生的实体。它是洪荒爆破之灵气，鸿蒙开辟之神光。这灵气与神光亦必为宗教。对于这些解说，世人总难得其确解。但《庄子·大宗师》里有一段话，可以帮助吾人理解什么是“道”。南伯子葵问女偊是如何闻知“道”的，女偊答曰：

> 闻诸副墨[①]之子，副墨之子闻诸洛诵[②]之孙，洛诵之孙闻之瞻明[③]，瞻明闻之聂许[④]，聂许闻之需役[⑤]，需役闻之於讴[⑥]，於讴闻之玄冥[⑦]，玄冥闻之参寥[⑧]，参寥闻之疑始[⑨]。

为了更好地解析此段文字，吾人须先注解其中的文句。

① 墨：翰墨也。翰墨即文字也。依成玄英疏：“理因教而明，故闻之翰墨，以明先因文字得解故也。”“闻诸副墨之子”即谓：明教总是先从文字开始。

称“副”者、“子”者，因文字之教因“理”而生，故曰“副贰”也，曰“子”也。谓文字乃“理”之子。

② 成疏云：“背文谓之洛诵。”又云：“初既依文生解，所以执持披读；次则渐悟其理，是故罗洛诵之。”但“道”却是与此相反的过程，即“副墨”依止于“洛诵”。“副墨之子闻诸洛诵之孙”即谓：文字是来自于语言之“说”。

③ 瞻：见也。瞻明：见解洞彻。“洛诵之孙闻之瞻明”即谓：语言之“说”来源于见解洞彻。

④ 聂许：颇难解。陈鼓应《庄子今注今译》引陈天启注云“耳听”，谓“目见来自于耳听”，似乎不太如理，因“耳”与“目”乃平列之感官，无所谓谁来自谁的问题。《说文》解“聂”为：“附耳私小语。”若此，则“许”当为“心许”。这样，依成疏，“聂许”就是：“因教悟理，心生欢悦，私自许当，附耳窃私语也。”因此，“瞻明闻之聂许”即谓：见解洞彻来自于默识心通。

⑤ 需：须也；役：行也。成疏云：“虽复私心自许，智照渐明，必须依教遵修，勤行勿怠。解也不行，道无由致。”这样，“聂许闻之需役”即谓：默识心通来自于践行。

⑥ 於：音“乌”，如字；讴：歌谣也。成疏云：“依解而行，遂使威德显彰，讴歌满路者也。”“讴歌满路”被视为乃物我一体之化境之后之“乐”。何也？既物我混融而无对，自然有“乐”。这样，“需役闻之於讴”即谓：践行来自于物我一体之乐。

⑦ 玄：深远也；冥：幽寂也。这样，“於讴闻之玄冥”即谓：于物我一体之“乐”来自于对玄冥之境之直观。

⑧ 成疏云：“参：三也；寥：绝也。一者绝有，二者绝无，三者非有非无，故谓之三绝也。夫玄冥之境，虽妙未极，故至乎三绝，方造重玄也。”依此，则“玄冥闻之参寥”即谓：玄冥之直观来自于参寥之颖悟。

⑨ 始：本也。但依成疏，“道”以“不本而本，本无所本，疑名为本，亦无的可本，故谓之疑始也”。这样，“参寥闻之疑始”即谓：参寥之颖悟来自于

无。吾所谓洪荒之爆破，鸿蒙之开辟者，是之谓也。

女偊以这样之九步，表示闻道之过程，由是之逆推，“道”即在最后这一步里。这样的“道”，非惟具有哲学之意味，亦必具有宗教之意味。故中国传统一般不曰“知”道，而云“体”道。“知”者，主客对立，道自是道，人自是人。“体”者，体之于身之谓也。自此，则道人合一。道因人而弘，人因道而大。故中国之圣人，如孔孟、老庄等决非亚里士多德式之哲学家。亚氏亦美言上帝，然其言之也，惟在纯哲学之追索中，不云“体”之，不云“实践”，故曰“理”神论者。此为纯哲学地论之。后来之基督教，始不走此路，而以生命实践之投入皈依上帝，此时方是真正之宗教，而与哲学殊异。故西方既有哲学，又有宗教，二者不可偏废。中国文化传统则不如是，既哲学又宗教，且宗教之意味大于哲学之意味。故在中国，若道不能体之于身，则是空谈，由此亦必不能“知”道。是以中国之圣人多重“体”而轻“知”。

> 子贡曰：“夫子之文章，可得而闻也；夫子之言性与天道，不可得而闻也。”(《论语·公冶长》)
>
> 子曰：“予欲无言。”子贡曰：“子如不言，则小子何述焉？”子曰：“天何言哉？四时行焉，百物生焉，天何言哉？”(《论语·阳货》)
>
> 是以圣人处无为之事，行不言之教。(《老子》第二章)
>
> 不言之教，无为之益，天下希及之。(《老子》第四三章)
>
> 夫知者不言，言者不知，故圣人行不言之教。(《庄子·知北游》)
>
> 言无言。终身言，未尝言；终身不言，未尝不言。(《庄子·寓言》)

中国文化传统中之“体道”、“无言之教”一定须从宗教之立场上讲，决非一般的知识传授或道德宣扬。果尔，则所谓“体”者，所谓“无言”者俱不可理解。此处所谓“於讴闻之玄冥”、“玄冥闻之参寥”者，最能得宗教之意。何也？因其对宇宙人生实相之直观与颖悟故也。西人施莱尔马赫之《论宗教》即昌言此义。

> 宗教是多么内在地同直观相联系，是多么必然地从直观中流淌出来，并且只有从直观才能得到说明啊，尽管如此它还是完全被误解了。①
>
> 神灵不可能是别的，无非就是作为一种个别的宗教的直观方式，其余的不依赖于这种直观方式的东西，就像不依赖于任何其他东西一样，在我的立场上，根据我让你们知道的“无上帝，无宗教”的信仰概念，根本就不可能存在。②
>
> 你们不也将必须承认，那些将自身径直提升到了这种宇宙直观高度的人，虽然没有诸神的概念，但对永恒而不可达到的必然性顶礼膜拜，尽管如此依然比那个粗野的物神偶像崇拜者更有宗教性吗？③

居常以为，宗教必定有人格神，于是，中国传统的儒道释三教均非严格意义上之宗教。但须知，有没有人格神式的上帝，对于宗教来说，并非关键性的东西。施莱尔马赫说：

> 至于对应于他的直观，他是否有一个上帝，这取决于他的想象力（phantasie）的方向。……你们的想象力将把宇宙的精神人格化，你们就将有一个上帝。如果想象力取决于知性，使得宇宙永远明晰地出现在你们的眼前，自由只在个别的东西中和对个别的东西才有感觉，那么这样一来，你们就只有世界而没有上帝。信仰上帝，取决于想象力的方向，我希望你们不要把这一点看作是亵渎。
>
> 所以，在宗教中上帝的理念并不像你们以为的那样高，在真正的宗教

① 施莱尔马赫：《论宗教》，邓安庆译，商务印书馆2011年版，第62页。
② 同上书，第72页。
③ 同上书，第73—74页。

情绪者当中，对于上帝存在也从未出现过狂热者、躁动者或迷狂者。他们极其冷静地看待自己身边的那些被称之为无神论的人，而且他们认为，始终都存在着比无神论更加反宗教的东西。[①]

上帝对于宗教而言并非本质性的存在，而且有时有神论可能甚至比无神论更反宗教。施莱尔马赫之论并非一家之言，加拿大宗教学家 W. C. 史密斯（Wilfred Cantwell Smith）在《宗教的意义与终结》一书中指出：无论是在何种文化中，也无论是在何处，都一直有吾人称之为“宗教性的”东西。但无论是在过去还是现在，只有少数几种语言，可以将“宗教”一词翻译到西方文化以外的语言中去。他说：

的确，人们不得不追问，在任何没有受到过现代西方影响的文化中，是否存在着同这个词相对等的概念。我认为答案是否定性的。……事实上，我已经感觉到，在某种程度上，如果没有这一概念，人们也许更易于是宗教性的；宗教这种观念能够变成虔敬的一个敌人。……在某种传统中，则需要有一种与“上帝”相比不那么人格性的有关绝对者的指称。但无论如何，认为“宗教”概念的兴起在某种意义上是同宗教本身的实践的衰落关联在一起的，这并不完全是荒诞不经的。[②]

于是，W. C. 史密斯认为，西方意义上的建基在神之上的宗教必将终结。

宗教的终结，在其目的与目标这一古典意义上，就它所指向的与导向的而言，是神。反过来说，神在这种意义上也就是宗教的终结，因为神在其奥秘、爱以及永恒的真理中，一旦活生生地出现在我们的面前，所有其

① 施莱尔马赫：《论宗教》，邓安庆译，商务印书馆 2011 年版，第 74—75 页。
② W.C. 史密斯：《宗教的意义与终结》，董江阳译，中国人民大学出版社 2005 年版，第 19 页。

他的东西都将烟消云散；抑或，最起码地，各种宗教行头将会回复到他们适当的与尘世的位置上，而“宗教”这个概念也将会寿终正寝。[①]

以上长篇幅地引述斯莱尔马赫与W. C. 史密斯之观点，意在表明，即使没有神，吾人亦可有神圣性与超越性。这在中国文化传统中称之为“体道”，称之为“天人合一”。《易传·干文言》谓：

夫大人者，与天地合其德，与日月和其明，与四时合其序，与鬼神合其吉凶。

这种境界当然是一种宗教境界。同样，《中庸》谓：

唯天下至诚，为能尽其性；能尽其性，则能尽人之性；能尽人之性，则能尽物之性；能尽物之性，则可以赞天地之化育；可以赞天地之化育，则可以与天地参矣。

这当然只能在宗教的意义上才可以理解。这是人“体道”或与天合一之后的存在的证会。如实说来，神就在这种证会的神圣性与超越性中。惟有这种证会，方是真正的宗教，可见，宗教是一种活动或生活，外此并无宗教。W. C. 史密斯尝以“经济学”为例，说明奠基于神之上的实体性的宗教是没有的。

这就好比说是“经济学”，作为一个名词，严格说来，它指称的并不是社会中的什么实体——也不存在这样的实体——而是对“经济的”这个形容词所指称的那些社会或个人的生活方面的理智性的思考。[②]

这就是说，“经济学”在社会生活中是没有的，当其作为一个名词时，却

① W.C. 史密斯：《宗教的意义与终结》，董江阳译，中国人民大学出版社 2005 年版，第 392 页。
② 同上书，第 392 页注释一。

只存在于学院之研究中。依此，“宗教”在社会生活中也是没有的，而其作为名词时，表示对宗教事物的学术探究。因此，是神圣生活而不是超越的至上神为宗教进行了奠基。上引《庄子·大宗师》这段文字即可明显看出这种奠基之路：文字←语言之“说”←见解洞彻←默识心通←践行←物我一体之“乐”←宇宙大全之直观←宇宙实相之颖悟←无。

现在的问题是，“无”是什么？西方文化在这一步把“无”直接推给了上帝，即止于上帝那里。若果然如此，则宗教最终依赖于一个外在于人的绝对体。但中国文化不走这样的路。中国文化不向上走到上帝那里去，而是向下走到人这里来。上文讲“洪荒爆破之灵气，鸿蒙开辟之神光”，但这洪荒之灵气、鸿蒙之神光并不是宇宙论的，而是人的存在论的，因为这灵气与神光是属于人的，只看你爆破没有，开辟没有。此“洪荒之灵气、鸿蒙之神光”人人皆有，故儒家称之为良知良能。这就是孟子所说之“四端之心”或本心。这“四端之心”或本心是人人所固有者，非外铄而得者，故称之为先天地而生的实体。道家尽管不称之为“四端之心”或本心，常称之为“无”，然《庄子》一书屡言“莫若以明”、“天府”、“葆光”等，实亦肯定有此心。总之，在中国文化传统中，这个“四端之心”或本心为宗教进行了奠基。所以，“四端之心”或本心就是“道”，尽本心之大能，即为宗教。《中庸》云：

> 天命之谓性，率性之谓道，修道之谓教。

“天命之谓性”谓本心乃人所固有，非外袭而得；“率性之谓道”谓本心即是宇宙人生之根基与大道；“修道之谓教”为尽本心之大能即为宗教。本心固有此大能，惟看你能修其诚以尽之否。阳明子曰：

> 大人者，以天地万物为一体者也。……大人之能以天地万物为一体也，非意之也，其心之仁本若是，其与天地万物而为一也。岂惟大人，虽小人

之心亦莫不然。彼顾自小耳。(《大学问》)

"尽本心之大能"，是真正把宗教之所以为宗教落到了实处，且使宗教不生党同伐异，乃至兵戈相见之弊。故儒学是宗教，且是更高级、更简易之宗教，而儒学是不是宗教之争，可以休矣。当然，儒学之为宗教不只是把握到了宗教之根本处，它亦有其固有的设置、祭祀、圣典、道场与传教等，使得儒学不仅具有了宗教性，也使得儒教成为严格意义的实定宗教。但是，与别的实定宗教不同的是，这些宗教之宗教性多依赖其外在设置，然儒教不是，其根本处在本心。这就使得儒教彻底落实下来，有切实的可把捉处。须知，本心乃是宗教之所以为宗教之根本处。

当年蔡元培先生有感于宗教之此等弊端而欲救之，但却揭橥康德之美学而云"美育代宗教"，而不知回复到中国传统之儒学中来，可谓学而不思之过也。

（原载"儒家网"2012 年 11 月）

吾何以弘扬儒教而不是基督教？

——为儒教辩护之二

弘毅知行会[①]自创办以来，多把儒学作为一种宗教来宣扬，而不是一种知识来传授。因为任何大的文化系统必然有宗教的维度与特质，不然，便不足以收摄人心、整合社会，作为中国文化主流的儒家文化自然也不例外。可以说，几年来，笔者为宣扬儒教做了些力所能及的工作。当然，其成效如何，亦不敢有奢望。因为高校中的职业化教育模式，其目标只在培养技术性人才，根本不适合任何宗教的传播。吾人孜孜于此，惟尽一个儒者的本分而已。所以，即使一些学生去信了基督教，吾以为比那种只纯粹学技术的人强得多，并不心存芥蒂。

一日，一生问我："您如何看待学生之信基督教？"

曰："若其信得诚，亦很好。"

对曰："然您如何不信基督教而信儒教？难道基督教不如儒教吗？"

曰："不能说基督教不好，但即使基督教比儒教好，我也不能信基督教。"

---

① 弘毅知行会乃笔者2009年在湖南科技大学创办的一个宣扬儒学圣教的经典读书会。"弘毅"二字取自《论语》"士不可不弘毅"，"知行"则强调对经典的阅读不仅要"知"，更要"践行"其大义；不但"以文会友，以友辅仁"，更要知行合一。自创办至今十余年来，开办经典读书会近400次，举行祭孔大典等礼仪活动多次。湖南科技大学与湘潭大学的学子俱有参与。

对曰："为什么？"

当时因是面谈，吾只作了大体的答复。下面这些文字是详述其义，以作为这个"为什么"的回答。

任何宗教，无论其仪式与信仰体系如何，其意皆在求"与神的荣光和爱的一种生动真切的相遇"，即教人去恶从善，荣登圣域。从这个意义上讲，除非是邪教，并无优劣之比较。因此，一个人若求个人得救而去诚心信奉佛教、基督教等，就不存在好不好的评判。就基督教而言，不仅在西方具有悠久的历史，而且对西方社会与政治产生了非常好的影响。这在托克维尔《论美国的民主》中有详细的论述，这里不必赘述。正因为如此，有人就认为在中国宣扬基督教没有什么不可以。但如果只是在这个层面上看问题，则未免太过简单，且亦可看出一个人是否对文化具有担当之精神。我的意思是：在中国，一个真有文化意识，进而有社会担当的人，他不会亦不应该去宣扬基督教，而应宣扬儒教。这也是吾何以即使基督教比儒教好，吾也不会去宣扬的根本原因。何以故？个中自有大义，但一般人未必能见得到。

文化不只是一种纯技术性的存在，它代表一种精神，一种传统，这就是说，一种文化并不能因为它好，就可以在世界上任何地方传播，要传播，得看是否具备传播此种文化的历史传统。依蒋庆先生的意思，传播或推行一种文化不但要有"天道性理合法性"，还要有"历史文化合法性"，二者缺一不可。基督教固好，但这只表明了具有了"天道性理合法性"，但要在中国传播，得看它是否有"历史文化合法性"，显然，基督教并不具备后一种合法性。这是为什么呢？吾人可以举一例加以说明。西餐也很好，无论就其口味与营养价值而言，于是，中国不少人喜欢吃西餐，同时，也有不少西餐馆在中国营业。尽管如此，西餐在中国总只是个别人的爱好，不可能从根本上改变中国人的饮食文化，因为西餐不符合中国人的饮食文化传统，即不具有"历史文化合法性"。也就是说，西餐在中国总只是个别现象，不可能在中国普及。同样，中国餐馆在西方也只有个人赚钱的意义，它不可能从根本上影响西方人的饮食。因为无论中西，几千年的饮食文化与传统具有极大的胶固性与执着性。

基督教在中国的传播也是如此。尽管基督教也是一种极其伟大的宗教，但因为它在中国没有历史传统，因此，也不可能成为中国人普遍的精神信仰，无论你愿不愿意承认，事实就是如此。如果从唐代的景教算起，基督教之传入中国已有一千多年的历史了，但何以不能成为吾人之国教呢？当然不是基督教自身不好，而是它没有文化传统的土壤之护持，进而不能普遍化。一个人固然可以去信基督教，但这永远是个人的事情，它不会成为一个民族性的事件。这样，问题就来了，你信基督教既而去宣扬基督教，但因为没有文化传统的润泽，你能影响的只是一部分人，而另一部分人则不知自己的信仰在哪里，乃至根本不信任何宗教，由此，世风日偷，江河日下乃必然者。所以，在中国，一个人去信基督教，尽管并非坏事，但这至多只有个人得救的意义，决不足以担纲大道，既而扭转世运。这就是我所说的，一个真正有文化意识的人，即使他认为基督教很好，他也不会去宣扬，因为他求的不只是个人得救的问题。

从文化之历史传统来讲，一个民族之应宣扬何种文化，并不是一个纯粹技术性的策略问题，即不是哪个政府或个人认为哪种文化好就可以随便拿来加以宣扬推广的，因为文化之历史传统有极大的胶固性与蕴含性。这也是为什么中国历史上尽管在文化上有外教之传入，但终能以本位之儒家文化润泽涵容乃至转化调适之的根本原因，本位之儒家文化依然故我，这不只是一个简单的保守或顽固所能尽的，人类文化之传承事实就是如此。从这个意义上讲，一个民族的文化可能有短暂的歧出，但最终必复自身之大位，这也是历史的必然，不是哪个政府或个人一厢情愿的事，更不是狭隘的民族主义在作祟。秋风先生尝云“中国人都是天生的儒家”，亦须在这个意义上方可理解。一个人对于文化必须体会到这个高度，才算是具有了文化意识。所以，文化意识是比对某种文化之价值考量更高一级的问题。这与信仰之自由或不自由完全无涉。

何以文化意识是一个更高级的问题呢？顾亭林于《日知录》卷十三论“正始”时说得极为沉痛：

> 三国鼎立，至此垂三十年，一时名士风流盛于洛下。乃其弃经典而尚老庄，蔑礼法而崇放达，视其主之颠危若路人然，即此诸贤为之倡也。自此以后，竞相祖述。……以至国亡于上，教沦于下。羌戎互僭，君臣屡易。非林下诸贤之咎而谁咎哉！
>
> 有亡国，有亡天下，亡国与亡天下奚辨？曰：易姓改号谓之亡国。仁义充塞，而至于率兽食人，人将相食，谓之亡天下。魏晋人之清谈，何以亡天下？是孟子所谓杨墨之言，至于使天下无父无君，而入于禽兽者也。……是故知保天下，然后知保其国。保国者，其君其臣，肉食者谋之；保天下者，匹夫之贱与有责焉耳矣。

这是说魏晋一代之士人，因崇尚清谈，于是雅好老庄，而不能宏发仁义之性，阐扬礼乐之教，最后之结果是“率兽食人，人将相食”之局面。此种局面不只是亡国，而是亡天下。所谓“亡天下”是指人伦廉耻丧尽，社会没有基本之价值维系与精神信仰，彻底堕退为一禽兽世界。这是比亡一家一姓之国更为严重的问题。亡国，不过是上层之易君易臣，百姓自可过着“日出而作，日入而息，凿井而饮，耕田而食，帝力何有于我哉”的安静生活，但若亡天下，则此种生活不复有，是以顾亭林曰：“保天下者，匹夫之贱与有责焉耳矣。”吾人当然不能说老庄不好，在社会黑暗，民不聊生之时，赖此实可退守自保、调适情性，这虽然不算坏，但卑之亦不甚高，因为这只是求个人之自救。若一世之人皆不能阐道翼教，担纲文运，既而扭转世风，反而以老庄竞相祖尚，仅求自家之自好自救，致使“教沦于下”，结果是“入于禽兽”而不自知。文脉教化不能自保而延续，国无以治，终亦亡。因此，任何时代，爱国之首要义务是承袭自家之文教与传统。对于任何国家，如果完全割裂传统，就意味着对自身国家特性与历史的放弃，这是最大的不义与卖国。龚定庵尝曰：“欲知大道，必先为史。灭人之国，必先去其史；隳人之枋，败人之纲纪，必先去其史；绝人之材，湮塞人之教，必先去其史；夷人之祖宗，必先去其史。”（《古史钩沉论》）

此论岂不发人深思乎？！

就自家之爱好而言，吾个人亦雅好纯粹之哲学思辨，由此而打开思想自由遨游之大门，于我乃颇为愉快惬意之事，且精神可飞越迁升之无限境界，不为世俗之繁琐杂乱所拘束也。吾于此，亦可得自乐与自救。然吾深知，此并非文化意识，只有个人之意义而无文化的、民族之意义。弘毅诸子常问我曰："何以弘毅总是会讲那几本书？难道就不能扩展一下吗？"但弘毅几年来一直固守儒典，未越雷池半步，其意自在弘扬儒教，而非传播知识也。因为尽管弘毅诸子之专业各异，但弘道翼教人人有责，此即"弘毅"之志业也。

现在中国的知识分子，其精神祈向高者，则皈依一宗教以求自救；其精神祈向低者，则攻一技之术业以求自娱。盲视传统而不知继往开来，甚者以思想自由相标榜，而谩骂弘扬儒教者为复古、顽固、守旧、狭隘、专制等，此皆为缺乏文化意识而无大眼目，眼光尘下则境界自限。此非有大慧觉、大担当者不能至此。由此，吾人进一步可知一个知识分子之于社会之贡献。居常以为，知识分子之贡献在知识与学术之创新，然顾亭林既曰"保天下者，匹夫之贱与有责焉耳矣"，则一个人首先当尽此责，然后再谈知识与学术创新。知识发展缓慢乃至停滞不前，人类之物质生活或许相对落后与贫穷，但只要教化不坠，依然可过上有品位与尊严的生活。况且，知识之突飞猛进之于世界来说，最终是福乐还是灾祸尚不好说。但一旦教化失坠，则"率兽食人，人将相食"，物质之充裕成为弱肉强食的竞技场，又何益哉？所以，一个知识分子，可以没有知识与学术上的创新，但须具备起码的文化意识，在弘教传道上有所作为。王船山曰：

见之功业者，虽广而短；存之人心风俗者，虽狭而长。一日行之习之，而天地之心，昭垂于一日；一人闻之信之，而人禽之辨，立达于一人。其用之也隐，而摶捖清刚粹美之气于两间，阴以为功于造化。君子自竭其才尽人道之极致者，唯此为务焉。有明王起，而因之敷其大用。即其

不然，而天下分崩、人心晦否之日，独握天枢以争剥复，功亦大矣。(《读通鉴论》卷九《献帝》六)

现在正“天下分崩、人心晦否”之时，乃需要吾人有足够的担当与器识，“独握天枢以争剥复”，而这“天枢”不在别处，乃在吾华族几千年之儒教道统也。其余之各大小宗教，皆空华外道，虽于世并非无益，但皆为“架漏过时、牵补度日”(陈同甫《答朱元晦又甲辰答书》)，不足以扭转世运，扶持人心也。有识之士，若果有家国天下之心，则不可不慎且思也。

一言以蔽之，如果一个人不只是求个人之得救，而是基于文化意识与使命担当而去信教、弘教，则在中国，他所信与所弘者，非儒教莫属。若汝果知文化之甘苦，则此为必至之证会，且欲力行践履之也。

（原载“儒家网”2012 年 11 月）

儒学、思想、宗教与中国性
——为儒教辩护之三

拙文《吾何以弘扬儒教而不是基督教》在相关网站刊出以后，得到了相关友人的正面响应或反面质疑。正面响应的不必再说，但反面质疑的却有必要申论，以正是非淆乱也。中山大学姚季冬博士（曾为湖南科技大学哲学系学生）特地寄长函一通，以示对拙文所说之忧虑与担心。他说：

> 本来，一个人的信仰是无须他人多加评论的，而学生本人亦持儒家立场，愿意将儒学的光辉照耀于他人。一切都只是因为学生见信儒学是面对未来的唯一出路，是国人重新凝聚的唯一方法。但是在采取何种方式宣扬儒学这一点上，学生实在不敢同意儒教一说。
>
> 然而更加明显的是，在我们的历史上，儒教这种用法很少会单独出现，常常是在三教并举的语境中使用。而儒学、儒家这种用法却是常态。所以，从历史形成的语言习惯来说，我们并不愿意使用儒教一词。

其实，与姚博士持相同观点的人在当今之儒学界为数不少，而正是为数不少的这类人，使得——儒学研究似乎很热了，但儒学之精神与教化却始终没有成为我们这个社会之主流价值取向——这种情况出现了。其中最根本的原因就在于，只承认儒学是一种思想与学说，而不是宗教。然而，若果真如此来理解儒学，则永远都不会知晓儒家之真正精神与价值，而儒学亦没有一定要复兴的必要。这也是为什么一定要强调儒学是宗教的根本原因。

儒学自有其思想上的精义，但儒学之所以为儒学而自立于世界，并不是因为其思想上的精义，而是其一脉相传的道统。何也？这里必有思想上的精义与道统之不同，但一般人常混而一之而不知其异。儒学有其固有的经典文献，如“四书五经”，这些经典文献形成了儒学思想上的精义。但须知，这些精义不必即是道统。这当如何理解？兹以孟子之“性善论”为例加以说明。吾人知道，孟子力主“性善论”，其基本辩说集中在《孟子·告子上》这篇经典文献中，且“性善论”成为后来儒学之正宗。但这是不是就是儒学之所以为儒学的根本呢？非也。因为在西方，也有不少人信奉性善论。例如柏拉图，他以为“善”的理念作为最高的理念统摄了整个理念世界，而现象世界又是对理念世界的模仿，则在他的心中，人性应该是善的。如果他读到了孟子的“性善论”，不但不会反对，还会相视而笑，莫逆于心。这就是说，“性善论”并没有标识出儒学之所以为儒学之殊异性，且“性善论”亦不必如《告子上》那样来论证述说。这个例子的意图在说明：如果只把儒学看成一种思想或学说，则儒学便不能成为中国人的精神支柱与民族信仰，因为我们完全可以在西方文化中读到相同或类似的思想，且可能其论说比儒学经典文献更好。这样，在当今世界，吾人也不必一定要复兴儒学，因为引进别的思想或学说同样可以满足国人的那种思想需求。

儒学之所以为儒学，进一步，由儒学所标识出来的“中国性”，其实并不在其思想，而是在其道统。吾人知道，中国有悠久的道统，从尧、舜、禹、文王、周公，直至孔子、孟子，乃至最后的程、朱、陆、王等诸大儒。这个悠长的道统并不是一种思想学说的存在样态，而是一种世代相传的生活、礼俗、习惯、风情等存在样态。正是这样的道统，使得儒学之所以为儒学，进而标识出了其殊异独别的“中国性”，而成为中国人的民族信仰与宗教。这些世代相传的生活、礼俗、习惯、风情等在别的文化是没有的，且使那些遵守与执持这些生活、礼俗、习惯、风情的人成为“中国人”。前一段时间，民进党领导人谢长廷先生参访大陆，感叹“大陆的中国文化不及台湾多”，即是慨叹现在的大陆人在生活、礼俗、习惯、风情等方面已经远离了道统（当然，现在的台湾人也远离了，只是较大陆人稍好），进而丧失了“中国性”。他的言下之意无非是：你大陆整日嚷嚷着代表中国，但你的中国性在哪里呢？所以，决不可把道统只是理解为一种思想，好像吾人传道统只要去读“四书五经”或诸大儒之著作即可。传道统固然要读这些经典文献，但你读了经典文献未必就算传了道统，你一定要在礼俗与习惯中过真实的生活，方算是传了道统。正因为道统是一种真实的生活而不是文字形态的思想与学术，《中庸》才引孔子之言曰：“君子之道费而隐。夫妇之愚，可以与知焉；及其至也，虽圣人亦有所不知焉。夫妇之不肖，可以能行焉；及其至也，虽圣人亦有所不能焉。”如果只把道统视为思想学术，则一定把庸常之愚夫愚妇排斥在道统之外，因愚夫愚妇未必有如此之学力读这些经典文献。但若道统就是一种生活，则愚夫愚妇自然可知，亦可行；然而要全尽其道，亦不易，故圣人有所不知与不能也。这样，就要求吾人在生活中不断地尽道与修行，故云“道不远人”。总之，惟有道统才标识了儒学之为儒学，进而标识了中国之为中国。而这种道统，就决不是一种思想形态，而是中国人的生活，中国人的宗教。而儒学要复兴，惟有复兴了这种生活与宗教（当然，可依据时势作适时的调适），才算是真正的复兴。而这，只能在中国的文化传统中才有可能。因为道统之悠久历史使得中国人的文化生命中深深地根植了此种基因，因此，虽然道统在历史上可能有沉寂与曲折，但其自身的坚韧性与胶固性，使得道统的复兴不但可能，而且必须。如果不去复兴，就意味着历史的断裂，民族与国家之主体性亦随之消亡，这对于一种文化与宗教来说，是大恶。要承继民族的历史与国家之主体性，就没有什么选择与自由之可言，只能弘扬道统形态的儒学，因为它是一个民族的宗教。如果只是把儒学当成一种思想，则要弘扬它，就可以有很多选择。如，你要弘扬“性善论”，就不一定非得去选讲《孟子》一书，费尔巴哈的《基督教的本质》一书亦可通此理。黑格尔当年即以思想学术来看待孔子之教，所以他说孔子那里“只有一些善良的、老练的、道德的教训，从里面我们不能获得什么特殊的东西”，这些思想在西塞罗的《义务论》中到处都是，且不及其深刻。若孔子之教只是一种思想，则黑格尔之所说或甚是，但孔子不只是要传播思想，而是要开宗立教，确立一个民族之文化基线与生活典范，这是不能拿思想之是否深刻来妄加评判的。职是之故，儒教关系到一个民族的自立与国家的主体问题，若把儒学下降到思想学术的层次，则此问题淹没而不显，最终使儒学成为了可有可无，而复兴儒学亦不过是“涉海凿河”之空谈。

居常以为，视儒学之为思想与视儒学之为宗教，似乎关系不大，但“恁地同处虽多，只是本领不是，一齐差却”（程伊川语）。大凡视儒学之为思想者，无论其把这种思想之价值阐述得如何的高远，一概把儒学讲成了知识，而不是一种生活实践。所有的知识，无论其高下，皆应平列在一个平面下，供人自由选择。故凡昌言儒学为思想者，亦力主思想自由，儒学只是其中的选项之一。既是选项之一，那就可选，亦可不选，反正都是个人的事，外人不容干预。这就如一个利伯维尔场，千品争奇，万物竞奢，孰能贞定而一之。正因为如此，吾一再强调，儒学之复兴，不能指望大学里的儒学教师与课堂宣讲，因为这里只是思想的竞技场，人人得其一焉而自好，且煞有介事，固然可以成就儒学教授，但绝不能成就践行的儒者。亦因是之故，吾在《乔木与世臣——论何谓国学复兴?》一文中才说：“如果不能把儒学之基本理念与价值期待体之于生活中，成为一种生活态度、行为风尚或价值评判，哪怕所有的中国人都在读经乃至研究儒学，而且还出了一大批优秀的成果，也不能算是国学复兴。”[①] 这是视

① 张晚林：《赫日自当中——一个儒生的时代悲情》，中国政法大学出版社2013年版，第92页。

儒学为思想后之必然结果。

如果视儒学为宗教，则儒学决不会只成为知识，而是一种生活的践行，在践行中感染与濡化对方，此即为传道。孔子就是这方面的杰出代表，他说："二三子以我为隐乎？吾无隐乎尔。吾无行而不与二三子者，是丘也。"（《论语·述而》）这是说，不要以为孔子没有说什么了，就以为他有所隐瞒而不欲教，其实，他的一言一行都是教。因为教不在别处，就在生活中。故宋儒吕与叔尝曰："古者宪老而不乞言，宪者，仪刑其德而已，无所事于问也。"（《性理大全书》卷五十二）仪刑其德而无所事于问，就是以德行之模范而不是以语言之传授施教。这是中国传统中"无言之教"的根本义，此为儒、道、释三家所心照不宣者。吾人惟有在宗教的层次才能理解"无言之教"，若在思想学术的层次，"无言之教"是不可理解的。所谓"无言之教"就是在生活的濡化与感通中默识，即《易传·系辞上》所说："默而成之，不言而信，存乎德行。"也就是说，对儒学若真有所感通与默识，亦必在践行中。职是之故，教者在践行中教，学者亦在践行中学。在在皆在践行中，此非宗教而谁何？惟有在这里，儒学才能真正被落实与实行。外此，皆落空而不实者也。

自新文化运动以来，因"德先生"与"赛先生"的宣传，国人肤浅地理解了自由与宗教，打落一切的神圣与传统，而归之于思想自由之竞技场。但须知，思想自由固好，但一个民族之宗教与传统不能由思想自由来评判。这里有一种宿命，即一个人生于何种宗教与传统中，是不能任由人选择的，也不能随便改变宗教与传统。这意味着，当一个人生于某一宗教与传统中时，他不能改变更不能废弃之，而只能承继既而调适这一宗教与传统。不然，民族维系松散，国家精神解钮，整个社会呈现万马齐喑之景象，外表看似热闹非凡，内在则是乱象丛生。这正是当代社会的写照。且就中国而言，现代中国只是一个地理上的中国，而不是一个文化上的中国。其原因虽多端，然儒教没有复兴乃其荦荦大者。饱学之士，虽经纶满腹，然其惟视儒学为思想学术而非宗教，使儒学不能尽其担当社会之纲维，仅为士人空谈学问之戏说。岂不悲哉?！岂不惜哉?!

《庄子·天道》有一则故事:

> 桓公读书于堂上,轮扁斫轮于堂下。释椎凿而上问桓公曰:“敢问,公之所读者何言邪?”公曰:“圣人之言也。”曰:“圣人在乎?”公曰:“已死矣。”曰:“然则君之所读者,古人之糟魄已夫。”桓公曰:“寡人读书,轮人安得议乎?有说则可,无说则死。”轮扁曰:“臣也以臣之事观之。斫轮徐则甘而不固,疾则苦而不入,不徐不疾,得之于手而应于心。口不能言,有数存焉于其间。臣不能以喻臣之子,臣之子亦不能受之于臣,是以行年七十而老斫轮。古之人与其不可传也死矣,然则君之所读者,古人之糟魄已夫。”

轮扁之讥讽齐桓公,即在其徒以思想文字观圣人,而不能体之于身,于生活中尽其教,以为得其思想,凭自家之发越经营,即可入圣道。然不能切身于圣人之经式义度,或入贼道尚不自知,则文字思想非糟粕而何?吾人于此当善会也。

吾之为儒教辩护,亦多矣。然其中之所说,不惟牵涉学理问题,更须有存在的证会。证会不到,亦是空说。吾雅不欲言也。庄子曰:“欲是其所非,而非其所是,则莫若以明。”(《庄子·齐物论》)是或得之矣。

(原载“儒家网”2012年11月)

“文宣王”之政治意涵刍议

我们知道，孔子在后世被尊为“大成至圣文宣王”，但实际上，孔子一生并未荣登王位，故又称“素王”。那么，后人为什么一直要把没有当王的孔子尊为“王”呢？要理解这个问题，须从儒学政教合一之政治理想入手。

如果政治的目的只是发展经济、协调生产、管理事务，那么，政治就只是一种技术或程序，很难成为一种学问或文化，因为随着人类探索世界的经验积累与改进，发展经济、协调生产、管理事务总是处在变量之中。但如果政治的目的不但是完成邦国之善业，更是成就一个人的性德，那么，在这个意义上，政治才是一种学问或文化，乃至是一种宗教。在此，现代政治学与古典政治学（无论中西）呈现出了根本不同的价值取向。

古典政治学基本上认为政治是一种最根本的文化，乃至是一种最有实践力的宗教。孔子说：“为政以德，譬如北辰，居其所而众星共之。”（《论语·为政》）在孔子看来，为政不但须以“德”为根本手段，其他手段只是暂时的或辅助性的；而且为政更当以完成邦国之善业和一个人之性德为目的，其余的目的都不是根本性的，只有暂时的意义。从这个意义上讲，政治因为有了国家行政权力的支持，是一种最有实践作用力的宗教。孔子周游列国欲自售，栖栖如丧家之犬，人们多以为孔子政治抱负大，欲以其理念来治国，此固不错。然若仅此来看孔子，则可谓以小失大也。孔子周游列国欲自售，决不只是欲治国，而是想实现其心目中最有影响力的宗教。

在孔子时代，诸如后世那样的专门宗教尚未出现，政治当然是实践宗教精神的最佳途径。只是到后来，统治者总不能实践宗教精神，寄托于政治来实践宗教精神往往落空，于是，宗教精神离析出来，退守到一个独立的领域，成为专门的宗教。但须知，这一离析与退守，使得宗教的影响力大大衰减。宗教精神只是少数特出人士的追求，社会庸众则在政治的引导之下，只知发展经济、协调生产、管理事务，而不知有宗教精神，即使略知一二，亦不能信，因为政治不负责引导，自己又没有这样的觉悟力（亚里士多德说："人是政治的动物。"这表示人人都在政治中，如果由政治去引导人们的宗教精神，其作用当然是最大的。人禀天地之灵气所生，天地精神即是人之性德，从这个意义上讲，人人本亦都在宗教中，但这是建立在个人有高度的觉悟力基础上的，个人没有这种觉悟力，宗教决不能进入其人生。但人人都在政治中却总可说，无论你有无觉悟力），是以宗教精神一辈子与其无缘。可以说，专业性的宗教建立以后，固然使得社会上依然有少数特出之士恪守宗教精神，留给人间一抹晖光，但红日高照、朗朗乾坤已不再，因为大部分庸众却在俗世中日渐沉沦。这是政治与宗教分隔以后的必然结果。宗教固有净土可守，但却留给了政治太多的罪恶。

因此，孔子欲自售而周游决不能仅仅是看作一个政治事件，而是一个文化事件与宗教事件。当然，孔子最终自售不成，回鲁以后潜心著述教学，尽管依然在追求其宗教精神，但这种方式并不是其心目中的最佳方式，因为其影响力是极其有限的。这也说明了为什么后儒为了尊孔，一定要把孔子置于文宣王的位置（素王），而不只是至圣先师，因为只有文宣王才能真正实现孔子的宗教理想。宋明以后，儒者仅以至圣先师看待孔子，殊不知，这正是儒学根本精神的丧失，这也可以解释宋以后，何以中国社会每况愈下的根本原因了。晚清以来，又欲把孔子作为教主建立专业性的儒教，而与佛教、道教或基督教等视，这与孔子最初的理想是极不协洽的。可以说，政教合一而由政治来实践宗教理想，一直是古代中国的根本理念与信条，尧舜禹文武周公作为王者恪守此种理念与信条，孔子作为教者亦向往此种理念与信条，到了作为帝王师的董仲舒那里，还是此种理念与信条的鼓吹者。宋明以后，政治日坏，此种理念与信条逐渐衰落，儒者遂开书院以民间讲学，期以转化政治之暴戾之气，这也是不得已的委屈。即使如此，真正有担当的儒者，依然可抱有此种理念与信条。如朱子，他在《大学章句序》中云：

此古昔盛时所以治隆于上，俗美于下，而非后世之所能及也。及周之衰，贤圣之君不作，学校之政不修，教化陵夷，风俗颓败。时则有若孔子之圣，而不得君师之位以行其政教，于是独取先王之法，诵而传之，以诏后世。

这就是讲上古时代君师合一，治隆于上，则教行于下，是谓政教合一也。至孔子此风已不再，孔子非君位仅师位，然其所行之教依然是君师之教，即政教合一之教。

或谓孔子曰：“子奚不为政？”子曰：“《书》云：‘孝乎惟孝、友于兄弟，施于有政。’是亦为政，奚其为为政？”(《论语·为政》)

朱子为“四书”作“章句集注”，亦是要绍述此政教合一之道。韩昌黎《原道》云：

尧以是传之舜，舜以是传之禹，禹以是传之汤，汤以是传之文、武、周公，文、武、周公传之孔子，孔子传之孟轲，轲之死，不得其传焉。

从尧直至周公都是圣王为政，当然是政教合一之道，孔孟既能绍明之，则亦是政教合一之道。韩昌黎名之曰“道统”。所谓道统就是政教合一之统。

牟宗三先生曾说：中国文化有源远流长的道统与学统，但唯一没有开出政统，儒学的发展当是开出现代意义的政统，并以所谓良知坎陷开出民主与科学。实际上，这完全是依据现代西方的民主政治为参照，且全盘纳入儒家的学理之中，义理似乎亦颇周全，但与儒学的本义是不符的。牟宗三本欲在欧风美雨中挺立儒学之道，实则于不觉中消解了儒学之大义，不但可惜，亦无见之过也。难怪蒋庆先生难之曰“变相西化”者也。孔子固然可以作为儒教之教主，但他一定是王者式的教主，而不是像释迦牟尼那样，一定要从政治中退守出来，只是修身、尽德、悟道而为教主。

故孔子一定是圣王合一之教主，而不只是圣者式的教主。古希腊柏拉图的哲学王，其实也是圣而王之教主。

> 只有在某种必然性碰巧迫使当前被称为无用的那些极少数的未腐败的哲学家，出来主管城邦（无论他们出于自愿与否），并使得公民服从他们管理时，或者，只有在正当权的那些人的儿子，国王的儿子或当权者本人，国王本人，受到神的感化，真正爱上了真哲学时——只有这时，无论城市，国家还是个人才能达到完善。[①]

可以说，政教合一乃是人类最可欲的政治形态。政治不至于政教合一之地，那么，政治就永远不会有可靠的根据。卡西尔说：

> 在政治中，我们尚未发现牢固可靠的根据。这里似乎没有任何明白地建立起来的宇宙秩序；我们总是面临着突然再次回到旧的混乱状态的

① 柏拉图：《理想国》，郭斌和、张竹明译，商务印书馆 2002 年，第 251 页。

威胁。我们正在建造雄伟壮丽的大厦，但我们尚未能把它们的基础确定下来。①

使人类之政治至于政教合一之地，乃孔子尊为“文宣王”之政治意涵。明乎此，儒学中之以下两个问题才得以解决：其一，民意与天意的问题；其二，“君子之德风，小人之德草”的问题。

儒学依天命而治，但《尚书》又说：“天视自我民视，天听自我民听。”这样，天命似乎就下降下来而成为民意。但如果这样，天命就被消解了，民意成为实体，天命反而虚悬了。由此，与西方现代民主政治就没有任何区别了。但须知，天命永远高于民意，天命不需要民意的印证，但民意需要天命的护持。这是儒学不同于民主政治的地方。所以，天命虽然体现民意，但天命决不就是民意。那么，天命与民意之间如何相交通呢？这就必须依赖圣王的出现，圣王是民意与天命相交通的接点与凭借。现代许多研究儒学的人随便妄言民意即天意，不能正视其中圣王的作用与意义，从而把儒学政教合一的理想完全解消为世俗的民主政治，乃不思之过也。

子曰：“政者，正也。子帅以正，孰敢不正。”又曰：“举直错诸枉，能使枉者直。”在古代，一个贤明的君主以其自身的德行，确实可以引领庸众自然向善。故“君子之德风，小人之德草，草上之风，必偃”，并非虚悬。但拿到当今社会来比照，即使君主率以正了，庸众未必能归趋而正，何也？现在是民主政治，讲究个人主义，你率以正是你的事，我何必要像你那样呢？我有我的意愿与想法。那么，为什么在古代社会能发生“政者，正也”的效果，而在当代社会却不能了呢？这里的关键问题在于君主的位格发生了变化。在古代，王者是圣而王，王者有“王格”，有“圣格”，亦有“神格”，不只是一个管理世俗社会的帝王，且具有天遣的神圣性。这样，庸众对于王者的所作所为易于

① 卡西尔：《国家的神话》，范进等译，华夏出版社 1990 年版，第 346 页。

敬仰与遵从。但现代之君主，全无“圣格”与“神格”，只有一个寡头的“王格”，说到底，只是一个位置较高的职业岗位，无任何神圣性可言，庸众当然不可能敬仰与遵从。因此，使王者兼具圣格乃至神格，乃“君子之德风，小人之德草”的根本保证。

现代民主政治的一个基本特征就是政教分离，固有好处，但由此产生了诸多弊端，其中两大痼疾为害甚大：其一，雅言尊重民意，但无“教”之民意之合法性必须被质疑；其二，有“教”之统治者无法引领无“教”之民众。要解决这两大痼疾，必须重新审视政治与教化之关系。在中国，当正视孔子“文宣王”之深大内涵，深挖其中的政治宝藏。

孔子圣诞作为教师节之意义

本来，中国自古即有教师节，且其意义与内涵比现今的教师节高远重大得多。

《礼记·文王世子》云："凡学，春官释奠于其先师，秋冬亦如之。凡始立学者，必释奠于先圣先师，及行事，必以币。"又，《礼记·学记》云："大学始教，皮弁祭菜，示敬道也。"凡此皆表示在开学之初，学生都穿着礼服祭祀先圣先师，以示尊师敬学之诚。这种祭祀仪式是表示学有所统、道有所承。

汉代以后，因儒学作为了教化传统定于一尊，这样，释奠之对象亦定尊为孔子，有唐以后，释奠礼之地点一般固定在文庙或书院。一般而言，释奠礼每年春秋各举行一次，国子祭酒要带领博士以下及国子诸学生以上，太学四门博士、升堂助教以下，太学诸生，到大成殿的阶下"拜孔揖颜"。有时，皇帝亲自参入或派重臣参入典礼。由于阴历八月二十七日为孔子诞辰，因此，这一天也要举行释奠礼，不但国子监有典礼，各州、府、县的官学乃至书院、私塾都要供奉"酒、芹、枣、栗"等蔬果菜羹祭献孔子及颜渊等贤哲，以示敬重与景仰。

以上仪典延续近两千年未有所变，虽然不名之曰"教师节"，但实际上就是教师节，且是真正意义上的教师节，因为它有悠久的历史与传统，且有切实的内涵与意义。

民国以后，清帝逊位，在“打倒孔家店”的喧闹中，科举废止，书院改制，“释奠”仪典逐渐消亡。中国不再有什么教师节。但“教”总是一个社会得以维系的根本与砥柱，总要有所重视。据说，民国期间曾有邰爽秋、程其保等人提议，拟以每年6月6日为教师节，尽管拥护的人不少，但因为何以定6月6日为教师节，其理不明，故未得到政府的认可。于是，又有人以8月27日（农历）为教师节，因为这一天为孔子圣诞，但因为此时正值日寇蹂躏山河，国人正奋起抵抗，故未及推行。尔后，1952年，学者们多方考证，认为公历9月28日为孔子圣诞，于是，议以这一天为教师节。这一提议得到了台湾政府的认可，于是，每年的9月28日，台湾以之为教师节，至今不变。

因大家共知的原因，20世纪80年代以前大陆并未有教师节。文革结束以后，因改革开放、经济发展的需要，政府与人民深知科学知识的重要，逐渐开始关注教育问题。于是，1985年，政府正式册定每年公历9月10日为教师节。但9月10日作为教师节究竟有什么来历与意义呢？有历史上的依据与文化上的意义吗？似乎都没有。原夫始倡者之用心，盖在警醒政府与社会、民众关注教育问题。而当时，正提出所谓“四个现代化”之说，因此那时候的关注教育、重视知识，其实就是指科学知识而言，别无所说，与稍后提出的863计划无异，都是强调理工科知识的重要。对这种重要性的强调，在教育层面，不妨以节日的形式落实下来，于是，教师节出焉。从这里可以看出，当时之教师节之出炉，尽管也贴上了尊师重教之名，其实仅仅在于强调科学知识的重要，没有传统的绍述，没有历史的承接。于是，就随机地规定9月10日为教师节，这与民国时规定6月6日为教师节无以异。如实说来，如果教师节仅仅只是表明科学知识的重要，在这个意义上去关注教育，则选定9月10日可，选定6月6日亦可，乃至随便哪一天皆可。甚至，即使教师节改在9月28日孔子圣诞那天，但如果吾人只是在科学知识的意义上来理解教育，则9月28日也没有什么特别的意义，与9月10日一样，只是一个标志或符号。现在既然国家已经规定了9月10日为教师节，何必劳神费力地去改变呢？

所以，吾人强调须以孔子圣诞为教师节决不只是在重视科学知识的意义上来关注教育问题，也不是在一般的尊师重教的意义上去重视教育问题。首要的问题，什么是“师”？韩昌黎曰：“师者，所以传道受业解惑也。”老师首先传道者，然后才是传播知识的人。且传道与专业无关，乃一个师者应尽之本分。笔者曾在《论当代中国社会的精神特征与教化中的诸问题》一文中说：

> 一个知识分子不能只是沉迷在自己的学术研究之中，更须为社会之教化担当责任、贡献力量。如果一个知识分子一辈子只做自由的学术研究，而于社会教化未建尺寸之功，则他只是教授，而不能成为承续文化慧命的师者。尽管他的研究成绩很大，亦只是职业性的，而不是精神性的，是之谓缺乏文化意识。[①]

吾人必须在这个意义上来理解老师，理解教育。果然如此，则教师节就不能随便规定在哪一天，须要有传统的绍述与历史的赓续。因为道统是一个民族的文化基线，它有历史传统的积淀。在中国，这个道统当然是儒学，而儒学的标志当然是孔子，因此，以孔子圣诞为教师节当然也最能表达这种理念。这样，吾人力争9月28日为教师节决不只是为了去纪念历史上的孔子个人（肤浅者叫嚷这是个人崇拜，暴露其完全不知文化为何物），而是在于由此而彰显出的历史文化意义。略述其义，盖有二焉：

其一，强调老师的德性人格。孔子作为老师，并不在于他有多少知识，而在于他的德行。这些都是常识，不必多言。因此，吾人以孔子圣诞作为教师节，就是以孔子为“万世师表”矗立在每个老师面前，作为其德行的照耀与人

---

① 张晚林：《赫日自当中——一个儒者的时代悲情》，中国政法大学出版社2013年版，第73—74页。

格的警示，因为现在教育中的最大问题就是只传播知识而不注意自家的修行。故有所谓教授就是“叫兽”之说，各种新闻媒体关于教师之恶行与劣迹亦不胜枚举。何以故？因为大家只是把老师作为职业了，而忘记了其德行上的楷模与示范作用。如果以孔子圣诞作为教师节，或许可以把他们从这种“忘记”中拉回来。

其二，护持儒学道统。教育固然要重视科学知识，但科学知识是中性的。如果一个民族的教育中只有科学知识的传播，而没有道统的传承，这个民族会逐渐失去的自性，成为一个无根基且无“家”的民族。若教育果至于此，岂不悲乎?！在中国，当然是以儒学为道统。因此，以孔子圣诞为教师节，使教师明白自己的职责，不只是传播知识，且要绍明道统。其意义当然不只是一般的尊师重教，而是重大的文化问题。

若看不到以上两点，则教师节所提倡的尊师重教只不过：上焉者，落实在改善教师待遇，优化教学资源之上。这些都不是文化问题，而是某种意义的经济问题。而下焉者，则像一般的节日那样，放假了事。一般的节日，如劳动节，或让民众出游，或让民众自娱，总之，休息放松为务。但教师节不应只是如此，要有相应的文化活动，以彰显以上两点意义。在传统中国，每逢春秋国子监行释奠礼，皇帝或亲自参入，或委派重臣参入。其余州府县之释奠礼，或地方长官亲自参入，或教谕亲自参入。这些皆为国家或地方重要仪典，是非常重要的文化活动，以警醒世人须在此努力，决不是放假让民众休息娱乐。如果教师节没有一种文化内涵，还容易滋生职业崇拜，因为很多人都羡慕教师，他们不但可以享受国人共有的节日，还多了一个他们自己的节日，再加上寒暑假，当教师太幸福了。于是，大家争当教师不过是争福利。如果能彰显出教师节的文化内涵，使他们明白自身责任的重大，不但于其个人是一种警醒与提升，且于国家于民族所关甚大。

现在有人之所以提议 9 月 28 日为教师节，乃在于这一天与国庆节相近，且多易与中秋节相接近。这样，便利于民众的节假日的安排。如果是这样来看待9月28日之为教师节，而看不到以上两点，那么，即便是国家作了更改，那么，这种教师节又有什么意义呢？则教师节日期上的改变只是为了民众生活或出游方便，无任何文化意义。假夫子之名而作此种勾当，岂不是狎侮圣贤?!

这样看来，教师节由9月10日改为9月28日，此种拟议不只是一个简单的日期更换问题，而是一个重大的文化问题。尽管最近似乎炒得很热，但这却涉及中国政府如何看待历史与传统，且如何立国的问题，关系甚大。笔者个人不是太乐观。即便有朝一日真作了更改，如何切实彰显教师节在这种更改下的文化意义，对于政府与民众的文化心理都是不小的考验。问题是：准备好了吗?

（原载“儒家网”2013年9月）

敬畏圣贤与健康快乐

选择这样一个题目行文乃基于一次偶然的事件。文章的产生虽属偶然，然不减其道理之永恒性。

最近我的同事发给我一些观点，是一位已去世的作家对孔孟的看法，其基本立场是对孔孟非常不屑，且由此数落一通。我看了以后，立即回复曰：他如此看待中国的圣贤，英年早逝，可谓理有固然也。当年鲁迅不也是如此吗？此言一出，即遭到同事们的口诛笔伐，说我这个人太刻薄，不厚道。我承认，中国有死者为大的传统，这样的话对于一位逝者确实不敬。

但我这样说并非是一种恶性的攻击，亦是言之有据的。

对于鲁迅的死因，有关资料报导：上海市第一结核病防治院，于 1984 年 2 月 24 日，邀请一些著名肺科、放射科专家、教授，共同研究相关遗物并作出了“鲁迅先生不是直接死于肺结核病，而是死于自发性气胸”的新结论，终于揭开了长达四十八年的鲁迅死因之“谜”。专家认为鲁迅的结核病情属于中等程度，不是死亡的直接原因，直接原因是左侧肺大疱破裂使气体进入胸膜引起自发性气胸，压迫肺和心脏而死亡。也就是说，鲁迅之死并不是病变使然，而是“气”在作怪。鲁迅虽然是文章能手，但他的胸中不平之气太盛，杀伐之情太重，且对传统文化、乡村社会芥蒂太深。他的文章就是为了舒缓这不平之气、平泄那杀伐之情而为的。但社会有它自身的格套与律则，个人的不平之气不可能尽得其通，杀伐之情亦不可能尽得其平。在不得其通、不得其平之时，又没有“真元之大体”皈依，于是茫然四顾、孤苦无依，最后是生命枯萎、凋谢，殊为可惜。我希望这种理解不是对鲁迅先生的不敬，因为我们这一代人毕竟是读他的文章长大的。那位作家亦如是，他曾说：男人的终极目标就是做一只快乐的公狗。从这句话看来，他内心怎么可能有平和之气、温勉之情呢？生命总在愤愤不平中撕裂，岂是久长之道。

因此，在中国，“养气”是一生中之大事，不但圣人、理学家讲，文学家、文论家也讲。《文心雕龙》就专门辟有“养气”篇。刘子曰：“夫耳目鼻口，生之役也；心虑言辞，神之用也。率志委和，则理融而情畅；钻砺过分，则神疲而气衰：此性情之数也。”这是告诉我们，人是一种血气情性之存在，这血气情性有其自身的律则——“平和”。如果不遵守“平和”之原则而“钻砺过分”，那么就会“神疲而气衰”，这团血气情性自身就会流散耗尽。所以，所有的人都要“养气”，而文学家更要“养气”。刘子曰：“故宜从容率情，优柔适会。若销铄精胆，蹙迫和气，秉牍以驱龄，洒翰以伐性，岂圣贤之素心、会文之直理哉！”这是告诉我们，“从容率情，优柔适会”才是为文的根本，而“销铄精胆，蹙迫和气，秉牍以驱龄，洒翰以伐性”根本就不是为文的原则。中国传统文学一般都有固定的音韵、格律、平仄、字数，这些不惟是依据文学上的美感要求而定的，视之为纯形式主义，乃肤浅之俗见，根本乃是顺畅培扶人之气血而定的。因此，传统文学大多可吟唱歌咏，其目的皆在存养这“真元大体”之气，而这“真元大体”之气发之于外，就是“平和”之调、“温润”之色。这样，中国传统文学基本上没有在曲调上撕裂怒吼的、在色彩上华郁浓丽的，而是平和温勉、空灵秀透的。总之，这不只是一个艺术风格问题，而是一个存养问题。

中国传统讲养心、养气，这不只是道德上的修持，也是生理上的养身。从生理上看，人是一团物质性的血气，如果没有“真元大体”之贞定，只是尾随现象界下委滚爬，就不会有来自“真元大体”能量输送与价值支撑，这团物质之气很快就是能量耗尽。因为物质性的东西为了保证自身的延伸与扩张，它发见出来易表现不平、侵凌与杀伐等。同时，现象世界是一个意见的世界，流变性很大，并不贞定纯一。这样，物质性的气在此总是遭遇挫折、抵抗与纷争，由此益加激起了这气之不平、侵凌与杀伐，但物质性的气总有自身的强度，不可能长期这么不平、侵凌与杀伐下去。因此，一个人并非不能有不平、侵凌与杀伐，但一定要有“真元大体”之开发，如果只有这光秃秃的物质性的气，能支持多久？所以，讲养心、养气，就是需要这“真元大体”能量输送与价值支撑，从而救住这物质之气的虚无与疲软，使其强大而生机勃勃。这些皆是生命的学问，若有真切的灵觉，丝毫不虚悬妄诞。但我的同事看到我说“真元大体”觉得很灵异怪诞，足见现代人的不思与无觉。但中国古人对此却有明确的意识。乾卦彖辞曰：“大哉乾元，万物资始。”坤卦彖辞曰：“至哉坤元，万物资生。”乾元是创造原则，坤元是生成原则。二者合之，可谓“真元大体”。“真元大体”不是一种经验性的存在，与经验性的存在比较，它是“无”，但这个“无”又不是纯粹的“不存在”，而是在人的精神证会中存在。这个以“无”的形态存在的“真元大体”有无限的大能、生机与妙用。故老子曰：“天下万物生于有，有生于无。”这是说其大能与生机。“故常无，欲以观其妙；常有，欲以观其徼。”这是说其妙用。由大能、生机与妙用，证明“真元大体”之生生之德，生命不执死而枯竭，总有正能量涌现。同时，这个“无”的形态存在的“真元大体”其作用又是“弱”，故老子曰：“反者道之动；弱者道之用。”所以，其作用表现就是平和、温雅、空灵。这种表现就像“玉”一样：“温润而泽”、“廉而不刿”(《孔子家语·问玉》)。人生在世就是要效仿“真元大体”而行。是以《周易》曰：“天行健，君子以自强不息。”又曰：“地势坤，君子以厚德载物。”证会到“真元大体”，那么，一个人一定不会枯竭生命之源，有自强矫健之行，平和拔俗之气，且能修持厚德，温润周流，承担得住大任。

其实，孔子、孟子之生命也并非一马平川，在现实上，他们也有不平与困厄。如夫子匡人之祸与桓魋之难，孟子之谩骂杨朱及墨子，皆为困厄与不平之表现。但他们因为证会到了“真元大体”，既而开了智慧之光，因此，他们的生命不会只是在现象界随物质之气滚，进而形成侵凌杀伐之盛气，而是表现了温和、雍容、宽厚之大德。《论语》中有下列记载：

> 子曰：“天生德于予，桓魋其如予何？”
>
> 子畏于匡。曰：“文王既没，文不在兹乎？天之将丧斯文也，后死者不得与于斯文也；天之未丧斯文也，匡人其如予何？”
>
> 公伯寮愬子路于季孙。子服景伯以告，曰：“夫子固有惑志于公伯寮，吾力犹能肆诸市朝。”子曰：“道之将行也与？命也。道之将废也与？命也。公伯寮其如命何！”

这是孔子“居易以俟命”，他决不会在遭遇困厄时“行险以侥幸”。故孔子又曰：“君子无终食之间违仁，造次必于是，颠沛必于是。”正因为孔子在造次之时不忘“真元大体”之德，颠沛时亦不忘“真元大体”之德，使得他终身保持一副平和、温良、乐和之大德，绝无紧张、暴戾、杀伐之气。《论语》里有下列记载：

> 子之燕居，申申如也，夭夭如也。
>
> 子温而厉，威而不猛，恭而安。

以上表孔子平和、温良之德。

> 子曰：“饭疏食饮水，曲肱而枕之，乐亦在其中矣。不义而富且贵，于我如浮云。”

> 叶公问孔子于子路，子路不对。子曰：“女奚不曰，其为人也，发愤忘食，乐以忘忧，不知老之将至云尔。”

以上表孔子乐和之情。

正因为孔孟领受了“真元大体”之性德，不尾随物质之气下滚于现象界，因此，即使实在春秋战国之乱世，皆享有高寿，非偶然也。其有得于“真元大体”岂在小哉?！故《中庸》谓“大德必得其位，必得其禄，必得其名，必得其寿”决非虚言。有德者亦决不只是一个道德修为问题，亦必关涉一个人之健康与寿命。如果一个人无得于“真元大体”，只是物质之气下委于现象界，然人生在世，造次之事何其多也，颠沛之时何其多也。由此，造次愈多，则不平之气愈盛；颠沛愈多，则暴戾之情愈炽。是此，则形气耗散，元气大伤。嵇中散曰：“喜怒悖其正气，思虑销其精神，哀乐殃其平粹。夫以蕞尔之躯，攻之者非一涂；易竭之身，而内外受敌，身非木石，其能久乎?”(《养生论》）这样，生命之火油尽灯枯，岂有他途?！

如此说来，一个人是不是不该有豪迈之气、勇武之情呢？非也。一个领受了“真元大体”的人，一定会有大智大勇，不会是一个漫无原则的乡愿。故孔子曰：“有德者必有言。有言者不必有德。仁者必有勇。勇者不必有仁。”在《中庸》里，孔子进一步申述，仁、智、勇为三“达德”，并说：“好学近乎知，力行近乎仁，知耻近乎勇。”孟子亦曰：“居天下之广居，立天下之正位，行天下之大道；得志与民由之，不得志，独行其道；富贵不能淫，贫贱不能移，威武不能屈——此之谓大丈夫。”(《孟子·滕文公下》）又曰：“子好勇乎？吾尝闻大勇于夫子矣：自反而不缩，虽褐宽博，吾不惴焉；自反而缩，虽千万人吾往矣。”(《公孙丑上》）

但以上所言之大智大勇非但是不伤身的，而且是养身的。何也？因为它们是从大仁之心而来，非从物质之气而发。《孟子·公孙丑上》的一段话正表明了仁心之动与意气之发的区别：

（公孙丑）曰：“敢问夫子之不动心，与告子之不动心，可得闻与？”“告子曰：‘不得于言，勿求于心；不得于心，勿求于气。’不得于心，勿求于气，可；不得于言，勿求于心，不可。夫志，气之帅也；气，体之充也。夫志至焉，气次焉。故曰：‘持其志，无暴其气。’”“既曰‘志至焉，气次焉’，又曰‘持其志无暴其气’者，何也？”曰：“志壹则动气，气壹则动志也。今夫蹶者趋者，是气也，而反动其心。”

孟子的“不动心”是仁心专门于“真元大体”，而不动于外在的功利，并非仁心之死寂与无觉也。但告子的“不动心”正好是仁心之死寂与无觉，所以告子说“不得于言，勿求于心；不得于心，勿求于气”。孟子以为，后者可，而前者不可。因为“心”是“大体”，“气”是“小体”，“心”统领“气”。“心”始终要有来自“真元大体”灵觉与创造，“不得于言”怎么可以“勿求于心”呢？这表示你的心死寂了。由此，需要存养心之活力与灵觉。“持其志”就是存养。你有了存养，“气”随“心”转，你不但灵觉有得，且不会“暴其气”；但如果你没有存养，随意气之发而动，则反过来会伤害你的仁心。仁心既坏而寂，又反过来使你“暴其气”。这不是伤身了吗？因此，若豪迈、勇武从仁心来，则可养身；若豪迈、勇武从意气来，则必伤身。

以上花了那么多篇幅，意在说明，一个不平之气太盛，暴戾之情过多的人，确实是有损于健康的。但现代人迷惑于唯物论，以为生命之寿夭只与营养有关，无涉于精神，故不知养浩然正气，证悟“真元大体”，使得现代社会不但精神病态，身体亦病态。岂不悲乎？！

然而，我的同事又问：不管有不有损于健康，别人从学理上质疑乃至否认孔孟之道难道不可以吗？学术自由之精神哪里去了？

首先我们要明白，孔孟不是一般意义的学问家、思想家与哲学家，而是一个民族精神文化传统的开启者与弘扬者，确立了一个民族基本的人伦教化传统，从而具有了历史性与传承性，进而形成了一个民族的生命与精神，具有一定的封闭性与胶固性。这决不是一般的学问问题、思想问题，而是教化问题。学问问题、思想问题是完全开放的，可以肆意讨论，但教化问题是不能完全开放的，如果随意开放讨论方向，可能这个民族就会被异化，从而彻底在地球上消失。故有语曰："亡其国族者，必先亡其文化。"所以，对于孔孟之道如果可以有所质疑与否定的话，必须慎之又慎，且大端不能改，至多只是在末节上的修正与完善。民国时期的"打倒孔家店"完全是莽夫行为，甚至是卖国行为。因此，我在多篇文章中强调，自由的学术讨论甚美，学人多倾慕，但这可用在一般的思想家之间，在一个民族的文化道统之中，无论中西，最好不要讲学术自由。因为学术与道统是两种完全性质不同的东西，不可并架而立。

更何况，现在很多反儒的人决不是自由的学术讨论，他们只是以俏皮话来数落圣人、调侃先贤。这是绝对不允许的。中国传统讲："君子有三畏：畏天命，畏大人，畏圣人之言。小人不知天命而不畏也，狎大人，侮圣人之言。"所以，我们不但不能随便数落圣贤，更要对之怀有一颗敬畏之心，不然，就是犯了大忌讳，是要遭受惩罚与报应的。所以，中国传统又有："大罪有五，而杀人为下。逆天地者罪及五世，诬文武者罪及四世，逆人伦者罪及三世，谋鬼神者罪及二世，手杀人者罪及其身。故曰大罪有五，而杀人为下矣。"(《孔子家语·五刑解》)数落与调侃圣贤者就是"诬文武者"，必将罪及四世。当然，信不信由你。然如果你内心真存敬畏，一定有利于你的健康以及你的世界拓展。西人舍勒说：

> 我们一旦关掉敬畏的精神器官，世界就立即变成一道浅显的计算题。只有敬畏才使我们意识到我们的自我和世界的充实与深度，才使我们清楚，世界和我们的生活具有一种取之不尽的价值财富。敬畏感的每一步都能够向我们显示出新颖的、青春般的、闻所未闻的、见所未见的事物。[1]

---

[1] 舍勒：《德行的复苏》，见刘小枫主编：《二十世纪西方宗教哲学文选》，杨德友等译，上海三联书店 1991 年版，第 1408 页。

由此可见，敬畏也是生命之源。相反，如果没有敬畏，以自我为中心，也就限住了你的世界的开拓与延续。舍勒复曰：

> 中魔似的注目自己的价值的自我骄傲者必然栖泊于黑暗和冥暗之中。他的价值世界日益暗淡，因为每看一眼价值，在他都无异于偷窃，无异于对他的自我价值的掠夺。于是他变成魔鬼和否定者！他被囚禁在自我骄傲这一牢庐之中；牢庐四壁不停地增长，使他看不到世界的明光。①

由敬畏而谦恭，由谦恭而爱别人，宽容别人。只有这样，才能打破紧紧缠绕日益变得空虚与狂妄的自我之坚冰。因为真正的地狱就是围绕着这样的空虚与狂妄的自我不停转圈，最后愈转愈小。这样，无敬畏、无谦恭的自我骄傲者就像一个在荒野中缓慢自戕的人一样，这种人永远找不到通向人生宇宙美境的门径。

如果说，你自认为你没有那么高的领悟去承受“真元大体”，只能凭物质之气在现象界下委滚爬，从而发一发不平之气、愤懑之情，难道不可以吗？如果你只是在下面发一发个人的情绪与不平，尽管会伤身，但也未必不可以。但你由此而直接向上挑战圣贤大道，不但是不自量力，而且犯了大忌。因为圣贤领受“真元大体”而开启智慧之光，照彻整个宇宙人生之大道，而你只是以生活之见闻、经验之感受，从而作些许“物交物，则引之而已矣”的思考。你的这些思考，好像对于你很受用，但不过是“一曲之士”。此时受用，彼时未必受用。你受用，他未必受用。你这些零碎的思考如何能去挑战圣贤大道呢？圣贤大道是要确立宇宙人伦之大法，它具有无限的广被性与无穷的时间性。这是你的这些思考能挑战得了的吗？你这不是不自量力又是什么呢?！再者，你这样肆无忌惮地数落本民族的圣贤，但你再往前数三、四代，你的祖辈、曾祖辈

① 舍勒：《德行的复苏》，见刘小枫主编：《二十世纪西方宗教哲学文选》，杨德友等译，上海三联书店 1991 年版，第 1400—1401 页。

一定是孔孟之道的坚定真挚信奉者，你这不是在数落你自己的祖先吗？孔孟之道已经成为了一个民族的精神信仰，你如此地数落圣贤，就是在数落这个民族。你不是与一个人在战斗，而是与整个民族为敌，你这不是犯了大忌又是什么？！

但现代人既不读圣贤书，也没有生命的灵觉与慧解，看到一些人能于乱世之中说几句激起人情绪的俏皮话，便以之为精神领袖，而盲视乃至亵渎圣贤，在个人的世界中自娱自乐而根本不知有时代的担当，且自以为得计，殆矣。孔子曰：

> 夫损人自益，身之不详；弃老而取幼，家之不详；释贤而任不肖，国之不详；老者不教，幼者不学，俗之不详；圣人伏匿，愚者擅权，天下之不详。（《孔子家语・正论解》）

“五不详”首位即“身之不详”，而身之所以不详，其要津在亵渎圣贤、膨胀自我，“损人自益”即因膨胀自我故也。此种道理，古人皆能认同，是以荀子曰：“人有三不祥：幼而不肯事长，贱而不肯事贵，不肖而不肯事贤，是人之三不祥也。人有三必穷：为上则不能爱下，为下则好非其上，是人之一必穷也；乡则不若，偝则谩之，是人之二必穷也；知行浅薄，曲直有以相县矣，然而仁人不能推，知士不能明，是人之三必穷也。”（《荀子・非相》）不敬乃至亵渎圣贤，岂有祥和福乐之可言？相反，若能敬畏圣贤，静心存养，诚健康之秘籍，和美之乐园也。焉有不豫之事，不详之理耶？！

（原载“儒家网”2013年7月）

三种关系与中国传统文化价值的现代诠释

为什么人人需要学中国传统文化呢？或者说，中国传统文化为什么现在依然有学习的必要。我先从自己的例子讲起。中国自从新文化运动以来，就尽可能地在社会生活与教育体制中破坏和废弃自己的民族文化。这个时代我也赶上了，因此，无论是生活中还是在教育中（我读大学学的是理工科），我对传统文化没有任何认知，而且和大家一样，对传统文化极尽诋毁和厌恶，可以说，在三十岁以前，我没有任何传统文化的根基。但也许是祖上积德或者前世之因果，使得我接上了传统文化，既而一发不可收，不但身心安详，且人生有了目标。这对于人来说，就是幸福。现在很多人因为不知人生的目的，身心不知寄居在哪里，人怎么可能安详与幸福呢？因此，现代人不幸福，并不是物质贫乏之祸，而是不知人生之目标为何，既而使身心不得安详，人际关系不得和谐。然而，这些问题是我们每个人都会遭遇到的，而传统文化就是告诉我们这些道理的，因此，我们每个人都应该学传统文化。

大家千万不要以为，传统文化是一种很专门很高深的知识，对于专家与教授有用，但对于一般老百姓没有用，那就大错特错了。传统文化是告诉我们做人的学问，做一个好人的学问，一个幸福的人的学问。而做一个好人，一个幸福的人是每人的愿望与目标，因此，我们不能不学传统文化。如果一个人学习传统文化只是为了当博士或教授，而不是利用这个来成就自家的德行，进而惠及社会与国家，那么，他就把传统文化学歪了，糟蹋乃至亵渎了圣贤的道理。

一、作为伦理性的中国传统文化与三种关系

那么，学习传统文化到底能给我们什么利益与好处呢？我们必须明白，我们之所以不幸福，就是因为我们没有一种良好的关系。关系就是能量场，你没有一种良好的关系，那么，你的能量场都是负面的，你怎么可能幸福呢？马克思说："人的本质不是单个人所固有的抽象物，在其现实性上，它是一切社会关系的总和。"[①]既如此，关系场出了问题，做人就一定会出问题。因此，关系场很重要，关系场就是你的能量场。中国传统文化是一种伦理性的文化，所谓"伦"就是关系，故传统文化就是来协调我们的关系场进而注入正能量的。你把传统文化学好了，不但你的关系场顺适，而且能量场正大。这样，你不但自己幸福，且可以照亮别人。

那么，关系场中有哪些关系呢？传统文化告诉我们如何处理这些关系呢？总体来看，人的关系场不外三种，即人与天的关系、身与心的关系，以及人与人的关系。那么，中国传统文化之智慧告诉我们协调好了这三种关系是如何利益我们的呢？先统而言之，人与天的关系，使人生有正确的方向；身与心的关系，使人生有博大的格局；人与人的关系，使人生有无尽的能量。下面分别加以说明。

---

① 马克思：《关于费尔巴哈的提纲》，见《马克思恩格斯选集》第一卷，人民出版社 1995 年版，第 56 页。

二、学习传统文化，体悟人与天的关系，正人生之方向

人与天的关系。这一对关系，现代人很少关心的，因为现代人大多没有信仰，只看得见眼前很实在的东西。但其实，这一对关系很重要，因为它牵涉到人生的价值与目标问题。如果人与天的关系不清楚，那这个人对于人生的价值与目标是不清楚的，最终在人生方向上发生错误。

人生的目标是什么呢？大多数人的回答也许是：过上幸福的生活。那么，怎么过上幸福的生活呢？努力赚钱。这样，人生的目标就是努力赚钱。很多人就是在这种人生价值中生活与打拼。我们不妨分析一下，这个目标对不对呢？你很难说不对，连饭都吃不上，基本的生活保障都没有，还谈什么人生的价值与目标。但我们回过头来再想一想，如果整个人类的历史就是一部赚钱的历史，就是一部吃好喝好的历史，那不是很可笑吗？孔子曰："邦有道，谷；邦无道，谷，耻也。"(《论语・宪问》）无论社会状况如何，只知个人的吃喝玩乐，是很可耻的。那人类与动物有什么区别呢？上天造人有什么意义呢？因此，就整个人类来讲，赚钱过上好的生活决不是其根本价值与目标。故孟子曰："人之有道也，饱食暖衣，逸居而无教，则近于禽兽。"(《孟子・滕文公上》）这是说，人这种存在有其特别的道理，如果只是吃饱穿暖，过上安逸的生活，那么，这是禽兽之道，而不是人之道。可见，孟子决不承认赚钱过上好生活就是人生的最终价值与目标。

但我们必须承认，赚钱过上好生活是有意义的，只是这不是人生最终的价值与目标。现在的人就是在这个地方出了问题。本来，赚钱在人生中只有阶段性的意义，或者只有工具性的意义，但很多人却把赚钱作为人生的最终意义或唯一价值。这就出了问题了。如果所有的人在赚钱的路上一条路走到黑，那么，人类必然偏离其最终价值与目标。这对于人类来说，那是很危险的事。现在的人，没钱的时候花费所有的心思与精力去赚钱，有钱的时候尽可能享受，无所不在的吃货与观光客就是其体现。中国目前的状况就如此，吃货与观光客

充融在每个角落，貌似社会富足安详，实际里面暗流涌动，因为没有一个人去思考人生的价值与目标问题，整个人类就是一个物质丰盛的动物园，世风焉能不坏。因此，人与天的关系虽然看起来很虚悬，但却关系到人类的最终和谐与幸福。所以，对于人来说，首先应认识到这对关系的重要性，因为这种关系告诉了人生的根本价值与目标，只有认知并贯彻了这种关系，才不枉为人一世，因为你是在人的方向上生活。荀子曾批评庄子“蔽于天而不知人”，这固然不好，但若我们“蔽于人而不知天”，则更坏。

那么，人与天的关系告诉我们什么呢？就是按照天的使命去做，或者说，人的所作所为要对得住天。人这种存在是很特别的，做好了，可以上达天德；做得不好，就下滑为禽兽。每个人当然要往上达天德的路子走。人的特别之处就在于：人与天是有感应的。上天造人的时候就把它的正道与能量灌注到了人的身上，再通过人类的生活与历史来实现上天的正道与能量。这是上天特别惠顾人类的地方，所以，人身难得，我们要特别感谢上苍。大家不要以为人就是父母生的，只是一个生物学的过程。其实人最终是天所生的，如果不是，那么就不会有佛教所说的六道轮回乃至因果报应，儒家所重视的祭祀也没有意义。既然人是天所生，那人一定要依据天的路子走，要对得住天。如果一个人与天根本没有感应，盲视这种惠顾，那么，他的生活一定会出问题。

上天把它的正道与能量灌注到人的身上，就形成了人的良善本性。这样，人生的价值与目标就不是赚钱过上好生活，而是在生活中去表现这个良善的本性，既而惠及别人，成就自己。所以，人与天这对关系就是要求我们尽自家良善的本性，这是人类的最终目的，也是上天造人的根本意义。所以，孟子曰：

> 口之于味也，目之于色也，耳之于声也，鼻之于臭也，四肢之于安佚也；性也，有命焉，君子不谓性也。仁之于父子也，义之于君臣也，礼之于宾主也，知之于贤者也，圣人之于天道也；命也，有性焉，君子不谓命也。(《孟子·尽心下》)

美味、美色、美声与安逸的享受，这好像是人的本性。但孟子以为，这个并不是所有的人都能享受到的，天上并没有作特别的安排，这个要看现实的机遇与人的运气。因此，这不是人的本性。但仁、义、礼、智与天道之于人，好像是外在的命令，然却是人的本性中应该完成的，这是上天的安排。因此，不应该叫作命令，而应该叫本性。

所以，我们要认知人与天这对关系，就是让我们明白到底什么是人的本性，继而在生活中完成仁、义、礼、智与天道。人生最终的价值与意义都在这里展现，决不是赚钱之后的吃喝玩乐。这是人生幸福的开始，否则，行尸走肉而已。因为人与天的关系决定了人生的大方向，在这里出了问题，即便富有四海，也未必幸福。孟子曰：

> 广土众民，君子欲之，所乐不存焉。中天下而立，定四海之民，君子乐之，所性不存焉。君子所性，虽大行不加焉，虽穷居不损焉，分定故也。君子所性，仁义礼智根于心。（《孟子·尽心上》）

人生之目标，既不是“广土众民”的富有，也不是“中天下而立，定四海之民”的权力，而是完成天性中所固有的“仁义礼智”。不管人处在什么境遇中，都得完成，不因为你得意而增加一分，亦不因为你失意就减损一分。因为这是人生的方向，每个人都不能含糊。现在的贪官，就是在人生方向上出了问题，再加上有足够的权力，于是，财富虽然汗牛充栋，结果是自己不能派上用场，还身陷囹圄。一般人因为没有贪官那么大的权力，因此，人生方向出了问题，虽不至于酿成那么大的灾难，但因为方向不对，麻烦总是有的，只是有的显性的，有的隐性的而已。

中国传统文化总能把握住人生的这个大方向，总是在这个方向上教育民众，于是，中国传统社会总是在五伦之道中和谐运转。也因为中国传统文化总是在这个大方向上去究竟，而对于发展经济，赚取资本以满足人的欲望方面不甚措意。这样，中国就落后了。于是，鸦片战争以后，中国人奋起直追，在传统文化不甚措意的地方甚是措意，但不觉又亡失了人生的大方向，这里的问题就更大了。所以，我们现在要回过头把中国传统的东西找回来，不然，中国就要亡种亡国。这决不是危言耸听。人生的大方向不出问题，虽然贫穷，但总可延续，因为人找到了永恒的价值与意义。但若人生的大方向出了问题，虽然有一时的繁盛，衰亡是迟早的事，我们以此可以预测天下大势。

三、学习传统文化，调适身与心的关系，大人生之格局

身与心的关系。在上世纪 90 年代出土的《郭店楚简》中有这样一个字“㤅”，一般认为这就是一个“仁”字。这个字意味着如果你把身与心的关系处理好了，那你就是一个仁者的格局。

现代人都很在乎自己的身体，年轻人在乎身体的漂亮，老年人在乎身体的健康。于是，年轻人爱美容，老年人爱养生。但所有这些都没有抓住问题的关键，因为大家在乎的都是人的“小体”，而“大体”则没有抓住。“大体”没有抓住，美容也好，养生也好，都是枝节性的修补，不能根本解决问题。

那么，什么是小体？什么是大体呢？小体就是五官与四肢，大体就是心。二者是有严格的区别的，其之于人生的作用与意义决然不同。孟子曰：

> 耳目之官不思，而蔽于物，物交物，则引之而已矣。心之官则思；思则得之，不思则不得也。此天之所与我者，先立乎其大者，则其小者不能夺也。（《孟子·告子上》）

作为小体的五官与四肢，只是纯粹的感觉器官，只是随物而感，并无反思与觉悟能力，且随着外物的吸引，进一步诱发感觉而陷入外物之中而不能自拔。这就是“蔽于物，物交物，则引之而已矣”的意思。但作为大体的心不一

样，它具有反思与觉悟能力，它可以使人从外物的陷溺中超拔出来，使人回到正常的方向上，不被外物牵着走。因此，一个人若能养大体，让心做主，而不是让感觉作主，这叫“先立乎其大者”。如此，则小体的感觉决不能破坏大体的觉悟，人生的方向就不会出问题。所以，我们要确保人生的方向不出问题，就必须养心。

但人总是有一个固有的顽疾，就是善于养小体，不知养大体。孟子那个时候就是如此，故孟子感叹曰：

> 今有无名之指，屈而不信，非疾痛害事也。如有能信之者，则不远秦楚之路，为指之不若人也。指不若人，则知恶之；心不若人，则不知恶。此之谓不知类也。(《孟子·告子上》)

小指伸不直，本来不是很大的毛病，但因为有损美观，因此，人人愿意不远秦楚之路去求医问药。但心的毛病已经很大了，没有人觉察到，或者觉察到了也无所谓。这就叫不知轻重。

现代社会因为科学发达，物质丰裕，人们更是只知养小体而不知养大体。现代人甫出生，就给幼儿买各种玩具，或送入游乐场游玩，使得他们从小就把身的欲望给彻底解放出来，长大以后，自然以游玩与享受为人生的目的，茫然不知人生有更严肃与正大的目的在。充斥在电视屏幕上的各类娱乐、选秀类节目吸引了大批观众的兴趣，不正是这种价值观的体现吗？有报道说，大学是一所美容院。从事实上看，这个说法是很有道理的。现在的年轻人特别爱美，大学四年，知识没有学到，德性没有炼成。唯一的收获是：自己变得漂亮或帅气了。只要你一走进大学校园，帅哥美女特别多，吃喝玩乐特讲究，但真正学习的很少。为什么呢？因为美色与吃喝玩乐都是养小体的，人在此感觉快乐与舒畅，轻松自如，谁还愿意去在乎心的修养呢？即便是努力学习的人，在现代大学里，也只能学到知识，并不能修心与养德。因为现代大学只教知识，不教智能与德性。净空法师曾说，现在的大学其实不是学校，而是学店。什么是学店呢？就是像商店一样，是一种买卖。商店的买卖是商品，学店的买卖是知识。老师卖知识，以换取工资，不论老师的德性如何；学生买知识，以便出去找工作，也不管学生德性炼成否。因此，现代社会整个地把养心这个重要环节给亡失了，这是教育中的大问题，从而滋生了很多重大的社会问题。我们讲传统文化，就是要弥补教育中的这个过失，且已时不我待了。孟子曰：

> 人有鸡犬放，则知求之，有放心，而不知求。学问之道无他，求其放心而已矣。(《孟子·告子上》)

你家的鸡犬丢失了，你知道把它们找回来，但你的心丢失了，你却不知道把它找回来，这问题就大了。所以，学问与教育的根本道理就是让人把丢失的心找回来。教育没有别的，就是这个，既不是学知识，也不是练技能。古人在这个地方非常清楚，但现代人却糊涂了，被知识教育与技能实验占据了所有精力，没有给养心留下一点空间，那就很危险了。

其实，对于一个人来说，即使就成功而言，知识与技术固然重要，但心更重要，因为心是知识与技术后面的能量场。所以，一个人的最终成功与否不决定在知识与技术，而决定于格局，即你有怎样的心量与胸怀。因此，养心是从格局上来广博人的能量场。这个当然比知识与技术更重要。

处理好身与心的关系，就是让我们从身体的快适中抽离出来，也就是从自我的私人欲望中超拔出来，进而融摄他人与世界，看到别样的气象与光明，这就是心量与胸怀，而不在自私中抽空自我。德国基督教神学家舍勒说：

> 中魔似的注目自己的价值的自我骄傲者必然栖泊于黑暗和冥暗之中。他的价值世界日益暗淡，因为每看一眼价值，在他都无异于偷窃，无异于对他的自我价值的掠夺。于是他变成魔鬼和否定者！他被囚禁在自我骄傲

这一牢庐之中；牢庐四壁不停地增长，使他看不到世界的明光。[①]

可见，一个只关心身体的快适而不能养心的人，一定是一个否定者，乃至是一个中魔的人。这是很可怕的，亦可见养心的重要性。

那么，如何养心呢？从负的方面讲，有三种境界，即第一不能有我，第二不能有施舍的对象，最后是不能有施舍的东西。不能有我是第一步，一个人只知有我就必然中魔，故空无自我是养心的第一步。空无自我以后就应在意别人，为别人着想，为别人施舍奉献，但你也不能着相，好像为那个人施舍了、奉献了，一辈子记在心头，渴求那个人的报答。你奉献施舍以后，即刻就忘记了，你只知要施舍、要奉献，至于施舍给谁了，奉献给谁了，乃至于施舍奉献了什么都是不重要的。养心之所以要做到这三个“不能”，就是让人不要执着于外在的对象，而回到存心本身。须知，一个真诚地为别人着想，奉献他人的善心，永远比奉献的对象与实物更重要。做到了这三个“不能”就空无了外在对象，只剩下一个虚灵的善心了。从养心来讲，这是必要的负面的一步。这就好像一个人要养生必先药石祛病，然后才膏粱滋养一样。

从负的方面药石祛病以后，得到一个虚灵的善心，复又可从正的方面开显养心的三种境界。这三种境界就是：敬畏心、羞耻心与勇义心。为人一世，最低限度应该有敬畏心。且不要求一个人去做好事，哪怕一个人做坏事时，如果此刻他有敬畏心，也是良善的开始。如果一个人做坏事时一点敬畏心都没有，那么，他虚灵的善心就彻底被遮蔽了，可谓不可救药。孔子的学生仲弓问仁道的时候，孔子答曰：“出门如见大宾，使民如承大祭。”（《论语·颜渊》）不管你出门去做什么，有一颗敬畏心总是好的。如果没有敬畏之心，枉谈仁道。因此，敬畏之心是对一个人最基本的要求。敬畏什么呢？孔子曰：“君子有三畏：畏天命，畏大人，畏圣人之言。”（《论语·季氏》）落实下来说，就是敬畏

---

① 舍勒：《德性的复苏》，见倪梁康主编：《面对实事本身——现象学经典文选》，东方出版社2000年版，第161页。

一个民族的圣贤与文化经典，领悟其精神且在行动中加以体现。所以，我们弘扬传统文化就有无限的敬畏之情在里面，不是一般的学习知识。如果没有敬畏之心，那个人一定是小人。孔子又曰："小人不知天命而不畏也，狎大人，侮圣人之言。"(《论语·季氏》) 现代的中国人不尊重自己的民族圣贤，也不去读文化的经典，其实，这不是一个观点的问题，而是一个做人的问题，说明他没有一点敬畏之心，只是小人的规模。舍勒说："我们一旦关掉敬畏的精神器官，世界就立即变成一道浅显的计算题。"(《德性的复苏》) 你要我读民族文化经典，有什么好处呢？小人不就是这样每件事在计算利益吗？

有了敬畏心之后，就一定会有羞耻心。且看古圣贤之言：

> 孟子曰："人不可以无耻。无耻之耻，无耻矣。"孟子曰："耻之于人大矣。为机变之巧者，无所用耻焉。不耻不若人，何若人有？"(《孟子·尽心上》)

在孟子看来，人是不能没有耻辱感的，如果一个人把没有耻辱感当作一种耻辱，那么，他一辈子就不会招来耻辱。因此，孟子又说，耻辱感对于人是非常重要的，但世间总有一些世故老到而又左右逢源的人，其实他们是不懂耻辱的。如果耻辱感不及别人却不自觉，那么，这种人又有什么价值可言呢？可见，羞耻是一个人朝君子迈进的必由之路。

由羞耻之心再进一步，就是勇义心，即自觉地担当人间正道与大义。孔子曰："见义不为，无勇也。"(《论语·为政》) 可见，"勇"与担当大义与正道相关联。至此，养心就算完成了，心量与胸怀超越了个人的私欲，此时，人就是君子乃至圣贤。

通过身与心的关系，从而认知养心的三个阶段：敬畏心、羞耻心与勇义心的陶冶，就把人逐渐从小人养成了君子。所以，大家在生活中不能只养身，更应养心，因为这牵涉到人的境界与层次。养身你可能获得享受，但养心却可以使你上升境界。

四、学习传统文化，和谐人与人的关系，实人生之能量

最后来看人与人的关系。上面讲的人与天的关系及身与心的关系都是个人的静养。如果个人的静养没有做好，则人与人的关系一定搞不好；相反，如果个人的静养做好了，就为获得优良的人际关系准备好了根基。所以，我们个人静养好以后，还应走出来，去调适人与人之间的关系。也可以说是正能量的扩散与传递。

关于人与人之间的关系，中国传统有五伦之说，即父子、兄弟、夫妇、君臣及朋友，这五种关系穷尽了社会上的所有关系，任何人与人的关系逃不脱这五伦。同时，中国传统社会对这五伦又有其基本的要求，那就是：父子有亲，长幼有序，夫妇有别，君臣有义，及朋友有信。中国传统社会是一个宗法社会，不像现代社会那样是市民社会。宗法社会靠伦理来维系，市民社会靠法律来维持。故古代社会法律松弛而伦理严密，但现代社会与之相反，法律严密而伦理松弛。伦理严密以后使得法律可有可无，社会依然可正常运转，但伦理松弛以后，法律严密亦不能呈其效。这也是现代社会乱象丛生的根本原因。人与人之间没有了一种基本的伦理维系，一切只是靠法律与合同来维持。于是，老板与职员之间签合同，丈夫与妻子签合同，甚至父亲与儿子也签合同。合同兑现了，依据合同各自分得利益，这样的社会焉能不坏。但中国传统社会决不如此。中国传统社会是“伦理为本，职业分途”，人的职业可以不同，但维系的力量都是伦理。伦理是以价值与温情为本位的，不是以利益为本位的。因此，中国传统社会尽管贫穷，但却是温情脉脉的，不像现代社会那样冷漠无情。

五伦之中，家庭里有三伦，即父子、兄弟、夫妇。这三种关系之中，父子有亲的具体要求就是父慈子孝，长幼有序的具体要求就是兄友弟恭，夫妇有别的具体要求就是夫义妇和。但这三对关系中，每一对关系的双方都不是对等

的，其中父、兄、夫是主导方，子、弟、妇是和顺方。即要求父、兄、夫必须起模范作用，具体地说，父慈子孝并不是说只有父亲慈爱儿子，儿子才去孝顺福父亲，而是说只有慈父才能养出孝子。如果父亲是一忍人，很难养出一个孝子来。同样，只有哥哥友爱弟弟，才能引领弟弟恭敬哥哥；只有丈夫有道义，才能引领妻子和顺丈夫。中国传统有“三纲”之说，一般人以为这些都是专制，须知，这三纲都强调了“纲主”的责任，决不是权力上的，而是道义上的。就夫妻这一纲来说，固然强调夫为妻纲，但这是建立在丈夫在道义上必须作为妻子模范的基础上的，决不是对妻子权力上的压制。故《白虎通义·三纲六纪》云：“夫者，扶也。以道扶接也。”夫就是以道义去扶妻子，这就要求丈夫不但要在生活上照顾妻子，还应在道义上成为妻子的楷模。从这里可以看出，丈夫的责任是很重大的，如果丈夫真正做到了“以道扶接”，那么，妻子有什么理由不和顺呢？荀子曰：“以善先人者谓之教，以善和人者谓之顺。”（《荀子·修身》）丈夫以善先，妻子以善和，夫妇之道得矣。如果现代人亦希望夫妻和睦，必须吸取古人的这个智慧，丈夫首先要做到“以道扶接”，明白自身的责任，妻子就自然会配合了。

父子、兄弟、夫妇各自明白自己的责任，家庭就自然和睦了，社会亦随之和谐了。其实，社会上的诸多犯罪，都是由家庭之伦理没有得到遵守引起的。比如，一个小孩子为什么会去盗窃呢？可能是家庭里父子这一伦没有搞好，父亲没有起到示范作用，不能培养孩子的孝敬之心。一个在家庭里不能孝敬的孩子，外出了当然会作乱。所以，孔子的学生有子曰：“其为人也孝弟，而好犯上者，鲜矣；不好犯上，而好作乱者，未之有也。”（《论语·学而》）一个孝子在家里不会犯上，在外面不会作乱。所以，孝很重要，故孔子讲“入则孝”（《论语·学而》）。一进家门，不是问父母要什么好吃的，也不是躺在沙发里看电视，或者在床上舒舒服服睡一觉，首先想到的应该是“孝”。这样的孩子出去了一定恭敬尊长，故曰“出则弟”（《论语·学而》）。可见，孩子在家里都教育好了，哪来的社会问题呢？法律松弛一点又有什么关系呢？因此，古代的官员是很轻松的，他们整天吟诗作赋。比如，像韩愈、柳宗元、欧阳修、苏轼等人，他们都是官员，本职工作是处理政务，但我们更多地知道的却是他们的文学作品，因为他们有时间去写文学作品。官员很轻松，但父母却责任重大，故曰“养不教，父之过”(《三字经》)。

现在的家庭彻底松散了，很多家庭一家人一起吃饭都要先预约，不然很难凑齐。这样的家庭，还谈什么家庭教育。家庭松散了，现代人都不能明白各自的家庭角色与责任，于是，父子之道苦，兄弟之道苦，夫妇之道则更苦，家庭不能起到教育的作用，把一切问题都交给社会与法律来解决，官员焉能不忙，法律焉能不密。但官员与法律都是依程序办事，这里是没有情的。因此，现代社会尽管可能实现法律的公正，却是一个少恩寡情的社会。这样的社会依然是很危险的，因为其能量场出了问题。荀子评论这种状况是说：“有后而无先，则群众无门。”(《荀子·天论》)只知道犯禁之后以法律惩治，而不知犯禁之先以德义滋养，百姓就永远不能进入文明道义之门，这样的社会当然是危险的。所以，我们学习传统文化，决不是要去反对法律的公正，而是要重视家庭教育，拯救当代社会的少恩寡情，还人间以美好与温情的能量场。

朋友关系与君臣关系属于社会中的伦理关系。每个人都有自己的生活圈子，都免不了要交朋友，而且朋友的品性、德行、学识对于一个人的影响很大。故古人有“不知其子视其友，不知其君视其左右”之说。为什么看一个人所交的朋友就可以了解这个人呢？荀子解释说：

> 得贤师而事之，则所闻者尧、舜、禹、汤之道也；得良友而友之，则所见者忠信敬让之行也。身日进于仁义而不自知也者，靡使然也。今与不善人处，则所闻者欺诬、诈伪也，所见者污慢、淫邪、贪利之行也，身且加于刑戮而不自知者，靡使然也。(《荀子·性恶》)

遇到一个好老师可以得圣贤之道。同样，遇到一个好朋友，就可以相互砥砺策勉，于潜移默化中得到仁义忠信的陶养。相反，遇到一个不好的人作朋友，也会在潜移默化中逐渐养成污慢、淫邪、贪利之行，乃至刑戮加身。人的好品行是与朋友的日夕浸染中不自觉得到的，坏品行也是与朋友的日夕浸染中不自觉养成的。可见，你有怎样的朋友就给予你怎样的能量，交友岂可不慎?！故孔子告诫我们"无友不如己者"(《论语·学而》)。因此，我们一定要与君子交朋友，而不要与小人交朋友。君子与小人奚辨？荀子曰：

> 君子能亦好，不能亦好；小人能亦丑，不能亦丑。君子能则宽容易直以开道人，不能则恭敬縛绌以畏事人；小人能则倨傲僻违以骄溢人，不能则妒嫉怨诽以倾覆人。(《荀子·不苟》)

君子有才能，品行是美好的，没有才能，品行也是美好的，为什么呢？因为君子有才能时能宽容诚挚地开导人，没有才能的时候能恭敬谦让地侍奉人。但小人却不一样，有才能是丑恶的，没有才能也是丑恶的，为什么呢？因为小人有才能的时候就傲慢邪僻地贬抑人，没有才能的时候就嫉妒诽谤地挖苦人。我们可以环视一下周围的朋友，有多少是前者，有多少是后者。这二者之于人的能量场是多大的差异啊。同时，根据朋友对你的态度也可以反省自身的德行。曾子曰：

> 同游而不见爱者，吾必不仁也；交而不见敬者，吾必不长也；临财而不见信者，吾必不信也。三者在身曷怨人！怨人者穷，怨天者无识。失之己而反诸人，岂不亦迂哉！(《荀子·法行》)

为什么你总是不被同游的朋友爱戴呢？是不是你自身的仁德有问题？为什么你不被人尊敬呢？是不是你自身就不像个尊长的样子？为什么在财物面前别人总是不信任你？是不是你自身的诚信就有问题呢？所有这些都可能是自己德

行有失，但你却去怪罪别人，那不是迂腐而不知礼吗？

但是，现代人的生活圈子很大，免不了有形形色色的人，有时我们必须与品行低下的人交朋友。但这对于一个有意志力的人来说，问题是不大的，不会受坏的浸染，乃至对于一个有觉悟力的人来说，这也是“有之改之，无则加勉”的机会。孔子曰：“见贤思齐焉，见不贤而内自省也。”(《论语·里仁》）遇到好的朋友当然要向他看齐，万一遇到了坏的朋友，那也是一次学习的机会，因为他让我们反省自己有没有那种缺点。是以孔子曰：“三人行，必有我师焉。择其善者而从之，其不善者而改之。”(《论语·述而》）你的所有朋友，无论好坏，都是你学习的机会，只是好的朋友从正面学习他，坏的朋友从负面来反省自己。可见，只要我们有足够的意志力与觉悟力，任何人我们都可以从他那里得到正能量。

最后是君臣关系。现在帝制消亡，已经没有了君臣，但传统的君臣伦理依然有效，因为现代社会依旧有上下级的关系。传统的君臣伦理是最被诟病的，因为这是封建专制的集中体现。其实，这是误解。首先，我们须明白，在正常情况下，臣子或下级必须服从君主或上级，这是不容讨论的，是一个社会正常运行的客观要求。因为君主的位阶高于臣子的位阶，正常的社会必须是高位阶指使低位阶。如果一个社会高位阶所发的号令不能被低位阶遵从，那这个社会必然乱套。这不是专制与独裁。所以，一般情况下，我们应自觉地遵守并执行上级的命令与意图，除非特别情况下，不要去质疑，更不能妄加否定。现代人似乎对于太听话的人没有好的评价，以为不是奴性就是拍马。其实，一个听话且任劳任怨的下级往往有优秀的品格，工作效力会提高很多。其次，我们应知晓，虽然下级应服从上级，这是位阶上的需要，但各自的位阶又有其伦理要求，特别是对处高位阶的人，因为没有这个伦理要求，高位阶的人确实可能产生以权压人的危险。正是看到了这种情况，孔子要求“君使臣以礼，臣事君以忠”(《论语·八佾》)。上级驱使下级不能以权压人，应有礼有节。在上级有礼有节的情况下，下级当然也应对上级忠诚。这里强调了上级的模范作用，故

“政者，正也。子帅以正，孰敢不正？”（《论语·颜渊》）上级做好了，下级自然就跟着做好了。最后，一个优秀的上级必须能听得进去下级的劝谏，不能刚愎自用。清人石成金曰：

> 人之有过，若不自知，惟旁人视之甚明，必须虚己下问，始得闻而改悔。（《传家宝初集》卷五《知世事》）

任何人都有学识、经验与性格的局限，更何况还有当局者迷的困惑，这就要求我们必须听取别人的意见，以弥补自己的不足。这时，把上下级关系暂时下降为推心置腹的朋友关系，我们就可以获得无尽的能量。一个高居大位而决不肯虚己而听从劝谏的人，就必然落得“无友如堕井，陷溺孰援手？”（蒋士铨：《再示知让》）的结果。这样，危险就来了。

总之，如果我们在家里和谐了父子、兄弟、夫妇关系，在外面和谐了朋友与上下级关系，我们周围生活的都是有德的君子，其之于我们的正能量是无法估量的。“蓬生麻中，不扶而直”（《荀子·劝学》），你整天与君子打交道，怎么可能不成为君子呢？！中国传统社会重五伦而不重法律，其原因正在此也。

五、总　结

人生一世所面对的三种关系，中国文化都给予了我们明确的指示与说明，这是中国传统文化的智慧所在，也是我们必须用心学习的原因所在。但一般人对于人与人的关系体会较切，对于人与天的关系及身与心的关系则多茫然。如果人与天的关系及身与心的关系没有深切的体会，那么，对于人与人的关系，不会有足够的智慧与德行善加处理。因此，我们平素应多思考与静养，不要总是在俗务中摸爬与倾轧。傅斯年先生曾说过，一天只有二十一小时，剩下三小时是用来思考与静养的。我们一定要为自己留出这一段时间。一个有高度的人，不但人与人的关系处理得好，一定对人与天的关系及身与心的关系有深切的体认。

以上所说的这三种关系及中国传统文化所给予我们的智慧，都需要我们切实去践行。这是智能与知识的最大区别。知识无论践行不践行，它都在那里，所以，你不必亲自去验证牛顿运动定律。但智慧不一样，如果你不去践行，智慧对于你来说就是无。因此，以上所说的所有道理都依赖大家去躬行实践，不然，都是白说的。中国传统重视“不言之教”，其意就在这里。陆放翁诗曰：“纸上得来终觉浅，绝知此事要躬行。”如果我们每一个人都切实躬行实践，我们岂止是获得幸福的人生，必将留正气在人间。须知，在中国文化里，得幸福的人生只是小成，留正气于人间方是大成。

（原载“凤凰国学”2015年9月标题为

《传统文化启思：三大关系处理不好别说你幸福》）

传统文化如何才能有力量？

如今的中国，国学很热，看上去传统文化很兴盛，无论是政府还是民间，似乎都在极力倡导。但深入其间，就会发现这种兴盛是虚妄的。人心依然不古，社会暴戾之气充斥。这种情况之存在，固然与社会大众对之浸润不深有关，但更与一些虽浸润很深的人，但却没有生发力量相关。

的确，一些浸润传统文化很深的专家学者，他们就如富贵人家的账房先生一样，对于这一家的财富珍宝统计有序，朗朗在目。这些专家学者，他们尽管说起传统文化来如数家珍，但传统文化在他们看来，终究是别人家的财富珍宝，而不是足以安身立命的自家宝藏，即传统文化在他们的生命里没有生发出力量。这样，即使他们浸润再深，也不过是博物馆里的讲解员，不但与观众无关，而且也与自己无关。

若传统文化的复兴只是有大量的观众进入博物馆听取讲解员讲解历史与陈迹，这样的兴盛便是虚妄的，社会只是多了一个讲解或研究传统文化的职业而已，因为传统文化没有在当下的生活中生发力量。

那么，如何能使传统文化进入当下的生活，从而生发力量呢？在笔者看来，吾人若能做到如下三点，才能为传统文化生发力量做好准备：

其一，要相信天命；其二，要相信因果；其三，要有乡土与宗族情结。

一、天 命

人活在世上，若不能与一个超越的实体——在中国就是天，在西方就是上帝——贯通，其存在就一定会是偶然的，这样一种偶然的物质性存在，其生命是很难有意义的，尽管一个人可能自我感觉很幸福。但是，正如康德所言，人若是一个纯粹的偶然的物质性存在，那么，人就不能对“幸福”形成决定的概念；尽管人人都期望幸福，但却绝对不能一贯地说出，他所期望的幸福究竟是什么。这样，人们总是把欲望的满足作为幸福的根本标志，但一个偶然的物质性存在者，总避免不了叔本华所说的悲剧：欲望不能满足便痛苦，满足便无聊，人生总是在痛苦和无聊之间摇摆。

人若要克服在痛苦与无聊中摇摆不定的遭遇，物质性的方法是没有办法解决的，必须找到一个永恒的、无限性的、绝对的东西，使生命与之贯通，始为可能。否则，总是摇摆在痛苦和无聊之间的人，是不可能有永恒一贯的方向追求与德性持守的，如此，人心依然不古，社会暴戾之气充斥，岂不理有必然乎?!

孔子曰：“不知命，无以为君子也。”这意味着，一个人若不相信天命，不知天命在生命中的意义，他是不可能成为君子的。孔子又曰：“下学而上达。知我者，其天乎！”通过学习存养工夫，使得生命上达而与天命贯通，相信天命乃至于懂得天命，是吾人努力的方向，也是学习存养的最终意义。

一个根本不相信天命的人，他不可能有努力的方向，因为他的生命里缺少一座永恒的灯塔指引方向，只是随着物质世界沉浮打转，而物质世界总是变动不居的。刘禹锡《乌衣巷》道尽了物质世界的变动不居：“朱雀桥边野草花，乌衣巷口夕阳斜。旧时王谢堂前燕，飞入寻常百姓家。”可见，若纯粹寄居于物质世界而不相信天命，就会倍感世道的无常，人生之凄凉。《普贤菩萨行愿品》对此作了描述："又复是人临命终时，最后刹那，一切诸根悉皆散坏；一切亲属悉皆舍离；一切威势悉皆退失；辅相大臣、宫城内外、象马车乘、珍宝伏藏，如是一切无复相随。"实则不只是生命将终之时，亲人的舍离，权势与财富的丧失，随时都可能发生，使得吾人的一切努力都变得无意义而白费。尽管他可能也有俗世的所谓道德与坚持，但这种道德与坚持，正如马里坦所说的，只不过是"一个瞎子引导另一个瞎子"，其人生不可能有永恒的力量与一致的方向。仓央嘉措说："若不常想到无常和死，虽有绝顶的聪明，照理说也和呆子一样。"若不能在现实的无常与死亡中寻求永恒，那么，大部分的人生无异于虚度年华与游戏人生，尽管他可能有绝顶的聪明而自以为幸福。

那么，相信天命是不是一个纯粹偶然的事件，似乎你愿意相信固可，我不愿意相信亦无不可？答曰：非也。相信天命是人的宿命，也是人的使命，因为人的生命本来就与天命是贯通的。《中庸》云："天命之谓性。"这意味着，天命已经成为了人的性分之固有，人是先天的天命在身者。故孟子又曰："君子所性，虽大行不加焉，虽穷居不损焉，分定故也。"天命——不管一个人相不相信，亦无论人之贫富穷通——已经成为了性分之固有。

天命既然在人的性分之中，那么，每个人都是有直通天命的内在根基的，故王阳明曰："人人有路透长安，坦坦平平一直看。"这个内在根基就是孟子所说的"四端之心"，孟子曰："无恻隐之心，非人也；无羞恶之心，非人也；无辞让之心，非人也；无是非之心，非人也。恻隐之心，仁之端也；羞恶之心，义之端也；辞让之心，礼之端也；是非之心，智之端也。人之有是四端也，犹其有四体也。""四端之心"就如人人之有四肢一样，如此之明显，以至于若不承认有"四端之心"，则必不是人。这样看来，若你承认你尚是人，就一定承认有"四端之心"；既承认有"四端之心"，就一定可直通天命。也就是说，正因为直通天命，人始成其为人。故从原则上讲，人人本应相信天命，亦可懂得天命，这是修行的开端。是之无有，开端即坏，修行必流于虚妄。

但现实中为什么大部分的人都不相信天命呢？这并非是没有天生的内在根

基，而是存养工夫不够，没有使“四端之心”灵现而发光。

比利时基督教神学家吕斯布鲁克曾研究过人之“看”。他认为，一个人若要“看”到物质性的东西，必须具备三个条件：第一个条件——光源，第二个条件——意愿，乐意让他看的东西进入眼帘，第三个条件——眼睛，即完整无伤的看的工具。若缺少这三个条件中的任何一个，任何物质性的东西都不可能被“看”到。同样，“看”到精神性的存在，也需要有三个条件：第一个条件——神（或天）的恩惠之光，第二个条件——凝视并倾听神（或天）的自由意愿，以及第三个条件——没有被致死之罪玷污的良心。看物质性的存在所需要的光源，这不是人所能决定的，最终来自太阳。同样，看精神性的存在所需的神恩之光，也不是人所能决定的，最终来自神或天；若没有这神恩之光，就如没有太阳之光辉一样，是不可能看见东西的。①

但“天命之谓性”一句话就告知吾人，人人都天生秉有神恩之光，故从原则上讲，人人都有凝视并倾听天的自由意愿，因为人人都有良心。所以，从天之神恩之光→良心→凝视并倾听天的自由意愿，这是先天地决定了的，人人可能且人人必能。但人一旦降生于世，总不免受气之蒙蔽与物之诱惑，是以良心被玷污，从而不再有凝视并倾听天的自由意愿，既而人滑落为纯物质性的存在，天由此而被遮蔽，此时，人如何能倾听到天命的召唤，又如何能相信天命？所以，存养工夫甚为重要。程子曰：“毋不敬，可以对越上帝。”明儒马明衡曰：“古人动以天为言，盖古人终日钦钦，对越上帝，视天真如临之在上。”良非虚言也。“人穷则呼天”，这是吾人日常生活中常见的现象，这表示人在遭遇困境之时，天是吾人的最后依靠。这种情况从另一角度说明，人若不相信天命，必然导致生活的无序而无时无刻不在痛苦与困顿之中，此岂非现代人之写照乎？

因此，弘扬传统文化，决非如账房先生那样地去数家珍，第一要务乃是在

① 吕斯布鲁克：《精神的婚恋》，张祥龙译，商务印书馆2012年版，第7—12页。

存养工夫中让生命直通天命，继而相信天命，懂得天命，最后敬畏天命。是之不能至，不是白费工夫，就是图虚名以肥私也。

二、因　果

相信天命，就必然意味着相信因果。所谓因果，就是有一种原因，必然有与之相应的结果出现；不会有无因之果，亦不会有无果之因，因与果一定是匹配的。从这个意义上讲，世界上并没有偶然性，有些结果之出现吾人并不知其原因，于是，吾人以偶然说之。实则不知其原因并非没有原因，其结果之出现一定有某些原因所致。如此这般之结果的出现，一定有如此这般的原因，这是定然匹配的，只是这原因吾人不知而已，并非因与果之间可以出现不匹配的意外情况。这样的因果，莱布尼茨称之为“充足理由律”。其表述是：任何一件事如果是真实的，或实在的，任何一个陈述如果是真的，就必须有一个为什么这样而不那样的充足理由，虽然这些理由常常总是不能为我们所知道的。但吾人不知其原因，上天一定知道其原因，因为上天是全知全能。

因果有两个层次，一为经验世界的因果，可名之曰“力学之因果”；一为超越世界的因果，可名之曰“道德之因果”。莱布尼茨所说的充足理由律乃切就力学之因果而言，实则亦可适用于道德之因果。力学之因果，是经验世界事件与事件之间的因果关系，整个世界无非是这种因果关系之连接与增长。吾人常说世界是普遍联系的，乃切就这种因果关系而言。故这种经验世界的因果关系，几乎没有人不相信，因为事件之流变昭示了这种因果关系确为事实。

但道德世界或善恶之间的因果关系很多人却不相信。俗语云：“善有善报，恶有恶报。”但现实世界似乎并不是如此，例如，有的人当官贪污受贿，不但没有因此受到法律制裁，而且因之而生活顺适，乃至得善终，似乎行恶而得善报。实则这是误道德世界或善恶之间的因果关系而为经验世界之因果关系。当官贪污受贿而拥有大量财富，再以这些财富过着充足富裕的生活。这些俱是现实世界中的因果关系，其关系展示就是：当官→权力→大量钱财→物质享受。这是看得见的事件与事件之间的因果连接与传递，这是事件与事件之间的力学的连接。

但吾人须知，还有一种看不见的因果关系——道德之因果关系或善恶之因果关系，它不是事件与事件之间的力学的连接，而是道德的超越连接。所谓“超越”是指它是超时空的，它亦不是人在现世可以作主的，它是天依据人之善恶在无限的时空中作主。比如，当官贪污受贿，他在现世享尽世间荣华富贵；但恶的行为怎么能结出善的果实呢？天在无限的时空中一定会惩罚这位贪官，只是吾人现世看不到罢了；但天是看得到的，因为无限的时空都在天的全知全能之直观之中，任何人都逃不掉。所以，事件与事件之间的因果关系是在有限的时空之中，在这种有限的时空之中，一个恶人逃脱惩罚是很有可能的；但在由天作主的无限的时空之中，恶人逃脱惩罚是不可能的。墨子在《天志》中就曾说：一个人得罪了家长，可以逃到亲戚家里去；得罪了君主，可以逃到邻国去；但若得罪了上天，他能逃到哪里去呢？无所逃也。但一般人多只怕得罪家长与君主，而不怕得罪天，墨子谓之“知小而不知大”。在有限的时空中，行善而得恶报，或作恶而得善报，都是有可能的，因为这里运行的原则是事件与事件之间的力学的连接；但在无限的时空中，行善得善报，作恶得恶报，则是定然而不移的，因为这里运行的原则是道德的超越连接。在无限的时空中，若行善而得恶报，或作恶而得善报，则意味着恶因得善果或善因得恶果，因果匹配原则失效，这是不可能的。

但若人不相信天命，只驻足于现世看得见的力学因果连接，则因果报应很可能是值得怀疑的。太史公就曾流露过这种怀疑，他在《伯夷叔齐列传》中说：“若伯夷、叔齐，可谓善人者非邪？积仁絜行如此而饿死！且七十子之徒，仲尼独荐颜渊为好学。然回也屡空，糟糠不厌，而卒蚤夭。天之报施善人，其何如哉？盗跖日杀不辜，肝人之肉，暴戾恣睢，聚党数千人横行天下，竟以寿终。是遵何德哉？”这显然是以现世的际遇来怀疑因果报应，但须知，现世暂时的际遇并不足以怀疑永恒的因果报应，因为这完全是两个层次的因果。程伊川即由此而批评太史公以私意妄测天道，他说："天道之大，安可以一人之故妄意窥测？如曰颜何为而殀？跖何为而寿？皆指一人计较天理，非知天也。"吾人周知，宋明儒者辟佛，然其既执持天命，则于佛家之因果报应论当殊途同归也。

因此，一个人只有相信天命，才能相信因果报应，才不会以现世的际遇去挫败自己行善的决心与信念，否则，人的道德力量很可能不足而中途废弃。庸常以为，因果报应乃佛教劝化人的权用，实则乃儒道释共同之实理，因为三教都把人与永恒的实体贯通起来。

《周易·坤文言》云："积善之家，必有余庆；积不善之家，必有余殃。"这是典型的因果报应思想。"余"并非"多余"的意思，而是延及子孙后代的意思。道教经典《太平经·解师策书诀》以"承负"释之，其曰："承者为前，负者为后。承者，乃谓先人本承无心而行，小小失之，不自知，用日积久，相聚为多，令后生人反无辜蒙其过谪，连传被其灾，故前为承，后为负也。负者，流灾亦不由一人治，比连不平，前后更相负，故名之为负。负者，乃先人负于后生者也。"也就是说，吾人当下之际遇，总有前承之造业为其因缘；吾人当下之作为，总有后来之果报为之负责。这是无有爽失而必至的。梁启超由是在《余之死生观》一文中说："个人之羯磨，则个人食其报；一家之羯磨，则全家食其报；一族一国乃至一世界之羯磨，则全族全国全世界食其报。由此言之，则言宗族之余庆余殃者，于佛说岂有违异乎？"① 小至一人之身，中至一宗一族，大至国家天下，其成败盛衰皆有前因后果，决无幸运之福，亦无苟免之祸，此理无所逃于天地之间也。

因果报应，不能驻足于现世而观之，佛教吾人须明三世。慧远《三报论》云："一曰现报，二曰生报，三曰后报。现报者，善恶始于此身，即此身

① 《梁启超全集》第五册，北京出版社1999年版，第1372页。

受。生报者，来生便受。后报者，或经二生三生，百生千生，然后乃受。”这意味着天命在无限的时空之中，一定会把善恶之报应付诸实施。惜乎世人往往蒙蔽天眼而不能知，故颜之推于《颜氏家训·归心》云：“凡夫蒙蔽，不见未来，故言彼生与今非一体耳；若有天眼，鉴其念念随灭，生生不断，岂可不怖畏邪？”因果报应之论虽为佛教所盛言，而儒家多言天命，然既言天命，报应之说必其应有之义。是以元人刘谧《三教平心论》云：“儒言天命，佛言定业，盖不可逃之数也。”

那么，相信因果报应有什么意义？答曰：坚定人行善之决心与意志也。王塘南曰：“知生死之理，则世累必轻，而学力自勇矣；知报应之说，则忿怨必平，而慈心自生矣。”(《友庆堂合稿》卷之四)《颜氏家训·归心》复云：“今人贫贱疾苦，莫不怨尤前世不修功业；以此而论，安可不为之作地乎？夫有子孙，自是天地间一苍生耳，何预身事？而乃爱护，遗其基址，况于己之神爽，顿欲弃之哉？”这是告诉吾人，既知今生之疾苦乃前世不修德业之果；那么，为来世计，怎能不修德以豫焉？人多为子孙遗留财富，何不修德以备己之来生、福荫千秋之嗣焉？故人之修德，非个人之事，乃一宗一族之事，甚至国家天下之事也，焉可忽耶?!

一个笃实践行传统文化的人，必然直达天命，而印证因果报应之理不虚。若谓因果之说，报应之论，乃释氏鼓惑庸众之技法，则其践行必不实。岂弟君子，焉可不严于此也？此中固任重而道远，吾人当死而后已耳。

三、乡土与宗族

相信天命，相信因果，在现实中必须有一个触发这种相信的场域或土壤，这个场域或土壤就是中国传统的乡土与宗族。现代中国，随着城市化的进程，日益肢解中国传统的乡土与宗族，故现代人很少相信天命与因果。何也？现代社会是由知识、法律、规则等形式化和抽象化的条文把人连接在大系统中的社会。这种形式化、抽象化的大系统把人的实质的生命给抽空了，使得人不再有能力去单独面对天，马尔库塞称之为“单向度的人”，吾人称之为“无家可归的人”。也就是说，现代社会，无论是多么的便捷与幸福，总避免不了人之无家可归的状态，因为他已失去了乡土与宗族。失去乡土，决不只是失去了耕种的土地，而是失去了伦理道德，失去了人之为人的世界。

可以说，中国传统文化乃是“乡土本位”的文化。这种“乡土本位”的文化之架构是：乡土→宗族→伦理→世界。为什么中国人讲“故土难离”？因为离开故土，就等于失去世界。为什么中国人讲“出世”叫“出家”？因为离开家，就失去了参入世事的凭依。修身、齐家、治国、平天下，乡土与宗族，为吾人拥抱伦理，走向世界进行了奠基，它是原生性的。

为什么只有在乡土与宗族中，人们才可能真正拥有伦理与世界呢？因为伦理并不是现代人所认为的那样，是去认知一个知识系统，而是要质实地去践行的；世界也不是现代人所认为的那样，是以知识系统去面对、去分解的世界，而是让人去体悟、去守护的世界。而这一切首先得有乡土，乡土以后才能有宗族。可以说，乡土，乃一个人德行的原生地。乡土，意味着关心、照料、福乐。老子曰：“甘其食，美其服，安其居，乐其俗。”这决不只是一种简单生活方式的描述，而是天人合一之人的世界之写照。孔子向往的“莫春者，春服既成。冠者五六人，童子六七人，浴乎沂，风乎舞雩，咏而归”，其实就是这样的乡土世界。乡者，向也。故乡土世界既是人向往的世界，也是人安居的世界。现代社会当然也有土地，但那是土地，而不是乡土，因为人不以之为故乡而安居。现代社会的土地只是人的商业计算与订造。同样是一片森林，在古人那里，是“明月松间照，清泉石上流”的世界，是春种、夏长、秋收与冬藏的守护与希望。但在现代人那里却是无休止的订造：草木已被订造到纤维素的可订造中去了，而纤维素又被逼促到纸张的可订造中去了，纸张又被逼促到书刊的可订造中去了，诸如此类，不一而足。现代人随着这种无休止的订造，已被牵引得很远很远，已不知道自己的故乡，乃至根本无暇顾及故乡。于是，现代人已没有了故乡，由是也就没有安居的家。

一个没有家的人，是不可能拥有伦理道德的，也就不可能拥有世界。伦理道德，并不是对律则与规范的执行，而是培养“四端之心”的震动，而唯有在亲在的人伦关系中，“四端之心”的震动才是最容易培育的，而家，正是人伦关系的亲在。墨子言“兼爱”，为什么孟子反谓之为禽兽之行？因为墨子以宗教团体而消解了家庭，从而使“四端之心”的震动之培育成为不可能，由此而空言兼爱，非但不能至，必反至于禽兽之行也。故《庄子·天下》谓墨子，“以此教人，恐不爱人”。因此，非“兼爱”不美也，乃墨子消解家庭之罪莫大焉。

家庭由亲亲之杀、尊贤之等，“四端之心”震动之振幅进一步扩大，而至于宗族长幼有序之世界。《礼记·乡饮酒义》载孔子之言曰：“吾观于乡，而知王道之易易也。”乡土，并非乡民众多的聚居地，而是“四端之心”震动的和谐音符与乐章。由宗族长幼有序之世界，“四端之心”震动之振幅继续扩大，而至于“亲亲而仁民，仁民而爱物”之人类世界与万物宇宙。至此，整个世界和宇宙亦不过是“四端之心”震动，非外在之存有也。阳明先生于《大学问》中曰：“大人之能以天地万物为一体也，非意之也，其心之仁本若是其与天地万物而为一也。岂惟大人，虽小人之心亦莫不然。彼顾自小耳。”人至于以天地万物为一体，则不唯乡土是“四端之心”震动的和谐音符与乐章，整个世界与宇宙俱是“四端之心”震动的和谐音符与乐章。这样，“君子所过者化，所存者神，上下与天地同流”，孟子曰：“岂曰小补之哉！”

或许有人会问，现代社会同样有家庭，有人伦关系，也可以使人行德利人，难道不能培养人“四端之心”的震动吗？答曰：不能。现代社会固然亦可能有道德伦理，但唯有在乡土与宗族中，方能有“四端之心”的震动。何也？乡土与宗族中，事亲乃在“礼”之仪式感中。何谓“禮”？许慎释之曰：“履也。所以事神致福也。从示从豊，豊亦声。”可见，礼不只是一种伦理道德关系，而是直接与天地鬼神相关的，或者说，在礼中，天地鬼神是共在的。古人以“豕”祭祀，而“家”字由“宀”与“豕”两部分组成，说明“家”是在屋宇内祭祀之意；同样，“宗”字由“宀”与“示”两部分组成，而“示”，许慎释之曰：“天垂象，见吉凶，所以示人也。示，神事也。”由此说明，“宗”字也与祭祀神灵相关。通过对“礼”、“家”、“宗”之本义分析，吾人可知，乡土与宗族中的“礼”，决不只是一种和谐顺适的人伦秩序，而是以其仪式感直接召唤了天地神灵的到来。谢尔兹说：“仪式表达了对更广大宇宙的参入感，表达了在根本上维系性力量面前所感觉到的敬畏、尊重和感激。”[①]《礼记·哀公问》载孔子之言曰：“仁人之事亲也如事天，事天如事亲。”故传统祠堂或厅堂里一般都供奉“天地君亲师”的牌位。这样看来，事亲与事天是相互通达的，不但事亲与事天相互通达，治国与事天亦相互通达。为什么能够相互通达？因为在乡土与宗教之礼仪中，“四端之心”得以震动，于是，便能实现这种通达。

现代社会虽有人伦关系，但消弭了乡土与宗族，封堵了人伦与天命相互通达的进路，让“天”的到来成为不可能。因“天”之缺如，准确地说，现代人并不知什么是真正的道德与爱，因为现代人的道德与爱都是在订造关系中形成的，实质上是一种物质性的利益关系，而不是基于“天”之绝对命令与召唤，故亦不可能有“四端之心”的震动。“四端之心”的震动缺如，则人与天之通达不可能。这样，道德要么沦为被动的外在法律宰制，要么成为主动的利益（即以对人有用的作为道德之标准）追求。同时，在乡土与宗族中，每个人都镶嵌在宗族之谱系中，这种厚重的历史感易激起人的责任心与感恩情怀，而这种责任心与感恩情怀复进一步促进人之道德感与担当精神。但现代社会的人完全从乡土与宗族中疏离出来，成为了原子式的个人，个人就是一切，完全体会不到那种厚重的历史感，怎么可能有责任心、感恩情怀、道德感与担当精神？世风焉能不每况愈下？

因此，现代社会无限度的城市化进程，无休止地破坏传统的乡土与宗族，决不是一个简单的社会经济发展模式的问题，而是一个严重的社会道德问题。

---

① 谢尔兹：《逻辑与罪》，黄敏译，华东师范大学出版社2007年版，第165页。

“天”被遮蔽，人就不可能是一个道德的人，社会也不可能是一个道德而和谐的社会。所以，现代社会面临的真正问题不是经济如何发展的问题，而是“天”如何重新出场的问题。

四、结 语

以上所说的三点又是相互促进与推动的：乡土与宗族推动着“天”的出场，而“天”的出场必然导致超越因果的有效性，而超越因果的有效性又使人回归乡土与宗族的仪式感与神圣性之中。三者之中缺乏任何一环，其余二者亦必随之坍塌。

当然，传统文化的复兴是一个系统性的工程，其细节需要吾人认真研究并诚心以赴，这固然需要时间。但本文所说三点却为这种复兴的到来做好准备，若没有这三点，无论吾人作了怎样多的工作，取得了怎么大的成就，传统文化依然无法复兴，甚至吾人还根本没有准备让传统文化复兴。

（原载“儒家网”2018 年 7 月）

终极之道与儒学的生死智慧

一、由清明引入儒学的生死智慧

岁岁清明，今又清明。在中国传统中，清明既是节气，也是节日。清明作为物候之节气，万物“皆清洁而明净”(《岁时百问》)之象。但清明又是人们“拜扫圹茔，素服诣坟茔”(《钦定大清通礼》卷五十)之时。在万物发扬，时节明净之季，让人在祭扫之际，体悟那生死之义，以求生命之大清明，我们不得不敬佩古人之安排与用心。牟宗三曾以诗性的文字表述了自己对清明之感触与解悟：

> 清明扫墓，莹春花趁早先开了，黄的花，绿的长条，丛集在坟墓上。纸灰化作蝴蝶。奠一杯酒在坟前，坟中人的子孙们前后有序地排着在膜拜。那生命是不隔的，通着祖宗，通着神明，也通着天地。这不是死亡时的生离死别。这时没有嚎哭，没有啜泣。生离死别那种突然来的情感上的激动，因着年月的悠久，而进入永恒，化作一种超越的顺适与亲和。人在此时似乎是安息了，因着祖宗的安息而安息；也似乎是永恒了，因着通于

祖宗之神明一起在生命之长流中而永恒。[①]

清明祭扫，对着坟茔，生者与死者似乎是永隔的；但生亦不喜，死亦不悲，生与死却是不隔的。清明，一方面，是生的洋溢与景仰；另一方面，是死的静默与崇敬。二者似乎是贯通的，构成了生命之大清明。这生命之大清明蕴含着中国文化怎样的一种生死智慧呢？

二、现实中生死之不可免与存顺没宁之旷达

人作为一种肉体存在，有生有死，这是不可避免的事情，且生死俱为我们不可理性地把握和操纵的。生，固不可把捉。有的人生在贵族豪门，有的人却生在清贫寒室，这是不可能依据人的意愿的。人之出生，王充曾有一个比方，就如柳絮满树，一阵风过，有的落入华堂，有的则落入茅厕。这种差别虽不可理解，但却是事实。

死，则更不可理解和把握。有的人百岁犹存，有的人未经年而亡。王充虽然说人之寿夭与禀气相关，“夫禀气渥则其体强，体强则其命长；气薄则其体弱，体弱则命短。命短则多病，寿短”(《论衡·气寿》)。但人禀气之渥薄，则非人力所能为也，“均之土也，或基殿堂，或涂轩户。皆之水也，或溉鼎釜，或澡腐臭。物善恶同，遭为人用，其不幸偶，犹可伤痛，况含精气之徒乎?”(《论衡·幸偶》)

人现实中之生死如此之不可把捉，于是，儒家有“死生有命，富贵在天”(《论语·颜渊》)之说。“死生”乃就死说，“富贵”乃就生说。所谓“有命”、“在天”乃谓：死时之寿夭与生时之穷达，俱不可解；若强为之解，只能说是命运之安排或上天之旨意。生死之神秘性与不可解的确致人以无限之慨叹。

① 牟宗三：《五十自述》，台湾鹅湖出版社1989年版，第3—4页。

孔子曰："有颜回者好学，不迁怒，不贰过。不幸短命死矣！今也则亡，未闻好学者也。"(《论语·雍也》)

伯牛有疾，子问之，自牖执其手，曰："亡之，命矣夫！斯人也而有斯疾也！斯人也而有斯疾也！"(《论语·雍也》)

但慨叹终归是慨叹，在现实的生死面前，人的任何努力似乎都无济于事。这样，如其慨叹，不如顺其自然。庄子尝曰："适来，夫子时也；适去，夫子顺也。安时而处顺，哀乐不能入也。"(《庄子·养生主》)这种思想虽然出自道家，但对于自然生命之生死，儒家亦取此种安然态度。张横渠曰："存，吾顺事；没，吾宁也。"(《西铭》)王船山进一步解释了"存顺没宁"：

盖其生也异于禽兽之生，则其死也异于禽兽之死，全健顺太和之理以还造化，存顺而没亦宁。……无他，人之生死、动静有间，而太和之絪缊本无间也。(《张子正蒙注》卷一)

人之所以能对于现实之生死"存顺没宁"，乃基于儒者对生命更高层次的理解，"无他"后面那句话讲的就是这个意思。这里暂且按下不述。李卓吾曰：

生之必有死也，犹昼之必有夜也。一死之不可复生，犹逝之不可复返也。人莫不欲生，然卒不能使之久生；人莫不伤逝，然卒不能止之使勿逝。既不能使之久生，则生可以不欲矣。既不能使之勿逝，则逝可以无伤矣。(《焚书》卷四《伤逝》)

在现实上，"生可以不欲，逝可以无伤"，这是儒学之于现实之生死之旷达态度。正因为人之于生死有此旷达态度，使得人之生异于禽兽，人之死亦异于禽兽。但人之所以能有此旷达态度，必有大义存于心中，不然，旷达即成不可能者。其大义即在：人对生命永恒与终极之道的追求与证成。准确地说，若人不能触及那永恒与终极之道，欲其确信与执持旷达之态度，乃根本不可能的。即便有，亦是一种飘浮的无根基的情绪，根本不可能挺立而为人生之大主；而一旦此旷达之态度挺立而为人生之大主，则人生当别有一番景致与境界。

三、对死亡之关切与终极之道的开启

一般以为，儒家乃无神论者，或不关注死之问题，只是世俗之生活伦理与道德。这当然是对儒学的大误会。如实说来，若只是世俗之伦理与道德，而根本不能触及死与神性的终极之道，欲给人以安身立命之所是不可能的。任何大的文化系统，都必须给人以安身立命之所，而对死之关切与神性终极之道的信仰乃安身立命之所的两大要件。儒学作为世界上大的文化系统之一，自然亦不能例外。

人们之所以会误解儒家，乃在于下列句子：

> 樊迟问知。子曰："务民之义，敬鬼神而远之，可谓知矣。"(《论语·雍也》)
>
> 子不语怪，力，乱，神。(《论语·述而》)
>
> 季路问事鬼神。子曰："未能事人，焉能事鬼?"曰："敢问死"。曰："未知生，焉知死?"(《论语·先进》)

这三句话都有辨正之必要。

首先看第一句话。"敬鬼神而远之"并非根本不信鬼神，若根本不信，何敬之有？这句话的确切意思是：鬼神摆置在眼前，我们自然要存敬膜拜；但若只是如此，我们还没有把鬼神带到眼前，鬼神还是虚拟的存在；故我们还应在存敬膜拜之后为鬼神之真正到来开辟道路，此即"远之"之意也。所以，只是存敬膜拜眼前的神，其实我们离神还相当的远，只有能为神的到来开辟道路，才能真正把神带到眼前。“远”恰恰是一种切“近”。

其次看第二句。陆象山曰：

> “子不语怪力乱神。”夫子只是不语，非谓无也。若力与乱，分明是有，神怪岂独无之？人以双瞳之微，所瞩甚远，亦怪矣。苟不明道，则一身之间无非怪，但玩而不察耳。（《陆九渊集》语录上）

如果我们承认力与乱之实有，焉可云怪与神之无有？然依宋人黄震之看法，语力不如语德，语乱不如语治，语怪不如语常，语神不如语人（《黄氏日抄》卷二），乃圣贤诲人之权法与要道。特别是神，乃根本不可言语者，一个真正的圣者只会去敬畏与体悟，岂可闲议论，乱猜拟。法国思想家皮罗曰：

> 言辞是无神论的真正开端。事实上，对于这“绝对”来说，一切言说都是渎神的，言说永远总是说话反对上帝。[①]

“子不语怪力乱神”乃欲在沉默中与神作存在之契会与贯通，此即其真义也。

最后来看第三句。死，若把它作为一种经验来看，它确实在人生经验之外，没有一个在世之人经验过死。从这个意义上讲，死之于每个人都是一个不可知的“无”。但孔子这里“未知生，焉知死”之反问，并非把死当作不可经验的“无”，孔子恰恰是要照亮死，把死带上前来。孔子如何把死带上前来呢？他不是通过对死的经验，因为任何人都没有死的经验；孔子是通过生，一旦以生贯通死，不但死不是一个不可知的“无”，且生亦具有了别样的意义。

① 皮罗：《海德格尔和关于有限性的思想》，见刘小枫选编：《海德格尔与有限性思想》，华夏出版社 2007 年版，第 154 页。

死亡，决不是自然生命的终结，它意味着生命价值的显现。即如果你不在生命价值的显现中而只在自然生命之终结中去理解死亡，你怎么可以理解它呢？谁能够有这个经验呢？这是孔子“未知生，焉知死”之切义。

综上所述，儒学绝非不信仰神性的终极之道，亦绝非不关切死亡。对于儒学来说，死亡决不是生命终结后之“无”，而是具有存在论上的神圣终极性。它虽不可用言语表述，但却可以在存在论上开显出无限的意义，海德格尔称之为“无之圣殿”。海德格尔说：

> 死亡乃是无之圣殿。……作为无之圣殿，死亡乃是存在的庇所。现在，我们把终有一死者称为终有一死者——并不是因为他们在尘世的生命会结束，而是因为他们有能力承担作为死亡的死亡。终有一死者是其所是，作为终有一死者而现身于存在之庇所中。终有一死者乃是与作为存在的存在的现身着的关系。①

死亡，并不是肉体生命之可怖的终结，相反，死亡恰恰是人类存在之庇护所。谁能毅然赴死，谁就走向了那庇护所，既而获得新生。相反，谁畏惧死亡，谁就远离了那庇护所，死亡就仅仅意味着肉体的消亡。

一言以蔽之，死亡，使我们领会到生命本质的展开。如果没有死亡，生命本质之展开是不可能的。因为如果人不死，他面对世界万物时，就不会有珍惜之情与感恩之志，因为没有东西能威胁到人的生命，他对世界万物了无情趣。不死之人甚至——正如黄裕生所说——“都难以开始自己的存在，或者更确切说，都没有兴趣、没有激情去开始自己的存在”。② 可以说，正是对死亡之关切，使得生命之本质得以展开，进而触及了人之为人的终极之道。而一旦触及人之为人的终极之道，对死亡之关切即宣告完成，或者说，此时死亡已不是一个需

---

① 海德格尔：《物》，见孙周兴选编：《海德格尔选集》，上海三联书店1996年版，第1179页。

② 黄裕生：《人要不死，又将如何？》，载《文景》2008年第3期。

要再去关切的问题。故孔子曰："朝闻道，夕死可矣。"(《论语·里仁》) 这句话并不是说，早晨闻了道，晚上就可以死了；而是说，一旦闻了道，死亡已不再是问题了。且看朱子之解释：

> 看得此章，圣人非欲人闻道而必死，但深言道之不可不闻耳。若将此二句来反之曰："若人一生而不闻道，虽长生亦何为。"便自明白。(《朱子语类》卷二十六)

朱子的意思是：若不闻道，不但生成了问题，死亦成了问题。朱子之开示使得弟子听后即曰："然。若人而闻道，则生也不虚，死也不虚。若不闻道，则生也枉了，死也枉了。"(《朱子语类》卷二十六)

综上所论，对死亡之关切开启了人之为人的终极之道，而人之为人终极之道的开启，使得死与生贯通起来，死已不是一个单独的问题，而是生的问题，即孔子"未知生，焉知死"之意。而生的问题无非就是人之安身立命问题。在此，儒学怎么做？

四、作为终极之道的孝与宗族、国族生命之存亡

所谓安身立命就是把人与终极之道关系起来，以求生命之永恒。概略地讲，儒学对于生命永恒与终极之道的追求与证成，其路径有三：其一，就宗族而言，由孝之血缘传承，父死子继，庙祀不绝以至千秋万代，族类不朽；其二，就国族而言，由孝之文化传承，匹夫匹妇日用而不知，国族不朽；其三，就个人而言，悟心性本体，天道与性命相贯通，既而证成个人之不朽。此三者，足以给人以安身立命，而人之为人，非但不枉活，亦无愧色于宇宙日月也。

就血缘宗族来看，儒学通过正夫妇之道来达成这种不朽。而这种不朽乃通

过“生”来实现。《周易·系辞传》云：“天地之大德曰生。”《周易·序卦传》进一步说明了这种生之过程：

> 有天地，然后有万物；有万物，然后有男女；有男女，然后有夫妇；有夫妇，然后有父子；有父子，然后有君臣；有君臣，然后有上下；有上下，然后礼义有所错。夫妇之道，不可以不久也。

这里所描述的生之过程是：天地→万物→男女→夫妇→父子→君臣→上下→礼义。需要特别说明的是：这个生之过程，不但是自然生命的，亦是礼义文化的。故儒学重夫妇之道，亦重礼义教化。不但人之生命通于天地，礼义教化亦通于天地，二者皆具有绝对之意义，正是这二者才保证了人之永恒。

夫妇之道即是婚姻之礼。婚姻之礼为的是什么？《礼记·昏义》云：“昏礼者，将合二姓之好，上以事宗庙，而下以继后世也。故君子重之。”这意味着，婚姻决不是男女之两情相悦，而是“上事宗庙，下继后世”有关血缘宗族传承之大事件。这种“上事”与“下继”以成生命之延续不绝。所以，在古代中国，绝人之祀乃是大不义。这种不大义一般人是不敢做的，哪怕是敌我之间。汉末，陈宫事吕布，后俱为曹操所擒。史载：

> 太祖曰：“若卿妻子何？”宫曰：“宫闻将施仁政于天下者不绝人之祀，妻子之存否，亦在明公也。”太祖未复言。宫曰：“请出就戮，以明军法。”遂趋出，不可止。太祖泣而送之，宫不还顾。宫死后，太祖待其家皆厚于初。（《三国志·魏书·吕布张邈臧洪传》）

陈宫以“施仁政于天下者不绝人之祀”的大义震慑曹操，既而保住了妻、子之性命，延续了宗族的传承。

绝人之祀乃大不义，但若不娶无子，自绝祖祀，乃大不孝。故孟子曰：

"不孝有三，无后为大。"(《孟子·离娄上》) 朱子尝引赵氏之言曰："于礼有不孝者三事，谓：阿意曲从，陷亲不义，一也。家贫亲老，不为禄仕，二也。不娶无子，绝先祖祀，三也。三者之中，无后为大。"(《孟子集注》) 为了避免这种大不孝，在特别的情况下，不告而娶也是被许可的，舜就是其一例也。

正因为不绝祖祀被赋予了孝之大义，而不绝祖祀首要在于血缘生命之延续，故保养好自家之身体就是保养好祖先之身体，如此代际传递下去，就是不绝祖祀，就是孝。故《孝经》云："身体发肤，受之父母，不敢毁伤，孝之始也。"(《开宗明义》) 因此，孝不只是人际之间的伦理学上之意义，从根本上讲，孝乃终极之道，是以《孝经》又云："夫孝，天之经也，地之义也，民之行也。天地之经，而民是则之。"(《三才》) 正是孝保证了生命之永恒。

不唯此也，儒学所说的仁义礼智信都是终极之道。《周易·说卦传》云："立天之道，曰阴与阳；立地之道，曰柔与刚；立人之道，曰仁与义。"若天之道，地之道是终极之道，人之道与之并列而立，自然亦是终极之道，且相互贯通。故董仲舒曰："道之大原出于天，天不变，道亦不变，是以禹继舜，舜继尧，三圣相受而守一道。"(《汉书·董仲舒传》) 如果说，孝保证了宗族血缘生命之永恒；那么，仁义礼智信五常之德则保证了国族文化生命之永恒。孝之为德关涉宗族的生死，五常之为德则关涉国族之生死。国族亦是一生命体，其延续端赖文化。顾亭林曰：

> 有亡国，有亡天下，亡国与亡天下奚辨？曰：易姓改号谓之亡国。仁义充塞，而至于率兽食人，人将相食，谓之亡天下。(《日知录》卷十三《正始》)

"亡国"是朝代或政府之更迭，此乃常有之事。但"亡天下"乃是五常之德充塞消失，一国族之历史文化生命随之而死亡。所以，不但一个人或一个宗族之生命可以死亡，一国族之生命亦可以死亡。一个人或一个宗族之生命要永恒，乃个人或族内人之事，而一国族之生命要永恒，则是国族每个人之事。所以顾亭林又曰："是故知保天下，然后知保其国。保国者，其君其臣肉食者谋之；保天下者，匹夫之贱与有责焉耳矣。"(《日知录》卷十三《正始》) 扶持五常之德之历史文化不坠，延续华夏国族之生命于永恒，乃每个华夏儿女之责任。这是保种保族之大问题，焉可忽耶？亡人国族者，必先亡其文化。这基本上是儒家士人之共识。所以，五常之历史文化对于华夏国族来说，亦具有终极之道的意义，唯有它才能置华夏国族文化慧命于永恒。对于华夏子民来说，弘扬这个文化传统，乃是对华夏国族之大孝。

因此，孝有大小二义。其一义延续宗族血缘生命之永恒，此孝之血缘传承，是小义也；其一义延续国族文化生命之永恒，此孝之文化传承，是大义也。然无论大义小义，皆不是人际伦理原则，俱终极之道也。由此，血缘宗族与国族文化之生死问题得以解决。

五、觉证终极之道与个人之不朽

孝之血缘传承使宗族生命得以永恒，孝之文化传承使国族生命得以永恒。但个人之生命如何得以永恒呢？孝之传承在此是失效的。但若个体生命得不到安顿而流于盲动乃至虚无，则宗族与国族之生命必不能得以永恒。故生死问题最终要落实到个体生命之永恒问题。但个体生命之永恒问题如何解决呢？

个体生命总有一个时间性，它不像血缘与文化一样，可在传承中得永恒。在时间的长河中，个体自然生命之消亡是不可免的，但人总要求生命之永恒，这如何可能呢？我们说过，只有触及了终极之道，生命之永恒才是可能的。那么，对于个体生命而言，这个终极之道是什么呢？不妨先看下面一段文字："夫大人者，与天地合其德，与日月合其明，与四时合其序，与鬼神合其吉凶。"(《周易·乾文言》) 大人，就是触及了终极之道的人，于是，可与天地、日月、四时、鬼神合。这表示他的生命得到了永恒。但这个终极之道到底如何去触及？是否人人都可以于自家生命中觉悟体征？

这关涉到如何看待人。在中国文化传统特别是儒学传统中，人的生命是直通于天的。《太甲》曰："顾諟天之明命。"这句话是让人不要忘记上天所赋予的光明禀性。故孔子曰："性相近也，习相远也。"（《论语·阳货》）正因为人性来自上天，故相近，若仅为经验之物，则殊异而各别，何近之有？因为人性并非经验之物，而是超越的终极之道，故不可言说与描述，是以子贡感叹曰"夫子之文章，可得而闻也；夫子之言性与天道，不可得而闻也"（《论语·公冶长》）。这表示，性与天道俱是终极性的存在。这种终极性的存在只可在践行中证会，不可于言说中模拟。到了子思，则直接说出了人性与天的关系——"天命之谓性"（《中庸》）。把人性与天道贯通起来，人已不再是一个肉体性的存在，而是一个终极性的存在。"赞天地之化育"，"与天地参"，都意味着人这种终极性的存在完全可以不朽而永恒。迨及孟子，以心说性，言"四端"固有，"此天之所与我者，先立乎其大者，则其小者不能夺也"（《孟子·告子上》）。以天性之善与本心为人之永恒不朽进行奠基。徐复观先生尝评价孟子对天性之善与本心之发现时曰：

> 这代表了人类自我向上的最高峰。所以孟子性善之说，是人对于自身惊天动地的伟大发现。有了此一伟大发现后，每一个人的自身，即是一个宇宙，即是一个普遍，即是一永恒。①

可以说，天性（性善之性）或本心（良知良能）乃人之不朽之形上本体，一旦能于生命中证会这个本体，人即永恒。孟子尝说他"四十不动心"，这个"不动心"自然是不动心于利欲，当然亦不动心于生死。那么，孟子为什么能

① 徐复观：《〈中国人性论史·先秦篇〉序》，上海三联书店2001年版，第158—159页。

做到不动心于利欲生死呢？孟子说“我善养吾浩然之气”。何为“浩然之气”？孟子曰：

> 难言也。其为气也至大至刚，以直养而无害，则塞于天地之间。其为气也配义与道，无是，馁也。(《孟子·公孙丑上》)

“浩然之气”乃一形象之摹状语，非指实语，即并非指一气，实乃指形上之本体——天性（宋儒谓之天命之性）。人一旦证会此一天命之性，即于天地宇宙间永恒而不朽，何有生死之惧？馁，朱子释之为“饥乏而气不充体也”(《孟子集注》)。此即意味，若不能证会本体，则必有生死之惧。朱子又引程子之言曰：“天人一也，更不分别。”(《孟子集注》) 所以，浩然之气就是“天人一体”之永恒境界，在此，哪有生死可言？因此，由天命之性证会到天人贯通，即无生死而永恒，即可安身立命。天命之性之于人而言，就是终极之体，人在在须体会且安居于此。这是孔子、子思、孟子等先秦儒学所开出的大义。

常言道，了生死。但生死如何“了”呢？现实中的生死分别总是有的，但若我们能觉悟本有之天命之性而贯通自家性命于天，则可了生死。所以，程子曰：“穷理尽性以至于命。”(《二程遗书》卷二上）可见，觉悟天命之性，以之为生命之根基，则生死可了矣。是以陈白沙曰：

> 人争一个觉。才觉便我大而物小，物尽而我无尽。夫无尽者，微尘六合，瞬息千古；生不知爱，死不知恶。(《陈白沙集》卷三《与时矩》)

至王阳明，大讲良知本体，而云“人人自有定盘针，万化根缘总在心”(《王阳明全集》卷二十《咏良知四首示诸生》)。良知既是万化之根缘，则其定的不只是利欲穷达，亦当包括生死。故阳明以良知来了生死。

> 人于生死念头，本从生身命根上带来，故不易去。若于此处见得破，透得过，此心全体方是流行无碍，方是尽性至命之学。（《王阳明全集》卷三）

若我们真存养得良知笃实，不但无穷达，亦必无生死。阳明后学王塘南曰：

> 见其大则心泰，必真悟此心之弥六合而无边际，贯万古而无终始，然后谓之见大也。既见大，且无生死之可言，又何顺逆穷通之足介意乎！（《明儒学案》卷二十《王塘南学案》）

那么，为什么天命之性或良知本体可以了生死呢？我们知道，肉体总有生老病死，但天命之性或良知本体乃唯一的形上本体，贯宇宙，弥六合，既无时间性，亦无空间性，焉有生死之可言？人之所以为人，正因为贯通了那形上之本体，不然，与禽兽何以异？故了生死，必落于此处方为究竟，不然，皆虚拟之空言。冯从吾曰：

> 吾儒之学以理为宗，佛氏之学以了生死为宗。如人生则能知觉运动，死则血肉之躯还在，便不能知觉运动。可见人之生死的是血肉之躯，这能知觉运动的一点灵明真性，原未尝死。所谓本来面目万劫不磨者，此也。悟得这个，便是超悟，便知无死无生。所谓出离生死，见性成佛者，此也。（《明儒学案》卷四十一《冯从吾学案》）

佛家向来叫人脱离生死苦海，然若真要脱得尽，须证良知乃生命唯一之灵明真性，方可。只有人以此种方式了生死，人作为人才回到了本质。了生死作为“了”正看护着人，使生命呈现别有的姿彩。人一旦了了生死，然生命终于

“不了”而永恒。只有“了”才能带来“不了”，若人牵挂生死而“不了”，终究还是要“了”。“了”而“不了”，“不了”而“了”。这似乎是悖论，却是生命精神的必然方向。

那么，为什么“了”能够带来“不了”而使生命呈现别样的姿彩呢？乃在于，觉证了良知本体作为终极之道，必然能超越肉体生命之桎梏，“下学而上达”（《论语·宪问》），最后必了而不了而永恒。这个过程如下：

下学→觉证终极之道（良知本体）→了生死→上达→不了而永恒。

“→”所指，表示前者给力于后者。“下学”而至于“上达”之间，必经过“觉证终极之道”与“了生死”之阶段，“下学”方是笃实，而“上达”始为可能。故“下学而上达”，“而”字一段工夫，都在“觉证终极之道”与“了生死”处做。不然，“下学”与“上达”皆虚。这意味着，若没有了生死之阶段，“下学”不过强记博闻，绝不可能觉证终极之道，是之不可能，而欲“上达”，岂非无源之水、无本之木乎？《大学》里讲“物格而后知至，知至而后意诚，意诚而后心正”，若不能“觉证终极之道”与“了生死”，则格物致知永远只是格物致知，绝不可能至于诚意正心，最后至于“上达”之境界。

这样看来，“觉证终极之道”与“了生死”使得“学”有所不同，“学”不是广识博闻，乃“上达”之学也。王塘南曰：

> 从世间毁誉利害起念者，学必伪；从本心生死起念者，学必真。此圣人所以汲汲于朝闻而不悔于遁世也。（《友庆堂合稿》卷之四《瑞华剩语》）

唯有“必真之学”才能看护着人，使其回到本质而“上达”。孔子“发愤忘食，乐以忘忧，不知老之将至”（《论语·述而》），必真之学也。

儒学有诚意正心之学，必至于终极之道，既而了生死而安身立命；反过来，由了生死而安身立命必能至于“明德”、“至善”之大学，进而最大潜能地开发生命之意义。“学”就是要尽终极之道以完具生命之大义。朱子曰：

人受天所赋许多道理，自然完具无欠阙，须尽得这道理无欠阙，到那死时，乃是生理已尽，安于死而无愧。(《朱子语类》卷三十九)

学能至于终极之道，则必如《大学》之所言“修身、齐家、治国、平天下”，亦必至于张横渠之所言：“为天地立心，为生民立命，为往圣继绝学，为万世开太平。”(《张子全书》卷十四)具体落实到每个人，就是竭力做到“三不朽”。《左传·襄公二十四年》载穆叔之言曰：“大上有立德，其次有立功，其次有立言，虽久不废，此之谓不朽。”“立德、立功、立言”乃儒学之于生命最后的落脚处。庄子曰：

一受其成形，不亡以待尽。与物相刃相靡，其行尽如驰而莫之能止，不亦悲乎！终身役役而不见其成功，苶然疲役而不知其所归，可不哀邪！人谓之不死，奚益！其形化，其心与之然，可不谓大哀乎？人之生也，固若是芒乎？其我独芒，而人亦有不芒者乎？(《庄子·齐物论》)

人之自然生命与物相刃靡，最后落得一个“芒”，无论富贵穷达概莫能外。但若能立德、立功、立言，就在现实世界找了个安身立命之所。海德格尔说：“拯救必须从终有一死的人的本质攸关之处而来。”[①]“三不朽”盖儒学从人之本质攸关处而来的拯救，在此，人之为人之大义全尽透显，事事无碍，生死一如，挺立于宇宙之间也。王阳明弥留之际，史载：

明日，先生召积（周积——阳明门人）入。久之，开目视曰：“吾去矣。”积泣下，问：“何遗言？”先生微哂曰：“此心光明，亦复何言？”倾之，瞑目而逝。(《王阳明全集》卷三十五《年谱三》)

① 海德格尔：《诗人何为》，见孙周兴选编：《海德格尔选集》，上海三联书店1996年版，第436页。

生死之大限，而以一句“吾去矣”轻松道出，诚所谓“适去，夫子顺也”，不留恋，亦无遗憾。其所以能如此者，因“此心光明”也，故能微哂安详而去。然其光明安在？曰：觉证终极之道——良知，又能立德、立功、立言也。阳明于此，诚无愧矣。

由“了生死”而至于“三不朽”，此即是“了”而“不了”，就是俗语所谓“以出世之精神干入世之事业”。儒学生死观之大义至此而尽矣。

（原载“儒家网”2018 年 3 月）

晏子的政治才能与品行

晏婴（？—公元前500年），字平仲，世人尊称为晏子，莱之夷维人（今山东高密市），齐国大夫晏弱之子，历事齐之灵公、庄公与景公三朝，辅政长达50年，为齐国乃至春秋时代著名的贤相。史载晏子去世之时，齐景公哭之曰："子大夫日夜责寡人，不遗尺寸，寡人犹且淫泆而不收，怨罪重积于百姓。今天降祸于齐，不加于寡人，而加于夫子。齐国之社稷危矣，百姓将谁告夫？"（《晏子春秋》卷八第十六）此痛惜之情，表明晏子确为齐国股肱之臣。在礼乐崩坏的春秋之世，能被三代君主所重用，足见晏子有过人的政治才能与品行。晏子其人其事俱见于《晏子春秋》一书，今就其政治才能与品行梳而出之，或有益于当代之官德与吏风也。

一、"为政以德"政治理念之执持

儒家理想的政治在于先养民，最后归结为教民，是为"为政以德"也。这样的政治理念一般能得到德行君子的赞赏，但未必能得到卑贱小人的拥护，特别是当一个地方民风浇漓时，更不能以当时之民意为参考。下面这个故事就说明了这个问题：

> 景公使晏子为东阿宰，三年而毁闻于国。景公不说，召而免之。晏子谢曰："婴知婴之过矣，请复治阿，三年而誉必闻于国。"景公不忍，复使治阿。三年而誉闻于国。景公说，召而赏之，辞而不受。景公问其故，对曰："昔者婴之治阿也，筑蹊径，急门闾之政，而淫民恶之；举俭力孝弟，罚偷窳，而惰民恶之；决狱不避贵强，而贵强恶之；左右所求，法则予，非法则否，而左右恶之；事贵人体不过礼，而贵人恶之。是以三邪毁乎外，二谗毁乎内，三年而毁闻乎君也。今臣谨更之，不筑蹊径，而缓门闾之政，而淫民说；不举俭力孝弟，不罚偷窳，而惰民说；决狱阿贵强，而贵强说；左右所求言诺，而左右说；事贵人体过礼，而贵人说。是以三邪誉乎外，二谗誉乎内，三年而誉闻于君也。昔者婴之所以当诛者宜赏，而今之所以当赏者宜诛。是故不敢受。"景公知晏子贤，乃任以国政，三年而齐大兴。(《晏子春秋》卷五第四)

东阿这个地方大概在当时属于萑苻之地，于是齐景公便委派德行高尚且执行力强的晏子去治理，他的一系列纠正民风之措施当然激起了窳民小人乃至权贵的不满，"三邪"、"二谗"俱属此列。而那个地方像这样的人又很多，终至民怨沸腾，而齐景公不明所以，故不满也。但晏子认为，为政如果只是为了讨好民众而获得所谓满意度，那是很容易的，只要把当时纠正民风的政策反过来就行了。果然，这一招很奏效，民意立刻倒转，"三年而誉闻于君"。齐景公因此要奖赏晏子，晏子当然不能接受，因为这不是真正的治理，只是讨好民众而已。这实际上告诫齐景公，治理不能以民意为唯一标准，特别是民风不纯之地，尤为如此。政治若没有道德作为基底，仅仅靠民意是极不可靠的（民主政治最大的问题可能是：民意与讨好民众不分）。这当然不是说不需要尊重民意，但这值得尊重的必须是教化之后的民意，而不是俗粗习恶之民意，故儒家讲“为政以德”。“为政以德”意味着两点：其一，政治固然要重视民意，但只有德行君子的民意才是可靠的；其二，政治的最终目标是要养成人的德行，而不是人的贪惰贵强。这就是儒家所说的“善治”，也是“平天下”之意。但要达到这两个目标，就要求在上位者“正”，这就是孔子所说的“政者，正也。子帅以正，孰敢不正？”，也是孟子所说的“不仁而在高位，是播其恶于众也”。晏子作为一人之下万人之上的宰相，正是这样严格要求自己的。

二、刚正而尽辅弼之责

在古代中国有内朝与外朝之别，内朝乃服侍君王私生活之所，外朝是处理国家政务之机关，宰相是外朝的首长。然而，由于君王权力过大，常至于内朝与外朝不分，让外朝官员做君王私嬿之事。下面这个故事即见上述情形之一斑：

> 晏子侍于景公，朝寒，公曰：“请进暖食！”晏子对曰：“婴非君奉馈之臣也，敢辞。”公曰：“请进服裘！”对曰：“婴非君茵席之臣也，敢辞。”公曰：“然夫子之于寡人何为者也？”对曰：“婴，社稷之臣也。”公曰：“何谓社稷之臣？”对曰：“夫社稷之臣，能立社稷；别上下之义，使当其理；制百官之序，使得其宜；作为辞令，可分布于四方。”自是之后，君不以礼不见晏子。(《晏子春秋》卷五第十三)

晏子之所以严词拒绝，并非觉得做这样的事下作，有辱人格，而是希望确立一种客观精神，作为社稷之臣，晏子的事务决不是侍奉君主的生活起居，而是处理公共政务，为人民服务，而非君王个人服务，这也意味着“外朝臣子非君王之私臣，乃人民之公仆”之意。同时，晏子对于自己身边的人，也要求他们尽到弼辅之责，非仅佣仆之用也。

晏子使高纠治家，三年而辞焉。傧者谏曰：“高纠之事夫子三年，曾无以爵位而逐之，敢请其罪？”晏子曰：“若夫方立之人，维圣人而已。如婴者，仄陋之人也。若夫左婴右婴之人不举，四维将不正。今此子事吾三年，未尝弼吾过也，吾是以辞之。”（《晏子春秋》卷七第二十三）

高纠侍奉晏子三年，亦可谓尽心也。但晏子之所以要辞退他，就是因为他只有奴婢之用，而无匡正之效，这显然使晏子很失望，因为没有尽到弼辅之责。

三、节俭而引淳朴之风

在古代耕作小农经济社会，节俭对于社会治理与政局稳定是非常重要的，特别是上层统治者，他们若能行节俭之风，对于节约资源是很重要的。晏子对此认识颇为深刻，于是，他从自己做起。下面就是晏子严于律己的故事：

晏子朝，乘弊车，驾驽马。景公见之曰：“嘻！夫子之禄寡耶？何乘不任之甚也？”晏子对曰：“赖君之赐，得以寿三族，及国游士，皆得生焉。臣得暖衣饱食，弊车驽马以奉其身，于臣足矣。”晏子出，公使梁丘据遗之辂车乘马，三返不受。公不说，趣召晏子。晏子至，公曰：“夫子不受，寡人亦不乘。”晏子对曰：“君使臣临百官之吏，臣节其衣服饮食之养，以先国之民，然犹恐其侈靡而不顾其行也。今辂车乘马，君乘之上，而臣亦乘之下，民之无义，侈其衣服饮食而不顾其行者，臣无以禁之。”遂让不受。（《晏子春秋》卷六第二十五）

晏子之所以节俭，并非生活困顿，乃因为作为一国之重臣，他需要以节俭的生活表率于百姓之间，以端正民俗，引领风尚，这对于一个国家来说非常重要。

晏子相景公，食脱粟之食，炙三弋、五卵、苔菜耳矣。公闻之，往燕焉，睹晏子之食也，公曰："嘻！夫子之家，如此其贫乎？而寡人不知，寡人之罪也。"晏子对曰："以世之不足也。免粟之食饱，士之一乞也；炙三弋，士之二乞也；苔菜、五卵，士之三乞也。婴无倍人之行，而有参士之食，君之赐厚矣！婴之家不贫。"再拜而谢。(《晏子春秋》卷六第二十六)

晏子安贫乐道，且以为自己的生活远远超过了一般人，已经很奢侈了。这些都是很动人的品行，须知，奢侈固然不好，但节俭却不是一个人非行不可的德行，特别是当一个人境遇足够宽裕的时候，能厉行节俭则更为难得。在这里，节俭已不是一个纯粹的经济考量，而是一个德行的问题，"俭以养德"，非虚言也。

四、重道义而轻美色

古代士以上的官员，往往妻妾成群，乃至君王常以美色赏赐臣子，女人仅为男人的饰品，男女之间很难有道义可言。但下面这个故事却表现了晏子重道义而轻美色之可贵品格：

景公有爱女，请嫁于晏子。公乃往燕晏子之家，饮酒酣，公见其妻，曰："此子之内子邪？"晏子对曰："然，是也。"公曰："嘻！亦老且恶矣。寡人有女，少且姣，请以满夫子之宫。"晏子违席而对曰："乃此则老且恶，婴与之居故矣，故及其少而姣也。且人固以壮托乎老，姣托乎恶，彼尝托而婴受之矣。君虽有赐，可以使婴倍其托乎？”再拜而辞。（《晏子春秋》卷六第二十四）

景公以自己年轻美貌的爱女送给晏子，但晏子以自己的妻子曾经也年轻貌美加以婉拒，这种重道义的行为读之令人动容，且“饮食男女，人之大欲存焉”，特别是对于位高权重的人来说，做到此点相当不易。

五、清廉而不贪

因为晏子节俭又不好色，故家里开销不大，这造就了晏子清廉而不贪之品格，晏子多次辞谢齐景公的封赐。

晏子相景公，老，辞邑。公曰：“自吾先君定公至今，用世多矣，齐大夫未有老辞邑者矣。今夫子独辞之，是毁国之故、弃寡人也。不可。”晏子对曰：“婴闻古之事君者，称身而食。德厚而受禄，德薄则辞禄。德厚受禄，所以明上矣；德薄辞禄，可以洁下矣。婴老，薄无能，而厚受禄，是掩上之明，污下之行。不可。”公不许，曰：“昔吾先君桓公，有管仲恤劳齐国，身老，赏之以三归，泽及子孙。今夫子亦相寡人，欲为夫子三归，泽至子孙，岂不可哉？”对曰：“昔者管子事桓公，桓公义高诸侯，德备百姓。今婴事君也，国仅齐于诸侯，怨积乎百姓，婴之罪多矣，而君欲赏之，岂以其不肖父为不肖子厚受赏以伤国民义哉？且夫德薄而禄厚，智惛而家富，是彰污而逆教也。不可。”公不许。晏子出。异日朝，得间而入邑，致车一乘而后止。（《晏子春秋》卷六第二十八）

晏子以德薄而辞邑，景公以历史上的管仲相勉，但晏子认为自己不能与管仲相比。管仲使齐国独霸天下，而他只能使齐国为诸侯之一。更何况，如果晏子不辞封邑，会使国民留下一个“德薄而禄厚，智惛而家富”的印象，这是“彰污而逆教”的做法，对于齐国之政风民俗非常不好。即便管仲之于齐国功劳很大，但晏子以为管仲不加任何推辞地接受封赏，也是不对的。

> 景公谓晏子曰：“昔吾先君桓公，以书社五百封管仲，不辞而受。子辞之，何也？”晏子曰：“婴闻之，圣人千虑，必有一失；愚人千虑，必有一得。意者管仲之失，而婴之得者耶！故再拜而不敢受命。”（《晏子春秋》卷六第十八）

管仲之失，在《论语》里也有所论：“管氏有三归，官事不摄，焉得俭？”由此可见，晏子在个人修为方面比管仲严谨得多。有一次，景公厚禄晏子，被晏子推辞了。景公就问：“然则曷以禄夫子？”晏子答曰：

> 君商渔盐，关市讥而不征。耕者十取一焉。弛刑罚，若死者刑，若刑者罚，若罚者免。若此三言者，婴之禄，君之利也。（《晏子春秋》卷六第十六）

晏子认为，若能对百姓薄税敛而宽刑政，就是对自己的奖赏。这种“以民之利为己之禄，百姓之利即己之利”之理念，不但难得，且极其感人，这才是真正的为人民服务。晏子不但自己清正廉洁，且以此来要求家人。

> 晏子病，将死，其妻曰：“夫子无欲言乎？”子曰：“吾恐死而俗变，谨视尔家，毋变尔俗也。”（《晏子春秋》卷六第二十九）

晏子以为，自己死后，齐国的民俗可能会变，但至少要求自己的家里不能改变原来既有的家风与传统，而巨室之家风传承对于社会风气的引领是非常明显的。

六、谦虚而持重

尽管晏子为齐国重臣，但其为人谦虚谨慎，决不飞扬跋扈，这与历史上的权臣有很大的区别，且他的这种品格影响了周围的一些人。这可从下面这个故事看出端倪：

> 晏子为齐相，出，其御之妻从门间而窥，其夫为相御，拥大盖，策驷马，意气扬扬，甚自得也。既而归，其妻请去。夫问其故，妻曰："晏子长不满六尺，身相齐国，名显诸侯。今者妾观其出，志念深矣，常有以自下者。今子长八尺，乃为人仆御。然子之意，自以为足，妾是以求去也。"其后，夫自抑损。晏子怪而问之，御以实对，晏子荐以为大夫。(《晏子春秋》卷五第二十五)

晏子不但自己谦虚持重，且认为这是一种所有官员应有的品格，故推荐了他的御者做了大夫，因为他的御者能听从妻子的劝告，认识到了谦虚持重的可贵。只有这种品格才能让官员有兼听之明，避免政治上的独断之祸，而历史上因为不能兼听而至政治祸乱的例子可谓比比也。

七、机智地维护国家尊严

晏子又是一个极有智慧，能临机应变，从而能顺利地从别人设局之中解脱出来的人，不但避免给自己带来尴尬，反而让对方陷入窘态，从而机智地维护了自己及其国家的尊严。著名的"橘生淮南则为橘，生于淮北则为枳"之言，就是用来对答"齐人固善盗乎?"的讥讽的，结果使得楚王发出"圣人非所与熙也，寡人反取病焉"之感叹（《晏子春秋》卷六第十）。下面这两个故事，也可概见晏子的睿智与机灵：

> 晏子使吴，吴王问行人曰："吾闻晏婴，盖北方辩于辞、习于礼者也。命傧者曰：'客见，则称天子请见。'"明日，晏子有事，行人曰："天子请见。"晏子蹴然。行人又曰："天子请见。"晏子蹴然。又曰："天子请见。"晏子蹴然者三，曰："臣受命弊邑之君，将使于吴王之所，以不敏而迷惑，入于天子之朝。敢问吴王恶乎存?"然后吴王曰："夫差请见。"见之以诸侯之礼。（《晏子春秋》卷六第八）

吴为诸侯国，其君主不能称天子，只可称吴王。但吴国君臣为了故意使晏子难堪，要晏子去见天子。晏子随机应变，云是误入天子朝，不知吴王在否。这样，才给自己解了围，也使吴国君臣自觉无趣。又，

> 晏子使楚。以晏子短，楚人为小门于大门之侧而延晏子。晏子不入，曰："使狗国者从狗门入，今臣使楚，不当从此门入。"傧者更道，从大门入。见楚王，王曰："齐无人耶?"晏子对曰："临淄三百闾，张袂成阴，挥汗成雨，比肩继踵而在，何为无人?"王曰："然则子何为使乎?"晏子对曰："齐命使，各有所主。其贤者使使贤王，不肖者使使不肖王。婴最不肖，故宜使楚矣。"（《晏子春秋》卷六第九）

矮个子晏子出使楚国，楚国君臣给他设置了两个难堪，其一是让他从小门入，他以使狗国者才从小门入而化解（意谓：如果楚国承认自己是狗国，我晏子就从小门入）；其二是为什么齐国让晏子出使楚国（意谓：难道齐国没有人才吗？让晏子这样的人作为使者），晏子说：齐国人才很多，但齐国使者有

一个规矩，就是贤能之人出使贤能之主，不肖之人出使庸怠之主，而我这样的不肖之人出使楚国是最适合的（意谓：楚国就是庸怠之国）。很显然，晏子机智地从对方的设局中解脱出来，不但让对方难堪，且维护了个人与国家的颜面。

八、讽谏技巧得体有效

在古代，讽谏而匡正君王之过错乃臣子应尽之责，但讽谏君王是要有技巧与智慧的，不然，不但于事无补，且可能引致祸乱。晏子在讽谏君王方面就颇有智慧：

> 景公好弋，使烛邹主鸟，而亡之，公怒，召吏欲杀之。晏子曰："烛邹有罪三，请数之以其罪而杀之。"公曰："可。"于是召而数之公前，曰："烛邹，汝为吾君主鸟而亡之，是罪一也；使吾君以鸟之故杀人，是罪二也；使诸侯闻之，以吾君重鸟以轻士，是罪三也。"数烛邹罪已毕，请杀之。公曰："勿杀！寡人闻命矣。"(《晏子春秋》卷七第十三）

晏子对于景公因为一鸟而杀人很不满，但却不直接责怪景公，而是数烛邹之罪而暗讽景公。这一智慧的暗讽起到了很好的效果，景公很快意识到了自己的过错，这一智慧的讽谏避免了君王过失杀人甚至滥杀无辜之恶果，不但救人一命，且能让君王醒悟。

综上所述，可以说，晏子确实是齐国历史上的贤相，其政治功绩可能不及管仲，但其德行却远过于管仲。荀子论"持宠处位终身不厌之术"时云：

> 主尊贵之，则恭敬而僔；主信爱之，则谨慎而嗛；主专任之，则拘守而详；主安近之，则慎比而不邪；主疏远之，则全一而不倍；主损绌之，

则恐惧而不怨。贵而不为夸，信而不处谦，任重而不敢专。财利至，则善而不及也，必将尽辞让之义，然后受。(《荀子·仲尼》)

以此诸端权衡晏子，皆足以任之。故晏子事齐三君而获重任而善终，绝非偶然也。太史公《史记·管晏列传》之赞晏子曰："方晏子伏庄公尸哭之，成礼然后去，岂所谓'见义不为无勇'者邪？至其谏说，犯君之颜，此所谓'进思尽忠，退思补过'者哉！假令晏子而在，余虽为之执鞭，所忻慕焉。"

（原载《文史天地》2023 年第 6 期）

晏子与孔子

晏子与孔子同时略早，孔子之在世时间为公元前551年—前479年，殆无争论矣，但晏子之生卒年却不太清楚。钱穆《先秦诸子系年》一书附有“诸子生卒年世约数”，但没有载晏子之生卒年，然却有一篇《晏婴卒年考》，我们由此可概推晏子之生卒年。依据《史记·孔子世家》记载，孔子年三十五，因季平子之乱适齐，钱穆考证，此时晏子已年逾七十矣。若孔子出生在公元前551年，则孔子三十五岁适齐那年当在公元前517年，而此时晏子若已七十岁，则晏子当出生在公元前586年左右。又，钱穆认为晏子寿八十，且在齐景公四十二年即公元前506年应已经去世。由此，晏子之在世年代当为公元前586年—前506年，这个结论，虽不中或亦不远矣。

晏子是贤相，孔子更是圣人。在春秋之乱世，晏子在齐国，以政治上高超之品行与智慧维护着齐国之强大；孔子在鲁国乃至诸侯列国，以其高远的政治理想期以用世，可谓时代之双璧，世间之铎音也。

一、晏子与孔子之交往及其相互间的评价

据《史记·孔子世家》载：鲁昭公二十年，即公元前522年，齐景公与晏子到鲁国，齐景公曾亲自向孔子请教，晏子作为齐国重臣，当时应在列，这可能是晏子与孔子的首次见面，但也可能没有什么实质性交往且印象不深。五年后，即鲁昭公二十五年公元前517年，季平子因斗鸡而得罪昭公，昭公率师攻季平子，季平子联合孟孙氏、叔孙氏反攻昭公，昭公败而之齐，鲁乱，孔子之齐，为高昭子家臣。孔子在齐国凡三年，即从公元前517年—前515年，应该做过不少的事，他曾与齐国太师讨论音乐，“子在齐闻韶，三月不知肉味。曰：‘不图为乐之至于斯也！’”也曾答齐景公问政：“君君，臣臣，父父，子子。”孔子在齐作为外臣，应该与作为齐国重臣的晏子有过不少的交往。但最初孔子不大了解晏子之为人，不太想与之来往：

> 仲尼之齐，见景公而不见晏子。子贡曰：“见君不见其从政者，可乎？”仲尼曰：“吾闻晏子事三君而顺焉，吾疑其为人。”晏子闻之，曰：“婴则齐之世民也，不维其行，不识其过，不能自立也。婴闻之，有幸见爱，无幸见恶，诽誉为类，声响相应，见行而从之者也。婴闻之，以一心事三君者，所以顺焉；以三心事一君者，不顺焉。今未见婴之行，而非其顺也？婴闻之，君子独立不惭于影，独寝不惭于魂。孔子拔树削迹，不自以为辱；穷陈、蔡，不自以为约。非人不得其故，是犹泽人之非斤斧，山人之非网罟也。出之其口，不知其困也。始吾望儒而贵之，今吾望儒而疑之。”仲尼闻之，曰：“语有之，言发于尔不可止于远也，行存于身不可掩于众也。吾窃议晏子而不中夫人之过，吾罪几矣。丘闻君子过人以为友，不及人以为师。今丘失言于夫子，夫子讥之，是吾师也。”因宰我而谢焉，然仲尼见之。（《晏子春秋》卷八第四）

这段话是否是历史之事实，值得探讨。孔子拔树削迹，厄于陈蔡，俱是周游列国之事，而周游路线中，齐国不在其列，说明孔子只是这一次到过齐国，后来就再也没有去过了。这表明孔子之上述言论乃周游列国之前，而拔树削迹、厄于陈蔡并没有发生；同时，据清人编写之《大成通志·先贤列传》载：宰我少孔子二十九岁，则孔子三十五岁时，宰我只有六岁左右，应该不太可能“因宰我而谢焉”。可见，这一则史料确实可能有问题，但类似的记载在《晏子春秋》中多次出现，殆非全无据也，且从《论语·公冶长》载孔子之言——“晏平仲善与人交，久而敬之”——来看，可能孔子对晏子确实最初感觉不太好，乃至有过误会。从《晏子春秋》看，晏子的个人品行是很高洁的，孔子通过长久之交往以后改变了最初的看法，且对之倍加尊敬。《孔子家语·六本》载孔子之言曰：“晏子之言，君子哉！依贤者，固不困；依富者，固不穷。”此表示晏子可以作为良师益友。又，同书《辩政》载孔子之言曰：“晏子于君为忠臣，于行为恭敏。故吾皆以兄事之，而加爱敬。”此表示晏子的品行足以令人向其施诸敬意。晏子作为齐国之重臣，其讽谏齐国君王的各种行为，孔子听到以后，都能给予正面的评价与夸赞：

仲尼闻之，喟然叹曰：“古之善为人臣者，声名归之君，祸灾归之身，入则切磋其君之不善，出则高誉其君之德义，是以虽事惰君，能使垂衣裳，朝诸侯，不敢伐其功。当此道者，其晏子是耶！”（《晏子春秋》卷二第五）

这是说晏子善于为臣子，总是把荣誉给予君主，而错误归于自己。晏子私见君主的时候，能够直言君主的过错，但出来以后高扬君主之德义，即使侍奉下等君主，也能使其垂衣裳而国治。这样的评价可以说是极其高的。

当然，孔子认为晏子在某些方面也存在不足。我们知道，晏子个人的生活极其节俭，但孔子认为，晏子作为朝臣之首，这种过于节俭的生活可能会使他的下僚难堪。《孔子家语・曲礼子贡问》载：

子贡问曰："管仲失于奢，晏子失于俭。与其俱失也，二者孰贤？"孔子曰："管仲镂簋而朱紘，旅树而反坫，山节藻棁，贤大夫也，而难为上。晏平仲祀其先祖，而豚肩不揜豆，一狐裘三十年，贤大夫也，而难为下。君子上不僭下，下不逼上。"

管仲与晏子俱是齐国不同时期的宰相，都是贤大夫，但在个人生活上却差异很大，管仲生活奢华，而晏子生活俭朴，孔子认为俱不可取，因为管仲使上位的君主难堪，而晏子使下位之僚属难堪。孔子的意思是作为群僚表率之宰相，在个人生活上要适中，不能僭越，亦不可逼下。不过，孔子认为，这些都是小问题：

仲尼闻之，曰："星之昭昭，不若月之曀曀；小事之成，不若大事之废；君子之非，贤于小人之是也。其晏子之谓欤！"(《晏子春秋》卷二第二十一）

晏子在节俭问题上虑之欠佳，但节俭作为一种个人品格，绝非坏事，故晏子之无意"逼下"可谓君子之不周，非小人之恶也。在《晏子春秋》里还记载了一些孔子对于晏子之夸赞，如："不法之礼（礼变而从时），维晏子为能行之。"(《晏子春秋》卷五第二十一）"救民之姓而不夸，行补三君而不有，晏子果君子也。"(《晏子春秋》卷七第二十七）

相对于孔子对晏子赞赏有加，晏子对孔子的评价则不太高，尽管晏子对于孔子也有某方面之赞赏：

景公问晏子曰："吾欲善治齐国之政，以干霸王之诸侯。"晏子作色对

> 曰："官未具也。臣数以闻，而君不肯听也。故臣闻仲尼居处惰倦，廉隅不正，则季次、原宪侍；气郁而疾，志意不通，则仲由、卜商侍；德不盛，行不厚，则颜回、骞、雍侍。今君之朝臣万人，兵车千乘，不善政之所失于下，霣坠下民者众矣，未有能士敢以闻者。臣故曰官未具也。"（《晏子春秋》卷三第六）

晏子这是从侧面夸赞孔子为什么能做得好，就是因为孔子身边有时常可以匡正过失的人在，也委婉地批评了齐景公，应该让有辅弼之才的人为官。但晏子对孔子的整体评价并不高：

> 景公出田，寒，故以为浑，犹顾而问晏子曰："若人之众，则有孔子焉乎？"晏子对曰："有孔子焉。若问有无舜焉，则婴不识。"公曰："孔子之不逮舜为间矣，曷为'有孔子焉。若问有无舜焉，则婴不识。'？"晏子对曰："是乃孔子之所以不逮舜。孔子行一节者也，处民之中，其识不能过之，况乎处君子中乎。舜者，民处之中，则自齐乎士；处君子之中，则齐乎君子；上与圣人，则固圣人之材也。此乃孔子之所以不逮舜也。"（《晏子春秋》卷八第五）

齐景公出游田猎，人群甚众，故问晏子人群中是否有孔子这样的人，晏子回答说：像孔子这样的人一定有，但若要问有没有像舜这样的人，我还没有看到。晏子的意思是，孔子与舜相差甚远，舜是圣人之材，但孔子只是行一节之人，即使处在众人之中，孔子的才能也未必突出，何况处在君子之中呢？而舜则不同，出乎民之类，拔乎士君子之萃，可谓圣人也。尽管如此，齐景公不别人之问而特以孔子为问，说明当时孔子之名声已响彻天下矣。孔子小晏子三十多岁，晏子当以后生小子视孔子，且孔子以后之作为及其之于中国文化之影响晏子俱未看到，故晏子之上述看法亦自可理解也。

二、晏子与孔子之区别

孔子是鲁国的大贤，晏子是齐国的贤相，但孔子在鲁国并没有被重用，尽管也做过几任长官，而晏子却得到了齐国三代君子之器重，且一直高居相位。可见，二人的政治遭遇迥异，从这个意义上讲，晏子的实际政治作为与影响远远超过了孔子。但为什么晏子在历史上的影响却不能与孔子相比呢？由此，我们进一步来说说晏子与孔子的区别。

晏子是一个实际的政治家，他的很多思想与行为影响了齐国当时的政治，他的优长在这里，但他的限制也在这里。正因为晏子是一个颇得君主重用的政治家，于是，他的眼光就局限在政治领域，乃至是齐国自身的利益，而很难从文化传统的角度来思考政治自身的问题。

> 仲尼相鲁，景公患之，谓晏子曰："邻国有圣人，敌国之忧也。今孔子相鲁若何？"晏子对曰："君其勿忧。彼鲁君，弱主也；孔子，圣相也。君不如阴重孔子，设以相齐，孔子强谏而不听，必骄鲁而有齐，君勿纳也。夫绝于鲁，无主于齐，孔子困矣。"居期年，孔子去鲁之齐，景公不纳，故困于陈、蔡之间。(《晏子春秋》卷八第六)

为了使鲁国不至于对齐国构成威胁，以这种阴险小人之方法使孔子受困而不能重用，可谓有失一个纯正政治家的风范，且有损自家之德行。这与孔子的胸怀可谓相隔天壤：

> 鲁昭公之二十年，而孔子盖年三十矣。齐景公与晏婴来适鲁，景公问孔子曰："昔秦穆公国小处辟，其霸何也？"对曰："秦，国虽小，其志大；处虽辟，行中正。身举五羖，爵之大夫，起累绁之中，与语三日，授之以政。以此取之，虽王可也，其霸小矣。"景公说。(《史记·孔子世家》)

孔子告诉齐景公，秦穆公之所以能使偏远的秦国称霸，就是敢于启用百里奚这样的人才，这是暗示景公当举拔贤能。孔子没有因为要照顾到鲁国的利益而告知齐国以偏邪之道，继而削弱齐国。孔子之周游列国，乃以天下之情怀而欲行政治自身之道（即王道），非像晏子那样以一国之强大为务也。

正因为晏子是一个太过现实的政治家，因此，他便不能理解孔子所崇尚的礼乐文化所代表的教化意义。

> 仲尼之齐，见景公，景公说之，欲封之以尔稽，以告晏子，晏子对曰："不可。彼浩裾自顺，不可以教下。好乐缓于民，不可使亲治。立命而建事，不可守职。厚葬破民贫国，久丧道哀费日，不可使子民。行之难者在内，而儒者无其外，故异于服，勉于容，不可以道众而驯百姓。自大贤之灭，周室之卑也，威仪加多而民行滋薄，声乐繁充而世德滋衰。今孔丘盛声乐以侈世，饰弦歌鼓舞以聚徒，繁登降之礼以示仪，趋翔之节以观众，博学不可以仪世，劳思不可以补民，兼寿不能殚其教，当年不能究其礼，积财不能赡其乐，繁饰邪术以营世君，盛为声乐以淫愚其民。其道也不可以示世，其教也不可以导民。今欲封之，以移齐国之俗，非所以导众存民也。"公曰："善。"于是厚其礼而留其封，敬见不问其道，仲尼乃行。（《晏子春秋》卷八第一）

晏子以为，孔子所代表的礼乐文化不但繁文缛节，不易于教化百姓，且造成极大的浪费，"厚葬破民贫国，久丧道哀费日"。他的这些观点，貌似墨家。所以，很多人把晏子归于墨家。实际上，晏子的上述观点尽管与墨家相似，但晏子自身并不是墨家。晏子乃基于一个现实的政治家的眼光才说出那些话的，他乃是从自身的节俭出发来反对礼乐之烦琐、厚葬、久丧等儒家习俗的，这就显得较为浅薄。晏子由此而反对齐景公赐封地给孔子进行政治试验，孔子亦不得不去齐反鲁，因为晏子这段话以后，齐景公对孔子的印象彻底改变了。尽管晏子是一位贤相，但却只就具体的事本身发言，很少考虑文化对于一般百姓的性情养成之关系。晏子自身的行为足以楷模世人，但他也只是希望以这种方式，而不能在文化上所有建树。因此，《晏子春秋》尽管有八卷，但所载都是单个事件的讽谏、劝诫与教诲，而学理上鲜有阐发。晏子始终只有"事"的精神，而无"理"与"学"的精神，故晏子虽位高权重，但却无人传承其学与精神。晏子死后，齐国很快发生了弑君之乱。这些都与晏子没有培养后学有关。我们反观孔子。孔子虽然未被鲁君重用，乃至没有被列国之君王看重，但孔子一直注意文化的传承，在孔子看来，文化的传承比纯粹的政治作为更重要。

> 或谓孔子曰："子奚不为政？"子曰："书云：'孝乎惟孝、友于兄弟，施于有政。'是亦为政，奚其为为政？"(《论语·为政》)
>
> 子路使子羔为费宰。子曰："贼夫人之子。"子路曰："有民人焉，有社稷焉。何必读书，然后为学？"子曰："是故恶夫佞者。"(《论语·先进》)

上面两句话深刻地说明了孔子认文化学术重于政治作为的思想。正因为如此，孔子一生注重辟坛讲学，开园授徒。中国的文化精神传统赖孔子之整理与传授得以流传，既而影响政治。其弟子有的甚至成为帝王师，如子夏之于魏文侯。孔子死后，其弟子传承其学，终至蔚为大观，成为华夏文化之主体精神。时人正是从文化上看孔子之业绩的：

> 夫子适周见苌弘。……刘子曰："方今周室衰微，而诸侯力争，孔丘布衣，圣将安施？"苌弘曰："尧舜文武之道，或弛而坠，礼乐崩丧，亦正其统纪而已矣。"既而夫子闻之，曰："吾岂敢哉，亦好礼乐者也。"(《孔丛子·嘉言》)

"圣"不一定要在时政上有所作为，正道统、开人文以待后世，其意义无疑更大。这是孔子与晏子最大的不同所在，也是孔子超越晏子的精神所在。孟子与其门人公孙丑曾有一段对话：

> 公孙丑问曰："夫子当路于齐，管仲、晏子之功，可复许乎？"孟子曰："子诚齐人也，知管仲、晏子而已矣。……"（《孟子·公孙丑上》）

孟子之所以不高看管仲与晏子，就是因为他们是纯粹的政治家，而他之所以要私淑孔子为弟子，就是因为孔子的精神代表了文化理想。荀子曰："晏子，功用之臣也。"荀子认为晏子连子产、管仲都不及，而管仲也不过是"力功不力义，力知不力仁"（《荀子·大略》）之野人。可见，荀子对晏子的评价是比较低的。"周监于二代，郁郁乎文哉！吾从周"（《论语·八佾》），"文王既没，文不在兹乎？"（《论语·子罕》）这些话在《晏子春秋》中绝无所见，两相计较，不可同日语也，尽管晏子是了不起的政治家。

三、从晏子与孔子在后世之不同影响看文化传承之重要性

晏子在当时是杰出的政治家，尽管孔子之名声其时亦非小也，但作为晏子之后辈小生，晏子未必能正视与推知孔子之作为及其意义，故其小看孔子亦宜也。晏子以其高洁孤忠之情怀竭力辅佐齐国三代君王，可谓臣子之冠冕也。然晏子一生无著述说其治，亦无门人传其学，其生命终结，其政治事业亦随之已矣。无著述、无门人，说明晏子并无政治理想以期传之后世，只有"事"之究竟，而无"理"与"学"之发越，以此较之孔子，可谓霄壤云泥也。孔子游列国，说诸侯，不务一国一事，欲以高远之理想平治天下；讲道德，授门徒，不究一时一世，欲以永恒之人道弘扬文化；金声玉振，始终条理，最后蔚为吾华夏文明之集大成者；善恶因之而判，人禽由此而辨，"由百世之后，等百世之王，莫之能违也。自生民以来，未有夫子也"（《孟子·公孙丑上》），岂虚美也

哉?！由是观之，人生在世固当有所作为，然作为不当仅限于“事”之精神，须至于“理”与“学”之高度，以传承人道与文化。程子曰：“泰山虽高矣，绝顶之外，无预乎山也。唐虞事业，自尧舜观之，亦犹一点浮云过于太虚耳。”(《二程粹言·圣贤》)无论事业多么伟大，亦不过浮云过太虚耳，唯道统与文化之传承才能历久弥新、高明悠远也。

太史公之赞晏子曰：“假令晏子而在，余虽为之执鞭，所忻慕焉。”(《史记·管晏列传》)此不过为其德行人格所感动耳。然其赞孔子曰：“诗有之：‘高山仰止，景行行止。’虽不能至，然心乡往之。余读孔氏书，想见其为人。适鲁，观仲尼庙堂车服礼器，诸生以时习礼其家，余低回留之不能去云。天下君王至于贤人，众矣，当时则荣，没则已焉。孔子布衣，传十余世，学者宗之，自天子王侯，中国言六艺者折中于夫子，可谓至圣矣!”(《史记·孔子世家》)孔子当世之事业，固遭险阻而有限，然其文化之流泽，岂止传十余世，必至千万世矣。古人云：“天不生仲尼，万古如长夜。”嘻，知道之言也。

（原载《文史天地》2023 年第 11 期）

“性天之动”与儒学的“导理以全事”

——从世人对《弟子规》与《二十四孝》的批评切入

一

以儒学为主导的中国文化时常被国人诟病，特别是对于其中的孝文化，哂之尤为激烈。最为集中的体现，就是对《弟子规》和《二十四孝》的批评、责骂，乃至根本拒斥，因为它们根本违背了人道、平等这些现代人普遍认同的理念。这些批评、责骂看上去貌似有理，其实未必然。笔者以为，批评、责骂与拒斥之发生，乃在于人们常常依据西方文化“立理以限事”，而不知中国文化乃是“导理以全事”。二者奚辨？曰：前者“以理限事”，后者“以情动心”。“以理限事”，故理立而事常陷；“以情动心”，故心动而事得全。何以故？不妨从世人对《弟子规》和《二十四孝》的批评进入。

二

先看世人对《弟子规》的批评。对于《弟子规》的批评，多集中在这几句：“亲有过，谏使更。怡吾色，柔吾声。谏不入，悦复谏。号泣随，挞无怨。”其实，整篇《弟子规》，在先秦经典中，特别是在《论语》中都是找得到义理根据的，并非作者李毓秀凭空臆造。这几句话与《论语·里仁》“事父母几谏。见志不从，又敬不违，劳而不怨”大体意思相当。《论语》或《弟子规》的这种孝道理念之所以引来世人的不满，乃因为它宣扬“君臣观念、主奴意识，它一是反科学，二是反民主，三是反人性”。(引自潇寒轩：《我为什么强烈反对〈弟子规〉》) 显然，这位作者乃是站在抽象的“理”的立场上说话的。何谓理？曰科学，曰民主，曰人性。这些都是五四以来中国人所乐道而雅言者，以为衡量一切的最高标准，凡不合此“理”者尽当废弃。必须指出的是，儒学并不鼓励奴才般的一味服从，孔子尝曰：“父有争子，不行无礼；士有争友，不为不义。故子从父，奚子孝？”(《荀子·子道》) 此即表示，儿子据理强诤，并不违背孝道。但儒学强诤之过程，并不只是依据抽象的理，更重要的是情，“理”是隐藏在“情”的后面的，或者说，“理”是依靠“情”来成就的。在儒学看来，只有“理”而无“情”，是不能完成规劝的。

为什么“理”必须依靠“情”？休谟对于道德曾有过分析，他发现，传播知识与规劝德行是完全不同的，前者依靠理性（思辨理性），后者则依赖情感。他质问世人说：“道德是导源于理性、还是导源于情感，我们获得对于道德的知识是通过一系列论证和归纳、还是凭借一种直接的感受和较精致的内在感官？”[①] 休谟通过对这种质问的反思而发现道德并不是理性的结论，或者说，理性在此是无能为力的。“我们只要承认，理性对于我们的情感和行为没有影响，那么我们如果妄称道德只是被理性的推论所发现的，那完全是白费的。一个主

① 休谟：《道德原则研究》，曾晓平译，商务印书馆2001年版，第22页。

动的原则永远不能建立在一个不主动的原则上。"[①] 道德中虽然不能没有"理"，但"理"不是最终的动力，道德的最终动力在"情"。休谟在此无非是说，在道德问题上，"理性是也应该是情感的奴隶"。[②]《弟子规》中的这几句话也无非是"以情导理"。在这里，并非没有"理"，但仅有"理"一定是苍白无力的，"理"需要"情"之动才能产生作用。"怡吾色，柔吾声"，"号泣随，挞无怨"，都是指吾人当以真情来感动父母长辈，从而达到规劝德行的效果。因为"理"常是干枯僵固的，而"情"却是温润恻怛的。干枯僵固，故"理"常涸竭而陷事；温润恻怛，故"情"常灵阔而全事。这里，决不存在所谓"奴才意识"，也决不是反民主与人性。一个对亲人有真情的人，根本不会有这样的感觉，因为这不是一般性辩论中的说服，而是真情的感染与灵通。实际上，即使在一般性的辩论中，若没有"情"的导引，庄子告诉我们，要说服对方几乎是不可能的。[③] 因此，若一个人不是在辩论，而是导引亲人入理，则"情"的因素是必不可少的。但人受各自气质之限制，情的感染与灵通常是不易的，故现实中要求人当受点委屈乃至皮肉之苦，这是在所难免的；因为动人而消除迷障正在此，引导而生发力量亦在此。

三

吾人再来看世人对《二十四孝》的批评。二十四孝中有下面两个典型的故事，即《卧冰求鲤》及《埋儿奉母》。《卧冰求鲤》，其梗概如下：

---

① 休谟:《人性论》，关文运译，商务印书馆 2005 年版，第 497 页。

② 罗尔斯:《道德哲学史讲义》，张国清译，上海三联书店 2003 年版，第 47 页。

③《庄子·齐物论》云:"既使我与若辩矣，若胜我，我不若胜，若果是也，我果非也邪？我胜若，若不我胜，我果是也，果非也邪？其或是也，其或非也邪？其俱是也，其俱非也邪？我与若不能相知也。则人固受其黮闇，吾谁使正之？使同乎若者正之？既与若同矣，恶能正之！使同乎我者正之？既同乎我矣，恶能正之！使异乎我与若者正之？既异乎我与若矣，恶能正之！使同乎我与若者正之？既同乎我与若矣，恶能正之！"

> 晋王祥，字休征。早丧母，继母朱氏不慈。父前数谮之，由是失爱于父母。尝欲食生鱼，时天寒冰冻，祥解衣卧冰求之。冰忽自解，双鲤跃出，持归供母。

这个故事常被人诟病为不近情理，为了所谓“孝”，在天寒地冻之日，竟解衣裸裎，冀体温融化冰雪以求，其不尊重生命，蔑以复加矣！诚所谓以孝杀人也。对于此种看法，先且不置论评。王祥其事，史传有所记载，不过，与《二十四孝》略有出入：

> 祥，字休徵，性至孝。后母苛虐，每欲危害祥，祥色养无怠。盛寒之月，后母曰：“吾思食生鱼。”祥脱衣，将剖冰求之，（有）少顷，坚冰解，下有鱼跃出，因奉以供，时人以为孝感之所致也。（《三国志》卷十八）

史传未言“解衣卧冰”，只云“脱衣剖冰”。但《二十四孝》的作者为什么要把“脱衣剖冰”改为“解衣卧冰”呢？因为“脱衣剖冰”还只是一个纯粹的破冰求鱼的方法问题（之所以要脱衣，可能事怕弄湿了衣服或破冰过程中身体发热需要减衣），以此而云“下有鱼跃出”，乃孝感之所致，并不能令人信服，因为这种孝心并不非常感人，又何能感动鱼儿自动跃出焉？但若改为“解衣卧冰”，其效果就完全不一样了。只有这样，才能感动天地，致使鱼儿自动跃出。《二十四孝》的作者之所以要这样改动，完全就是为了以真情去感发人之孝心，因为一个孝子只有在切身地忍受身心的苦难与委屈的时候，才能见出其孝之真诚，才足以成为世人的楷模。若是之做不到，纯以方法之聪明便利而行孝，并不足以感动人。“唯天下至诚为能化”（《中庸》），其虚言哉?！不惟此也，方法之聪明便很可能成为机巧之徒仅有外在的孝之表而无内在的孝之诚的假孝。这是作者选取改作这个故事的真实意图。一言以蔽之，真正的孝在于切身之真诚，而最能见孝子切身之真诚的就是自家甘愿忍受身心之苦难与委屈。“卧冰求鲤”当然比史传所载更能达到这种目的。

但吾人可进一步问，现实中会不会有这种事？答曰：不可能有。在现实中，如果是希望融化冰雪以求鱼的话，与其裸裎卧冰，不如拿一堆柴火，后者效率更高，且不必受皮肉之苦，这可能是大部分人的选择。但问题是，若只是这样做，如此之平常之事，还能成为《二十四孝》中的故事之一吗？如果有人真的去卧冰求鲤，不但不可能融化冰雪，最终的结果一定是自己被冰雪冻僵硬了。既然事实上不可能有这样的事，那为什么还要以之作为“孝”的标本之一。答曰：卧冰求鲤之事虽不必有，但忍受身心之苦难与委屈（这种苦难与委屈很可能还大于“卧冰”）以行孝，却可能每个人都会遭遇。这个故事就是要导引出这样一个“理”，但这个“理”不是空洞的“但理”，须有真情才能入“理”。

《埋儿奉母》，其梗概如下：

> 汉郭巨，家贫。有子三岁，母尝减食与之。巨谓妻曰：“贫乏不能供母，子又分母之食，盍埋此子？儿可再有，母不可复得。”妻不敢违。巨遂掘坑三尺余，忽见黄金一釜，上云：“天赐孝子郭巨，官不得取，民不得夺。”

这个故事，始见于干宝《搜神记》卷十一，虽与此亦略有出入，但埋儿以奉母之事则同。这个故事更是遭人唾骂，以孝杀人，真的发生了。鲁迅由此感叹曰：“我已经不但自己不敢再想做孝子，并且怕我父亲去做孝子了。”[①] 活埋亲生子以孝敬父母，这似乎是开辟鸿蒙以来闻所未闻的事，若真有这种的事，则孝不但太残忍，而且代价太高。那么。如此残忍的故事，能不能作为“孝”之标本？答曰：不但可，而且非常好。

吾人知道，郭巨虽欲埋儿奉母，但这样的坏结果并没有发生，不但没有发生这样的坏结果，而且结局非常圆满可喜。《二十四孝》的作者之所以选取这

① 鲁迅：《二十四孝图》，《鲁迅全集》（二），人民文学出版社 1973 年版，第 336 页。

个故事，并非鼓励吾人遭遇类似的情形的时候真的去埋儿，而是意在告诉吾人：若一个人真诚地侍奉父母，则一定会感动天地，从而收获一个圆满的结局，这无非是要给吾人以信念与力量。类似的故事还有很多，如《哭竹生笋》："三国时期吴国孟宗，少丧父。母老，病笃，冬日思笋煮羹食。宗无计可得，乃往竹林中，抱竹而泣。孝感天地，须臾，地裂，出笋数茎，持归作羹奉母。食毕，病愈。"在现实中，无论是"埋儿奉母"还是"哭竹生笋"，是断不可能出现的。但教化中，这样的故事却依然必要。居常承平之时，吾人不易感知自身力量之匮乏，一旦陷入困境，则常感觉孤苦无依，人亦因此而倦怠堕落，乃至自暴自弃。教化就是要告诉吾人这样一个信念：一个真诚行善的人，决不会孤立无助，不但有来自亲人、朋友的力量，而且天地万物都是其力量源泉。孔子曰："德不孤，必有邻。"(《论语·里仁》)朱子释"邻"为"应"，即德行必然会有天地万物之感应。明道先生曰："天地之间，只有一个感与应而已，更有甚事？"(《二程遗书》卷十五)感应大者为大人，感应小者为小人；无感无应，禽兽也。现代人以干枯僵固之"理"窒息其"感应"，美其名曰科学、民主、自由、平等，纯外在"义袭而取"(《孟子·公孙丑上》)如是之理，故馁而无力，致使当今之世，理愈繁复而气愈暴戾，岂不悲乎？！

其实，至诚感动天地从而获得圆满结果的故事，吾人熟知的还有《愚公移山》。若吾人觉得《愚公移山》的故事值得颂扬的话，那为什么一定要去声讨《埋儿奉母》呢？愚公移山的故事无非亦在告诉吾人：精诚所至，金石为开，竭诚的努力一定会有好的结果。试问，现实中有谁会真的会去移山呢？与其移山，还不如搬家之简单易行。但若愚公只是搬家，那么，他的故事还有动人的力量吗？

四

若吾人不执持干枯僵固的"理"，而入温润恻怛之"情"中，则《弟子规》

与《二十四孝》俱无可责骂与诟病处。但这里所说的“情”不是一种主观的感觉，而是通过质实的道德行动或图景触动人的神圣感受，既而开发人来自性天的力量。孟子对此有所描述：

> 舜之居深山之中，与木石居，与鹿豕游，其所以异于深山之野人者几希。及其闻一善言，见一善行，若决江河，沛然莫之能御也。(《孟子·尽心上》)

那个“若决江河，沛然莫之能御”者，就是人之神圣触动，笔者称之为“性天之动”，以与“情意之动”、“义理之动”区以别。[①]“易无思也，无为也，寂然不动，感而遂通天下之故”(《易传·系辞上》)，说的就是“性天之动”。人的一切道德动力都来自于此“性天之动”，马里坦尝说：

> 理智所思虑再三的动机并不对于最深刻的、最富于自由的道德抉择的行动具有决定性的作用；相反，这个角色被保留给了人的神秘莫测的主体性所产生的那种不可预知的冲动。[②]

庸常，吾人固可在经验中有无数次感动，但多停留在“情意之动”的层次，仅在这个层次，所有的德行都是不能持久的。为什么中国文化要人去忍受身心之苦难与委屈呢？就是希望人由“情意之动”走向“性天之动”。孟子所谓“动心忍性，曾益其所不能”(《孟子·告子下》)者，其意正在此也。若无“性天之动”，一切的德行与道德承诺都是暂时的，随时可能抽身而转向恶。而

---

① 张晚林：《说感动》，见《赫日自当中——一个儒生的时代悲情》，中国政法大学出版社2013年版，第336—341页。

② 马里坦：《存在与存在者》，见陈麟书编著：《重读马里坦》，四川人民出版社1997年版，第196页。

人一旦有了“性天之动”，就能与神圣的绝对体贯通，从而感受到来自神圣的绝对体的力量，使人德行强健而决不会惰怠。《弟子规》所说的“怡吾色，柔吾声”，“号泣随，挞无怨”，及《二十四孝》中的“卧冰求鲤”俱因之可能而持久的。人既与神圣的绝对体贯通，即可开显人自身的形上禀赋，从而人自身亦可生发无限的力量源泉。因为人的形上禀赋有力量使吾人摆脱经验的桎梏与自然的限制，展现一幅感性所不能到达的图景。“郭巨埋儿”、“哭竹生笋”中的神力之出现，并非谓真有如此神力也，不过是人自身神圣力量外化之投射而已，或者说人的无限力量之象征而已。

只有具备无限力量的人，方可说“人能弘道”，而其力量乃源自于“性天之动”。这一“弘”字，决不只是说干枯僵固之“理”，亦必有温润恻怛之“情”在焉，神圣强健之“力”在焉。明道先生曰：“天理二字，却是自家体贴出来。”(《二程外书》卷十二）既曰“体贴”，焉能只有“理”而无“情”与“力”耶？因此，中国文化决不从干枯僵固之“理”看世事之分际与道德之抉择，必从“性天之动”处“导理以全事”。何以能全？因其有明晰通透之“理”在焉，温润恻怛之“情”在焉，更有神圣强健之“力”在焉。孔子曰：“知，仁，勇，三者天下之达德也，所以行之者一也。”(《中庸》）知者，理也；仁者，情也；勇者，力也。“所以行之者一也”，谓皆出于“性天之动”也。

（原载“儒家网”2018 年 4 月）

儒家不但能安顿女性，亦可安顿男性

一

最近，蒋庆先生发表了访谈文章《只有儒家才能安顿现代女性》（以下简称“蒋文”），很快，一石激起千层浪，质疑之声不绝于耳。在当今的时势下，这是可以预见和想象的。因为蒋文所说的是古典型的社会理想，与当代社会相去甚远。当代社会正以其技术的进步与开放步伐的加快，日益清除与排斥古典文化与高贵精神。所以，在古典型社会里根本不成问题的东西，在现代社会里却都成了问题。但这成了问题不是说现代社会进步了，印证出了古典社会的缺陷与不足，而是现代社会的罪恶都解放出来了。于是，古典社会中不成问题的东西在现代社会却成了问题。就如“扶不扶的问题”，本来，老人摔倒了扶一把是很正常的，但在现代社会却成了问题。为什么呢？因为古典社会中原来被圈得很紧的罪恶现在全被放出来了，焉能不成问题？！

近来，“儒家网”共发表了4篇质疑蒋文的文章，其中质量高低不一，但无论文章质量如何，从其总体精神看，都是现代社会“征服超越性”（马尔库塞《单向度的人》用语）的“恶”的表现。所以，从根本精神看，这4篇文章都没有资格来质疑蒋文，蒋先生应该也不屑与她们论辩。至于有些文章中其用语之蛮横，逻辑之混乱，则更无论矣。如："现代女性需要被教化吗？谁又有资格来教化呢？"这与"我是流氓我怕谁有什么区别呢"？《中国妇女报》作为全国性的极具影响性的报纸，轻易地刊发这种文章，对于淑世化民不会有丝毫作用，甚至适得其反。夫文章，乃"经国之大业，不朽之盛事"（曹丕：《典论·论文》），不可以不慎也。

为什么说她们根本没有资格来质疑蒋文呢？因为蒋文是从人类文化的高度来看的，而她们的文章乃得之于时下的一点生活经验的观察与思考。什么是文化呢？就是以智慧去照亮与圆成天地人之合一。外此，都没有资格称之为文化。我们一般把所有的人类文明成就都称为文化，其实这是不对的。不能天地人贯通的东西都只能称为知识，而不能称为文化。所以，文化一定贯通着天地人而讲，故天之法、地之道、人之行是一回事。文化乃养仁德以生智慧照亮宇宙人生而来，但知识乃依据人之才智思考、经验总结而来。智慧无边，从根本精神上讲，文化是没有什么不同的，所谓"先圣后圣，其揆一也"（《孟子·离娄下》）。但知识却殊异，因为人的才智与经验各不同。我们之所以那么多争论，就是大家都站在知识的立场上而不是站在文化的立场上。此中自有大义在，但此处不能详加分疏，以免离题太远。但若不能明乎此，亦很难明了吾文之观点。

蒋文观点虽然是由蒋先生说出，但绝不是蒋先生个人的想法，而是中国文化的一个传统，更准确地说，乃是圣贤智慧的传承，蒋先生亦是"述而不作"也。但这个智慧传承以文章说出来，在现实上总有未竟之处。故吾文的写作目的并不是想去回应与反驳那四篇质疑的文章，而是把蒋文之未竟之义加以申述。

对于蒋文最大不满的地方在于："做好女儿、好母亲、好妻子，才是中国女性成就感与归属感的根本所在"，而"做一个成功的职业女性，则不是对中国女性的必然要求，更不是中国女性生命意义的最基本的价值依托，自然也不是中国女性成就感与归属感的根本所在"。这被认为是儒家专制的集中体现，也是儒生欲复辟这种专制的险恶用心所在。果真如此吗？蒋文因为注重外在的习常与格套的陈述，没有对其作理由上的解释。吾文主要在此作深入的解释。一般人因为执着于常识与现象，很难有慧识与洞见，于是，以为蒋文在鼓吹男女不平等，是以世为之嚣嚣也。

二

每个人作为人，就有属于人的共通规定，我们这里不妨称之为“性分”；同时，每个人作为不同的个人，他又有不同于别人的规定，我们这里不妨称之为“材质”。性分是绝对同一的，材质却各个不同。对于人来讲，人必须完成属于共通规定的“性分”，因为上天把这个给予了每个人，上天的要求也只能在此。至于“材质”，虽然也是上天给的，但因为上天不是平均地给予了所有的人，上天在此也不能究竟。也就是说，对于文化的人来说，“材质”的要求不是共通而有效的，但“性分”的要求却是共通的。这是何意？我们回到孟子那里来。《孟子·尽心下》有这样一段话：

> 口之于味也，目之于色也，耳之于声也，鼻之于臭也，四肢之于安佚也；性也，有命焉，君子不谓性也。仁之于父子也，义之于君臣也，礼之于宾主也，知之于贤者也，圣人之于天道也；命也，有性焉，君子不谓命也。

美味、美色、美声之欲求，好像是人的本性，但你若要享受得到，却要看你有没有这个命，你没有这个命，欲求再高也没有用。所以，孟子说人不能把这个作为“性”。但仁义礼智与天道，好像是外在的命令，却是性分中本有的规定，只要你愿意做到仁义礼智，那么，你就一定能够做到。所以，孟子以为人不能把这个称为命令而是人之性。既然是人之性，那么，人就应该完成这个，文化的要求只在这里。故孟子进一步说：

> 广土众民，君子欲之，所乐不存焉。中天下而立，定四海之民，君子乐之，所性不存焉。君子所性，虽大行不加焉，虽穷居不损焉，分定故也。(《孟子·尽心上》)

“广土众民”的富有与“中天下而立，定四海之民”的权力虽然都向往，但这不是性分中本该完成的任务，本该完成的是天性中所固有的“仁义礼智”。这个任务，不因为你得意而增加一分，亦不因为你失意就减损一分。因为这是人生的方向，每个人都不能含糊。

美味、美色、美声之欲求，其实都与富有和权力相关，你如果没有一定的财富与权力，很难享受到这些。而你是否拥有财富与权力又与你有怎样的“材质”相关，即看你有怎样的材料。如果你没有这种材料，你就别想，也不应对你作这样的要求。比如，当歌星不但赚钱多，且可有出大名，当然谁都羡慕，但如果你没有当歌星的材质，你就不要有这种追求。

所以，对于一种文化来讲，不能有“材质”的要求而只能有“性分”的要求，且“性分”的要求优先于“材质”的要求。蒋文的那段话表达的就是这个意思。因为作为一个成功的职业女性，那要看你有没有这个材料，如果你根本没有这个材料硬要去做，不但浪费生命，而且有可能把“性分”的要求也给耽误了。但这绝不意味着蒋文排斥成功的职业女性，这只是意味着成功的职业女性不是对女性普遍的要求。有人在此成功了，只是个别的偶然现象，不能作为女性学习的榜样。因为这是根本不能学的，你没有这个材质嘛。这就如李白的诗一样，李白的诗固然好，但一般人也学不来，因为你没有这个诗才嘛。但做一个好女儿、好母亲、好妻子却人人可以，因为人人性分中本有其潜能。大家想一想，如果把一个成功的女性作为普遍的要求给予所有女性，那不是对女性的压迫更大吗？二者哪一个更难呢？

人的要求只是在“性分”这里而不在“材质”这里，不但对于女性是如此，对于男性其实也是如此。蒋文因为专谈女性问题，没有涉及男性，但这决不意味着男性可以不作一个好儿子、好父亲、好丈夫，只要职业上成功就行了。《诗经》里面有“刑于寡妻，至于兄弟，以御于家邦”（《大雅·思齐》）之句子，这就是要求一个男人必须先在家里做好妻子与兄弟的模范，然后才能从政。《中庸》下面这段文字说得更加明确：

> 君子之道，辟如行远必自迩，辟如登高必自卑。《诗》曰：“妻子好合，如鼓瑟琴。兄弟既翕，和乐且耽。宜尔室家，乐尔妻帑。”

君子之道虽然远大，治国平天下都在内，但必须从最切近的地方做起。什么是最切近的地方呢？就是家庭。你必须首先做到妻子儿女和乐，兄弟姐妹和睦，然后才能从事别的活动。可见，对于男人而言，中国传统文化也强调的是慈父孝子，而不是职业上的成功。《大学》进一步讲“欲治其国者，先齐其家”，“宜其家人，而后可以教国人”，这些都是要求男人们先把家庭的角色扮演好，然后才能从事别的活动。家庭角色永远处在优先地位。所以，我们看到，当一个人的父母去世了，如果他在外为官，必须辞官守丧三年，此为丁忧。这就明显看出，家庭重于或先于职业。

从根本上讲，中国传统文化根本不相信一个人连家庭角色都不称职，却可以称职社会角色。如果一个男人在家里是逆竖，在衙门一定是酷吏；在邻里是贼子，在朝廷就一定是乱臣。所以，中国文化首先强调人要孝弟。“其为人也孝弟，而好犯上者，鲜矣；不好犯上，而好作乱者，未之有也。”（《论语·学而》）一个人只有做到了家庭里的孝弟，才不会犯上作乱，从而成为一个成功之职业人。可见，中国传统文化处处都在强调一个男人的家庭责任。在此，男女无别。为什么无别呢？因为这是一个人性分中本有的，是你必须完成且能够完成的。退一步说，一个人家庭角色没有扮演好，但职业上却非常成功与出色。即使如此，在儒家那里，也不赞成，至少不鼓励。

因此，无论是对于男人还是女人，中国传统文化都要求完成性分中的事。

具体地说，就是在德行上要优秀，而优秀德行最切近之处就是家庭，故男人应做孝子慈父，女人应做贤妻良母。这里绝没有要女人做贤妻良母，而男人可以胡作非为的意思。古人在此把握得很紧，分别得很清楚，性分中的事情做好了，然后再去求材质中的成就。但现代人却不然，性分中的事情没有做好或根本不做，就直接去求材质上的成就，不但男人如此，女人亦如此，社会由是乱矣。蒋文希望把女人从材质中拉到性分中来，男人也必须拉回来，蒋文其实是隐含着这个意思的。我们不能因为蒋文没有谈到，就以为是在纵容男人，诚肤浅之见也。

一言以蔽之，不但只有儒家才能安顿女人，也只有儒家才能安顿男人，亦即，只有儒家才能安顿人类。这才是蒋文的结论。这个结论有识见与智慧的人都会有所触动。汤因比说“儒家的人文主义价值观使得中国文明符合了新时代人类社会整合的需求”(《历史研究》)，即是此意。汤因比乃英国著名历史学家，熟知世界各大文明的历史与兴衰，他之言论，可谓智慧语也。

三

以上从性分上讲，男人与女人都应定为家庭，做好各自的角色。然家庭之外的国与天下之事总要人去做，是不是男女做好家庭角色以后都去做呢？未必然。何也？这涉及男女的材质之别。

从材质而言，男人的材质与女人的材质有总体上的差异。男人的材质呈阳刚之气，女人的材质显阴柔之美。故男人属阳，女人属阴。这是造物主的安排，没有理由可言，我们只能承认并接受。康德就认为，男人要成为完美的丈夫，女人要成为完美的妻子，就应该“性的禀赋的冲动要符合自然的启示在起作用，使得男人更加高尚化并使得女人的品质更加优美化”，而“一切违反大自然意图的事，总是会非常糟糕的”(《论优美感与崇高感》)。所以，男人在材质上呈阳刚之气与女人在材质上显阴柔之美都是效法自然。

男人属阳，阳是乾道，乃创造原则；女人属阴，阴是坤道，乃守成原则。创造原则表主动性，守成原则显顺承性。动以创造，静以守成。动在外，静在内。创造，故须自强不息；守成，故须厚德载物。自强不息，固可从德性言，还须从能力言，故男人须在外磨炼能力（智）；厚德载物，只从德性言，能力并不重要，故女人只须于家里养德（仁）。就夫妻关系而言，一般的情况是男人在外面创业，女人在家里守成。男人创业的收获，一般都交给女人，因为只有女人会守成。如果没有一个女人在家里守成，男人再会创业也打了水漂。男人之智及之，尚须女人之仁守之。这就是阴阳和谐。

阴阳和谐有二义可说：

其一，阴阳和谐以阳为主。一般总是以为，既然讲阴阳和谐就是男女平等，就是男女各占半边天。阴阳和谐虽然不反对男女平等，但却不是抽象的男女平等，更不是男女各占半边天。男女和谐是指有创造有守成，创造是领导原则，守成是顺承原则。男女各遵守其原则，这也是蒋文所说的男人守男人的理、女人守女人的理之意。所以，和谐决不意味着分量上的相同。化学上配制饱和溶液，决不是一斤水与一斤盐的混合；风调雨顺也决不是一百八十天下雨一百八十天出太阳，果尔，一定是水灾之年。一个丰收之年，大约是三分之二的时间阳光，三分之一的时间阴雨。如果一年一半的时间阴雨，相信你的心情也不会好，更不会有好的收存。

但阴阳和谐以阳为主决不意味着男人对女人的绝对统治，只是意味着创造的主动性与引导性，故男人须有更大的德行与心量。中国文化传统反复强调“夫也者，以知帅人者也”（《礼记·郊特牲》），“夫者，扶也。以道扶接”（《白虎通义》）。这里可以看出，以阳为主决不是阳对阴的专制，而是男人以其德行与心量来扶持并引导女人，个中不但责任更大，且须有笃实的修行。如果男人确实表现了德行与心量的主动性与引导性，女人由之而配合顺承，是谓阴阳和谐也。

其二，阴阳和谐静以制动。阴阳和谐以阳为主，使男人呈现主动性与引导性，女人是不是只能完全被动地顺承呢？一个有修行的女人决不只是被动的，她有其不可或缺的作用。《老子》讲“静为躁君”（第二十六章），“弱者道之用”（第四十章）。所以，女人尽管在家里静以守成，但静不是无所作用的，静一定可以制动。一个在家里静养的有修行的女人，一定可以“制”住在外面创造的男人，决不会是脱缰之野马，失去控制。康德说，当女人的自然禀赋表现极致时，女性对自己的魅力也非常之有把握，且自信到“即使你们（男人）内心里并不高度评价我们，我们也要迫使你们不得不爱我们”（《论优美感与崇高感》）。这就是静以制动之效果。

这样，阴阳和谐中，男人固可表现其引导性，但女人亦可表现其作用力。男人的引导性是动，女人的作用力是静。动在外，静在内，各守各的理，相安无事，和谐出焉。“安”字的甲骨文是一个房子（“宀”代表房子）里面有一个女人。可见，女人在家就是安宁，不在家就会出问题。这问题就是，男女之理的僭越，女人表现了男人的主动性与引导性，而失去了静以制动的作用。

所以，我们从男女材质之差异分析出女人应该守成在家里，但这决不是限制女人于灶台之间，外而纵容男人于声色之内。这是依据男女各自不同的材质而来的妥善安排，亦是效法天地之道也。一个静养而有深得的女人决不会是忙碌于灶台之间的家庭主妇，而是一个能以静制动、深谙无为之道的“大主”。这样一个“大主”，男人固不能少焉，家庭亦不能缺焉，社会与国家复不能无焉。

四

以上我们从性分与材质两个方面加以了分析。从性分上看，女人的本分就是贤妻良母；从材质上看，女人适合守成于家。二者都不是哪个人刻意想出来的制度性的设计，而是效法天地之道的智慧性的安排。这就是文化，这才贯通了天地人之道。所以，一切咒骂儒家依靠制度性的设计而限制乃至毒害女人之想法，皆无智慧之光照，亦不了解文化之甘苦。儒家只是贯彻了天地人之道，决无能制造天地人之道。而世间所有大的文化系统与宗教于此问题上，大致不与儒家相背离。然其之所以不背离，非儒家之制度设计完善之故，乃天地人之道本如此也。

但现在，古典社会的高贵精神（依道而行就是高贵）被科学逐渐破坏了。男人在科学之用中失去了在外引导之能，女人在物质之惑中失去了在内静养之德。男人女人都跑到外面来欣赏科学之成果、物质之享受。男女各自失理，人心焉能不倒，世风焉能不坏，社会焉能不乱。由此而求人心正大，家庭和睦，社会和谐，岂不如缘木而求鱼乎？

古人非不知外在世界之精彩也，然其能固守男女之别者，不以小利而忘大害也。《淮南子·泰族训》云：

> 待媒而结言，聘纳而取妇，初絻而亲迎，非不烦也，然而不可易者，所以防淫也。……故事有凿一孔而生百隟，树一物而生万叶者，所凿不足以为便，而所开足以为败，所树不足以为利，而所生足以为秽。愚者惑于小利，而忘其大害。

婚姻必须媒妁之言且礼仪周全，并非不繁琐而费人力物力。但古人以为，即使如此，这些都不能废除。如果为了简易而废除这些礼仪折旋，可能滋生淫乱之恶果。同样，把女人从家庭里解放出来而与男人一样成为职业人，非无一利也，然“凿一孔而生百隟”，所利者小而为害者大。此种危害若无智慧之光以开文化之慧命，不能见矣。故儒家安顿之道木秀于幽林而无人知，兰香于深山而无人识。乃至我们基于浅近之诱惑与享受，而以为斯乃科学昌明、物质丰裕、自由平等之盛世也。故蒋文一出，嗤嗤者甚众。而吾文之于蒋文，于当今之世，亦可谓空谷足音乃尔。

（原载“凤凰国学”2015 年 9 月）

以孤臣孽子之心追求古典精神之在场

——弘毅十年感怀

弘毅知行会自 2009 年创办至今，已经整整十个年头了，举办经典会讲 300 次了。当年与王靖云、邓聂的一次不经意的想法，没想到竟然成为了湖南科技大学的一个“传奇”。其间琐碎往事，我在此不必提起，自然有众多弘毅学子去诉说。我只是讲，十年来，不管弘毅的成绩如何，还是向社会推送了一些读书种子和真正的哲学人。这在当今重物质、娱乐的社会，再考虑到湖南科技大学在全国高校中的地位，以及哲学在湖南科技大学中的弱势地位，能有这种坚持，殊为不易。

弘毅创办之初，只有我一个指导老师，中间几年虽然有一些老师参入，但岁月之蹉跎，人事之周折，如今又只剩下我之孤单背影，抚往昔，慨今朝，亦足令人感叹。我这样讲，并不表示我为弘毅付出了多少，我要表达的是：弘毅成就了我作为一个老师，特别是一个哲学老师的角色；只有在弘毅中，我作为一个老师才是在场的。然后，与众多弘毅学子一起感受哲学与古典的在场，最后是人的在场。

现代社会，所有的角色都是职业化的，老师也不例外。我作为一个高校的老师，首先是一个职业人。职业人意味着：你需要完成一定量的工作，才能获得相应的工资报酬。过此以往，职业人俱无责任，尽管职业人也有分内的职业道德要求，但除此以外的要求，职业人可不必负责。古人讲的“传道、授业、解惑”，在作为职业人的老师中是无法体现的。我尽管深感无奈，但也无法解脱，于是，我作为老师，其实就是一个“上课”的人，准确地说，就是完成教学工作量，以换回生活必需品的人。我一再在弘毅中讲，若老师只是这样一种角色，那么，他与街上卖苹果的其实并无区别。曾在网上看到有人反对设立“教师节”，理由是：教师只是一个职业，凭什么特别给他设立个节日，那是不是还要设立农民节、武警节呢？如果老师只是一个职业人，这种反驳就是有道理的。在现代社会的各种规制之下，老师很难不是一个职业人。幸好，弘毅出现了，它让我作为一个老师而在场成为可能，作为一个在“道”中与大家相互切磋的人而在场成为可能。“以文会友，以友辅仁”，弘毅恢复了教育的古典义，至少力图恢复教育的古典义。尽管来弘毅的人之目的各有不同，因无聊而来找乐子的人自然甚卑陋而不必论，就是为了学知识而应付考试或职场的人，在弘毅都最终未必能留得下来。真正能在弘毅留下来，乃至坚持四年的人，一定是力图看到哲学的在场，古典的在场，最后是人的在场。所以，在弘毅，尽管捧着一本朱子的《四书章句集注》翻来覆去读了十年，但决不只是在熟读古典，明白其中章句与义理，而是力图让哲学在场，让古典在场，而我，希望能成为这种“在场”的见证者与引领者。我深深感到，只有哲学在场、古典在场的时候，人作为人才是在场的；只有人作为人在场的时候，老师作为老师才是在场的。我作为洪流中的孤独者，物欲中的迷失者，迫切希望进入“场”中来。问题是，弘毅能提供吗？这是我多年来思考的问题，也是需要弘毅学子们努力共勉的问题。

为什么“只有哲学在场、古典在场的时候，人作为人才是在场的”？我最近有一种强烈的感受，就是：若一个人对于哲学与古典没有任何感觉，完全茫然，那么，他的为人多少是有点问题的。这倒不是说，要对哲学与古典有多深的研究，这与研究完全没有关系，甚至对哲学与古典颇有研究的人，可能依然对哲学与古典没有感觉。我要说的是，只要一个人以爱来对待生活与周遭，那么，即使他没有受过专业的哲学与古典训练，他依然可以进入哲学与古典的大门。反过来说，若他无论如何都不能进入哲学与古典之门，那么，他的为人必然尘下。这并不是说他是个恶人，而是说他不可能有很高的境界与格局，而境界与格局低下的人，很容易处于道德的死亡之中。

人的在场，必须对根基有所通达。当柏拉图说，每个人的天性中都有哲学的成分的时候，他当然不是指具体的哲学系统，而是对根基的找寻。哲学，只有对根基有所找寻的时候，哲学才是在场的，由此，哲学亦必然是古典的。这就是为什么海德格尔说，一个人即使整天研究大哲学家的论文，他可能根本没有接近哲学，甚至根本没有打算接近哲学。因此，弘毅虽然是以“四书”为主要文本，但若以为这只是教诲大家去做一个道德的人，那必然把弘毅的用心看小了。准确地说，一个没有根基的人，他也不可能真正成为一个有道德的人。因此，弘毅究竟的是，我们是否在找寻根基而让哲学在场，继而让人出场。“四书”只是一种引入与开辟，当然，在当今时势之下，可能是一种比较好的引入与开辟。

当海德格尔说，教育的时代已经结束的时候，他并不是说，现代社会没有道德、法律之教育，而是说，现代社会不再找寻根基。一个社会，当它不再找寻根基的时候，不论其教学系统多么发达，其文化成果多么灿烂，依然没有教育，哲学与古典也不可能在场，人当然也不会出场。这是我们这一代人的悲剧与危险。但海德格尔又说：我们愈是邻近于危险，进入救渡的道路便愈是开始明亮地闪烁，我们便变得愈是具有追问之态。近年来，哲学与古典精神俱在式微，湖南科技大学哲学系已于 2017 年停止招收本科生，北校区图书馆前的祭孔活动也于今年戛然而止。雕楼虽在，朱颜已改；人虽未去，花已萧索。弘毅虽然还是勉强支撑，但能支撑到何时，亦难以预期。中国人相信气数，我们在此亦只能是尽人事、听天命了。

弘毅的十年，乃是孤臣孽子之十年，或许唯一能留给我们的是：开启一种追问之态。但只要有这种追问之态，救赎就会临近，这是我们唯一的希望与光亮。正是这种追问之态，让弘毅永远在场。这样看来，弘毅知行会已不是一个组织与团体，而是一种道说，或者说试图接近道说。

（原载“儒家网”2018 年 10 月）

读书人必备的五种品格

旧时之中国，以农耕为主业，经济发展缓慢，物质较为匮乏，糊口尚难，科举以求取功名者，不过极少数人耳。故旧中国，读书人甚少，特别是在农村，此种情形尤为普遍。像吾之父母，都是大字不识一个之农民。如今之中国，随着经济之快速发展，有条件上学的人越来越多，纯粹之文盲已极少见，据相关统计，高等教育毛入学率已超过50%；近年来，随着硕士、博士研究生之扩招，高学历人才日趋普及，特别是在高等院校与研究机构，若无博士学位，基本难望门庭。两相计较，差别甚大，但这并不意味着现在的读书人越来越多了，何也？个中关键乃是，误识字者为读书人也。读书人与识字者之辨，其义甚严，不可诬也。此正如会讲课者不必就是老师一样，因师者，所以传道授业解惑也，故会讲课跟老师可能完全没有关系。荀子曰："师术有四，而博习不与焉"（《荀子·致士》）。会讲课，不过博习演绎之能较强耳，何关师道？！同样，识字者未必是读书人。在知识爆炸、信息充斥之今天，吾人只能说掌握各种技术与信息之识字者越来越多了，但这样的识字者，可能完全跟读书人没有关系。因此，误今之识字者为读书人，无异于莠之乱苗、紫之乱朱、郑卫之乱雅也；是之不辨，必致于世间无真正之读书人，罪莫大焉。故何谓读书人，诚不可不辨也。

吾人先总括大义，所谓读书人，须具有以下五种品质：一曰古典之情怀；二曰优雅之气质；三曰田园之生趣；四曰圣贤之志识；五曰原始之宇宙悲情。

读书人须有古典之情怀。

所谓“古典”，有两个基本之维度——“古”与“典”。“古”代表时间上的赓续性，“典”代表价值上的典范性，二者可谓相得益彰，即若无时间上的赓续性，则价值上的典范性就体现不出来；同样，若无价值上的典范性，时间上必无赓续性之可言。正因为这种赓续性有价值上的保证，于是，古典的阅读者就不会是一个孤立之个人，而是有深厚之历史传统盾其后，这里面可引发无限之情思、感念、责任与担当。“周监于二代，郁郁乎文哉！吾从周。”（《论语·八佾》）此即是孔子因古典而引发的情思、感念、责任与担当。黑格尔说：“我们之所以是我们，乃是因为我们有历史。”也就是说，一个人只有在赓续性的古典中才能成为一个立体之人而站住自己，不然，只不过是一个孤立漂浮的点状之人，点状之人必难有责任与担当。古典既具时间上的赓续性，又具价值上的典范性，使得每一个民族之经典著作并不多，这才使得读古典之人才是真正之读书人。因为为数不多之古典已不是一般的书籍，其历史赓续性使得古典代表着一种精神与价值，而不只是一种文字流传物。这样，读古典的人以阅读古典自身为目的，而没有什么外在的目的，如是，阅读古典之人就成为了真正的读书人。即使一个人识字少，但其面对的始终是古典的时候，就可算是阅读少之读书人，而不会沦落为识字者。当书籍仅仅成为一种文字流传物的时候，阅读者之所以阅读，仅希望获得其中的技术与信息，既得之，又弃之如敝屣；如此，若书籍仅仅是文字流传物，人们阅读之，唯是以文字为桥梁或工具，其意则在其中之技术与信息耳。而技术与信息总是辗转流变的，于是，文字随之亦辗转流变，故若书籍只是文字流传物，则无所谓经典问题。因此，书籍固然很多，但大部分都是文字流传物，而不是古典。文字流传物固多，但古典不须多。若阅读者只是读文字流传物而不是古典，则他书籍读得再多，也不过只是识字者，而不是读书人。这样看来，现在的博士教授，若无古典情怀，即便令名殊荣甚多，亦不过一识字者而非读书人，其理岂不甚明焉？！

读书人须有优雅之气质。

古典不是承载技术与信息之文字流传物，而是一种精神，而精神总是具有不变的形上性，故一个真正的读书人总少不了这种精神性之形上关切。平素吾人常言之优雅气质，乃切就这种形上关切而言的。古人释“优”为“渥也，宽也”；释“雅”为“正也”。吾人知道，经验世界总是博杂而流变的，一个沉湎于经验世界的人，依柏拉图的看法，只能拥有意见而不可能拥有知识。不惟此也，一个沉湎于经验世界的人，亦不可能具有优雅之气质；因为经验世界的博杂逼仄使得他不可能“渥宽”于其间，故难“优”；而经验世界的流变纷乱使得他不可能“正”定在一个方向上，故难“雅”。是以识字者是不可能具有优雅气质的。读书人则不然，其精神性的形上关切使得他脱离了经验世界的博杂与流变；不博杂而逼仄，故可宽也优也；无流变而纷乱，是以正也雅也。因此，优雅气质决不是华丽充裕的富贵气，而是能够体会玄远之精神。“结庐在人境，而无车马喧”，正体现了读书人的优雅，但这优雅不是在“闹”中取“静”，而是“此中有真意，欲辨已忘言”，这是一种体会玄远之精神，也就是一种形上关切。一个人能够在“闹”中取“静”，固然不易，但这依然可能只与个人的生命气质相关，此乃天定而偶然者，与读书无关。但体会玄远之形上关切则必须来自古典，因为古典以其赓续的价值性提供了这种超越之精神传统，故优雅必然属于读书人之事。“有约不来过夜半，闲敲棋子落灯花。”这是读书人之相遇与优雅。

读书人须有田园之生趣。

读书人固然须有体会玄远之优雅气质，这里虽然少不了必要的形上关切，但既曰优雅，则其底蕴一定是生活的、实践的，而不是纯粹哲学的、思辩的，因为纯粹哲学的思辩之形上关切可以产生俊逸冷僻的思想家，但却产生不了优雅的读书人，故优雅者一定是仁爱而走向自然万物的，是以《中庸》讲“极高明而道中庸”。优雅者虽是生活的实践的，但决不意味着沉迷于经验世界的博杂与流变中，而是皈依田园之生趣中，直接面对万事万物之生意。“万物皆备于我矣，反身而诚，乐莫大焉”(《孟子・尽心上》)即此意也。“周茂叔窗前草不除去。问之，云：‘与自家意思一般。’”(《二程遗书》卷三）又，“放这身来，都在万物中一例看，大小大快活。”(《二程遗书》卷第二上）古代的读书人都是能够真切地体会得到这种田园之生趣的，当读书人变为识字者的时候，这种生趣自然就消失了。当今之世界，旅游业发达，很多人喜欢游览名山大川，观赏花草树木，这是否也是一种田园之生趣呢？非也。这只能算是一种游冶闲散之生活情调，与田园之生趣无关。田园之生趣乃是一种古典之精神，故田园之生趣又必然关涉另一种价值——乡土情结。乡土，特别是在中国，代表着一种原始而古典的精神，其中有风土、人情、宗庙、祭祀等。一言以蔽之，田园之生趣开启了一个宗教性的生活世界，唯有这样的世界才能造就真正的读书人。故古代之读书人基本都出自乡土，现代社会因为失去了乡土，或者说没有了乡土情结，则无论怎样的教育机构培养之人才，都只是技术意义的识字者，而不是读书人。所有的宗教性生活，无论是什么型态，必然具有根基性的形上关切，而这种根基性的形上关切作为一种生活形态，不可能骤然出现，必然来自赓续性的传统，即来自古典中。浸润于古典中的读书人，其生活亦必然是这种乡土性的宗教形态。“暧暧远人村，依依墟里烟。狗吠深巷中，鸡鸣桑树颠。”若没有根基性的形上关切，则所有这些依然还是陶渊明所说的“尘网”与“樊笼”，何来“生趣”可言？一旦有了根基性的形上关切，则狗吠与鸡鸣都是一种“生趣”，这是一种宗教性的“观看”。

读书人须有圣贤之志识。

十一岁之阳明先生寓京师，一日尝问塾师曰：“何为第一等事？”塾师曰：“惟读书登第耳。”先生疑曰：“登第恐未为第一等事，或读书学圣贤耳。”(《王阳明全集》卷三十三）此一精妙之问答，遂成学界之美谈与盛事。“读书学圣贤”，非阳明先生个人之理想，乃读书人必有之志识与境界也。居常以为，圣贤总是高远而不可及的，实则这只是玄思地推想圣贤，而不是笃实地学做圣贤，果尔，圣贤永远只是在玄思中虚高，而不能在践履中平实落地。前面提到过，真正的读书人必有田园之生趣，但此种生趣不是一种热爱自然之个人情调，而是一种宗教性的“观看”；此种“观看”又被称之为“曾点气象”。《论语·先进》载：“莫春者，春服既成。冠者五六人，童子六七人，浴乎沂，风乎舞雩，咏而归。”此为曾点之志识。此志识得到了夫子的喟然感叹与认同，这是对圣贤之志识与境界的最好之描绘。圣贤之志识与境界不过如此：成就自己，且万物在其中得其生，遂其欲，自然天成，和乐舒畅。《中庸》谓之为：尽己之性——尽人之性——尽物之性，最后至“赞天地之化育，与天地参”也。古代之读书人都能体此境界：“二月二十八日，晴色甚佳，写诗外南轩。岚光日色，眬映花木，而和禽上下，情甚畅也。值此暮春，想昔舞雩，千载之乐，此心同符。”（吴与弼：《康斋集》卷十一《日录》）“谪居澹虚寂，眇然怀同游。日入山气夕，孤亭俯平畴。……夜弄溪上月，晓陟林间丘。……讲习有真乐，谈笑无俗流。缅怀风沂兴，千载相为谋。”（《王阳明全集》卷十九《诸生夜坐》）生机畅达，天人嘉会，真情贯其间，密意润其中，此即是天地气象。扬子云曰：“观乎天地，则见圣人。”（《法言·修身》）程伊川又曰：“观乎圣人，则见天地。”（《二程外书》卷十一）可见，圣人与天地是相互通达的，圣人即天地，天地即圣人。圣人固修养高、践履实，亦不过是尽性达情、德合天地耳，岂能人为地添加些子。夫子之志亦不过是“老者安之，朋友信之，少者怀之”（《论语·公冶长》），伊川先生却称之为“天地气象”。既曰“天地气象”，而不是一般的世俗伦理学，则必有尽性成物的形上关切，或者说，尽性成物自身就是一种形上关切，不然，“安”、“信”、“怀”不过是一种世俗的关怀，与尽性成物远矣。关心民瘼、体恤疾苦，此种世俗之关怀固然重要，但这只是政治家之事，道德家之事，读书人不应该仅限于此。读书人面对的是世界万物，在其原始之宇宙悲情中，欲遂万物之生而得万物之正，这是生命自身充实不可已之愤发，无关乎学识、规则与概念，故谓之气象。是以读书人在乎的是气象，而识字者在乎的却是学识。今人总以为，温饱尚未解决，如何可谈圣贤与气象？其实，这只是经济家言、政治家言或道德家言，真正之读书人从不以此为条件。读书人在其固有的原始宇宙悲情中，直接就具有圣贤之志识，亦直接在通往天地气象之旅途中。

读书人须有原始之宇宙悲情。

读书人固然是读古典之人，然世间读古典之人多矣，未见得俱能成为读书人，像如今修学历之博士、评职称之教授，他们亦读古典，甚至研究细密，著述等身，然不能得古典精神之万一，故终究是以古典去换取学历与职称，此辈不过识字者耳，焉能谓之读书人？是以读书人固须读古典，然其根本处却不在读古典。若没有原始之宇宙悲情，则生命没有动力与光照，是之无有，古典即转为文字流传物，读古典者亦即刻变为了识字者。所谓“下学而上达”(《论语·宪问》)者，盖由“下学”至于“上达”，本有无限之工夫，但其起点，却在存养吾人原始之宇宙悲情，是之不知，则永远只是“下学”之识字者，而不可至于“上达”之读书人。子在川上曰：“逝者如斯夫！不舍昼夜。”(《论语·子罕》)此非一般偶然之观感，乃夫子原始之宇宙悲情之愤发。这里有不尽的悲感、温情与密意，亦有无限的靡常、生死与永恒，它超越了时空而直达道体自身，然后给人以慧眼与灵根，进而开启仁爱与关怀。此是直接而触发的，无关于读书。但读书人若无此种触发，所有的书籍不过是文字流传物耳。“滚滚长江东逝水，浪花淘尽英雄。是非成败转头空。青山依旧在，几度夕阳红。白发渔樵江渚上，惯看秋月春风。一壶浊酒喜相逢。古今多少事，都付笑谈中。”(杨慎：《临江仙》)这是在原始之宇宙悲情中，把世间纷繁博杂流变之事转化为一种轻松之艺术关照，得亦不喜，失亦不悲，相逢一笑泯恩仇；世事固显寂有流变，但人生并无悲欢得丧；肉体固有生死轮回，精神已自永恒不灭。原始之宇宙悲情，就是“吾人心中一点灵明，便是真种子，原是生生不息之机”(《明儒学案》卷十二《王龙溪学案》)。有此一点灵明，则“天地变化草木蕃”；无此一点灵明，则“天地闭，贤人隐”，世间必无读书人。

古人云："万般皆下品，惟有读书高。"读书人有以上五种品格，自可获此高评；若读书人下移为识字者，而识字者不过是技术与信息之获取者，自身即沦为下品，焉能获此高评?！古人谓读书种子，读书人之所以是种子，盖弘道翼教、移风易俗、正心淑民，端赖此也；识字者不过职业人，赚钱以养身家者耳，与斯何干？故读书人与识字者之辨，岂不大也哉?！

（原载《走进孔子》2022 年第 2 期）

俗学、俗思与蒙蔽之民

对于儒学乃至对于学问，吾人需要有大眼光，不只是材料故实的把握问题，亦不只是义理之分辨问题。说到底，对于儒学乃是基于生命之感触与响应，没有动转之生命来感触、响应儒学之境界，对于儒学之义理亦根本茫然，落在现实上则必反儒学。故程伊川云：

> 天地之间，只有一个感与应而已，更有甚事？（《河南程氏遗书》卷十五）

海德格尔亦云：

> 存在的真理赠送一切行为的支点。[①]

基于此，在所谓的“轴心时代”，之所以能产生人类文化的万古标程，并

① 海德格尔：《关于人道主义的书信》，孙周兴选编：《海德格尔选集》，上海三联书店1996年版，第402页。

不是古圣先贤读书辩理甚于后学，而是来自其生命之感触与回应远大于吾人。笔者从来不相信，像孔子、老子、释迦这样的伟大灵魂，其精神是通过读书或文献而来。他们之所以能开掘文化源头乃在于他们有诚敬与灵觉的生命，感触周遭与时代，回应天地与人生。这也是他们被称之为圣贤的所在，一般皓首穷经的文献家不足以语此也。

因此，没有存在的感触与回应，从根本上讲，并不能谈学问，于儒学更茫然。故熊十力先生曰：

> 吾人之生也，必有感触，而后可以为人。感触大者则为大人，感触小者则为小人，绝无感触者则一禽兽而已。（郭齐勇编：《存斋论学集·论为人与为学》）

从这个意义上讲，没有感触与响应，任何争辩都不能解决学问中的问题。试举一例：子在川上，曰："逝者如斯夫！不舍昼夜。"（《论语·子罕》）对于此段经文，宋儒以前，多依伤时感怀之理路走。如皇侃《论语集解义疏》卷五云：

> 孔子在川水之上，见川流迅迈，未尝停止，故叹人年往去，亦复如此。向我非今我，故云"逝者如斯夫"者也。……日月不居，有如流水，故云"不舍昼夜"也。江熙云：言人非南山，立德立功，俛仰时过，临流兴怀，能不慨然。圣人以百姓心为心也。孙绰云：川流不舍，年逝不停，时已晏矣，而道犹不兴，所以忧叹也。

在此，无论是江熙、孙绰的注，还是皇侃的疏都比较质实，切合一般人之理解，盖文献家之解也。但至宋儒则壁立千仞，另来一套。朱子曰：

天地之化，往者过，来者续，无一息之停，乃道体之本然也。然其可指而易见者，莫如川流。故于此发以示人，欲学者时时省察，而无毫发之间断也。程子曰，“此道体也。天运而不已，日往则月来，寒往则暑来，水流而不息，物生而不穷，皆与道为体，运乎昼夜，未尝已也。是以君子法之，自强不息。及其至也，纯亦不已焉。”又曰：“自汉以来，儒者皆不识此义。此见圣人之心，纯亦不已也。纯亦不已，乃天德也。有天德，便可语王道，其要只在谨独。”(《四书章句集注》)

江熙、孙绰与皇侃把孔子理解成了建功立业的君子，程子与朱子则把孔子置于求道的圣贤，二者的根本差别不在历史依据或文字训诂，而在生命之感触。准确地说，江熙、孙绰与皇侃尚只是文献家，没有依生命之感触与回应来理解经文，而程子与朱子则依生命之感触与响应而非文字训诂来解经。若二者相争，怎么会有结论呢?！程树德以为江熙、孙绰与皇侃之解更合文意，而不满“宋儒解经，每有过深之弊”(《论语集释》卷十八)，乃无感触灵觉之过也。

由此，吾人可以来论说何以反儒论者终不能理解儒生之故了。其故即在：儒生有感触与灵觉，反儒者则无之。此诚如伊川先生所云：“恁地同处虽多，只是本领不是，一齐差却。”(《二程外书》卷十二）吾人不妨再来看一个掌故：

公孙龙问于魏牟曰：“龙少学先生之道，长而明仁义之行；合同异，离坚白；然不然，可不可；困百家之知，穷众口之辩；吾自以为至达已。今吾闻庄子之言，汒焉异之，不知论之不及与？知之弗若与？今吾无所开吾喙，敢问其方。”(《庄子·秋水》)

公孙龙为著名之名辩家，辩论无所不能，且能“困百家之知，穷众口之辩”，但对于庄子之言却茫然不知，于是向魏牟求教。魏牟之回答是：

> 且夫知不知是非之竟，而犹欲观于庄子之言，是犹使蚊负山，商蚷驰河也，必不胜任矣。且夫知不知论极妙之言，而自适一时之利者，是非埳井之鼃与？且彼方跐黄泉而登大皇，无南无北，奭然四解，沦于不测，无东无西，始于玄冥，反于大通。子乃规规然而求之以察，索之以辩，是直用管窥天，用锥指地也，不亦小乎？（《庄子·秋水》）

依据魏牟的理解，公孙龙之所以不能理解庄子乃在于：庄子在“始于玄冥，反于大通”之道的层次上立言，而公孙龙则“求之以察，索之以辩”之经验辨析的层次上立言，前者有感触，后者无感触。是以魏牟谓公孙龙乃“知不知论极妙之言，而自适一时之利者”，相较于前者，这是“用管窥天，用锥指地”。如此之境界，当然不能理解庄子。

儒生与反儒论者与之相似。儒生之所以弘扬儒学，乃在于儒学之根本在求“始于玄冥，反于大通”之道，但反儒论者乃“知不知论极妙之言，而自适一时之利者”。反儒论者虽雅言公平、正义、自由、平等，实则卑之无甚高论，不过现实上“分东西”之功利原则。这关注的不过是形下的肉体生命的快乐与欲望的满足而已。一切市场原则与民主政治之主旨皆会归于此，其作用唯在使快乐之分配与欲望之满足有序而条理而已。但儒学乃至整个中国传统文化，其着眼点从来不在现实上“分东西”或者快乐之分配与欲望之满足上，而在求道。因为道能使生命充实起来，不只是纯生物性的肉体生命，而是形上的价值生命。在古人看来，生命是与道相贯通的，这在儒学特别明显，就是那天道与性命相贯通的文化模型，简言之为“天人合一”。其实，在人类文化初创时期，几个大的文化系统，包括中国传统的儒家、道家，印度的佛教，乃至古希腊文化，都或明或暗地具有“天人合一”的形态。所以，古典文化都具有宗教形态，其宗旨乃在把生命往上提而与绝对的形上实体合一。以中国传统语汇说之，就是求道。这是生命的必然理境，人的解放在此处完成，一个灵觉的生命必然于此有真确的契悟。这是不容讨论的，也不能依据民意进行投票。此般理境对于无感触与灵觉的生命来说，总免不了其专制性与压迫性，故俗众所难以悦纳；但对于有感触与灵觉的生命来说，却如沐春风般温暖，且必当“造次必于是，颠沛必于是”地求之。

道之于人生而言，乃是大成，与之相较，余者皆为小成。对于这些小成，古典文化一般不太重视，也鲜去争取。故庄子曰：“道固不小行，德固不小识。小识伤德，小行伤道。”(《庄子·缮性》)若无道，纯粹的现实上的小成，儒家是未必看得起的。是以程子曰：

太山为高矣，然太山顶上已不属太山。虽尧舜之事，亦只是如太虚中一点浮云过目。(《河南程氏遗书》卷三)

泰山已经很高了，但仅从物理高度而言，泰山亦不算高。同样，尧舜的事业已经很大了，但仅从事业本身看，那尧舜的事业亦不过一点浮云过目。这就是说，若无道，一切的“高”与“大”皆是“小”。朱子与陈同甫争汉唐亦如是。汉唐乃中国历史上之最强盛期，因而陈同甫曰：

汉唐之君本领非不洪大开廓，故能以其国与天地并立，而人物赖以生息。惟其时有转移，故其间不无渗漏。(《陈亮集》卷二十《答朱元晦又甲辰答书》)

但朱子却不同意陈同甫的看法，以为汉唐纵有功业，但无道，亦只是“架漏过时，牵补度日”。其曰：

若以其能建立国家，传世久远，便谓其得天理之正，此正是以成败论是非，但取其获禽之多，而不羞其诡遇之不出于正也。千五百年之间，正坐如此，所以只是架漏牵补过了时日。其间虽或不无小康，而尧舜三王周

公孔子所传之道，未尝一日得行于天地之间也。(《晦庵集》卷三十六《答陈同甫》第六书)

对于朱、陈之争，时人陈传良论之曰：

朱丈占得地段平正，有以逸待劳之气；老兄跳踉号呼，拥戈直上，而无修辞之功，较是输他一着也。以不肖者妄论，功到成处，便是有德；事到济处，便是有理，此老兄之说也。如此则三代圣贤枉作功夫。功有适成，何必有德；事有偶济，何必有理，此朱丈之说也。如此则汉祖唐宗贤于盗贼不远。(《止斋集》卷三十六《答陈同父三》)

陈传良以为，若如同甫之说，三代圣贤枉作功夫，则必至“人力可以独运，其弊上无兢畏之君”。尽管他也以为，若如朱子之论，汉祖唐宗贤于盗贼不远，亦必至“天命可以苟得，其弊下有觊觎之臣”。但从大眼目看，陈传良显然更认同朱子，并深责陈同甫“颇近忿争，养心之平，何必及此？不得不尽情以告”。(《止斋集》卷三十六《答陈同父三》)

可见，汉唐之功业虽大，但若衡之以道，可论处甚多。但道在哪里呢？现象世界并不能见，此须得一个善感与灵觉的生命。若无感触与存养，仅靠知识之昌明与道理之辨析，焉能得之。是以儒学不可废止，其端在此。

随着科学的业绩日盛，现代人逐渐把宗教给推远了，甚至以宗教为迷信，生命不再有感触与灵觉，只局限在可见的物质限度内，见一时之适成，一事之偶济，便以为是万世不刊之德业，诚所谓以萤火之明为日月之光也。现代社会成就固然很多，但都局限在物质世界之限度内，因无道之感触与灵觉，其于世界是福是祸，尚不能遽断。一切无道之学，无论其成就如何，皆为俗学；一切无道之思，无论其义理如何，皆为俗思。庄子曰：

缮性于俗学，以求复其初；滑欲于俗思，以求致其明，谓之蔽蒙之民。(《庄子·缮性》)

现代人沉沦于俗学与俗思之萤火之明中，欣喜于其点滴成就而不能自拔，现代的科技伦理与知识教育进一步推进了此种恶习，以至于人们完全没有了感触与灵觉，于是，益加反宗教，反古典传统，诚所谓“蔽蒙之民”也。一个不知求道的人，无论其拥有多少知识，取得如何之成就，不过一俗众；一个无道之社会，尽管其制定完备之法律，拥有富足之财物，不过一俗世。其结果，人世间不过一热闹纷呈的集市，人们于此固可自由买卖，但免不了讨价还价，有时甚至争吵动粗，劣迹盈野。这就是现代社会为什么愈富足而愈混乱的根由。惜乎世人不知也。自家生命无有感触与灵觉，总是去学别人，引进德先生与赛先生，以为万世不刊之学，抛却自家光明宝藏，而以矫失为得。此百年来国人之心态，亦百年来吾国社会发展之途程也。李泌于《路史·封建后论》云：

天下之枉未足以害理，而矫枉之枉常深；天下之弊未足以害事，而救弊之弊常大。(《日知录》卷九)

又，正则水心先生曰：

夫兴亡治乱各有常势，欲兴者由兴之涂，将败者趋败之门。此其所以不相待而非出于相矫也。

无道之引领，徒现实上救弊除败，未必能至于兴盛也。由是，水心先生又痛感有宋立国之基不稳，曰：

夫以二百余年所立之国，专务以矫失为得，而真所以得之之道独弃置

而未讲。(《水心集》卷三《法度总论二》)

科学、民主、自由与平等，此诸般大义，未必不是善法，但若无道之感触与灵觉，此诸般大义皆可能流于贼，是以当今社会愈民主、自由与平等，其流弊愈深，其祸害愈大，其蒙蔽之民愈多，乌合之众愈广。是以反儒论者雅言之科学、民主、自由与平等，其陈义虽高远，实则不过俗学与俗思耳，终非“真所以得之之道”也。於戏!

自非圣人崛起，以至仁大义立千年之人极，何足以制其狂流哉?(王船山:《读通鉴论》卷十九《炀帝》八)

世人当知，儒学不兴，则大道不现；大道不现，则狂流不止。

(原载“儒家网”2014年2月)

混迹与儒学式微

一

> “一切伟大之物，总是远离了市场与荣誉才能发生；新价值之发明者总住在市场与荣誉很远的地方。”[1]

上面这句话或许可以解释当今世界何以儒学式微，以及儒生匡复儒学之志识何以总是被打压贬抑的根本原因了。因为一切反儒学者皆是混迹于市场中而发言的，但儒学却偏偏是远离市场而发言的。《古文尚书·泰誓》载：“天佑下民，作之君，作之师，惟其克相上帝，宠绥四方。”这是表示，儒家的“修齐治平”并非是基于社会与市场的需要，乃是基于上帝（天道）的要求。从这里可以进一步解释反儒学论者何以总是批驳儒生。依常理，反儒学论者并非不读书、无知识，亦并非没有看到当今社会之困境，但何以与儒生总是不能弥合分歧呢？儒生认为克服当今社会困境的唯一希望在于复兴儒教，而反儒学论者认

---

① 尼采：《查拉斯图拉如是说》，尹溟译，文化艺术出版社 1987 年版，第 74 页。

为困境之根基在于传统文化，所谓恰恰是“儒学传统困住了中国”（袁伟时语）。这些分歧，不只是理论与认识问题，而根本是理论与认识的站立点问题。

二

反儒学论者，其基本精神形态可由二字尽之——混迹。混迹于市场，混迹于经验，以为只要保证市场的公平性、经验的明晰性，即是好的社会与政治。于是，他们强调法律制度之建设而根本盲视天道。准确地说，反儒学论者一再叫嚣的民主、自由等观念，其承袭的乃是西方洛克以后之政治精神，而非西方古典之政治精神。这种政治精神可名之曰“混迹的精神”，混迹于市场与经验，而把向上的一层天道与神权完全拉掉，呈现出下层赤裸裸的经验与人欲。故反儒学论者亦是无“道”论者。圣托马斯·阿奎那曾指出，政治在有道的时候，由一人来统治是最好的；只是在无道的时候，由多数人来统治才比较好，但这是无奈的选择。因此，民主政治中的民主与自由，尽管其美名尝激起一代又一代的人为之奋斗乃至献身，特别是在这种政治形态从未出现的中国，尤为如此。但究竟地落实下来，这种政治形态的精神底蕴依然是无“道”。阿奎那说：

> 在各种无道的政权形式中，民主政治是最可容忍的，暴君政治是最坏的。①

在无道的情况下，尽管民主政治是最可容忍与最可欲的，但依然无法改变其无“道”之特征与精神底蕴。而在有道的情形之下，民主政治就未必是可欲的，甚至是最坏的。阿奎那说：

---

① 《阿奎那政治著作选》，马清槐译，商务印书馆2010年版，第51页。

> 有道的政权所凭借的统一的规模愈大，这种政权就愈加有益。君主政治优于贵族政治，而贵族政治又优于市民政治；在无道的政权下，情况恰恰相反，因为它所凭借的统一的规模愈大，它就愈加有害。所以暴君政治比寡头政治有害，寡头政治又比民主政治有害。①

由阿奎那之所论，吾人之于民主政治，可一言以蔽之，曰：无“道”政治中之有“道”者。谓其无“道”，乃是指其无天道之超越精神，而又谓其有“道”，乃是指其有混迹中的秩序与公平。但若无上面一层之天道，则这下面一层之有道亦不过是利益之安排与人欲之调适，而决非生命之安顿与意义之归宿。这样，政治成了光秃秃的政治，是以民主政治总是强调政教分离，其实质就是他们刊落了政治上面一层之天道，并非仅仅是主张之不同。现代社会出现的种种衰象，皆与此密切相关。尽管现代社会衰象丛生，但因为科学技术把经验世界解析得愈加清楚分明，人们陶醉于这种清楚分明而带来的物质利益，故混迹于其中而不能亦不欲自拔。海德格尔即看出了其中的问题，他说：

> 在过去三十年间越来越清楚了，新时代技术的行星运动是一股力量，这股力量规定历史的伟大作用时无论怎么估计也不为过的。我认为今天的一个关键问题是，如何能够为技术时代安排出一个——而且是什么样的一个——政治制度来。我为这个问题提不出答案。我不认为答案就是民主政治。②

也即是说，作为现代之技术性社会，混迹于这种技术精神中的民主政治决非现代社会的救渡良方。实际上，民主政治决非政治的本质形态，亦决非人性

① 《阿奎那政治著作选》，马清槐译，商务印书馆 2010 年版，第 51 页。

② 海德格尔：《只还有一个上帝能救渡我们》，见孙周兴选编：《海德格尔选集》，上海三联书店 1996 年版，第 1303 页。

之可欲，中西古典之政治精神都不是往这个方向走的。

> 更全面地说就是：历史上环绕着希腊人的世界并不是我们的意义上的客观世界，而毋宁是他们“对世界的表像”，即他们自己的主观评价以及其中的全部实在性，比如诸天神与诸守护神，这些东西对于他们而言都是有效的。①

胡塞尔与海德格尔之所以一再呼吁回到古希腊之精神中去，就是希望人们不要总是混迹经验中，而应领受到诸神与天道的召唤，这是技术性社会的唯一解救。海德格尔指出，人类社会之技术性处境并非不可解脱与不可避免，思想的任务就是要帮助人们建立这样一种明显的关系。海德格尔预期曰：

> 是不是有朝一日一种“思想”的一些古老传统将在俄国和中国醒来，帮助人能够对技术世界有一种自由的关系呢？我们之中有谁竟可对此作出断言吗？②

海德格尔一生的思想努力就是要明显这种关系，但海德格尔认为，他的思想尝试取得多大成就以及他的思想尝试在将来以什么方式会被接受并且化为成果，论定此点并不是他的任务了。当代儒生的努力正是要明显这种关系，从而对抗技术力量。如，蒋庆先生重新彰显儒家的“王道政治”之要义而完善时下兴盛的民主政治，其用心即在此。蒋先生曰：

> “王道政治”的核心内涵是政治权力的“三重合法性”，政治权力的合

---

① 胡塞尔：《欧洲人的危机与哲学》，见倪梁康选编：《胡塞尔选集》，上海三联书店 1996 年版，第 944 页。

② 海德格尔：《只还有一个上帝能救渡我们》，见孙周兴选编：《海德格尔选集》，第 1312 页。

法性问题是决定政治统治是否正当合理的根本性问题。公羊家言“参通天地人为王”，又言“王道通三”，即是言政治权力必须同时具有“天地人”三重合法性才能合法，才具有政治统治的正当理由。“天”的合法性是指超越神圣的合法性，因为中国文化中的“天”是具有隐性人格的主宰意志之“天”与具有超越神圣特征的自然义理之“天”；“地”的合法性是指历史文化的合法性，因为历史文化产生于特定的地理空间；“人”的合法性是指人心民意的合法性，因为人心向背与民意认同直接决定人们是否自愿服从政治权力或政治权威。《中庸》言“王天下有三重”：所谓“建诸天地而不悖，质诸鬼神而无疑，”是指超越神圣的合法性；所谓“考诸三王而不缪，百世以俟圣人而不惑，”是指历史文化的合法性；所谓“本诸身，征诸庶民”，是指人心民意的合法性。按照王道政治，统治的权威来自天道、历史与民意的认同，也可以说，王道政治代表了天道、历史与民意，能够最大限度地把统治的权力变成统治的权利，把国民的服从变为政治的义务。[①]

依蒋先生的看法，当代儒生所彰显的“王道政治”是在传统“王道政治”之改造的基础上提出的，以“天、地、人”之三重合法性完善民主政治的“人”之一重合法性，期望以天道与历史文化传统之神圣合法性来限制与规导人的合法性。因为在民主政治中，“人”就是庸众，其表示就是利益与人欲之无限膨胀。这样，民主政治成了惟民意是瞻的政治，而完全盲视天道与历史文化传统。蒋先生曰：

在民主制度下，“民意合法性”中的所谓“民意”，主要由人的欲望与利益构成，由于“民意合法性一重独大”，不受神圣合法性的制

① 蒋庆：《再论政治儒学》，华东师范大学出版社2011年版，第9—10页。

约，当民主国家选民的局部利益与人类的整体利益冲突时（人类的整体利益就是神圣合法性），民主国家的制度安排决定民主国家只能选择与人类整体利益冲突的选民局部利益，因为民主国家的合法性来自选民的民意认同。所以，民主国家的政治选择永远以一国选民的欲望与利益为归依。①

民主政治之民意合法性，一言以蔽之，就是：混迹于市场中之合法性。其表现就是欲望与利益的博弈。民主政治，自五四以来，国人甚向往之，然其实不过是“混迹”。当代儒生重提王道政治，就是要克服人之混迹处境，由混迹而超越混迹。反儒学论者常以民主论者或自由论者自居，但落实下来，不过是“混迹”论者。若不能从混迹中跃起，他们将永远反天道性理而以反儒学论者出现，仅与他们讲道理是没用的。

三

混迹——在混迹者那里——表现出了强烈的胶固性与坚韧性。海德格尔说：

普通的理智自有其必然性；它以其特有的武器来维护它的权利。这就是诉诸于它的要求和思虑的“不言自明性”。而哲学从来就不能驳倒普通理智，因为后者对于哲学的语言置若罔闻。哲学甚至不能奢望去驳倒普通的理智，因为后者对于那种被哲学置于本质洞察面前的东西熟视无睹。②

① 蒋庆：《再论政治儒学》，华东师范大学出版社 2011 年版，第 15 页。
② 海德格尔：《论真理的本质》，见孙周兴选编：《海德格尔选集》，上海三联书店 1996 年版，第 214 页。

海德格尔这里所说的普通理智的自明性就是指混迹的自明性，因为混迹总有市场利益的自明性与经验效用的自明性，而这一切直接阻碍了真理——天道与神性——的灵现。和混迹之自明性相较，天道与神性总是隐秘而神奇的，对于只是“凭感觉”或“大体上”去求真理而混迹于世的人而言，天道与神性就是纯粹的“无”。这不是讲道理的问题，而是根本还没有找到走向真理的始点与泉源。也就是说，反儒学论者，亦即混迹论者还没有被触动，而“哲学所探讨的东西是与我们本身相关涉的，触动着我们的，而且是在我们的本质深处触动我们的”。①而儒学作为天道与性命相贯通之学正是在本质深处触动了儒生，且这种触动不是情意之动，亦不是义理之动，而是性天之动。②混迹于世的人至多只有情意之动和义理之动，决无性天之动。无性天之动，则儒学之义理对于他们就是纯粹的“无”。也就是说，他们还处于“对”与“错”之考问之前的阶段，因为吾人关于“对”与“错”之考问必须在有所触动之后才可能发生。

孟子曰：“道在迩，而求诸远；事在易，而求诸难。”（《孟子·离娄上》）按理说，儒学之义理甚显且易，但世人何以多昧而不觉呢？这并非知识不足或道理不通，而是这性天之动之于他们是闭锁的。儒学之义理固甚显且易，但这只是有性天之动的人而言，而对于混迹于世的人来说，甚是隔离。所以，儒学的复兴并非只是普及儒学义理或宣扬儒学知识，而是要使混迹于世的人警觉反省找到进入儒学的始点与泉源。亚里士多德说：

> 始点或本原是一种在其充分显现后，就不须再问为什么的东西。有了这种习性的也就具有，或者很容易获得这种始点或本原。③

① 海德格尔：《什么是哲学》，见孙周兴选编：《海德格尔选集》，上海三联书店 1996 年版，第 589 页。

② 情意之动、义理之动与性天之动的区别，参看笔者《说感动》一文。见张晚林：《赫日自当中——一个儒生的时代悲情》，中国政法大学 2013 年版，第 336—341 页。

③ 苗力田主编：《亚里士多德全集》第八卷，中国人民大学出版社 1994 年版，第 7 页。

始点或本源（原）不是对为什么的解答，但在那里真切地感受到了需要。维特根斯坦说："我们的错误在于，在我们应该把所发生的情况看作'原始现象'的地方寻求说明。"①夫子曰："不愤不启，不悱不发"(《论语·述而》) 就是激发始点或本源（原）的教育，一旦激起，必能如颜子所言："欲罢不能，既竭吾才，如有所立卓尔。"(《论语·子罕》) 但这"愤悱"之情如何被激起呢？理论的辩说与知识的教导于此束手无策，它更依赖于一种机敏。加达默尔认为，机敏是精神科学的决定性因素，而非知识或道理本身。他说：

> 所谓机敏，我们理解为对于情境及其中行为的一种特定的敏感和感受能力，至于这种敏感性和感受能力如何起作用，我们是不能按照一般原则来认识的。因此，不表达性和不可表达性属于机敏的本质。②

没有了这种"愤悱"之情或者机敏，就是虚无主义的实质。所以，虚无并不仅仅意味着一个超感性的、约束性的世界的不在场。海德格尔曾说：

> 只消我们一味地把虚无主义的现象当作虚无主义本身，则我们对于虚无主义所发表的看法就还是表面的。如果我们的看法是从对世界状况的不满中，或者是从几乎已经得到承认的绝望中，或者从道德上的愤怒中，或者从信教者的自负的优越感中，借得某种抵触情绪，那么，我们的看法就根本改变不了什么。③

这就是说，虚无主义的本质并非不信天道或神性，而是根本没有去追寻天

① 维特根斯坦：《哲学研究》，李步楼译，商务印书馆 1996 年版，第 253 页。
② 加达默尔：《真理与方法》，洪汉鼎译，上海译文出版社 1999 年版，第 19 页。
③ 海德格尔：《尼采的话"上帝死了"》，见孙周兴选编：《海德格尔选集》，上海三联书店 1996 年版，第 775—776 页。

道或神性的努力与信念。无追寻天道或神性的努力与信念就是混迹，故虚无主义的本质就是混迹。对于当代儒生来说，对抗反儒学论者的理论其实不是最紧要的，救治人们之混迹于世才是最紧要的。不然，反儒学论者的理论固然是假象，吾人之辩解亦是假象。海德格尔说：

> 每一种对人及其存在者范围内的地位的分析，无论多么有见地、多么机智，只要它没有去思考人之本质的处所，并且在存在之真理中经验这种处所，那么，它就还是不假思索的，还只是产生一种沉思的假象而已。[①]

海德格尔还进一步把赫拉克利特、巴门尼德和苏格拉底、柏拉图作比较，说明沉思的假象。

> 赫拉克利特和巴门尼德还不是哲学家。为什么不是呢？因为他们是更伟大的思者。这里，“更伟大”并不是对一种成就的估价，而是显明着思想的另一度。赫拉克利特和巴门尼德之所以“更伟大”，是因为他们依然与逻各斯相契合，亦即与“一”相契合。走向“哲学”的一步，经过诡辩论的酝酿，最早是苏格拉底和柏拉图完成的。[②]

赫拉克利特、巴门尼德之所以比苏格拉底、柏拉图更伟大，并非指思想成就而言，乃是指：前二者直接体道，而后者则于混迹中说话，两者不可同日语也。只要人在混迹中，哪怕思想之创造浑如苏格拉底或柏拉图，亦只是假象，并未得其实也。笔者希望反儒学论者不要那么理直气壮，尽管你们

---

① 海德格尔：《尼采的话“上帝死了”》，见孙周兴选编：《海德格尔选集》，上海三联书店 1996 年版，第 775 页。

② 海德格尔：《什么是哲学》，见孙周兴选编：《海德格尔选集》，上海三联书店 1996 年版，第 596 页。

的道理可能讲得通透明晰，但皆只有效用与利益之明晰性，并非天道性理自身。在此，人愈明晰反而愈见其混迹。以海德格尔之语言之，愈是虚无主义的。

太史公曰："天下熙熙，皆为利来；天下攘攘，皆为利往。"混迹之风在当今之世尤见其烈，则匡复儒家天人性命之学尤显重大。然而，这又不只是一个义理讲说问题，如何让混迹者"独握天枢以争剥复"，这是当代儒生所面对的重大问题。笔者在此提不出答案，但依然想摘录海德格尔的一段话作为启示或警醒：

> 在畏中，存在者整体以离形去智同于大通。①
>
> 畏的呼吸经常使此在浑身震动：为庸碌生活的"唯唯""否否"的"畏首畏尾"未闻大道之辈震动得最少；身体力行者震动得最早；大勇到了家的此在震动得最可靠。但最可靠的震动只有从此在之为耗尽心血以求保持此在之无上伟大者身上出现。②
>
> 原始的畏任何时候都可以在此在中苏醒。它无需靠非常事件来唤醒。它浸透得非常之深，但可能发作的机缘则微乎其微。它经常如箭在弦，但真正发动而使我们动荡不安，则是极其稀少之事。③

"最可靠的震动只有从此在之为耗尽心血以求保持此在之无上伟大者身上出现"，"它经常如箭在弦，但真正发动而使我们动荡不安，则是极其稀少之事"，此可见混迹的胶固与广被，儒学之复兴何其难也。世人愈混迹，则儒学愈式微；儒学式微尤深，则世人混迹尤甚。然则此恶性循环何时绝耶？王船山曰："自非圣人崛起，以至仁大义立千年之人极，何足以制其狂流哉？"(《读通

---

① 海德格尔：《形而上学是什么》，见孙周兴选编：《海德格尔选集》，上海三联书店 1996 年版，第 144 页。

② 同上书，第 148 页。

③ 同上书，第 148—149 页。

鉴论》卷十九《炀帝》八）但“原始的畏任何时候都可以在此在中苏醒。它无需靠非常事件来唤醒”。此即见儒家的天人性命之学必将灵现于世，因为它有存在的根基。

（原载“儒家网”2013年5月）

皮之不存，毛将焉附？

——有感于儒教之花果飘零

一批民间知识分子，致力于儒教之复兴，企图出版相应的书籍刊物加以弘扬推进。其中以任重兄出力最多，贡献尤大，他不但在工作之余编辑了《儒生》辑刊，而且主持主编了《儒生文丛》第一辑的出版。这些书刊，都是在没有任何固定资金支持的情况下得以印行的，个中之艰难，只有任重兄自己知道。如今，《儒生文丛》第二辑已搜集书稿十本，即将交由出版社付梓，但因为出版资金无着落，故至今仍无任何进展。但任重兄依然信心十足，表示一定会出版面世，不必忧虑。这里特别提出此点，并不是要宣扬任重兄个人的善举，因为对于一个笃信儒教的士人来说，此亦为分内之事，不必特别加以称道。我之所以说此，只想让大家正视一个更为重要的问题，即儒教之花果飘零，既而重视儒教之复兴问题。

本来，在传统的中国，有儒道释三教分签共架、并行不悖，且以儒教为主体。这三教，都有各自的组织、道场与财产，使得它们都得到了健康而持续的发展。但一九四九年以后，因中国的历史巨变，意识形态领域内的宣扬，使得宗教文化在大众心里受到了程度不同的质疑，乃至否定。这样，三教的发展在一定程度上都表现出了萎缩之势。尽管如此，佛教与道教依然保持有相对稳定的组织机构，对于这些机构，由国家出资建设，且道观、寺庙等宗教场所亦分别为道教组织或佛教组织所有，它们都有一定的资产以支撑其生存。因此，道教与佛教基本上能维持在相对比较好的自我运行上，这为它们弘教宣道，以满足信众的需要提供了方便。但出乎意料的是，曩时最兴盛的儒教，却彻底花果飘零，不但没有儒教的组织机构，甚至儒教是不是“教”亦被质疑。而且，儒教昔时弘道宣教的场所——文庙或书院，或辟为商业旅游之地，或废弃为仓库，或用为办公场所。这样，儒教既无组织以弥伦其志识，又无地盘以支撑其事业。于是，儒生弘教之难，不亦宜乎？！

谚曰：“皮之不存，毛将焉附。”儒教无组织、无场所、无资产，使得儒生成无主之游魂，儒业为断潢之绝港。于是，“文丛”出版之遭遇，岂非事有必至乎？为了改变这种状况，复兴儒教昔日之盛况，或至少应与当今佛、道二教并驾齐驱，谨作两点呼吁：

其一，全国儒生应联合起来，成立儒教组织机构，领导儒教事务。与佛、道二家的组织机构一样，国家应承认它的合法性，并以国家的名义加以推进与资助。当然，儒教组织必须在国家法律范围之内开展活动。

其二，全国数以百计的文庙与书院，是儒教弘教宣道的场所，应划归儒教组织来管理，需要修缮或重建的，由国家财政划拨专项资金加以修缮或重建。

或曰：如今大学中有专职的儒学教授，有朝一日，国学进课堂，儒教或可渐至复兴矣。儒教之复兴何以必待恢复文庙和书院的教化功能耶？答曰：专职的儒学教授或国学进课堂，斯二者皆不可至儒教之复兴。何也？

先且看大学中之专职儒学教授。的确，全国各大学中分别有数量不同的专职儒学教授，他们的水平虽不一，但多能尽职于儒学之研究。但为什么他们不能担纲儒教复兴之大任呢？这在于他们治学之精神与愿力。大学中的专职儒学教授，之所以要进行儒学研究，其精神与愿力是要做学问家，而不是圣贤。于是，他们之阅读经典，并非希望以经典之精神感召自己，提升自己，而是质疑其中的问题，以便构造自己的哲学系统，美其名曰“学术创新”。而其自己对于经典中的圣贤精神是否敬信与执持，在儒学教授那里，是很少被问及的。诚然，如果只是想做学问家，那就应该有所创新，不然无以在学界自立。但这只是在“做学问”，而不是“弘教”。“做学问”中的儒学是学者追讨的对象，以客观冷静的态度来审视它，完全除去了信念与情感。一个人何以以儒学为学问追讨的对象？可能是因为专业的限制，亦可能是因一个现实的机缘。从原则上讲，这个人完全可以不以儒学为追讨对象，亦可做类似问题的研究，而成为这个领域的学问家。但“弘教者”决不如此，他们乃基于圣贤精神的感召，欲罢不能，继而成为自家生命之信念与价值之归依，最后投入精力与情感以弘扬此种精神。他们只在乎此种精神是否能化民成俗，而绝不在意自己是否对此种精神有所创新。总之，学问家是冷的智光多，而弘教者是热的德力足。冷的智光虽然于弘教并非完全无价值，但仅有这冷的智光是决不够的。而问题也恰恰在这里，大学里这些专职儒学教授只是关注这冷的智光。吾曾在弘毅会讲中告诫诸生：“对于圣贤书，不要随便质疑。”此语一出，立即便遭到我的同事及诸生的反对。“何以不能质疑？你这不是思想专制吗？”吾答曰：这要看你以怎样的心态，如果你只想做学问家，那就要质疑，且应该质疑；但如果你只是想学圣贤，那么，你就不应该质疑。但对于庸众来说，吾人读圣贤书其实不是想做学问家，而是企慕圣贤而欲学之，故不应质疑。但学问家的本性，就在于质疑以创新，焉能把弘扬儒教之责任寄之于他们。李空同尝谓：“真诗乃在民间。”吾人亦可谓：“真儒乃在民间。”把儒教复兴之希望寄之于大学中的专职儒学教授，可谓是所托非人也。吾之此说，决非有意贬抑儒学教授之学术成就，就学问家自身而言，他们或可足以名世，但再炫目的学术，与弘教无关。这也是为什么尽管西方各大学虽有宗教学教授，乃至有专门的神学院，却依然需要专职的传教士存在的根本原因。因为大学属于广义的教育系统，而不是狭义的弘教系统。由此，我们便可进入第二个问题的探讨。

在中国，无论是初等教育还是高等教育，均没有普及国学教育，于是，有人希望通过国学进课堂，普及国学的方式来复兴儒教。那么，国学进入课堂而普及之，是否可带来儒教的复兴呢？我看依然很难。何也？因为现代教育的模式与古代中国书院教育之模式根本不同，同样是传授中国的“四书五经”，其背后之精神霄壤悬隔。中国古代书院的教育模式，其根本理念是“学达性天”。所谓“学达性天”乃究极天人性命之学，其根本目标是要人成为圣贤，外此无别务。但是，中国现在的教育模式，无论是初等教育还是高等教育，都是从西方引进的课堂模式。而西方的这种课堂模式乃建立在科学知识传授的基础上的，也就是说，西方的教育其所究极的是科学知识的客观传授，而不是要人成圣贤。西方的这种教育模式相对于它们的教育目标而言，是很成功的，但如果用这种模式来传播圣贤学问，却绝对的不适用，最终亦不可能取得成功。因此，即便有朝一日国学真的进入了课堂，也不可能使得儒教复兴，这是可以预见的。当然，国学进课堂并非完全无意义，可以使国人获得一点国学之知识，这些知识或许可以助人存养儒教之信仰，但又没有必然性。简言之，知识与信仰没有必然的联系。这也是为什么许多儒学教授具备深厚的儒学知识背景，却没有儒教信仰的原因所在。请切记，儒教不是知识，是信念，是行动，是智慧，是生命的安顿与解放。这些东西决不是在课堂里可以获得的。所以，寄希望于在课堂里普及国学而复兴儒教，此理想不过水中之月耳。

以上论说是欲说明，何以儒教之复兴需要有专门的组织机构，需要有专门的弘教道场的根本原因。所以，建立专门的儒教组织机构与弘教道场，并不只是为儒教争财产，更是为儒教自身的发展争理念。当我们看到，众多的文庙与书院成为某些人获得商业利益的手段与机器，而观光客却不知其在中国文化中所蕴涵的重大意义而肆意嬉笑于其间的时候；当我们看到，儒学经典成为了众多学人士子显示学问而不是修身养性，而学生们却为这学问之高深与问题之尖刻而吸引疯迷的时候，我们该作何感想呢？难道这不是对圣物的践踏、经典的亵渎与圣贤的不敬吗？

已矣夫，儒教之难，固其宜哉?！有识之士，当有所思也。

（原载“儒家网”2012年12月）

当代士风与传统士人理想介入之必要性

一、从公务员辞职创业看当代士风

最近，许多地方政府如安徽、江苏、湖北、湖南等地，鼓励公务员辞职创业，乃至以优厚之待遇加以补偿。湖北秭归县人社局副局长黄艳就是其中“吃螃蟹”的人。黄副局长年轻且学历高（硕士学位），工作五年即晋升为副局长、党组成员。按理说，日后有很大的上升空间。但她依然决然地辞职了。依她自己的说法，理由如下：

> 公务员与厨子、理发师、维修工一样，其本质属性都是职业，与其埋怨工作环境，不如自行走出这个圈子。
>
> 一个月的工资是2000多，算上各种福利，每年拿到手的钱大概是五到六万，“没有隐性福利”。自己的工资，与从事IT行业的丈夫相差甚远，甚至比不上他缴的税。

从这两段话中，透露了时下的官态与士风。

其一，公务员也只是一种职业，即一个做事的人，如厨子炒菜、理发师理发、维修工修理器械一样，并无差别。既然公务员只是一种职业，一个做事的人，那么，其二，公务员也只是在其岗位赚取工资报酬的人，别无更高之大义所在。

在这两种认知之下，辞职是必然的。因为公务员既然只是一个做事的人，你不干了，自然别人可以来干。同样，如果你觉得公务员报酬太低，那么，你自然可以跳槽到别的岗位与部门以图非常之利益。

但必须指出的是，如果对公务员之认识只停留于此，则辞职创业的人与贪腐济私的人并无本质区别。既然大家都共许公务员只是一种职业，且以这种职业来换取报酬。如果报酬太低，权力大且德行低下的人就以权谋私获取高回报，无权力或德行高尚的人就选择辞职创业以获取高回报。在这里，大家的目的都是为自己的腰包里钱更多些，只是贪腐济私的人不及辞职创业的人德行高而已，但二者谁都没有对公务员这个身份自身心存敬畏，亦不知其职位之严肃正大之义。

现在要特别指出的是，如果对于公务员只是基于这种认识，那么，贪腐济私的事永远都无法消弭，不管惩治贪腐之剑是如何的锋利。因为根源处出了问题，仅靠外在的修补是无济于事的。德国哲学家舍勒说：“我们一旦关掉敬畏的精神器官，世界就立即变成一道浅显的计算题。”[①] 无敬畏之心，则万事皆沦为利益计算，千古不易之真理也。

唐太宗尝曰：“以史为鉴，可以知兴替。”时下之官员对公务员的这种认知乃是对中国传统的士人精神的彻底放弃与背离。如果吾人回溯一下历史，则时下对于公务员的这种认识，真让吾人汗颜与羞愧。因此，传统士人之理想完全有必要介入当代社会。

---

① 舍勒：《德行的复苏》，见倪梁康主编：《面向实事本身——现象学经典文选》，东方出版社2000年版，第168页。

二、传统士人之理想与历史上官吏之作为

中国自秦汉以后，一直是“士人政府”。在这样的政府里，对于其官员有明确的道德要求。这种要求，钱穆先生尝如此界定：

> 在一方面讲，中国的士是半和尚，因其不事生产而有家庭。从另一方面讲，又是双料和尚，负了治国平天下的大责任，因而又不许他经营私人生活。①

士人之所以是半和尚或双料和尚，一方面有很高的责任，治国平天下以救民瘼（相当于佛教徒度化世人）；另一方面又不允许士人谋利济私（相当于佛教之戒律）。因此，中国传统社会对士人的道德要求是很高的。

> 子曰：“士志于道，而耻恶衣恶食者，未足与议也。”(《论语·里仁》)
>
> 子曰：“君子谋道不谋食。耕也，馁在其中矣；学也，禄在其中矣。君子忧道不忧贫。”(《论语·卫灵公》)
>
> 宪问耻。子曰：“邦有道，谷；邦无道，谷，耻也。”(《论语·宪问》)
>
> 子曰：“士而怀居，不足以为士矣。”(《论语·宪问》)
>
> 曾子曰：“士不可以不弘毅，任重而道远。仁以为己任，不亦重乎？死而后已，不亦远乎？”(《论语·泰伯》)
>
> 居天下之广居，立天下之正位，行天下之大道；得志，与民由之，不得志，独行其道；富贵不能淫，贫贱不能移，威武不能屈。(《孟子·滕文公下》)
>
> 上不循于乱世之君，下不俗于乱世之民；仁之所在无贫穷，仁之所亡

① 钱穆：《中国历史精神》，九州出版社 2011 年版，第 52 页。

无富贵；天下知之，则欲与天下共乐之，天下不知之，则傀然独立天地之间而不畏。(《荀子·性恶》)

尽管这些要求很高，但一旦出仕，必以此自任，是以中国传统的士人确实也能做到这种道德要求。故孟子曰："无恒产而有恒心者，惟士为能。"(《孟子·梁惠王上》) 正因为传统士人官员明乎其职业之严肃正大，故官员决不只是一个做事的人，而是一个道德上的师者，以为百姓之楷模。章学诚曰：

三代盛时，天下之学，无不以吏为师。《周官》三百六十，天人之学备矣。其守官举职，而不坠天工者，皆天下之师资也。东周以还，君师政教不合于一，于是人之学术，不尽出于官司之典守。秦人以吏为师，始复古制。而人乃狃于所习，转以秦人为非耳。秦之悖于古者多矣，犹有合于古者，以吏为师也。(《文史通义·史释》)

在章学诚看来，"以吏为师"本来是中国政治的传统，秦代"以吏为师"是符合这个传统的，惟是秦代之官吏不修，任法以为师，这就与传统的以修为师的传统相去甚远。故秦代之"以吏为师"不足法也。但其不足法是其方式不足法非其理念不足法也。一言以蔽之，在中国传统中，官吏总须以百姓师者的身份出现，这是根本的职业要求，决不可为一家计而竞利以图私。荀子曰：

士不通货财。有国之君不息牛羊，错质之臣不息鸡豚，冢卿不修币，大夫不为场园，从士以上皆羞利而不与民争业，乐分施而耻积藏。(《荀子·大略》)

基于这种职业要求，中国传统的官员之任用在隋唐以前是察举制，其重要科目之一就是举孝廉。这种制度，依唐人的说法就是："审知其乡闾有孝友信义廉耻之行，加以经业，才堪策试者，以孝廉为名，荐之于州”(《旧唐书·杨绾传》)。隋唐以后，更为科举考试，但工商之子不能参加科举，“隋文帝开皇七年制，诸州岁贡三人，工商不得入仕。”(《文献通考》卷二十八）工商之人之所以不能参加科举，因为其以逐利为目的，出仕可能会败坏士风。同时，没有高尚的德行，才能秀出的社会杂流也不能出仕入官。唐懿宗尝宠幸优人李可及，且擢之为威卫将军，兵部侍郎曹确立即引太宗朝之法而反之曰：“太宗著令文武官……工商杂流，假使技出等夷，正当厚给以财，不可假以官，与贤者比肩立，同坐食也。”(《新唐书·曹确传》）可见，竞利之人与仅有才能而无德的人皆不能出仕。

从以上的论述中，中国传统士人官吏之于入官之认知，吾人可以得出以下四点：

其一，官吏作为一种职位，不只是有才能即可入官，而有高超的道德要求；

其二，官吏决不只是一个做事的人，他兼有师者之身份而成为百姓之楷模；

其三，官吏决不是一种职业，以此去竞利图私，但当以百姓获利；

以上三点认知，若勒成一句话，就是“律己以肥百姓”，但这还不是传统士人官吏理想之全部。传统士人官吏之理想最终乃落脚在——

其四，“致君尧舜上，再使风俗淳”(杜甫：《奉赠韦丞丈二十二韵》）一句话上，也就是“得君行道”(余英时先生语），化民成俗。

“律己以肥百姓”还只是一个经济发展问题，这还只是能者之事，但传统士人官吏的理想一定是圣者之事。吾人不妨来看看宋神宗与王荆公的一段对话：

> 一日讲席，群臣退，帝留安石坐，曰：“有欲与卿从容议论者。”因言：“唐太宗必得魏征，刘备必得诸葛亮，然后可以有为，二子诚不世出

之人也。”安石曰：“陛下诚能为尧、舜，则必有皋、夔、稷、禼；诚能为高宗，则必有傅说。彼二子皆有道者所羞，何足道哉？”（《宋史·王安石传》）

诸葛亮与魏征均为不世之能臣，建立了不朽之功业，但王荆公仍有所不满，盖士人之理想乃尧舜之业，非汉武唐太之事也。可见，“尧舜之道”在人间的威临才是士人官吏的最终理想，这是一种准宗教性的事业。故钱穆先生说中国传统士人是半和尚或双料和尚并非是没有根据的。诚可谓“以出世的精神做入世的事业”也。

以上四点，传统的士人官吏一般都能在不同程度上加以执守。下面来看几个例子：

公仪休：鲁国贤相。

食茹而美，拔其园葵而弃之。见其家织布好，而疾出其家妇，燔其机，云“欲令农士工女安所雠其货乎”？（《史记·公仪休列传》）

公仪休之“拔园葵”、“燔杼机”乃在于“使食禄者不得与下民争利”，更在于为官者不可太在意去经营私人生活，把这种竞利之心带到官场中去。

儿宽：西汉武帝朝左内史。

治《尚书》，事欧阳生。以郡国选诣博士，受业孔安国。贫无资用，尝为弟子都养。时行赁作，带经而锄，休息辄读诵，其精如此。（《汉书》卷五十八《儿宽传》）

儿宽以经书自励精修以正德。这是为官的根本要求。

刘梁：东汉桓帝北新长。

“昔文翁在蜀，道著巴汉，庚桑琐隶，风移碨磥。吾虽小宰，犹有社稷，苟赴期会，理文墨，岂本志乎！”乃更大作讲舍，延聚生徒数百人，朝夕自往劝诫，身执经卷，试策殿最，儒化大行。此邑至后犹称其教焉。（《后汉书·文苑下·刘梁传》）

所谓“赴期会，理文墨”就是一般的做事，但刘梁认为一个官吏的职责决不只是在此，更要诵习经典，以为师者而教化百姓。

裴佗：北魏宣武间循吏。

为赵郡太守，为治有方，威惠甚著，猾吏奸民莫不改肃。所得俸禄，分恤贫穷。转前将军、东荆州刺史，郡民恋仰，倾境饯送，至今追思之。寻加平南将军。蛮酋田盘石、田敬宗等部落万余家，恃众阻险，不宾王命，前后牧守虽屡征讨，未能降款。佗至州，单使宣慰，示以祸福。敬宗等闻佗宿德，相率归附。于是阖境清晏，寇盗寝息，边民怀之，襁负而至者千余家。（《魏书·良吏传》）

这真是一个“举直错诸枉，能使枉者直”的典范。可见，官员能成为楷模，其力量是无限的。

方克勤：明洪武间循吏。

时始诏民垦荒，阅三岁乃税。吏征率不俟期，民谓诏旨不信，辄弃去，田复荒。克勤与民约，税如期。区田为九等，以差等征发，吏不得为奸，野以日辟。又立社学数百区，葺孔子庙堂，教化兴起。盛夏，守将督民夫筑城，克勤曰：“民方耕耘不暇，奈何重困之畚锸。”请之中书省，得罢役。（《明史·循吏传》）

这是一个既关心国家税收，又体恤民间疾苦，复重视社会教化的父母官，其以文化德义力行于身，表率于民，乃至影响了其子方孝孺，使之终成一代大儒与文宗，非偶济也。

从历史上中国几个循吏的例子来看，传统的中国士人官吏绝没有把入官作为一种职业的，只是做事的，而与工商无以异。在中国传统中，如果一个官吏只是做事，不能以其德行化民成俗，那就是“俗吏”。

> 夫移风易俗，使天下回心而乡道，类非俗吏之所能为也。俗吏之所务，在于刀笔筐箧，而不知大体。（贾谊：《陈政事疏》）

“刀笔筐箧”就是完成公文布告之事以换取一定份额的俸禄，这样的官员自然不知为政之大体。中国传统的士人官吏更不把自己与工商之人混同。

> 士者，不为工商；贾人，不为士也。（李邦直：《法原策》）

士人官吏与工商之民的区分是很严格的。这意味着，一旦一个人成为士人官吏，就不应该以发财致富为务。

> 古之士，惟经术是务。士能通经，始可友天下。士而富，贵利达，非所论也。（朱彝尊：《传经堂记》）

正因为不以发财为务，传统的士人官吏多甘于清贫。如梁代之大中大夫陶季直，史传载：

> 季直素清苦绝伦，又屏居十余载。及死，家徒四壁，子孙无以殡敛，闻者莫不伤其志焉。（《梁书·陶季直传》）

又，上文提到的裴佗，史传载：

清白任真，不事家产，宅不过三十步，又无田园。暑不张盖，寒不衣裘，其贞俭若此。(《魏书·良吏传》)

当然，传统士人官吏因俸禄较高，故一般士人官吏的生活还是较为优厚的。但无论是生活清贫还是优厚，传统士人官吏都不以入官为一种获取优厚报酬的职业，这是没有疑义的，他们守住了这个底线。故吕本中于《官箴》中云："当官之法，唯有三事：曰清，曰慎，曰勤。知此三者，可以保禄位，可以远耻辱，可以得上之知，可以得下之援。"

吉鸿昌当年尝于茶杯上刻"当官即不许发财"以自警。今年两会期间，李克强总理亦云："为官发财，应当两道。既然担任了公职，为公众服务，就要断掉发财的念想。"其实，这些要求都是传统士人理想的继承。但须知，这些要求之传统士人理想而言，实在说来是很低的，只是底线。而现在的官员连这个底线都做不到，可见当今士风之鄙下也。

三、社会导向的变更与传统士人理想的复兴

现在官员的生活，总体来讲较一般百姓的生活亦更为优厚，但他们为什么依然不满足，乃至贪腐成风呢？无非就是，不能像传统士人官吏那样——"律己以肥百姓"，而是把为官作为了获取私利的职业，而人的私欲又是无限的，岂有不贪腐之理?！那些没有贪腐的，可能是没有机会，一旦机会来临，可能也会贪腐。即便是因道德水平高而自觉不贪腐的人，因为他以为为官仅仅是做事，没有上升到传统士人官吏认知的高度，那么，他仅仅是成就了个人之德而没有成就百姓之福，更不能担当政治之大道。这样，他的政治功绩是极其有限的，乃至是一个可有可无的人，因为这样的事我不做别人也可以做，于是，辞

职也无所谓。但是，一个真正认识到为官不只是做事，而是有大的担当，那么，他一定会有“舍我其谁”的使命感，怎么会随便辞职呢？吾人虽然未必要求为官者一定要甘于清贫的生活，但为官不是为了获取优厚的报酬乃至发财致富，且一定要有所担当，这却是基本的职业底线。

所以，公务员（官员）辞职下海并不是一件值得称颂的事情，说明整个社会缺乏有担当的人。当然，这与当代社会的导向有关。当代社会一个最根本的导向与特征就是：经济发展是社会与政治的唯一目标。于是，国家追求 GDP 之增长，个人则累积财富。最近教育部发文鼓励学生休学创业，就是这种导向的表征。这隐含的意思无非是指：读书不过也是为了找一份职业，为将来创业发财作准备。这就与传统精神相去甚远了。《大学》云：

长国家而务财用者，必自小人矣。

治理国家当然要发展生产，增长经济，但政治的究极目的毕竟不是增长经济本身，而是要培养人的善德。故孔子说富民以后一定还要教民。亚里士多德也认为：

一个城邦的目的是在促进善德，这样的宗旨不难给它作证。[①]

一个社会或国家固然要发展经济，此为常识，不必讨论，但一个社会或国家的终极目的决不是此，这应是大家所能共许的。这样，教育就不能只是一种职业培训机构，一定要有能担当的士人。荀子说：

学恶乎始？恶乎终？曰：其数则始乎诵经，终乎读礼；其义则始乎为

① 亚里士多德：《政治学》，吴寿彭译，商务印书馆 2009 年版，第 142 页。

士，终乎为圣人。(《荀子·劝学》)

读书决不只是学一门专业去找一个工作，最后创业致富，无论你是什么专业，最起码要以士之精神为务。故中国传统有俗语曰“万般皆下品，惟有读书高”。“读书高”并不是指其地位高、权力大、俸禄厚，而是指其担当大、境界高，不与工商等职业一样唯利是图。

因为现在的导向是“长国家而务财用”，所以，无论什么职业，公务员、教师、学生，还是农工商，都不过是竞利以饱私欲。故辞职跳槽者多有，是以社会流动性大，由此带来的不稳定因素也很大，从而把社会推入危险之中。故中国传统社会一般不太赞成变动以竞利。荀勖曰：

去奇技，抑异说，好变旧以徼非常之利者，必加其诛，则官业有常，人心不迁矣。(《晋书·荀勖传》)

可见，现代人常变动职业以求利，确实是社会不安稳的一个重要因素。因此，《弟子规》要求吾人“居有常，业无变”，这里含有非常深刻的道理。

如果社会与政治总是在“长国家而务财用”之导向中不能改变，则下层民众必好变动以要利，社会涌动着危险的暗流；上层官员必贪腐以营私，政治充斥着污秽的浊流。由此，士风不得正，民情不得淳。欲得善治，不亦缘木求鱼乎？！

现在社会，吾人虽然不能要求“长国家而不务财用”，但至少不能“长国家而仅务财用”。这个根本导向应该把握住，不然，国家难以善治。如今，我们国家把“富强”作为核心价值确立下来，但“富”与“强”是不同的。物质财产谓之“富”，文化德义谓之“强”，只有二者兼而有之，才是“富强”。故“富强”意味着“富”且“强”，而不是“富”就能“强”。所以，吾国要真正“富强”，在“长国家而务财用”的同时，必须要重视文化德义，借助于中国传统文化的教化力量。由此，政府须从事务型政府转变为关注教化的政府。基于此，笔者以为，至少有以下三点是应该做的：

其一，中国传统文化进入体制内的各级教育机构与学校，以其文化德义精神根本扭转学风与世风，使社会养成诵读传统文化的风尚，且自觉浸润其氛围之中。决不能把教育作为一种职业培训，教育更应该是人格力量的提升与担当精神的培育。要达到这样的效果，则“进入”必须是严格意义上的引领，不只是选几篇经典文献，由老师在课堂上讲解一下就算了事。因此，“进入”必须借鉴传统的教育精神与书院模式，使其真实地落实下来。

其二，官员的任用与招募亦必须借鉴传统的科举考试，以检验入官者的道德力量与担当精神，使官吏不把职位作为其满足私欲的工具乃至贪腐的凭借，而是展示其人格力量与担当民间疾苦的舞台。夫子曰：“为政以德，譬如北辰，居其所而众星共之。”(《论语·为政》) 铨选官吏固然要重视才能，但德行必须作为首要考察之项目，这是为政之“大体”。不然，就会像齐国的盆成括那样，小有才而不知大体以至于惹来杀身之祸（见《孟子·尽心下》)，不但误己，而且害民。

其三，一定级别的官吏去世后依据其作为以国家的名义颁定适当的谥号，进入历史。“谥者，行之迹也；号者，功之表也；车服者，位之章也。是以大行受大名，细行受细名。行出于己，名生于人。”(《逸周书·谥法解》) 恢复传统谥号褒扬退贬之义，以便于引领士风。

果能做到以上三点，则民情为之淳朴，世风为之清正。当然，冰冻三尺非一日之寒，在当今的时势之下要扭转民情与世风是很难的。然而，“难，然后见君子”，或许这正是吾人建功立业之所在。

殷勤之意，惟冀有司裁之。

（原载“儒家网”2015 年 5 月）

感恩的本质、层次及其与幸福感之关系

一、感恩的本质

当今社会，世风日下，民心日偷，暴戾之气横行，危险似乎无处不在；同时，青少年心理问题日益突出，乃至少年犯罪层出不穷。诸如此类的社会问题，其引发之原因虽然多端，但没有感恩意识，恐怕是一个不可回避的问题，在青少年中间尤为如此。

我们一般以为，感恩就是对于别人施舍的回报，当我们没有受到别人的施舍时，我们也不需要感恩。若把感恩只定位于此，则感恩不过是一种利益交换。准确地说，这种感恩虽然是需要的，但尚不是感恩的最高义，因为这无助于人之德性培养与感发。感恩的根本目的是要培养人的德性，由此，感恩之最高义一定不是别人现实的施舍，而是形而上的、精神性的。这意味着，人作为一种精神性的存在，根本内在地包含有一种感恩意识，即只要你是人，你就应该，而且必须，同时能够拥有感恩意识，因为这是人性本有的机能。

那么，为什么说只要是人，就必然内在地隐含有感恩意识呢？荀子曰：

> 礼有三本：天地者，生之本也；先祖者，类之本也；君师者，治之本也。无天地，恶生？无先祖，恶出？无君师，恶治？三者偏亡焉，无安人。(《荀子·礼论》)

这里的意思是说：人之所以为人，乃根基于三种因素。哪三种因素呢？就是天地、先祖与君师。古人讲，天地生人，即天地是所有生命的根本，所谓生之本；父母乃至祖宗，让一个人降生在一定的家族之中，这就是类之本；君师治理国家、教化民众，给人以富足安定而有序的生活，这就是治之本。任何一个人要生活成长，都离不开这三个本，不然，他就不可能成其为人，而这三个本正是我们需要礼敬与感恩的。这意味着，人作为理性存在者，其本性中就自然隐含着感恩的意识，这就决定了感恩的本质在于：**是对人之为人的根基的礼敬**。中国古代有“天地君亲师”的牌位，供所有人礼敬与跪拜，就是感恩天地、先祖、君师这三本，而这三本正是人之为人的根基。在此，感恩与现实上的物质施舍没有任何关系，但却是感恩的最高义，因为它与人的德性培养直接相关。

二、感恩的层次

感恩与天地、先祖、君师之三本相关，决定了感恩有三个层次，也就决定了人格的三种境界。

就与父母、祖先的关系来说，感恩的表现就是孝敬父母、尊敬长辈。这是感恩的第一个层次。

孝敬父母、尊敬长辈并不是人额外的伦理规定，而是人之为人自身的要求，因为父母、祖先乃人肉体之所从来与基因之所由来。任何人一旦出生，父母与祖先就成了他天然的恩人，就有一个需要感恩的对象矗立在其眼前，且终身不会离去。所以，子女及后代需要感恩父母及祖先，根本与父母及祖先留给子女及后代多少财富或交给子女多少学识无关。大多数人的父母都是平庸的，并没有留给子女多少财富或学识，但这决不意味着我们不需要感恩他们。

《孝经》云："身体发肤，受之父母，不敢毁伤，孝之始也。"孝敬父母首要的表现就是呵护好自己的身体，不使其损伤生病。如果这一点都做不到，说感恩父母都是假的。《论语·为政》载："孟武伯问孝。子曰：'父母唯其疾之忧。'"这句话的意思是：孩子养好自己的身体，不让父母担心，就是孝，也是对父母最基本的感恩。又：

> 曾子有疾，召门弟子曰："启予足！启予手！诗云'战战兢兢，如临深渊，如履薄冰。'而今而后，吾知免夫！小子！"(《论语·泰伯》)

曾子病甚，恐怕自己生命行将结束，于是让门人弟子把他的手足抬起来看看，如果这些都完好无损，表示对父母基本的孝敬与感恩做到了，也就终于松了一口气。"吾知免夫"就是这个意思。如果身体发肤损坏，表示基本的孝敬与感恩没有做到。但人生几十年，谁敢保证身体发肤不损坏而无愧于父母之恩情呢？于是，自然就有"战战兢兢，如临深渊，如履薄冰"之心态了。之所以需要这种心态，乃因为子女之身体乃父母身体的继续，子女呵护好自己的身体就是保养好父母的身体，这当然是对父母的感恩。

但现代社会讲究独立与自由，子女与父母俱是独立而自由的个体，灵魂与肉体俱无关系。"我的地盘我做主"正是这种情形的基本体现。于是，现代人暴食暴饮，挑灯夜战，乃至无节制地狂欢，虽可求得一时之欢愉，但最终必然损坏身体，甚至招致疾病。对于父母之奉劝与批评置若罔闻，答曰"我愿意"。人们丝毫不觉得这是对父母的不孝、对父母恩情之亏欠。他们总以为，这是自己的事，与父母无关。殊不知，这已大错特错了。

所以，感恩的第一个层次就要求现代人滋养好身体，让自己的生命一直保持在健康、快乐、阳光之状态。对于青少年来说，认识到这一点尤为重要。因为青少年精力旺盛，往往不太注意身体问题，这不是对自己的健康不在乎，而是对父母的叛逆与违背，而这正是不孝的开始，因为连对父母基本的感恩都没有做到。

就与君师的关系来说，感恩的表现就是尊师重道，爱国家、爱民族、爱自己的文化传统。这是感恩的第二个层次。这里包含三点：老师、国家与民族、文化传统。而这三点又是需要我们每个人怀着感恩之情的。

首先，任何一个人的成长都离不开老师的教诲与引导，这是人成为人的道义与价值上的保证。故古人讲“师徒如父子”，“一日为师终生为父”，这表示老师像父母一样，也给予了人生命。不过，前者是精神的，后者是肉体的。孟子曰：“人之有道也，饱食暖衣，逸居而无教，则近于禽兽。”（《孟子·滕文公上》）这就是说，人若没有老师给予精神生命，就近于禽兽而与人道很远了。所以，尊师重教就是对给予我们精神生命的老师以回馈与感恩。古人讲“万般皆下品，惟有读书高”，这并不是说，读书可以做大官，享高禄，而是说，读书可能使人完成其精神生命，既而进入感恩之第二层次，而其人格境界是未读书者不可比拟的。

对于青少年来说，尊师重教的具体体现就是努力学习，提升境界。这是对老师最高的感恩。现代教育多只是传播知识与技术，忽视了人格精神教育。这样，学习只是为了找工作，想发财，图享受。须知，若自身之精神境界没有提升，只为一己之私利发奋，学习再好的学生也是对老师的辜负。所以，学习总意味着德慧双修，而且德行总是先于才慧的。如果我们做到了这一点，即便我们对于自己的老师没有物质上的感恩，但却是最高最大的感恩。

其次，任何一个人总是出生在一定的国家与民族之中，那种所谓超国家与民族的世界公民是不存在的。一个国家与民族的历史和文化使一个人成为了这样的存在而不是那样的存在，给人打上了种族与文化上的烙印。正是在国家与民族的悠久而宏大的历史境域中，人站立了起来，没有任何人能在这样的历史境域之外站立。既如此，一个人需要对自己的国家与民族充满感恩之情是内在地必然的。其具体表现就是爱自己的国家与民族，且这种爱是无条件的。很多人从现实的利益上来谈爱国问题，以为国家给自己带来了好处才去爱国。殊不知，这种爱正是一种利益交换，与感恩完全无涉。所以，冯友兰说："一个救民族底人应该只求救他的民族，不应该问他的民族，是不是值得救。一个爱国底人，应该只爱他的国，不应该问他的国是不是值得爱。"[①] 若从现实的利益上讲，国家与民族固然有值不值得爱的问题。但准确地说，没有一个国家与民族是不值得爱的，因为国家与民族总是在恩惠每一个人，但不是在现实的利益上讲的，而是在历史文化上讲的。因此，我们每一个人需要对自己国家的历史与文化充满温情与敬意。而那些对国家与民族丝毫无感恩之情的人，正是国家与民族的逆子。

最后，对于一般人特别是青少年来说，爱国家与民族的具体体现就是学习与弘扬自己的文化传统。一个民族的文化传统就像一位母亲，孕育了该传统之下的所有人民，对此怀有感恩之情，当然是应该的。爱国主义教育在中国国民教育中并不是一个陌生的理念，但到底什么是"爱国"呢？或者说，你"爱"的"国"到底是指什么呢？这样一问，很多人是茫然的。由此可知，我们讲爱国主义这么多年了，其实质多流于空乏。我们必须知道，国家是一种历史的文化的传承，而不只是一种当下的存在。这样，爱国就意味着传承过去，挺立现在，开辟未来。所有这些，如果没有文化传统的贯穿，是不可思议的。由此，爱国首先意味着爱自家的文化传统，任何一个时代，如果完全割裂传统，就意味着对自身国家特性与民族传承的放弃，这是最大的不义与背叛。所以，爱国首要的即在于守住自家文化的自性。一个没有文化自信与自立的人，是很难做到真正爱国的。因为国家是一种文化传承，故国家的生命是无限的，相对于有限生命的个人而言，具有绝对性。这意味着，爱国是一个人的必然义务，任何人都不能使自己的文化传统断灭。顾亭林曰"国家兴亡，匹夫有责"，就是在

① 《三松堂全集》(第四卷)，河南人民出版社 2001 年版，第 555 页。

这个意义上讲的。文化传统的赓续与承继，是维护国家与民族性的根本保证，任何人都必须尽此一份力，感此一份恩。这是无条件的。

就与天地之关系而言，感恩的表现就是仁爱万物，敬畏自然。这是感恩的第三层次，也是感恩的最高层次。

俗语曰："天地之间人为贵。"但这个"贵"字并不意味着人高居万物之上，可以随意暴殄天物，而是指人可以仁爱万物而与自然为一体。人之所以为万物之灵，乃因为吸收了万物之灵气，天地之菁华而成。所以，天地万物是人类最大的恩人，正是它们滋养着人类，才使人类历史延绵而悠久。一个真正知道感恩的人，必须上升至于这个层次。

在中国文化中，一个人要真正做到"仁"，其最高层次是与万物为一体的仁者境界。程明道曰："学者须先识仁，仁者浑然与物同体。"(《二程遗书》卷二上）这种仁者境界也就是冯友兰所说的天地境界。这种境界的人，既不在自己的私利中，也超越了社会整体。他面对的是整个宇宙，在天地宇宙的立场上做事。他不但尽人伦尽人职，而且能够尽天伦尽天职；他不但事天、乐天，而且最后通于天。冯友兰说：

> 不但对于社会，人应该有贡献；即对于宇宙，人亦有贡献.人不但应在社会中，堂堂地做一个人；亦应于宇宙间，堂堂地做一个人。[①]

人不但要挺立于家庭、社会，还要挺立于宇宙之间而无愧。故人不但要"俯不怍于人"，更要"仰不愧于天"(《孟子·尽心上》)。《中庸》云："唯天下至诚，为能尽其性；能尽其性，则能尽人之性；能尽人之性，则能尽物之性；能尽物之性，则可以赞天地之化育；可以赞天地之化育，则可以与天地参矣。"做人，必须要做到先尽己之性，然后尽人之性，最后尽物之性。尽己之性是立

① 冯友兰：《贞元六书》，华东师范大学出版社 1996 年版，第 557 页。

己，尽人之性是利他，尽物之性是爱物，以至于赞天地之化育、与天地参之境界。在这里，不但人格境界圆满完成，感恩之层次亦止于此而无以复加矣。若感恩之层次不能至于此，则必有所欠缺，其人格境界一定还没有圆满。

人虽然是宇宙的一分子，但并非人人觉解其为宇宙的一分子。于是，一般人或可感恩父母，乃至于感恩国家，但很少人能意识到需要感恩天地万物。我们求学问道就是要获得这种感恩意识。孔子曰："下学而上达。"(《论语·宪问》)"上达"就是与天地万物为一体之层次。

人能与天地万物为一体，不但感恩天地，亦必敬畏自然，决不会暴殄天物。孔子曰：

> 天有四时，春秋冬夏，风雨霜露，无非教也。地载神气，神气风霆，风霆流形，庶物露生，无非教也。(《礼记·孔子闲居》)

天地之间的一切自然现象，都不是偶然的，都是足够令人敬畏，且足以使人感恩而受益匪浅的，古人在此有明确的意识。故曰："断一树，杀一兽，不以时，非孝也。"(《礼记·祭义》)断树杀兽须以时，正是对时序与自然万物和谐之敬畏。《礼记·月令》所载，都是告诉人们依据时令与万物之特性，人类何时应该干些什么，都有明确的规定，不然，将必然导致灾难。如孟春之月，"不可以称兵，称兵必天殃"。因为春天是万物生长的融和季节，但兵戎毕竟有杀伐之气，二者是不协调的，故"称兵必天殃"。正因为古人敬畏自然万物之生长，故打仗一般不选择在春天进行，而是选择在秋天。而秋天有秋杀之气，适合打仗。春天不打仗，安心生产，储备一年的物质用度。迨及秋冬，这些储备，或用于祭祀，或用于战事，俱因春豫而有好的结果。之所以万事皆有好的结果，一言以蔽之，乃人们敬畏自然，感恩造化之所致。

但现代社会随着科学的昌明，这种敬畏感日益消失，纯粹依据人类主观的愿望与功利对待自然，这样一来，不是对自然的滥开发，就是对环境的重污染。虽然这是功利心之驱使，但与不知敬畏与感恩自然亦不无关系。我们要感恩自然，就起码应做到爱护万物、敬畏自然，就如我们要感恩父母，就起码应做到爱护自己的身体一样。

三、感恩与幸福感之关系

感恩的这三个层次，第一个层次使人成为孝子，第二个层次使人成为爱国家、爱民族、爱文化传统的优秀子民，第三个层次使人成为顶天立地的天人。这些都是人内在的本质要求，随着层次之上升，人格境界随着上升，人的幸福感亦随之增加。所以，如果一个人连第一层次的感恩都做不到，他是不可能有任何幸福感的；相反，若一个人做到了第三层次的感恩，他的幸福就是最圆满的。因此，感恩并不是对感恩对象的回报，最终关涉的是自家的幸福感。

但随着科技与经济的发展，我们似乎太过关心物质因素对幸福感的影响，而忽视了影响幸福感的精神因素。华南师范大学心理应用研究中心谢晓东等通过心理测试实验表明：感恩意识之于幸福感有极大的正相关性，而物质主义与感恩存在负相关性，物质主义得分越高的个体在感恩特质得分上愈低。下面是作者得出的实验结论：

> 其一，物质主义者只关注自己所没有的东西，并可能为之不择手段；相反，感恩的一个重要方面是再认、感激和品味自己所拥有的东西，即物质主义与感恩是相互阻抗的。
>
> 其二，感恩可以让个体感受到自己身边处处都有好心人，即高感恩的个体其安全感较高，而高安全感可以减少物质主义。[1]

---

[1] 谢晓东等：《青少年物质主义与幸福感的关系：感恩的中介作用》，载《心理科学》2013年第3期。

从上面的结论可知，我们要获得幸福感，不能一条鞭地往物质主义的路上走，而是要注重培养人的感恩意识与情怀。那么，为什么具有感恩意识的人容易获得幸福感呢？因为具有感恩意识的人常具有谦卑之德，他总是觉得自己的德行不够，但别人或社会给予他的已经足够多了，他对于这些给予反而觉得承受不起，不配享受。于是，愈加地感恩，愈加地满足，则他总处在别人为他营造的幸福感之中。然一旦有了幸福感，不但进一步反过来感恩别人与社会，且心志笃定，安心工作，努力学习，滋生无尽的动力与能量。

故培养感恩意识，对于青少年来说，可能尤为重要，因为他们的心智尚未成熟，可塑性较强。但无论如何，我们须切记的是：感恩决不是对感恩对象的回馈，而是成就自己，幸福自己。因此，感恩教育是每个人都需要的，也是我们每个人应该主动去追求的。你何时获得感恩意识，幸福感就在那一刻向你靠近；多一分感恩，必然多一分幸福感。

（原载《中国德育》2017 年第 10 期）

乡土重建篇

为什么要重建乡村社会？

（乡村风光）

一

《老子》第八十章曰："小国寡民。使有什伯之器而不用；使民重死而不远徙。虽有舟舆，无所乘之，虽有甲兵，无所陈之。使民复结绳而用之。甘其食，美其服，安其居，乐其俗。邻国相望，鸡犬之声相闻，民至老死，不相往来。"昔时读之，总不能解其意。近年来看到中国城镇化进程中所引发之诸多人伦与社会问题，方才警醒。我们不能不钦佩老子的智慧，他在二千多年前就指明了人类社会的发展方向。在现今中国城市化建设之狂潮中，重提这一思想具有特别的意义。

中国传统的农耕社会，扎根于乡里村落，秉承"诗书继世，耕读传家"之理念，虽然不能完全符合老子之所说，但与其精神相去不远，故中国乡村社会历二千余年而未变。但二十世纪初，随着清王朝的退位与传统文化的式微，传统乡村社会渐次瓦解。特别是改革开放以后，伴随经济的迅猛发展与城镇化进程的加快，中国传统的乡村社会几近退出了历史舞台。据冯骥才先生说，在中国，全国每天大约有八十至一百个自然村落消失。现在，城镇化不但是经济发展的主要推动力，且是中国社会发展进程的根本模式。有学者指出："城市是广大市民幸福生活的美好家园。在城镇化的进程中打造市民高质量的生活，是政府与民众共同的愿望。"[①] 但城镇化真能实现"幸福生活的美好家园"吗？真能打造"高质量"的生活吗？这个问题，你不能只是表面上的繁荣，须进入到对传统乡村社会与现代社会深入的研究之中。而要进入这种研究之中，须知道，传统乡村社会与现代社会人们追求物质财富的方式是不同的，进而其根本精神底蕴亦是悬殊的。这种不同与悬殊直接关涉到人们生活质量是否"高"。在这里，吾人若能了解亚里士多德在《政治学》一书中的观点，或许能解明个中秘密。

① 冯伟福：《城镇化进程中民众幸福指数的构成》，载《今日中国论坛》2012年第11期。

二

据学者之研究，在古希腊，政治本来是文化的一部分，“政治”——polis原意为“城邦”。柏拉图的所谓“理想国”就是用的polis，亚里士多德的“政治学”，用的也是polis，其实都是城邦学——文化学、人学，翻译成政治，味道全失，并造成不可估量的后果，应该重新回到“化成天下”之文化品格上来。这种矫正是吾人理解亚里士多德思想的主线，也是亚氏《政治学》一书的主要关切。

亚里士多德在《政治学》卷一中认为，人类有两种获得财产的方式：一类是自然的，即人们凭借天赋的能力以觅取生活必需品；一类是不合乎自然的，即人们凭借某些经验和技巧觅取某种作为非必需品的财富。①

在第一种方式中，所谓合乎自然就是指农耕、渔猎与畜牧，这是直接从自然获得生活必需品。亚氏认为，既然蛆生动物（如昆虫）和卵生动物（如鱼、鸟等）在他们所产的蛆或卵中就配置着幼体发育到出生以前所必需的全部营养；同样，胎生动物也是如此，分娩以前胎盘中具有足够的营养物质，分娩以后又有乳汁哺喂婴儿。由此可见，自然界已经为各种动物做好了食物上的安排，供其成长发育，无论是在出生前，还是出生后。依亚氏的看法，人类只要寄居在土地上，就一定能够从土地自身获得足够的必需生活用品，而不必要通过人为之技术手段去获得无限制的财富。亚氏说：

> 获得财产这一种自然方式的确应该是家务技术的一个部分。作为一个家主，他就应该熟悉并运用这些手段以取得家庭所必需的各种物品，而且不仅要足够当时所需的数量，还得有适量的积储，以备日后的应用。这种致富方式和技术不但有益于家庭团体，也有益于城邦团体。真正的财富就

① 亚里士多德：《政治学》，吴寿彭译，商务印书馆2009年版，第25页。

是这些物品。[①]

但亚氏认为，尽管农耕、渔猎与畜牧之物品为生活所必需，对于供应一家人的良好生活而言，实际上应该不是无限度的。因此，亚氏说："家务管理的功能［主要在必要数量的生活所需］不追求无限度的非必要财富。一切财富倘使从生活方面着想就显见得各有限度。"[②]在这个阶段，虽然不是没有"交易"，但是以一种生活必需品换取另一种生活必需品，且交易只是满足各自的基本生活需求为度，两方都直接以物易物。亚氏认为，"这样的交易既然不是获得金钱的致富方法，那就不是违反自然的"。[③]所谓合乎自然，就是双方达到各种生活需要目的以后，交易即停止，不进行无限制的牟利贩卖。

在第二种方式中，所谓不合乎自然就是指：不是以获得生活必需品而是以获得财富、聚集金钱自身为目的，且是没有限度的。获得财产的方式由第一种方式变迁到第二种方式，正是人类社会的基本发展方向。"财富观念从物品转向钱币，人们因此想到致富的途径就是聚敛钱币，大家由此竟然认为以钱币作中介的贸易会产生钱币，而积储这些钱币正是财富了。"[④]这在亚氏看来，是极端地违反自然的，商业性牟利为目的的贸易与钱币渐次取代农耕、渔猎与畜牧等自然生产方式，正是人类堕落的开始。

基于这种比较研究，亚氏由此感叹曰：

因为致富的两个不同方式颇相接近，这就发生混淆。他们都致力于获得财富，所运用的手段也相同，但所求的目的不同，这种各趋不同的途径，其一便是专以聚敛财富（金钱）为能事，另一却为生活而从事于觅取有限的物资。在两个方式互混时，人们往往误认家务管理的目的就是聚

① 亚里士多德：《政治学》，吴寿彭译，商务印书馆2009年版，第24页。
② 同上书，第28—29页。
③ 同上书，第26页。
④ 同上书，第27页。

敛；其执迷之尤者便信奉钱币就是真正的财富，而人生的要图在于保持其窖金，或无止境地增多其钱币。……生活的欲望既无穷尽，他们就想象一切满足生活欲望的事物也无穷尽。……这就是致富的第二方式所以成为时尚的原由。因为人生的快乐有赖于充分的物质供应，人们就尽心竭力于取得这些物质供应的技术；倘使凭借一门致富技术还不能完全如愿地达到目的，他们就把一切才德反乎自然的正道而应用到致富这一个目的上。……似乎世间一切事业归根到底都无非在乎致富，而致富恰正是人生的终极。[①]

亚氏之所以要作这种区分，且对于第二种获得财富的方式多有鞭挞，就是认为政治（实则是城邦学）之根本目的决不是无限制地发展经济而满足人们的物质欲望，而在于培养人之天性善德。“一个城邦的目的是在促进善德，这样的宗旨不难给它作证。”[②] 基于此，亚氏认为，包括获得财富在内的一切社会生活只有手段的意义，而决非目的自身。既然财富只有培养人之天性善德之意义，则吾人对于财富之追求不应该是无限度的，亚氏给出了他所确立的限度——“素朴（节制）而宽裕（自由）”。他说：

让这两个词联合起来划出我们应用财富的边际——两者如果分开，宽裕（自由）将不期而流于奢侈，素朴（节制）又将不期而陷于寒酸。人们在处理财富上表现过弱（吝啬）或过强（纵滥）的精神都是不适宜的，这里惟有既素朴而又宽裕，才是合适的品性。[③]

这预示着，太贫穷有损于人之德行，但太富更会败坏人之德行，惟有处在“素朴而宽裕”最有利于培养人之善德。但遗憾的是，人类社会并没有在亚氏

① 亚里士多德：《政治学》，吴寿彭译，商务印书馆 2009 年版，第 29—30 页。
② 同上书，第 142 页。
③ 同上书，第 64 页。

所确立的限度内发展，而是朝往宽裕这个方向无限制地发展，进而使得人们都在追求奢靡的物质生活，而人类的灾难与罪恶正由此而产生。故亚氏感叹道：“世间重大的罪恶往往不是起因于饥寒而是产生于放肆与贪婪。”[①] 吾人放眼于当今世间之各种恶行与犯罪，亚氏之言可谓万古不易之真理也。

三

由亚里士多德的相关论述，吾人再回到前面的论题当中。亚氏为人们确立的物质财富的限度——“素朴而宽裕”，正符合老子所说的“小国寡民”发展模式，或进一步说，中国传统以乡里或村落为中心的静态的农耕社会，其财富积累刚好达到“素朴而宽裕”这个限度。在这样的社会里，人们耕种在世袭的土地上，自给自足。冯友兰曰：

> 在工业革命前，一个乡下底自耕农或土财主，在他们的生活必需品方面一部分可以只靠他自己家里底出产。他们自己的田地里有自己种底粮食，自己种底菜，自己种底棉花。他们自己把自己的麦稻弄成米、面；把自己的棉花弄成线、布。[②]

总之，乡下人的生活，与其说依赖于贸易，倒不如说依赖于自身的德性。依靠勤劳，一切财富都从土地与自然获得，不能有一丝一毫的懒惰与诈伪；依赖俭约，亦不至于窘困或奢靡。可见，在这样的社会里，人们的德性在获得财富的过程中即得到了滋养，再加上劳动之余儒家诗书传统之熏染与宗法伦理之宣诫，适可完成亚氏所说的城邦之目的——促进善德。乡村社会的人们世代安居在自己的土地上，过着“日出而作，日入而息，凿井而饮，耕田而食。帝力

---

① 亚里士多德：《政治学》，吴寿彭译，商务印书馆2009年版，第72页。
② 冯友兰：《辨城乡》，见《三松堂全集》第四卷，河南人民出版社2001年版，第223页。

于我何有哉！”（《击壤歌》）之生活，“逍遥于天地之间而心意自得”（《庄子·让王》）。这种生活，依据王阳明的理解，“全是淳庞朴素，略无文彩的气象”（《王阳明全集》卷一《语录一》），其精神境界是淡雅、温润而空灵的。这才是真正的和谐社会。这种社会的人们在物质条件并不算太富足的前提下，之所以能心意怡然而自得，乃因为他们决不把无限制地追求物质财富作为人生之目的，他们只在与天地之共享和谐中获得适度的财富，既而颐养天年，感受宇宙人生之大美。乡村社会这种安乐自适的景象，在传统诗词中随处可见。如，陶渊明《归田园居》：

方宅十余亩，草屋八九间。
榆柳荫后檐，桃李罗堂前。
暧暧远人村，依依墟里烟。
狗吠深巷中，鸡鸣桑树颠。
户庭无尘杂，虚室有余闲。

又，孟襄阳《过故人庄》：

故人具鸡黍，邀我至田家。
绿树村边合，青山郭外斜。
开轩面场圃，把酒话桑麻。
待到重阳日，还来就菊花。

又，王驾《社日》：

鹅湖山下稻粱肥，豚栅鸡栖半掩扉。
桑柘影斜春社散，家家扶得醉人归。

又，辛稼轩《清平乐·村居》：

茅檐低小，溪上青青草。
醉里吴音相媚好，白发谁家翁媪？
大儿锄豆溪东，中儿正织鸡笼。
最喜小儿亡赖，溪头卧剥莲蓬。

乡村社会之所以呈现出一派安乐自适的景象，并非经济上如何的富足，物质上如何的丰裕，而是一切均在亲情伦理中自然运行。冯友兰说：

> 一个人，当其尚未出生之时，他的祖母告诉他的母亲，许多怀胎时应该注意底事。当他出生底时候，他的祖母替他收生。当他会玩耍底时候，同他玩耍者大概都是他的兄弟姐妹，或表兄弟，表姊妹。当他能上学底时候，他入他家里自己底私塾，或附入别底家里底私塾。他们的家若不是所谓“书香人家”，他或者跟着他的父亲学种田，或别种手艺，或到别底家里跟着师傅学别种手艺。当他成人底时候，他可以继续着他的父亲，担当他的家事，以“兴家立业”。如果他的父亲开了个木匠铺，他大概仍是开木匠铺。如果他的父亲种那一块田，他大概还是种那一块田。他如果有病了，他的祖母可以告诉他许多“丹方”，即使请了大夫来，而服侍汤药，仍是由他的母亲妻子担任。如果他“寿终正寝”，他的妻子，“亲视含殓”，把他葬在他家的“老坟”里，由他的儿子替他在他的坟前，立一块碑，上写某某府君之墓。[①]

这样，人们世代守着故土，生于斯，长于斯，死于斯，“不识天功，安知

① 冯友兰：《说家国》，见《三松堂全集》第四卷，河南人民出版社2001年版，第234页。

帝力”，终至于“乃不知有汉，无论魏晋”。这样的社会虽然发展缓慢，亦不富足，但人们似乎未感觉到有发展的必要，亦鲜有富足之追求。

但是，近代中国遭受了千年未有之变局，传统式微，社会结构亦随之根本改变，特别是改革开放以后，社会之维系与推动力量由原来的伦理教化变为了商业与资本，以前人们安于“素朴而宽裕”的生活，现在则变成了对财富的无限追求；以前财富只有手段之意义，现在财富自身就是意义。马克思在论述资产阶级的作用时说：

> 资产阶级在它已经取得了统治的地方把一切封建的、宗法的和田园般的关系都破坏了。它无情地斩断了把人们束缚于天然尊长的形形色色的封建羁绊，它使人和人之间除了赤裸裸的利害关系，除了冷酷无情的“现金交易”，就再也没有任何别的联系了。它把宗教虔诚、骑士热忱、小市民伤感这些情感的神圣发作，淹没在利己主义打算的冰水之中。它把人的尊严变成了交换价值，用一种没有良心的贸易自由代替了无数特许的和自力挣得的自由。……
>
> 资产阶级抹去了一切向来受人尊崇和令人敬畏的职业的神圣光环。它把医生、律师、教士、诗人和学者变成了它出钱招雇的雇佣劳动者。
>
> 资产阶级撕下了罩在家庭关系上的温情脉脉的面纱，把这种关系变成了纯粹的金钱关系。①

这里虽然说的是 19 世纪西方社会之情形，但一切以商业与资本为维系与推动力的社会概莫能外。现在社会打碎了乡村宗族以后，人从家庭与土地中游离出来，从而失去了最基本的生活保障与情感寄托，而人们要获得基本的生活保障与情感寄托，除了金钱与财富之外，似乎并无别物。现代社会当然也有家

---

① 《马克思恩格斯选集》第一卷，人民出版社 1995 年版，第 274—275 页。

庭，但除了银行存款与房产以外并无可以营生的所在。所以，冯友兰说：“各家，如不是穷光蛋，所有者亦只是钱。除了钱之外，没有一家是‘家给人足’底。”[①] 乡村社会被破坏以后，使得现代社会皆处在城市化之进程中，这种社会呈现出以下三个基本特征：

其一，恶性循环的财富游戏。原来的乡村社会，虽然不太富足，但因为人们安居在自己的土地上，只要自己勤劳与节俭，总会有相应的物产以供给人们基本的物质生活。因此，人们并不特别担心自己生活无着落，俗语云“留得青山在，不愁没柴烧”，说的就是这个意思。土地，正是人们用之不尽取之不竭的财富源泉。但现代社会人们离开了土地而进入城市，从而失去了其世代生存的土地，这样，人们赖以支持生活的基本源泉没有了，只是凭借自己的技术去获得工资进而养家糊口。但现代社会并不像乡村社会那样，而是一个流动性极大的社会，你今天拥有工作，明天就不一定拥有了。于是，人们总不能如乡村社会那样安乐与清闲，时常处在焦虑与担心之中。这种焦虑与担心促使人们在工作中去最大限度地追求金钱，以保证自己余生生活有保障。但金钱自身并不是生活数据，且又是极容易贬值的东西，于是，人们又把金钱兑换为有形资产（如房产）以求保值，于是，又推动了商业上的各种交易与博弈。然而，有形资产也未必能保值，因为这些资产的财富值不但与市场有关系，且与国家的政策调节关系甚大，有形资产的财富值亦处在风雨飘摇中。总之，现代社会中的人们都在无限制地追求财富，但这些财富是否真是财富也不一定，故依然是处在焦虑与惊恐之中，贫穷者固焦虑惊恐，富裕者亦焦虑惊恐。而这种焦虑与惊恐又促使人们无限制地去追求金钱，因为他们总是希望通过财富数量上的庞大弥补其“质”的不足。如此恶性循环，把现代社会推向了火山口。

其二，有技术与职业而无伦理与教养。传统乡村社会，人们世代以土地为基点耕种劳作，而耕种劳作是一种技术含量不高的工作，不需要特别的培训与

---

① 冯友兰：《说家国》，见《三松堂全集》第四卷，河南人民出版社 2001 年版，第 235 页。

学习。即便是手工艺，如木匠、陶工等相对需要一点技术的工作，亦不需要长期的培训与学习，只要跟着父兄或师傅一段时间即可出师。因此，传统乡村社会的学习时间并不耗费在劳作上，而主要是伦理精神与礼乐教化，前面提到的“诗书继世，耕读传家”正是此种情形。元代欧阳玄更有《耕学问答》一诗，更能说明乡村社会耕学并重的情形：

世间惟有耕与学，思量二艺皆无错。耕者荣华得富豪，学者羽翼生鳞角。耕问学：“得恁贤？累年累月在窗前。田地抛荒园圃废，日间忘食夜忘眠。”学者答：“非容易，笔头虽小惊天地。但看王侯将相家，尽是当年勤苦至。”学问耕：“得恁苦？浑身秽污生泥土。冬月之间被雪霜，春天晓暮遭风雨。”耕者答：“不辞辛，锄头翻地出黄金。但看世间储积者，尽是当年勤苦人。”耕可怜，学可爱，思量二艺皆怀大。少年辛苦老来闲，粉壁朱门多自在。①

而由于不需要学习劳动技术，故传统的“学”主要是学儒家之伦理教化、礼乐仪范，所谓“四书五经”者是。从私塾乃至于县府官学莫不如此，且这种“学”是人之为人、社会之为社会的大义所在。这就使得传统社会虽不富足，但却安乐；虽略显清苦，但却温清。传统社会之所以能如此，乃因为它始终站在“学”这个伦理本位上面，故梁漱溟先生说传统中国是“伦理本位，职业分途”的社会。以教化伦理为首出，而不以职业技术为首出，是乡村社会之根本特征。

然乡村社会打破以后，人们失去了土地，人的生活来源主要依靠自己的技术去赚钱，又加上现代社会分工精细，不再是简单的劳作，工作上的技术要求很高。于是，人们须花费大量的时间去学习这种技术。吾人看到，现在一个人

① 汤锐点校整理：《欧阳玄全集》，四川大学出版社2010年版，第62页。

从小学到大学毕业，动辄要耗费 15 年左右的时间，如果想继续深造，可能要耗费 20 多年的时间，但这么多的时间，亦不过是为了获得一门技术。不但理工科是一门技术性的学问，就是人文科学也因职业化而成为了技术性的学问。人们之所以欲求这些技术性学问，其目的无他，无非就是需要通过它才能找到工作，既而换来富足的生活。乡村社会中以伦理为本位的学完全没有进入现代社会之教育体制。而且，在这样的社会里，一切都技术化、职业化与金钱化，以前乡村社会中的伦理义务在此亦可被转化为一种技术性与职业性的服务。冯友兰谈到这种变化时说：

> 他在生出以前，他的父亲，大概已经为职业的关系，离开了他的大家庭。他的母亲，在怀他的时候，已经是不能得到他的祖母的看护。他的母亲大概是常到医院里检查胎位。他大概亦是生在产科医院里，有专门产科医生给他收生。……他如有了病，打电话叫医院派救护车来接他到医院，汤药服侍，都有专家负责，用不着他家里人在内。他若死了，医院里人打电话到殡仪馆，派车来把尸首运到馆里，衣衾棺椁，以及装里含殓，送计开吊，都有“专家”负责，用不着他家里人费心。……[①]

这样，乡村社会质实的生活伦理关系转化为了一种职业性的服务。比如，原来小孩子一般三年免于父母之怀，由此，孩子长大以后应还父母日后三年之丧。这种质实的生活场景，可以直接激起仁心之安与不安，从而培养人之善端。但现代社会，孩子很小即被放置在幼儿园，故孩子长大以后也不必还父母三年之丧。职业化服务代替了质实的伦理生活场景，大家谁也不欠谁的。由于职业性与技术性的统治，现代人无论是在教育体制中还是在生活实践中，都不能获得任何伦理的教化，德行的熏染。于是，现代人就是金钱刺激下的快乐奴

---

① 冯友兰：《说家国》，见《三松堂全集》第四卷，河南人民出版社 2001 年版，第 235 页。

隶，知识武装上的道德群氓。

三、女性也成为职业人而失却其娴静之品德。基于男女性别的差异，女性以其特有的品德可以协调家庭，风化社会。故《颜氏家训·序致》云："夫同言而信，信其所亲；同命而行，行其所服。禁童子之暴谑，则师友之诫，不如傅婢之指挥，止凡人之斗阋，则尧舜之道，不如寡妻之诲谕。"那么，女性特有的品德是什么呢？答曰：娴静。不惟中国传统这么认为，西方亦是如此。亚里士多德曾引用诗人索福克里的话说："娴静是妇女的服饰。"[①]女性的这种娴静可以安抚家庭的暴戾之气，转化社会市井之风。在传统中国，女性对于社会之良性运行，发挥着不可代替的作用，这样的例子很多，不胜枚举，亦不必枚举。其实，有识见的西方人也会有这种认识。亚里士多德在论述女性的重要时说："妇孺的善良与否的确有关城邦的优劣：妇女占据全邦人口的半数；而儿童则不久就要成长为公民。"[②]托克维尔也认为，在现代社会，女性之作用尤重，因为一个社会的传统宗教对于妇女的性情影响很大，"而民情的主要创造者却正是妇女"，而由妇女之娴静造就的这种民情，使得一个人"在家里，他的一切享乐简朴而自然，他的兴致纯真而淡泊"。[③]可以说，女性之娴静正是暴戾、杂乱之现代社会的一剂清凉散。在传统的乡村社会妇女往往易于养成这种娴静之品格，因为传统社会只要求供给自家之衣食用度，并不无限制地追求物质财富，故不需要妇女外出劳动而与男人竞争，这样，女性从小就静养在家里，由母亲或长辈教以妇功或女德，长大以后自然娴静端庄，由此而燮理阴阳，和谐族里，故每一世家大族，每每有风范一方、母仪一世之女性出现，非偶然也。但现代社会讲求所谓"男女平等"，女性同男性一样，也成为了职业人，职业技术成为了女性的主要角色与担当，而安理家庭，教化子女反而成了次要角色，甚至根本上交给职业机构（如托儿所、各级学校或家政公司

---

① 亚里士多德：《政治学》，吴寿彭译，商务印书馆2009年版，第40页。
② 同上书，第42页。
③ 托克维尔：《论美国的民主》上册，董果良译，商务印书馆2012年版，第337—338页。

等），女性成了十足与纯粹的职业人。可以说，现代社会，性别的区分是模糊的，都是“男人”，传统乡村社会娴静之女德在现代社会几乎缺如。笔者曾经说过：“毫无疑问，一个纯为男人的世界必定粗鲁狂狷近于癫疯乃至能量耗尽而死，一个纯为女人的世界必定琐碎鄙俗趋于平庸乃至机体腐烂而亡。”① 职场中的现代人因无女性娴静之德所养成的优雅之风，博厚之情，或沉于粗鲁的狂欢之中，或陷入致死的病痛之中，故现代社会，失败人士固有病，成功人士亦有病。可见，女性成为职业人而失却其娴静品德，无论对于女性自身还是对于整个社会，都不是好事。

另外，传统乡村社会之婚嫁、丧葬等礼俗在现代社会亦根本丧失了其大义，从而没有了教化人心，匡扶世道之作用，这里不拟一一详论。总之，乡村社会与现代社会之精神气质与品格底蕴根本不同，乡村社会乃基于儒家伦理之上的文化单位，这就响应了前面所说的，“polis，其实都是城邦学——文化学、人学”，其目的在“化成天下”，乡村社会正是这种理想的践行模式。罗素说：“与其把中国视为政治实体（political entity）还不如把它视为文明实体（civilization entity）——唯一从古代存留至今的文明。”② 其实，不只是中国传统乡村社会是如此，古希腊的城邦亦是如此，柏拉图与亚里士多德之政治理想都是文化单位而不是政治实体。只不过，这种模式在西方未能长久保持即被现代政治社会所取代而已。现代政治社会，一言以蔽之，乃是基于经济运营之上的数量组织。乡村社会因为是文化单位，具有其内在精神性的广度与深度，故黏合性强，包容性大，一切可以自行运转，推远了政治与法律，在这里，人性可自我完善。现代社会因为只是数量组织，一切依赖数量与程序而没有伦理精神之深度与广度，故显示出干枯性与单调性，而对于政治具有极大的趋同性与依赖性，人性在此是荒芜的，人生是无归宿的。这样的社会，尽管很繁荣，却很

① 张晚林：《两情相悦如何能从鉴赏的走向理性的——论爱情从美学至心性学的可能性》，《赫日自当中——一个儒生的时代悲情》，中国政法大学出版社 2013 年版，第 287 页。

② 罗素：《中国问题》，秦悦译，学林出版社 1996 年版，第 164 页。

杂乱；尽管很富足，却不安稳。因此，吾人若仅仅是陶醉于当代社会外在的数量型的富足与繁华，而不能深切地解析其内在的精神底蕴，乃至一味地指责《老子》第八十章之所说为反科学，开历史之倒车，亦可谓不知类也。

四

现在，整个中国都在推进“中国梦”的实践与教育，但从政府的宣传上看，似乎还是从经济发展的角度着手，其中一个根本的举措就是推动城镇化进程的深度与广度。通过上面的论述，吾人知道，如果政府不仅仅是考虑一个经济发展问题，而是要着眼于“中国梦”的实现，则推进城镇化未必是一个好的举措。因为城镇化——说到底——还是一个短期的经济发展问题，决不是一个长远的“梦”。要实现“中国梦”必须考虑重建乡村社会，因为只有在那里才有人性之本源，超越的提撕。而所谓“梦”一定须内在地包含“人性之本源”，“超越的提撕”这两个因素，并以此为首出，非以致富发财为首出也。诚如蒋庆先生所言：“不以城市之发展方向与富裕程度为追求目的，而以乡村之和乐、心理之安然为建设目标，其口号为：不求富，但求安；不求变，但求和；即所谓夫子贫而乐居而安者也。”[①] 这样，在乡村社会里完成人伦的教化，性情之提撕，使人作为真正的人而存在，这是完成了的自然主义，亦是完成了的人道主义。以马克思的话说就是：“作为完成了的自然主义，等于人道主义，而作为完成了的人道主义，等于自然主义，它是人和自然界之间、人与人之间的矛盾的真正解决。”[②] 一言以蔽之，人的自我异化的积极的扬弃。当然，如何重建乡村社会，当代儒者多有设想与讨论，吾人可有所检定与裁择，并可有新的预期与设想。总之，须有历史之敬重与现实的措置。但有两种根本精神不能违背，其一，扎根故土，安居乡里，不可有无限制地求发财之致富精神；其二，须使

---

① 蒋庆：《本人对“乡村建设”之基本意见》，“儒家中国”网站。

② 马克思：《1844年经济学哲学手稿》，人民出版社2000年版，第81页。

儒家之伦理精神，礼乐教化复兴于人伦日用之间。总之，故土与乡里是滋养人生之根本与归宿。太史公曰："本富为上，末富次之，奸富最下。"(《史记·货值列传》) 魏源释之曰："有本富有末富，其别在有田无田。"(《魏源集·默觚下·治篇十四》) 且他进一步解释何为"本"？何为"末"？

万事莫不有其本，守其本者常有余，失其本者常不足。宫室之设，本庇风雨也；饮食之设，本慰饥渴也；衣裳之设，本御寒暑也；器物之设，本利日用也。风雨已庇而求轮奂，轮奂不已而竞雕藻，于是栋宇之本意亡；饥渴已慰而求甘旨，甘旨不已而错山海，于是饱腹之本意亡；寒暑已御而辨章服，章服不已而尚珍奇，于是裘葛之本意亡；利用已备而贵精丽，精丽不已而尚淫巧，于是制器之本意亡。主奢一则下奢一，主奢五则下奢五，主奢十则下奢十，是合十天下为一天下也。以一天下养十天下，则不足之势多矣；不足生觊觎，觊觎生僭越，僭越生攘夺，王者常居天下可忧之地矣。(《魏源集·默觚下·治篇十四》)

魏源这里所说的"尚本"就是求日用，"究末"就是竞奢靡，这正同于亚里士多德所说的富而竞奢靡必将败德。卢梭曾说："随着科学与艺术的光芒在我们的天边上升起，德行就消逝了。"[①] 卢梭进一步说：

我们想到风化时，就不能不高兴地追怀太古时代的纯朴景象。那是一幅全然出于自然之手的美丽景色，我们不断地向它回顾，离开了它，我们是不能不感到遗憾的。那时候，清白有德的人愿意神祇能够明鉴他们的行为，他们都一起住在同样的茅屋里；然而不久，他们竟然在为非作恶以后，就讨厌这些不与人方便的观察者了，于是就把神祇放逐到华丽的神殿

① 卢梭：《论科学和艺术》，见伍蠡甫主编：《西方文论选》上册，上海译文出版社 1979 年版，第 332 页。

> 里去了。最后他们还把神祇从神殿里赶出去以便自己居住在里面，或者，至少也是神殿和公民的厅堂不再有什么区别了。这时候就是腐化堕落的极点了，当我们看见——可以这么说——罪恶表现在世家大族的门楣上，表现在大理石的柱子上，或者铭刻在哥林多式的柱头上的时候，罪恶也会登峰造极了。[①]

卢梭距老子相去二千余年，然其所说之于老子，亦可谓空谷足音也。试放眼现代社会日益富丽之高楼，日竞夸奢之商埠，而其背后又隐藏着多少贪婪与罪恶。城市化进程依靠的正是科学与艺术，讲求的是舒适与奢华，其最终结果必然逃脱不了卢梭之所说。

夫子曰："质胜文则野，文胜质则史。文质彬彬，然后君子。"（《论语·雍也》）"质胜文"，则茹毛饮血，行无表防，与禽兽无以异；"文胜质"，则以现代物质文明褫夺性灵，人成为无"家"的游魂，华丽之物器。儒家伦理精神与礼乐教化下的乡村社会正是"文质彬彬"的社会，亦是能造就君子的社会，何乐而不为？本文从传统乡村社会与现代社会之不同精神底蕴来探讨重建乡村社会之必要性，适此城市化进程之狂潮中，知音者必能"莫逆于心，相视而笑"也。

（原载"儒家网"2013年5月）

① 卢梭：《论科学和艺术》，见伍蠡甫主编：《西方文论选》上册，上海译文出版社1979年版，第338页。

传统社会伦理何以有必要重建

——从深圳红钻足球俱乐部欠薪事件说起

2014年7月15日，在足协杯第三轮深圳红钻对阵山东鲁能的比赛中，深圳红钻队员比赛一开始即背对球门站立三十秒钟，以抗议俱乐部的欠薪，最后导致八打十一，且0∶5惨败的结果，据说山东队员都不忍再进球了。应该说，这场球已超越单纯竞技体育本身的意义，因此，吾人不必去讨论比分本身。但俱乐部副董事长王奇的一段话却值得吾人进一步思考当代社会的弊端何在。王奇说：

> 深圳不像别的城市对体育文化非常的支持。我觉得5年之内深圳不适合搞职业体育，他们搞业余体育、全民健身可以，但职业联赛却不行，这其实与这座城市的文化有关。……这里的商业是一种缺乏情怀与文化的商业，特直截了当，不给钱就闹事。可能是我不太适应过度商业化的城市。①

① 《东方体育日报》2014年7月18日，记者丁荣。

王奇先生的这段话说得很无奈，其实也很伤感。他不但道出了深圳这座商业化大都市的真实情形，更道出了整个当下商业化社会的真实情形。即没有情怀的维系与文化的担当，一切依靠商业利益来维持，给钱就出工出力，不给钱就消极怠工乃至罢工不干了。一切精神文化的鼓动与劝说都显得极为苍白可笑。

深圳原本是一个小渔村，边远而落后，但自从二十世纪八十年代被列为所谓经济特区之后，依靠中央政府的经济优惠政策得到了迅速的发展，商业资本源源不断地流向深圳，内地人员亦大量涌入，或下海经商，或打工淘金。原本的小渔村迅速变为人口膨胀的大都市。据 2010 年的有关资料统计，深圳总人口约为 1322 万，其中常住人口约为 1035 万。在这 1035 万常住人口中，只有约 251 万人的户籍在深圳，而这 251 万户籍人口中，据 2005 年的统计，只有约 31 万原住民。如果吾人把深圳的原住民人口除以深圳市总人口数，考虑到人口的变化与统计的遗漏，原住民所占的比重最多不会高于 5%。可以说，深圳已经成为了名副其实的移民城市。那么，为什么这么庞大的人口抛离故土而走向深圳呢？无非就是那么的经济机遇与商业利益。太史公曰："天下熙熙，皆为利来；天下攘攘，皆为利往。"所有走向深圳人之心态，可以此语尽之。说白了，人们都是为了发财才走向深圳的。实际上，确实很多人在那里发了财，但深圳之于他们仅仅只是一个获得经济利益的地方，他们发了财，就把资金投向自己的故乡，娶妻盖房，因为故乡才是他们的"家"。即便是那些在深圳买房置业的常住人口，也只是因为常住于此可以更容易获得商业上的便利，并没有把深圳作为真正的"家"。到目前为止，尽管深圳的经济吸引力已不如从前，但依然是中国经济发展的前沿地区，所以，还是有大量的人口涌向深圳，以便实现他们的发财梦想。如果有朝一日经济吸引力停滞不前乃至不如内地地区，则深圳这个大都市可能立即就会溃散，因为"深圳人"的父兄都在内地，内地才是他们的"根"。现在，深圳当然还可以维持表面上的繁荣，但其维持的唯一杠杆就是经济，如果没有经济的吸引力，繁荣立刻消散。因此，深圳红钻队员比赛中的情形就可以想见了。王奇先生的无奈与伤感也是可以想见的，因为这是深圳这座城市的精神。没有别的解决办法，唯一的办法就是赶紧给钱。这里并非谴责深圳红钻队员品德低下，因为在以经济利益为唯一杠杆的社会里，也只能如此。像深圳这样的现代都市，长时间不发工资，生活与消费俱成了问题，不像传统社会，生意赔本，至少可以有农耕的保障，一家人的基本生活无碍。这样，类似于深圳红钻俱乐部的情况发生，人们不是抗议就是谩骂，因为深圳这座城市只是他们赚钱的凭借，进而消费带来快乐之地，而不是文化之根，人们完全没有必要有道德的约束。

但是，难道只有深圳一座城市才遭遇到这样的问题吗？其实，放眼整个中国莫不如此。只要回想一下每年的春运大潮就可以想见中国的流民大军了。流民大军抛弃妻子远离故土而流向天南海北，无非也就是为了各自的发财梦。进一步说，现代社会的所谓“跳槽”、“人才流动”，其背后无非是经济利益在起作用。可以说，整个现代社会就是一股涌动流，其唯一推动力就是经济利益。经济利益在各环节流动顺畅则社会运行正常，一旦出现问题，秩序即消散，混乱滋生。人自身没有站得住的精神，经济一旦萧条，社会即崩塌。这就是现代社会与中国传统社会最大的区别。

中国传统社会虽然也有经济或商业贯穿其间，但基本上处在一种静态的低水平上，依靠当事人的勤劳去获得相应的利益（且崇尚节俭，张潮曰：“俭德可以当财货。”[《幽梦影》第一一九]），不像现代社会，主要依靠机遇与市场。所以，在中国传统社会，经济问题尽管也很重要，但却不是维系一个社会的根本杠杆，只有出现严重灾害或饥荒时，经济问题才成为一时的社会问题。平时，传统社会的维系主要依靠儒家文化与伦理，而决不是经济利益。“耕读继世，孝友传家”（湖南岳阳县明代古村落张谷英村正大门楹联）即道出了传统社会的根本精神。传统社会以文化与伦理作为维系社会的杠杆抑制了经济利益僭越为主导力量的可能。任何社会当然少不了经济问题，但传统社会的经济问题总是与治生问题相联系，经济自身不僭越为一个独立的领域。明儒陈确先生曰：

确尝以读书、治生为对，谓二者真学人之本事，而治生尤切于读书。……唯真志于学者，则必能读书，必能治生。天下岂有白丁圣贤、败子圣贤哉！岂有学为圣贤之人而父母妻子之弗能养，而待养于人者哉！（《陈确集》卷五）

治生当然需要有物质的保障，经济的支撑，但治生在在与做圣贤相关而不是贪图物质享受。这样，经济问题不是去获得最大的利益满足，而是去尽伦理，至少，经济利益受到伦理与文化的严格限制，这使得尽管社会上有商业买卖，但并不以经济利益为主导，而是以文化伦理为主导。李空同《明故王文显墓志铭》引商人王现（字文显）之言曰：

文显尝训诸子曰：夫商与士，异术而同心。故善商者处财货之场而修高明之行，是故虽利而不淤。善士者引先王之经，而绝货利之径，是故必名而有成。故利以义制，名以清修，各守其业。（《空同先生集》卷四十四）

中国传统社会虽有士农工商四民，但商人处在末端，显然抑制了商业过分发展，其用心就是不能让经济利益成为一个社会的主导性原则。虽然当今社会与传统社会已有不同，商业对于任何一个社会尽管必要，甚至是相当诱人，但一个社会的主导性原则必须有代表文化与伦理之原则参入，却古今并无异同。因此，尽管明清以来商业有所松绑，但“士商异术而同志”（王献芝《弘号南山行状》）几乎是社会之共识。这里的“志”决不是经济利益而是伦理文化。正因为如此，才有“良贾何负闳儒”（汪道昆《太函集》卷五十五《诰赠奉直大夫户部员外郎程公暨赠宜人闵氏合葬墓志铭》）之论。

如果一个地方因商业过度发展而使经济利益僭越为了主导性原则，将是一个重大的民风问题，必然受到抑制而加以改变。山西巡抚刘于义尝上书雍正皇帝曰：

> 山右积习，重利之念甚于重名。子孙俊秀者多入贸易一途，其次宁为胥吏。至中材以下方使之读书应试。以故士风卑靡。（《雍正朱批谕旨》第四十七册“刘于义雍正二年五月九日”）

有鉴于此，雍正皇帝批曰：“朕所悉知，习俗殊可笑。”这样，因为传统社会的商业受到文化伦理的严格规导与引领，使得传统商人不会是唯利是图之人，整个社会也不会充满铜臭气。正因为如此，余英时先生才在《中国近世宗教伦理与商人精神》一文中通过钩沉大量的历史文献，进而得出结论说：

> 把（中国近世）商人看成只知“孳孳为利”，毫不受宗教道德观念的约束的一群“俗物”，在大量的文献面前是站不住脚的。①

这样看来，传统中国社会尽管有商业乃至利益的竞争，但文化与伦理始终处在主导地位，宗法的静态社会始终没有解钮。文化与伦理始终是传统社会的根本精神，这就构成了一个地方的习俗与民风。用现在的话说，就是一个地方的文化名片。因为这张文化名片不但影响一个人当下的生活，而且还影响他的子孙后代，人的一言一行自然以谨慎为务，不可能凌驾于文化与伦理之上。这就不会出现王奇先生的“缺乏情怀与文化”的感叹了。文化与伦理有历史的承续性与胶固性，会形成一种强大的黏合力，规范言行，和谐社会。更重要的是，职业成了人体悟文化与践行伦理之地，决不是商业的考虑与利益的算计。这样，哪怕在现代人看来是纯粹的商业营生，传统中国人依然有敬畏之心。明代商人樊现尝自语曰：

---

① 余英时：《士与中国文化》，上海人民出版社 2003 年版，第 483 页。

谁谓天道难信哉！吾南至江淮，北尽边塞，寇弱之患独不一与者，天监吾不与欺尔！贸易之际，人以欺为计，予以不欺为计，故吾日益而彼日损。谁谓天道难信哉！(《康对山集》卷三八《扶风耆宾樊翁墓志铭》)

樊现之所以生意越做越大，乃因为他敬畏天道而尽人伦，非纯粹之竞利原则也。“为商贾，把天理常存心上。不瞒老，不欺幼，义取四方。”（祁县大德成文献收录:《行商遗要》）这一直是传统商人践行的原则。

但是，现代社会的生产与贸易纯粹依据市场原则，文化与伦理完全消解，所谓“市场是一只看不见的手”就是最后的说明。这意味着，人们耳熟能详的纲常伦理都不起作用了，只有那只看不见的手才是最终的推动力。这样一来，现代社会所谓的商业，纯粹就是一“裸奔”的市场。在这个“赤裸”的市场里是不提倡勤劳与节约的，反而要提倡奢靡与消费，不然，市场就不能正常运转，至少不能高速运转以实现利益的最大化，传统中国士人于此有真确的体会。明代经济学家陆楫以为，如果纯粹从经济发展的角度看就有必要鼓励奢靡之民风。他说：

天地生财，止有此数。彼有所损，则此有所益，吾未见奢之足以贫天下也。自一人言之，一人俭则一人或可免于贫；自一家言之，一家俭则一家或可免于贫。至于统论天下之势则不然。治天下者，将欲使一家一人富乎？抑亦欲均天下而富之乎？予每博观天下之势，大抵其地奢则其民必易为生，其地俭则其民必不易为生者也。何者？势使然也。今天下之财富在吴越，吴俗之奢，莫盛于苏杭之民。有不耕寸土而口食膏粱，不操一杼而身衣文绣者，不知其几何也，盖俗奢而逐末者众也。只以苏杭之湖山言之，其居人按时而游，游必画舫肩舆，珍羞良酝，歌舞而行，可谓奢矣。而不知舆夫舟子，歌童舞妓，仰湖山而待爨者不知其几。故曰：“彼有所损，则此有所益。若使倾财而委之沟壑，则奢可禁。不知所谓奢者，不过富商大贾，豪家巨族，自侈其宫室车马，饮食衣服之奉而已。彼以粱肉奢，则耕者庖者分其利；彼以纨绮奢，则鬻者织者分其利。正《孟子》所谓通功易事，羡补不足者也。上之人胡为而禁之？若今宁绍金衢之俗，最号为俭，俭则宜其民之富也。而彼诸郡之民，至不能自给半游食于四方。凡以其俗俭而民不能以相济也。要之先富而后奢，先贫而后俭。奢俭之风，起于俗之贫富，虽圣王复起，欲禁吴越之奢难矣。”或曰：“不然。苏杭之境，为天下南北之要冲，四方辐辏，百货毕集，使其民赖以市易为生，非其俗之奢故也。”噫！是有见于市易之利，而不知所以市易者，正起于奢。使其相率而为俭，则逐末者归农矣。宁复以市易相高耶？且自吾海邑言之，吾邑僻处海滨，四方之舟车不一经其地，谚号为小苏州。游贾之仰给于邑中者，无虑数十万人，特以俗尚甚奢，其民颇易为生尔。然则吴越之易为生者，其大要在俗奢，市易之利，特因而济之耳，固不专恃乎此也。长民者因俗以为治，则上不劳而下不扰，欲徒禁奢可乎？呜呼！此可与智者道也。(《蒹葭堂杂著摘抄》)

陆楫之所言，一言以蔽之，就是现代经济学上的共识：鼓励消费，拉动内需，以刺激经济增长。与陆楫所说的传统社会不同，现代社会不但经济商业领域执行着这一原则，而且几乎社会上的所有领域都执行着这一原则。由此，整个现代社会成为了不折不扣的消费社会。鲍德里亚说；

今天，在我们的周围，存在着一种由不断增长的物、服务和物质财富所构成的惊人的消费和丰盛现象。它构成了人类自然环境中的一种根本变化。恰当地说，富裕的人们不再像过去那样受到人的包围，而是受到物的包围。……正如狼孩因为跟狼生活在一起而变成了狼一样，我们自己也慢慢地变成了官能性的人了。[①]

① 鲍德里亚：《消费社会》，刘成富等译，南京大学出版社 2008 年版，第 1 页。

我们被物包围着，只对丰盛的物质世界有感觉。依鲍德里亚的说法：“我们的超级购物中心就是我们的先贤祠，我们的阎王殿。”[①]这样，消费不只是经济发展中的一个环节，而是一种意识形态和文化。“消费是个神话。也就是说它是当代社会关于自身的一种言说，是我们社会进行自我表达的方式。”[②]在传统社会里，尽管有奢靡的消费，但传统知识分子对此抱有高度的警惕。明人谢肇淛在《五杂俎》中指出：

> 今之富家巨室，穷山之珍，竭水之错，南方之蛎房，北方之熊掌，东海之鳆炙，西域之马奶，真昔人所谓富有小四海者，一筵之费，竭中家之产，不能办也。此以明得意，示豪举，则可矣，习以为常，不惟开子孙骄溢之门，亦恐折此生有限之福。

这样，传统社会尽管有奢靡之风，但决不对文化与伦理构成挑战，至少不会取代文化与伦理而成就一个新的文化与伦理。因此，传统社会的奢靡之风并没有突破传统文化与伦理。然无论如何，奢靡之风总会败坏民风与德行。维扬自古乃烟柳繁华之地，致使南巡的乾隆皇帝有诗曰：“还淳拟欲申明禁，虑碍翻殃谋食群。”乾隆皇帝深知奢靡之风之于民风的腐蚀作用，故欲加以禁止；但一旦禁止，又必然减少就业机会，从而断了一些人的生活来源。这种两难处境，使得乾隆皇帝叹曰：“化民成俗，言之易而行之难，率皆如此。”（张世浣：《重修扬州府志》卷三《巡幸志三》）可见，传统社会对于奢靡高度的警惕，这使得奢靡在传统社会只是个别现象，不是整个社会的风气。所以，看到奢靡正面价值的陆楫，其先人作为成功的商人，却是“鸡初鸣即起，率家人事生产”（陆深：《俨山集》卷八一《敕封文林郎翰林院编修先考竹坡府君行实》）。由此可知，勤劳、节约之德行依然是传统社会主流。但现代社会就完全不一样，奢

① 鲍德里亚：《消费社会》，刘成富等译，南京大学出版社 2008 年版，第 7 页。
② 同上书，第 199 页。

靡不但是现代社会正常运行的根本保证，而且也是滋生一切价值、伦理与道德的基础。鲍德里亚说：

> 假如人们仅仅是进行消费（囤积、吃、消化），消费社会就不会是一种神话，就不会是社会关于自身所坚持的一种充实的、自我预言式的话语，就不会是一种全面诠释系统。……在此意义中，丰盛和消费——再次声明这里所指并非物质财富、产品和服务的丰盛和消费，而是消费之被消费了的形象——恰恰构成了我们的新部族神话——即现代性的道德。①

一言以蔽之，消费自身成了文化、伦理与道德，而以前足以粘合社会，导持人心，慰藉灵魂的文化、伦理与道德皆被打碎。“所以丰盛并非天堂、并非从道德向富裕之理想的非道德的跳跃，而是被一种新道德支配着的一种新的客观形势。客观地说，这并不是一种进步，而仅仅是另外某种东西。”② 鲍德里亚由此得出结论说：“‘富庶革命’并未开启理想的社会，而仅仅是导向了另一类型的社会。”③ 这个“另一类型的社会”就是世俗的、暴力的社会。暴力在这里才真正实现了它无所不在的威力，即“被丰盛和安全掩盖起来的、真实的、无法控制的暴力问题，它曾一度达到一定的极限。……这种暴力的特征是无目的和无对象”。④ 正因为这种暴力是无目的和无对象的，故而是无法消弭的。准确地说，暴力并非个人的偶然行为，而是大众心态、精神与伦理，除非根本扭转社会类型，纯粹的法律制裁、舆论谴责或道德说教都是无法救治的。鲍德里亚说：

> 像所有批评者所作的那样，对这种暴力的“命定性”、这“乱糟糟的

① 鲍德里亚：《消费社会》，刘成富等译，南京大学出版社 2008 年版，第 200 页。
②③ 同上书，第 175 页。
④ 同上书，第 173 页。

局面”、潜在的社会及道德预防，或者相反家长式的宽容（“年轻人是该发泄发泄”），对这一切进行指责或抱怨都是毫无用处的。某些人怀念那个“暴力还有意义”的时代，怀念那战争的、爱国的、激情的、合理的、好的古典暴力，说到底——怀念由一种目标或原因认可的暴力、意识形态的暴力，或者个体的、反抗的、尚能反映个体美学并能够被看做一种艺术的暴力。每个人都会想方设法使这种新暴力回归到一些古典范例之中并用一些现成疗法来处理它。但必须看到，这种暴力本身不再是历史的、圣化的、礼仪的或意识形态的，因而它并非个体独特单纯的行为，必须看到这种暴力在结构上是与丰盛联系着的。这就是为什么它不可逆转且总是迫在眉睫，对每个人都如此具有慑服力，无论他们如何看待它：这是因为它就是扎根在不断的增长和满足的进程本身之中，而每个人都被卷进了这一进程。①

尽管我们每个人都在怀念古典的时代，但这不过是多情的一厢情愿，因为我们不但每个人被卷入了这种暴力之中，且“贡献”了一份暴力。这是整个的精神性危机，不是局部的调整便可以扭转的。像深圳这样的大都市，其危机会逐渐表现出来，红钻队员的表现其实不算什么，麻烦远不止这些。酗酒、假货、诈骗、吸毒、纵火、凶杀、自杀，等等，几乎在我们这个社会每天都在发生，这还只是显性的；还有更多隐性的，诸如放纵、焦虑、忧郁、恐惧，等等，不一而足。所有这些，不是加强治安管理、改进社会环境可以解决的，因为这是我们当下的文化自身所带来的。

于今，人类社会已经陷入极度的恶性循环之中了，丝毫不能解脱。科技愈发达，财富愈丰盛，人类的精神线就愈下降，就愈远离那古典的、神圣的文化传统而走向那世俗的、消费性的文化与道德。最终戕害甚至杀死人类的正是我

---

① 鲍德里亚：《消费社会》，刘成富等译，南京大学出版社 2008 年版，第 178 页。

们自己。说到这里，我们不得不钦佩两千多年前老子的智慧，他一眼就看出了人类理想的发展状态应该是：

> 小国寡民。使有什伯之器而不用；使民重死而不远徙。虽有舟舆，无所乘之，虽有甲兵，无所陈之。使民复结绳而用之。甘其食，美其服，安其居，乐其俗。邻国相望，鸡犬之声相闻，民至老死，不相往来。(《老子》第八十章）

这就是中国传统的乡村宗法社会。试看当下的社会情形，几乎处处与老子所说的相左。现在的大都市哪一个不是科技的制造物，消费的堆积物，文化的沉醉派。从根本上讲，这是西方科技文明所造成的直接后果。如果我们再进一步的深度思考，则西方的科学、民主等设施都不是中性的，它们会对一些古老的经典文化传统的核心价值构成挑战甚至是予以摧毁。因此，如果我们要发展中国，而且是具有“中国性”的中国，全盘西化的思路固然不对，就是“中体西用”的模式也是极其不宜的，因为这种模式没有看到隐藏在科技文明后面的一系列摧毁力量。正如列文森所言：

> 我们可以称“体用”模式是一种谬误，因为近代技术之“用”不可能像体用模式的倡导者们所标榜的那样护卫中国之“体”，而只能改变社会，从而使老“体”多了一个竞争对手，而不是一副盾牌。①

当年的张之洞企图通过“中体西用”的模式来强大中国，进而保住他们为之倾注心血的儒家文化传统，但一旦实施起来，最后的结果与全盘西化派并无二致。如今，依然有不少儒者主张“中体西用”的模式，纵观中国近两百年的

① 列文森：《儒教中国及其现代命运》，郑大华等译，中国社会科学出版社2000年版，第61页。

发展来看，儒学在中国社会日渐式微，“中体西用”的模式并不能真正复兴儒学。可以说，二十世纪以来，无论是自由主义、马克思主义还是现代新儒家，都可以纳入广义的全盘西化派之中，他们对于传统文化只有摧毁之功，尽管有有意与无意之别，但结果都一样。真正的儒家，二十世纪以来尚未出现，因为人们总是对西方的物质文明投以倾慕之眼光，并在此限度内来看待儒学，无论是恶意的批评还是善意的阐释。

（乡村老屋局部）

儒家要真正是儒家，就必记住老子上面所说的教诲。中国若要是“中国性”的中国，就应该重建静态的、农耕的宗法乡村社会。但我们已踏上科技文明这趟高速列车上了，似乎无法回头。荀子曰：

> 人之生固小人，无师无法则唯利之见耳。人之生固小人，又以遇乱世，得乱俗，是以小重小也，以乱得乱也。君子非得埶以临之，则无由得开内焉。(《荀子·荣辱》)

真正的儒者尚未出现，由谁来“开内”呢？末世的到来似不可免，从这个角度来看，笔者充满着悲观的情绪。我们只有在梦中追寻那文化故国、礼仪之邦了。朱子与其弟子尝有一段对话：

> 又问：天地会坏否？
>
> 曰：不会坏。只是相将人无道极了，便一齐打合，混沌一番。(《朱子语类》卷一）

天地果真会如此吗？这难道真的是我们这个宇宙的最后的归宿吗？

（原载“儒家网”2014 年 8 月）

什么是家乡？

一、作为住所的家的无根性

每个人都有家，但未必每个人都有家乡；或者说，每个人都可以回家，但未必每个人都能够回到家乡。家与家乡是不同的，它们带给我们的是完全殊异的东西。

就笔者而言，我的家乡在湖北省大冶市金牛镇胜桥村萧家垄湾，这是一个典型的中国江南小村落，有将近500年的历史了。我于1968年出生于此，但十五岁初中毕业以后，即去县城读书，从此以后，人生的主要活动场所就是在城市，为谋生计，辗转往复于大冶、黄石、武汉、湘潭之间，至今已三十五年了。尽管我早已在城市安了家，但一说到家乡，我从来没有把其中的任何一个地方作为我的家乡，我唯一的家乡就是萧家垄湾这个小村落，虽然我大部分的时间并未在此度过。

其实，像我这样的人很多，我们可能在北京、上海等大城市安了家，但我们一般只是说我的家在北京或上海，而决不会说我的家乡在北京或上海。可见，家只是一个住所，但家乡却承载了更多的东西。可以说，家是一个住所，但家乡却是一个世界。

但可悲的是，现代人只知要有个家，却遗忘了家乡，即当我们为了一个住所而努力工作的时候，却不知道自己已经失去了一个世界。然而，吊诡的是，当我们要有个家只是为了一个住所的时候，我们有时反而不想回家了，因为现代社会的高级宾馆与酒店随时可以为我们提供更为舒适便利的住所。所以，当家只是一个舒适的住所而给予我们的时候，家恰恰是否定性，家走向了它的反面，好像我们又并不那么需要家。更可怕的是，当我们在习惯的舒适中而住在家里时，我们看电视、上互联网、聊天的时候，我们的世界变得极其遥远、纷繁与热闹，家由此变得不再切身了，人也变成了无根的漂浮者，我们不再切己，我们被“常人”所统治。常人是个中性的东西，它不是这个人，不是那个人，不是人本身，不是一些人，不是一切人的总数，但它却展示了无限的暴力与宰制。因此，当家只是作为一个舒适的住所给予我们的时候，无根性成为了家的天命，我们无法逃脱。正是在这个意义上，海德格尔说：“在大都市，人比在几乎任何其他地方，都更容易陷入孤独。”“人可以反掌之间通过报纸和杂志成为一个名人。可没有什么比这更容易使最本己的意愿遭受误解，并彻底而快速地陷于遗忘了。”(《我为何待在乡下》）这样，在大都市，舒适的家成为了牢笼，于是，人们不愿意回家了。但不愿意回家并不能逃脱人的无根性，现代都市处处如家般的舒适性，恰恰显示了无根性的笼罩与无法逃脱。现代人的这种悲凉处境，恰如一个诗人所写的那样：“我们渴望回家，却不知道，往哪里回？”(《艾兴多夫诗歌集》）

二、家乡与人的根基性问题

乡者，向也。只有当家是家乡的时候，家才不再是一个住所，而向更深更高处开显其价值，从而不再是牢笼。因此，只有回到家乡的时候，人作为人才真正回家了。我们常说，现代人是无家可归的，正是针对着家乡而言的，而作为住所的家，现代人常不止一个可归的家。我承认我个人具有极其强烈的家乡情结，同时，作为浸润儒家思想较深的人，受儒学乡土精神影响也是很自然的事。但这里要特别强调指出的是：家乡并非只是关涉到个人的情感问题，也不只是关涉到儒家思想的根基问题，而是具有普遍性的意义。海德格尔在解释荷尔德林《还乡》这首诗时认为，“家乡”这个词是在存在的根本意义上被思考的，决非爱国式的或民族主义式的，家乡的根本意义在于，印现了现代人的无家可归性。[①] 哲学，就是要克服人的无家可归状态而把人带回家乡。因此，哲学不过是一种怀乡病，一种对无处不在的在家状态的本质渴望。一旦关涉到家乡，哲学的追问这时必定变得单纯朴素而又直入本质。家是现代的，而家乡则是古典的，当家变得越来越舒适的时候，我们就越来越远离家乡了。现代社会的哲学之所以如此式微，其实就是家乡离人们越来越远了。

（笔者家乡概貌）

---

① 海德格尔：《关于人道主义的书信》，见孙周兴选编：《海德格尔选集》，上海三联书店 1996 年版，第 381 页。

以上着重引述了海德格尔的观点，意在表明，怀乡并不是个人的情感问题，也不是儒者思想的出发点问题，而是一个普遍的哲学问题，只有哲学与怀乡关联在一起时，哲学才是大众的事，而不是专业哲学家的事。但是，海德格尔只是让我们想望家乡，并哲学地论述了其根基性的意义；然正如张祥龙先生所言，"由于他的真态生存形态在根本发动处的个体化，就无法或是没有进入对于家的实际生活的思想，也就是一直躲避、忽视让家有真正生命力和活的时空间的非个体的家人关系"①。也就是说，海德格尔只是在哲学地怀乡，但问题是，如何让家乡出现而活在现实的时空中？这个问题把我们逼仄到这里来：什么是家乡？更为准确地说，家乡把什么东西带入而在场？这一追问，又进一步把我们逼仄到中国传统的乡土中来。因此，家乡虽有普遍的哲学的意义，但只有中国传统的乡土才把这个意义给开显了出来。

三、家乡之四重内涵及其形上意义

那么，什么是家乡？老子曰："甘其食，美其服，安其居，乐其俗。"这几句话大概囊括了家乡的固有内涵，老子在两千多年前，其实已在呼吁我们应当回到家乡。老子之意，概略其大者，盖有四焉，而这四者都有其固有的形上开显。海德格尔所说的天、地、人、神的四重境域，只有在家乡中才能显现出来。

其一，乡土与风物。

家乡之所以是家乡而不是家，因为它有乡土，而乡土之所以是乡土而不是土地，乃因为它出产风物。所以，只有风物，土地才变成为乡土；只有乡土，家才成其为家乡。因此，乡土必带来风物，但风物不只是一种物，它必带来一种"乡风"。我们不妨来看《诗经·周南·芣苢》这首诗："采采芣苢，薄言采

① 张祥龙：《"家"的歧异——海德格尔"家"的哲理阐发与评析》，载《同济大学学报》2016年第1期，第29页。

之。采采芣苢，薄言有之。采采芣苢，薄言掇之。采采芣苢，薄言捋之。采采芣苢，薄言袺之。采采芣苢，薄言襭之。”全诗48字，但只有6个动词不同，其余俱为重复。“芣苢”不过是一种植物，但由之却带来了一种“乡风”。清人方玉润在《诗经原始》中说：“恍听田家妇女，三三五五，于平原旷野、风和日丽中，群歌互答，余音袅袅，若远若近，忽断忽续，不知其情之何以移，而神之何以旷。”物在“乡风”得以朗润，人在“乡风”中得以畅达，只有在“乡风”中，人与物的根基才被开显出来，而不是一种利用与被利用的关系。可以说，只有乡土中的风物，才摆脱了实用性的利用关系，城市中堆积如山的物，只是人们消费的对象，没有任何一物逃脱得了实用性的利用关系，人在此只感到消费的快乐，正是在这种快乐中人被拔除了根基。

（笔者家乡的风物——金牛干张）

准确地说，城市里的人，无论物质多么丰裕，都逃脱不了其无根状态，因为他所对面的是物而不是风物。我们之所以怀念儿时家乡的味道，决不是在消费的意义上讲的，而是对根基的找寻。这就是为什么我们明明吃到了家乡的食物，却发现已不是儿时的味道了。因为根基意味着驻守，而不是偶然地消费食物。只有驻守才能使“乡风”逗留，而物又在“乡风”中逗留。但现代人不能驻守，只是偶然地回到家乡，于是，“乡风”不能逗留，物即成为了消费的对象。由此，人与物皆失，不亦必然乎？！

其二，习俗与庆典。

中国传统的乡村，人们无时无刻不在习俗当中，这习俗又逐渐形成了礼仪或节日。孔子曰：“不知礼，无以立也。”（《论语·尧曰》）不知礼，人就不能在这个世界站立；随着人之不能站立，世界万物亦不能随之而站立，可以说，世界万物正是在习俗中得以灵现而展开其本质的。《礼记·祭义》云：“断一树，杀一兽，不以时，非孝也。”这是在习俗中对时序与自然万物和谐之礼敬。因此，古人并不只是对人行礼致敬，更多的是对天地万物行礼致敬。中国传统的乡村都有土地庙，祀土地神也，以期五谷丰登、六畜兴旺。乡村以土地为主要资源，但土地并非是人索取的对象，而是在人们的礼敬中出场的；又有乡饮酒礼，依《礼记·乡饮酒义》所说“立宾以象天，立主以象地，设介僎以象日月，立三宾以象三光”，在古人那里，饮酒不只是人与人之间的相互礼敬，更重要的是邀请天地万物共同出场。所以，在中国传统的乡村，万物皆有灵，它们决不只是人们利用与宰制的对象，人们总是在各种习俗中邀请万物。所谓在各种习俗中邀请万物，就是在各种礼仪中邀请天地万物共同出场，参入欢乐与庆典。因此，习俗又有节日庆典的意义。但节日庆典，不只是人的狂欢，而是让人们直觉地领悟到，我们已经成为更宏大的宇宙存在的一部分。从最根本的意义上说，这种领悟是终极性的，且是令人敬畏而愉快的。古人每逢节日必

（笔者家乡的族规）

有祭祀，而所有的祭祀都是让人遭遇终极性，而终极性又总是对人与世界的守护。

现代社会把一切的习俗与节日都退化为假期与休闲，再加上科学所带来的便利，使得假期与休闲中的人们对世界与万物进行了全面的入侵与霸占，他们在任何时候都只是在消费世界与万物，最后是消费自己；在当代人的节日狂欢中，他们决不会遭遇终极性。于是，每一次节日狂欢以后，留给人与世界的只是节日狂欢后的悲凉与无可救药。

其三，宗祠与族谱。

乡者，向也。家乡之所以不只是作为住所的家，就是因为它能够作纵深的开显，而不是一种现时的空间存在。荀子曰：礼有三本，天地、先祖、君师是也（《荀子·礼论》）。这三个本，直通人之为人的根基。中国传统的宗祠，都有“天地君亲师”之牌位，就是要把人置于这五者中间，从而把人之生命作深度与广度的开发。老子曰：“道大，天大，地大，人亦大。域中有四大，而人居其一焉。”（《老子》第二十五章）人之生命只有置身于天地、道之间，才是一个尽了性的生命，才能赞天地之化育。中国传统的族谱，把每一个具体的人置于历史的长河中，从而拉升生命的长度，它让人知道，任何时候都不会是一个人在战斗，后面有无数的力量支撑。一个人现实中可能孤寂，但他决不会孤独，因为“孤寂具有切己之力，它不是将我们孤立，而是将人整体释放出来抛入万物本质遥远的近处”（《我为何待在乡下》）。此时，道德感与责任感作为一个本质力量必然回到人的身边，或者作为切己之力而被唤醒。宗祠与族谱俱是宗教性的，中国人一出生，即置身于这种宗教维度之中，护持生命之神性而不坠，而现实生活之所以可欲，正端赖此而得以维系也。

现代社会固交通与资讯发达，但只是把人向广度开发，生命永远是平面的、一层的。所谓平面的、一层的，就是指生命只有横向的肉体的欲望维度，没有纵向的神性的超越维度。于是，人类面对世界总是利用与被利用的关系，最后总是以占有的、暴力的方式掠夺。当人以这种方式面对世界的时候，必将以这种方式切身于自己，由此，现代人总免不了无聊、空虚、暴力，乃至最后无望而自杀。准确地说，若没有宗祠与族谱对人的神性维度的感召与开发，则一切的人伦关系都是建构性的，很难成为人自觉的德性，不过勉强维持而已。道德要成为切己的有力量的人伦，必须置诸宗祠与族谱之中，不然，即下滑为契约的、建构的。而契约的、建构的道德在任何意义上都与人伦无关，这就是为什么现代人生活得如此舒适而人与人之间的关系却如此糟糕的原因所在。

在家乡，生命之终结所面对的是宗祠与族谱，故生命是连续的，精神性的；而在大都市的家中，生命之终结所面对的是殡仪馆里的大火炉，意味着生命的彻底消亡。二者之于人的德行的影响是巨大的。儒家有“君子曰终，小人曰死”之说。只有在家乡，才可能叫做“终”；在大都市，只能无奈地叫做“死”。孟子曰：“养生者，不足以当大事，惟送死可以当大事。”在大都市，只重视生而不重视死；只有在家乡，既重视生，更重视死。这样，“慎终追远，民德归厚”(《论语·学而》)，只有有了家乡以后，才能实现。

（笔者家乡的宗祠）

其四，乡音与俚语。

现代人为了交流的顺畅，表达的准确，尽量用大家都听得懂的语言。就现时的中国人而言，基本上是用标准普通话在交流，而且无论是在学校还是在公共场所，大家都被鼓励用普通话，乡音与俚语基本被弃用，因为它不利于交流。但一种语言越流行、越被普遍使用，那么它一定越形式化，本质性的东西就会越少，其追求的只是交流的顺畅与表达的准确，其带来的只是一种平均式的理解，决不可能有私密性的领悟。现代社会适应城市化、网络化而产生的公众流行语言，正日益形式化，固然带来了效益，但却把人从存在的本质中抽空了。须知，语言的本质根源于乡音，而乡音与家乡又是相互回溯的。这意味着，一方面，如果乡音是母亲的语言的话，那么家所在的乡土、故乡，也同样扎根其中。大地上并没有一个普遍的抽象的家乡，家乡总是指这个乡音或那个乡音所在的家乡。另一方面，语言，就其支配性地位和本质而言，都各自是一个故乡的语言，它觉醒于本乡本土之间，语言总是作为母语的语言，即乡音。（海德格尔:《语言与故乡》）这就是说，只有在乡音中，家乡作为本质者才在场；同样，只有在家乡，语言作为本质者才出现。

那么，乡音与流行的形式化语言有什么不同呢？一言以蔽之，乡音是一种道说，而流行的形式化语言只是一种表达。道说有形上的开显，指向超越域，而表达只是指物叙事，指向经验世界。流行的形式化语言易于书写，它在意的是表达的精确与意义的确定、明晰，因此，这种语言依赖于眼睛以及初步的辨析能力，故是一种平均化的理解。但乡音与此不同，乡音很多时候是无法书写的，它依赖的是声音与耳朵的倾听，而倾听总是一种私密的领悟。在中国古人看来，眼睛的见知，只是智的开始，解析经验世界；而耳朵的倾听，乃是圣的开始，开显超越精神。“见而知之，智也。闻而知之，圣也。明明，智也。赫赫，圣也。‘明明在下，赫赫在上’，此之谓也。”（郭店楚简:《五行》）在下的，是明明的经验世界，依赖见知；在上的，是赫赫的超越精神，依赖倾听。所以，只有乡音才能带来倾听，才能开显形上的超越世界，即人之为人的本质世界。而乡音总是家乡的语言，故只有家乡才居有语言，只有家乡才居有人与世界。

中国传统的乡村，乡民大多识字很少，然他们正是在乡音的倾听中居有了人与世界的本质。但是，随着现代教育的入侵，乡音逐渐被流行的形式化语言所代替，乡音与家乡之间，被传承和流传下来的关系已经分崩离析，人们丧失了其命定的语言，成为了没有语言的人。（海德格尔：《语言与故乡》）没有语言，也就没有家乡，也就没有人自身与世界，到处都是无家可归者。贺知章为什么能够回到家乡？就是因为他“乡音无改”，尽管他此时已“鬓毛衰”，尽管他此时在家乡已无认识的人了（“儿童相见不相识，笑问客从何处来”即此意也），但在乡音里，他依然可以居有世界。或者说，唯有在乡音里，人才可以居有世界，古人无论在朝廷如何飞黄腾达，但老了一定要致仕还乡，因为只有家乡才是人最后的安居之地。

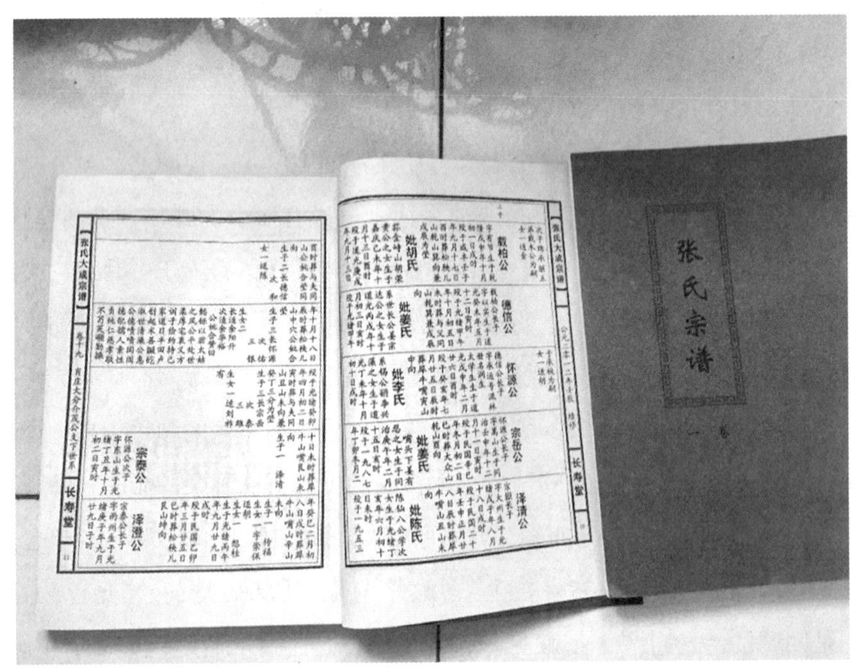

笔者家乡的族谱（复印本）

四、结语：家乡的活化与重建

由此可知，家乡，并不是一个地域概念，也不是一个民俗概念，而是一个真正的哲学问题，准确地说，是一个道德世界的维系与形上世界的开显问题。你若能回到家乡，并活化上述四种内涵，则你无异于回到了神的居所。现在的乡村振兴战略，亦必须尊重这四种内涵；若只是以工业化的模式取代传统农业，从而增加农村人口的就业机会与收入，这将导致家乡的彻底消失，其后果是不可想象的。家乡重建，是一个哲学问题，一个道德问题，甚至是一个宗教问题，千万不可以简单化为仅仅是一个经济建设问题。孔子曰："吾观于乡，而知王道之易易也。"（《礼记·乡饮酒义》）只有有了家乡，才能实现政治上的王道。

（原载"儒家网"公众号 2019 年 10 月 3 日）

人为什么必须要回归乡土？

读《史记·李斯列传》至“二世二年七月，具斯五刑，论腰斩咸阳市。斯出狱，与其中子俱执，顾谓其中子曰：‘吾欲与若复牵黄犬，俱出上蔡东门，逐狡兔，岂可得乎！’遂父子相哭，而夷三族”，不禁废书而叹良久。曾几何时，李斯为了由厕鼠而变为仓鼠，离开楚国故里上蔡，求学荀卿，学既成，度故国不可建不世之勋业，遂远蹉咸阳，始虽为卿相之舍人，然发奋图强，终至于强秦之丞相。胁韩弱魏，破燕赵，夷齐楚，一匡天下，位极人臣。是此，岂止一仓鼠焉？可谓仓鼠之王、人中之杰也。然原始要终，李斯在其生命行将结束之时，最后想到的不是辅弼君王、权倾朝野之奢华，而是出故里上蔡东门，牵黄犬，逐狡兔，然竟不可得矣。可谓繁华褪尽之后，一切皆归于原点之平平，而正是这原点之平平，往往成为了人生不可得之奢求。太史公之论李斯云：“李斯以闾阎历诸侯，入事秦，因以瑕衅，以辅始皇，卒成帝业，斯为三公，可谓尊用矣。”李斯起于闾里而至于三公，然以其三公之尊，竟不能求归于闾里，适足致人慨叹矣。人之将死，其言也善，李斯临死之言，蕴含有怎样的人生大义于其间也？

于是，我们想到了魏晋时期之两位名士——潘岳与陶渊明。李斯显然不及

乡村古树

这两位名士明智，他们在宦海沉浮之际，及时隐退，回归田园。潘岳在自述自己之经历时曰："阅自弱冠涉于知命之年，八徙官而一进阶，再免，一除名，一不拜职，迁者三而已矣。虽通塞有遇，抑亦拙之效也。"潘岳自弱冠（20岁）至知命之年（50岁），为官三十载，虽有通塞遭遇之不同，但没有像李斯那样引来杀身之祸，然潘岳自认为他拙于为官。于是，其自勉曰："方今俊乂在官，百工惟时，拙者可以绝意乎宠荣之事矣。太夫人在堂，有羸老之疾，尚何能违膝下色养，而屑屑从斗筲之役？于是览止足之分，庶浮云之志，筑室种树，逍遥自得。池沼足以渔钓，舂税足以代耕。灌园鬻蔬，供朝夕之膳；牧羊酤酪，俟伏腊之费。孝乎惟孝，友于兄弟，此亦拙者之为政也。”由是弃官归田，依据潘岳《闲居赋》之描述，其乡居生活乃是：“寿觞举，慈颜和，浮杯乐饮，绿竹骈罗，顿足起舞，抗音高歌，人生安乐，孰知其他。”李斯不可得之奢求，潘岳则俱得之矣。较之于潘岳，以“吾不能为五斗米折腰，拳拳事乡里小人邪！”见称的陶渊明更著，他以一篇《归去来兮辞》解印去职，复归田园。陶渊明自解诗云：“少无适俗韵，性本爱丘山”（《归田园居》其一），且“尝从人事，皆口腹自役”，于是，“怅然慷慨，深愧平生之志”。而其归隐之后的生活却是：“引壶觞以自酌，眄庭柯以怡颜。倚南窗以寄傲，审容膝之易安。园日涉以成趣，门虽设而常关。策扶老以流憩，时矫首而遐观。云无心以出岫，鸟倦飞而知还。景翳翳以将入，抚孤松而盘桓。”（《归去来兮辞》）人生如此之闲适快意，亦李斯求之而不得者。潘岳与陶渊明之所以回归乡土，盖前者拙于仕途，而后者则厌倦官宦。中国本有“天下有道则见，无道则隐”（《论语·泰伯》）之传统，故像潘岳与陶渊明这样的知识分子，所在多矣。然需要特别指出的是，若以为士人之致仕归田仅仅是一种个人性情上之选择，或天下无道后之归隐，就如诸葛亮那样，“躬耕于南阳，苟全性命于乱世，不求闻达于诸侯”（《出师表》），那么，就还没有理解回归乡土的意义。于是，我们须再提到两个古代圣贤——孔子与老子。

《论语·先进》篇曾载：子路、冉有、公西华、曾皙四弟子言志，而孔子独赏曾皙，有“吾与点也”之叹。子路、冉有、公西华之言志，孔子俱不满意，唯曾点之“莫春者，春服既成。冠者五六人，童子六七人，浴乎沂，风乎舞雩，咏而归”，使孔子莫逆于心、相视而笑。子路、冉有、公西华之所说，虽卑之无甚高论，但亦是治国为政之所必须，而曾点之所说，不过是畅于自然，游于乡野，何以反得极具入世精神的孔子之深许焉？由此，我又想到了老子的“小国寡民”：“使有什伯之器而不用；使民重死而不远徙。虽有舟舆，无所乘之，虽有甲兵，无所陈之。使民复结绳而用之。甘其食，美其服，安其居，乐其俗。”两位圣贤虽然分别属于儒道二家之创始人，然其人生社会理想最终竟无二致，俱是安居乡土，切近自然。孔、老之所说，既非基于个人性情之选择，亦非天下无道后之归隐，而是人生之最高境界本当如此。这将如何理解呢？

《易传·系辞上》云：“安土敦乎仁，故能爱。”这一句话有两个特别重要的词——“安”与“敦”。《说文解字》释“安”为：“静也。”《说文解字注》云：“静者，亭安也。”《说文解字》又释“亭”云：“民所安定也。”《老子》第五十一章有：“故道生之，德畜之；长之育之；亭之毒之。”“亭之毒之”意为：“成之熟之”。由此可见，“安土”意味着：回归乡土、切近自然而栖居那里，使人成其为人（即亭之毒之）。“敦”，《说文解字》释之云：“怒也。诋也。”《说文解字注》进一步释之云：“怒也。诋也。皆责问之意。《邶风》：王事敦我。毛曰：敦厚也。按心部惇，厚也。然则凡云敦厚者，皆假敦为惇。此字本意训责问，故从攴。”可见，“敦仁”就是自我反省责问，即慎独而至于仁。“安土敦乎仁”这句话就是告诉我们，唯有回归乡土、切近自然才能慎独而至于仁，也就是说，回归乡土、切近自然乃是最好的养仁之方法。回归乡土、切近自然而慎独意味着：乡土、自然与我们遭遇、与我们照面、造访我们、震动我们、改变我们。因为只有在与乡土自然的遭遇、照面、造访、震动中，人作为人才回到自身，物亦作为物而回到自身。正因为人回到了自身，故能至于仁；正因为物回到自身，故人能爱。准确地说，离开了乡土的人是不可能有真正的道德与爱的，因为离开乡土的人从来都没有遭遇一个真正的生命，所有的道德都只是律则性的要求，而不是通过真实生命养来的。

离开了乡土的人，他的生活固然可以极度的富裕与丰饶，但所有这一切都建基在商业买卖的订购之中，他自身从来都没有去观看过一件事物的成长，没有去谛听过一个生命的音声，他整个就生活在自己异想天开、为所欲为的麻木之中。这样，离开了乡土的人不但失却了其自身之人之为人，亦失却了物之为物。一言以蔽之，离开了乡土的人失却了包括自身在内的整个世界。这样一来，真正的教育永远不可能在这里发生，尽管当代社会的教育呈现一派繁荣之景象，但这丝毫没有切近教育，甚至还不知道如何去切近教育。这就是为什么孔子要在杏树下开坛讲学，因为孔子明白，教育，说到底，其所面对的应该是生机盎沛之自然，活泼动恻之生命，故孔子之论仁论孝多有歧异，因其所面对的是盎沛动恻之自然生命也。而今人之论仁论孝，多是就着抽象的学问系统而讲，而追求所谓概念的清楚明晰，论点之有力新奇，这哪里是教育，不过编织一个人造物而已。相反，我们在《论语・子罕》中却看到这样的话："子在川上，曰：'逝者如斯夫！不舍昼夜。'"《论语》是孔子的语录精编，不是孔子所有的话都可以厕身《论语》之中的，现代人不明白，这样一句随感而发的话，有什么高深之处，其弟子为什么如此正经其事地将其记录下来呢？其实，孔子就是要告诉其弟子应去观看与倾听，这是教育之根本义。同样，下面一段对话表达的也是这个意思："子曰：'予欲无言。'子贡曰：'子如不言，则小子何述焉？'子曰：'天何言哉？四时行焉，百物生焉，天何言哉？'"(《论语・阳货》) 孔子这是告诫子贡，真正的教育不是老师泛泛而谈，而是去观看与倾听，去观看"四时行"，去倾听"百物生"。若不能观看大道之行，若不能倾听百物之生，则如何能敦仁而爱？如实说来，若不能回归乡土，观看那生之机畅，倾听那命之宥密，则除了一些技术性的建构与筹划之外，不会有任何真正的人文科学，因为那里根本没有真正的道德、审美与宗教，也就是说，没有真正的人的世界。哲人们所雅言的人的无家可归，大概指的就是人的这种处境吧。

我们不妨来看一下回归乡土以后陶渊明之世界："结庐在人境，而无车马喧。问君何能尔？心远地自偏。采菊东篱下，悠然见南山。山气日夕佳，飞鸟相与还。此中有真意，欲辨已忘言。"（陶渊明：《饮酒》其五）陶渊明在此观看东篱秋菊之淡雅，远处南山之幽静；倾听山气之生息，飞鸟之啼鸣。这是一个真正的人与万物皆回归到自身的世界，这个世界不是车马之鼎沸，人声之喧嚣，它甚至是极为宁静。"静"不是没有流动，没有声音，"静"意味着人与万物回到了自身，"静"比"动"更富有生机。老子曰："致虚极，守静笃。万物并作，吾以观复。夫物芸芸，各复归其根。归根曰静，静曰复命。复命曰常，知常曰明。”（《老子》第十六章）只有在乡土中才有真正的宁静，才有真正的生机，人才有真正的观看，才有真正的倾听，二者使人具有真正的“明”。没有驻足于乡土的“明”，一切道德的、审美的、宗教的教育，不但可能白费，而且可能适得其反。正因为有这个“明”，使得陶渊明照见了“桃花源”这个地方。“桃花源”显然具有虚幻之梦境意识，就如老子的“小国寡民”一样，正是这虚幻之梦境，才是人之为人的安居之所。如果说，陶渊明因不愿为五斗米折腰怒而投绂归田的话，那么，《桃花源记》一定是他安居乡土之后，以其“明”而“观看”与“倾听”到的一个更为真实的世界，这样的一个世界，与孔子、老子所念兹在兹的世界殊途而同归。这样一个世界，决不是个人情感的主观选择，而是人类理性的客观理想，随着人之理性的圆满，必然会导致这样的世界之到来。教育，无非就是要圆满人的理性，也就是要守护这样的一个世界。为什么一定要守护这样的一个世界，答曰：“安土敦乎仁，故能爱。”

（原载“青春儒学”公众号 2020 年 9 月 9 日）

乡　愁

乡愁，根本上不是一种个人情感，好像有些人主观上比较眷恋故土，而另外一些人却不是，似乎二者之间只是一种不可争辩的个人趣味。乡愁，从原则上讲是人固有的本质，即只要是人，那么，就先验地拥有乡愁这种普遍性的

乡村风光

情感体验。由此，乡愁决不是主观性的个人情感，而是人类普遍性的绝对心灵机能。

乡愁，并非只是对过往之人与事（如故乡）的眷恋，而是寻找根基，皈依本始。因为就物质宇宙来看，人预其间，只是一种偶然性的存在，若不去寻找根基、皈依本始，那么，人就不可能有绝对的价值与意义可言。所以，从这个意义上讲，乡愁是哲学的，而不是情感的。哲学，说到底，只不过是追寻根基与本始，或者说，哲学不过是乡愁的一种表达，哲学解决的最终问题不过是乡愁问题。

乡者，向也。向，意味着生命朝根基与本始开启，这是人这种受造者的天命。孔子曰："下学而上达。"（《论语·宪问》）老子曰："夫物芸芸，各复归其根。归根曰静，静曰复命。复命曰常，知常曰明。"（《老子》第十六章）孟子曰："尽其心者，知其性也。知其性，则知天矣。存其心，养其性，所以事天也。"（《孟子·尽心上》）这都是生命向根基与本始的开启与上升，都是一种乡愁的表达，或者说，企图解决乡愁问题。太史公曰："人穷则反本，故劳苦倦极，未尝不呼天也；疾痛惨怛，未尝不呼父母也。"（《史记·屈原列传》）乡愁，是贫困之时代的根本救渡，这是来自根基与本始的救渡。人若无感于乡愁，其他的任何救渡，都无法避免人作为偶然存在者而归于"无"的命运。

人，天生有一种形上学的禀赋去追寻根基本始而企图克服"无"的命运。乡愁乃人的一种自然禀赋，人正是依靠这种自然禀赋去克服"无"的命运。哲学，不过是要唤醒或开发人的这种自然禀赋而栖居在乡愁之中。乡愁作为一种自然禀赋虽然人人固有，但在人类的历史中，才能、技巧与科学的发展自然而然地跑在了这种禀赋之前了，乃至这种禀赋在与它们的竞争中安乐地死去了。由此，就凸显了哲学教育的意义来。学哲学，如果仅仅只是研究哲学家的论文，那么，就还根本没有进入哲学，乃至还没有切近哲学的门廊。学哲学，不过是唤醒人的乡愁冲动。因此，人人必须学哲学，因为哲学是人的定分。柏拉图说："人在他的天性中就包含有哲学的成分。"学哲学，根基性的问题无非是：把人性中的哲学成分开发出来，也就是把人的乡愁冲动开发出来。因此，一个真正面对自己的人，不会有哲学有什么用的问题。若一个人反复问这种问题，只表明他沉沦得很深，他已经处在极端的无根基之中而无法自拔了。

乡愁，不是一个经验性的情感，而是人人固有的先验的心灵机能，但开发乡愁之冲动，却需要生命于经验中有所震动。震动，意味着依据切身的东西有所灵觉。切身，意味着人守护土地与家园。守护意味着在土地中永恒地安居着。《弟子规》云："居有常，业无变。"就是要我们守护土地，安居家园。老子曰：

> 小国寡民。使有什伯之器而不用；使民重死而不远徙。虽有舟舆，无所乘之，虽有甲兵，无所陈之。使民复结绳而用之。甘其食，美其服，安其居，乐其俗。邻国相望，鸡犬之声相闻，民至老死，不相往来。(《老子》第八十章）

这是对土地与家园的守护，是乡愁的冲动，同时，亦是最后的哲学，或者说，唯一的哲学（依据康德《道德形而上学》中观点，"既然客观地看只有一种人类的理性，就不能有多种的哲学，亦即：按照原则建立的真正的哲学体系只可能有一种。"）。因为人与自然相互的馈赠。但科学却切断了人与自然之间的这种馈赠，变为了人对自然单方面的宰制，数量化、形式化的技术宰制，于是，守护变为了科学。这样，土地不再是家园，不再是切身的，而是可预谋的有利可图的订造。在订造之中，欲望之膨胀吞噬了根基之祈求，绚丽的流变湮没了本始的颜色。在如此这般的经验世界里，因切身的家园抽身远去，人的震动就微乎其微了。以科学主导的现代社会是很少有乡愁的冲动的，这也就解释了为什么哲学在现代社会总是式微的原因了，无根基的时代在人们的狂欢中来临。现代社会，乃典型的老子所说的"不知常，妄作，凶"的社会。难怪海德格尔感叹说："教育的时代已经结束。这并非因为无教育者登上了统治地位，而是因为一个时代的象征已经清晰可见。"(《科学与沉思》) 只要人有真诚的震动，现代社会无根基的象征就会显明地摆置在眼前。但海氏又说："我们愈是邻近于危险，进入救渡的道路便愈是开始明亮地闪烁，我们便变得愈是具有追问之态"。(《技术的追问》) 这意味着，人心晦否之际，恰又是灵根再植之时，不然，人类将彻底沉沦。因此，开发人的乡愁之感，乃贫困的时代基于本始的救渡。

乡愁，乃是人对根基与本始有所震动，而震动，必须守护土地与家园。因此，只有在耕读之传承，孝悌之世守的中国儒家传统中始有可能。所以乡愁，根本上是中国式的、儒家的。外此，俱是眷恋与回忆，虽亦有价值，但不过是人之主观情感，不是对根基与本始的震动，故不足以称之为乡愁，亦与哲学无关，不值得人人去学。由此，我们把乡愁落实到了中国式的乡土中来。

一个人如果不能把身心寄居在乡土之中，而逍遥于外面世界的富足与喧哗，那么，即使他幸福快乐无有其匹，事业成就无出其右，但其生命却依然是漂浮的、无根基的；非惟此也，其德行亦是可疑的。曾子曰："慎终追远，民德归厚矣。"(《论语·学而》) 一个人如果对于祖先、父老、故土完全茫然而无感觉，那么，其道德境界一定无所可观者。为什么传统中国人有故土难离、草木情深之感？因为乡土与家园那蜿蜒的青石板小巷里悠扬的叫卖声常常震拔他们，那微弱如豆的油灯下母亲踽踽而行的身影不时提撕了他们。还有那小桥流水，嘉禽戏其间；纸窗木屋，良木荫其上。燕子呢喃，竟夸轻俊；松柏干云，独宣劲拔。炊烟袅袅而悠扬，香火缕缕而绵长。野果喰童稚，疏酒寿翁媪。时有子曰诗云之朗朗，间或机杼编梭之唧唧。田园之劳者，三三五五，帝力于我何有？宗庙之嫡子，大大小小，孝悌关乎兴衰。在乡土中体会天地自然气象，在宗族中厮磨代际人伦礼义。身处市井之野，却心存忠信；地极江湖之远，然阙有神灵。他们日处天、地、人、神中，互为馈赠而缺一不可，焉能离去而之他？老子曰："道大，天大，地大，人亦大。域中有四大，而人居其一焉。人法地，地法天，天法道，道法自然。"(《老子》第二十五章) 这只有在乡土世界中才是可能的。所以，只有在乡土世界中人才能报本反始，震拔灵根，这是道德教化最切实的入口。荀子曰：“礼有三本：天地者，生之本也；先祖者，类之本也；君师者，治之本也。”（《荀子·礼论》）乡土，天地、先祖、君师俱在焉，震动岂不在兹乎？生命向根基与本始开启岂不在兹乎？这不但是道德的提升，亦是生命的安居与纯化，更是社会的融合与和谐。孔子曰“吾观于乡，而知王道之易易也”（《礼记·乡饮酒义》），非虚言也。

乡愁，固然是对中国式的乡土的回归，更是为生命寻求一个稳固的根基而安居，是人自身向上的一种动力。生命由此而圆满，哲学因之而终结。因此，复兴儒学，根本不是一种文化选择；回归乡土，也不是少数人的怀旧情感。从社会上讲，乃人类固有之乡愁蛰伏太久后的激荡，是人类归向根基的自我救渡。从学问上讲，是完成依据人类理性原则而建立起来的唯一哲学系统。所以，儒学与乡土不只是中国的，而是具有世界性的意义，因为它们来自人类根基的震动。但问题是，人类是否还能有这种震动？海德格尔说：“为庸碌生活的‘唯唯’‘否否’的‘畏首畏尾’未闻大道之辈震动得最少；身体力行者震动得最早；大勇到了家的此在震动得最可靠。但最可靠的震动只有从此在之为耗尽心血以求保持此在之无上伟大者身上出现。“（《什么是形而上学？》）若没有这种震动，任何理论，无论是鼓吹儒学与乡土，还是贬抑儒学与乡土，都不能彼此说服，都是枉费心机的戏论。在此，我们彼此都已倦怠了。

所以，在贫困的时代，唯一的可能是，我们瞻望着乡愁震动的到来。

（原载“青春儒学”公众号2018年3月26日）

回　家

今年春节期间，央视新闻联播栏目连续播出关于“家风”的报道采访，这引起了社会对“家”或“家风”的重视，一些地方性新闻媒体也开始仿效，陆续推出了有关“家”文化的栏目。《湘潭日报》拟开设“传家宝”专栏，意在揭示一般民众家里所传之“宝”为何，进而端正时下的民风。我的一位学生适供职于《湘潭日报》，尝问我家之“传家宝”是什么？我一时语塞，竟答不上

乡民在宗祠聚餐

来。因为我家世代务农，祖上及父母皆目不识丁，哪里有什么值得标榜的“家风”传给后人。其实大多数家庭可能都是这样，传统中国人多生活在农村，且能读书写字者为少数，故多数人的“家风”乃在长辈与父兄的为人处事中。如中国的农民一般勤劳节约，老实本分，忠厚纯朴，这些虽然没有特别的作为“家风”流传，但却是一个家庭兴旺，个人事业成功的根本保证。故诸葛武侯戒子书曰：“君子之行，静以修身，俭以养德。”因此，“家”本身就是一个涵养人之德行，教化人之情性最好的地方。

所以，在中国，家很重要，而修德以治家则更重要。《易经》里有“家人”卦，专门讲修德兴家之事。如九三爻辞曰：

> 家人嗃嗃，悔，厉，吉；妇子嘻嘻，终吝。

其象辞进一步解释曰：

> 家人嗃嗃，未失；妇子嘻嘻，失家节也。

这意思是说：“由于过分严厉可能使得家人有怨言，但最终却可以得到吉祥的结果，是因为这样做是符合治家的原则的，虽然有过失，但不失根本。而听凭妇人和孩子随心所欲，最终的发展结果却决不会好，是因为这样做违背了治家的原则。”

故解释“家人”卦的彖辞曰：

> 家人，女正位乎内，男正位乎外。男女正，天地之大义也。家人有严君焉，父母之谓也。父父，子子，兄兄，弟弟，夫夫，妇妇，而家道正。正家而天下定矣。

这意思是说："家人的爻象显示，六二阴爻居内卦的中位，像妇女在内，以正道守其位，九五阳爻居外卦的中位，像男人在外，以正道守其位。男外女内，皆能以正道守其位，则是天地间的大义。家庭有尊严的家长，那就是父亲、母亲。父亲像个父亲，儿子像个儿子，兄长像个兄长，弟弟像个弟弟，丈夫像个丈夫，妻子像个妻子，家道就端正了。能够正其家，天下也就安定了。"

但家道的中正兴旺一定是长辈严格要求自己开始的。故上九爻辞曰：

有孚，威如，终吉。

其象辞曰：

威如之吉，反身之谓也。

这意思是说："治家的根本在于严格要求自己，如果自己能够诚实有信，树立起威信，结果一定会获得吉祥。之所以建立尊严和威信能够获得吉祥，是因为这种尊严和威信是通过严格要求自己得到的，而不是通过其他方式。"

这样，通过长辈的模范作用，使得整个家庭和睦相爱。故九五爻辞曰：

王假有家，勿恤，吉。

其象辞曰：

王假有家，交相爱也。

这意思是说："一家之主通过自己的行为感染带动家里的人，使他们各自都按照自己的本分和职责去做，就能够使全家人和睦相处，感情融洽，相亲相爱。"

这样看来，"家"是一个人滋养德行、培扶爱意的根基所在。故颜之推曰：

> 夫同言而信，信其所亲；同命而行，行其所服。禁童子之暴谑，则师友之诫，不如傅婢之指挥，止凡人之斗阋，则尧舜之道，不如寡妻之诲谕。(《颜氏家训·序致》)

人之德行与爱意正是在这"傅婢之指挥"与"寡妻之诲谕"中得以滋长，孝敬父兄与尊长，进而兼爱天下的庸众。相反，一个无"家"的人，因无根基之培扶与滋养，不可能真正去爱天下之庸众。所以，儒家传统强调家的重要决不是一种狭隘的血缘亲情关系，而是希望在这种真切笃实的血缘亲情、人伦关系中让人修身，使德行落实下来，不成为无归宿的游魂。因此，儒家传统虽然颂扬以家庭为基点的"等差之爱"，但这决不意味着中国传统就把"爱"限定在家庭之内。一个真正爱自家家人的人，他的爱心是绝对要推扩出去，既而"治国、平天下"的。故儒家虽然重视家庭，颂扬"等差之爱"，但绝不是一种狭隘偏私，其结果最终亦是"兼爱"天下庸众，这是决然而定然的。孟子曰："老吾老以及人之老，幼吾幼以及人之幼。"(《孟子·梁惠王上》)又，"亲亲而仁民，仁民而爱物。"(《孟子·尽心上》)皆为"兼爱"之意。王阳明亦曰："大人者，以天地万物为一体者也。其视天下犹一家，中国犹一人焉。若夫间形骸而分尔我者，小人矣。"(《王阳明全集·大学问》)一种真实的爱意是一个开放的体系，它是限制不住的，必然会流向庸众与万物。墨家尽管也讲"兼爱"，但它却抽离了家庭，人人生活在团体之中且一律平等。这样，他们只是平铺地看个体的人，拉掉了他们的具体家庭生活（或者说根本没有家庭生活）。由此，每个人皆为数量"类"中的"一"。这个数量"类"中的"一"之间，没有任何差别，故我们没有理由不“兼爱”。所以，墨家所讲的“兼爱”是抽象地讲。这就如，理论上一切并行线都不相交一样，但现实上我们却很难画出两条不相交的线。可以说，墨家所讲的“兼爱”可以直接通过学术“研究”出来。但儒家所讲的“老吾老以及人之老，幼吾幼以及人之幼”不是学术“研究”出来的，而是尽人之本分中“尽”出来的，这完全是道德践履之功，家庭涵养之实。墨家之说“兼爱”，其说之也，虽亦是大悲心，但因没有家庭涵养历程、道德践履工夫而落实下来，故只是抽象地说，犹如律令而外在地命令人，而人未必心悦诚服地由此而真行“兼爱”之实。儒家由重家庭而坚实之，可谓“独握天枢以争剥复”。其意岂在小哉?!

可见，儒家重家庭、讲孝道，决不是张扬其重利偏私，而是彰显其性情培扶之大义。这里儒者有真切的体会。有子曰：

> 其为人也孝弟，而好犯上者，鲜矣；不好犯上，而好作乱者，未之有也。君子务本，本立而道生。孝弟也者，其为仁之本与！（《论语·学而》）

在家庭里涵养孝悌之根本，下者利于家，中者利于民，上者利于国，此安邦治国之大本，岂可小视耶?！君不见，像诸如“诗书继世，孝友传家”这样的家训，伴随了多少代中国人成长。《管子·小匡》谓农家子弟时云：“朴野而不慝，其秀才之能为士者，则足赖也，故以耕则多粟，以仕则多贤，是以圣王敬畏戚农。”可见，传统的乡村氏族确为一个人成长的根基。现代新儒家徐复观先生曰：

> 农村，是中国人土生土长的地方。一个人，一个集团，一个民族，到了忘记他的土生土长，到了不能对他土生土长之地分给一滴感情，到了不能从他的土生土长中吸取一滴生命的泉水，则他将忘记一切，将是对一切无情，将从任何地方都得不到真正的生命。这种人、集团、民族的运命，

大概也会所余无几了。[1]

在中国传统社会，家决不只是一个人暂时寄居的场所，而是一个真实的生命，一个民族的缩影。

现代社会随着工业化与城市化的进展，传统农耕文明被破坏，家文化也逐渐解体。现代人虽然也有“家”，但已经失去了其原有的意义，没有了文化。现代家庭所充斥的是豪宅、名车及奢侈品。“家”沦落为人们纯粹的寄居场所，人们于此得不到任何精神的提撕与涵养。既然“家”只是暂时的寄居场所，而现代社会可提供人们暂时寄居之地颇多，于是，人们便可不必回家亦可寄居。因此，现代社会人们虽有“家”，亦不必回。这样，每个人都从家庭中离析出来，成为无根基的游魂，德性与爱心的培扶虚空了。人与人之间由内在的伦理关系变为了外在的契约关系。人由家庭中的层级血缘体转变为社会中的平面孤独体，在此，每个人皆为平面中的一个点，且一律平齐。所以，现代社会虽然雅言平等、自由，但只是抽象地说之，因无家庭涵养德性的根基，实则谁也没有平等心。此正现代社会乱象之所由生也。

海德格尔说：“一切本质的和伟大的东西都只有从人有个家并且在一个传统中产生出来。”[2]

只有在“家”里才可安身立命，让我们回“家”吧！不但每个人应该回“家”，一个民族、一个国家也应该回“家”。一个民族、一个国家的“家”当然是源远流长的文化传统。因此，黑格尔说：

> 一提到希腊这个名字，在有教养的欧洲人心中，尤其在我们德国人心中，自然会引起一种家园之感。……人既已回到自己家中，享受自己的家

---

① 徐复观：《谁赋豳风七月篇》，见利瓦伊武编：《徐复观文集》(一)，湖北人民出版社2002年版，第338页。

② 海德格尔：《只还有一个上帝能救渡我们》，见孙周兴编译：《海德格尔选集》，上海三联书店1996年版，第1305页。

园，也就转向了希腊人。[①]

在黑格尔看来，西方世界的家园就是古希腊文化。那么，中国的家园在哪里呢？这不是不言自明的吗？现在是时候让中国回“家”了。

（原载《湘潭日报》2014 年 5 月 28 日，刊载时有删节）

---

① 黑格尔：《哲学史讲演录》，贺麟、王太庆译，商务印书馆 1996 年版，第 157 页。

家的重建与士风之清廉

最近，中纪委网站开设“家规”专栏，意在强调家在养成清廉士风中的作用。这种强调，固然凸显了养成良好士风的重要场所——家——的价值与意义；但更值得强调的是，必须吸取传统乡村文化之积极因子，以重建现代家庭。不然，现代家庭不可能完成养成良好士风的任务。

传统乡村风光

中国人很早就认识到家庭教育之于政治的意义。有子曰：

> 其为人也孝弟，而好犯上者，鲜矣；不好犯上，而好作乱者，未之有也。君子务本，本立而道生。孝弟也者，其为仁之本与！（《论语·学而》）

一个孝弟的人，在家不会犯上，在外不会作乱。这样的人对于政治有很大的引领作用。故孔子引《尚书》云："孝乎惟孝，友于兄弟，施于有政。"（《论语·为政》）是以《大学》进一步总结之曰："故君子不出家而成教于国。"

既然家之于政治之意义如此重大，那么，中国人历来就重视家庭教育，也就不奇怪了，故中国家训文化特别发达。可以说，正是这些存在于民间的家训文化，为华夏民族培养了一代又一代的仁人志士、清官循吏，从而维系正道而不衰，人道于不坠。

然而，家庭教育之于人，到底具有怎样的作用呢？吾人不妨以颜之推的话作一概说：

> 夫同言而信，信其所亲；同命而行，行其所服。禁童子之暴谑，则师友之诫，不如傅婢之指挥，止凡人之斗阋，则尧舜之道，不如寡妻之诲谕。（《颜氏家训·序致》）

的确，中国传统家庭秉持"诗书继世，孝友传家"的精神，不但为政治之清明培养了人才，而且为社会之和谐，民风之纯正贡献了水泥般的黏合作用。

我们现在弘扬"家规"，当然是希望重拾这种精神，从而扭转现代政治因形式性而带来的无人性的干枯与无德行的暴戾。无论现代政治如何自由及民主，如果不能扭转其形式性，则其干枯与暴戾总是不可免的。是之不可免，则社会问题永远在悬而未决之中。要明乎此，我们必须解明现代民主政治的基本特征。

现代政治是一种科学，所谓科学就是以形式性的概念来规定对象，以逻辑的推演来确立规则，使对象尽可能地具备无代替的客观性。在这里，概念与规则是惟一的工具与手段。切就政治而言，现代民主政治就是把政治作为一个客观对象，制造概念，确立规则，使政治具有可操作的客观性，乃至可量化的计算性。例如，要确立领导人了，就制定一个选举法；要发展教育了，就制定一个教育法，等等。是以马尔库塞说：

> 当竞选领袖和政治家在电视、电台和舞台上说出自由、完善这些伟大的字眼的时候，这些字眼就变成了毫无意义的声音，它们只有在宣传、商业、训练和消遣中才能获得意义。理想与现实同化到这种程度，说明理想已被超越。它被从心灵、精神或内心世界的高尚领域里拽了出来，并被转换为操作性术语和问题。①

这样，政治或社会生活只成为了依法而行的程序，人生的圆融被这些程序所分割、拉空，以至于吾人只知道有程序而不知有人。于是，政治之无人性的干枯与无德行的暴戾成矣。难怪卡西尔叹曰："在政治中，我们尚未发现牢固可靠的根据。……我们正在建造雄伟壮丽的大厦，但我们尚未能把它们的基础确定下来。"②

中国传统却从不这样来看待政治。中国人把政治作为人性之教的自然延伸，故《大学》有"修齐治平"之说，治国与平天下是修身与齐家的自然延伸。也正因为如此，罗素才说："与其把中国视为政治实体（political entity）还不如把它视为文明实体（civilization entity）。"③ 政治实体与文明实体奚辨？曰：前者依法之程序，后者尊人之德行。荀子所说"闻修身，未尝闻为国也"（《荀

---

① 马尔库塞：《单向度的人》，刘继译，上海世纪出版集团 2008 年版，第 47 页。
② 卡西尔：《国家的神话》，范进等译，华夏出版社 1990 年版，第 346 页。
③ 罗素：《中国问题》，秦悦译，学林出版社 1996 年版，第 164 页。

子・君道》）正是中国传统政治特征之彰明。这种政治要得以正常运行当然依赖“父子、夫妇、兄弟、君臣、朋友”这五伦之教。五伦之中，父子、夫妇、兄弟属于家庭中的关系，而君臣、朋友属于政治或社会中的关系，但君臣关系不过是父子关系的延伸，朋友关系不过是兄弟关系的延伸。这样，五伦之教实际上皆可以在家庭中完成，故家训与家规之于中国之重要性就可想而知了。

但问题是：吾人现在要重拾传统家训与家规之精神可能吗？进一步的问题是：现代家庭还是原来的家庭吗？若是，就可能；若不是，则根本不可能。

吾人现在明明依然有家，依然有父子、夫妇、兄弟这些人伦关系，难道家还有什么不同吗？曰：有，其差别大矣。

中国传统社会乃是以农耕为主导的宗法社会，家庭就寄居在这样的宗法社会之中。这样的家庭有乡土之依赖性，乡亲之稳定性，风俗之一贯性，宗法之赓续性。所有这些都成为了家教的一部分，即使一个人完全不识字，不知“四书五经”为何物，但在这里却依然可以得到完整的教养。吾人随便翻开一本古人之文集，即可见中国传统家庭教育之于人的性情陶冶之风力：

> 自吾为婿，未尝见其喜怒，唯见其慈祥恭谨，为姑如妇。祭祀宾客，酒殽菹醢，靡不躬亲，涤濯致洁，调割致适，奉承荐献，致其诚敬。其勤劳中馈，殆如一日，诸妇祈欲逸之而不可得。……然幽闲安详，不动声色，履之如素，亦使人有以安之。(《陆九渊集・黄夫人墓志铭》)

有乡土，有风俗，遂有乡村妇女孝友恭谨、勤俭持家之品行。

> 淳熙丁未，江西岁旱，抚为甚，抚五邑，金溪为甚。仓台、郡守，留意赈恤，别驾廖君实主之。廖知其说，莫善于乡得其人，莫不善于吏与其事。造庐问公计策，且屈公为乡官，于是乡之所得，多忠信之士，而吏不得制其权以牟利。明年，赈粜行，出粟受粟，举无异时之弊。里闾熙熙，

不知为歉岁，而俗更以善，公力为多。(《陆九渊集·陆修职墓表》)

有乡亲，有宗法，遂有里闾乡绅赈济平民、移风易俗之政教。据史籍记载，宋江西陆氏，世居抚州金溪二百余年，为世家大族。墓主人陆九皋（曾任修职郎）之所以有这样的政绩，这与其世家之教是分不开的。

这里需要特别注意的是，陆九皋所云之“莫善于乡得其人，莫不善于吏与其事”一句，其意乃云：乡村之治理更重要的是依赖德高望重的乡绅，而不是当地执事之官吏。这意味着，传统的宗法之治不但可以代替国家之政，且比之做得更好。“里闾熙熙”即其明证。这是教化大行、人性圆融之结果，不是纯政治规则之明晰与条例之公正就能促成的。

但是，吾人环顾一下当今苍穹之下熙熙攘攘的街道、匆匆忙忙之人群，传统之家庭还存在吗？诚然，我们每个人都有一个家。

但在城市里，这样的家离析了乡土与乡亲，没有了风俗与宗法，成为了纯粹寄居的场所。家只是人们一起吃饭睡觉的地方，乃至吃饭睡觉要在家里进行，必须先要预约。各式的商务住宅小区，虽人口众多，且生活快捷方便，然多来自五湖四海，相互不认识亦不来往，每个人都是热闹人群中的孤独人。

在乡村，尽管故土还在，但为了致富梦，多数人进入城市务工，留下老弱病残在家，所谓“空巢老人”、“留守儿童”都是其结果，家早已“空”了。如今的中国乡村，荒草丛生，鼠兔时出，一派凋零衰败之象，足可哀叹也。随着中国城镇化的推进，传统乡村似乎也要退出历史舞台了。

可以说，无论城市还是乡村，现在的家完全不是传统意义上的家了。既然家已不存在了，家训与家规又如何进行呢？所以，吾人从认识上觉得有必要弘扬传统之家训与家规精神，固然是一大进步，但如果不进行家的重建，则这种美好的认知必然落空。因此，重建中国传统的乡村社会，使人们于故土中“甘其食，美其服，安其居，乐其俗”(《老子》第八十章)，重现宗法社会之家训与家规，是中国社会稳定，民风纯正，士风清廉的有效保证。

要重建传统乡村社会，必须从经济发展的快车道中停下来。何也？费孝通先生曾对比了中国传统经济模式与西洋经济模式之不同。中国传统经济模式名曰“匮乏经济”，而西洋则为“丰裕经济”。前一种模式之于人的影响是知足，后一种模式之于人的影响是纵欲。他说：

> 匮乏经济因为资源有限，所以在位育的方式上是修己以顺天，控制自己的欲望以应付有限的资源；在丰裕经济中则相反，是修天以顺己，控制自然来应付自己的欲望。[①]

匮乏经济造成了人类的贫穷，但丰裕经济却使人类不安。那么，二者孰之为害更大，费孝通先生进一步说：

> 我们的传统，固然使我们在近百年来迎合不上世界的新处境，使无数的人民蒙受穷困的灾难，但是虽苦了自己，还没有贻害别人。忽略技术的结果似乎没有忽略社会结构的弊病为大。[②]

新文化运动以来，中国人摒弃传统，发誓要在技术上赶超西洋，由此而摧毁了中国固有的社会结构，使传统的家庭彻底崩塌，根植于这种社会结构的文化传统亦没落沦陷。这才是根本的问题。如今，国人赶超技术之恶果已经显现，故西洋文化之于人类的利益固多，但其恶果亦多，二者相较，孰更大，现在颇难预料。但如果人类的技术还在无限制的发展，则人类收获的一定是恶果大于利益。

因此，吾人当今弘扬传统之家训与家规，不应限于一种技术性的措施，而应从整体上着眼，重建传统之乡村社会。如实说来，传统文化的复兴，不是靠

① 费孝通：《中国社会变迁中的文化结症》，《乡土重建》，商务印书馆 2012 年版，第 348 页。
② 同上书，第 351 页。

政治的宣传布置，儒者的摇旗呐喊就可以实现的，其根本端赖乡村社会之重建。若是之不成，人们总是在西洋工业文明丰裕经济之模式下竞争赛跑而停不下来，要养成清廉的士风与淳厚的民俗，隔靴搔痒，无济于事；削足适履，岂不难哉？！

（原载“青春儒学”公众号 2016 年 5 月 5 日）

张氏宗祠复修记

2018 年重建之张氏宗祠正大门

湖北省大冶市金牛镇张姓，素有九门十三庄之说。九门，即九个张姓自然村，祖亨一公；十三庄，即十三个张姓自然村，祖志高公。亨一公与志高公皆远绍有唐宁公，故金牛张氏皆渊源同脉也。我村萧家垄张即属十三庄之一，志高公六世孙蕃正公始迁于此。

我村地处鄂东南丘陵地带，交通不便，水田多而旱地少，祖先父老皆以务农为生，凡四百余年。虽不曰富足，然与大多数中国传统乡村一样，宁静而有序，中国传统典型之风教与人情，无不具焉。第改革开放以来，商业之风侵蚀，村民多进城务工，乡村遂日益凋敝。然世易时移，民俗丕变。近年来，富裕起来之乡亲多回村盖房居住，昔日清冷之乡里渐趋热闹。戊戌岁末，全村人出资复修之宗祠告竣，老少无不欣然相告。宗祠落成典礼之日，萧家垄张人，不分天南海北、男女老少，皆回村相聚，宴席一百二十余桌。孔子曰："吾观于乡，而知王道之易易也。"诚哉斯言也。宗祠，乃全村中心之所在，村民灵魂之所寄，萧家垄张将不再凋敝冷清。主事者甚为欣慰，又嘱予为之记并撰楹联。予惶惶然，唯恐上愧对祖先，下有负子孙，遂精研长寿堂《张氏宗谱》，我村之历史与祖考，爰得清晰，且记之曰：

> 夫张氏，华夏之大姓望族也。鼻祖挥公（约公元前2500年），少昊帝轩辕氏之子也，始创弓矢，黄帝因以赐姓张。挥公传百零六世，至唐开元而生宁公（731—807年）。宁公擢国子监祭酒赠金紫光禄大夫，与陆贽韩愈友善，建中三年（782年）致仕，归隐江西武宁山。宁公传二十八世，

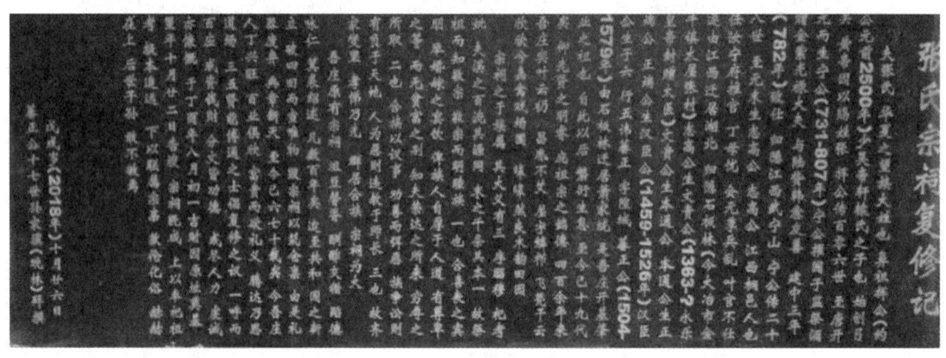

张氏宗祠复修记石刻

至元末生志高公。

志高公，江西桐邑人也，任汝宁府推官，丁母忧，会元季兵乱，叶官不仕，遂由江西迁居湖北，归隐石板林（今大冶市金牛镇大屋张村）。志高公生文贵公（1363—？，永乐皇帝封赠太医），文贵公生本通公。本通公生正端公，正端公生汉臣公（1459—1526 年）。汉臣公生子六，行五讳蕃正，字隍城。蕃正公（1504—1579 年）由石板林迁居萧家垄，是吾庄开基肇业之祖也。自此以后，繁衍生息，至今已十九代矣。仰先贤之明睿，庇祖宗之懿德，四百余年来，吾庄奕叶云礽，昌胤不艾；屋宇鳞栉，飞甍干云；欣欣兮嘉禽戏场圃，皞皞然良木韵田园。

宗祠之于族属，其大义有三。序昭穆，祀考妣。夫溪之百流其源同，末之千条其本一，故祭祖而知敬宗，敬宗而明睦族。一也。合喜丧之宾朋，举婚嫁之宴饮。俾族人自厚于人道，有尊卑之等，而无贫富之别，知夫荣达之所来，穷辱之所取。二也。合族以议事，劝善而弭恶。族争讼则有负于天地，人为恶则违教于师长。三也。故齐家燮里，孝悌乃先；群居合族，宗祠为大。

吾庄原有宗祠，俎豆馨香，酬酢交错，蹈德咏仁，箕裘绍述，凡数百年矣。迨至共和，国之新立，破四旧而宣唯物，毁宗祠以筑仓廪。由是礼器废弃，典章断灭，至今已六七十载矣。今吾庄人丁兴旺，百业俱欣。富贵而欲礼义，腾达乃思道场。三五贤能博通之士倡复修之议，一呼而百应。或资钱财，分文皆功德；或尽人力，虔诚亦慷慨。于丁酉年八月初一吉时因原址奠基，翌年十月廿二日告竣。宗祠既成，上以奉祀祖考，报本追远；下以联属宗亲，敦伦化俗。赫赫在上，后世子孙，敢不敏焉？

戊戌岁（2018 年）十月廿六日

蕃正公十七世孙家骥（晚林）拜撰。

附楹联三幅：

正大门廊柱楹联：

上联：沐宁祖之旸谷修齐治平绍胄裔千年泽祀

下联：浴高公之咸池孝悌忠信宣阀阅数世德馨

正大门楹联：

上联：蕃奕胤千岩竞秀寰宇云蒸霞蔚

下联：正彝伦百家迁善人间瑟弄琴调

戏台楹联：

上联：落业石板林衍十三庄门同辉日月

下联：开基萧家垄繁万千子嗣并曜乾坤

（原载“儒家网”2019年3月）

湖北大冶金牛张氏世系字派释义

现代人取名，多随意为之，或取其寓意好，或取其动听。此与古人之取名迥异。在中国传统宗法社会中，任何姓氏都有悠久的世系，世系以汉字排成序列，这个序列用在人名上，就是我们常说的辈分或辈伦。古人取名，必以世系中排列的汉字为准，且以世系中之字居中。这样，古人取名，姓氏居首，不可改；辈分居中，亦已定；唯最后一字可以随"取"。比如，笔者姓"张"，世系辈分为"家"，则我的名字前两个字已经定了，只能叫"张家 ×"。我们这一支的张氏世系，"家"字之后是"惟"字，那么，我的后代的名字只能叫"张惟 ×"。"惟"字后面是"孝"字，再下一代只能叫"张孝 ×"。这是决不可乱的，因为这涉及宗法社会的伦理尊长问题。当然，古人有名有字，虽云名之最后一字可随取，但亦非完全随意，乃至如现代人一样求新求奇。古人取名，盖多取自儒家修齐治平、厚德载物、仁义礼智信等价值观念。名既定，字则阐发名之意。如笔者的十七世祖张德信，字以实，信与实义近。十八世祖张怀源，字成远，有源则自远，以远释源。从他们的名字来看，无不体现儒家思想的影响及其追求。

宗法社会在现代已解体，那么，依据世系字派取名是否已无意义？曰：非

一世祖志高公落业地石板林祖堂

也。概略说之，其意义有三：

其一，让人有历史感，从而促生其道德感与责任感。依据世系字派取名，让人知道我们在世系中的位置，我们既是一个承前者，也是一个启后者。总之，人不是一个孤悬孤立的个体，我们乃处在一个历史的长河中。作为承前者，我们要光大祖德；作为启后者，我们要模范子孙。我们须有无限的道德感与责任感来对这个家族的历史负责。就笔者而言，传承到我这里，较为清楚的世系如下：

张志高→张文贵→张本通→张正端→张汉臣→张蕃正→张一芳→张世勋→张朝季→张应禹→张习胤→张之芳→张兴明→张永忠→张茂启→张载柏→张德信→张怀源→张宗雄→张泽沿→张传胜→张家骥（晚林）

这样的一个世系，从元末明初到现在，凡二十二世，六百余年。我不知道这些人曾经有怎样的生活，如今，这个世系的接力棒已经到了我的手上，我应如何做才能无愧于列祖列宗呢？在此可生无限的感慨，亦可生无限之责任与动力，因为你不是一个人在战斗。“慎终追远，民德归厚”，应该就是这个意思吧。

其二，在谱牒中确立位置，进入历史。庸常大众，很难进入正史，因为它是记载王侯将相的。但传统中国社会又可让每个人留在历史之中，这就是中国的谱牒文化。传统的谱牒把每个人的世系记载得清清楚楚，不漏掉任何一个人。这正是中国传统的伟大之处，体现了对每个生命的尊重。谱牒依据世系字派，直接确定了一个人在谱牒中的位置。比如，笔者属于“家”字辈，乃世系中的二十二世，那么，在谱牒二十二世这一栏中一定可以找得到我的名字。再依此向上追索，一个人的世系传承是可以清清楚楚的。同时，如果一个人依据世系字派取名，即使我们对其生平没有任何了解，但我们却可以依据其世系字派，大致可以知道他属于哪一宗族，生活于哪一历史时期。比如，我们宗族的“德”字辈，大概就生活于公元 1820—1920 年之间，这个判断出入不会太大。

其三，可以增进人之间的感情。若我们在名字中看到自家世系字派序列中

长寿堂神龛

的字，就会知道他与我们是宗亲关系，尽管不认识，但肯定是一个支脉下来的后裔，这无疑会增进人与人之间的感情。我们常说，五百年前是一家，若我们的名字中属于同一世系字派，那么，可以肯定的是，其祖先为同一人。这在流动性极大且人情相对疏远的当今社会，无疑是多了一个稳固而又相对安全的港湾。

总之，依据世系字派取名，关系到序齿伦理问题，亦关涉到历史传承问题，其事不可谓不大矣，决不只是一个人的符号标记。古人多于成人礼之时，有尊长有德之人取名赐字，正唯郑重其事也。

那么，世系字派自身所选取的字是不是随意的呢？我们宗族的世系字派用字如下：

志文本正汉，蕃一世朝应。
习之兴永茂，载德怀宗泽。
传家惟孝友，衍庆颂群贤。
金鉴诗书宝，青钱俊秀缘。
谋猷绳祖武，理学教敷宣。
亿兆春秋盛，天恩福禄延。

我们宗族，从一世祖志高公为避元末兵乱由江西迁居湖北大冶金牛石板林以来，至今已在此生息繁衍了六百余年，传二十四世，如今已到“孝”字辈。从世系字派之序字看，还有三十六字未用，至少还可以用一千年。从我们宗族世系字派所选用的字来看，决不是随意的。这里面有深厚的精神文化内涵，下面笔者尝试加以诠释。

“志文本正汉，蕃一世朝应。”本句确立宗族文化血缘上的正宗与正统，这是大原则。“文”当然是指儒家礼乐文化传统，“汉”是指血缘上属于华夏。“志文本正汉”是说，本宗族乃华夏正宗，其志向在儒家文化。“一”是指血缘上的正宗、文化上的正统，“蕃”是指后代子孙的繁衍，“应”是指因应、传承、执守。“蕃一世朝应”是说，不管世代如何推移，朝代如何更迭，都要守住并因应传承这个正统与正宗。对于一个宗族来说，文化与血缘问题，是一个首要的问题。

“习之兴永茂，载德怀宗泽。”“习”者，践行也。“之”是指上面所说的确保文化血缘上之正宗正统性之原则。“习之兴永茂”是说，若能践行上面的大原则，那么，宗族就会永远兴盛繁茂。“怀”，心里存有，念兹在兹也。“载德怀宗泽”是说，个人厚德载物，念兹在兹地延续宗族之泽祀与德馨，决不可以污恶之行使宗族受辱。

“传家惟孝友，衍庆颂群贤。”中国传统家庭伦理讲父慈子孝，兄友弟恭，故有“孝友传家”之说，“传家惟孝友”，体现的正是这个意思。“庆”，盖取《周易》“积善之家，必有余庆”之说。“衍”，不断、多有。“衍庆颂群贤”是说，我们这个家族总能不断地逢凶化吉，余庆多多，盖须称颂标榜宗族中的众多贤达德行之士，以激励后进也。

“金鉴诗书宝，青钱俊秀缘。”“鉴”，镜子，“金鉴”指人之明察。“金鉴诗书宝”是说，以明察事理及诵读诗书为宝。“青钱”，古代指优秀之人才。如，清人陈康祺《郎潜纪闻》卷十四云：“良工心苦选青钱，胪唱蝉联十二年。”“青钱俊秀缘”是说，若一个人能够以明察事理及诵读诗书为宝，那么，情思俊逸，才德秀美就与之有缘了。这是勉励宗族之人须读书，所谓“诗书继世”也。

“谋猷绳祖武，理学教敷宣。”“谋猷”，谋略也。《诗·大雅·下武》：“昭兹来许，绳其祖武。”郑玄笺：“戒慎其祖考所履践之迹。”朱子《诗集传》云：“武，迹也。”“谋猷绳祖武”是说，谋略须以祖先的故迹或成法为准绳，不可任意为之。“敷宣”，宣扬也。宋人田锡《咸平集》卷二十《古风歌行》云：“敷宣朝旨达君恩，淮阳父老私有言。”“理学教敷宣”是说，为学并非为升官发财，而是为了宣扬教化之道。这是告诫后人，近当守祖宗成法，远则宣儒学圣教。

“亿兆春秋盛，天恩福禄延。”最后一句结尾，乃对整个宗族之称颂、祈祷与祝福。如果在宗族的历史上，总能以上面所说的自勉而克念，那么，这个宗族亿万年都会兴盛不衰，上天总会恩赐它，不但馨香祭祀不断，福禄亦将无疆而永存。

希望我的这种释义并不违背宗族先贤之雅意，但无论怎样，任何人初看这个世系字派，不用深究其内涵，就自然体会到其中的博雅正大之气，诗礼仁孝之情，决非随意凑字也。

笔者在宗谱中看到这个世系字派，但不知是哪些先贤最后确立钦定的，然无论如何，这个世系字派，体现了湖北大冶金牛张氏祖先的学识、德行与担当，他们把华夏文化之大统，儒家圣教之遗风，都凝聚在世系字派之中，发愤后世子孙，以完成其千万年之期许。而世系字派之字进入每个人的名字当中，让宗族中的每个人无论在什么时代，总能聆听到祖先的教诲与叮咛。人，并不是现实中的一个孤悬的生命，而与祖先是接通的，人是一个承载着历史文化的大生命。在此，可以讲生命的永恒与创造。人一旦有此觉悟，则其于人之行为之感召，岂曰小补之哉?！

（原载“青春儒学”公众号 2019 年 4 月 26 日）

湖北省大冶市金牛镇张氏支脉家规

点校说明：此家规为湖北省大冶市金牛镇张氏支脉家规，并非张氏总族家规。华夏张氏，豪族大姓也，皆以少昊帝轩辕氏之子挥公为鼻祖，是否有总族家规，笔者目前尚未查阅，不得而知。

湖北省大冶市金牛镇张氏支脉，亦源于挥公，挥公传百零六世，至唐开元十九年，始生宁公。宁公（731—807年），字康叔。建中年间之重臣，为人正直贤明，敢于忤逆权贵。《江西

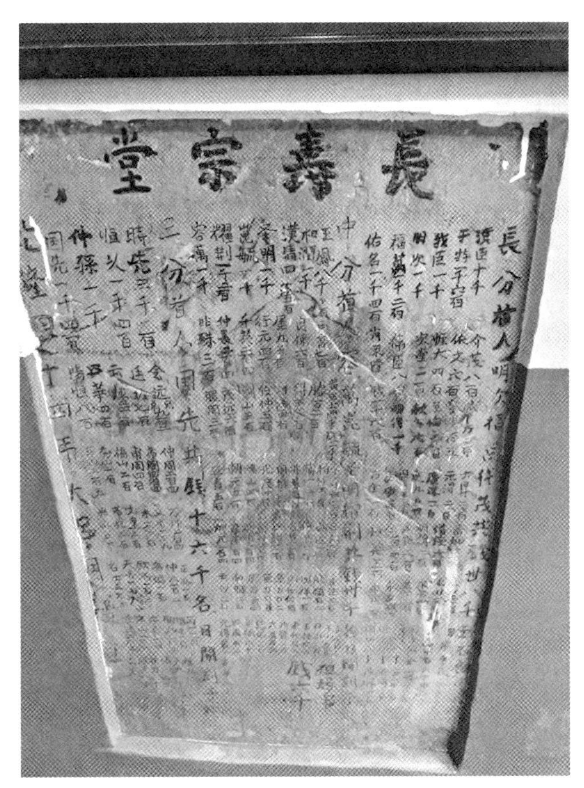

张氏宗祠乾隆年碑刻

通志》卷九十五《寓贤》载其事迹曰：

> 张宁，字康叔，洛阳人。登进士，授相王府司马，擢御史大夫，与陆贽韩愈友善。德宗建中间，升国子监祭酒，立朝謇谔①忤卢杞②，因弃官慕柳浑③高风，闻其隐于武宁山，遂访浑遗踪，入紫鹿冈青牛洞。慨然止曰：紫鹿青牛，非方外人不可狎。遂隐居于此。

宁公生子六，行三讳珝。珝公亦生子六，讳郕、郾、鄢、邹、酆、鄙。郾公传二十六世，生亨一公。鄙公传二十六世，生志高公。会元季兵乱，亨一与志高二公俱由江西迁居湖北大冶金牛。亨一公落业灵溪金星山，后蕃衍为九门；志高公落业马迹石板林，后蕃衍为十三门。故金牛张氏总称为九门十三庄。至今，盖已传二十五世矣。笔者即为志高公二十二世孙。《家规》与《规训申言》盖二支脉之祖先共同修订。

今年适逢吾庄（志高公六世孙蕃正公由石板林分支至吾庄）——大冶市金牛镇萧家垅张湾重建宗祠，因撰写碑文之需，参阅宗谱，遂拜读祖上之家规。喟然感叹，不能自已。于是，点校注释，以资后之有心于宗族谱牒与人伦教化者。需要指出的是，因宗谱乃孤本，笔者发现其中少数讹误，亦无从勘校，笔者依据意思作了适度修改。

> 一、忠荩④宜矢也。一命之荣，粒食之福，谁与为赐？故无论拜爵立朝，所当夙夜匪懈；即耕田凿井，亦宜赋税早输。倘有逋负违限、顽梗隐

① 謇谔：正直敢言。

② 卢杞：字子良，滑州灵昌人。黄门监卢怀慎之孙，御史中丞卢奕之子。唐朝建中时的宰相、奸臣。

③ 柳浑（714—789年）：原名柳载，字夷旷，襄阳人。唐代名相、诗人，南梁左仆射柳惔六世孙。生性放达，曾一度弃官隐居武宁山。

④ 忠荩：忠诚。明王玉峰：《焚香记·赴任》："须补报君恩，尽忠荩，安黎庶。"

抗者，请法惩治。

二、孝养宜尽也。鞠育[①]之恩，昊天罔极。迩来人心寝薄[②]，不惟菽水罔供，甚至忤逆无忌。此等人子，法所不容。族正房长，务宜指出，送官惩治，以为不孝者戒。

三、友恭宜笃也。花分荆萼，韵协埙篪[③]。手足之雅，古称盛事。阋墙[④]弓角，风斯下矣。我族子弟，务各自勉，毋伤同胞。

四、闺闈[⑤]宜肃也。古人门除之地，严若朝廷；夫妇之间，敬同宾客。诚以造端不谨，贻害必深。有齐家之责者，须内外严肃，以别嫌疑。倘男女杂沓，有玷家声，一经查出，重家长以警治家不严之罪。

五、公会宜存也。凡各房大小会，本务宜协力同心，以保永远。倘私怀觊觎，吞公肥己者，无论有分无分，公同送公惩治。

六、婚配宜择也。每见娶妇者，惟图妆奁，不顾楣门；嫁女者，但求厚聘，不问宅第。甚至娼优联姻，系罗妄缔；同姓合婚，悍干明禁。嗣后各庄，有蹈此弊者，除抹谱外，仍公同惩治。

七、祖塚宜保也。先人之体魄全如斯，嗣裔之祸福系于斯。茔坟须不时修理，树木须时加守护。如有不肖子孙窃砍盗葬，一经查出，公同送官究治，决不宽宥。

八、祭祀宜存也。我族穷户居多，原存公会，以保祖山坟墓。上庄有会名曰敦厚堂，取敦本木茂，积厚流光之意。早岁置有上产三十余亩。下庄有公曰三义公，取以三大公好义为怀之意。亦置有上产十余亩。务宜协力存放公正殷实者菅领，如吞公利己、败废斯会者，匪为先人谴责，族正

① 鞠育：养育。《诗·小雅·蓼莪》："父兮生我，母兮鞠我，拊我畜我，长我育我。"《毛诗传》："鞠，养也。"郑玄笺："育，覆育也。"汉蔡邕《议朗胡公夫人哀赞》："严考殒没，我在齿年。母氏鞠育，载矜载怜。"

② 寝薄：人心不敦厚，无孝养之心。寝，面貌难看。

③ 埙篪：埙，陶制乐器；篪，竹制乐器。

④ 阋墙：兄弟之间不和。

⑤ 闈：门槛之内。

亦要公同送官处治。

九、族学宜立也。嗣后各庄，原有义学，及新设义学，房长均应永远负责或存放，照例帮助儿童，俸金或备案公聘西席[①]。免费其外，无得支扯，违者送公处治。

十、赌博宜戒也。近见三五成群，啸聚酣赌，不务正业，甚至倾产覆家为盗为贼，株连亲属，殊堪痛恨。我族倘有不法子弟聚窝赌者，一经掳获，公同送公，或家法处治。

十一、讼狱宜息也。自古和气致祥，戾气招殃。迩来人心浇薄，因每睚小忿，酿为控诉大衅，殊失宗族和睦之道。嗣后族内即有不平之事，宜投鸣户正理论，谁是谁非，秉公解释，毋许健讼。

十二、子弟宜束也。天地之间，物各有主。近有不法之徒，每于山场田地土产，无论公私，不时偷窃，游手好闲，荒怠正业。如此子弟，大伤风化。我族父兄房长，宜严加惩治处罚，隐匿者与犯同罪。

规训申言

事亲第一

凡为子者，必善事父母。彼圣贤孝亲道理，难为苛责。但每日服劳奉养无缺，略无怠慢；听父母言语，不冲撞、不执拗、不私造；饮食不偏爱妻子；有疾请医调治，身后葬祭尽礼，亦可为今之孝者矣。设使己为人子，动多忤逆，则为己子者，岂能孝顺？试看檐前水，点滴不差移[②]，非虚

① 清梁章钜《称谓录》卷八载："汉明帝尊桓荣以师礼，上幸太常府，令荣坐，东面，设几。故师曰西席。"后尊称受业之师或幕友为"西席"。

② 出自《劝世文》。原文是："孝顺才生孝顺子，忤逆定生忤逆儿。先敬爹娘十六两，后代儿孙还一斤。不信但看檐前水，点点滴滴不差移。"屋檐滴下来的水，点点滴滴都在池子里，丝毫不差。比喻人的所作所为，定会得到同样的回报，不会差移。

也。族众务宜凛遵[①]。

和兄弟第二

同胞兄弟，务宜友恭。情宜和顺，话莫唐突；勿私积财产致起争端，勿听妇人搬唆致伤和气，勿持蛮强霸自占便宜。倘或不念手足，变生阋墙。《诗》曰："凡今之人，莫如兄弟。"[②]独何为哉？惟冀齿雁行之序，笃孔怀之谊[③]。不惟手足相爱，而后人亦有模范矣。

敬长第三

宗族伯叔兄弟，于吾固有亲疏，其实乃祖宗一体所分，不可憎嫌忌刻，妄分尔我。称呼以分，不得呼名；行坐以齿，不得僭越。议事亦听尊长处分，卑幼不可妄言；即尊所论未是，亦必从容动议，不可自执己见，专主必行；卑幼言有可采，尊长亦不轻忽其言。同席饮食，尊在上，不可苟言苟笑，以及酗狂撒泼，更蹈犯上之罪。

豫训子弟第四

古有贻教者，圣贤之母也。孩提知爱，稍长知敬，固为良知良能，患在知识渐开，习染渐入。为父兄者，方其子弟三岁以后，起居饮食之间，事事教之以正。小则语言衣冠进退揖让，大则诗书礼义颐养器识，以使格局自端方矣。倘因小听其纵恣，长必骄肆无度，后来再以家规绳之晚矣。

输纳第五

输纳粮饷为我国民应尽之义务，嗣后凡有粮之辈，务要醇良急公，切勿故为抗欠，致累保甲。

劝读第六

吾族自宁公以来，代有官爵，至今书香称盛者，岂尽子弟之明敏欤？抑由父师督责之严耳。在后子孙虽多，切勿徒为家计虑，置诗书于度外，

---

① 凛遵：严格遵守。凛，严肃的样子。
② 语出自《诗经·小雅·常棣》。
③《诗经·小雅·常棣》有"兄弟孔怀"之句，表示兄弟之间的情谊。

尤当择其子弟之聪颖者，延师训诲，虽家计窘迫，亦必勉力作成。为父兄者，庶无愧于贤父兄之名，而子弟之自暴自弃者，更当自省。

劝耕第七

家有子弟，读为上策，耕亦急务。其必及时力田，无荒本业，因地制宜，始为上农；否则，分心别务，荒芜南亩，名为力田，实为农贼，俯仰无赖，迨至家业萧条，咎将安归？务农者，均宜相劝相勉。

营为第八

士农工商，各执一业，以为养身之资，不得游手放闲，弗务本业，以荡心志。古云："赐以千金，不若教一艺。"否则，三五成群，出入无常，胡行乱为，辱及祖先，查获决不轻恕；至赌博屠牛，久干国禁，当送官惩治。族众尤宜凛遵。

承宗祀第九

人生以祭祀为重，族有乏嗣者，许令亲兄弟之次子一人承继，必依行次而立，不得混争；如亲兄弟无子，许令堂兄弟之次子承继，此谓因继也。如因继之子或愚不肖，或废疾而年有不合，则从公议择其因继之下一人继之，此谓择继也。二继之下，或爱族中俊伟明敏者，则又无分亲疏，只要行次相称，亦可立之，此谓爱继也。惟螟蛉[①]与异姓不可。

培植坟墓第十

通户公私坟山，久以封禁，不许盗葬。如有贪图风水，私行盗葬者，断令起扦。至于坟山树木柴薪，无论公私，禁止砍伐；即坟山树木或有当取者，亦必于祭公决可否，以为去留，不得擅伐；有枯折树木，公弃公用，近庄不得抢搬。所有祖遗祭产，当世守管祭，无得强分盗卖，有干不孝。其于无坟塚，以及他姓无主孤坟，不得平抹，必存留禁步，以存忠厚之道。至异姓坟山，尤不许私行霸占，致起讼端。

① 螟蛉：古人认为蜾蠃不产子，喂养螟蛉为子，因此用"螟蛉"比喻义子。

谨守闺门第十一

王化始于闺门。闺门未必皆圣母贤妇，能贞静自守、勤俭克家，亦足为女中模范。有等妇女，好唆弄是非，争长竞短，致一家诟谇[①]；又有贪奢无侈靡，纵意自由，不事女红，甚至登山谒庙、拜佛媚僧，更为可耻，岂尽妇女过耶？从来表正影从，家有严君，而嘻嘻者谁刑？于之化庸，诬也哉！

正婚姻第十二

夫妇为人伦之始，闺门实万化之原。《诗》首“关雎”，《礼》重“亲迎”，非无因也。文中子曰：“婚姻论君子，不入其乡。”[②]古者男女配合，贵择德焉。贪财而不择门第之等夷，不顾品行之贱浊，固非矣；即慕势攀援，囊橐[③]以事权贵，其心之卑污，尚可问乎？司马温公曰：“妇者，家之所由盛衰也。”[④]苟慕一时之富贵而娶之，彼必挟富贵轻其夫而傲其舅姑矣。骄妒之性，庸可极乎？但取其祖父谨厚传家有法者，方与议婚。

睦乡邻第十三

乡党邻里，彼此俱宜好和，在彼恃强凌弱，乡中自有公论。若我挑唆于人，则其过在我；嗣后非强邻势厌，不得自为生事滋讼；至教唆词讼，尤国法之所最忌，家法之所不容。

惩忿第十四

忿懥亦人心之运用，间有不平，何能全无。怒骂及辱骂同姓，出口粗

---

① 诟谇：争吵辱骂。

② 王通《中说》卷三有：“婚娶而论财，夷虏之道也，君子不入其乡。古者男女之族，各择德焉，不以财为礼。”如果婚姻论钱财，那是夷狄之道，君子是不到这个地方去的。但《规训申言》中的意思略有改变，即从婚姻就可以看出一个人是否是君子，不必入其乡加以考察。

③ 囊橐：本指袋子，大曰囊，小曰橐。这里指贿赂巴结权贵。

④ 司马光曰：“凡议婚姻，先当察其婿与妇之性行及家法何如，勿苟慕其富贵。婿苟贤矣，今虽贫贱，安知异日不富贵乎？苟为不肖，今虽富贵，安知异日不贫贱乎？妇者，家之所由盛衰也。苟慕一时之富贵而娶之，彼挟其富贵，鲜有不轻其夫而傲其舅姑，养成骄妒之性，异日为患，庸有极乎？假使因妇财以致富，依妇势以取贵，苟有丈夫之志气者，能无愧乎？”（《古今事文类集后集》卷十三）

言，及其父母妻女者，不思生同一体，原非异族；所辱骂之父母妻女，无非己之伯叔父母兄弟妻女，莫说伦理攸关，即以吾翁若翁之意推之，是即自辱其父母，自辱其妻女。矧不入耳之言，今己之父母妻女闻之，且羞死无地，又何颜以对人乎？且因此夺斗酿祸、败家丧身，后悔无及。寡廉鲜耻之行，不愿族众效之也。

以上家规所开，倘有故犯，即鸣房长齐集公堂，分别轻重，以家法惩戒。如或恃强不服，则合喙其呈请求国法治罪，如房长退避不前，即以徇私蔽公论。

民国二十五年重刊。

说明:《家规》与《规训申言》修订于何时，亦无从考证，但肯定早于民国二十五年。依据《张氏宗谱》记载，金牛张氏，亨一公世系曾于乾隆二十六年（1761 年）首次修谱，尔后分别于嘉庆十一年（1806 年），道光十六年（1836 年），同治四年（1865 年），光绪十六年（1890 年），民国三年（1914 年），五次修谱。志高公世系曾于道光十二年（1832 年）首次修谱，尔后分别于同治元年（1862 年），民国四年（1915 年），二次修谱。民国二十五年（1936 年），二世系始合修宗谱。1949 年以后，由于大家共知的原因，长时间未修谱，直至 1989 年复修，2012 年续修。

（原载“儒家网”2018 年 3 月）

湖南郴州宜章箭竹冲萧氏族规

箭竹冲村自然风貌

宜章萧氏三世祖萧应昇（1392—1471 年），字日上，号珠山。史称：天资聪俊，忍人所不能忍，为人所不能为。时有杨刘二姓，屡次叩阍，健讼多年，乃从中排解，二家仍归合好，人称其能。《萧氏族谱》载有其《训子诗》一首，虽文字浅显，然训戒深长，今与族规录之于此，以为垂训也。

训子诗

古者分四民，事各有专属。为士游庠序，为农安耕劚。
为工备器械，为商善贩鬻。人生舍此外，游惰坏风俗。
继世在诗书，尤务种穜稑。贵不必玉堂，富不必金谷。
惟其不朽三，乌可效逆六。诞生汝七人，各宜归检束。
贻谋裕后昆，妣祖克似续。源江远尘嚣，泉甘土肥沃。
采山并钓水，随意恣所欲。十获八九利，可以助饘粥。
幼稚渐长成，闺门益和睦。我老自熙恬，分甘最娱目。
课耕南亩田，看种西园竹。相圃莳园蔬，依时禁林木。
鸡犬幸蕃兹，牛羊满山牧。周急尝贷钱，怜贫曾与粟。
总总耗费外，三九有余蓄。岁得帛数端，廪藏縠百斛。
昏嫁尚朴实，应酬不繁缛。教读延名师，儿童入家塾。
有志事竟成，岂让昔贤独。一举倘成名，纪在登科录。
我宜多世家，庶堪比望族。尝念我先人，风尘忙鹿鹿。
望我学雄飞，讵知甘雌伏。后生果励志，何必学干禄。
尔曹幸努力，家事叮咛嘱。第一孝父母，第二敦手足。
第三崇节俭，第四修墙屋。第五亲善良，第六除色欲。
第七完赋税，第八远讼狱。第九戒赌博，第十莫残酷。
父母生育我，恩勤时顾复。温凊定省间，其劳当亲服。
手足本同气，何事相鱼肉。相好无相尤，恰恰情谊笃。
节俭本美德，不尽有余福。半丝及半粒，珍重胜珠玉。
墙屋不补葺，颓败难营筑。飞鸟本无知，尚得安巢宿。
若与善良亲，熏陶自然熟。天资纵刻薄，久来归贤淑。
色欲苟不除，寿算多夭促。欲寡精神爽，古人有忠诰。
赋税早输官，毋烦差吏督。囊橐虽无余，清夜安床褥。
讼狱多株连，公庭劳匍匐。若不知忍耐，犯罪胡由赎。

赌博争输赢，得速失亦速。忘寝并忘餐，生计必窘蹙。
存心莫残酷，残酷人怨讟。忠厚与和平，一生无羝触。
凡为人父兄，于义当教育。教而不能行，岂曰能式穀。
凡为人子弟，如兰如桂馥。学而不能至，岂曰追芳躅。
古来佳子弟，灵秀山川毓。作事不凝滞，如车转输毂。
少年便老成，远大可预卜。化日最舒长，朝夕莫营逐。
厩中有肥马，指使有奴仆。志不在温饱，此言当自勗。
习惯若性成，临事必退缩。不念古人云，宴安成鸩毒。
前事凡十条，一一宜反复。思之再思之，家声无玷辱。
编成五言诗，写与子孙读。

萧氏宗祠神龛

族 规

祭田所以报本追远也，为子孙者，宜念祖宗之功德，创造之艰难，世世守之，不可以一时贫困，辄将祭田典卖，以致挂扫有缺，坟茔迷失，斩祖宗之血食，其孝心果安在哉？

凡族内有无子而接嗣者，当禀告族长，先选亲支，必须行辈相同，方可入继；若亲支中无其人，然后于疏房中另选，切不可率意妄行，不分亲疏，不论行辈，以致名不正，世系不清。又或螟蛉抚养及随母入继，是为异姓，不可乱宗，违者不许入谱。

男女嫁娶，务在及时，男子壮而不娶，女子长而不嫁，必多怨旷矣。然必择气味相投，门弟相对者，其身家清白，其女贞顺，其子俊秀，方许婚姻，不可因一时所好，滥与卑污苟贱及为富不仁之家结亲，卒至男人不尽婿礼，不笃情谊；女人不修妇道，不事翁姑。甘为日后之悔也，尚其慎之。

童子就传，必择良师，专主小学教之，以扫洒应对进退之礼。十五而入大学，期于大成焉。若资质鲁钝，不能读书，则教之以耕凿，或工或商，皆本业也。切不可游手好闲，风流滥荡，习惯成自然，卒至狼子野性，马牛襟裾，岂不贻笑于人乎？宜豫教而素养之也。

女子宜肃，姆教不可不幼小行教戒。凡妇德妇言妇容妇工，令早习焉；若从小娇惯，及其长也，不受拘束，不守闺门，三五成群，妆头扮面，东行西走，或游寺，或看戏，或赴庆筵，或与丧事，甚至不顾廉耻，不惜名节，败坏门风，谁之咎与？

天下无不是的父母，乃有忤逆之子，始则腹诽，继且敢于讪谤，辄谓父母有所偏爱。若听其饰非文过，反从而左袒之，岂不长奸纵恶乎？族中不幸有此人，须痛惩以声其罪。更有长舌恶妇，不孝翁姑，撩拨邻里，稍加督责，声言自缢投河；翁姑畏其陷罪，甘受抵触，反为容隐，此悖逆之大者，天理所不容，宜鸣官出之。

宗族连枝共幹，万派同源，子祖宗视之，本无分于亲疏，何今之人妒富而凌贫，恃强而欺弱，岂待宗族之道哉？惟当一体相关，不得等诸陌路。祖宗坟墓，务宜培植，子孙附葬，必依次序，或以侄傍叔，或以媳傍姑，或左或右，或接棺，俱于理无碍。乃有谋风水吉穴，劈头占葬，骑龙斩脉，全然不顾；又或有冒认古冢为己祖，希图侵占，以致讼连祸结，于心何安？凡此，心地已坏，安得有吉地哉？

淫为万恶之首，寡欲为养心之要。古称柳下惠坐怀不乱，鲁男子闭户不纳。必如此，斩断恶根，乃为有守之士。

金人三缄其口，南容三复白圭。良以病自口入，祸从口出也。妄谈是非，轻议得失，扬人过失，道人闺闹，巧辩饰非，俱非忠厚之道，宜共凛之。

义与利相反，见利思义，乃为君子。非其有而取之，非义也。况有利必有害，放于利而行，必多怨乎？小人垄断独登，锱铢必较，狡诈百出，敲骨袭髓，不恤人言，惟利是务。岂知魏家铜雀，石崇金谷，而今安在哉？

异端莫如僧道，种福岂由佛老，乃丧事仗释老以为超度祈祷，仗释老以为庇荫修齐，设醮纷纷，了无明验，何如修德行仁，积善之家，必有余庆之为得乎？

诗书之家，稍知礼义，未必得罪于乡党。因平日纵惯之悍仆，造言生事，播弄是非，假主之声势，凌轹不逊，遂至酿成大祸。岂知奴仆犯法，罪坐家长，其可纵乎？且在强生时，称为能干；而衰弱时，则背叛不可制矣。

一族之中，伯叔祖父，尊卑秩然，名分凛然，礼节不可以或疏也。称呼必以昭穆，行坐必依次序，即兄弟辈，年有长幼，亦自不可踰越，否则，小加大，少凌长，犯尊犯齿，无所忌惮，浇漓自此长矣。

凡事宜循正道，宜守礼法，若酗酒放狂，私宰赌博，以及招摇抢骗，奸淫诱拐，窝引盗贼。此等人，见恶于乡党，贻害于宗族，神人愤之，刑辟随之，与其悔之于已然，曷若禁之于未然。

穷民无告，莫甚于孤寡，宜矜之恤之，多方维持保护之，乃有因其懦、乘其危，或肆鲸吞，或用暗箭，唆哄讼狱，倾家荡产。抑思孤寡易虐，而天理难容乎？

立志欲大，取法欲高，富贵贫贱，虽由天定，而士农工商，事在人为，乃卑污苟贱之流，甘为倡优隶卒而不辞，上则辱其先祖，下则污其后人，丧心败行，莫此为甚。苟有丈夫之志，能无悔乎？

（原载“儒家网”2020 年 7 月）

湖南郴州宜章箭竹冲萧氏家训

湖南省郴州市宜章县五岭镇小溪箭竹冲，是一个具有近600年历史的古村落，山水环绕，阴阳分明，空中俯瞰，犹如太极图般，故又称“太极村”。村中古建筑保存完好，古色古香，小桥流水，茂林修竹，是现代人休闲旅游的好去处。

全村姓萧，远绍自梁武帝萧衍，乃世之豪族贵胄，乃至有唐一代，萧氏分为有：萧瑀、萧嵩、萧华、萧复、萧俛、萧仿、萧寘、萧遘出任宰相，史称“八叶宰相”。唐末，礼部尚书萧坤元因避长沙马殷之乱，迁居江西省泰和县鹅头丘，数传至明洪武初年，其后裔萧宏绶奉命调守郴州源江，萧氏遂在宜章境内繁衍生息，近600年矣。

宜章萧氏后人，谨记先祖遗训，历来重视诗书礼教，耕读并重，人才辈出。如，始祖萧可立（萧宏绶长子），史赞其“气压万夫，识迈群英，雄才大略，纬武经文，刚毅可畏，温厚可亲，事业不朽，千载如生”；箭竹冲村落业始祖萧俊（萧可立曾孙），史称其“廉明，虽古人莫过；文案堆积，判决如流，其余疑狱，尤留心审听，民自谓无冤”。

宜章萧氏之所以昌奕迭出，遗风永绪，盖良好之家训所致也。今笔者受萧

箭竹村自然风光

氏宗族之托，依据宜章《萧氏族谱》，整理点校如下，以为后人之垂示也。

八　箴

家法犹国法也。国法立则有以一道德而同风俗，家法立则有以恢先绪而裕后昆。为子弟者，苟能上遵朝廷之章典，下凛祖宗之训诫，兢兢业业，不敢荡检，不敢踰闲，而身可修，家可齐，孝子忠臣由此其选也。第气质不齐贤智者，一学而能；愚不肖者，苟非谆谆焉，讲明切究，终迷而弗悟。谨以先王立法之意，定子孙世守之规，反复开陈，著为八箴，使读之者归求有余师云。

孝　箴

鸦知反哺，羊解跪乳。无父无母，何恃何怙。恩勤顾复，劬劳辛苦。汝孝汝亲，子亦似汝。天道好还，历历可数。温凊定省，毋问寒暑。必有酒肉，彻必请与。曾子养志，孝著千古。

弟　箴

谁无兄弟，如手如足。窘令急难，外人谁属。枕边之言，离间骨肉。同室操戈，忝商蛮触。虽有兄弟，不如茕独。恰恰一堂，和气可掬。姜家大被，何等亲睦。相好无尤，诗言三复。

忠　箴

天泽冠履，位置一定。尊卑贵贱，各安其分。舜日尧天，善教善政。践土食茅，循分自尽。国课早完，奉公秉令。垂绅搢笏，仰答明盛。丹心一点，忠肝一寸。志士仁人，史标名姓。

信　箴

信在五常，光明磊落。一语千钧，死生可托。侯生之言，季布之诺。勿二勿三,千秋卓卓。至谕动人，鬼神惊愕。朝更夕改，寒盟爽约。挟诈怀私，自心难摸。人而无信，俯仰愧怍。

礼　箴

四维之张，礼实首之。视听言动，何事可离？人而无礼，不死何为?倨侮傲慢，动则祸随。马牛襟裾，羊质虎皮。谦谦君子，惟德之基。中规中矩，抑抑威仪。敬人人敬，念兹在兹。

义　箴

化裁之准，入甚精义。以此方外，以此制事。尔室不欺，大庭不愧。君子所履，小人所视。养成浩然，塞乎天地。富贵浮云，不谋其利。措正施行，死生不贰。间不容发，敢忝私意。

廉　箴

读圣贤书，禀天地气。砺隅砥廉，正属其事。侠骨稜稜，圭角峭厉。一介取与，系马千驷。非道弗顾，非义弗视。於陵仲子，难逃清议。伐檀诗人，果能励志。素食素餐，君子所弃。

耻　箴

羞恶之心，何人蔑有？扩而充之，磅礴星斗。惟愧斯奋，其衷天牖。

（箭竹冲村民居）

呼尔蹵尔，行乞皆走。充无穿窬，尔汝莫受。自己商量，精神抖擞。彼丈夫也，谁甘其后。行己有耻，兢兢自守。

一、孝父母

孝是百行之原：大孝尊亲，其次弗辱，其下能养，孝岂易言乎？惟内存深爱，外著婉容，冬温夏凊，昏定晨省，能竭其力，能尽其欢；极之，视于无形，听于无声；先意承志，有以喻亲于道，皆孝子之行也。夫陆绩怀橘，黄香扇枕，童稚且然，况成人乎？末世之人，情多厚于慈而薄于孝，人能以爱子之心爱父母，则无不孝之子矣。

二、友兄弟

兄弟者，分形而同气，以手足喻兄弟，惟其痛痒相关也。天下至无良之人，未有以手残足、以足残手者，奈何世之人同室操戈，昆也以强犯弱，弟也以少凌长。或私财货，或争产业，忍以身外物大伤骨肉情，此煮豆燃萁、斗粟尺布、角弓之刺、阋墙之讥所由起也。抑知凡今之人，莫如兄弟，兄弟不和，终贻父母之忧，体此则式好，无尤父母，其顺矣乎！

三、择师友

子弟之德业，半成于父兄，半成于师友。人必尊师取友，而后耳提面命之际，亦步亦趋，赏奇晰欵之时，相求相应，其获益良多矣。且有良师，亦有庸师；有益友，亦有损友。苟漫不加察，虽有高明之资，不能不坏于庸师之教；虽有敦厚之质，不能不染于损友之行。何谓良师？行谊高，学问富，如此则可以教事谕德矣。何谓益友？人品正，心术端，如此则不至于孤陋寡闻矣。可不慎以择之与?!

四、务耕读

富贵本由天定，耕读是在人为。勤耕苦读而不富不贵，天定胜人也，当安命也；勤耕而致富，则非不义之富；苦读而得贵，则非不义之贵，人定可以胜天也，君子贵乎立命也。愿朴者立于农，秀者勉于学，毋辞胼胝之劳，无厌就将之苦，则鸡犬桑麻，仰足以事，俯足以蓄，不期而富，随之矣。礼乐诗书，太上立德，其次立言，不期贵而贵随之矣。若概委之于命，几见有不耕不读而骤富贵者；即富贵，亦不义之富贵也，当浮云视之。

五、重丧祭

曾子曰：慎终追远。何谓慎终？丧尽其礼也。称家有无，不可越分，凡附身附棺必诚必信，勿致有悔而已。居丧则哀痛迫切，寝苫枕块，齐衰饘粥，无贵贱，一也。奈世人草率了事，或遇事铺张，大会宾客，饮酒作乐；又或谋风水，忌年月，停丧不葬，皆忍心害理之甚者。何谓追远？祭尽其诚也。豺獭尚知报本，何况于人？故春露秋霜，君子履之，必有凄怆怵惕之心，盖忾闻僾见，精神不隔也。凡牺牲粢盛，丰年勿奢，凶年勿俭。苟弗躬弗亲，则吾不与祭，如不祭矣。

六、严内外

男子正乎外，女子正乎内，君子教家未有不整齐严肃者。盖夫妇乃人伦之始，闺门实万化之原，纵贫富不齐，如馌耕采桑操井之类，势所不免，然女子出门，必拥蔽其面。故古者男不言内，女不言外，外言不入于阃，内言不出于阃；嫂叔不通问，男女授受不亲。男子入内不啸不指，夜行以烛，无烛则止，皆所以别嫌明微也。可怪者，世家大族，婢美妾娇，辄入寺观，烧香拜佛，听其游观弗禁，冶容诲淫，一有秽行，丑声四出，玷污祖宗矣。

七、维风俗

千里殊风，百里异俗，必有二三君子维持于其间而后不致败坏。凡一切应酬往来，宾朋燕会，女嫁男婚，一遵家礼，一遵古制，俭而勿奢，朴而勿华。有德者亲之尊之，有志者勉之成之，有节孝者表之扬之。敦伦饬纪，履洁怀清，刑仁讲让，说礼敦诗，此美俗也。若夫纷华靡丽之习，骄奢淫佚之为，奸险刻薄之行，鼠窃狗盗之事，叨唆是非之人，皆当喻之以理，化之以诚，动之以祸福；否则，严以绝之，戒子弟不使近之，则君子益劝于善，小人亦庶几能改悔矣，风俗岂不厚与？！

八、戒争讼

居家戒争讼，讼则终凶，故圣人以无讼为贵。即使万不得已，亦当三思而行，何至一朝之忿，忘身以及其亲，此大惑也。更有事不关己，恃刀笔逞口辩，欺孤弱寡，株连无辜，罔上行私，虽能取快一时，而天理难容，报应不爽，可不畏与？为族长者，如遇有不平之鸣，要当出以至公无私，以平其所不平，则是非立判，曲直攸分矣；否则，是非曲直颠倒错乱，则是而直者必不服，而曲而非者益以肆，遂至同室操戈，连年不解，伊谁之咎与？

（原载“儒家网”2020 年 7 月）

箭竹村记

箭竹村漳水河

湖南省郴州市宜章县五岭镇箭竹村，萧姓，乃梁武帝萧衍之后裔，始建于明初，至今有600年之历史。此村背靠过江龙山，漳水河环绕流过，空中俯瞰，犹如太极图，故又称之曰“太极村”。民居乃典型湘南风格，遗存完好，而其自然风光，尤为奇绝。庚子年仲夏，疫情略缓，余得间而游之，疫情之忧闷，顿时烟消云散，记曰：

夫天一太极，贞化万有；地二阴阳，燮理人物。山倚阳而藏龙苍郁，水得阴而含珠旖碧。有帝胄之苗裔，爰太极而安；阀阅之奕胤，比箭竹而居。山润六百载，创业垂统；水泽二十祀，滋养生息。诗书继世，耕读传家。孝悌忠信礼义廉耻，八箴以敦民风；格致诚正修齐治平，八目以勉后昆。班齿有序，酬酢交错；邻里和睦，宾主揖让。俎豆永光馨香远，箕裘绍述祖业大。

古宇鳞栉，飞甍干云。小巷幽深俚语悠，石板蜿蜒童声袅。庭院平敞，弱冠习业就里；小楼半开，及笄待字闺中。木屋纸窗，还见读书郎；小桥流水，宛有浣纱女。阡陌纵横，嘉禾盈野；林苑棋布，时蔬满园。春燕闹藻井，翠禽戏荷塘。一二稚儿，嗷嗷而哺；三五牧人，踽踽以归。人人竞秀，唤取寰宇云蒸霞蔚；家家迁善，赢得人间瑟弄琴调。

盘踞过江龙，环绕漳河水。碎影河畔，丝竹丛生；婆娑山巅，古木参天。瀺灂兮游鱼，自得其乐；飙飏兮轻舟，别有其趣。佳树蓊蔼，灵果甘且饴；怪石嶙峋，洞天缥而缈。疏条拥绕而多姿，似横浦送恋人；寒松劲拔而孤峭，如易水别壮士。蝉噪林泉净，鸟鸣山涧幽。

嘻，过江龙得乾阳之性，庇佑生民；漳水河尽坤阴之德，曲成天地。

噫，造化钟灵秀，青史毓福门。

有童子惊曰：如此人间仙境，世外桃源，孰谓也？曰：宜章太极古村，五岭箭竹故里是也。

（原载“儒家网”2020 年 8 月）

林晚居记

萧家垅张祖居，承徽赣之风，每幢堂屋居中，正房左右毗延，厢房前后辅翼，多重数进，错落有致，廊道石径穿梭其间，户户鳞栉，家家巷通。天井阴渠，疏水瀹污，虽大雨滂沱，邻里往来犹不湿袜履也。二十世纪八十年代，乡民或进城，或自造院落，祖居渐次废弃失修，残垣蜈鼠闹，碎砾蚁蝼忙，没身

萧家垅张祖居局部，摄于 2012 年，现已损毁

林晚居正大门

蓁莽乱，漫路荆棘横。至廿一世纪己亥岁，隳颓殆尽，唯剩石大门孤立矣。环村尝有合抱之古木数十株，今唯苦槠、枫树各一耳，荣枯兼半，荣者如盖，枯者参差，犹小村数百年之沧桑也。

庄生曰：旧国旧都，望之畅然。虽使丘陵草木之缗，入之者十九，犹之畅然。夫游都邑之永久，犹池鱼思故渊、羁鸟恋旧林。林晚居，应林晚林昆仲于旧宅故址营建，以尽乡土故园之念也。辛丑年春奠基，伯兄建林劬力三载巧手而成。白墙藏朴拙，黛瓦蕴愚雅。飞甍凌云岫，翼角翥苍穹。挂落妩简约，雕窗媚玲珑。丹青浮峦翠，符瑞袭天祥。其名得自友人良安兄，曰：汝既号晚林，谓之林晚居可也。是居也，陈设虽陋，足以煮茶展卷；庭除殊小，亦可信步娱情也。

夫树固本而林茂，人安土则仁厚。故园者，乡土、宗庙、祖茔之所在，人情、习俗、风教之所系也。农时耕作，端居颐养。仰天俯地，知生之本，则仁人爱物；祭庙祀祖，知类之本，则尊长睦族；思先效贤，知教之本，则忠信贞廉。视履考祥，孰大于斯焉？

呜呼！奠厥攸居，俾后世子孙知乡土之未能弃，宗嗣之不可绝也。勤稼穑，奉孝悌；明道德，严礼仪。贫不失守，富能约身；穷有忌惮，通无恣肆。绍先彦和顺家声之非易，体祖辈垂统创业之艰难。积善之家有余庆，其应不爽，勉矣夫。万不可阋墙而断恩义，谇帚而失亲情，乃至积不善而坐余殃也。克念罔念，慎之戒之。

（原载《湘潭日报》2024 年 7 月 12 日杨梅洲副刊）

后　记

此书之内容包括两部分：儒学复兴与乡土重建，然二者并非无关联也。因儒学本是一个极高明而道中庸之系统，“极高明”表其形而上学性，“道中庸”表其乡土性。因此，儒学复兴不只是一个抽象之文化建设问题，必极于形而上学；乡土重建亦不只是一个经济发展问题，必至于宗法之修复与整合。然宗法之修复与整合又不只是一个伦理法度问题，必有形而上学之通达，这种修复与整合方能完善而无弊。反过来，儒学本根基于乡土社会，若乡土社会不能重建，则不可妄谈儒学复兴也。此种精神，可谓绍述孔子“下学而上达”之精神，亦是绍述周濂溪《太极图说》之高致。《太极图说》首句“无极而太极”，即确立儒学之形而上学性，而为宋明理学奠基，成为尔后儒学发展之根本方向；以“立人之道曰仁与义”、“君子修之吉，小人悖之凶”结之，即把此形而上学性落实于伦理实践，而非空头之悬思推想也。二者相得益彰，儒学之形而上学性奠定了伦理实践之方向性与绝对性，伦理实践夯实了形而上学之乡土性。明乎此二者，则知濂溪之《太极图说》决非一时兴会之作，乃指点文明方向之经典也。无怪乎刘蕺山曰：“夫周子，其再生之仲尼乎！”“孔、孟之后，论性学惟濂溪为是”。“性学”非是指人性善恶，乃就整个文化系统言也，此为濂溪《太极图说》之创造性建构，而为华夏文明再造蓝图，故周子乃再生之仲尼，非虚言也。本书之文章，虽很少提到濂溪，然其大义正乃绍述周子之学。张京华教授出版“周敦颐理学研究丛书”，不弃鄙陋，把本书置于其中，至少从学术精神上看，可谓慧眼也。

“儒学复兴篇”之诸文，虽内容分殊，然主题却只有一个，若不能至于形而上之理或宗教之天命，则儒学之复兴无望矣。此是拙著《行道者、弘教者与整治者——先秦儒学宗教性内涵演进之脉络研究》（知识产权出版社 2023 年版）义理之继续，不过，是著学理与脉络相对集中，而诸文则形散而神不散也。吾本生于农村，对乡土有深厚之情感，又加之儒学之熏染，此种情感愈加笃切，故“乡土重建篇”之诸文，俱饱含热泪而成者。吾亲见乡民生活之艰难，劳作之辛勤，与夫性情之淳朴，德行之仁厚。乡民虽然大多不识字，然传统之仁义礼智、忠孝廉节都能体之于行动中，陶冶子孙，感化后裔，是谓无言之教也。然上世纪九十年代以后，农民进城，土地荒芜，祖居空废，几千年之农耕社会近乎解体也。如今吾回老家，已没有双亲烧饭等待，儿时之居所隳败殆尽，《林晚居记》曾云：“残垣蜈鼠闹，碎砾蚁蝼忙，没身蓁莽乱，漫路荆棘横。”每见及此，未尝不肝肠寸断，而乡土之情愈烈也。故一旦提笔，辄情不自禁，所写或足以哂之，然若乡土不能重建，欲谈民族之复兴，不过妄想奢望耳。

本书是继《赫日自当中——一个儒生的时代悲情》（中国政法大学出版社 2013 年版）之后，吾之又一本哲思文集。在这十多年里，吾亲历双亲之离世，老宅之倾颓，而心中之乡土中国、礼仪华夏竟渐行渐远，其内心之痛楚，岂文字所能表诸？好在建于老宅故址之林晚居于今年春节前告竣，聊可慰吾乡土之念也。宋人曹勋有诗曰：“花落春犹在，人存事已非。草侵迎仗路，尘满旧熏衣。”每读之，未尝不泪满衣襟也。

最后需要特别说明的是，自从与亦师亦友的张京华教授相识相知以来，惠我良多，非言语可尽者也。此书之出版，亦多赖他之玉成，在此忱致谢意。另外，上海三联书店责编李天伟，湘潭大学哲学系毛丽娜、李芊芊、肖蝶、张娅楠同学为本书的编辑校对作了大量的工作，对他们的辛劳一并感谢。当然，如果我的研究算有所成就的话，与夫人胡菊霞女士的不懈支持是分不开的，此非感谢所能及也。

是为记。

张晚林于甲辰岁春写于湘潭大学

图书在版编目(CIP)数据

吾道南来 ： 儒学复兴与乡土重建 / 张晚林著.
上海 ： 上海三联书店，2025. 1. --（周敦颐理学研究丛书）. -- ISBN 978-7-5426-8773-9

Ⅰ. B244.25；C912.82

中国国家版本馆 CIP 数据核字第 2024DR3508 号

吾道南来——儒学复兴与乡土重建

著　　者 / 张晚林

责任编辑 / 李天伟
装帧设计 / 徐　徐
监　　制 / 姚　军
责任校对 / 王凌霄

出版发行 / 上海三联书店
(200041)中国上海市静安区威海路 755 号 30 楼
邮　　箱 / sdxsanlian@sina.com
联系电话 / 编辑部：021－22895517
发行部：021－22895559
印　　刷 / 上海惠敦印务科技有限公司

版　　次 / 2025 年 1 月第 1 版
印　　次 / 2025 年 1 月第 1 次印刷
开　　本 / 710mm × 1000mm　1/16
字　　数 / 540 千字
印　　张 / 41.75
书　　号 / ISBN 978－7－5426－8773－9/B・941
定　　价 / 128.00 元

敬启读者，如发现本书有印装质量问题，请与印刷厂联系 13917066329